《국가 간의 정치》는…

20세기 초반의 두 차례에 걸친 세계대전을 온몸으로 겪으며 평화를 파괴하는 인간 욕망의 본질과 평화를 회복하기 위한 방법이라는 주제에 천착해온 모겐소 교수가 독특하고도 명쾌한 필치로 국제사회의 권력정치적 현상을 현실주의 이론으로 정립해낸 이른바 '지성적 명품'이다. 1948년에 처음 출간된 이 책은 현대 정치학자 중 이 책을 읽고 인용하며 비판하지 않은 이가 없을 만큼 전 세계에서 가장 많이 읽힌 국제정치학 교과서로 손꼽히고 있다.
인간을 이성적 주체로 파악한 유럽의 이상주의적 정치관이 두 번에 걸친 세계대전을 통해 무너지면서 홉스나 마키아벨리가 주장했던 '힘의 정치', '권력 정치' 같은 철학적 사조가 미국을 중심으로 새롭게 주목받기 시작했는데, 그 대표적인 정치학자가 바로 한스 모겐소다. 이후 그를 필두로 한 현실주의 정치학은 전후 미국의 외교정책 수립에도 막대한 영향을 미쳤을 뿐만 아니라 지금까지 가장 지배적인 이론으로 자리매김하고 있다.
모겐소 교수의 학문적 정수라 할 수 있는 이 책에서 그는 국제정치를 권력투쟁으로 특징짓고, "모든 정치가들은 국가 이익이라고 정의될 수 있는 권력을 극대화하기 위해 투쟁"하며, 이런 철칙이 국제정치에 존재하고 있다고 주장했다. 또한 국제정치가 권력투쟁의 장인 이유는 국제정치의 내부 논리가 경쟁적일 뿐 아니라 권력을 추구하는 인간의 욕심이 무한하다는 데 기인하다고 말한다. 무엇보다 인간의 권력투쟁적 본성을 정치 현상에 투영하여 국제사회의 현실을 이론적으로 예리하게 분석해내며 급변하는 국제정세와 다양한 안보현안의 실체를 꿰뚫는 탁월한 통찰과 혜안을 제시한다는 측면에서 이 책은 세기를 뛰어넘는 정치학의 명저라 하기에 부족함이 없다.

모던&클래식은
시대와 분야를 초월해 인류 지성사를 빛낸 위대한 저서를 엄선하여
출간하는 김영사의 명품 교양 시리즈입니다.

# 국가 간의 정치

## 2

세계평화의 권력이론적 접근

THE STRUGGLE FOR POWER AND PEACE

# 국가 간의 정치

## 2

**한스 모겐소**

이호재 · 엄태암 옮김

김영사

# 국가 간의 정치 2

원저 한스 J. 모겐소
개정 케네스 W. 톰슨, W. 데이비드 클린턴
번역 이호재, 엄태암

1판 1쇄 발행 2014. 1. 3.
1판 2쇄 발행 2022. 3. 10.

발행인 고세규
발행처 김영사
등록 1979년 5월 17일(제406-2003-036호)
주소 경기도 파주시 문발로 197(문발동) 우편번호 10881
전화 마케팅부 031)955-3100, 편집부 031)955-3200 | 팩스 031)955-3111



값은 뒤표지에 있습니다.
ISBN 978-89-349-6580-0 04340 | 978-89-349-6578-7(세트)

홈페이지 www.gimmyoung.com 블로그 blog.naver.com/gybook
인스타그램 instagram.com/gimmyoung 이메일 bestbook@gimmyoung.com

좋은 독자가 좋은 책을 만듭니다.
김영사는 독자 여러분의 의견에 항상 귀 기울이고 있습니다.

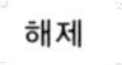


# 이 시대에 새겨야 할 모겐소의 지혜

## 모겐소 교수의 지혜를 전하며

한스 모겐소Hans J. Morgenthau, 1904.2.17~1980.7.19 교수의《국가 간의 정치Politics Among Nations: The Struggle for Power and Peace》는 정치학과 국제관계학을 전공하는 학자와 학생은 물론 국제정치 현실에 관심을 가진 이들에게는 굳이 설명이 필요 없는 저서임이 분명하다. 이 책은 20세기 초 두 차례 세계대전을 온몸으로 겪으며 평화를 파괴하는 인간 욕망의 본질과 평화를 회복하기 위한 '멀고도 굽이치는' 길을 주제로 천착穿鑿을 거듭한 모겐소 교수가 독특하고도 명쾌한 필치로 국제사회의 권력정치적 현상을 현실주의 이론으로 정립해낸 이른바 '지성적 명품'이다. 모겐소 교수는 제2차 세계대전이 한창이던 1943년부터 시카고 대학교에서 개설한 국제정치학 과목의 강의안을 정리해 1948년에 이 책의 초판(Knopf 출판사)을 출간했다. 그리고 이 번역판은 모겐소 교수의 제자인 케네스 톰슨Kenneth W. Thompson, 1921.8.29~2013.2.2 교수가 그의 제자인 데이비 클린턴W. David Clinton 교수와 더불어 2006년에 펴낸 제7판

을 한글로 옮긴 것이다.

국제정세와 안보환경의 변화무쌍한 모습 때문에 국제정치와 국제관계 관련 전문서적은 본질적으로 생명이 길 수가 없다. 그럼에도 무려 70여 년 세월을 한결같이 사랑받으며 이론적 지지자는 물론 비판적 견해를 가진 학자들에 의해서도 반드시 언급되는 이 책에는 대체 어떤 내용이 담겨 있는 걸까? 두 세대를 뛰어넘어 오늘에 이르기까지 교수와 학생들은 물론 외교와 안보·국방 관련 정책부서 실무진, 그리고 언론인들을 포함한 다양한 직업의 종사자들에게도 지속적으로 권유되는 이 책의 매력은 무엇일까? 저자인 모겐소 교수가 세상을 떠난 후 그의 제자가 26년 동안 두 차례에 걸쳐 수정판을 펴낼 정도로 애정을 쏟은 책이라면 일반 독자들도 분명 읽어볼 가치가 있다고 해야 할 것이다.



이 책의 매력과 권위는 국제정치의 보편적 본질, 즉 국가행위의 진정한 동기를 인간의 본성으로부터 도출해 '권력이라 정의되는 국가이익'이라는 명료한 개념으로 풀어내며 현실주의 국제정치 이론을 정립했고, 국제사회의 정치와 안보 현실을 바라보는 매우 신뢰할 만한 시각과 중요한 개념들을 제공했다는 사실로부터 출발한다. 오늘날 세력균형, 국가이익, 권력, 외교 등의 주제와 개념은 학계는 물론 외교와 안보, 국방을 담당하는 정책 실무진들도 진부하게 여길 만큼 보편적인 것들이다. 스파이크만Nicholas J. Spykman, 니버Reinhold Neibuhr, 카아E.H. Carr 등의 학자들이 제1차 세계대전 이후 20여 년 동안 국제정치학계를 풍미하던 이상주의 철학을 대체할 새로운 이론을 모색하던 시절,

모겐소 교수는 이 책을 통해 현실주의라는 현대적 의미의 국제정치 인식체계를 제시하며 이후 미국의 국제정치학이 글로벌 차원에서 절대적 영향력을 행사하는 계기를 확고히 했다. 전후 미국의 외교정책은 국가 간의 관계를 권력정치, 현상유지, 동맹, 세력균형 등의 현실주의 개념을 통해 인식한 그의 철학을 바탕으로 설계되었고, 지금까지도 그 근간은 흔들리지 않고 있다. 모겐소의 철학이 지성사知性史적 측면에서 미국의 자부심을 크게 높여주었다는 사실에 대해 미국의 정치학계가 자랑스러워하며 세계 사회의 정치학자들도 공감하는 것은 결코 우연이 아니다.

거기에 덧붙여 모겐소 교수 생전에 네 차례(1954년, 1960년, 1967년, 1973년), 1980년 그가 타계한 후 제자인 톰슨 교수에 의해1985년에 6판(McGraw-Hill 출판사)이, 그리고 2006년 4월에 톰슨 교수와 그의 제자인 클린턴 교수에 의해 7판이 발행되는 등 시대의 흐름을 반영하는 적절한 수정 · 보완작업이 지속된 것도 이 저서의 생명력이 변함없이 이어진 중요한 이유가 되었을 것이다.

모겐소 교수의 현실주의 권력정치 이론에 대해서는 늘 많은 오해가 따랐다. 그것은 모겐소 교수의 논지가 지닌 결함보다는 그의 철학을 제대로 이해하지 못한 여러 학자들이 성급하게 이런저런 지적을 쏟아낸 데 기인한 경우가 많았다. 국제정치는 '권력이라 정의되는 국가이익'에 기초한 객관적 법칙에 의해 지배되며, 이는 인류 불변의 법칙이어서 국제정치는 본질적으로 '만인의 만인에 대한 투쟁'과도 같은 권력투쟁일 수밖에 없고, 결국 우리 인간에게 다른 선택이 없다는 그의 주장을 확대 해석한 학자들은 그를 "뉴 마키아벨리"라 부르며 혹평하곤 했다. 즉, 모겐소 철학의 핵심이 "국가의 도덕적 의무는 자기 이익의 극대화이고 국가의 그런 합리적 행위는 설사 인류를 파괴할지라도 거역할 수 없는 정언명령定言命令이 되며, 결국 국제사회의 평화가 국가들 간의 협력으로 달성될 수 없어 국제평화란 원천적으로 불가능하고 기껏해야 패권국가가 부과하는 질서, 즉 전쟁이 없는 일시적이며 소극적인 평화만이 가능할 뿐이라는 것"으로 이해하고 그런 주장이 도덕과 당위의 문제를 지나치게 경시한다고 비판한 것이었다.

그러나 모겐소의 철학에 대한 이같은 비판은 이 책을 제대로 이해하지 못한 데서 비롯된 오해일 뿐이다. 이 책은 전체가 10부, 32장으로 구성되어 있다. 그 방대한 내용을 끝까지 통독하고 모겐소의 혜안과 통찰력을 제대로 이해하기란 쉬운 일이 아니다. 대학이나 대학원의 국제관계론 혹은 국제정치학 강좌에서 교재로 사용되는 경우에도 대개는 현실주의 정치이론의 여섯 가지 원칙과 권력투쟁으로 풀이되는 국제정치의 현실, 그리고 세력 균형론에 이르는 전반부를 간신히 다루는 데에서 그치기 십상이다. 아니 거기까지 만이라도 제대로만 다루어진다면 퍽 성실한 강의라 할 수 있다. 수많은 저서와 교재가 넘쳐나는 상황에서 어느 한 권을 중심으로 한 학기 강의를 끌어간다는 것이 현실적으로 쉽지 않고, 같은 교재를 두 학기에 걸쳐 강의할 수도 없을 테니, 이 책의 후반부 내용이 구체적으로 다뤄질 기회는 드물 수밖에 없다. 이 저서를 교재로 사용하는 강의실에서 국내외 구분 없이 같은 모습이 반복되는 것은 독자나 교수의 나태함 탓이 아니라 이 책의 방대한 분량으로 인한 불가피한 현상일 뿐이다. 모겐소의 철학에 대한 오해는 바로 여기서 자연스럽게 시작된다.

《국가 간의 정치》의 제1편에서부터 3편까지에는 인간 본성에 자리 잡은 권력투쟁적 정치현상이 지배하는 국제사회의 현실이 명쾌하게 설명되어 있다. 그리고 4편부터 9편까지는 권력정치로 인해 파괴된 평화를 회복하려는 혹은 평화의 파괴를 방지하려는 인류의 오랜 노력과 고민이 모겐소 교수 특유의 해박한 외교사적 지식을 통해 분석되고 검증된다. 세력 균형, 세계 여론과 국제 도덕, 국제법, 제한을 통한 평화(군축, 안전보장, 사법적 해결, 국제연맹과 국제연합 등의 세계정부), 변경을 통한 평화(세계국가와 세계공동체) 등이 주된 내용이다. 평화를 향한 이렇듯 다양한 시도가 원천적으로 한계를 가질 수밖에 없다면 인류의 평화란 불가능한 것일까 하는 의문이 드는 순간, 모겐소 교수는 우리가 희망을 가지고 새롭게 인식해야 할 주제를 제시한다. 결론인 제10편에서 분석되는 '외교'이다. 질서와 무정부상태, 평화와 전쟁 등 인류의 당면 문제를 해결하고 싶다면 외교의 의미를 적극적으로 재해석해 압력과 설득, 그리고 협상을 통한 외교절차를 능동적으로 개발하고, 참여하고, 의존해야 하며, 그 과정에서 외교를 아홉 가지 원칙에 따라 현대적으로 재해석하는 노력이 필요하다는 것이다.

모겐소 교수는 제2차 세계대전 이후 미소 대결 시기의 냉전적 사고를 대표하는 매파 학자도 아니요 미국의 군사력을 강화해 소련과 대결하는 것만이 세계 평화를 얻는 길이라고 역설하지도 않았다. 마키아벨리적 권력 투쟁이 난무하는 현실 국제정치 속에서 외교의 의미를 평가절하한 적은 더더욱 없었다. 베트남전을 치르는 미국 정부에 냉철하고도 진정어린 비판을 가한 대표적인 학자가 바로 모겐소 교수였다. 현실주의 국제관계학이 물신화된 국가라는 행위자를 통해서만 국제관계를 관찰하기 때문에, 즉 사회관계에 대한 관점이 부족한 전도된 사고체계이기 때문에 그의 논지에서 역사와 개인, 그리고 사회를 발견하기 어렵다는 비판은 냉혹한 정치현실 속에서 평화의 가능성과 현실에 적용 가능한 규범을 갈망한 모겐소 철학의 본질을 제대로 이해하지 못한 데서 나온다.

모겐소의 권력론적 국제정치 이론은 권력의 비물리적 · 비폭력적 성격을 강조하며 사상과 이념, 그리고 이해를 달리하는 여러 국가들 간의 평화공존론을 주제로 한다. 모겐소는 각국이 자기 국력에 맞는 적절한 역할과 정책을 추구할 때 세계평화가 보장되며 자기 이념과 가치관이 갖는 상대성을 망각하고 보편적 권력투쟁을 진리를 위한 이념투쟁 혹은 성전의 도구로 삼는 것이야말로 세계 평화의 최대 적이라며 경계했다.



이런 까닭에 모겐소 철학을 제대로 이해하기 위해서는 이 책의 후반부까지를 반드시 통독할 필요가 있다. 모겐소 철학의 진수가 바로 후반부에서 펼쳐지기 때문이다. 때때로 '모겐소는 외교가 필요없다고 주장했다'는 식의 터무니없이 과감한 평가와 비판이 나오는 것은 이 저서에 '평화와 권력을 위한 투쟁The Struggle for Power and Peace'이라는 부제가 달려 있다는 사실에 주의를 기울이지 않은 까닭에, 다시 말해 권력Power을 다루는 전반부만 읽다가 뒤에서 전개되는 평화Peace에 대한 모겐소의 열망을 놓친 까닭에 생긴 오해일 뿐이다. 그런 경솔한 지적에 대한 안타까움과 억울한 심정을 모겐소 교수는 1954년에 출간한 제2판 서문에서 토로한 적이 있다. "자기가 가져본 적이 없는 생각들로 인해 비난받는" 저자들의 운명을 탄식하며 몽테스키외가 "읽기에 앞서 말하기를 좋아하고, 알기 이전에 판단하기를 좋아하는 독자들"에게 《법의 정신》 서문을 통해 항변했던 말을 인용하면서 충고한 내용은 다음과 같다.

> 독자들에게 어렵겠지만 한 가지 부탁을 꼭 드리고 싶다. 20여 년간에 걸친 노력을 단 몇 시간의 독서로 쉽사리 판단하지 말아달라는 것과 몇몇 구절이 아니라 책 전체를 보고 칭찬하든지 비판해달라는 것이다. 저자의 의도를 제대로 이해하기 위해서는 책의 구성을 철저히 살펴보는 수밖에 없을 것이다.

국제정치 현실의 이면에 숨은 진정한 동기와 목표를 가감 없이 드러내는 모겐소 교수의 이론화 작업과 때를 같이 해서 시카고 대학의 선후배지간이었던 찰스 메리엄Charles Merriam, 1874~1953과 데이빗 이스턴David Easton 교수는 행태주의Behavioralism 이론과 체계론system theory적 접근법을 발전시켰다. 이후 국제정치학의 발달은 인류 집단 간의 정치를 현실주의라는 철학적 관점에서 관조하는 직관적 시각과, 경험과 실증적 근거를 강조하며 객관성을 중시하는 다른 시각이 전개해온 치열한 경쟁과 보완의 상승작용이었다고 보아도 과언이 아니다. 모겐소의 (고전) 현실주의 정치철학이 신현실주의, 구조적 현실주의, 비구조적 현실주의, 공세적 현실주의 등 다양한 이론화를 통해 계보를 이어온 한편, 국제정치 이론의 과학화를 추구하는 학자들은 기능주의 이론, 연계 이론, 통합 이론, 제도주의, 구조주의 등 다양한 이론화를 시도해온 것이다.

모겐소의 이론을 비판하는 학자들은 모겐소의 이론에서 국가권력이나 국가이익과 같은 주요 개념들 상호 간의 비중이나 역학관계가 제대로 분석되지 않고 있으며, 논지를 뒷받침하기 위해 동원된 수많은 역사적 사례들도 자의적으로 선택되었다는 점 등을 지적한다. 그러나 모겐소 철학의 직관적 지혜를 따르며 이후 국제정치와 안보환경에 대한 보다 설득력 있는 설명을 추구한 현실주의 계파의 후배 학자들은 물론이고, 모겐소 철학의 비과학성을 비판하는 학자들이 이룩한 다양한 업적도 결국 국가권력과 국제정치 현상이 인간 본성에 기인하는 객관적 법칙에 의해 움직인다는 모겐소의 철학을 전제하고 있음은 엄연한 사실이다. 그러기에 모겐소 이후 오늘에 이르는 국제정치학의 발전은 결국 모겐소 학파와 무언가 새로운 것을 추구하는 학자들 간의 대화에 지나지 않는다는 지적도 나오곤 한다.



두 차례에 걸쳐 이 책의 개정판을 만들며 스승의 업적을 기리던 케네스 톰슨 교수가 2013년 2월 2일 아흔한 살의 일기로 세상을 떠났다. 《국가 간의 정치》 초판이 저술되던 당시 스물여섯 살의 대학원생이던 그는 모겐소 교수를 도와 자료를 정리하고 원고를 다듬는 작업에 참여했던 소중한 인연에 대해 남다른 자부심을 가졌던 학자였다. 그는 록펠러 재단에서 오랜 기간 근무한 후 일리노이 대학에서 후학을 가르치던 1978년부터 1998년까지 대통령학과 정부론, 그리고 공공정책학을 강의하며 밀러공공문제연구센터Miller Center of Public Affairs를 굴지의 연구기관으로 발전시킨 공로를 인정받고 있다. 저명학자, 정치가, 공무원, 언론인 등을 초청해 밀러센터에서 보름마다 개설한 정책포럼은 제럴드 포드와 지미 카터 현직 대통령과 빌 클린턴 대통령 당선자가 직접 참석해 연설할 정도로 주목받던 연구기관이었다.

아마도 앞으로는《국가 간의 정치》의 개정판이 나오기 어려울지 모른다는 생각을 해본다. 오늘날의 학자들이 케네스 톰슨 교수와 같은 정성으로 이 책의 개정 작업을 추진해줄 것으로 기대하기는 사실상 어렵기 때문이다. 케네스 톰슨 교수가 이 책의 방대한 내용을 현대적 감각으로 보완하는 결코 만만치 않은 작업을 두 차례나 시도할 수 있었던 것은 스승에 대한 더없는 존경과 이 저서에 대한 애정이 남달랐기 때문이었을 것이다.

또한 이 저서의 개정판을 펴내려는 또 다른 시도보다는 이 저서를 영원한 고전으로 간직하는 것이 더 바람직할지도 모른다는 생각을 해본다. 이 책에 고스란히 담긴 지혜는 아무리 급변하는 국제정세라 할지라도 그것의 핵심을 짚어내고 설명하는 데 조금도 부족함이 없기 때문이다. 우리 주변에서 숨가쁘게 전개되는 다양한 안보 현안들은 결국 모겐소 교수가 지적한 것처럼 인간 본성에 뿌리를 둔 상황극에 지나지 않을지 모른다. 세월을 따라가며 숱한 지식과 데이터를 첨삭한들 모겐소 교수의 지혜와 혜안을 뛰어넘기 어렵다면 그가 마지막으로 펴냈던 제5판을 소중히 간직하는 것이 더 큰 의미를 지니는 일이 아닐까도 생각해 본다.

《국가 간의 정치》의 한국어 번역판은 고려대학교 정치외교학과 이호재 교수에 의해 1987년 9월 법문사法文社에서 제5판을 번역하여 처음 발간되었다. 시카고 대학교 대학원에서 모겐소 교수의 강의를 접한 인연을 소중히 생각하며, 그리고 이 책의 가치를 누구보다 잘 이해했던 이호재 교수는 국제정치론 강좌의 교과서로 이 책을 늘 사용했었다. 나 역시 1978년 이호재 교수의 강의를 수강하며 이 책을 접한 것이 계기가 되어 이후의 인생 행로를 결정하는 데 큰 도움을 받았던 기억이 생생하다. 정치가 극도로 혼란스럽던 1980년 여름, 대학이 폐쇄되어 고향 인근 절에서 기거하며 이 책을 끝까지 정독했고 그때 만든 한글 요약본은 이후 번역작업에 큰 도움이 되었다. 이 책의 번역판이 나와 많은 독자들이 손쉽게 모겐소 교수의 지혜를 이해할 수 있게 하는 것은 정말 의미 있는 일이겠다는 생각으로 언젠가 제대로 번역해보리라 마음먹었던 것도 그때였다. 1983년 고려대학교 대학원 박사과정을 시작하면서 틈틈이 번역 작업에 매달린 지 4년 만에 초고를 완성했고 그것을 토대로 수정작업을 거쳐 법문사판 번역본이 완성된 것이다.

최근 이 책이 절판된 사실을 안타깝게 여긴 여러 학자들의 복간 권유를 진지하게 받아들여 제7판의 한국어 판권을 확보하고 번역작업을 다시 시작할 수 있었다. 직장 일과 병행해 번역하는 일이 쉽지 않았지만 이 책에 대한 나름의 애정이 컸기에 힘든 줄 모르고 무사히 탈고할 수 있었다. 모겐소 교수 타계 이후 두 차례 개정이 이루어지면서 여러 군데 표현이 바뀌었고 새로 들어간 절이 있어 번역 작업은 오롯이 새로 하는 거나 다름이 없었다. 이호재 교수가 2009년 8월 갑자기 타계하지 않았더라면 이 번역판의 완성도가 더 높았을 거라는 아쉬움이 크다. 이 책을 이호재 교수와의 공역共譯으로 발간함으로써 어리숙한 제자에게 많은 가르침을 베푸신 은사에 대한 존경의 표시가 될 수 있기를 빈다. 그럼에도 혹 오역이나 실수가 발견된다면 그것은 오직 이 필자의 탓이므로 많은 질책을 기다리고자 한다.

2013년 겨울
한국국방연구원 연구실에서
엄태암

차례

제8부

# 평화의 문제: 제한을 통한 평화

제10부

평화의 문제 :
# 조정을 통한 평화

# 1권 차례

제7부

# 현 세계의 국제정치

Politics Among Nations

제20장

# 민족주의적 보편주의의 새로운 도덕적 힘

## 과거의 민족주의와 새로운 민족주의[1]



이제 우리는 종교전쟁의 종식에서부터 제1차 세계대전에 이르기까지 세력균형이라는 수단을 통해 근대국가체제를 유지해온 힘이 서구 세계의 지적, 도덕적 전통이라고 지적할 때 제기했던 질문에 대답할 수 있어야 한다. "오늘날 이런 유산으로 남겨진 것은 무엇인가?" 이것이 당시 제기했던 질문이었다. 제2차 세계대전 이후의 기간에는 어떤 종류의 국제적 합의가 세계 여러 나라를 결합하고 있는가?[2]

대답은 오늘날 국제 무대에서의 권력 투쟁에 대한 도덕적 제약이 과거 근대국가체제의 어느 시기보다 미약하다는 사실뿐이다. 17, 18세기

1_ 이 부분은 1권 pp. 512 ff.의 민족주의와 민족주의적 보편주의의 문제에 대한 논의를 다시 한 번 정리하고 있다.

2_ 1권 p. 231 참조.

에 하나를 이루었던 국제사회는 국민에게 사회적 통합을 최고도로 제공해주는 수많은 국가사회로 대체되었다. 그 결과 과거 수백 년 동안 각 개별 국가가 보여왔던 권력에 대한 열망을 일정한 범위 안으로 규제해주던 국제도덕은 몇 가지 단편적인 규제력을 제외하고는 개별 국가의 도덕에 굴복하고 말았다. 이 도덕은 그보다 상위에 있거나 동떨어진 어떤 도덕적 의무도 인정하려 들지 않을 뿐 아니라 전 세계에 그 자체를 보편적으로 인정하라고 요구하기까지 한다. 세계 여론이란 이데올로기적인 가면에 불과하므로 다른 시대에 존재했던, 적어도 국제적 귀족계급만은 공유하고 있었던 실체적인 공동의 평가와 반응조차도 없는 것이다. 국제법 규칙 대다수는 개별 국가의 주권에 힘입어 존재한다. 법률적인 안전장치로 주권을 에워싸서 보호함이 국제법 규칙의 주요 임무 가운데 하나다. 개별 국가가 가진 권력에 대한 열망을 제약하기는커녕, 개별 국가의 권력적 지위가 다른 국가와의 관계에서 스스로 부담하는 어떠한 법률적 의무에 대해서도 악영향을 받지 않도록 조처하고 있다. 윤리 영역에서 국가 도덕이, 관습 영역에서 국가 여론이 차지하는 관계처럼 국제법에는 주권이 이 같은 관계를 유지하고 있다. 법률적인 의미에서 주권이란 개인의 궁극적이며 세속적인 충성심의 수령자로서, 가장 강력한 사회 세력으로서, 그리고 국민을 위한 법률을 제시하고 강제하는 최고 권위로서의 국가를 의미한다.

오늘날 보편 종교, 인도주의, 세계시민주의, 그리고 국경을 넘어 개인을 결속시키는 모든 개인적 유대관계, 제도, 조직 같은 초국가적인 힘은 특정 국경 안에 있는 국민을 단결시키고, 이들을 다른 사람들과 분리하는 힘보다 매우 약해지고 말았다. 각국의 외교정책을 효과적으로 제약하기 위해 마땅히 강해야 하는 초국가적 힘이 이처럼 쇠퇴했다는 사실은 오늘날 우리 시대의 정치적 외관을 형성하는 강력하고 적극적인 힘, 다시 말해 민족주의의 부정적인 산물일 뿐이다. 민족주의는 개별 국가의 외교정책과 동일시되기 때문에 외교정책에 규제력을 발휘할 수가 없다. 본질적으로 규제력이 결여되어 있는 것이다. 민족주의는 지난 시대에서부터 우리에게 전해져 내려온 규제력을 비록 완전히 없애지는 못했지만 치명적으로 약하게 만들었을 뿐만 아니라 개별 국가의 권력 열망에 메시아적인 열정을 불어넣어 양심에 거리낌이 없게 해주었다. 이는 또한 19세기의 민족주의가 알지도 못했던 세계적 지배에 대한 갈망과 힘을 각국에 불어넣어주었다.

20세기 후반의 민족주의는 전통적인 의미에서의 민족주의나 19세기 민족운동과 민족국가에 이르러 절정을 맞이했던 것과는 본질적으로 다르다. 전통적인 민족주의는 각 민족을 외국의 지배에서 해방시켜서 각 민족에게 자신의 국가를 부여하고자 했다. 이런 목적은 단지 한 민족만이 아니라 모든 민족에게 정당한 것으로 간주되었다. 일단 한 민족이 구성원들을 하나의 국가로 통합하고 나면 민족적 열망은 충족되었다. 그리고 자신의 국가를 창설하고 보존하려는 민족들 수만큼이나 많은 민족주의가 생길 여지가 있었다.

그러므로 19세기의 민족주의와 관련된 국제적 분쟁은 본질적으로 두 가지였다. 발칸 국가들과 터키, 다뉴브 강 유역에 있는 슬라브 민족과 오스트리아 · 헝가리 제국, 폴란드와 러시아 사이에서처럼 한 민족과 외국 지배자 간 분쟁이 한 가지이고, 게르만 민족 간 분쟁이나 폴란드와 프랑스 사이의 분쟁처럼 서로 다른 민족 사이에서 벌어지는 지배 영역의 경계 설정에 관한 분쟁이 다른 한 가지다. 19세기의 국제적 분쟁은 상대방 민족의 원리 원칙을 서로 다르게 해석하거나 완전히 거부하는 데에서 비롯되었다. 민족국가를 세우고자 하는 모든 민족의 열망이 일단 충족되고 나면 이때 만족한 민족들은 민족자결주의라는 법적, 도덕적 원칙 속에서 스스로를 보존할 수 있는 수단을 찾게 되리라는 기대는 제1차 세계대전이 끝난 이후에도 계속되었다.

19세기의 억압받고 경쟁적이던 민족들을 고무했던 민족주의와 20세기 후반에 초강대국들을 치열한 전쟁으로 몰고 갔던 민족주의를 같은 이름으로 일컬으면 오늘날의 시대를 이전 시대와 구별해주는 근본적인 변화가 모호해진다. 진정한 민족주의적 보편주의라고 할 수 있는 오늘날의 민족주의와 19세기의 민족주의는 단 한 가지 공통점을 가질 뿐이다. 그것은 민족이 정치적 충성심과 행위의 궁극적인 준거점이라는 점이다. 그러나 비슷한 점은 그뿐이다. 19세기의 민족주의에서 민족은 정치적 행위의 궁극적인 목적이며 정치적 발전의 종점인데, 그 너머에는 이와 비슷하고 마찬가지로 정당화될 수 있는 목적을 가진 또 다른 민족주의가 있다. 20세기 후반의 민족주의적 보편주의에서 민족은 보편적인 사명의 출발점일 뿐이다. 그 보편적인 사명이 가진 궁극적인 목표는 정치 세계의 경계에까지 이어진다. 민족주의가 한 민족이 한 국가를 구성하기를 원할 뿐 더 이상의 욕심이 없는 반면에 지금 우리 시대의 민족주의적 보편주의는 한 민족, 한 국가 구성과 자기 나라의 가치 기준이나 행동 기준을 다른 모든 나라에 강요할 권리까지를 아울러 요구하고 있는 것이다.

이런 해악은 앞으로 완화되지는 않을 듯하다. 오히려 수많은 국가를 초국가적 연합 속으로 끌어들임으로써 더욱 악화될지도 모른다. 예를 들어 서구 국가들은 홀로 새로운 민족주의적 보편주의의 선봉에 효과적으로 서기에는 너무나 나약하다. 프랑스나 독일이 자신들 생각대로 이 세상을 마음대로 주무를 수 있으리라고 꿈꾸던 시대는 지나간 것이다. 그러나 서구 여러 국가가 연합하여 상당한 잠재력을 지닌 새로운 정치적, 군사적 통일체를 형성할 수 있었다면 서구 전체에 공통적인 새로운 십자군적 정신 세력의 기반을 다지고, 다른 국가들의 민족주의적 보편주의와 경쟁할 수 있었을 것이다. 현대 세계의 기술적, 군사적 조건 관점에서 보면 전통적인 의미의 민족국가 개념은 분명히 무의미하다. 그러나 이런 조건에 알맞은 좀 더 대규모 단위를 만들어 과거의 민족국가를 대체하려고 노력하는 한편으로 우리는 이러한 노력이 우리 시대의 십자군적 민족주의를 좀 더 효율적으로 추구하는 수단을 통해 단순히 대체되어버리지 않도록 주의해야 한다.

국가와 연결되어 있는데도 어떤 특정한 국가와 연결되어 있지 않음은 민족주의적 보편주의의 특성 가운데 하나이며, 이는 보편주의적인 성격과 열망에서 생기는 현상이다. 공산주의가 세계를 변모시키려고 하면서 사용한 수단 가운데 하나는 분명히 소련이었다. 그러나 이런 면에서 중국이나 다른 국가가 앞으로 아시아 지역에서 과거 소련이 차지했던 자리를 대신하지 않으리라고 누가 장담할 수 있을까? 19세기의 민족주의는 사실 어떤 특정한 국가의 고유한 특성이나 열망에서 발생했으며, 그런 특성과 열망에서 분리되면 의미와 기능 또한 상실할 수밖에 없었다. 이런 점에서 우리 시대의 민족주의적 보편주의는 과거의 민족주의와 차이가 있다. 그것은 일종의 세속적인 종교로서 인간의 본성과 운명에 대한 해석에서, 그리고 인류를 구원한다는 메시아적인 약속에서 보편적인 성격을 지닌다. 어떤 특정 국가가 어느 특정 시기에 횃불을 높이 들 수 있지만, 원칙적으로는 어느 국가든 그렇게 할 수 있다. 그러므로 십자군적인 민족주의라는 새로운 이름으로 세계 지배를 내세우는 주장은 정신과 힘의 조건에 따라 이 국가에서 저 국가로 옮겨 갈 수 있다.

### 사람 마음을 사로잡기 위한 투쟁[3]

민족주의적 보편주의의 이 같은 새로운 도덕적 힘은 국제정치 구조에 심리전 또는 정치선전이라는 새로운 차원을 첨가시켰다. 물론 외교정책 목표를 달성하기 위한 정치선전 사용이 새로운 것은 아니다. 까마득한 옛날부터 그런 목표를 위해 소규모로, 산발적으로 사용되어왔다. 그리스와 이탈리아 도시국가에 있었던 지배적인 파당들은 자신들의 정치철학에 공감하는 외국인들에게서 외교정책에 대한 지지를 획득함으로써, 또 그들을 자기편으로 전향시킴으로써 정치적 투쟁에서 승리하려고 했다. 16, 17세기에 있었던 종교 분쟁과 프랑스 혁명 전쟁에서 국민의 종교적, 철학적 공감을 얻는 일과 종교적, 철학적으로 공감을 가지는 외국인들을 자기편으로 끌어들이는 일은 정치적, 군사적 전쟁에서 강력한 무기로 발전되었다. 가톨릭 적대자들의 마음을 돌려



3_ 1권 pp. 381-384 참조.

개종시키거나, 소수 신교도들의 종교적 공감대를 자신의 정치적, 군사적 목적으로 이용할 수 있는 신교 군주라면 전쟁은 아니라 할지라도 싸움에서 총 한 방 쏘지 않고 이길 수도 있었을 것이다. 프랑스 혁명 사상으로 전향한 사람은 프랑스 혁명 정부의 외교정책에 대한 적극적인 지지자가 되는 수가 많았다.

오늘날의 정치적 선전은 양적으로나 질적으로 과거와는 다르다. 현대 기술로 말미암아 제2차 세계대전 이후 그 범위와 효율성이 엄청나게 늘어난 것이다. 이는 외교와 군사력 같은 전통적인 수단과 조화를 이루는 외교정책적 독자 수단이 되었다. 따라서 공산주의가 오늘날처럼 분열되지 않았던 시절에 공산주의를 신봉하던 사람들은 어디에서나 소련이 펼치는 외교정책을 지지했으며, 민주주의를 신봉하는 사람들은 그들이 미국 외교정책에 대한 적극적인 수호자는 아니더라도 최소한 소련의 외교정책에 대해서만은 반대 입장을 취했다. 공산주의자들의 수가 많을수록 소련의 외교정책에 대한 지지 기반은 강해졌으며, 미국이 펼치는 외교정책이 성공할 수 있는지 없는지는 주로 전 세계적으로 반공사상이 얼마나 강하며 얼마나 널리 퍼져 있는지에 따라 좌우되었다. 선거와 내란을 치른 결과 역시 한 국가의 외교정책이 나아갈 방향을 결정했다. 공산당이 승리할 경우 그 국가는 소련과 동맹 관계를 맺을 수도 있었지만, 만일 민주 정당이 승리할 경우에는 비동맹 상태로 남아 있거나 미국을 지지할 것이었다. 다른 국가의 국내적 세력 분포 상태가 자국에게 불리하게 전개되지 않도록 미연에 방지하고 우호적인 세력을 강화하는 일은 사람의 충성심을 얻기 위해 정치철학을 매개로 투쟁을 벌이는 경쟁국들의 중요한 관심사가 되고 있다.

심리전이나 정치선전은 외교 및 군사력과 함께 외교정책 목표를 달성하기 위해 사용되는 제3의 수단이 되고 있다. 어떤 수단을 택하든 외교정책의 궁극적인 목표는 언제나 똑같다. 상대방의 마음을 바꿔서 자기 이익을 증진하는 것이다. 그런 목적을 위해 외교는 이해관계의 충족 또는 거부 같은 방식으로 설득력 있는 약속과 위협을 사용하며, 군사력일 경우 특정 이해관계를 추구할 수 있는 상대방의 능력에 실질적인 폭력이라는 물리적 강제력을 사용하고, 정치선전일 경우에는 자국의 이익을 도모하기 위한 지적 확신이나 도덕적 가치, 정서적 선호 따위를 사용하거나 창출한다. 결국 모든 외교정책은 사람의 마음을 사로잡기 위한 투쟁이다. 그러나 정치적 선전은 이해관계의 조작이나 물리적인 폭력 같은 중간 단계를 거치지 않고 사람의 마음을 직접 좌우하려고 한다는 특이한 의미에서만 사람의 마음을 사로잡기 위한 투쟁이라고 할 수 있다.



외교와 전쟁의 역사는 길고도 지속적이다. 따라서 그 원리에 대한 이론적인 이해도 매우 진전되어 있다. 외교정책의 독자적인 수단으로서의 정치선전은 아직 생소한 면이 있으며, 이론과 실무 양면에서 경험적으로 미숙한 상태다.

## 정치선전의 세 원리

사람의 마음을 사로잡기 위해 정치선전이라는 무기를 가지고 벌이는 투쟁을 이끌어가야 할 기본 원리는 어떤 것일까? 이론적으로 모호하면서 실제에서도 흔히 잘못 쓰이는 세 가지 문제점을 밝힐 필요가 있다. 이는 첫째 정치선전의 내용과 그 효과 사이의 관계, 둘째 정치선전과 그 선전 대상이 되는 사람들의 인생 경험 및 이해관계 사이의 관계, 셋째 정치선전과 그것을 수단으로 하는 외교정책 사이의 관계다.

1. 미국과 프랑스의 혁명 사상이나 볼셰비즘과 파시즘의 슬로건들처럼 사람의 상상력을 사로잡고 정치적인 행동을 부추겼던 과거의 위대한 철학들은 그것이 진리였기 때문이 아니라 진리라고 믿어졌기 때문에 성공할 수 있었다. 선전의 대상이 되는 국민이 바라던 바를 지식과 행동으로 제공해주었기 때문인 것이다. 국가사회주의의 인종 이론이 터무니없는 오류라는 사실은 누구도 의심할 수 없다. 그러나 저명한 인류학자들이 했던 주장마저도 사람의 마음을 사로잡기 위해 제시된 이런 이론과의 싸움에서는 완전히 패배했다. 제국주의와 전쟁에 대한 경제적 해석도 알려진 사실과는 부합하지 않는다. 그러나 그것에 대한 대중의 믿음은 뿌리 뽑기가 거의 불가능할 정도다.

이런 이론들의 명백한 오류는 그 이론들의 성공이나 실패와는 관계가 없었다. 그 성공에 결정적이었던 것은 당시 사람들이 절감하고 있던 지적, 정치적 필요를 충족시켜줄 수 있는 능력이었다. 독일 국민은 자신들의 좌절된 권위주의 때문에 모든 현상이 그 반대인데도 자신들이 원래는 다른 어느 민족보다 우월하며, 국가정책만 올바르다면 실제로 월등해질 수도 있음을 스스로에게 증명해 보이기 위한 도구로서 인종 이론에 매달렸다. 독일이 부상하리라는 기대 속에서 인종 이론은 독일 민족이 자신의 우월성을 독일 바깥에 있는 소수 민족들을 상대로 시도하는 일이 거의 숙명인 듯이 보이게 했고, 애초 성공할 수밖에 없었던 그 시도는 인종 이론 자체의 타당성을 실험적으로 증명해주는 듯해 보였다.

마찬가지로 제국주의와 전쟁에 대한 경제적 해석 역시 국민들이 절감하는 지적, 정치적 욕구를 충족시켜준다. 오늘날의 복잡한 국제관계 때문에 머리가 혼란스러운 국민의 마음은 간단명료하고도 그럴듯한 설명을 갈망한다. 경제적 해석은 바로 그런 설명을 제공해줌으로써 국민의 마음을 편안하게 해준다. 정치적 행동과 관련해볼 때 이는 인종 이론과 비슷한 기능을 수행한다. 이 이론은 '월 스트리트의 전쟁광'이나 '군수품 제조업자들'을 손쉽게 사용할 수 있는 심벌로 만들어버리는데, 정치적 행동이 취해질 때 이런 심벌은 사격장의 표적처럼 이용된다. 이 이론에 따르면 '전쟁에서 이익을 얻기 위해' 또는 교전 국가들과의 상거래를 제한하기 위해 여러 조치를 취할 수 있다. 이런 조치가 완료될 경우 제국주의와 전쟁의 위험성은 사라지는 듯해 보이며, 국민 대중은 국제정치가 무엇인지 확실히 알았다고 생각하게 되고, 또 자신들이 이런 지식에 근거해서 행동했음을 의식하면서 두 배로 만족을 얻게 된다.

정치철학의 진실성 여부와 정치선전 도구로서의 효율성 사이에는 정확한 상관관계가 없다. 때로는 그 가정이나 결론에 오류를 안고 있는 정치철학이 많은 사람의 마음을 사로잡기도 한다. 정치철학은 사람의 마음을 얻기 위한 투쟁에서 내적 진실성에만 의존할 수는 없는 것이다. 오히려 자신의 진실성과 영향력을 미치고자 하는 사람의 마음 사이에 어떤 특수한 연결성을 수립하고자 해야 한다. 이런 연결은 사람들이 어떤 정치적 사고방식을 받아들이게 하기도 하고, 거부하게 하기도 하는 인생 경험 및 이해관계에 따라 제공된다.

2. 정치철학은 언제 어디서나 스스로 진리라고 주장되지만, 사람들은 특정한 시기에 자신들이 처한 상황에 따라 특정한 생각만을 받아들인다. 이미 살펴보았듯이[4] 이런 상황은 시간의 흐름에 따라 매우 다양하게 변할 뿐 아니라 같은 시기에도 사람에 따라 천차만별이다.

불평등 제거를 가장 절실히 원하는 사람들에게 사회적, 경제적, 정치적 평등주의가 어필하는 곳이면 어디에서나 공산주의는 성공적이었다. 대중이 정치적 자유를 무엇보다 우선시하며 열망하는 모든 곳에서 서구 정치철학은 성공했다. 따라서 공산주의는 동유럽과 중부유럽에서 사람 마음을 사로잡기 위한 투쟁에 패배했고, 민주주의는 아시아 지역에서 대체로 패배했다. 동부 및 중부 유럽에서 평등에 관해 공산주의자들이 한 약속은 적군과 러시아 비밀경찰이 저지른 폭정을 겪었던 그 지역 주민들의 인생 경험 때문에 널리 확산될 수가 없었다. 이 지역들에서 공산주의는 자유에 대한 관심보다는 평등에 대한 열망, 특히 경제적 평등에 대한 관심이 더 큰 일부 사람에게만 성공할 수 있었다.

반면에 아시아 지역에서 민주주의가 성공할 수 없었던 까닭은 아시아 지역 주민의 인생 경험이나 이해관계와 동떨어진 내용을 호소했기 때문이다. 아시아 지역 주민은 서구 식민주의에서의 해방을 무엇보다

4_ 1권 pp. 589-591 참조.

도 원했다. 민주주의 철학이 아시아 지역 주민들의 인생 경험과 모순되는 상황 아래 민주주의가 사상 투쟁에서 성공할 가능성이 얼마나 되었겠는가? 평범한 사람들의 인생 경험과 동떨어진 정치선전의 중요성은 스팍스Fred Sparks 기자가 1950년 9월 30일자 《시카고 데일리 뉴스Chicago Daily News》에 쓴 한 기사에서 명백히 드러나고 있다.

> 며칠 전 필자는 호찌민 시 근처에 사는 한 농부를 만났다. ……
>
> 통역을 통해 인도차이나에 미국인이 오는 데 대해 그가 어떻게 생각하는지 물어보았다. 그는 이렇게 말했다.
>
> "백인은 백인을 도와준다. 당신들은 프랑스인이 우리를 죽이도록 총을 주어 돕고 있다. 우리는 모든 외국인이 이 땅에서 없어져버렸으면 한다. 베트민은 …… 프랑스인을 점차 내쫓는 중이다."
>
> 필자는 다시 물었다. "베트민의 배후에도 백인이 있다는 사실을 모르는가? 호찌민Ho Chi Minh, 胡志明이 소련의 지령을 받는다는 사실을 모르는가?"
>
> 농부는 대답했다. "나는 호찌민 시에서 미국인을 보았다. 또 프랑스인도 보았다. 하지만 나는 베트민이 백인과 함께 있다는 소리를 들은 적은 없다."

이 일화가 중요한 까닭은 농부가 한 말이 서구 사상에 대한 아시아 사람들의 반응을 상당히 잘 대변해주고 있기 때문이다. 이런 반응이 서구에 대해 가장 극적이고 비참한 결과를 가져다준 곳은 바로 중국이다. 중국만큼 정치철학과 사람들의 인생 경험이 극적인 대조를 보이는 곳이 없기 때문이다. 미국이 거의 한 세기에 걸쳐 중국에 심어온 반제국주의적 기록과 이 때문에 중국 안에 형성된 미국에 대한 선의는 미국 무기가 중국인을 죽이는 데 사용되고 미국 비행기가 중국의 해안 도시에 폭탄을 투하하게 되자 일거에 사라져버렸다. 런던에서 발행되는 《이코노미스트Economist》는 국민당이 상하이를 공습한 사실에 대해 이런 기사를 싣고 있다.

> 언론은 이 공습들이 '미 제국주의자'의 소행이며, 동시에 대만의 '반동적 잔당'의 소행인 듯이 보도했다. 따라서 이 공습은 교육받지 못한 사람들에게 아직 남아 있었던 장제스에 대한 신뢰를 크게 떨어뜨렸을 뿐 아니라 일부 사람들이 여전히 품고 있던 미국에 대한 신뢰 역시 완전히 몰아내고 말았다.



미국적 사고방식이 고유한 특징으로 지니는 진실성과 선의가 사상전의 승패와는 전혀 무관함이 여기서 다시 한 번 입증된다. 문제를 결정한 요인은 보통 사람들의 인생 경험과 민주주의의 정치선전이 무관했다는 사실이었다. 당시 미국이 지지하고 있었거나 지지하는 듯해 보였던 정책이 사상전에서의 승리를 불가능하게 했던 것이다.

3. 심리전을 위해서 정치적 정책은 다음 세 가지 기능을 수행해야 한다. 첫째로, 정책은 목표와 그 목표를 달성하기 위해 사용되는 방법을 명확히 정의해야 한다. 둘째로, 정책은 그 목표 및 달성 수단과 관련하여 정치적 선전 대상이 되는 대중의 열망이 무엇인지를 파악해야

한다. 셋째로, 심리전이 어느 정도로 그 정책을 지지할 수 있는지를 결정해야 한다.

이미 언급된 다른 이유들은 차치하고라도 아시아에서 서구 세계의 심리적 열세는 정치적 정책의 열세에 기인하고 있다. 서구 세계가 자신들의 정치적 목표와 그 달성 수단에 대해서 확신을 가지지 못했기 때문에 그들의 심리적 정책은 정책상의 불확실성에 대한 은신처를 민주주의라는 일반론 속에서 모색하려고 했을 뿐이다. 따라서 서방 세계의 정치적 선전은 민주주의의 미덕과 진실, 그리고 볼셰비즘의 악과 오류를 강조하는 데 치우쳐 있었다.

이런 도덕적, 철학적 추상화 경향은 다른 사람들이 무엇을 원하는지에 대한 객관적인 파악마저 방해했다. 대체로 우리는 식량과 주거의 결핍과 폭력에 따른 죽음이라는 변고에서 우리 생애가 보호받고 있다고 확신하면서 이런 생물학적인 욕구 충족이 마치 당연한 듯이 여긴다. 우리는 생명 보호에 많은 주의를 기울이면서 자유의 보존과 행복 추구에 노력과 생각을 집중한다. 이런 현상은 우리에게 너무나 자연스러워서 시간적, 공간적 조건에 따라 달라지는 이런 제한된 경험을 우리는 언제 어디서나 타당한 보편적 원리로 정립하고자 한다. 따라서 적어도 은연중에 우리가 당연시하는 것을 다른 모든 사람도 당연하게 생각할 수 있고, 우리가 원하는 것이 모든 인류의 열망 대상이라고 가정한다. 그러나 심리적 성향에 공통점이 많다 하더라도 인생 경험이 제각기 다르기 때문에 정치적 열망 구조가 상이하게 수립된다는 사실을 우리는 이미 살펴보았다.

그렇다면 서방 세계의 민주주의가 유럽과 아시아 국민에게 효과적으로 이야기할 수 있는 능력은 다음 두 가지 상이한 관계를 설정하는 능력에 달려 있다. 하나는 이 국민들의 열망과 서방 세계의 정치적 정책 사이의 관계이며, 다른 하나는 이 정책들과 그것을 표현한 선전 사이의 관계이다. 이 세 가지 요인들이 비교적 쉽게 조화될 수 있는 상황들이 있다. 제2차 세계대전 동안 유럽의 점령지에서 국가사회주의 독일에 대항하여 정치적 전쟁을 수행하는 일은 비교적 간단했다. 유럽의 국민적 열망이 명확했고, 국제연합의 정책 역시 명확했었다. 양자는 모두 국가사회주의의 붕괴를 추구했고, 그 목표를 말로 나타내기란 쉬운 일이었다. 마찬가지로 소련의 팽창에 대항하여 유럽의 영토적 현상유지를 목적으로 한 정치적, 군사적 정책은 서유럽의 국민적 열망을 표현하는 것이며 트루먼 독트린, 마셜 플랜, 대서양동맹 따위로 공식화된다. 동유럽, 아시아, 소련 등 그 어느 지역에서도 심리전의 임무가 그토록 단순하지는 않다. 여기에는 두 가지 기본적인 딜레마가 도사리고 있다. 하나는 어느 한 지역에서 추구되는 정치적 정책이 다른 쪽에서 사용되는 심리전과 양립하지 못하는 경우다. 다른 하나는 어떤 정치적 정책을 심리전만으로는 뒷받침해주지 못하는 데에서 생기는 딜레마다.

첫 번째 딜레마는 동유럽에서 미국 외교정책의 목표라고 생각되던 것과 소련에 대한 심리전 목표 사이의 관계에서 잘 나타나고 있다. 1950년대 동유럽에서 미국 외교정책의 목표는 이 지역 국민을 소련의 지배에서 해방시키는 것이었다. 따라서 당시 미국의 소련에 대한 정치적 전쟁 목표는 소련 정부 수뇌부를 넘어서 소련 국민에게 미국의 진정한 목표를 이해시키고, 결국 소련 국민 여론의 압력을 통해 소련의 정책을 바꾸는 것이었다. 그러나 동유럽, 특히 폴란드와 발트 해 연안국의 해방이라는 목표는 수세기 동안 내려오던 러시아 국민의 열망과는 정면으로 배치된다. 그런 목표를 두고 소련 정부와 국민 사이에 분열이 있었던 적은 없었던 것이다. 러시아 정부와 러시아 국민의 열망을 좌절시키려던 동유럽 정책은 그 열망이 무엇이었든 간에 심리전으로 소련 정부와 국민을 이간시킬 수 있는 기회와 상쇄될 수밖에 없었다. 이 같은 상황에서 포괄적인 정책의 임무는 정책적 목표들 사이의 우선순위를 명백히 하여 정치적 전쟁의 목표를 정치적 정책에 종속시키든지, 후자에 전자를 종속시켜키는 일이다.

또 다른 딜레마의 가장 뚜렷한 사례는 미국이 인도차이나에 개입했을 때 거두었던 정치적 선전의 효과에서 볼 수 있다. 그 개입으로 말미암아 직접적으로 초래된 심리적 효과는 미국에게 불리했다. 인도차이나의 한 농부가 스팍스 기자에게 했던 이야기는 많은 반향을 불러일으켰다. 여기서 중요한 점은 미국이 즉각 심리적 대응책을 써서 그런 개입의 심리적 부담감을 해소할 만한 능력을 가지지 못했었다는 점이다. 아시아의 문제에 백인들이 서구 제국주의의 전통적 수단을 써서 개입함으로써 생기는 심리적 효과를 없애기 위해서는 정치적 전쟁이 아니라 백인의 개입이라는 인도차이나의 경험과 상반되는 정치적, 군사적, 경제적 정책을 활용해야 한다. 이런 상황에서 어떤 정치적 또는 군사적 정책의 심리적 부담감에 대한 즉각적인 해답은 정치선전이 아니라 성공적인 정치선전을 위한 심리적 전제 조건을 다져주는 정책들이다.

이런 맥락에서 저개발 지역에 대한 경제적, 기술적 원조는 특별한 중요성을 가진다. 약속이 아닌 행동이라는 점에서 그런 원조가 단순한 선전과는 구별되기 때문이다. 무엇이 이룩될 수 있으며 다른 곳에서는 무엇이 진행 중임을 이야기하는 대신에 정치선전의 약속이 지금 이곳에서 실제로 실행되고 있음을 보여주는 것이다. 그러나 경제적, 기술적 원조가 정치선전의 무기로서 충분히 효력을 발휘하기 위해서는 두 가지 요구조건을 충족시켜야 한다.

첫째, 수원국의 국민에게 장기적일 뿐만이 아니라 즉각적인, 그리고 그들이 쉽게 알아볼 수 있는 방법으로 도움을 줘야 한다. 대외 원조는 이 요구조건을 충족시키지 못하는 경우가 너무나 많은데, 이는 경제 발전에 대한 정치적, 문화적 저항 때문이다. 경제적 저개발은 자연적인 원인의 결과라기보다는 지속적으로 후진성을 유지함으로써 이익을 얻는 정치체제의 결과인 경우가 많다. 예를 들어 부재지주의 도움으로 권력을 장악하고 있는 정치체제는 토지 개혁에 착수함으로써 스스로 파멸을 불러들이지는 않을 것이다. 외국의 원조가 경제 발전에 반대하는 사회집단에 흡수되어버린다면 현상유지 세력을 강화하고 빈부 격차를 더욱 벌려놓고 말 것이다. 경제적 후진성은 원조를 통해 자금과 기술 이전이 이루어질 수 있다는 사실에 둔감한 문화적 요인 때문에 초래되기도 한다.[5] 진보의 가능성이나 저축의 유용성을 믿지 않는 것이 그런 경우다.

둘째로, 원조를 받는 사람들이 그 출처가 어딘지에 대해 분명히 알

5_ 좀 더 체계적인 논의는 Hans J. Morgenthau, *A New Foreign Policy for the United States* (New York : Frederick A. Praeger, 1969), pp. 88 ff. 참조.

아야 한다. 정확하게 말하면 바로 이 부분에서 다시 정치선전이 작용하면서 외국의 원조 제공 기관에게 신뢰감을 주며, 그 원조와 그에 따른 이익을 원조 제공 기관의 일반적 철학, 성격, 정책과 연결해주게 된다.

그러므로 사람의 마음을 사로잡기 위한 투쟁은 무한히 미묘하고도 복잡한 일이다. 미국 독립 기념일 연설 같은 정신과 기술로 이토록 어렵고도 복잡한 임무를 처리하려 함은 자기 나라 대중의 지지를 확보할 수 있는 가장 쉽고도 확실한 방법이기도 하겠지만, 가장 실패가 확실한 방법이기도 할 것이다. 도덕적 십자군에서 볼 수 있는 단순한 철학이나 기술은 어떤 정책을 지지하도록 국내 여론을 규합하는 작업에서 유용할 뿐만 아니라 필수적이다. 그러나 사람 마음을 사로잡고자 하는 국제적인 투쟁에서는 한갓 무딘 무기에 지나지 않는다. 정치선전은 선과 악, 진실과 거짓 사이의 투쟁일 뿐만 아니라 권력과 권력 사이의 투쟁이기도 하다. 그런 투쟁에서 미덕과 진실은 단순히 전달된다고 해서 확산되지는 않는다. 미덕과 진실은 그것들을 적절하고 설득력 있게 만들어주는 꾸준한 정치적 정책의 흐름에 편승해야 한다. 볼셰비즘과의 투쟁에서 민주주의가 떠맡아야 할 심리적 임무를 주로 철의 장막을 뚫고 전 세계에 민주주의의 영원한 진실성을 전달하는 기술적 문제라는 관점에서 파악한다면 초점을 크게 벗어난 것이다. 사상의 영역에서 볼 때 정치적 전쟁은 지지하려는 정치적, 군사적 정책을 반영한 것에 불과하다. 그것은 이런 정책들보다 나빠질 수는 있지만 더 나아질 수는 없다. 이 정책들이 어떤 특징을 가지느냐에 따라 그 힘도 결정되며, 승리와 패배가 판가름 나는 것이다. 사람의 마음을 사로잡기 위한 투쟁에서의 승리는 승리를 만들어내는 정치적, 군사적 정책을 어떻게 더 성공적으로 제시할 수 있을지에 대한 문제로 파악되어야 한다. 역시 백문이 불여일견이다.

여러 국가가 제각기 보편적인 지배를 경쟁적으로 주장하면서 벌어지는 사람 마음 사로잡기 투쟁은 국제적 소통이라는 사회체제에 치명적인 마지막 일격을 가했다. 그 사회체제 속에서 여러 국가는 거의 300여 년 동안을 끊임없는 대결 속에 살면서도 공통 가치관과 보편적 행위 기준이라는 지붕을 공유하고 있었다. 그 지붕이 파괴되어버리자 세계 여러 국가의 공통된 주거지마저도 붕괴되어버렸고, 그래서 그 가운데 가장 강력한 몇몇 국가는 자기 방식대로 새로이 주거지를 건설할 권리를 주장하고 나섰다. 붕괴된 지붕의 폐허 속에 국가들로 이루어진 건물의 벽들이 바로 서 있게 해주던 메커니즘, 다시 말해 세력균형도 묻혀버렸던 것이다.

제21장

⌘

# 새로운 세력 균형

거의 3세기에 걸쳐 권력 투쟁을 제약했었던 지적, 도덕적 공감대의 붕괴 때문에 세력균형을 생명력 있는 국제정치 원리로 만들어주던 활기찬 에너지가 사라져버렸다. 활기찬 에너지가 빠져나가면서 세력균형체제는 그 작동을 상당히 손상시키는 세 가지 구조적 변화를 겪게 된다.[1]



## 새로운 세력균형의 경직성

### 강대국 수 감소

세력균형의 작동을 손상시키는 이러한 구조적 변화들 가운데 가장 명

1_ 20세기 초엽에 발생한 기타 변화에 대해서는 1권 pp. 438 ff., pp. 474-476 참조.

백한 것은 행위자들의 수가 급격하게 줄어든 데에서 찾을 수 있다. 예를 들어 30년 전쟁이 끝나가던 무렵 독일 제국은 900개 정도의 공국公國으로 구성되어 있었는데, 1648년에 체결된 베스트팔렌 조약으로 355개로 줄어들었다. 1803년의 레겐스부르크 의회에 대한 전제적 개혁에서 그 대표적인 사례를 볼 수 있듯이 나폴레옹의 개입은 독일 공국들을 200여 개 이상 사라지게 했다. 1815년에 독일 연방이 창설되던 무렵까지 남아 있으면서 연방에 참여한 공국 수는 단지 36개에 지나지 않았다. 1859년 이탈리아 통일은 7개, 1871년 독일 통일은 24개 공국을 소멸시켰다. 나폴레옹 전쟁이 끝난 1815년에 외교적으로 영향력 있는 강대국으로는 8개 국가가 있었다. 이는 오스트리아, 프랑스, 영국, 포르투갈, 러시아, 프로이센, 에스파냐, 스웨덴이다. 포르투갈, 에스파냐와 스웨덴은 단지 전통적인 예의 때문에 강대국 반열에 낄 수 있었고, 곧 그 지위를 상실하고 만다. 따라서 실제 강대국은 다섯으로 줄어들었다. 여기에 1860년대에는 이탈리아와 미국이 끼어들고, 19세기 말에는 일본도 끼어든다.

제1차 세계대전이 일어날 무렵에는 다시 8개 강대국, 그러니까 오스트리아, 프랑스, 독일, 영국, 이탈리아, 일본, 러시아, 미국이 있었는데 그 가운데에는 비유럽 지역에서 처음으로 두 나라가 포함되었다. 제1차 세계대전이 끝날 무렵 오스트리아는 완전히, 그리고 독일과 러시아는 잠정적으로 이 명단에서 제외되고 있다. 20여 년 뒤인 제2차 세계대전 당시에는 독일과 소련이 다시 일급 강대국이 되어 강대국 수는 7개가 되었다. 제2차 세계대전이 끝날 무렵 이 숫자는 미국, 영국, 소련인 3으로 줄어든다. 한편 중국과 프랑스는 그들의 과거와 잠재력을 인정받아 협상이나 국제기구에서 강대국 예우를 받았다. 그러나 영국의 국력은 미국이나 소련에 견주어 눈에 띄게 약해졌지만 한 단계 낮은 나라들의 국력보다는 월등히 우세하다는 점에서 초강대국이라 일컬어질 만한 자격을 가지고 있었다.

국제정치적으로 중요한 역할을 할 수 있는 국가 수가 이렇게 줄어들면서 세력균형의 작동에 부정적인 영향을 미쳤다. 이러한 영향은 1648년과 1803년에 있었던 일련의 통합과 19세기의 민족 통일을 통해 국가의 절대 수가 줄어듦에 따라 더욱 커지게 되었다. 이런 감소는 1919년에 동부 및 중부 유럽에 새로운 국가들이 수립됨으로써 상쇄되기는 했지만 이마저도 일시적이었을 뿐이다. 왜냐하면 이런 국가들은 발트 해 연안 국가들처럼 잠시 뒤 사라져버리거나 국제 무대의 독립적인 행위자가 되지 못했기 때문이다. 이 같은 사태 발전은 세력균형에서 융통성과 불확실성을 박탈했으며, 결국에는 권력 투쟁에 적극적으로 참여하는 국가들에 대한 규제 효과조차 박탈해버렸다.

이미 살펴보았듯이 과거 세력균형은 주로 몇몇 국가의 연합에 따라 작동했다. 주요 국가들은 국력 면에서 상당한 차이가 있기는 했지만 여전히 같은 등급을 유지하고 있었다. 예를 들어 18세기에 오스트리아, 프랑스, 영국, 프로이센, 러시아, 스웨덴은 상대적 국력에 관한 한 같은 등급에 속하고 있었다. 이 국가들 국력의 변동은 국력의 위계 속에서 상대적 순서에 영향을 미쳤을 뿐 강대국으로서의 지위 자체에 영향을 미치지는 않았다. 비슷한 경우로 1870년에서 1914년까지 권력 정치 게임은 일급에 속하는 여덟 개 나라의 행위자에 따라 진행되었는데, 그 가운데 유럽 지역의 여섯 나라는 변함없이 그 게임에 참여하고 있다. 이런 상황 아래에서는 어떤 행위자도 최소한 하나 이상의 다른 행위자에게 지지를 받을 수 있다고 확신하지 않는 한 자신의 권력욕을 지나치게 추구할 수 없었으며, 또 어느 누구도 일반적으로 그런 지지를 확신할 수는 없었다. 실제로 18, 19세기의 거의 모든 국가는 다른 국가에게 기대했던 외교적, 군사적 지지를 받지 못할 경우 높은 지위에서 물러나 뒷걸음치지 않을 수 없었다. 19세기 러시아에서 그 전형적인 사례를 볼 수 있다. 반면에 독일이 게임 규칙을 어기고 오스트리아에 세르비아 문제를 처리할 수 있는 재량권을 주지 않았다면 오스트리아는 감히 그렇게 할 수 없었을 것이고, 따라서 제1차 세계대전은 미연에 방지될 수도 있었으리라는 점은 분명하다.

적극적인 행위자 수가 많을수록 그들 사이에 가능한 조합의 수도 많아지고, 서로 적대관계에 있게 될 조합에 대한 불확실성과 개별 국가가 그 속에서 수행할 역할에 대한 불확실성도 더 커진다. 1914년의 빌헬름 2세Wilhelm II, 1859~1941와 1939년의 히틀러Adolf Hitler, 1889~1945는 영국이, 그리고 궁극적으로는 미국 역시 적의 대열에 가담할 가능성을 믿으려고 하지 않았고, 미국이 개입함으로써 초래될 결과도 잘못 판단했다. 누가 누구와 싸우게 되리라는 데에 대한 이러한 오산이 독일에게 승리와 패배의 차이를 의미했음은 분명하다. 세력이 서로 비슷한 국가들의 연합이 대결하고 있을 때에는 이런 계산이 철저하게 이루어질 필요가 있다. 왜냐하면 기대했던 한 구성원이 빠지거나 기대하지도 않았던 구성원이 뜻밖에 가담함으로써 힘의 균형에 결정적이지는 못할지라도 상당한 영향을 미치기 때문이다. 따라서 군주들이 동맹관계를 쉽게 변경하던 18세기에는 그런 계산이 터무니없는 억측에 불과했던 경우가 많았다. 결과적으로 동맹국을 전적으로 불신하는 데에서 오는 세력균형의 극단적 융통성으로 말미암아 모든 행위자는 국제정치라는 장기판 위의 움직임에 주의를 기울여야 했으며, 위험을 계산하기란 어려웠으므로 그들은 가능한 한 위험이 적은 쪽을 택할 수밖에 없었다. 제1차 세계대전에서 이탈리아가 중립으로 남아 있을지, 동맹 측에 가담할지는 분쟁의 궁극적인 결과에 심각한 영향을 미치는 매우 중요한 문제였다. 이탈리아가 내릴 결정에 영향을 주기 위해 경쟁적으로 영토 확장을 약속하면서 양측이 갖은 노력을 다했던 까닭은 이런 중요성을 인식했기 때문이다. 그리스 같은 상대적으로 약한 세력에 대해서도 정도는 덜했지만 마찬가지 상황이 벌어졌었다.



### 권력의 양극성

세력균형의 이러한 측면은 최근 급격한 변화를 겪었다. 제2차 세계대전에서 이탈리아, 에스파냐, 터키, 심지어 프랑스 같은 나라들이 어느 편에 합류할지에 대한 문제는 교전국들에게는 분명 환영받거나 두려움의 대상이 되는 일이었지만, 어쨌든 승패를 뒤집는 일과는 거리가 먼 에피소드에 불과했다. 미국, 소련, 영국, 일본, 독일 같은 강대국 세력과 나머지 모든 국가 사이에 존재하는 불균형은 당시 이미 너무나도 큰 상태여서 한 동맹국의 탈퇴나 가입은 세력균형을 전복시킬 수 없었고, 따라서 분쟁의 궁극적인 결과에 실질적인 영향을 미칠 수도 없었다. 동맹관계의 변화에 따라 한쪽 저울은 다소 올라가고 다른 쪽 저울이 조금 내려갈 뿐이었다. 그러나 이런 변화는 강대국들의 압도적인 무게에 따라 결정된 저울을 뒤바꿀 수는 없었다. 미국, 소련,

영국을 한편으로 하고 독일, 일본을 다른 한편으로 하는 강대국들의 지위만이 결정적인 중요성을 가지고 있었다. 제2차 세계대전에서 처음으로 뚜렷해진 이러한 상황은 오늘날 미국과 소련이라는 양극체제에서 더욱 뚜렷이 나타나고 있으며, 국제정치의 가장 중요한 특징이 되고 있다. 미국과 소련의 힘은 실제적 또는 가상적 동맹국의 힘과 비교할 때 훨씬 압도적으로 커졌기 때문에 그들은 자국의 압도적인 무게만을 가지고 그들 사이의 세력균형을 결정짓는다. 현재 그런 균형은 한두 동맹국들의 판도 변화에 따라 결정적으로 영향을 받지는 않는다. 세력균형이 다극체제에서 양극체제로 바뀐 것이다.

양 진영 체제로의 경향

결과적으로 세력균형의 융통성과 그것이 국제 무대 주역들의 권력욕에 미치던 억제 효과는 이제 사라져버렸다. 다른 어떤 국가나 동맹보다 훨씬 강력한 두 개의 초강대국이 서로 대립하고 있는 것이다. 강대국과 약소국 사이의 힘의 불균형이 너무나 크기 때문에 초강대국의 그늘에 묻혀버린 약소국은 저울을 움직일 수 있는 능력을 상실했을 뿐 아니라 과거에는 세력균형에 중요한, 때로는 결정적인 역할을 할 수 있게 했던 이합집산의 자유마저 상실하고 말았다. 미국과의 관계에서 남미의 몇몇 국가나, 영국과의 관계에서의 포르투갈처럼 과거에는 비교적 소수 국가에게만 타당했던 사실이 이제는 대다수 국가에게도 타당하게 되었다. 그들은 두 강대국 가운데 어느 하나의 궤도에 들어 있는데 강대국들의 정치적, 경제적, 군사적 우위 때문에 그 궤도를 벗어나고자 할 수도 없다. 따라서 상대편 진영의 소극적이고도 무능력한 동맹국을 '위성국가'라고 함은 우연이 아니다.

오늘날 미국과 소련은 제2차 세계대전 당시처럼 중요한 동맹국이 탈퇴함으로써 세력균형을 전복시키지나 않을까 노심초사할 필요가 없다. 동맹관계가 무상하게 변하면서 끊임없이 신중한 경계와 주의를 요하던 시대는 지나갔다. 그런 시대는 18세기에 절정에 다다른 뒤 제2차 세계대전과 함께 종말을 고했다.

그러나 이런 사태 발전은 초강대국들이 약소한 동맹국에 대해 아무 두려움을 느낄 필요가 없음을 의미하지는 않는다. 동맹국들이 스스로의 의지에 따라 궤도를 이탈하지 않는다 할지라도, 그들은 초강대국의 정책에 대한 자발적이고 영향력 있는 지지자로 머무를 수가 있는 반면에 훼방이나 놓는 믿을 수 없는 포로로 남아 있을 수도 있다. 기껏해야 궤도의 중심에서 주변으로 이동할 수 있을 뿐인데 그렇게 함으로써 초강대국의 통제를 이완시킬 수도 있지만, 그 궤도 안에서 자국의 가치를 떨어뜨릴 수도 있다.

경직된 세력균형 체제 안에서 동맹관계에 관한 한 초강대국들은 자기 동맹국에서 약점이 될 수 있는 요소와 강점이 될 수 있는 요소를 발견할 수 있다. 제2차 세계대전 이전까지 강대국들이 당면했던 주요 문제들 가운데 하나는 '우리의 동맹국들을 어떻게 계속 유지할 수 있을까?'였다. 반면에 오늘날 초강대국이 동맹국과의 관계에서 직면하는 주요 문제는 '동맹국들을 어떻게 우리 정책에 대한 자발적이고 영향력 있는 참여자로 만들어 유지할 수 있을까?'다. 이런 관심은 초강대국 측의 유연하고도 협조적인 정책을 요구한다. 그들의 힘은 동맹국들에 비해 압도적이지만 나름대로 한계가 없지는 않다. 그들이 자국의 정책과 운명을 마음대로 할 수 있음은 사실이지만, 완전히 마음대로 할 수 있지도 않다. 동맹국의 지지에서 최대한의 힘을 동원하고자 한다면 강대국들은 일정한 한도 안에서 동맹국이 원하는 바에 따라 정책을 조절해줘야 한다.

동맹관계가 확고한 국가들은 각각의 궤도에 고정되어 있기 때문에 세력균형의 주된 유동성 요인은 태도가 불확실한 국가들이 어떻게 움직일지에 달려 있다. 아프리카와 남미 국가들이 최종적으로 어느 편으로 다가갈지 같은 예를 생각할 수 있다. 가까운 장래에 세계적인 세력균형의 전개 양상은 아직 진로를 정하지 않은 이런저런 국가들이 어떤 노선을 선택할지에 따라 크게 좌우될 것이다. 핵무기 보유 같은 정치적, 과학 기술적인 조건이 독자적으로 행동할 수 있는 새로운 중심 세력으로의 변화를 초래할 수 있을지에 대한 문제는 시간이 어느 정도 지난 뒤에야 답이 나올 것이다. 이런 새로운 힘의 중심부는 양 진영 내부에서도, 외부에서도 생겨날 수 있다. 프랑스는 미국과의 전통적인 동맹국이라는 느슨한 틀 속에서 그런 독자적인 세력 지위를 확보하고자 열망해왔다. 소련과의 경쟁 및 대립관계 속에서 중국 역시 마찬가지다. 만약 사태가 그런 양상으로 전개되었더라면 오늘날 세계 정치의 양극체제는 전통적인 다극체제로 되돌아갔을 것이다.

## 균형 유지자의 소멸[2]

오늘날 우리가 목격하는 세력균형 체제의 두 번째 구조적 변화는 지금까지 논의된 변화의 필연적인 결과일 뿐이다. 이는 균형 유지자, 다시 말해 균형 '보유자'의 소멸을 말한다. 해군력이 우세하고 거의 3세기 이상 외국의 공격을 실질적으로 받지 않았던 영국은 세력균형에 대해 이런 기능을 수행할 수 있었다. 하지만 오늘날 영국은 그런 기능을 수행할 수 없다. 현대 전쟁에서의 기술 때문에 해군이 최고의 해양 지배력을 상실해버렸기 때문이다. 공군력을 통해 영국은 이제 더 이상 공략이 불가능한 섬이 아니며, 대륙에 인접한 작은 영토에 인구와 산업이 집중되어 있다는 사실도 과거에는 장점이었으나 공군력을 감안해야 하는 지금은 오히려 부담으로 바뀌었다.



근대국가체제가 성립되기 시작하던 무렵(적어도 프랑스가 프로이센에 대항해 합스부르크가와 동맹을 맺었던 1756년의 '외교 혁명'까지) 프랑스와 합스부르크가의 싸움에서 이 두 경쟁자와 그들의 동맹과 비교해 볼 때 영국이 합세하는 쪽에 승리를 가져다줄 수 있을 정도로 강했기 때문에 영국은 균형 유지자로서 통제 및 조정 역할을 수행할 수 있었다. 이런 상황은 나폴레옹 전쟁 시절에도, 19세기와 20세기 초까지도 마찬가지였다. 그러나 오늘날의 영국은 더 이상 그런 결정적인 지위에 있지 않다. 균형 '유지자'로서 영국이 수행하던 역할은 종식되었고, 따라서 현대국가체제는 과거 영국이 제공하던 통제 및 조정의 혜

2_ 균형 '유지국'에 대한 논의를 위해서는 1권 pp. 461 ff. 참조.

택을 상실하게 되었다. 제2차 세계대전까지만 하더라도 영국이 연합국 측과 동맹을 맺는 대신에 중립을 지키거나 독일, 일본과 동맹을 맺었더라면 이는 독일, 일본의 승리와 패배를 뒤집는 중요한 의미를 지녔을 것이다. 오늘날 전쟁 기술의 발전 추세와 미국과 소련 사이의 세력 분포를 생각해볼 때 두 강대국의 무력 분쟁에서 영국이 어떤 태도를 취하는지가 궁극적인 결과에 결정적 영향을 미치지 못함은 당연하다.

지금까지 살펴보았듯이 영국의 상대적인 쇠퇴와 그 결과 세력균형에서 중심적인 지위를 상실했음은 오로지 영국에게만 원인을 전가할 문제가 아니다. 이는 오히려 세력균형의 모든 기능에 영향을 미치는 구조적인 변화가 발생한 결과다. 그러므로 영국이 오랫동안 누려왔던 지배적이고 특권적인 지위가 이제 다른 어떤 국가로 넘겨지는 일도 불가능해졌다. 그런 지위를 전통적으로 유지해왔던 세력이 쇠퇴해 그런 역할을 수행하지 못하게 되었다기보다는 그런 지위 자체가 더 이상 존재할 수 없게 된 것이다. 스스로의 무게만으로도 저울을 충분히 움직일 수 있는 두 초강대국이 존재하는 한 어떤 제3의 힘이나 세력이 결정적인 영향력을 발휘할 기회는 있을 수 없다. 그러므로 현시점에서 어떤 다른 국가 또는 국가군이 영국이 빠져나간 자리를 차지하기를 바라는 것은 소용없는 일이다.

### 제3세력의 문제

동·서 어느 진영에도 속하지 않는 몇몇 국가 또는 국가군이 한때 그런 희망을 가졌었다. 사실 그런 나라들은 동·서 양 진영의 정치적, 군사적 대결에서 떨어져 계속 중립을 지킴으로써 '제3세력'의 지위를 유지할 수 있을지도 모른다. 그들과 두 초강대국 사이의 힘의 불균형이란 관점에서 볼 때 현재 그들에게 그 이상을 바라기란 무리일 것이다. 특히 예측 불가능한 기술 진보라는 측면에서 볼 때 세계적 세력균형에서 '제3세력'으로 결정적인 역할을 하려는 그들의 희망이 전혀 불가능하다고 한다면 분명 외람된 판단일지 모르지만, 가까운 장래에 그들이 좌절하기 쉬우리라는 점은 분명히 말할 수 있다. 예를 들어 드골Charles de Gaule, 1890~1970 장군은 날카롭고도 감동적인 연설을 통해 하나로 통합된 유럽이 '제3세력'으로서 동·서 양대 진영 사이의 균형 '유지자'로서의 조정적, 제한적 역할을 수행해야 한다고 여러 차례 주장했다. 그가 1946년 7월 28일에 말한 이러한 내용은 특히 1958년에 재집권한 이후 여러 번 되풀이 주장되었다.



지난 30년 동안의 전쟁 이전과 비교해보면 세계의 모습이 모든 면에서 바뀌었음은 확실합니다. 30여 년 전 우리는 세력이 비슷한 여섯 내지 여덟 개의 강대국이 각각 다른 국가들과의 미묘하고 상이한 조화에 따라 하나의 균형을 이루던 세계에 살고 있었습니다. 그 균형 속에서 약소국가들의 지위는 상대적으로 안정되었고 또한 존중되었습니다. 이를 위반할 경우 국제법도 도덕적, 물질적 이해관계로 뭉쳐진 연합국을 상대해야 했기 때문입니다. 또 그런 세계에서 앞으로의 분쟁에 대비하여 준비되고 고안된 전략은 단지 신속하고 제한된 파괴뿐이었습니다.

그러나 한 차례 회오리바람이 지나갔습니다. 대차 대조표가 만들어졌습니다. 독일과 일본의 붕괴 그리고 유럽의 약화를 고려할 때 미국과 소련만이 일급 강대국의 서열을 지키고 있습니다. 근대 이후 신성로마제국, 에스파냐, 영국, 그리고 독일 제국에 번갈아가면서 미소를 지어주던 세계의 운명이 이제는 그 은총을 둘로 나눠버리기로 결정한 듯합니다. 옛날의 균형이 오늘날 양대 진영의 대결로 바뀌게 된 까닭은 이런 결정에서 유래한다고 하겠습니다.

미국과 소련의 팽창주의적 경향에 우려를 표명한 뒤에 드골은 안정된 세력균형을 회복하는 문제에 대해 이렇게 언급하고 있다.

과거 세계가 아닐진대 이 두 새로운 강자 사이에 누가 다시 균형 상태를 이룩할 수 있겠습니까? 수백 년 동안 이 세계를 인도해왔던 과거의 유럽은 둘로 나누어지려는 세계의 중심부에서 보상과 이해라는 필수적인 역할을 담당해야 하는 입장에 처해 있습니다.

고대의 서구 국가들은 그 활기찬 대동맥으로 북해, 지중해, 라인 강을 가지고 있었습니다. 이들은 지리적으로 두 개의 새로운 집단 사이에 위치하고 있었습니다. 거대한 변란 속에서 풍전등화 격인 독립을 보존하기로 결의한 그들은 미국의 자유분방한 전진에 따라서뿐만 아니라 러시아의 집단적 노력에 따라서도 물리적으로, 도덕적으로 이끌리고 있는 것입니다. 상당한 자원과 그것에 숙명적으로 연결된 광대한 영토를 가진 이들이 영향력과 활동을 계속 확산시켜나가면서 시시각각 그들 사이에 놓인 많은 문제점들 속에서도 정책을 일치시켜갈 수 있다면 이들의 비중은 장차 얼마나 커지겠습니까![3]

그러나 유럽이 그런 업무를 수행할 수 없게 하는 요인은 단지 유럽 국가들이 미국과 소련에 비해 약하기 때문만은 아니다. 무엇보다도 드골 장군의 주장은 영국이 분쟁과 갈등의 중심에서 지리적으로 떨어져 있었기 때문에, 그리고 그런 분쟁의 결과에 중요한 이해관계가 없었기 때문에, 또 유럽 국가 간 권력 투쟁의 범위에서 벗어나 바다 건너에서 권력욕을 만족시킬 기회를 가지고 있었기 때문에 평화와 안정에 기여할 수 있었다는 결정적인 사실을 간과하고 있다.

영국이 균형 '유지자'로서 기능할 수 있었던 까닭은 국력이라는 요소와 함께 이 같은 세 가지 초연함을 발휘할 수 있었기 때문이다. 다른 유럽 국가들은 이 세 가지 가운데 어떤 측면에서도 분쟁의 중심에서 초연할 수 없다. 오히려 그들은 이 세 가지 관점 모두에서 분쟁의 중심에 깊이 연루되어 있다. 왜냐하면 그들은 미국과 소련의 경쟁이 전개되는 직접적인 전쟁터이자 동시에 승리의 전리품이기 때문이다. 그들은 어느 한쪽의 승리에 영원하고도 중요한 이해관계를 맺고 있다. 또한 그들은 유럽 대륙을 제외한 어느 곳에서도 그들의 중요한 정치적 이해관계를 충족시킬 수 없다. 유럽 국가들이 중립적 방관자나 세력균형의 '유지자'로서 '제3세력'이 되는 데 필요한 행동의 자유와 초연함을 누릴 수 없었음은 바로 이런 이유 때문이다.



3_ *The New York Times*, July 29, 1946, p. 1. 나중의 연설을 참고하기 위해서는 ibid., June 30, 1947, p. 1; July 10, 1947, p. 3; 1964년 7월 23일의 기자 회견, 1964년 11월 22일 스트라스부르 연설 참조.

## 식민지 경계의 소멸

이번에는 세력균형의 세 번째 구조적 변화, 그러니까 식민지 경계의 소멸에 대해 언급해보고자 한다. 세력균형이 과거에 중재적 영향력과 억제력을 발휘할 수 있었던 까닭은 그것이 기능하던 당시의 도덕적 풍토와 그 자신의 생태역학뿐만 아니라 다른 국가들과의 정치적, 군사적 싸움에 모든 국력을 투입할 필요가 없었던 주변 환경에도 크게 기인한다. 당시 국가들은 영토 확장을 통해 힘을 키웠고, 그 영토를 국력의 상징이자 실체로 생각했다. 강력한 이웃 국가에서 영토를 빼앗는 행위는 국력을 신장시키는 한 가지 중요한 방법이었다. 그런 목적 달성을 별 위험 없이 얻을 기회가 생기게 되었는데 이는 아프리카와 아메리카, 그리고 동태평양이나 동인도양에 근접한 아시아 일부 지역 등 세 대륙의 광활한 지역에서 제공되었다.

세력균형의 역사에서 영국은 이 기회를 이용해 국력의 주요 원천을 찾은 셈이며, 다른 나라들을 끊임없는 분쟁에 휩싸이게 했던 문제들에서 초연할 수 있는 계기로 삼았다. 에스파냐는 이 기회를 이용하는데 국력을 소진해버렸고, 그 결과 권력 투쟁에 끼어들 힘을 잃고 말았다. 영국과 에스파냐가 지속적이고도 주된 관심의 대상으로 삼았던 것에 대해 다른 국가들은 그다지 에너지를 많이 소모하지 않았으며, 소모하더라도 일시적일 뿐이었다. 18세기에 프랑스가 펼친 정책은 식민주의적 팽창과 기존의 세력균형에 대한 제국주의적 공격이 상호 어떤 영향을 주는지를 보여주는 교훈적인 사례다. 프랑스 제국주의가 격렬해질수록 프랑스는 식민주의적 팽창에 주의를 덜 기울였고, 그 반대도 마찬가지였다. 미국과 러시아는 오랜 기간에 걸쳐 그들 대륙의 정치적 공백 지역으로 국경을 넓히는 일에 몰두해 있었고, 이 시기의 세력균형에는 그다지 적극적으로 참여하지 않았다. 특히 19세기 오스트리아 왕조는 제국의 대부분을 구성하는 중부와 남동부 유럽의 다루기 힘든 비독일계 국민들에 대한 통제력을 유지하는 데 너무 많은 관심을 쏟았기 때문에 자연히 권력 정치에 제한적으로 참여할 수밖에 없었다. 더욱이 18세기 중엽까지는 터키의 공격 위협이 국제정치라는 장기판에서 오스트리아가 자유롭게 활동하지 못하도록 제한하고 있었다. 끝으로 강대국 대열에 마지막으로 끼어든 프로이센은 강대국으로서의 지위를 지키고 유지하는 데 만족해야 했다. 또한 프로이센은 내적으로 너무 약했고 지리적 조건도 불리했기 때문에 무제한적인 영토 확장 계획을 수립할 수가 없었다. 비스마르크Otto Bismarck, 1815~1898가 프로이센을 독일의 주도 세력으로 만들고, 독일을 유럽의 주도 세력으로 만든 뒤에도 그의 정책적 목표는 현상유지였을 뿐 확장은 아니었다.

1810년과 1914년 사이에 유럽의 현상現狀이 안정되었던 까닭은 한편으로는 강대국의 국경이 조금만 변하더라도 거기에 내재된 위험이 엄청나게 컸기 때문이기도 했으며, 다른 한편으로는 대규모 재난의 위험을 초래하지 않고 현상現狀을 변화시킬 수 있는 기회를 다른 지역에서 찾았던 직접적인 결과이기도 했다. 토인비Arnold Toynbee, 1889~1975 교수는 이렇게 말하고 있다.

> (세력균형을 이루는 국가군의) 중심에서 어떤 한 국가가 영토 확장을 위

해 취하는 모든 움직임을 인접 국가는 빠짐없이 주시하며, 민첩하게 대처한다. 몇 평방피트의 땅, 몇 백 명의 '영혼'에 대한 지배권 다툼이 처절하고 완강한 대결 이유가 되는 것이다. …… 주변부 지역의 수월한 상황 아래에서는 흔히 아주 평범한 정치적 자질이 기적을 일으키는 수가 있다. …… 프랑스나 독일의 가장 훌륭한 지도자들조차도 알자스나 포젠에 대한 확고한 지배권을 확립하기 어려웠던 시대에 미국의 세력은 북미 대륙을 곧바로 가로질러 대서양에서 태평양까지 확장될 수 있었고, 러시아는 아시아를 가로질러 발트 해에서 태평양까지 확장할 수 있었다.[4]

1870년의 독일 통일과 함께 강대한 민족국가들의 단결이 절정에 이르렀고, 따라서 유럽에서의 영토 확장은 강대국들이나 동맹국들의 희생이 없이는 불가능하게 되었다. 그 뒤 약 40년이 넘도록 국제정치의 중요 문제는 모두 이집트, 튀니지, 모로코, 콩고, 남아프리카 같은 아프리카 대륙의 이름과 페르시아나 중국 같은 다 쓰러져가는 아시아 지역의 제국들과 연결되어 있었다. 국지전은 이런 문제들의 결과로 발생했다. 그러니까 1899년에서 1902년까지 영국과 보어 공화국 사이에 발생한 보어Boer 전쟁, 1904년에서 1905년에 걸친 러시아·일본 전쟁, 1877년의 러시아·터키 전쟁, 그리고 1911년에서 1912년에 걸친 러시아·터키 전쟁이 그것이었다. 그러나 이 모든 전쟁에서 강대국

4_ Arnold Toynbee, *A Study of History* (London, New York, Toronto : Oxford University Press, 1934), Vol. III, p. 302(출판사의 허락을 받아 전재).

들이 이른바 '주변 국가', 그러니까 앞에서 언급한 영토 확장의 대상이거나 일본처럼 외부의 경쟁자에 대항해서 싸웠다는 점을 간과해서는 안 된다. 아시아나 아프리카 같은 정치적으로 비어 있는 공간으로 확장하기 위해 한 강대국이 다른 강대국과 무력으로 대항할 필요는 전혀 없었다.

이곳에서는 자기 자신을 보상하고 동시에 다른 나라도 충분히 보상할 수 있을 만큼 정치적 '무주지'가 많았기 때문에 보상정책이 가장 성공적으로 수행될 수 있었다. 뿐만 아니라 사활이 걸린 중요한 이익을 양보하지 않고도 타협할 수 있었고, 체면을 유지하면서 후퇴할 수 있었으며, 뒷걸음칠 수도, 지연작전을 펼 수도 있었다. 따라서 1870년에서 1914년까지는 남의 땅을 놓고 벌이던 외교적 흥정과 사기 거래의 시기이자 분쟁을 연기하고 당면한 문제들을 회피한 시기였으며, 또한 강대국들 사이에 지속적으로 평화가 유지된 시기이기도 했다.

당시의 문제들 가운데 가장 지속적이며 폭발적인 문제가 여전히 강대국의 세력권 주변부에 위치하면서 지리적으로 강대국에 가장 근접해 있었으며 정치적, 군사적 세력 분배에 당시 다른 어떤 문제들보다 가장 직접적인 압력을 가하고 있었다는 사실은 주목을 요한다. 동방문제 또는 발칸 문제라고 일컬어지는 이 문제는 터키 제국이 남겨놓은 유럽 지역의 영토를 어떻게 분배할지에 대한 문제였다. 이 문제에서부터 제1차 세계대전이라는 재난이 일어났다. 발칸 문제는 이 시기의 다른 어떤 문제들보다 강대국 사이의 분쟁을 불러일으킨 가장 직접적인 원인이었다. 특히 그들 가운데 하나인 오스트리아의 중요한 이해관계가 세르비아의 민족적 열망에 직접적으로 영향을 받았기 때문이다. 그러나 이런 결과가 불가피했던 것으로는 보이지 않는다. 다른 강대국, 특히 독일이 1878년에 개최되었던 베를린 회의에서처럼 1914년에도 발칸 문제를 적절히 처리해주었더라면, 다시 말해 그 문제의 주변적 성격을 인식했더라면 제1차 세계대전은 피할 수 있었을지도 모른다.

1876년에 비스마르크가 독일의 이해관계에 관한 한 발칸은 '포메라니아 병정 한 사람의 훌륭한 뼈'만큼도 가치가 없다[5]고 한 선언은 독일의 정치적, 군사적 이해와 관련한 발칸 문제의 주변적 성격을 단호하게 확인한 말이었다. 1914년 7월에 오스트리아가 세르비아에 취하는 모든 조치를 지지하겠다고 독일이 약속했을 때 이는 비스마르크의 입장과 정면으로 대립되는 것이었고, 별다른 이유도 없었던 약속이었다. 독일은 세르비아가 마치 자기 것인 양 세르비아를 굴복시키려는 오스트리아의 입장에 동조한 반면에 러시아는 독일을 방어하려는 세르비아의 입장에 이해를 같이했다. 이리하여 유럽 국가체제의 주변부에서 일어난 분쟁은 그 체제 안의 전체적인 세력 분포를 위협하는 싸움으로 변모했다.

자신의 사활이 걸린 이익을 포기하지 않고는 흥정이 불가능해진 것이다. 다른 사람을 희생시키는 양보는 더 이상 있을 수 없게 되었다. 왜냐하면 자신의 이해관계와 여타 약소국들의 이해관계를 동일시함은 다른 것을 희생하는 양보가 아니라 바로 자신을 희생하는 양보가 되어버렸기 때문이다. 이미 살펴보았듯이 대부분의 강대국들은 불가

5_ 1876년 12월 5일에 독일 연방 의회 하원 회의에서 했던 말.

피해 보이는 무력 충돌에서 시간을 끌 경우 상대방의 힘을 키워주게 된다고 두려워했기 때문에 분쟁이 지연될 수도 없었다. 그 이유는 제기된 문제들이 일단 강대국 세력권의 주변부에서 중심부로 옮겨질 경우 그 문제를 비켜갈 방법이 전혀 없었기 때문이다. 말하자면 그 문제를 피하기 위해 내디딜 만한 빈 공간이 전혀 없었던 것이다. 러시아는 오스트리아의 입장에서 세르비아 문제를 해결하려는 오스트리아와 독일의 결의에 직면해야 했다. 결과적으로 프랑스는 러시아·프랑스 동맹을 맺자는 러시아의 호소에 직면하게 되었고, 독일은 이 동맹의 실제적 활동에 대처해야 했으며, 영국은 벨기에에 대한 위협에 직면해야 했다. 각국이 중요하게 간주하는 이익을 포기하지 않는 한 이런 문제들을 피할 방도는 없었다.



1914년 7월에 있었던 사건은 부분적으로는 외교적 실책에 따른 것이겠지만, 오늘날에 와서는 세력균형의 구조적 변화로 말미암은 불가피한 결과가 되었다. 제1차 세계대전 이전의 강대국들은 이웃나라와의 적대감을 자국 국경선에서 세력권의 주변부로, 그리고 정치적 공백 지역으로 흩어버림으로써 약화할 수 있었다. 이는 지금까지 살펴본 바와 마찬가지로 당시의 세력균형에 활발히 참가하는 국가들이 대부분 유럽 국가들이었고, 균형을 이루는 주요 세력도 대개 유럽에 위치하고 있었기 때문이다. 이 시기에 정치적 공백 지역이라는 주변 지역이 존재했다는 사실은 이 시기의 세력균형이 양적으로나 질적으로나 지리적 한계의 제약을 받았다는 사실을 뒤집어 표현한 것에 지나지 않는다. 세력균형이 오늘날 그 주요 세력을 세 개의 대륙에 분포시키면서 세계화됨에 따라 강대국과 그 중심부를 한편으로, 주변부와 그 너머의 공백 지역을 다른 한편으로 나누는 이분법은 사라져야 했다. 이제 세력균형의 주변부는 더 이상 존재하지 않는다.

## 식민지 혁명

이렇듯 과거 세계 정치의 주변부였던 지역이 오늘날에 와서는 중심부, 그러니까 영토와 인간 정신의 지배라는 관점에서 두 초강대국의 싸움이 벌어지는 주요 대결장의 하나로 탈바꿈해가는 경향이 있다. 이런 변화에는 두 가지 요인이 작용하고 있다. 하나는 식민 및 반半식민국가들이 과거의 종주국에 대항해 일으키는 혁명이며, 다른 하나는 양극체제의 고유한 성격으로서 양 진영 체제로 전환하려는 경향이다.

식민지 경계의 소멸, 다시 말해 식민지 확장의 완성은 즉각 하나의 역작용을 수반하거나 그 역작용과 거의 일치하는데 이런 역작용을 통해 식민지 팽창의 대상국들은 그들의 독립을 되찾고 백인과 유색 인종 사이의 관계에 근본적인 변화를 초래하고자 한다. 동시에 높은 파도는 밀려오는 물결의 마지막이자 밀려가는 물결의 시작이듯이, 식민지 팽창의 완성도 식민주의 그 자체의 종말이 시작됨을 뜻한다. 그 이유는 거대한 식민 세력이 그 팽창의 한계점에 도달했을 때 그것은 또한 세계적 초강대국으로서의 한계점에 도달했음을 뜻하기 때문이다. 다시 말해서 유럽 국가들의 정치적, 군사적 쇠퇴가 식민지 혁명의 원인이자 결과인 것이다.

식민지 경계의 소멸이 세계적 중심 세력으로서의 유럽의 쇠퇴와 일치하지 않았다면 위대한 세계사적 전환점의 하나가 된 오늘날의 식민지 혁명은 과거의 많은 사례에서 볼 수 있었던 실패로 끝나버린 일련의 식민지적 항거로밖에 평가될 수 없을 것이다. 그러나 제2차 세계대전 당시 일본에 패배한 예에서도 볼 수 있듯이 주요 유럽 국가들의 뚜렷한 쇠퇴는 식민지 혁명을 유발시켰고, 나아가 그 혁명을 성공시키거나 예측 가능한 장래에 성공을 기약할 수 있게 했다. 그러므로 제2차 세계대전 말엽에는 거의 상상도 할 수 없었던 일들이 불과 20년 뒤에는 성취된 사실로 나타난 것이다. 영국은 미얀마, 스리랑카, 인도, 파키스탄, 말레이시아, 싱가포르, 이집트에서 자진해서 물러났으며 이란, 이라크, 요르단에서는 밀려나고 말았다. 네덜란드는 인도네시아에서 무력으로 추방되었고, 프랑스는 인도차이나에서 밀려났다. 아프리카 식민지는 벨기에, 영국, 프랑스 제국들의 와해로 자치국 또는 독립국으로 바뀌었다.



돌이켜보면 제2차 세계대전 이후의 이런 식민지 혁명은 18세기에 영국에 항거해 일으킨 미국 독립 혁명과 함께 시작되어 에스파냐와 포르투갈에 대한 중남미의 봉기, 19세기 초 터키에 항거한 유럽의 혁명들로 이어졌고, 제1차 세계대전 뒤에는 오스트리아·헝가리 제국의 붕괴, 러시아 제국의 유럽 지역과 터키의 아랍 지배 지역의 붕괴로 커다란 진보를 이룩했던 탈식민지화 과정의 절정이었던 동시에 대단원이었다. 유럽의 쇠퇴로 말미암아 야기된 식민지 혁명의 마지막 단계는 유럽을 더욱 약화시켰다. 근대 유럽의 정치적 탁월성은 주로 유색 인종에 대한 지배의 결과였다. 유럽이 세계적 지배권을 획득하고 유지할 수 있게 했던 요인은 유럽의 백인과 아시아·아프리카 유색 인종 사이의 기술적, 경제적, 군사적 능력의 차이였던 것이다. 이런 차이가 사라지자 유럽 국가들이 인구, 영토, 천연자원의 열세를 극복하기 위해 의지하고 있었던 군사·경제·정치적 힘의 주요 원천이 고갈되고 말았다.

그러나 유럽 세력의 쇠퇴가 식민지 혁명이 성공할 기회를 제공하기는 했지만 그것이 식민지 혁명에 자극을 주지는 않았다. 모든 진정한 혁명과 마찬가지로 식민지 혁명은 기존 세계에 대한 도덕적인 도전에서 발생했다. 이는 식민지 혁명의 가장 성숙한 표현이라고 할 수 있는 아시아의 혁명에서 특히 두드러지고 있다.

아시아에서 발생한 도덕적 도전은 본질적으로 서구의 도덕적 이념의 승리다. 이는 두 가지 도덕원칙의 기치 아래에서 수행되었는데, 민족자결주의와 사회 정의가 그것이다. 이 두 개념은 서구에서 거의 100년 이상 국내정치와 국제정치를 이끌었거나, 적어도 정치적 행위에 대한 정당화로서 호소되었던 개념들이다. 정복의 물결을 타고 서구는 아시아에 서구의 기술과 정치 제도뿐 아니라 정치적 도덕원칙들까지 가져다주었다. 서구 제국은 아시아 국민들에게 개인적인 능력의 충분한 발달이란 그 개인이 속해 있는 국가가 스스로의 자유 의지로서 정치적, 문화적 운명을 결정할 수 있는 능력에 달려 있음을 그들 자신의 예를 통해 가르쳤고, 또 이런 국민적 자유는 싸워서 쟁취할 만한 충분한 가치가 있음을 가르쳤으며, 아시아인들은 그 교훈을 배웠다. 또한 서구는 아시아인들에게 가난과 불행은 사람들이 수동적으로 받아들여야 하는 신의 저주가 아니라 대부분 사람들이 자초한 것이고 사람의 힘으로 구제될 수 있다는 사실도 가르쳤으며, 대부분의 아시아인들은 이 교훈 역시 배웠다. 오늘날 아시아가 '서구 고유의 도덕 기준'이라는 이름으로 서구를 매도하고 서구의 정치·경제정책을 저주하고 반항할 수 있게 한 것은 이런 민족자결주의와 사회 정의라는 원칙들이다.

### 서구의 쇠퇴

서구의 쇠퇴에 대한 오늘날의 관심은 미국 국력의 명백한 쇠퇴에서 연유하고 있기도 하다. 미국의 인도차이나 정책 실패는 전면적이었을 뿐 아니라 굴욕적인 것이었다. 미국 해안에서 1만 1,200킬로미터 정도 떨어진 곳에서 당한 패배가 불가피한 것이라고 예견되었다 하더라도 미국이 조금만 주의를 기울였더라면 견지하기 어려운 입장에서 물러설 수 있었을 테지만, 불가피하게 물러서지 못하도록 가로막은 것은 없었다. 미국 국력의 쇠퇴에 대한 자연스러운 관심은 미국의 쇠퇴와 서구 세계의 일반적 쇠퇴 사이의 관계를 모호하게 만들고 있다. 좀 더 자세히 말하자면 제2차 세계대전 이후 미국이 압도적인 세력으로 부상한 것은 서구의 똑같은 쇠퇴 덕이었다는 사실을 흐리게 한다. 서구의 쇠퇴는 현재 전형적인 사례처럼 보인다. 다시 말해 서구의 쇠퇴는 서구 유럽의 전통적 민족국가의 쇠퇴에 뒤이어 발생한 현상으로서 미국은 잠깐이나마 그 덕을 가장 많이 본 국가였다.

제2차 세계대전의 결과는 유럽과는 전혀 동떨어져 있거나 거의 외곽에 위치한 국가들에 따라 결정되었다. 미국의 물질적 생산력과 정교한 기술력은 다른 모든 교전국들이 입은 피해와는 대조적으로 전혀 손상되지 않았고 오히려 전쟁으로 도약의 계기를 마련했는데, 이것이 전승과 재건의 결정적인 요소였다. 따라서 두 번에 걸친 세계대전의 결과이기도 한 서구 세계의 전통적 민족 국가 쇠퇴와 미국의 부상을 연결해보면 서구가 쇠퇴하는 가운데 미국이 부상하는 모습이 설명된다.

서구의 전통적 민족 국가에서 미국으로 힘이 전이되는 비슷한 모습은 도덕적인 차원에서도 발견된다. 제1차 세계대전은 전통적 도덕 질서에 두 가지 도전을 초래했다. 바로 공산주의와 파시즘이 그것이다. 선택의 기로에 선 지배 엘리트 계층의 많은 사람들은 공산주의에 대항할 수 있는 보호막으로 파시즘을 택하거나, 심지어 급진 개혁을 택했다. 조국을 위협하는 적에게 대문을 열어주는 행위나 다름이 없음을 알면서도 그들은 파시즘을 택했다. 프랑스 우익은 '블룸Léon Blum, 1872~1950보다는 차라리 히틀러'라는 구호를 내세웠고, 비시 정권Régime de Vichy은 그런 도덕적 성향이 정치적으로 나타난 사례가 되었다.

미국으로서는 파시즘이냐 공산주의냐를 선택할 필요가 없었다. 왜냐하면 이 두 가지가 모두 미국의 민주주의를 위협하기에는 언제나 먼 곳에 떨어져 있었기 때문이다. 광기 어린 매카시즘 선풍으로 공산주의가 국내외에서 미국의 가장 중요한 위험인 듯 여겨진 적도 있었지만 잠깐 뿐이었다. 따라서 서유럽 국가들이 민주주의와 두 개의 전체주의를 두고 투쟁하면서 국가 분열의 위험마저 안고 있던 당시에 미국은 외부의 두 적에 대항한 단합된 국민 전선을 유지할 수 있었다. 여기서 외부의 두 적이라 함은 파시즘과 공산주의라는 두 전체주의를 가리킨다. 덜레스J.F. Dulles, 1888~1959 국무 장관은 아주 단순한 도덕적 입장에서 세계를 좋은 국가, 나쁜 국가, 그리고 도덕적으로 썩어빠진 중립국가로 구분했는데 냉전에 따른 정치적, 군사적 대결을 도덕적 잣대를 사용해 표현한 것이었다. 이리하여 미국은 '자유세계의 선도자'가 되었다. 이는 정치적 권력의 실제 분포를 나타내는 의미이기도 하고, '자유세계'의 적을 대할 때 취할 수 있는 단순한 도덕적 입장을 나타내는 것이기도 했다. 미국이 누구도 도전할 수 없을 듯한 선도 국가로 부상한 것은 '자유세계'에서뿐만이 아니라 전 세계를 대상으로 할 때도 마찬가지였다. 이 개념은 서구 세계라고 일컬어지는 집합체의 실제적 쇠퇴를 효과적으로 가려주기도 했고, 미국 스스로의 쇠락 추세를 가려주기도 했다. 서구 사회의 쇠퇴와 무질서 추세는 이미 허약해지고 있던 북대서양 공동체의 단결력은 흔히 무시하면서도 소련 공산주의라는 '악의 제국'에 맞서던 레이건Ronald Reagan, 1911~2004 행정부의 이데올로기적 십자군 경향에서 더욱 명백해졌다.

미국의 도덕적 힘을 약하게 한 요인은 국가 이익과 (유럽에서처럼) 계급 이익이 충돌했기 때문이 아니라 한편으로는 복잡한 정치 문제들을 단순화해 공산주의와 도덕적 차원에서 병렬적으로 고려했기 때문이기도 하고, 다른 한편으로는 국내외적으로 심각한 도덕적 둔감성을 드러냈기 때문이기도 하다. 제2차 세계대전 이후 서유럽 국가들이 맞닥뜨린 위협과 도전으로는 라인 강 동편 200킬로미터 지점에 적군赤軍이 출현했던 일과 국내적으로는 대규모 공산당들이 정치적으로 등장했던 일, 그리고 사회 구조와 정책이 분열을 조장하고 유지함으로써 공산주의가 무성하게 번성했던 일을 들 수 있다.

미국의 단순한 반공주의는 소련의 군사적 위협을 봉쇄정책을 통해 맞서는 데에는 적절한 것이었다. 그러나 서구 지역 민주주의 국가들에서 미국이 시행한 반체제 활동 방지 공작은 대부분 효과도 없었을 뿐 아니라 역효과를 가져오기도 했다. 미국 정보기관의 반체제 활동 방지 전문가들이 이해하기 어려워했던 점은 서구 사회의 많은 국민들 사이에 퍼져 있던 공산주의의 장악력이 전적으로는 아니더라도 주로 외국 공산주의 정부의 음모에 따라 외부 세력이 서구 사회 내부의 조건을 만들어낸 점이 아니라 그저 이용한 결과였을 뿐이라는 사실이었다. 따라서 복잡한 현실을 선과 악의 대비로 단순화하면서 독단적 반공주의에 이념적으로 강하게 몰입하게 되자 철학적으로도, 역사적으로도 근거가 희박해졌으며 정치적, 도덕적으로도 재앙에 가까운 결과가 초래되고 말았다.

혁명적 또는 혁명 직전 단계 상태에 다다른 세계에서 운명이 다하지는 않았을지라도 현격히 허약해져버린 현상現狀에 집착하던 미국으로서는 자신의 논리에 따라 몇몇 정부를 지원하지 않을 수 없었는데, 이 국가들은 다른 국가들에게 전혀 매력적이지 않은 공격적인 발언을 해가면서 공산주의에 대해서는 수단과 방법을 가리지 않고 맞서 싸우려는 부류였다. 그러다 보니 미국은 자국의 정부 원리와는 완전히 엇갈리는 정치철학과 관습을 따르는 정부들을 지지하고, 또한 그들의 지지를 받고 있다는 사실을 깨닫게 되었다. 공산주의에서 '자유세계'를 보호하는 일이 유럽이나 아시아, 중미에서의 미국 대외정책의 주요 목표가 되었다. 그런 이름 또는 별명을 내세워 국가 안보정책이 추진되고, 불법 행위도 자행되었다. 그러다 보니 과거에 정부를 이론적, 실제적으로 판단하던 전통적인 도덕 기준들은 무시되고 말았다.

반공주의에 대한 미국의 도덕적, 정치적 지지는 미국의 군사력과 경제력이 효과적으로 펼쳐질 수 있는 지역에만 국한되었다. 단순히 도덕적인 영향력만 미칠 경우에는 공약이 제대로 시행되지 못했다. 역설적으로 실패의 이유는 자유를 억압받는 사람들이 미국의 말을 들으려고 하지 않아서가 아니라 이야기를 전하는 미국의 말과 행동이 달랐기 때문이다. 공산주의에 대한 두려움이 자유로 향하는 길을 봉쇄해버렸던 것이다. 유럽 식민 세력과 그들의 식민지 사이의 반목 속에 미국은 전자의 편을 드는 경우가 많았다. 미국이 식민주의에 호감을 가졌기 때문이 아니라 공산주의가 식민주의를 대체할지도 모른다는 두려움 때문이었다. 자유의 투사가 식민지 시대의 현상現狀을 보호하고 회복하는 자가 된 것이다. 식민 세력과의 제휴 아래 식민주의라는 도덕적 오점마저 공유하기에 이르렀다. 이렇게 해서 미국은 스스로 다른 모든 국가와 차별성이 있다고 생각하던 독특한 도덕적 분위기를 잃어버리고 말았다.

하지만 공산주의에 대한, 또는 공산주의처럼 보이는 것에 대한 무차별적이고 고압적인 반대 입장 때문에 미국이 현상유지 세력에 가담할 수밖에 없기도 했지만 미국의 자유 지상주의와 반식민주의 전통은 제3세계의 열망에 대해 동정심을 일으켜서 공감하게 되었다. 제3세계 국가들은 자신들이 처한 조건을 자신에게 유리한 모습으로 그리면서 과거 자신들을 지배했던 식민지 정복자들과 대다수 산업국가들을 폄하했다. 식민지국가들의 고통과 실패는 과거의 그릇된 행적을 바르게 돌려놓을 의무를 짊어진 발전된 국가들의 책임으로 부각되었다. 제3세계의 '선한' 구성원들과 '사악한' 식민 착취자들을 구분하는 이러한 도덕적 양분법은 '선한' 민주 자본주의 국가들과 '사악한' 공산주의자들을 구분하는 미국식 양분법과 충돌한다. '자유세계' 국가들 가운데 많은 수가 한 가지 또는 그 이상의 공산주의 유형에 호감을 보이거나 '공산주의' 또는 '사회주의' 같은 이름표를 단 몇 가지 유형의 권위주의 국가들에 호감을 보이고 있기 때문이다.

한편 도덕적 차원에서 전개되는 일들은 권력의 장에서 벌어지는 일들과는 정반대였다. 권력의 장에서 미국은 동료들을 희생시키면서 가장 큰 이득을 본 국가다. 도덕적 차원에서 미국은 불명예와 악평을 통해 이익을 보았다. 미국의 전례 없이 강력한 힘은 그 힘을 선하게 사용한 데 대한 평판과 일치하지 못했다. 도전할 수 없는 강대국이 불러일으키는 반감을 고려할 때 이는 아마도 놀랄 일이 아닐지 모른다. 그런 불일치는 미국이 도덕적 위상에 맞는 일을 다 하지 않는 결과로 이어졌다. 제3세계 국가들은 미국의 우방국들이 오랜 세월 시행해오던 식민주의, 인종주의, 착취를 비난할 때 미국이 사용하던 논리를 그대로 이용해 미국을 공격했다. 자신이 전통적으로 유지해오던 도덕 체계에서 반론이 제기되자 미국은 과거 자신이 남을 비난할 때 사용했던 논리가 자신에게 되돌아오는 상황에서 답변을 할 수 없었다. 평등과 자유의 이름으로 억압받고 착취당하는 사람들의 수호자를 자처하던 미국이 이제는 식민주의와 착취의 현상現狀을 반공의 이름을 내세워 행동으로 방어하게 된 것이다.

적대 세력이 상대방의 도덕적 논거를 의도적으로 인용함으로써 이처럼 도덕적 무장 해제 상태가 되어버리는 상황은 새로운 일이 아니다. 1938년 체코슬로바키아 위기 당시 히틀러가 명석하게 사용한 방

법이 바로 이것이었다.[6]

전통적 서구 민족국가들과의 연대로 말미암아 물질적으로 위협을 받고 도덕적으로도 취약한 상태에 처한 미국은 마침내 자신의 엄청난 물리적 힘 그 자체 때문에 취약한 상황으로 몰리게 되었다. 과거 모든 역사적 경험과는 반대로 군사력의 증강이 정치적 권력의 증대와 반드시 일치하지 않는다는 사실은 핵 시대의 몇 가지 역설 가운데 하나다.[7] 현대의 기술력을 통해 서구 국가들이 장악하게 된 전례 없는 권력은 엄청나게 제한된 조건 아래에서만 효용성을 발휘할 수 있다. 가능성이 높고 실제적인 상황 아래에서는 그런 권력이 공허한 위협이 되고 말기 때문에 물리적인 힘에서 상대가 되지 않는 허약한 국가들마저 쉽사리 무시해버린다. 따라서 물론 몇몇 극단적으로 반대되는 예외적인 경우가 있기는 하지만 진정한 힘이란 역시 재래식 전력이다. 그리고 핵무기를 저울 위에 올려놓아 본다면 한편으로는 미국과 서구의 다른 국가들 사이에, 다른 한편으로는 미국과 비서구 국가들과의 사이에 존재하는 차이는 두말할 것 없이 엄청날 것이다. 결과적으로 서구 국가들의 재래식 전력을 비서구 세계의 재래식 전력과 비교해본다면 서구 국가들은 과거 생각되던 것보다는 훨씬 덜 강하다는 사실을 알 수 있다. 서구 국가들이 재래식 전력을 사용해서라도 성공적으로 지켜내려는 도덕원칙을 생각해보면 그런 느낌은 더 강해진다. 인도차이나에서 미국이 당한 패배는 서구 세력이 물질적으로나 도덕



6_ 1권 p. 276 참조.
7_ 1권 pp. 131-136, 329 참조.

적으로 쇠퇴했다는 사실을 명확히 보여주고 있다.

서구의 도덕적, 물질적 쇠퇴가 대부분 서구의 도덕적, 물질적 승리를 통해 달성되었다는 사실은 오늘날의 대단한 역사적 모순 가운데 하나다. 제3세계는 서구 국가들이 주창하고 실행에 옮기고자 애쓰던 민족자결 원칙과 사회 정의를 인용하면서 서구의 속박을 떨쳐버렸다. 그 과정에서 국가적 민족자결이 새로운 제국주의 이념이 되었고, 사회 정의가 과거와 현재의 노예 상태를 이념적으로 가려주는 가면이 되었다는 사실은 정상적인 일이었을 뿐이다. 서구 사회가 적과 비방자들을 대상으로 자신의 입장과 이익을 정당화할 수 있는 도덕원칙을 제시하지 못했다는 점은 서구의 도덕적 고갈을 시사한다.

1938년 체코슬로바키아 위기에서 단적으로 볼 수 있듯이 서구 사회가 적들을 대상으로 도덕원칙을 사용해 경쟁해야 할 때 늘 드러나던 이러한 도덕적 무기력증은 그들의 행동이 약한 모습을 보이던 중요한 원인들 가운데 하나였다. 이런 취약성을 간단하고도 편리하게 확인해 보기 위해서는 어떤 사람이 어떤 에피소드에서 취하는 행동을 들여다보고, 서구 국가들이 외교정책에서 취하는 도덕적 입장에서 '뮌헨 정신'을 분리해볼 필요가 있다. 외교정책상의 어떤 조정과 타협을 '유화정책'이라고 비난하면서 대신에 적대 세력의 강경한 봉쇄정책에 의지함은 마찬가지로 간단하고도 편리하다. 자기 행동을 이끌어줄 믿을 만한 도덕 기준이 없을 경우 정치가는 도덕 문제를 전면 부정해버리거나 그것을 보편화해서 도덕과는 전혀 무관한 것으로 만들어버릴 수밖에 없게 된다.

이미 살펴보았듯이 물질적 차원에서 서구는 석유를 정치 무기로 사용하는 데에 매우 취약해져버리고 말았다.[8] 고도로 발전한 서구 산업 국가들의 이런 취약성은 그들이 이룩한 산업 발전과 함수관계에 있다. 석유 소비국에서 석유 생산국으로의 힘의 전이는 석유 소비국의 산업 능력에 따른 부산물이다. 산업의 발전은 발전된 국가들과 후진 국가들 사이의 격차를 전자에게 유리한 방향으로 벌려놓았다. 하지만 산업 발전으로 몇몇 후진국가는 새로운 무기를 손에 넣게 되었으니 석유에 대한 준準독점이 바로 그것이다. 역설적이게도 그것은 몇몇 후진국가가 다른 후진국가를 상대로 사용하던 무기로서 국제정치의 난맥상을 보여주고 있다.

그 무기는 아주 치명적일 수 있다. 그러나 그것은 단순히 파괴적일 뿐이라는 점에서 핵무기와도 닮았다. 석유 생산국은 석유 소비국을 무릎 꿇게 할 수 있다. 그렇지만 석유를 독점하고 있다는 사실 하나만으로 그 국가를 통치할 수는 없다. 따라서 무기로 사용되는 석유의 효능은 서구 세력의 쇠퇴를 극적으로 보여준다. 하지만 그것은 파괴력 말고는 쇠퇴하는 힘의 대체물이 무엇인지를 보여주지는 않는다.

서구의 도덕적, 물질적 쇠퇴는 가시적인 사실이다. 눈에 보이지 않는 것은 서구 세력을 통해 창조되고 유지되었다가 사라져가는 것들의 자리를 대신 차지하는 질서가 어떤 종류냐 하는 문제다. 새로운 권력의 중심에 의해 창조되고 지지되는 새로운 질서의 윤곽 대신에 문명세계의 지평선 위로 모습을 드러내는 것은 이 시대의 객관적인 기술 조건과는 전혀 조율되지 못한 법적 장치, 제도, 절차를 지닌 무정부

8_ 1권 pp. 313-320 참조.

상태라는 망령이다.

## 양극체제의 잠재력

식민지 혁명은 한편으로는 아프리카·아시아·라틴 아메리카 사이의, 또 한편으로는 세계의 나머지 지역 사이의 도덕적, 군사적, 정치적 관계를 심각하게 변모시켰다. 현대 국제정치의 양극성이라는 관점에서 볼 때 이 식민지 혁명은 그 어느 쪽과도 완전하거나 변경할 수 없는 동맹관계를 맺지 않은 국가들, 다시 말해 도덕적, 군사적, 정치적 무주지無主地를 만들어냈다. 이 신생 국가들이 공산주의를 택할 것인가? 아니면 민주주의를 택할 것인가? 그리고 이 국가들이 모스크바, 베이징, 워싱턴과 정치적, 군사적으로 동맹관계를 맺을 것인가? 바로 이것이 전 세계 비동맹 국가들이 두 초강대국에 제기하는 도전이다.

후자는 이런 도전을 받아들이는 데 주저하지 않았다. 왜냐하면 양극 정치체제가 양 진영 체제로 변모하려는 고유한 경향을 지니고 있기 때문이다. 다극체제의 융통성이 사라져버리고 동맹국들이 제각기 동맹의 궤도를 찾아 확고한 관계를 설정하게 되자 이 두 초강대국이 위신, 영토, 인구, 자원 면에서 힘을 증대시킬 수 있는 남은 방법이라고는 비동맹 국가들을 자신의 궤도 안으로 끌어들이는 일뿐이었다. 그들의 융통성은 아직 어느 편과도 확고한 동맹관계를 맺지 않았거나, 군사적 점령이라는 강제적인 수단 때문에 동맹관계를 마지못해 맺고 있는 그런 지역에 국한되어 있을 뿐이다. 두 초강대국들이 여전히 밀고 당기면서 협상과 음모를 꾸밀 수 있는 곳은 바로 이런 지역이다. 이곳에는 아직도 도덕적, 군사적, 정치적 정복의 기회가 남아 있다. 소련이 인도를 자신의 세력권 안으로 끌어들일 수 있다면 소련은 동서 간 분쟁에서 중요한 승리를 획득할 것이다. 이리하여 두 초강대국은 어느 진영에도 속하지 않은 지역을 전 세계 모든 구석에서 접촉하여 상호 대립하는 거대한 두 진영의 일부로 만들기 위해 도덕적, 경제적, 군사적, 정치적으로 막대한 자원을 쏟아부었던 것이다.

### 양극체제의 붕괴 가능성

그러나 양극체제를 초강대국들이 매력적이라고 생각하는 양 진영 체제로 전환시킬 전망 그 자체는 비동맹 국가들과 강제적 상황 때문에 어느 한 진영에 가입하지 않을 수 없었던 국가들, 그리고 행동의 자유를 되찾으려고 노력하는 많은 국가들에게는 냉담한 반응의 대상이 되고 있다. 양극체제가 잠재적인 고유 속성으로 가지는 이러한 전환이 반대에 부딪히고 있다는 사실은 또 다른 잠재적 가능성을 만들고 있다.

이런 상황 체계 속에서 아시아 지역 국가들의 혁명, 특히 중국 혁명은 장기적으로 여타 국가들에 대해 매우 심대한 의미를 가질 수 있을 것이다. 널따란 공간, 막대한 천연자원과 엄청난 인구를 가진 국가들이 자국의 목적을 위해 정치권력, 현대적 기술, 현대적 도덕관념을 사용하기 시작하는 계기가 된 것이 바로 중국이었다. 10억 명을 헤아리는 중국을 포함하지 않고도 지금껏 다른 나라의 정책적 목표가 되어왔던 15억 이상의 인구들이 이제는 적극적인 참여자로서 국제정치에 뛰어들게 되었다. 바야흐로 눈을 떠가는 이 집단들은 최근까지는 서구의 실제적 독점물이었던 현대의 기술적 도구들을, 특히 핵 분야의 도구들을 조만간에 충분히 보유하게 될 것이다.

세력 분포에서 극적인 변화에 해당하는 이런 발전은 지금까지 언급되었던 어떤 요인들보다도 앞으로의 세계에서 중요한 변수가 될 것이다. 이는 아마도 현재 세계 정치에 영향력을 행사하는 워싱턴과 모스크바 중심의 양극체제가 종말을 고할 것임을 의미할지도 모른다. 결국 소련은 세계 공산주의의 정치적, 기술적, 도덕적 지도력에서 이제 더 이상 독보적인 위치를 차지할 수 없게 되었다. 그리고 인구와 잠재력이라는 관점에서 볼 때 세계의 선도적인 공산국가는 소련이 아니라 중국이다.

양극체제의 장기적 붕괴 가능성은 체제 자체가 고유하게 지니는 잠재력을 통해서도 시사되고 있다. 정치적 두 극인 워싱턴과 모스크바에 밀착하지 않은 국가들과 강제로 동맹이 된 국가들의 저항은 같은 방향으로 작용하고 있다. 다시 말해 가능한 한 미국과 소련 양 진영에로의 연계를 피하려고 하고 있다. 이 국가들 가운데 핵무기로 무장한 독립적 세력권이 형성된다 함은 양극체제 자체의 종말을 알리는 조종弔鐘이 될지도 모른다.

그러므로 양극체제는 그 자체 안에 두 개의 모순적인 잠재력을 포함하고 있다. 아직 동맹관계를 맺지 않은 국가들을 흡수함으로써 양 진영 체제로 팽창하고자 하는 경향과 내부에서의 원심력에 따라, 그리고 내부 또는 외부에 형성되는 새로운 권력의 중심부로 향하는 힘에 따라 와해되려는 경향이 그것이다.

## 냉전의 계속

장기적인 가능성에서 단기적인 개연성으로 관심을 돌려볼 때, 우리는 두 초강대국을 중심으로 한 두 진영이 세계 정치 무대를 앞으로도 당분간 지배하리라는 사실을 발견하게 된다. 제2차 세계대전 이후 지금까지 이 두 진영은 마치 짧고도 좁은 오솔길에서 싸우는 두 투사들처럼 대결해왔다. 이들은 앞으로 나아가 서로 부딪치며 전투를 벌이기도 했고, 후퇴하여 상대방이 중요한 지점까지 들어오게 내버려두기도 했다. 세력균형의 대가들이 무력 충돌을 미연에 방지하기 위해 또는 제한된 범위 안에서 빨리 끝나게 하고자 사용하던 다양한 수단들, 그러니까 동맹, 대항 동맹, 위협이나 기회에 따라 동맹을 변경하는 방법, 문제의 회피와 지연, 노출된 전선에서 식민지의 뒷마당으로 옮겨 간접적으로 문제를 해결하는 방법 등은 이미 낡은 방법들이다. 이와 더불어 특이한 계교나 책략, 치밀한 계산과 다양한 정보, 대담하면서도 용의주도한 결정 같은 과거의 정치적 게임에서 절대적으로 필요하던 그 모든 것들도 망각 속으로 사라져버렸다. 이런 행동 양식과 지적 태도들과 더불어 스스로 규제력을 발휘하는 융통성, 또는 앞에서 언급했듯이[9] 교란된 세력관계를 예전의 평형 상태로 되돌리거나 새로운 평형 상태를 만들려는 자기 조절적인 경향도 사라져버렸다.

오늘날 국제적 사건들의 진로를 결정하는 두 강대국에게는 단지 한 가지 정책만이 남아 있는 듯해 보인다. 그러니까 자신의 힘과 동맹국의 힘을 강화하는 것이다. 중요한 국가들은 이미 모두 어느 한쪽과 동



9_2권 pp. 46-49 참조.

맹관계에 있고, 가까운 장래에 한편에서 다른 편으로 동맹관계를 변경하는 일은 발생하지 않을 듯해 보인다. 세계 도처에 존재하던 문제들이 점점 정리되어 양측이 매우 중요하게 간주하는 지역에서 점점 멀어져가거나, 아니면 그 지역을 향해 다가가기 때문에 동맹관계에 관한 입장은 확실해야 할 필요가 있으며, 주고받기 식 타협은 양쪽 모두가 피하고자 하는 약점이 되고 있다.

독일의 전략가 폰 클라우제비츠Carl von Clausewitz, 1780~1831의 고전적 정의에 따라 과거에는 전쟁이 다른 수단을 통한 외교의 연속으로 간주된 것과는 대조적으로 오늘날에는 외교 기술이 다양한 전쟁 기술로 바뀌었다. 다시 말해서 우리는 전쟁의 목적이 폭력 이외의 다른 수단을 통해 추구된 냉전 시대를 잠시나마 살아왔다. 그런 상황 아래에서 고유한 특성을 가진 외교적 마인드는 아무 쓸모가 없다. 왜냐하면 그것은 직접적인 수단을 가지고 있지 않으며, 결국 군사적 사고방식에 굴복하고 말기 때문이다. 한 번 교란된 세력균형은 약한 쪽의 군사력이 강화될 경우에나 회복될 수 있다. 그러나 두 초강대국의 힘을 떠나서는 다른 어떤 국가도 중요한 변수로 작용할 수 없으므로 양측은 일시적으로 우위에 있는 어느 한 편이 그 우위를 이용해서 군사적, 경제적 압력을 분쇄하거나 파멸적인 전쟁을 일으킴으로써 상대측에서의 위협을 제거하려는 시도를 할 수도 있다는 점을 두려워해야 한다.

이렇게 국제적 상황은 두 초강대국이 서로를 경계의 눈초리로 감시하는 원초적인 장면으로 축약된다. 그들은 군사적 잠재력을 최대한으로 증대시키기 위해 모든 노력을 기울인다. 그들이 의지할 수 있는 방법은 이것이 전부이기 때문이다. 양편 모두 결정적인 선제공격을 준비하고 있다. 상대를 먼저 치지 않으면 상대편에서 가하는 치명적인 공격을 당할지도 모르기 때문이다. 따라서 봉쇄하느냐 봉쇄당하느냐, 정복하느냐 정복당하느냐, 파괴하느냐 파괴되느냐가 냉전 시대 외교의 슬로건이 되었다.

세계 정치 상황의 그런 모습은 반드시 새로운 세력균형의 역학에서 기인되지는 않는다. 세력균형의 구조적 변화가 두 개의 거대한 진영을 적대적으로 대립하게 했지만, 이를 불가피한 것으로 만들지는 않았다. 오히려 반대로 새로운 세력균형은 유례없는 악과 미증유의 선이라는 잠재력을 그 자체 안에 포함하는 메커니즘이다. 이런 두 개의 잠재력 가운데 어느 것이 실현될지는 세력균형의 역학관계에 달려 있지 않고 각자의 목적을 실현하기 위해 그런 역학관계를 이용하는 도덕적, 물리적 힘에 달려 있다.



## 새로운 외교의 역동성

오늘날의 세계 정치를 1960년대 말과 비교해보면 그동안 전개된 엄청난 변화와 그런 변화를 견뎌낸 지속성의 두 가지가 대단히 인상적이라는 느낌을 가지게 된다. 이런 변화의 대다수를 강대국들 대부분이 사전에 계획하지도 않았고, 또한 예측하지도 못했다는 사실은 놀라울 따름이다. 오늘날의 정치 세계는 마음대로 다룰 수 있는 여지가 매우 줄어들었고, 따라서 대략적으로 이야기하자면 1968년 닉슨Richard M. Nixon, 1913~1994 대통령 취임으로 막을 내린 과거 시기에 비해 훨씬 더 위험하다.

제2차 세계대전 이후 정치 세계가 통합해가던 모습은 상대적으로 단순했고 관리하기도 그만큼 쉬웠다. 이데올로기적 개념으로 경계를 짓고 견고한 집단으로 뭉친 국가들은 두 초강대국을 중심으로 권력 진영을 형성했다. 두 진영은 핵무기로 말미암은 상호 파괴라는 위협을 통해 서로를 제약했다. 이 집단들은 이른바 제3세계, 그러니까 두 진영의 어느 쪽에도 가담하지 않은 국가들의 환심을 사기 위해 그다지 해롭지 않고 효과도 신통치 않은 방식으로 경쟁을 벌였다. 두 권력 진영이 서로 치열하게 경합한 중요한 문제는 제2차 세계대전 이후의 영토 문제, 특히 중부 유럽의 영토 문제 해결이었다. 바로 이 미결된 영토 문제는 냉전이 시작되는 직접적인 계기가 되었다.

이 문제는 독일 연방 공화국의 동방정책Ostpolitik으로 사실상 종결되기에 이르렀다. 동방정책의 업적은 중부 유럽의 영토적 현재 상태를 인정하고 '할슈타인 독트린Hallstein Doctrine'을 포기한 1970년과 1972년의 두 조약을 통해 승인되었다. 할슈타인 독트린은 연방 공화국이 언젠가 자신의 주도 아래 하나로 통일될 동과 서 전체 독일의 유일 대표권을 보유한다는 점을 선언한 것이다. 동방정책의 해결책은 다음 두 가지 이유에서 전적이지는 않지만 거의 완전한 해결 방안이었다. 그러니까 냉전기 핵심 문제의 실체적이면서 직접적인 잔재를 해결했다는 사실 때문이다. 아무리 점잖게 표현되고 신뢰성 있게 실행에 옮겨졌다 하더라도 서베를린이 적대 국가의 영토로 둘러싸여 있다는 사실을 바꿀 수 있는 협정은 없다. 그런 지정학적 상황은 좋든 나쁘든 서구 국가들이 대적하기 어려운 권력을 동독GDR이 행사하게 만들고 있다. 바로 이런 조건은 과거 베를린 위기 당시에서 볼 수 있듯이 좀 더 광범위한 문제들에서 갈등을 불러일으키는 강력한 원인이 되고 있다.

다른 한편으로 연방 공화국은 냉전기의 비현실적인 입장을 포기하면서 동독과 서독은 얼마나 오랜 시간이 걸리든 언젠가는 통일되어야 할 하나의 국가, 다시 말해 '한 민족 두 국가'라는 입장을 견지하고 있다. 냉전의 기원이 된 지역 내부에서 진행되었던 진정하고도 제한적인 데탕트와 더불어 동서 관계의 이데올로기적 해빙이 찾아와서 잠시 동안이나마 무르익었다. 냉전기의 특징이었던 동맹관계의 경직성은 실제적인 정치 현안의 난이도뿐만 아니라 이데올로기적 입장의 대립적인 성격과도 함수관계에 있었다. 외교정책이 이데올로기적인 방침에서 부분적으로나마 자유를 얻게 되자 역동적인 새로운 외교의 길이 열려 냉전 초기 시절의 경직된 논쟁을 일정 기간 대체하게 되었다.

새로운 외교는 정치적으로 활발한 국가들에게 새로운 기회를 제공했고, 새로운 위험을 안겨주기도 했다. 대개 국제정치적으로 한 국가의 기회는 다른 국가의 위험인 경우가 많다. 이리하여 과거 문제들이 해결되고 나면 새로운 문제들이 생기게 마련이고, 그런 새로운 문제들을 제대로 인식하는 국가가 유리한 위치에 서서 적절한 정책을 추진할 수 있게 된다. 이런 일반적인 설명에 대한 대표적인 사례를 유럽과 특히 대서양 동맹에서 볼 수 있다.

대서양 동맹 내부의 분열 경향은 물론 역사가 오래된 현상이다. 거기에는 미국 핵 억지력의 안정성, 소련의 군사적 위협에 대한 인식의 변화, 군비 통제 협상 관련 미국의 접근법에 대한 관심, 서유럽 국가들의 경제적 부활, 그리고 다양한 국가 이익 따위가 원인이 되고 있다. 1960년대 초반과 1970년대, 1980년대의 동맹 구성국들이 직면한 국제적 문제에 대한 조사 결과를 보면 동맹국들의 견해가 전적으로 일치하는 문제는 단 하나도 없었다. 이제 대서양 양안에 있는 국가들은 폭넓은 경험을 통해 1940년대 후반에만 하더라도 선택의 문제라기보다 생존의 조건으로 인식되던 미국의 리더십과 미국과의 긴밀한 협조를 국가별로 이익을 추구함으로써 경감시켜야 할 부담으로 인식하게 되었다.

대서양 동맹의 결속력이 약해지고 그 속에서 미국이 행사하던 영향력과 권력이 쇠퇴하는 만큼 소련의 권력과 영향력은 서유럽의 여러 문제를 통해 더 크게 부각될 가능성이 있다. 비록 1940년대와 1950년대 같은 위협으로 인식되지는 않고 있지만 소련이 광활한 유라시아 대륙에 걸터앉은 거인임은 객관적으로 여전히 분명한 사실이다. 그런 소련을 상대로 유럽에서 가시적인 세력균형이 유지되기 위해서는 미국이 유럽에 영원히 군사력을 주둔시키고 서유럽 국가들과의 협력을 실행하는 방법밖에 없다. 다시 말해 대서양 동맹은 미국과 서유럽 국가들이 유럽의 세력균형을 회복시키고 유지하기 위한 도구였다.

따라서 미국의 국력과 영향력의 쇠퇴는 세력균형을 소련 쪽으로 기울게 하고 있으며, 그 결과 서유럽의 불안정을 증가시키고 있다. 견해차이가 지속될 경우 유럽에서 철수해야 한다는 미국 정치가들의 언급은 불안감을 더하고 있다. 미국의 지원이 필요하면서도 미국에 적대감을 표시하는 양면적인 성향을 가진 이 국가들은 미국에게서 버림받아 군사력으로는 도저히 도전할 수 없는 소련을 상대로 홀로 맞서야 한다는 느낌을 가질지도 모른다. 이러한 심리 상태는 소련에게 그들이 오랫동안 추구하던 이른바 '유럽의' 안전을 유지하는 기회를 갖게 만들 것이다. 소련이 이야기하는 유럽의 안전이란 사실상 자기 안전을 완곡하게 표현한 것일 뿐이다. 크렘린Kremlin의 관점에서 볼 때 유럽의 안전을 위해서는 이 대륙에서 미국의 힘을 완전히 제거하지는 못하더라도 줄이고, 그 결과 북대서양조약기구NATO를 거세하며, 나아가 독일 연방 공화국을 고립시킬 필요가 있다. 서유럽 국가들을 하나하나 분리하고 미국에서 격리시킬 경우 그들은 소련에 대해 더 이상 실효성 있는 세력균형을 유지하기 어려워질 것이며, 유럽 대륙 전체에 대한 소련의 헤게모니에 순응하지 않을 수 없을 것이다.

독일 연방 공화국까지 이런 순응 대열에 합류할 경우 세계의 권력 분포에 심대한 변화가 발생했다는 사실을 뜻한다. 독일의 서방 지향적 특성은 정치적, 군사적, 경제적 이익을 비교한 계산의 결과였다. 하지만 1983년 11월 21일의 투표에서 크루즈 미사일과 퍼싱-II 미사일 배치를 압도적 표차로 부결시킨 사민당이 승리했음은 독일의 그런 정치 성향이 독일 연방 안에서조차 도전받지 않은 채 그대로 유지되지 않음을 보여주고 있다. 합리적인 계산을 주장하는 사람들은 독일이 찬성해야 옳다는 입장이었다. 위에서 설명한 사태 발전이 실제로 일어날 경우 독일은 공산 진영 편으로 기울게 될 것이다. '러시아 곰'을 전통적으로 두려워하는 서독이 미국의 확고한 보호를 받지 못하게 될 경우 동쪽의 야심만만한 이웃에게 우호적이지는 않더라도 중립적인 태도를 취할 가능성이 높다. 그런 입장은 서독과 소련의 경제적 보완관계 때문에 더욱 강화될 것이다. 1980년대 초반에 있었던 유럽 파이프라인 분쟁에서 분명하게 볼 수 있듯이 소련은 산업 현대화 노력을 추진해나가는 과정에서 서구 기술을 대규모로 도입하는 결정을 했다. 연방 공화국은 가장 발전된 산업국가들 가운데 하나로 대규모 수

출에 의존해 번영을 구가하고 있다. 서유럽 국가들 사이의, 그리고 그들과 미국 사이의 정치적, 군사적, 경제적 유대관계가 느슨해질 경우 소련이 유리한 조건을 제시하면서 대안적인 관계를 제안할 수도 있는 상황이었다.

또한 그런 상황은 중국 위협에 대한 소련의 우려를 대폭 줄여줄 것이다. 중국의 위협은 최소한 단기적으로는 세계 정치에서의 소련 입장에 영향을 미치고 있다. 이른바 미국과의 데탕트 정책이 가능했던 까닭은 경제적 고려와 유럽의 세력균형을 지탱하는 초석인 대서양 동맹을 파괴하려는 욕망뿐만 아니라 소련이 동과 서 양쪽 국경에서 대결해야 하는 상황이 벌어지지나 않을까를 두려워했기 때문이기도 하다. 중국과의 화해가 불가능하고 그 결과 중국과의 한판 전쟁을 치를 개연성까지는 아니더라도 가능성이 있다는 사실을 소련이 확신하고 있는 한 소련으로서는 대서양 동맹이 '봉쇄정책'을 통해 자신의 서쪽 국경에 가하는 압력을 완화하려는 노력을 하지 않을 수 없었던 것이다.

소련이 그렇게 노력하는 와중에 중국에 대해 미국이 펼치는 새로운 정책이 기회와 동시에 위험을 안겨주고 있다. 1971년에 취해진 미국과 중국의 관계 정상화를 위한 첫 조치에도 양국 관계가 20여 년째 정상화되지 못하고 있음은 두말할 필요가 없는 사실이다. 미국이 대만 정부를 지속적으로 승인하고 대만 정부에 대한 공약이 유효함을 말과 행동으로 강조하는 한 그런 조치들이 미국과 중국 사이의 양자 관계에 그다지 영향을 미치지 못했던 것이다. 그러나 그런 조치가 미국, 중국, 소련 사이의 삼각관계에서는 대단히 중요한 의미를 지닐 수 있다. 미국은 다른 두 강대국과의 관계에서 어느 정도 행동의 자유를 누린다. 미국이 중국과 소련 사이의 씻을 수 없는 적대감을 이용할 수 있는 상황인 것이다. 두 국가 모두 상대편과의 관계에서 미국의 지지를 얻고자 노력하거나 최소한 미국의 지지가 상대편으로 가지는 못하게 막아야 할 입장인 것이다. 이런 이해관계 때문에 양국은 (베트민에 대한 군사적 지원과 통상적 '민족해방전쟁'을 지원하는 따위의) 미국이 반대할지 모를 정책을 추진할 때에는 좁은 범위 안에서 자제력을 발휘하지 않을 수 없게 된다. 또한 미국이 선호하는 바에 따라 즉각 정책을 조정할 수 있어야 하며, 여기서도 마찬가지로 그들의 행동반경이 아주 좁은 범위 안으로 제한된다. 한편 미국은 헨리 8세Henry VIII, 1491~1547 시절부터 에드워드 그레이 경Edward Grey, 1862~1933 시절까지 영국이 누리던 유럽 세력균형의 '유지자'와도 같은 행동의 자유를 결코 누리지는 못했지만 두 강대국들과의 관계에서 자신에게 유리한 정책이 추진될 수 있도록 최소한의 작은 변화를 이끌어낼 자유를 누리고 있다.

중국은 관계 정상화로 가장 큰 혜택을 본 국가다. 중국이 그렇게 한 데에는 두 가지 큰 이유가 있다. 국제사회의 일원으로 참가한 것과, 특히 국제연합 가입으로 중국은 저개발국가들로 이루어진 이른바 제3세계에서의 리더십을 장악할 수 있는 새로운 기회를 잡고 마침내 두 강대국들과 맞설 수 있게 되었다. 1917년 이래 소련이 자신을 제국주의에 대항하는 국가적, 계급적 차원의 '가지지 못한 자들의 세계 혁명'과 동일시한 데 비해 중국은 두 초강대국을 물이 새는 제국주의라는 보트에 집어넣고는 (중국식 표현을 빌리자면) 소련이 비우고 떠난 전통적인 지위를 차지해버렸다. 한 걸음 더 나아가 미국의 새로운 대중국 정책은 일본이 과거 미국과의 긴밀한 외교정책 공조 때문에 중국과의 관계 설정에서 어려움을 겪으면서 성가시게 자제력을 발휘해야 했던 상황에서 벗어나게 해주었다. 일본이 중국과의 관계 정상화를 스스로의 힘으로 추진할 수 없던 상황에서 미국이 그렇게 시작하고 나니 일본이 그 뒤를 따랐던 것이다. 일본과 중국 간 새로운 관계의 잠재력을 생각해보면 그 보완적인 이해관계가 서독과 소련 간 긴밀한 협력관계를 가능하게 했던 보완성과 다르지 않다는 사실을 발견하게 된다. 일본은 고도로 발전된 현대 산업국가로서 생존을 위해서는 대규모 수출을 해야 한다. 그런데 중국은 특히 장기적으로 볼 때 산업 기계류와 생산품을 팔 수 있는 어마어마한 저개발 시장이다. 이 두 국가가 결합할 경우 아시아를 경제적, 정치적, 군사적으로 압도해버릴 수 있을 것이다. 그런 결합은 일본이 정복 과정에서 시도하다가 실패하고 말았던 '대동아 공영권' 구상과도 비슷하지만, 이제는 상호 공감대와 보완적 이해관계라는 기반을 마련한 셈이다.

미국의 주도적 정책 변화에 따른 부산물로 일본이 확보한 새로운 기동력은 비단 중국과의 관계에만 국한되지 않는다. 이제 미국이 중국과 소련 사이의 제한된 범위 안에서 행동의 자유를 누림에 따라 일본도 그렇게 할 수 있게 되었다. 소련이 산업과 기술 발달을 위해 외국의 참여를 원한다는 사실은 일본으로서는 상시 초대장을 받아든 셈이고, 이는 서독과 마찬가지 경우다.

새로운 외교의 역동성은 강대국들 간 직접적인 관계뿐만 아니라 약소국들을 매개로 한 간접적인 관계의 특징이 되기도 한다. 가장 대표적인 사례는 중동 지역이다. 1973년의 10월 전쟁 당시까지 중동의 아랍 국가들은 결속력을 과시하면서 이스라엘과 대치했다. 초강대국들은 양쪽에 각기 원조도 제공하고 지지도 보냈다. 그 공고한 결속력이 이제 전례 없이 융통성 있는 미국의 정책에 길을 비켜주고 있다. 미국은 캠프 데이비드 정상회의에서 합의된 이스라엘-이집트 평화협정을 주선하고 지지했을 뿐만 아니라 요르단과 사우디아라비아에도 원조를 제공했고, 시리아에도 받아들이기만 한다면 같은 대우를 할 준비가 되어 있었다. 미국의 이런 정책은 중동 지역에서의 소련의 힘과 영향력을 몰아내지는 못할지라도 제한하고자 한 것이다. 이는 소련이 서유럽에서 미국의 힘과 영향력을 완전히 몰아내지는 못할지라도 제한하려는 것과 마찬가지 이치다. 이런 변화를 통해 소련이 유럽 전체에서 압도적인 세력으로 부상할 수 있다면 마찬가지로 미국은 중동 지역에서 비슷한 지위를 확보할 수 있을 것이다.

외교적 운신의 폭을 모색하는 이런 업무는 한때 외교정책이 주로 담당하던 임무였다. 그런 기회를 명민하게 사용함은 한때 각국이 목표를 달성하기 위해 노력하던 전쟁을 제외하고는 가장 중요한 수단이었다. 그 효용성이 완전히 사라져버리지도 않았다. 각국이 힘과 그 밖의 이익을 좇아 경쟁하기 위해, 다양한 이해관계를 조정하고 조절하기 위해, 분쟁을 평화롭게 해결하기 위해 여전히 그렇게 행동해야 할 필요가 있기 때문이다. 그러나 그런 유용성은 역사가 기록된 이래 전례가 없는 두 가지 요인 때문에 제한을 받았다. (1) 군사력이 경제와 정치적 능력에서 분리되었음이 첫 번째 요인인데, 후자가 전자에서 나온다는 한에서 그러하다. (2) 핵무기의 등장이 두 번째 요인인데, 이 때문에 전쟁은 외교정책의 합리적인 연장선상의 한 부분에서 적을 총체적으로 파괴하는 수단으로 바뀌어버렸다.

(석유에 대한 준독점적 통제력과 그들이 동원할 수 있는 엄청난 재정 자원) 두 가지 이외에는 모든 면에서 열세인 국가와 비교할 때 군사력도 강하고 총체적 국력도 강한 국가들이 군사적으로 무기력할 수밖에 없는 상황은 오늘날 세계 정치의 결함, 전 지구적 차원에서 나타나는 무질서의 중요 원인, 그리고 문명의 생존을 위협하는 가장 중요한 요소를 나타낸다. 이는 정치적인 조직의 기본 단위로서의 민족국가가 교통, 통신, 전쟁의 기술 측면에서 기능하는 사회 세력들과, 또한 상대적으로 소수 국가가 문명과 생명 그 자체를 유지하는 데 필요한 자연의 생산물에 대한 준독점적 통제를 하고 있다는 사실과 조화를 이루지 못하는 데에서 생기는 현상이다.

국제적 무질서와 그것이 핵 참화라는 대단원으로 이어질 가능성은 오늘날 세계 정치의 진정하면서도 극적인 잠재성이다. 이런 상황은 한편으로는 두 초강대국의 압도적인 영향력 아래에 두 진영이 발휘한 상대적 응집력과, 다른 한편으로는 제3세계 국가들의 취약성 때문에 그 본질이 최근까지 가려져왔다. 무정부 상태와 핵 파멸로 향하는 이러한 숨겨진 추세를 표면으로 드러낼 수도 있는 위험성을 새로운 외교의 역동성은 내포하고 있다. 분열과 파괴의 경향에서 '평화라는 구조물'을 창조하는 일은 위대한 정치가들이라 할지라도 쉽지 않은 과제가 될 것이다.

정치적 이념은 이론에서 실행으로 옮겨 가려는 순간 오해와 오용의 위험성이 특히 심해진다. 1970년대에 닉슨 대통령은 데탕트라는 외교정책을 통해 초강대국들 사이의 긴장 완화를 시도했다. 1976년에 카터James Earl Carter, 1924~ 대통령은 데탕트의 개념과 내용을 재규정하고자 했다. 데탕트를 비판하는 사람들과 옹호하는 사람들 사이에 논쟁이 벌어졌다. 일부분 단순히 혼란스럽기도 했고 또 일부분 의도적으로 판단을 흐리게 만든 결과 논쟁은 혼미한 상태 속에서 진행되었고, 외교정책의 올바른 이해를 위해 대단히 중요한 구분이 여전히 흐려 있었다.

두 가지 사례를 통해 그 어려움을 살펴보자. (1) 1972년에 모스크바에서 돌아온 닉슨 대통령은 미국과 소련이 '평화의 구조물'을 건설하는 '되돌릴 수 없는' 조처를 취했노라고 선언했다. 하지만 국제관계학을 공부하는 사람들이 맨 처음 배우는 것은 우정, 불화, 제휴, 이익, 수단, 목표 등 모든 것이 가역적이라는 사실이다. (1972년 이전과 이후의) 미국-소련 관계, 소련과 독일 사이의 관계, 그리고 소련과 중국 사이의 관계 역사를 개략적으로만 살펴보더라도 그런 사실을 명백히 알 수 있다. 평화의 '구조물'만 하더라도 순수하고 단순한 평화와 대비되는 그런 것이 과연 어디 있다는 말인가? 데탕트가 오늘날의 슬로건이 되기 이전의 평화보다 더 안전한 평화를 만든 제도와 절차가 어디 있었던가? 두 초강대국 사이에 평화가 유지될 수 있었던 까닭은 데탕트가 아니라 핵 공포의 균형 때문이었다. 그 균형은 두 초강대국의 외교정책에 효과적인 규제력을 발휘했다. 예를 들어 1956년 헝가리 혁명과 1968년 소련의 체코슬로바키아 점령 당시 미국이 보인 자제력이라든가, 1962년 쿠바 미사일 위기와 1973년 중동 전쟁 당시 소련이 한 발 물러섰던 일이 그런 경우다. 따라서 데탕트의 가능성 역시 그런 균형에서 나온다고 한다면 전혀 얼토당토않은 이야기는 아니다. 결국 평화에 기여하는 요인은 데탕트가 아니며, 데탕트와 평화를 동시에 조장하는 요인이 바로 핵 균형이다.

(2) 고인이 된 헨리 잭슨Henry Jackson, 1912~1983 상원 의원은 한때 소련이 아닌 중국과 미국이 화해함이 옳다고 주장했다. 그 이유는 중국이 달성하기 쉬운 목표였기 때문이다. 이런 주장의 밑바탕에는 국제관계에 대한 본질적으로 기계론적인 생각이 깔려 있다. 체스 판의 졸卒처럼 한 국가에서 다른 국가로 적과 우방을 맞바꿀 수 있다는 생각이다. 소련과의 데탕트가 제대로 작동하지 않을 경우 소련 대신 중국으로 간단히 대체하면 모두 잘 풀린다는 것이다. 중국의 군사력이 약한 덕분에, 그리고 민감한 갈등 요소들이 있지 않기 때문에 미국과 중국 사이에 긴장도가 낮고, 따라서 양국 간 긴장을 완화하거나 제거하는 일도 분명 쉬울 것이다. 그러나 중국과 미국 사이의 데탕트가 미국 외교정책에서 긴급한 현안이 아닌 까닭은 그것이 과거에 쉬웠던 일이기 때문이다. 어떤 면에서는 이미 달성된 사실이기 때문이기도 하다. 반대로 소련과 미국 사이의 데탕트가 긴급한 까닭은 그만큼 어렵기 때문이다. 두 초강대국이 적대적 연대 세력 속에서 직접적으로 또는 대리인을 통해 대결할 때에는 언제나 상호 핵 억지력이 시험받곤 하기 때문이다. 억지력이 그 시험을 한 번이라도 통과하지 못할 경우 결과는 전략 이론가들이 말하는 상호 확증 파괴MAD의 작동이 될 것이다.

조망하는 시각을 얻기 위해서는 문자 그대로의 데탕트 개념을 되살려봄도 필요할 것이다. 이 말은 과거 존재하던 긴장이 완화되거나 제거되었음을 뜻한다. 미국과 소련 사이에는 다양한 사회적 상호관계 속에서, 그리고 여러 지역에서 수많은 긴장이 존재하기 때문에 모호하고도 포괄적인 개념으로서의 데탕트가 효과가 있었는지를 질문할 필요가 없다. 소련과 미국이 취한 정책을 통해 과거 존재하던 구체적인 어떤 긴장이 완화되었거나 사라졌는지를 물어야 의미 있는 질문이 된다. 최소한 1970년대 후반까지 과거 초강대국들 사이의 관계를 악화시켰던 세 가지 긴장과 관련하여 확실한 대답을 기대할 수 있기 위해서는 그런 구체적이고 특정한 말을 써서 질문해야 한다.

그런 데탕트를 잘 보여주는 한 가지 사례는 소련과 미국 사이의 전반적인 관계에서 십자군적인 이데올로기의 열정을 제거한 일이었다. 초기 냉전 시절과 1980년대에 양국 사이의 모든 경쟁을 선과 악 사이의 마니교摩尼敎적인 갈등으로 바꿈으로써 협상을 통한 해결을 불가능하지는 않더라도 어렵게는 했었다. 그런 이데올로기적인 해독은 1960년대의 일부와 1970년대 국제정치의 분위기를 개선시켰다. 이 분위기 반전으로 좀 막연한 방식이기는 했지만 어쨌든 구체적 현안을 협상을 통해 해결할 수 있는 기회가 개선되었다. 데탕트의 다른 사례로는 중부 유럽의 영토적 현상現狀, 좀 더 구체적으로는 동독이라는 국가를 서독이 승인함으로써, 그리고 서베를린의 국제적 지위에 대한 합의를 통해 독일 문제가 해결된 일을 들 수 있다. 마지막으로, 공세적 핵무기 경쟁을 규제하고 방어적 핵무기 경쟁을 사실상 제거해버린 전략무기제한협정SALT-I의 합의, 빈사 상태의 SALT-II에 대한 암묵적 이행,

그리고 지속적인 핵무기 협상 등 이 모든 일은 규제받지 않은 핵무기 경쟁에 동반되는 긴장을 부분적으로나마 줄여주었다.

데탕트의 성공 사례가 많지 않은 것은 데탕트의 영향을 받지 않고 지속되는 현안이 많다는 사실과 대조적이다. 그 가운데 다수는 부분적인 성취를 이룸으로써 심지어 악화되기까지 했다. 유럽 지역이 특히 그러하다. 유럽 지역의 안보와 상호 균형 감군減軍을 위한 회의가 교착 상태에 빠져 있는 것이다. 이 경우 중부 유럽의 데탕트와 미국과 소련 사이의 전반적인 갈등 완화는 북대서양조약기구 내부의 분열적 경향을 두드러지게 한다. 중동 지역에서 두 초강대국은 인도양 연안 국가들에서와 마찬가지로 권력과 영향력 경쟁을 하고 있다. 지중해 동부 지역에서부터 시작해 중동을 거쳐 남아시아로 뻗어가는 소련의 팽창과 그것을 지원하기 위해 급속히 증강되는 해군과 군사력은 식민 제국들이 소멸함으로써 남겨진 '빈' 공간으로 진격해 들어가는 듯한 모습이다. 따라서 소련의 외교정책은 새로운 긴장을 연속적으로 만들어왔다고 할 수 있다. 최근 소련이 전략무기제한회담START 협상에서 탈퇴한 것은 소련과 미국 사이의 관계가 1940년대 이후 최악의 상태로 후퇴하고 있음을 보여주고 있다.

추상 개념으로서의 데탕트는 평화회의에 따른 평화, 일반적이고도 완전한 군비 축소, 긴장 완화, 그리고 집단 안보 등 과거 소련이 사용하기 시작했던 여러 개념들과 마찬가지로 보편적인 심리적 호소력을 보인다. 추상적인 목표라는 형태로 제시되었을 때 올바로 생각하는 사람이라면 그런 개념에 반대할 수는 없는 노릇이다. 정신을 잃지 않은 사람이라면 전쟁, 군비 경쟁, 더 많은 긴장, 또는 더 큰 불안정을 찬성하지는 않을 것이다. 하지만 미국인이 이런 추상 개념을 액면 그대로 받아들이는 경향이 있는 반면에 소련인은 그 대신 선전 캠페인을 성공적으로 실시해 구체적인 정치적 이익과 목표를 달성하는 데 도움을 받았다. 그들이 데탕트라는 보편적 추상 개념이 지닌 미덕과 혜택을 갑자기 발견한 것은 아니다. 그들이 발견한 것은 동과 서 양쪽 국경에서 군사적 압력이 지속적으로 가해지고, 동시에 핵과 일반적 기술 측면에서 미국과 대등한 수준으로 발전하고자 경쟁할 경우 감당하기 어렵다는 사실이었다. 따라서 그들은 서독이 중부 유럽의 영토적 현상現狀을 승인함으로써 냉전에 진정한 데탕트를 가져온 데에 반대하지 않았다. 그들은 북대서양조약기구의 비유럽 회원국들은 물론 유럽의 다른 국가들도 그것을 승인하도록 유럽안보회의를 통해 촉구했고, 결과는 성공적이었다. 그 과정에서 소련이 유럽의 안전이라는 추상 개념을 사용한 까닭은 사실상 자신의 안전을 위한 정책을 위장하기 위함이었다. 마침내 그들은 서방의 기술과 산업을 뒤떨어진 소련 경제체제에 대규모로 도입할 수 있었는데, 물론 소련으로서는 이 점이 가장 중요했다.

데탕트를 마치 육체에서 분리된 영혼처럼 불러내어 과거 적대적이었던 국가들과의 관계에 스며들게 만들고, 마침내 그들과의 관계를 개선한 일은 이해관계와 권력이라는 객관적 요소들에 대한 개별적 시험을 대체한 것이었다. 헨리 키신저Henry Kissinger, 1923~ 국무장관 같은 영민한 정치인마저 그런 오류에서 자유로울 수는 없었다. 키신저는 소련이 1973년 욤키푸르Yom Kippur 전쟁 이전에도, 도중에도, 그리고 종결 시점에도 '데탕트 정신'을 유지해주기를 기대했지만 그런 일은 일어나지 않았다. 소련은 자신들이 생각하는 국가 이익 개념에 따라 충실히 행동했다. 소련은 아랍 국가들의 전쟁 준비를 지원하고, 또한 부추겼다. 그러면서도 미국에는 전투가 임박했다는 사실을 비밀로 했고, 1973년 정상 회담의 합의 사항을 위반하면서 모든 아랍 국가가 전쟁에 참여하도록 독려했다. 아랍 국가들이 이기고 있는 한 전쟁 종료에 반대했고, 그들이 지고 있을 때에는 즉각 적대 행위가 중단되어야 한다고 목소리를 높였다. 그런 휴전에 대한 대안으로 직접적 군사 개입을 위협했고, 또한 준비했다. 미국과 소련 사이의 직접적 군사 대결을 방지한 것은 '데탕트 정신'이 아니라 전쟁 도중 중요한 순간에 강력히 유지된 미국 전략군의 대비 태세 덕택이었다. 미국과 소련 사이의 평화를 유지한 것은 1962년 쿠바 미사일 위기 당시에서처럼 군사력의 사용에 대한 위협과 반대 위협이었던 것이다.



데탕트의 성공적인 결과라고 주장되는 몇 가지 사례에 의문을 제기하게 만드는 두 가지 요인이 있다. 1972년 이후의 군비 통제 협상이 대부분 성공적이지 못했다는 사실과 소련의 몇몇 국내 정책에 대한 미국의 반응이 그것이다. 재점화된 핵무기 경쟁은 긴장을 유발해 데탕트를 통해 이룩할 수 있었던 제한적인 성과를 대부분 일소해버렸다. 상대방이 선제공격 능력을 추구하지나 않을지 서로 의심하다 보니 오늘날의 군비 경쟁은 현재의 공포 균형에다 새로운 불안정을 추가하고 있다. 이미 살펴보았듯이 지금까지 핵전쟁의 발발을 실제적으로 방지해준 것은 데탕트가 아니라 바로 이 균형인 것이다.

소련의 국내정치가 데탕트에 미친 부정적인 영향은 눈여겨볼 만한 또 다른 요인이다. 우드로 윌슨Woodrow Wilson, 1856~1924의 시대 이래 한 국가의 국내정치가 (특히 그 나라 정부의 특성이) 그 나라가 추진하는 외교정책에 어떤 적실성을 가지느냐 하는 문제는 미국에서 격렬한 논쟁을 불러일으킨 주제다. 여기에는 두 가지 대답이 제시되었다. 하나는 윌슨주의적이며 통상적인 자유주의 주장으로 민주주의만이 약속을 지키고 평화로운 정책을 추진하리라는 믿음을 준다는 것이다. 독재는 근본적으로 믿기 어렵고 국내적 불만을 모험주의 외교정책과 전쟁으로 돌리는 경향이 있기 때문이다. 결과적으로 전 세계 민주주의 국가를 지지하며 독재국가들에 반대하고 개혁하는 일이 미국의 임무다. 이런 견해의 바탕에는 철학적 가정이 숨어 있다. 그것은 루소Jean-Jacques Rousseau, 1712~1778가 가장 효과적으로 한 주장으로서 '인간'은 천성이 선하며 평화롭기 때문에 외교정책에 대한 민주적 통제는 품위 있고 평화로운 국제관계로 향하는 경향이 있다는 가정이다. 따라서 독재자와는 사업을 할 수 없지만 민주주의자들과는 거래할 수가 있다. (말이 난 김에 비스마르크는 의회주의 정부의 외교정책을 본질적으로 믿을 수 없기에 영국과는 상대하지 말아야 한다고 생각했다는 점을 지적해둘 만하다.)

두 번째 대답은 국내정치나 정부의 특성과는 무관하게 각국은 합리적인 방식으로 이익을 추구하며, 외교정책은 어쨌거나 본질적으로 국내 상황에 영향을 받지 않는 자기 법칙을 가지고 있다는 것이다. 그래서 미국 같은 민주주의 국가는 모든 종류의 국가를 상대해야 한다. 심지어는 미국이 도덕적 견지에서 비난하는 특성과 정책을 추구하는 국가들마저 상대해야 하며, 관련 국가들의 이익과 권력을 그 국가 정책을 가늠하는 잣대로 삼아야 한다. 국내정치적 선호와 다른 국가의 도덕적 판단을 만족시키려고 자신의 이익을 위태롭게 할 수는 없다. 처칠Winston Churchill, 1874~1965이 한 말을 빌리자면 국가 이익이 그렇게 시킨다면 악마와도 협정을 맺어야 한다. 이것이 올바른 대답임에는 틀림이 없다. 각국은 사실 이런 입장을 취해오고 있다. 그렇지 않을 경우 합리적 외교정책이란 불가능할 것이기 때문이다. 하지만 이 대답이 옳은 듯하고 그런 사고방식에 근거한 경험적 관례도 확고하지만, 이야기는 거기서 끝나지 않는다.

국제 평화와 질서는 세력균형과 함수관계에 있다. 다시 말해 몇몇 국가 또는 국가들의 결합 사이의 어느 정도 균등한 권력 배분 상태와 함수관계에 있으며, 그들 가운데 어느 한 국가가 다른 국가들보다 강해지는 것을 방지한다. 민족국가들로 이루어진 세계에서 평화와 질서가 유지되는 까닭은 바로 이 대략적이고 미약한 평형 상태 때문이다.

그러나 이 평형은 '균형'이라는 은유적인 표현이 나타내듯이 기계적으로 작동하지 않는다. 오히려 국가들 사이에 세력균형의 유지를 선호하는 합의가 이루어지기를 요구한다. 그렇지 않고 어느 정도 혼란이 불가피하다면 세력균형이 회복되기를 선호하는 합의를 요구한다. 다시 말해 역동적인 조정 과정은 장기적으로 그것이 작동하는 데 반드시 필요한 도덕체제에 뿌리를 두고 있다. 참여자들은 그것이 작동할 수 있도록 세력균형 원칙 그 자체에 대해 이론적으로도, 또한 더 중요하게는 실제적으로도 도덕적 찬성을 해야 한다. 18세기는 고전적 세력균형 시기 가운데 하나였다. 바로 정치기구로서의 세력균형 개념이 강력한 도덕적 합의에 따라 지지되고 있었기 때문이다.

오늘날 대답을 요구하는 실제적인 질문은 이렇다. 18세기 같은 공동의 도덕률이 세계 여러 국가를 결합시키고 있는가? 또는 최소한 미국과 소련을 결합시키고 있는가? 이런 질문에 그렇다고 대답할 사람이 누가 있을까? 초강대국들은 공통의 도덕으로 뭉쳐 있지 않고 둘 다 공멸해버릴 수 있는 핵전쟁의 두려움 때문에 결속하고 있을 뿐이다. 제1격 수준만큼이나 강력한 제2격 능력을 추구하다보니 자기 보존을 위한 기본적인 노력마저도 제약을 받아 상대방의 생명을 희생시키는 일도 불사하며 결정적으로 유리한 고지를 확보해야 하는 일이 생기게 된다.

결론은 이렇게 내릴 수밖에 없다. 소련에서, 그리고 정도가 덜 심하기는 하지만 미국에서 신뢰성 있는 세력균형과 순수한 데탕트가 작동하기 위해 반드시 필요한 공동의 도덕 대신에 우리는 국가 도덕을 신봉한다는 것이다. 거기에는 정부가 진리와 미덕을 독점하며, 인간이란 정부의 명령을 수행하기 위해 강제되지는 않더라도 지도를 받아야 할 어린아이에 불과하다는 믿음이 숨어 있다. 더욱이 소련은 차르tsar 지배의 전제 정치라는 전통적 관습 위에다 현대의 전체주의라는 수단을 추가했다. 이들 수단은 거의 전체 인구가 자기 나라와 세계의 다른 지역에서 무슨 일이 벌어지는지를 모르게 만들어버린다. 또한 바깥 세계와의 물리적, 지적 접촉도 최소한도로 줄여버린다. 그들은 현실을 마르크스-레닌주의라는 형이상학적 개념의 조각보로 대체해버리는데, 마르크스와 레닌으로서는 부당하다고 생각할 만한 일이다.

자기 자신과 국민을 외부 세계와 실재적으로 접촉할 수 없게 차단하는 정부는 자기 정치선전의 포로가 되어 존경받는 외교정책까지는 아니더라도 지각 있는 외교정책조차 추진할 수 없다. 스스로 부과하는 도덕적 규제력은 실효적인 세력균형 정책의 토대가 된다. 국내의 전체주의를 완화하면 좀 더 이성적인 외교정책이 자동적으로 이루어지리라는 기대는 할 수 없다. 하지만 이는 미국 외교정책의 위대한 결정이 있기 전후에 진행되었던 대논쟁 모델을 따라 소련 안의 생각이 다른 여러 집단 사이에 대화가 시작되도록 만들어줌으로써 그런 정책을 가로막는 중요한 장애물을 제거할 수는 있을 것이다. 그런 대화는 최소한 입장을 명확하게 해주고 정치적, 도덕적 합의가 느리고 고통스럽게 이루어져서 나머지 세계와 조화를 이루게 해주는 기회가 될 것이다.

소련 정부의 특성과 국내정치에 대해 외부 세계가 큰 관심을 기울이는 까닭은 소련이 세력균형의 근원이자 진정한 데탕트를 가능하게 해주는 '예술, 법률, 예절 체계'의 한 부분으로 편입되기를 거부한다는 사실 때문이다. 소련이 그런 체계의 한 부분이었더라면 분명 소련 정부가 얼마나 독재적이며 전제적인지를 정치적 이유 때문에 걱정할 필요는 없었을 것이다. 그러나 소련이 그런 체계의 외부에 남아 그런 체계에 대해 기껏해야 무관심하고, 최악의 경우에는 적대적인 태도를 취하는 한 세계의 나머지 국가들은 소련 정부와 국내정치의 특성에 지대한 관심을 기울일 수밖에 없다. 크렘린이 오늘날의 전체주의적인 관습을 누그러뜨려 국민에게 조금이나마 표현과 이동의 자유를 허용한다면 그 자체가 데탕트를 의미하며, 세력균형을 위한 도덕적 틀을 제공하는 한 가지 체계에 참여하고 어떤 의미에서는 재창조하는 첫 조치가 될 것이다.

따라서 소련 정부의 전체주의적 폭정에 대해 진지하게 관심을 가지는 행위는 오도된 자유주의 개혁의 정신으로 다른 주권국가의 문제에 대해 단순히 부당하게 간섭하는 행위라고 할 수 없다. 또한 이는 오로지 인도주의적인 관심의 표현이거나 국내 여론을 호도하려는 행위도 아니다. 이는 무엇보다도 미국과 소련이 공유하는 기본적인 이익에 기여하는 행위다. 다시 말해 생명력 있는 세력균형과 진정한 데탕트를 통해 핵 시대에서 생존을 보장받자는 것이다.

프랑스 철학자 페늘롱Fénelon, 1651~1715은 앞서 인용했던[10] 루이 14세Louis XIV, 1638~1715의 손자에게 했던 충고에서 세력균형의 여러 유형을 설명했다. 각각의 장점과 약점을 평가하면서 그는 서로 엇비슷한 힘을 가진 두 국가가 대립하는 상태를 세력균형의 가장 완벽한 유형으로 높이 평가했다. 그는 이렇게 말했다.



> 네 번째는 두 개의 힘이 비슷하고 이들이 공공의 안전을 위해 균형 상태를 유지하는 힘의 체계입니다. 그런 상황에 처해 있고 또 그런 상황을 포기하려는 생각도 하지 않는 것, 이것이야말로 바로 한 국가가 처할 수 있는 가장 현명하고도 행복한 상황이라 하겠습니다. 당신은 공통의 조정자입니다. 당신의 모든 이웃 국가는 당신의 우방이며, 그렇지 않은 국가들은 남들에게 의심받고 있다는 사실 자체 때문에 그들 자신을 스스로 그렇게 만든 것입니다. 당신은 당신의 국민은 물론 당신의 이웃을 위한 일이 아닌 듯해 보이는 일은 어느 것도 하지 말아야 합니다. 당신은 하루하루 강해집니다. 만약 당신이 당신을 시기하

10_1권 p. 503 참조.

는 세력보다 내적으로 더 강해지고 더 많은 동맹국을 확보하는 데 성공한다면 당신은 그 현명한 중용의 미덕을 더욱 고수하면서 균형 상태와 공공의 안전을 유지해야 합니다. 당신이 현명하게만 통치한다면 궁극적으로 반드시 그렇게 될 것입니다. 국가가 그 위대한 정복 때문에 안팎으로 지불해야 하는 여러 악을 언제나 기억해야 합니다. 또한 이런 정복은 아무런 결실도 맺지 못한다는 사실, 정복할 때 겪게 되는 위험, 또 마지막으로 위대한 제국이란 얼마나 허망하고 무의미하며 덧없는 것인지, 그리고 그들이 몰락하는 과정에서 야기되는 황폐를 기억하셔야 합니다.

하지만 다른 국가보다 우월한 국가가 머지않아 그 우월함을 남용하지 않으리라고 누구도 기대할 수 없기 때문에, 현명하고 올바른 군주라면 어느 모로 보나 자기보다 온건하지 않은 후계자가 지속적이고도 격렬하게 명백한 우월성을 추구하게 내버려두지는 말아야 합니다. 후계자와 국민들을 위해서도 그는 상대방과 대등한 위치에서 만족해야만 하기 때문입니다.[11]

페늘롱이 마음속에 그리던 권력 분포는 미국과 소련 사이의 권력 분포 형태와 매우 비슷하다. 조용한 경쟁을 통해 균형 상태가 유지될 때 두 독립된 힘 사이의 균형 상태가 가져다줄 수 있는 유익한 결과는 역사에 대한 관조를 통해 프랑스 철학자에게 감명을 주었으며, 이는 우리 시대의 경험을 통해 우리에게도 감명을 주고 있다. 그러나 힘의

11_ *Oeuvres* (Paris, 1870), Vol. III, pp. 349-350.

양극체제와 정치적 안정 사이의 관계는 근자에 발견된 것이 아니다. 고대 사람들도 그것을 알고 있었고, 제도적인 장치를 고안함으로써 그것을 창출하려고 했다. 그래서 스파르타는 같은 힘을 가진 두 사람의 왕이, 그리고 로마는 같은 힘을 가진 두 사람의 통령consul이 통치했다. 이로쿼이 연방Iroquois Confederation이 두 사람의 군사 지도자에게 통치되었다는 점과 중세 도시 아우크스부르크Augsburg가 두 명의 시장에게 통치되었다는 점에서도 비슷한 관계를 찾아볼 수 있다.[12]

그런 평형 상태는 항상 내재적인 불안정성에 위협받는다. 이런 불안정성은 권력 투쟁의 역학관계에 따른 결과다. 미국과 소련 사이의 양극적인 평형 상태도 이런 위협에 끊임없이 직면한다. 이런 위협은 민족주의적 보편주의와 현대 과학 기술의 충격 아래 혁명적 변화를 경험한 현대전의 특성을 통해 확대되고 있다. 여기서 우리는 현대 국제정치를 과거의 국제정치와 구별 짓는 마지막 근본적인 변화를 발견하게 된다.



12_ Kurt H. Wolff, editor, *The Sociology of Georg Simmel* (Glencoe : Free Press, 1950), pp. 138 ff. 참조. '긴장 완화'와 '데탕트' 개념은 '평화 공존'과 진정한 동의어로서 거의 같은 힘을 가진 두 초강대국 사이의 특이한 관계를 나타낸다.

제22장

# 전면전

앞에서 지적했듯이 우리 시대의 전쟁은 네 가지 측면에서 전면전의 성격을 띠게 되었다. 이는 (1) 자국의 전쟁에 대해 감정과 확신을 완전히 함께하는 국민의 비율 면에서, (2) 전쟁에 참가하는 국민의 비율 면에서, (3) 전쟁에 영향을 받는 국민의 비율 면에서, (4) 전쟁이 추구하는 목표 면에서다. 18세기 초 페늘롱이 서술하던 당시의 전쟁은 이 네 가지 모든 측면에서 제한적이었으며, 근대국가체제의 출범 이후에도 그렇게 제한되어왔었다.

그러한 제한 전쟁의 극단적인 예로서 14, 15세기의 이탈리아 전쟁들을 들어보자. 이 전쟁들은 기본적으로 용병들이 수행했는데, 그들의 이해관계는 주로 금전적인 것이었기 때문에 전투에서 죽음을 무릅쓰거나 너무 많은 적군을 죽임으로써 초래될 위험을 감수하려고 하지 않았다. 더구나 전투에 참가하는 용병 대장인 콘도티에리*condottieri*들은 병사들이 곧 자신들의 유동 자본이므로 병사들을 희생시키려고 하지도 않았다. 그들은 군대에 돈을 투자해 그 군대가 지속적인 재산으로 남아 있기를 원했다. 포로로 사로잡힌 적병들은 보석금을 받고 팔거나 자기편 군대에 고용할 수 있었으므로 용병 대장들은 적군들을 많이 살해하기를 원하지도 않았다. 적군들이 희생되어버리면 재정적 이익으로 전환될 수 없었던 것이다. 용병 대장들은 결정적인 전투나 전멸의 위험이 있는 전쟁에는 관심이 없었는데, 이는 적과의 전쟁이 있지 않고서는 자기 직업도 없었기 때문이다. 결국 이런 이탈리아의 전쟁들은 어느 정도 사상자를 내기보다는 포로를 내면서 적이 진지를 버리고 후퇴하게 하는 교묘한 책략과 전술적 기교로 이루어졌다.[1] 그래서 마키아벨리Niccolô Machiavelli, 1469~1527는 역사적으로 중요한 의미를 가지는 15세기의 많은 전쟁에 대해 아무도 죽지 않거나 단 한 사람만이, 그것도 적군의 행동 때문이 아니라 낙마 때문에 사망한 전투에 대해 기술할 수 있었다.



마키아벨리의 설명이 과장인지는 모르겠지만 종교전쟁과 나폴레옹

1_ Sir Charles Oman, *A History of the Art of War in the Middle Ages* (London : Methuen, 1924), Vol. II, p. 304 참조. "몇몇 용병 대장들끼리는 배신이나 모욕, 시샘 등으로 반감을 품고 있었다 하더라도 병사들 사이에는 민족적, 종교적 증오나 개인적 증오감이 없었기 때문이다. 군대가 새 고용주의 거래에 따라 이리저리 팔려다녔기 때문에 한때 적이었던 사람들과 한편이 되어 어깨를 나란히 하고 전쟁에 참가하는 경우도 숱하게 많았다. 같은 부대에 속했던 병사들이 이제는 적이 되어 서로 공격하는 경우도 많았다. 그렇지 않은 경우라 할지라도 모든 용병들은 무장한 동포들이었고, 자신을 고용한 폭군이나 부르주아들을 경멸했다. 더욱이 포로들은 자신이 타고 있던 말이나 갖추고 있던 무장 때문에도 가치가 있었지만, 보석금 때문에도 가치가 인정되었다. 이에 반해 죽은 사람은 아무런 가치도 없었다. 따라서 승리가 우스운 것이 되고 말아 전술적인 실패로 궁지에 몰린 군대는 도망가려고도 하지 않았다. 왜냐하면 항복은 재정적 손실 이상을 의미하지는 않았기 때문이다. 게다가 승자가 그 포로들을 자기편 군대에 고용할 기회를 주기도 했었다. 그런 경우 포로들은 자기 말이나 무장조차도 빼기지 않을 수 있었다."

전쟁 같은 주요한 예외를 제외하고는 제1차 세계대전에 이르기까지 의 근대사를 풍미했던 전쟁들[2]이 제한 전쟁 형태였다는 사실은 분명하다. 18세기의 위대한 군사 지도자 가운데 한 사람이었던 삭스 원수Marshal of Saxe, 1696~1750는 14, 15세기의 용병 대장들을 이끌었던 전쟁 원칙들을 찬양하면서 이렇게 말했다. "나는 전쟁을 결코 찬성하지 않는다. 특히 개전에 임박해서는 더욱 그렇다. 나는 유능한 장군이라면 전 생애를 통해 전투에 끌려들어 가지 않고서도 전쟁을 수행할 수 있어야 한다고 생각한다." 18세기 말엽 디포Daniel Defoe, 1660~1731는 이렇게 기술하고 있다. "5만 명씩의 양편 군대가 궁지에 몰려 서로를 빤히 쳐다보면서 대결하고 있다가 요리조리 진영만 바꾸면서, 좀 더 점잖게 말해서 서로를 관찰하면서 시간을 보내다가 결국 겨울 숙영지로 되돌아가버리는 일이 흔하다."[3] 1757년 1월 12일, 체스터필드Chesterfield 백작은 자기 아들에게 보낸 편지에서 이렇게 당시 전쟁을 묘사했다.

> …… 이 타락한 시대에는 전쟁조차 무기력하게 수행되고 있다. 자비가 주어져 마을은 접수되고, 사람들은 목숨을 부지하고 있었다. 폭풍 속에서조차 여인들은 강간이라는 재미를 기대할 수 없게 되었다.[4]



2_ 당시의 사람들은 '좋은' 전쟁과 '나쁜' 전쟁을 구분하고 있었는데 전자는 본문에서 언급된 형태의 전쟁을 가리키고, 후자는 스위스 군대의 잔인함, 특히 스위스 군대와 마찬가지로 흉포했던 독일 용병(*Landsknechts*)들과의 전쟁에서 스위스 군대가 보여준 잔인함을 의미했다.

3_ John U. Nef, "Limited Warfare and the Progress of European Civilization, 1640-1740," *The Review of Politics*, Vol. 6 (July 1944), p. 277에서 재인용.

반면에 그러한 제한 전쟁 시대가 막을 내릴 무렵 포슈Ferdinand Foch, 1851~1929 장군은 1917년에 프랑스 군사 대학에서 한 강연을 통해 과거의 전쟁 형태와 새로운 전쟁 형태, 그러니까 전면전에 대해 이렇게 요약했다.

진정 새로운 시대가 시작되었습니다. 국가의 모든 자원을 전쟁에 동원해야 하는 국민 전쟁 시대가 말입니다. 그것은 왕조적 이해, 어떤 지방의 정복이나 소유를 목적으로 하기보다 철학적 이념의 수호와 확산을 우선 목표로, 독립·통일 원칙과 수많은 비물질적 이득의 수호와 확산을 그다음 목표로 삼고 있습니다. 그런 전쟁들은 병사들의 관심과 능력을 일으키고, 과거에는 힘의 요소로 인식되지 않던 정열과 감정 따위를 이용하고 있습니다. …… 한편으로는 강렬한 감정에 불타는 일반 대중을 철저히 이용해 요새 구축, 보급, 군비, 토지 이용 같은 체제의 물질적 부분에 대한 필요를 충족하고 사회의 모든 활동을 흡수하는 것입니다.

다른 한편, 18세기에는 이런 물질적 부분의 정규적이며 조직적인 사용은 여러 사회 체계의 기초가 되었습니다. 이는 물론 때에 따라 변할 수는 있지만 언제나 군주의 군대와 재산을 보존하기 위해 군대 사용의 통제를 목적으로 했습니다. 이 군대는 전쟁의 대의명분에는 무관심했지만, 특히 군의 정신과 전통에 관해서는 어느 정도 직업적 특



4_ Charles Strachey, editor, *The Letters of the Earl of Chesterfield to His Son* (New York : G.P. Putnam's Sons, 1901), Vol. II, p. 321.

성을 갖고 있었던 것입니다.[5]

이와 같은 맥락에서 페늘롱이 18세기 초에 종교전쟁의 특성을 묘사하기 위해 사용했던 '승리자 아니면 패자'라는 문구가 20세기의 새로운 전면전의 특성을 묘사한 포슈의 말에 다시 등장함은 의미 있는 일이다.

> …… 만일 패자 측이 토의밖에 남은 것이 없어 타협하게 될 경우라면 토의 수단을 파괴하는 일이 목표가 되어야 한다. 다시 말해 무력을 통한 결정만이 의미 있는 단 하나의 판단이 된다. 그것이 승자와 패자를 결정하는 유일한 수단이기 때문이다. 그것만이 대치하고 있는 당사자들의 상황을 바꿔놓아, 한편은 자기 행위의 주체가 되는 반면에 다른 한편은 그 반대자의 의지에 계속적으로 종속하게 만드는 것이다.[6]



**전 국민의 전쟁**

새로운 전쟁의 시대에서 국민 대중은 자국이 개입하는 전쟁과 자신들을 전적으로 동일시한다는 사실은 도덕적이고 경험적인 두 가지 요소

5_ Ferdinand Foch, *The Principles of War*, J. de Morinni 번역 (New York : H.K. Fly, 1918), pp. 31-32.
6_ Ibid., pp. 39, 42-43.

에 따라 뚜렷하게 드러난다.

도덕적 요소란 정전 원칙正戰原則, the doctrine of just war이 20세기에 다시 부활한 것을 말한다. 말하자면 윤리적, 법적으로 정당화된 교전 당사자와 무기를 들 만한 법적, 도덕적 권리를 가지지 못한 사람들로 참전국을 구분하는 것이다. 이런 원리는 중세기에는 지배적이었으나 근대국가체제의 발달과 더불어 점차 누그러져 소멸해버릴 정도가 되었다. 볼리스William Ballis 교수도 16세기에 이런 원리가 발달하던 현상에 대해 이렇게 언급하고 있다. "한편이 정당하고, 다른 한편이 부당하다고 중세 철학자들이 주장하는 정의의 전쟁에 대한 관념은 실제로 사라져버렸다. 대신에 주권자(군주)가 기소자 겸 심판관으로서 전쟁을 일으킨다는 생각이 자리 잡게 되었다." 결과적으로 이 원리는 "사실상 어떤 종류의 전쟁일지라도 궤변으로 정당화할 수 있는 기회를 넓혀준 셈이다."[7]



제한 전쟁 시대를 통해 볼 때 정당한 전쟁과 부당한 전쟁 사이의 구분은 기껏해야 모호한 상태였고, 19세기에 이르러 전쟁이 하나의 단순한 사실로 간주되자 그런 구분은 사라져버렸다. 전쟁 수행은 어떤 법적, 도덕적 규칙에 점차 규제되었으나, 모든 국가는 전쟁을 스스로의 판단에 따라 이용할 수 있는 법적, 도덕적 권리를 가지게 되었다. 이렇게 볼 때 전쟁은 정부가 적절하다고 생각할 때 외교의 대안으로, 또는 외교와 동시에 사용할 수 있는 국가 정책의 수단, 좀 더 자세히

7_ William Ballis, *The Legal Position of War : Changes in Its Practice and Theory from Plato to Vattel* (The Hague : Nijhoff, 1937), pp. 102-103.

말해 왕조 정책의 수단이었다.

국민 대중이 그런 전쟁과 자신들을 전적으로 일치시키기란 명백히 불가능하다. 그런 일치감의 형성에는 도덕의 보호와 신장을 위해 전쟁이 수행된다는 도덕 문제가 필요했다. 다시 말해서 국민에게 자기편을 지지하는 도덕적 열정과 적에 대한 적대 감정을 불어넣기 위해서는 자기편이 정당하고 적이 부당한 전쟁이어야만 했던 것이다. 모험적이고 직업적인 군인들이라면 이런 정당화 없이도 흔쾌히 목숨을 내던지려고 하겠지만, 무기를 든 시민들은 다를 것이다. 나폴레옹 전쟁 및 19세기 독일과 이탈리아의 통일 전쟁에서의 민족주의, 그리고 20세기 양차 세계대전에서의 민족주의적 보편주의는 정의의 원리를 제공해주었고, 그와 더불어 전쟁을 수행하는 대중 집단에게 하나의 이념을 위해 기꺼이 싸우고 죽을 수도 있는 정열과 열성을 제공해주었다.

민족주의 또는 민족주의적 보편주의 이념이 널리 받아들여지게 된 계기는 징병제도에 따른 보편적 병역제도 때문이다. 용병도, 하층민도 강제로 군대에 복무하는 경우는 없었으며, 일반인도 군대에 납치당하듯 끌려가는 일은 없었고, 이들 모두로 구성된 19세기 이전까지의 제한 전쟁 시대에서 군대의 사병은 도덕적, 이념적 고려에 고무되어 자발적으로 복무하리라고 기대할 만한 군대는 아니었다. 전투를 피하고 살아남으려는 그들의 주된 관심사는 가능한 한 전투보다는 교묘한 책략으로 전쟁에서 승리함으로써 재정적 투자와 위험을 낮은 수준으로 유지하려는 지도자들의 욕구와 일치했다. 프리드리히 대왕 Friedrich II, 1712~1786 치하의 프로이센 군대는 3분의 2가 외국인 용병으로 충당되었다. 1792년 프랑스 혁명군에 대적한 프로이센 군대는 3분의 1이 여전히 용병으로 구성되어 있었으며, 전투를 회피하는 데 가장 큰 관심을 가지고 있던 터무니없는 작전은 무엇 때문에 또는 누구와 맞서 싸우고 있는지조차 제대로 모르고 있었던 그들의 정신 상태를 잘 말해준다. 웰링턴 공Arthur Wellington, 1769~1852은 당시의 프랑스와 영국 군대를 가리켜 이렇게 이야기하고 있다. "프랑스의 징병제도는 모든 계층의 훌륭한 본보기를 한데 모으고 있다. 우리 군대는 지상의 온갖 잡동사니, 인간쓰레기들로 구성되어 있다."

제한 전쟁 시대에는 병사들이 개인적으로 또는 집단적으로 탈영하는 일이 다반사였다. 용병이나 용병 부대가 예상되는 이익에 따라 봄철에는 한 고용주 밑에서 복무하고, 가을철에는 다른 고용주 밑에서 복무하곤 했다. 고용 계약이 한철 기간에 국한된 것이라면 이런 절차는 지극히 정상적이다. 그러나 고용주 아래에서의 임금이나 복무 조건이 불만족스러운 경우에는 계약상의 의무 기간에 관계없이 미련 없이 떠나는 일이 당시 실상이었다.

용병군 부대가 전투가 벌이지기 직전이나 포위 공격 동안에 다른 고용주를 찾기 위해서는 이 같은 노동 분쟁을 이용함이 특히 효과적이었다. 따라서 1521년의 파르마 포위 공격 때에는 3,000여 명의 이탈리아 용병들이 프랑스 군대에서 탈주하여 상대편으로 넘어가버렸다. 1521년 10월, 이탈리아에 주둔하고 있던 프랑스 군대의 스위스 파견대는 이런 탈영 때문에 불과 몇 주일 안에 2만 명에서 6,000명으로 줄어들었다. 이듬해 봄에 새로 결성된 스위스 파견대는 비코카 전투 바로 전날 파업을 감행해 프랑스의 전투 계획을 누설함으로써 결국 스위스 공격은 실패했고, 전투 결과 역시 패배로 끝나버렸다. 같은 전투 기간 동안 상대 진영에서도 독일 파견대가 반격에 대해 두 배의 보수를 요구했다는 보고가 있었지만 반격도, 임금 인상도 일어나지는 않았다. 1525년에 파비아 전투가 있기 며칠 전 6,000명에 이르는 스위스 용병과 2,000여 명의 이탈리아 용병이 보수를 모두 지급받았는데도 프랑스 군대를 떠나버렸다. 그들의 탈영으로 말미암아 프랑스 군대 전력은 3분의 1로 줄어들었다.

16, 17세기의 종교전쟁 기간에도 모든 병사들은 수시로 편을 바꿨다. 18세기에는 탈영으로 입은 군대 손실이 전투에서의 손실을 능가했으며, 이런 실상이 너무나 보편적이었기 때문에 시야가 좋지 못한 지형에서 야영을 하거나 밀집 대형이 아닌 형태로 기동 작전을 펴는 일은 그다지 바람직하지 못했다. 야전에서 병사들을 충분히 유지하기 위해 프리드리히 대왕은 6개월 이내에 되돌아오는 탈영병에게 보상금을 주지 않을 수 없었다.

병역은 범죄자들에 대한 처벌의 대안으로도 널리 이용되었다. 예를 들어 벌금형에 반대한 헤세Hesse 백작은 사형 선고를 받은 죄수들을 그의 군대에 편입시키곤 했는데, 당시의 일반적인 관습은 파산한 채무자들에게 징역이나 입대라는 선택의 여지를 주었다. 이런 종류의 군대가 받는 일반적인 멸시는 그들의 사기와 비례했다. 당시 프리드리히 대왕은 이렇게 말한 바 있다. "그들은 애국심으로도, 군주에 대한 충성심 따위로도 도무지 고무되는 일이 없다." 그들은 엄격한 규율과 보상에 대한 기대에 따라서만 뭉쳤는데, 이는 그들의 사회적 출신 성분이나 지위, 그들이 참가하는 전투의 성격 등을 고려할 때 그럴 수

밖에 없는 일이었다.[8]

전쟁의 명분과 자신의 이익을 전적으로 연관시켜줄 수 있는 군대를 유지하기 위해서는 군대와 그들의 등 뒤에 있는 모든 국민을 하나로 묶어줄 수 있는 명분이, 그리고 그런 입장에서 동질적인 군대가 필요했다. 신교와 구교 사이에 주도권 쟁탈이 한창이었을 무렵 결속의 명분과 그런 명분에 따라 결합될 수 있는 대중이 실제로 등장했었다. 제한 전쟁 시대에서 왕위 계승이나 도시·지방의 영토 소유, 또는 군주의 영광을 위한 전쟁이 수행될 때 이 두 가지 조건은 다른 어느 누구도 아닌 군주를 위한 병역 의무를 세습적 특권으로 여기는 일부 귀족 계층으로 말미암아 충족되었다. 동질적인 군대가 충성심과 함께 필사적인 각오를 가지고 전쟁에 임했던 또 다른 예는 혁명적 자유사상으로 무장된 프랑스 국민이 외국의 침략에 대해 보인 방어 의지에서 찾을 수 있다. 1793년에 프랑스가 19세에서 25세까지의 모든 건장한 남성들에게 군 복무 의무가 있음을 법률로써 규정한 행위는 새로운 성격



8_ *Edinburgh Review*, Vol. I(Jan. 1803), p. 357에는 익명의 저자가 당시 영국이 잘 사용하던 또 다른 형태의 제한 전쟁에 대해 기술하고 있다. "전쟁의 피해를 가장 많이 받았던 이 국가들은 또한 물자가 많이 남아돌던 가장 부유한 국가들이기도 했다. 그들은 상비군 도입의 토대가 된 군대의 교환과 비슷한 일종의 전쟁의 금전적 교환이라는 방안을 고안해냈다. 다시 말해 그들은 멀리 떨어져서 덜 부유한 동맹국에게 대가를 치르고 전쟁을 대신 하게 함으로써 전쟁을 자기 나라 문밖으로 몰아낼 수 있게 되었다. 이렇게 되니까 전쟁이라는 것도 별로 위험하지 않은 행위가 되었고, 따라서 전쟁의 점진적인 오용의 토대가 마련되었다. 쓸모없는 수백만 목숨이 희생되었다. 평화의 기술이 계속적으로 발전했다. 그리고 자기 나라에서 승리를 얻기보다 다른 나라에서 대가를 지불하고 패배를 얻기를 더 선호하는 정책, 다시 말해 자기 나라 땅에서 가장 영광스러운 승리를 쟁취하기보다 동맹국의 패배에 대해 대가를 지불하기를 더 선호하는 정책은 그 안전성과 자원의 증가, 그리고 평화라는 실질적인 축복을 누림으로써 얻을 수 있는 실제적인 힘의 증가, 또 무엇보다 필요한 전쟁만을 수행하는 진정한 이익에 따라 충분히 보상되었다."

의 전쟁을 최초로 인정한 입법이었다.

보편적 병역제도를 기초로 모집된 군대가 그들이 수행하는 전쟁의 명분과 자신을 전적으로 일치시키는 데에는 실패할지 모르지만, 대체적으로 이야기하자면 그렇게 구성된 군대라야 그런 일체감을 형성할 수 있는 가능성이 있다. 따라서 제한 전쟁 시대가 주로 강요와 모험심, 그리고 금전이 강력한 요인이던 이질적인 군대가 수행하는 도덕과 무관한 전쟁 개념과 시기적으로 일치함은 결코 우연이 아니다. 반면에 전면전은 자신이 수행하는 전쟁이 정의에 부합한다고 확신하는 국민병과 시대를 같이한다.

그러므로 나폴레옹 시대의 종식과 부르봉 왕조의 부활, 그리고 그들의 왕조적 외교정책과 더불어 프랑스에서 징집제도가 폐지되었다가 제3공화국에 와서야 겨우 다시 등장한 사실은 일관성 있는 일이었다. 1793년의 프랑스 법률은 1807년 이후 몇 년 동안의 프로이센 법률과 비유될 만하다. 이 법률들은 용병의 고용을 폐지하고 외국인의 입대를 금지했으며, 1814년에 이르러서는 모든 국민에게 조국 방위 의무를 규정함으로써 절정에 이르렀다. 프랑스 혁명과 프로이센 독립 전쟁 당시 징집제도는 외침에 대한 국민정신 앙양의 수단으로 사용되었는데, 전자는 구체제의 프로이센에 대한 대항이었고, 후자는 나폴레옹 제국주의의 프랑스에 대한 대항이었다.

## 전 국민이 치르는 전쟁

20세기에 들어 전쟁의 성격이 다시금 바뀌고 그 목적도 국가의 독립과 통일에서 민족주의적 보편주의로 변형되면서 전쟁에 참가하는 인구 규모도 확대되었다. 오늘날에는 건장한 남자들뿐만 아니라 전체주의 국가에서는 여자와 어린아이까지도 징집 대상이 되고 있다. 전체주의 국가가 아닌 경우에도 육군 여자 부대Wacs, 해군 여자 부대Waves 같은 여성 보조 부대가 지원자를 모집하고 있다. 그러나 도처에서 국가의 모든 생산력이 전쟁 목적에 이용되고 있다. 제한 전쟁 시대에서 전쟁이란 대다수 국민의 관심 밖이었고, 전쟁의 영향이라고 해야 조세가 늘어나는 것이 고작이었으나, 20세기에 들어와 전쟁은 민족적 일체감뿐만 아니라 군사적 또는 경제적 참여의 측면에서 볼 때에도 모든 사람의 관심사가 되었다.



이런 발전에는 두 가지 요인을 생각할 수 있다. 군대 규모 확대와 전쟁의 기계화가 그것이다. 20세기에 군대 규모는 절대적인 면에서나 전 인구에 대한 상대적 비율 측면에서나 엄청나게 늘어났다. 16, 17, 18세기에 군대 규모는 비록 계속적으로 늘어나는 추세에 있었지만 몇만 명에 지나지 않았다. 나폴레옹 전쟁 당시의 몇몇 군대는 수십만 명에 이르렀고, 제1차 세계대전 때에는 최초로 100만 명을 돌파했으며, 제2차 세계대전 때에는 1,000만 명을 넘었다.

현대사의 전개에 따라 병역에 종사하는 인구의 전체 인구에 대한 비율도 이 절대치들과 어느 정도 비슷하게 늘어나고 있다. 17, 18세기에 전 인구의 1퍼센트를 병역에 동원하기란 대단한 일로서 거의 이루어지지 못했다. 당시 평균 1퍼센트의 3분의 1 정도가 동원되었을 뿐이다. 제1차 세계대전 당시 유럽 열강은 인구의 14퍼센트를 무장시켰다. 제2차 세계대전에서는 주요 교전국일 경우 그 수치가 다소 낮다. 10퍼센트 이상을 동원한 국가는 미국, 소련, 독일에 지나지 않았다. 이런 감소는 엄청나게 향상된 전쟁의 기계화에 따른 것이라고 설명된다.

무기, 보급, 수송, 통신의 기계화는 규모의 증가(비록 인구의 10퍼센트라고는 하지만 과거 몇 세기 동안의 최대 규모보다 10배 이상이다)와 더불어 전쟁을 수행할 수 있도록 군대를 유지하기 위해 사실상 전 노동 인구의 생산 노력을 요구하고 있다. 전선에서 한 사람의 병사가 싸우기 위해서는 최소한 열두 명의 노동력이 그를 뒷받침해야 한다고 계산된 바 있다. 제2차 세계대전 당시 미국, 소련, 독일 같은 군사 강국들의 무장 병력은 1,000만 명을 넘었다. 비록 이런 병력의 일부만이 실제 전투에 참가하고 대다수는 보조 부대에 속한다는 점을 감안하더라도 그들에게 무기, 수송, 통신, 의복, 식사 등을 제공하는 수많은 민간인이 압도적으로 많은 노동 인구를 구성했을 것이다. 이리하여 현대전은 사실상 전 국민이 치르는 전쟁이 되었다.



## 전 국민에 대한 전쟁

전쟁은 모든 국민이 전쟁 참가자라는 점에서뿐만 아니라 모든 사람이 예정된 희생자가 된다는 의미에서도 전면적인 성격을 띠게 되었다. 비록 상세한 면에서는 신뢰할 수 없지만 전쟁으로 입은 손실의 비교

수치는 그런 점을 잘 나타낸다. 현대 역사상 각 시기의 커다란 전쟁에 정기적으로 개입하다시피 한 프랑스를 예로 들어볼 때, 1630년부터 1919년에 이르기까지의 전쟁에 따른 사상자 통계 수치를 10년 단위로 따져본다면 1630년부터 프랑스 혁명이 발발한 1789년까지 최고 0.58퍼센트에서 최저 0.01퍼센트의 인구가 사상자로 희생되고 있음을 알 수 있다. 나폴레옹 전쟁 기간과 거의 일치하는 1790년에서 1819년 사이에는 그 비율이 1.48, 1.19, 1.54퍼센트로 급상승한 반면에 왕조적 외교정책이 부활된 1820년에서 1829년까지 기간 동안에는 0.001퍼센트 이하로 줄어들고 있다. 그 이후 19세기가 끝날 때까지의 기간에는 그 이전의 다른 기간과 거의 비슷한 수치를 보이고 있는 반면, 제1차 세계대전이 일어났던 1910년대에는 거의 15퍼센트까지 다가서고 있다. 또한 1630년에서 1829년까지의 전 기간을 통해 패전을 경험하지 않은 기간은 1720년에서 1729년까지의 10년 동안인 반면에 식민지 확장의 시대라고 할 수 있는 19세기 동안만 해도 50여 년 동안이나 그러했다는 사실은 주목할 만하다.



군 복무 중 사망한 사람의 수를 100년 단위로 보더라도 상황은 비슷하다. 영국을 예로 들면 그 수치는 19세기 동안 하강했다가 20세기에 들어와 급상승하는 전형적인 곡선을 나타낸다. 영국에서 군 복무 중 사망한 사람의 수는 17세기에는 전체 사망자 수 1,000명당 15명이었고, 18세기에는 14명, 19세기에는 6명, 1930년까지의 20세기에는 48명으로 나타났다. 프랑스도 이와 비슷한 수치를 나타내는데 18세기에는 상당한 상승이 있었고, 19세기에는 나폴레옹 전쟁이라는 무제한 전쟁의 시기가 있었기 때문에 하강 곡선을 그리지는 않았다. 그 수치를 보면 17세기에는 11명, 18세기에는 27명, 19세기에는 30명, 그리고 1930년까지의 20세기에는 63명이다. 과거에는 군사 행위에 따른 인명 피해보다는 질병 따위로 입은 손실이 훨씬 컸다는 사실에 비춰 볼 때 앞에서 살펴보았듯이 현대전의 파괴성은 실로 대단하다는 점을 알 수 있다. 결국 20세기에 들어와 군사 행위로 입은 피해가 상대적으로나 절대적으로 엄청나게 늘어난 것이다.

20세기의 전쟁에서 군사 행동으로 인한 민간인의 피해는 종교전쟁 이래로 전례 없는 수준이다. 제2차 세계대전에서의 군사 행위로 인한 민간인 총 피해가 군사적인 총 피해를 능가하고 있음은 분명하다. 독일의 의도적 말살 조치로 죽은 민간인 수만 하더라도 1,200만 명에 이른다. 제1차 세계대전 당시 사상자 수가 전 인구의 15퍼센트에 이르렀다는 프랑스의 기록은 제2차 세계대전에 와서는 비교가 되지 않을 정도이며, 총 사상자 가운데 민간인이 차지하는 비율은 급격히 상승했다. 소련도 마찬가지여서 제2차 세계대전 당시 사상자는 총인구의 10퍼센트에 이르렀다.[9] 그래서 민간인과 관련해보자면 현대전의 엄청난 파괴력 증가는 계속되는 추세를 보였다. 세균전처럼 과거 전쟁에서 한 번도 사용된 적이 없거나, 독가스나 핵무기처럼 소규모로만 사용된 새로운 파괴 수단이 개발됨으로써 민간인과 군인들의 막대한 피해는 계속될 것이며, 더욱 늘어날 것이 확실하다.



9_ 소련의 피해자 수에 대해서는 여러 가지 수치가 제시되고 있다. Dudley, Kirk, *Europe's Population in the Interwar Years* (Series of League of Nations Publications, II. Economic and Financial, 1946. II. A. 8), p. 69, note 24, p. 70, note 28; *The World Almanac*(1946), p. 44; (1947), p. 521; (1948), p. 552; (1949), p. 326. 본문에서의 숫자는 이 자료들 가운데 가장 공통적인 숫자를 뽑은 것이다.

## 전쟁의 기계화

20세기에 들어와서 전쟁의 엄청난 파괴력이 민간인과 전투원 모두에게 상상할 수 없을 만큼 늘어났음은 전쟁 기계화의 결과다. 이런 점에서 전쟁 기계화의 영향은 두 가지로 요약될 수 있다. 하나의 무기를 단 한 번 조작함으로써, 또는 가속적인 복합 작용으로 예전에는 상상도 못할 만큼 적군을 살상할 수 있게 된 능력과 그런 작전을 먼 거리에서도 실시할 수 있는 능력을 말한다. 이 두 가지 발전은 14세기경 화약의 발명과 화포의 사용으로 시작되었다. 그러나 이런 발전이 어마어마한 속도로 가속화된 시기는 19세기 말 무렵부터이며, 오늘날에 와서는 전쟁 기술의 혁명적 변화와 아울러 더욱 가속화되었다.



### 무기의 기계화

대포의 역사로 예시되듯이 무기의 기계화는 처음 여섯 세기 동안에는 아주 느린 속도로 발전했으나 일곱 번째 세기에는 놀라운 속도로 발달했다. 1453년에 터키가 콘스탄티노플을 공격할 때 사용된 대포는 800파운드(약 363킬로그램)짜리 포탄을 1마일(약 1.6킬로미터) 사정거리로 발사할 수 있었는데 주간에 7회, 야간에 1회 정도의 비율로 발사되었다. 1650년 당시의 대포는 9파운드(약 4킬로그램)짜리 포탄을 사정거리 175야드(약 160미터)로 발사할 수 있었는데 그로부터 200년 뒤에는 영국의 9파운드 활강포滑降砲가 300야드(약 274미터)까지 사격할 수 있었다. 대포가 처음 등장했을 무렵 세르반테스Miguel de Cervantes, 1547~1616는 이렇게 말한 바 있다.

> 대포라는 그런 악마와도 같은 병기의 무시무시한 횡포를 알지 못했던 옛날은 정말 축복받은 행복한 시대였다. 확신하건대 그 발명가는 그 무서운 발명에 대한 보답으로 지옥에 떨어져 있으리라. 그 무기 때문에 그는 야비하고 비열하게 용감한 신사의 목숨을 쉽게 빼앗을 수 있게 해주었다. 또한 용감한 심장을 뜨겁게 끓게 하는 기백과 열정이 정점에 이른 순간 언제인지도, 어떻게인지도 모르게 탄환이 날아든다. 그 탄환은 그 저주스러운 기계를 발사할 때의 번쩍이는 섬광 때문에 공포에 질려버리는 사람이 쏘는 것으로, 그 때문에 한순간에 모든 계획은 끝장나버리고 앞으로 얼마든지 살아야 할 사람의 목숨을 빼앗는다.[10]

18세기 말 무렵, 프랑스만은 뚜렷한 예외였지만 국가들 대부분은 대포를 여전히 부수적이고도 격에 맞지 않는 무기로 간주했으며, 더구나 품위 있는 사람들과는 무관한 것으로 생각하고 있었다. 프리드리히 대왕조차 대포의 가치를 경멸적으로 과소평가했으며, 거기에는 사격술 같은 기술도 필요 없다고 생각했다. 그러나 불과 수십 년 뒤에 나폴레옹은 이렇게 말했다. "전쟁을 수행하는 것은 바로 대포다." 이런 언급이 있은 그 세기에 대포의 효력은 10배 이상 늘어났다고 평가되었다.

대포는 전쟁의 기계화를 가장 잘 대표하는 무기다. 가장 잠재력 있는 이런 무기에 대한 과소평가는 소총에 대한 과소평가와 더불어 프

10_ Miguel de Cervantes, *The History of Don Quixote de la Mancha*, part 1, Chapter 38.

로이센 군대에서도 전통적으로 유지되었다. 18세기의 대포는 장전에 시간이 오래 걸리고 명중률도 낮으며 사정거리가 짧다(최고 2,000야드)는 점 때문에 이런 경멸은 어쩔 수 없었다. 그러나 19세기에 와서는 발사 속도 면에서나 사정거리 면에서나 상당한 발전이 이룩되어 20세기의 혁명적 발달을 예고하고 있다. 예를 들어 1850년에 1,000명이 쏜 1분 동안의 전장총前裝銃 탄환 수는 500여 개에 이르렀고, 그 사정거리는 16, 17, 18세기의 소총과 비슷한 300야드였다. 마찬가지로 후장총後裝銃인 경우에는 1,000발에 2,200야드, 1866년형은 2,000발에 2,700야드, 1886년형은 6,000발에 3,800야드, 1913년 탄창이 장착된 연발총은 1만 발에 4,400야드였다. 1850년과 1913년 사이에 발사속도는 20배나 늘어났으며 사정거리도 16배나 늘어났다. 그러나 오늘날에는 1분에 1,000발을 발사할 수 있는 기관총이 등장했으며, 이로써 1913년까지만 하더라도 1,000명의 사수가 1만 발밖에 쏠 수 없었지만 이제는 100만 발까지도 가능하게 되었다. 또한 개런드Garand 같은 반자동 소총은 분당 100발을 조준 사격할 수 있는데, 이는 1913년의 가장 빠른 소총보다 10배나 빠른 속도다.[11]

이런 점에서 1850년에서 1913년까지의 발전은 1550년에서 1850년까지의 발전에 비해 얼마나 엄청나며, 또 1913년에서 1938년 사이의 발전은 얼마나 압도적인가? 16세기 중엽만 하더라도 수동식 대포의 사정거리는 100야드 정도였고, 최대 발사 속도도 2분당 1발 정도였



11_ 이런 수치는 이상적인 조건 아래에서 얻을 수 있는 최적 발사 속도라는 점에서 이론적이라고 할 수 있다. 실제 전투 상황에서라면 훨씬 느릴 것임은 두말할 필요도 없다. 그러나 그 비율은 실제 상황 아래에서나 이론적인 상황 아래에서나 비슷할 것이다.

다. 제1차 세계대전 당시에도 중포重砲의 최고 사정거리는 122킬로미터를 넘지 못했다(독일식 18.4인치 대포만 이 거리에 도달할 수 있었고, 나머지 중포는 이만큼 멀리 쏘지 못했다). 이 중포는 명중률이 매우 낮고 보조 장치가 많이 필요했으며 최고 30발을 발사하고 나면 고장 나버렸다. 이와는 대조적으로 폭약을 적재하고 스스로의 힘으로 비행하는 오늘날의 유도탄은 무제한 사정거리를 가지고 있다. 포탄을 만재하고 이륙하여 임무를 수행한 뒤 기지로 복귀할 수 있는 폭격기의 비행 반경은 제2차 세계대전 말까지만 하더라도 2,414킬로미터였으며, 그 이후 계속 늘어나서 이제는 9,656킬로미터까지 확대되었다. 20세기로 접어들 무렵 한 국가가 적국 영토의 목표 지점을 공격할 수 있는 최대 거리는 몇 킬로미터에 지나지 않았는 데 반해 제1차 세계대전에 이르러서는 대포인 경우 122킬로미터까지, 별로 성능이 좋지 못한 경비행기일 경우에는 수백 마일까지로 확대되었고, 제2차 세계대전에 이르러서는 2,414킬로미터까지 가능해졌으며, 현재로서는 거리에 제한을 받지 않을 만큼 발달했다. 결국 현대적 기술 장비를 제대로 갖춘 국가라면 어떤 국가라도 실질적으로 전 세계를 작전 지역화할 수 있다는 점에서 20세기 후반에 치르는 전쟁은 전면 전쟁이 되었다.

전쟁 도구의 사용 범위가 전 세계적으로 확대되었다는 사실이 현대 전쟁의 성격과 오늘날의 세계 정치에 대해 의미하는 바는 전쟁의 파괴성 증가가 무기의 사용 범위 증가와 병행해왔느냐 아니냐에 따라 클 수도 있고 작을 수도 있다. 금세기에, 좀 더 정확히 말해서 1950년대에 이룩된 엄청난 파괴력 증가를 통해서 현대전은 전 세계적인 범위에 걸치는 무기의 파괴력을 지극히 현실적인 것으로 만들어 전면전 상황이 되게 했다.

해전인 경우는 별도로 하고, 대포가 발명되기까지 병사 한 명이 수행하는 군사 작전은 원칙적으로 적 한 명만을 죽일 수 있을 뿐이었다. 한 번 칼을 휘두르거나 창으로 찔러서, 또는 소총으로 한 발 쏴서는 고작해야 적 한 명을 불구로 만들어 굴복시킬 수 있을 뿐이었다. 전쟁에 화약을 사용함으로써 시작된 중세 말 기계화에로의 진보는 한 번의 작전으로 한 명의 적을 제거하던 1 대 1의 비율을 별로 늘리지 못했다. 오히려 상황은 정반대였다. 예를 들어 초창기 소총을 장전하고 발사하기 위해서는 거의 60가지나 되는 많은 동작이 필요했고, 보통 한 명 이상의 병사가 수행했으며, 명중률도 매우 낮아서 발사된 탄환의 극소수만이 목표에 명중되어 한 명의 적을 쓰러뜨릴 수 있었다. 대포일 경우에는 이를 운반하고 설치하는 데 상당한 인력이 필요했으며, 저조한 명중률 때문에 그런 모든 집단적 노력을 허사로 만들었다. 목표를 명중시켰다 하더라도 적의 희생자 수는 고작 20명 정도를 넘기 어려웠다.

19세기 후반에 기관총의 개량과 더불어 상황은 급속히 변했다. 이 무기의 등장으로 한 사람이 단 한 번의 조작으로 수백 발을 한꺼번에 발사할 수 있게 되었고, 실제 전투 상황에서는 그런 경우가 없었지만 발사된 탄환만큼이나 많은 수의 적을 쓰러뜨릴 수 있는 효력도 지니게 되었다. 비슷한 시기에 시작된 대포의 급속한 개발과 공중전·가스전 분야의 계속적인 발전으로 한 사람 또는 소수의 사람이 단 한 번 조작함으로써 쓰러뜨릴 수 있는 적의 수는 놀랄 만큼 늘어났다. 제1차 세계대전 당시 그 수는 수백 명을 헤아릴 정도였는데, 그런 막대한 피해는 주로 진격해오는 적 보병을 사격했던 기관총 때문이었다. 사실상 제2차 세계대전의 전 기간 동안 대형 고성능 폭탄 한 개를 직접 투하함으로써 발생한 희생자 수는 1,000명을 넘지 못했다. 그리고 투하된 폭탄의 총 수와 그에 따른 희생자 수가 비슷하다고 추산되고 있다.

이렇게 볼 때 잠재력 측면에서 핵전쟁과 세균전은 그 규모에서는 차이가 월등하지만, 과거 수십 년 전에 기관총이 이룩했던 혁명과 비슷하다. 제2차 세계대전이 끝나가던 무렵 원자탄을 투하한 소수의 사람은 수십만 명을 살상했다. 원자 폭탄이 가진 잠재력은 놀라운 속도로 늘어나고 있는 반면, 그에 대한 방어는 조금도 진전이 없는 상태에서 단 하나의 핵폭탄이 인구 밀집 지역에 투하될 경우 그 피해자 수는 수백만 명을 헤아리게 될 것이다. 가장 강력한 핵폭탄들 가운데 단 몇 개의 파괴력만 하더라도 제2차 세계대전 기간에 투하된 전체 폭탄의 파괴력과 맞먹는다. 세균전에 내재된 대량 살상의 잠재력은 탁월한 파괴력을 가진 핵폭탄의 잠재력보다 훨씬 월등하다. 세균 물질을 한 개 또는 몇 개만 전략적으로 잘 배치하더라도 무제한의 사람들에게 영향을 끼칠 수 있는 전염병을 쉽게 일으킬 수 있다.

그러나 지구 어디에서나 수백만 명의 인명을 전멸시킬 수 있는 무기도 그 이상의 기능을 수행할 수는 없으며 정치적, 군사적 견지에서 볼 때 그만큼 많은 부정적 요소를 지닌다. 이 무기들은 적의 저항 의지를 꺾을 수 있을지는 모르지만 스스로 정복할 수는 없으며, 이미 정복한 것을 유지할 능력도 없다. 전면전에서 결실을 거두고 이를 영원한 정치적 이득으로 만들기 위해서는 수송과 통신의 기계화가 요구된다.

## 수송과 통신의 기계화

지난 수십 년 동안 기술 진보에서 가장 놀라운 발전을 보인 부문은 역시 수송과 통신이다. 20세기 전반에 이 분야가 보여준 발달은 과거의 모든 역사에 걸쳐 목격할 수 있었던 발달보다 더 컸다. 1834년에 필Robert Peel, 1788~1850 경이 각료 회의에 참석하기 위해 로마에서 런던까지 서둘러 오는 데 걸렸던 13일이라는 기간은 그보다 17세기 전에 로마 관리가 같은 여행을 했을 때 걸린 기간과 정확히 일치한다고 한다. 유사 이래 19세기 중반까지의 기록을 보면 육상과 해상을 통한 가장 빠른 여행 속도는 시속 16킬로미터 정도였는데, 육지에서는 이런 기록을 좀처럼 내기 힘들었다. 20세기 초에 철도가 등장함으로써 육상 여행 속도는 가장 빠른 기차일 경우에는 시속 104킬로미터가 되었는데, 이는 과거에 비해 6.5배나 빨라진 속도다. 증기선이 등장함으로써 해상 여행 속도는 기존의 최고 기록보다 3.5배나 빨라져 시속 56킬로미터가 되었다. 오늘날 여객기의 최고 속도는 시속 965킬로미터 이상인데, 이는 40여 년 전의 가장 빠른 속도보다 10~20배나 빠른 속도이고, 100년 전에 비하면 60배 이상이 된다. 초음속 여객기는 이들보다 2배 이상 더 빠르다.

1790년에 보스턴에서 뉴욕까지 321킬로미터 정도 거리를 갈 때 가장 좋은 계절일 경우에는 나흘이 걸렸다. 오늘날에는 그 정도 시간이라면 계절에 상관없이 지구를 한 바퀴 도는 데에도 충분하다. 여행 속도의 관점에서 보면 오늘날 모스크바는 150여 년 전의 필라델피아만큼이나 뉴욕에 가깝다. 또한 전 세계는 자꾸 좁아져서 미합중국의 전신인 13개 주의 연합보다도 더 작아졌다. 이런 발달이 특히 지난 몇 년 동안 전문가들의 예상을 훨씬 앞질러서 얼마나 급속도로 진행되고 있는지는 1939년에 스탤리Eugene Staley 교수가 이 문제에 대해 언급하면서 제기한 질문에 잘 나타나 있다. "앞으로 25년 이내에 여행 속도가 시속 482킬로미터에 이르지는 못할까?"[12] 1960년에 가장 빠른 여객기의 속도는 스탤리 교수가 1964년에 이루어질지 모른다던 속도의 2배 이상에 이르렀다. 1939년에 제너럴모터스는 1960년까지 3,800만 대의 차량이 굴러다닐 것이라고 예견했고, 실제로 1960년에 그 숫자는 예상의 2배를 넘어섰다.

여행에서 기술 진보의 중요성은 화물 수송에서의 기술 진보가 가지는 중요성과 거의 똑같다. 왜냐하면 양자 모두가 거의 똑같은 기술적 수단을 사용하기 때문이다. 유일한 차이점은 출발이 늦은 육상 물자 수송의 기술 진보 속도가 다른 것에 비해 다소 빠르다는 점이다. 오늘날 아주 무거운 화물을 최고 속도로 수송하는 일을 제외하고는 대부분의 화물 수송이 여객 수송만큼의 속도를 낼 수 있다. 그러나 철도가 발달하기 전까지 육상 수송인 경우 용적과 동력상의 제약이 여객 수송보다 화물 수송에 더 크게 영향을 미치고 있었다. 19세기 중엽 이전에 독일에서는 철도가 등장함으로써 화물의 수송 속도가 8배나 늘어난 반면에 여객의 수송 속도는 5배를 넘지 못했다.

그러나 이 같은 발전 속도는 언어와 문서의 통신 분야에서 비교할 수 없을 정도로 더 빨랐다. 이 방면의 기술 진보는 여객이나 화물의 수송에서보다 훨씬 뛰어났던 것이다. 19세기에 들어와 전신, 전화, 해

12_ Eugene Staley, *World Economy in Transition* (New York : Council on Foreign Relations, 1939), p. 13.

저 케이블 따위가 발명되기 전까지는 언어나 문서의 전달 속도가 여행 속도와 일치했다. 말하자면 육안으로 볼 수 있는 신호를 통한 통신을 제외한 유일한 통신 수단은 일반적인 수송 수단이었던 것이다. 19세기에 여러 발명이 이어짐으로써 과거에는 며칠 또는 몇 주일씩 걸리던 통신이 단 몇 시간으로 줄어들게 되었다. 라디오와 텔레비전은 이런 통신을 즉각적이게 만들어서 말하는 즉시 전달되는 상황이 되었다.

### 국가의 모든 운명을 건 전쟁

이런 기술상의 발전은 세계 정복을 기술적으로 가능하게 했으며, 세계를 정복 상태로 유지하는 것도 기술적으로 가능하게 해주었다. 과거 강력한 제국들이 있었음은 사실이다. 마케도니아 제국의 영토는 아드리아 해에서 인더스 강에 이르렀고, 로마제국은 영국에서 코카서스 산맥에까지, 나폴레옹의 정복은 지브롤터에서 모스크바에까지 이르렀다. 그러나 이 강력한 제국들도 오래 지속되지는 못했으며, 설사 오랫동안 지속되었다 하더라도 이는 문명, 기술 그리고 그 밖에 다른 요소에서 피정복민보다 훨씬 우월했기 때문에 가능했던 일이다. 로마제국의 팽창에서 이런 점을 알 수 있다. 로마제국이 팽창할 수 있었던 많은 경우는 일급 경쟁자들을 압도한 결과라기보다 정치적 공터로 진출한 결과로서 식민지적 팽창과 비슷하다. 그러나 다른 제국들은 오랜 기간 동안 지속할 수도 없었고, 더욱이 알려진 정치 세계의 전 지역을 정복하는 데에는 전혀 미치지 못했다. 왜냐하면 그들에게는 광

대한 영토에 산재한 수많은 사람 집단을 영속적으로 지배하고 종속시킬 만한 기술적 자원이 부족했기 때문이다.

안정된 세계 제국을 수립하기 위해 필요한 기술적 전제 조건은 세 가지다. (1) 피지배 국민의 마음을 중앙 집권적으로 통제해 사회 통합을 강화하는 것, (2) 제국 안에서 분열 가능성이 있을 때 언제든지 사용할 수 있도록 조직적인 군사력을 보유할 것, 그리고 (3) 이런 통제 수단과 집행력이 전 제국에 영속적으로 편재되어 있을 것이다. 과거에는 이 세 가지 정치적, 군사적 전제 조건이 어느 하나도 성취될 수 없었지만, 우리 시대에는 가능하게 되었다.

그 당시 통신 수단은 기계화되지 못했고, 기계적 통신 수단이 갖춰진 곳에서라 할지라도 그것들은 철저히 개별적이고 분권적이었다. 뉴스나 사상 따위는 오로지 구두, 서신, 또는 개인이 집에서 작동할 수 있는 인쇄기 따위를 통해 전달될 수 있었을 뿐이다. 그러므로 세계를 정복하고자 하는 사람은 수많은 경쟁자들과 똑같은 입장에서 경쟁을 벌여야 했다. 그는 직접 경쟁자들의 신원을 확인하고 체포할 수 있는 경우에만 경쟁자들을 투옥하거나 사형에 처할 수 있었다. 언론, 출판, 라디오, 영화 따위를 장악하거나 독점함으로써 경쟁자들을 제압할 수는 없었던 것이다. 지금으로부터 1,900여 년 전 성 바오로St. Paul는 로마제국의 모든 종교 대표자가 할 수 있었듯이 복음을 전파하면서 이 도시에서 저 도시로 돌아다닐 수 있었고, 코린트인이나 로마인에게 서신을 전할 수 있었다. 그리고 그가 처형당할 무렵에는 그가 하던 일을 더욱 효과적으로 광범위하게 행하면서 국가의 대표자들과 경쟁하던 제자들이 수천 명 있었다. 자기 의견을 전할 신문과 잡지가 없고,

설교를 전해줄 라디오 방송망도 없으며, 자기 모습을 대중 앞에 드러내줄 뉴스나 영화, 텔레비전도 없고, 서신을 전할 우체국이 없는 상황에서 그리고 국경을 통과할 수 있는 허가마저 없이 성 바오로가 미래의 세계 제국에서 무슨 일을 할 수 있었을까?

앞에서 이미 지적했듯이 폭력의 수단은 주로 비기계적이었고, 언제나 개인적이고 분권적이었다. 이 경우에도 세계 제국을 건설하려는 사람은 장차 자기 지배를 받게 될 사람들이 자신보다 월등한 조직을 갖거나 좀 더 나은 훈련을 할 수 없게 하면서 최소한 비슷한 세력 기반 위에서 대하려고 했다. 양측 모두가 베고, 찌르고, 쏘는 거의 비슷한 무기를 가지고 있었던 것이다. 정복자가 자신의 제국을 유지하기 위해서는 가능한 한 모든 모반을 언제 어디서고 억누를 수 있는 월등하게 조직된 군사력을 보유해야 했는데, 이는 사실상 불가능한 일이었다. 그러므로 1808년 5월 3일에 마드리드 주민들은 프랑스 정복자에게 그들과 똑같은 무기로 모반을 일으켜 결국 물리칠 수 있었다. 오늘날의 세계 제국 정부라면 방송으로 이 같은 상황을 알고 나서 불과 몇 시간 안에 탱크나 박격포, 공수 부대 따위를 실은 수송기와 폭격기 부대를, 다시 말해 독점적 내지 준독점적 지위를 확보해줄 수 있는 무기들을 반란 지역으로 보내 쉽게 진압해버릴 것이다. 언제 어디서나 동원될 수 있는 그런 압도적인 힘이 개입될 수 있다는 위협 그 자체가 피지배자들의 반항하려는 생각조차 좌절시킬 것이다.

마지막으로, 수송 수단의 기계화는 세계 제국을 꿈꾸는 사람들이 유리한 기후와 지리적 위치에 의존할 수밖에 없었던 과거의 제약에서 해방시켰는데, 이러한 제약은 과거 역동적이지 못하고 용기 없는 지도자에게는 감히 세계 정복을 꿈도 꾸지 못하게 했으며, 나폴레옹에게는 파멸을 안겨준 요인이었다. 그 점과 관련하여 19세기 무렵까지 세계 정복을 가로막던 큰 장애란 늦가을에서 겨울, 이른 봄까지 전투를 중단해야 한다는 사실이었다. 왜냐하면 야전에서 병사들을 추위로부터 보호하고 생활필수품을 제대로 보급하면서 전쟁을 수행하기란 불가능했기 때문이다. 따라서 한 번만 더 전투를 해서 회복할 수 없을 만큼 패배시킬 수 있는 경우가 아니라면 적에게 다음 철 전투에 대비할 수 있는 기회를 줄 수밖에 없었다. 당시의 전쟁은 마치 복싱 경기와도 같아서 한 회가 끝나면 충분히 쉴 수 있었으므로 약한 쪽이 의식불명 상태로 쓰러지지만 않는다면 약한 상대일지라도 완전히 회복할 여유가 있었다. 이런 상황 아래에서 세계 정복을 생각하는 것은 어리석기 짝이 없는 일이었다. 왜냐하면 한 번의 전투 기간 동안 수행한 모든 작전을 그다음 전투 철이 다가왔을 때 그대로 다시 반복해야 했기 때문이다. 전투에서 거둔 승리란 주로 상대방을 정복하거나 전멸시킨 결과라기보다는 오히려 패자의 상대적 기력 쇠진이 엄청났기 때문이었으므로 승자 역시 세계 정복을 달성할 때까지 새로운 적들과 맞서 싸우는 데 필요한 물자를 매년 봄에 제대로 얻을 수가 없었다.

세계 정복의 길을 감히 나설 수 있을 만큼 용기 있는 사람이라 할지라도 그 원정이 오래 계속될 수는 없었다. 정복한 영토 전체를 지배할 수 있는 월등한 군사력을 유지하기란 사실상 불가능했으므로 미처 대처할 여유도 주지 않고 발생하는 반항에 끊임없이 부닥쳐야 했다. 통신이 느렸고 수송에서의 기술적인 어려움이 컸기 때문에 세계 정복을 노리는 사람이 설사 영원한 정복을 이루었다고 하더라도 그 제국을 강화하기란 불가능했을 것이다. 제국의 영토가 확장될수록 그 몰락 가능성은 더욱 커진다. 1812년에 나폴레옹 제국의 세력이 절정에 이르렀을 무렵, 그것은 과거 어느 때보다 커다란 붕괴 위험성을 내포하고 있었다. 왜냐하면 나폴레옹이 자신의 힘의 근원인 프랑스에서 자꾸만 먼 곳으로 진출해가면서 전투를 치르는 동안 정복지 주민들은 그의 등 뒤에서 독립을 준비할 수 있었기 때문이다. 비동맹 세력 또는 정복을 당해보지 않은 영국이나 러시아 같은 나라들의 도움을 받아 그들이 봉기했을 때 나폴레옹의 주력 부대는 너무나 멀리 떨어져 있었으며, 혹한과 엄청난 손실을 무릅쓰고 모반 현장으로 되돌아와야 했기 때문에 결국 정복자는 피정복자들이 택한 장소에서 어처구니없는 패배의 쓴잔을 마셨다.



오늘날 세계를 정복할 능력이 있는 국가는 일단 확보한 이익을 영구히 안정시킬 수 있는 기술적인 수단을 항상 보유하고 있다. 왜냐하면 이미 지적했듯이 계절과 거리에 상관없이 언제 어디서든 동원할 수 있는 조직화된 우세한 군대를 피정복지 안에 보유하고 있기 때문이다. 공군 주력 기지에서 1,600킬로미터 정도 떨어진 곳에서 반란의 기미가 보일 경우 이를 나폴레옹 시대의 수송 기술로 환산하면 8킬로미터 정도의 거리가 되며, 당시 통신 기술의 견지에서 보더라도 겨우 가까운 주변에서 발생한 정도라고 할 수 있다. 다시 말해서 정복자는 반란 기도를 저지하기 위해 즉각적으로 모든 현대적 대중 선전 기술을 동원할 수 있는 지점에 자리를 잡고 있는 것이다. 불과 몇 시간 안에 조직화된 우세한 군대를 반란의 기미가 보이는 곳으로 파견해 진압해버릴 수 있다.[13]

그러므로 일단 정복이 이루어지고 나면 제국 내부에서 일어나는 정치·군사적 돌발 사태나 외부의 개입, 또는 정부의 큰 실수가 없을 경우 기술적 가능성이라는 견지에서 제국은 충분히 영속될 수 있다. 이런 제약 때문에 한번 정복된 사람들은 정복된 상태로 남아 있게 될 것이다. 왜냐하면 반란을 일으킬 수단을 더 이상 가지지 못할 뿐만 아니라 통신 수단을 정복자가 독점적으로 통제함으로써 반란 의지마저도 박탈당하기 때문이다. 에드먼드 버크Edmund Burke, 1729~1797도 이렇게 말한 바 있다. "어떤 사람이 아침저녁으로 자기 이야기를 하도록 일 년 열두 달만 우리가 인내해준다면 마침내 그는 우리 주인이 될 것이다."[14]

오늘날 만일 지배 국가가 기술적인 통치 수단에서의 우위를 유지할 수만 있다면 세계 제국을 건설하는 과정에서 기술적인 장애란 없게 된다. 핵무기와 주요 수송 및 통신 장비를 독점적으로 보유한 나라는 그런 독점과 통제를 유지할 수만 있다면 세계를 정복하고 또 유지할 수 있을 것이다. 첫째, 세계 제국은 제국 시민의 마음을 과거와 현재의 전체주의 국가가 그랬듯이 획일적으로 복종시킬 수 있다. 매우 합리적이고 효과적인 정부를 가정해볼 때 반란 의사는 기껏해야 결속력 없는 분분한 의견이 되고 말 것이며, 그렇지 않다 하더라도 정치적,



13_ 엄청나게 우세한 정부의 힘을 잘 나타내주는 한 예로 1944년 히틀러에 대한 모반 계획이 실패로 끝난 사건을 들 수 있다. 당시 그 모반에는 군대의 일부도 가담했었다. 여기서 우리는 특히 정부의 통제 아래에 있는 현대 대중 언론의 결정적인 중요성을 볼 수 있다. 당시의 대중 언론은 오로지 히틀러만을 위해 일했는데 국민에게 히틀러의 연설을 방송하고, 반란군 지도자에게도 메시지를 전달하는 따위의 역할을 수행함으로써 결국 정부 측에 유리한 결말이 나도록 결정적인 역할을 했다. Allen W. Dulles, *Germany' s Underground* (New York : Macmillan, 1947) 참조.

14_ "Thoughts on French Affairs," *Works*, Vol. IV (Boston : Little, Brown, 1889), p. 328.

군사적으로 어떤 중요성을 가지기는 어렵다. 둘째, 모든 반역 기도는 강력하고 우세한 힘의 신속한 대응을 받게 되며, 따라서 그런 시도는 애초부터 실패 가능성이 뚜렷하다. 마지막으로 현대 기술은 지리와 계절과는 관계없이 이 세상 어디에서나 사람의 마음과 행동을 지배할 수 있게 만들었다.

### 전면적 기계화, 전면전, 전면 지배

현대전의 기계화와 그 군사적, 정치적 의미를 이렇게 분석할 때 서구 문명의 전반적인 기계화를 생각해보지 않고서는 완전하다고 말할 수 없다. 현대전의 기계화는 서구 문명의 전반적 기계화의 일부분일 뿐이다. 그런 전반적 기계화가 없었더라면 현대국가들은 대규모 군대를 전장에 투입하고 장비와 무기를 공급하면서 유지할 수가 없었을 것이기 때문이다. 전면전은 전면적 기계화를 전제하며, 그 전쟁을 수행하는 국가의 기계화가 얼마만큼 전면적인지에 따라 그 전쟁의 전면적 성격은 결정된다.

유사 이래로 미국의 남북전쟁과 1870년의 프로이센-프랑스 전쟁에 이르기까지 모든 군사적 이동은 사람의 육체적인 힘으로 수행되었다. 사람들은 자기 체력이나 동물의 힘을 이용해서 전쟁을 수행하거나 이동했다. 무기와 군대의 질과 규모, 나아가 모든 군사적 이동은 거기에 이용될 수 있는 사람과 동물의 힘이 양적, 질적으로 어느 정도인지에 따라 제한되었다. 수송 수단으로서의 철도는 남북전쟁 당시 가끔 사용된 이래 1870년에 독일 군대가 처음 체계적으로 이용했다. 그래서 독일은 프랑스에 비해 월등한 전략적, 전술적 이점을 얻을 수 있었다.

보어 전쟁이 한창이던 1899년에 이르러서는 5인치 포 1문을 운반하는 데 32마리나 되는 소가 이용되었다. 느린 속도와 사람의 능력으로는 극복할 수 없는 숫자의 자연적 제한, 그리고 물자 조달과 짐승 사료의 수송이라는 번거로움 따위로 말미암아 전쟁은 느리고 번잡하게 수행되었다. 평화 시 또는 전쟁 시에 사람이 그전보다 몇 배나 되는 생산성을 발휘할 수 있게 한 것은 육체적인 에너지가 아니고 증기 기관이나 터빈, 전동기, 내연 기관 따위를 작동시키는 석탄, 물, 기름 등이었다. 제임스 페어그리브James Fairgrieve 교수는 주로 영국에 대해 이야기하면서 석탄이 이런 발전에 미친 영향을 생생하게 묘사했다.



> 지금으로부터 약 150여 년 전 농업 지역과 목축 지역, 몇 개의 항구가 있는 소규모 상업 도시, 그리고 몇몇 정치 도시 속으로 산업혁명 초기의 물결이 들어왔다. 당시까지만 하더라도 단순히 가정용으로만 여기저기서 이용되던 석탄이 이제는 기계를 움직이는 데 이용되었고, 이는 사람과 동물 이상의 능력을 발휘했다. 이전까지는 자신이 직접 해야 했던 일을 이제는 자기 외부의 에너지를 이용해 처리할 수 있게 되었다. 육체적 에너지가 아닌 엄청난 양의 새로운 에너지로 전에는 불가능했던 일들까지도 해낼 수 있게 된 것이다. 사람들은 에너지를 더욱 광범위하게 이용해왔다. 의류에서는 기성복이 있었기 때문에 가정에서 옷을 만드는 경우란 좀처럼 찾아보기 힘들게 되었다. 음식 같은 경우도 엄청날 정도로 잘 준비가 되어 있어서 가정에서 요리하는

일도 많이 줄어들었다. 그리고 대도시에서는 대규모 식품 산업들이 생겨나 사람들이 언제 어디서나 호주머니 사정에 맞게, 그리고 식성에 맞게 구입해 먹을 수 있게 되었다.

다른 용도로 소요된 양은 제외하고 공장에서 소비된 석탄만을 집계해볼 때 그 열량은 열심히 일하는 노동자 1억 7,500만 명의 에너지와 비슷한데, 사람일 경우에는 같은 에너지라도 그토록 유용한 형태로 공급할 수는 없다. 모든 면에서 인류의 진보에 크게 기여했던 그리스의 힘은 주로 노예 계층의 노동에 근거하고 있었다. 그리스의 자유민 한 가구당 평균 다섯 명의 노예가 있었는데, 이들은 통상 그리스인이라고 말할 때에는 포함되지 않으면서도 그리스의 에너지 공급량 가운데 큰 비중을 차지하는 부분이었다. 영국일 경우 한 가구당 20명 이상의 노예를 거느린 셈이 되는데, 그들은 음식을 요구하지도 않고 옷 걱정이나 눈물을 흘리지도 않으며 희망 없는 노예 생활을 비관하지도 않는다. 남녀노소 4,500만 명 인구의 영국에서는 1억 7,000만 명 규모의 인력에 맞먹는 공장이 가동되고 있다. 순전히 자동으로 움직이는 기계에서 공급되는 에너지와 비교한다면 2,000만 명 정도도 채 안 되는 육체적 에너지는 너무나 보잘 것 없다고 할 수 있다. 영국은 기사의 나라, 단추를 누르고 손잡이를 당기고 기름을 칠하고 포장함으로써 거대한 사회적 기계가 부드럽고도 손쉽게 작동하는 그런 나라가 되었다. 생명이 없는 노예가 옥수수를 갈아주고 옷을 만들어주며, 지구의 저쪽 끝에서부터 음식을 날라다주고 일하고 놀 수 있게 우리를 여기저기로 옮겨다주며, 신문과 지혜가 담긴 책을 인쇄해주기도 하고, 과거 그리스인이 꿈도 꾸지 못한 수많은 봉사를 해주고 있는 것이다. 미국의 경우에도 모든 남녀와 어린아이들은 각각 50명 정도에 해당하는 각종 생명 없는 노예들을 이용하고 있다…….[15]

이런 기계화 덕택으로 절약되는 노동은 매우 크다. 페어그리브 교수가 한 말을 다시 인용해보자. "1855년에서 1894년 사이에 1부셀bushel (건량 단위, 36리터 정도)의 옥수수를 생산하는 데 드는 평균 노동 시간이 4시간 반에서 45분 정도로 줄어들었다. 1830년에서 1896년 사이에는 1부셀의 밀을 생산하는 데 소요된 평균 노동 시간이 3시간에서 10분으로 줄어들었다."[16] 1952년도 미국의 농업 생산은 사상 최대를 기록했으나, 반면 농업에 종사한 총인구 수는 과거 80년과 비교할 때 가장 적은 수치였다. 기술적으로 낙후된 국가들의 농업 인구는 90퍼센트에 이르는 반면, 미국에서 농업에 종사하는 인구는 총인구 대비 1870년에 50퍼센트였던 것이 1940년에는 20퍼센트 이하로 줄어들었다. 1910년부터 1914년까지 미국 인구의 3분의 1 정도가 농업에 종사하면서 국민 소득의 12.4퍼센트를 생산했다. 1941년에는 22.7퍼센트의 농업 인구로 7.8퍼센트의 국민 소득을, 1952년에는 15.2퍼센트의 농업 인구가 6.4퍼센트의 국민 소득을, 그리고 1964년에는 6.8퍼센트의 농업 인구로 2.5퍼센트의 국민 소득을 올렸다.

호넬 하트Hornell Hart 교수는 다음과 같은 예를 들면서 산업에서도 같

15_ *Geography and World Power*, 8th ed. (London : University of London Press, 1941), pp. 314-317, 326(출판사의 허락을 받아 전재).

16_ Ibid., pp. 323-324.

은 추세가 있음을 설명하고 있다.

> 예를 들어 1730년까지 실을 짜는 모든 작업은 직접 손으로 진행되었다. 방적공은 한 번에 한 가닥씩 느리고도 고생스럽게 실을 뽑았다. 그러나 과거 200년 동안 기계는 모든 과정에 혁명을 가져와 한 번의 작동으로 125개의 축이 동시에 움직이면서 분당 1만 번씩 회전하게 되었다. 산업이 아직 낡은 인력 단계에 머물고 있는 필리핀에서는 코프라(말린 코코넛 과육) 선적에 200 내지 300여 명의 부두 노동자가 필요하다. 한편 샌프란시스코에서는 모든 작업이 기계화되어 있어서 그 짐을 하역하는 데 불과 16명의 인력이 필리핀에서 걸렸던 시간의 4분의 1 정도에 해낸다. 기계를 이용하는 인간 노동의 효율성은 단순한 인력의 50배 정도나 높다. 증기 삽을 한 번 사용했을 때 200여 명의 미숙련공과 같은 작업을 해낼 수 있는가 하면, 유리 부는 기계 한 대는 600여 명의 숙련공 몫을 해내며, 자동 전구 생산 기계는 과거 2,300여 명이나 필요하던 일을 한꺼번에 해내고 있다.[17]



19세기 중엽 미국에서 노동의 22퍼센트는 사람이, 51퍼센트는 동물이, 그리고 27퍼센트 정도는 기계가 해냈다. 1900년에 와서 이 비율은 15퍼센트, 33퍼센트, 48퍼센트로 각각 바뀌었으며, 1948년에는 각각 4퍼센트, 2퍼센트, 94퍼센트로 바뀌었다. 이런 기계 혁명의 결과 노동자 한 사람의 시간당 생산성은 그 기간 동안 5배 이상이나 늘어

17_ *The Technique of Social Progress* (New York : Henry Holt, 1931), p. 134(출판사의 허락을 받아 전재).

났다. 1966년에는 농부 한 사람이 1920년에 비해 시간당 5배 이상을 생산해냈고, 1945년에 12명분의 식량을 생산했던 데에 비해 32명분의 식량을 생산하게 되었다.

여러 산업화 과정에서 사람의 노동은 완전히 배제되었으며, 여기서 기계화는 자동화로 발전했다. 특히 단 한 사람도 없이 자동 전기 신호만으로 모든 통제가 가능한 수력 발전소 같은 경우가 이에 해당한다. 펄프 제지에서도 모든 공정이 완전 자동화되어 액체 펄프가 투입되면 두루마리 종이가 되어 나온다. 신문 인쇄도 마찬가지여서 신문 용지를 기계에 걸고, 인쇄하고, 마지막으로 접혀서 나오는 모든 공정이 자동으로 이루어진다. 인조견과 비단의 제조, 철강과 자동차, 특히 통조림 생산과 분말 가공 과정도 기계화됨으로써 육체노동을 대체하고 생산성을 높였다. 한편 여러 생산 과정의 기계화가 그다지 급속하게는 이루어지지 못했기 때문에 기계화의 전반적인 결과는 이 같은 가장 두드러진 몇몇 예에서만 인상적일 뿐이다. 중요한 몇 가지 생산 분야에서의 기계화 추세는 너무나 전반적이고 급격했기 때문에 가히 인류의 생산 과정에 대한 역사적으로 유례없는 혁명이라고 할 수 있을 정도다.

전면전과 세계적 지배를 가능하게 한 요인은 현대 산업 생산 과정에서의 바로 이 혁명 때문이다. 그 이전의 전쟁은 기술적인 측면에서 제한될 수밖에 없었다. 한 국가에서 생산되는 물자로는 국민의 의식주를 해결하고 오랫동안 계속되는 전쟁에서 대규모 군대를 유지하고 보급하는 데 충분하지 못했다. 더욱이 국민 경제도 겨우 최저 생활 수준을 웃도는 정도여서 국가 존립을 위험에 처하게 하지 않고서는 국민 소득 가운데 군사비 증액을 감행할 수도 없었다. 17, 18세기에는 정부가 국가 예산의 3분의 2 또는 그 이상을 군사적 목적에 사용함이 전혀 이상하지 않았다. 당시 어떤 때에는 군사비 지출이 총 정부 지출의 90퍼센트를 차지할 때도 있었는데, 이는 물론 군사비 지출이 다른 것에 우선시되었기 때문이고, 또 국민 소득도 매우 낮아서 다른 목적을 위해 광범위하게 과세할 수도 없었기 때문이다. 그러므로 20세기 이전까지 일반 징병제를 시행하기 위한 모든 노력이 실패로 끝났던 사실은 결코 우연이 아니었다. 왜냐하면 국민 생산을 계속 유지할 수 있도록 생산에 종사할 수 있는 사람들은 병역을 면제해줘야 했기 때문이다. 생산에 종사할 수 없는 천민과 생산에 참여하기를 꺼리는 귀족들만이 징집될 수 있었다.

산업혁명, 더 자세히 말해 20세기의 농업과 산업 생산과정에서의 기계화는 전쟁과 국제정치의 성격에 세 가지 영향을 미쳤다. 산업혁명은 대규모 산업국가의 총 생산량을 엄청나게 늘렸다. 게다가 산업 생산 과정에서의 인력 비율을 대단히 줄였다. 마지막으로 의약품과 위생상의 새로운 기술 개발과 더불어 모든 국가의 인구를 크게 늘렸다. 이렇게 얻어진 생산성 증가가 생활 수준 향상과 소비 인구 증가에 따른 수요를 훨씬 앞질렀기 때문에 그로 말미암은 잉여 생산은 새로운 목적에 이용될 수 있었고, 나아가 전면전이 점차 가능해지게 되었다. 기계를 이용한 새로운 에너지, 그리고 150여 년 전만 하더라도 생존 문제에만 급급했던 많은 사람의 에너지가 이제는 군 복무라는 직접적인 수단이나 산업 생산이라는 간접적인 방식을 통해 군사적 목적으로 이용될 수 있다.

오늘날 전쟁에 이용되는 사람의 에너지는 단지 육체적 에너지만을 의미하지는 않는다. 기계 시대는 150여 년 전만 하더라도 사람들 대부분이 필사적으로 기울이던 노력, 그러니까 사람이 자신과 부양자들을 자연 재해와 질병에서 보호하고 의식주를 해결해야 하는 지적, 도덕적 책임감을 경감해주었다. 더욱이 기계 시대는 과거에는 극소수 사람들만이 즐길 수 있었던 여가를 많은 사람에게 충분히 제공하게 되었다. 그러나 역설적으로 이런 많은 지적, 도덕적인 에너지가 좀 더 나은 세계를 건설하는 데보다는 전면전을 준비하고 수행하는 데 이용된다. 기계화 시대로 자유로워진 사람과 그 시대에 창조된 물질적인 능력이 결합하여 전쟁에 전면적인 성격을 부여한 것이다.

또한 세계를 정복하지 않고서는 만족하지 않는 무시무시한 야망이 자극제가 되어 전면전에 이르기도 한다. 현재 생활에 대해 별다른 고려도 하지 않고, 앞으로의 생활에 대한 생각도 별로 하지 않는 현대인은 자신의 지적, 도덕적 에너지를 동원해 자연을 정복하고 다른 사람을 정복하려고 한다. 사람의 자기 충족적 정신에서 시작된 기계화 시대는 현대인에게 지금 이곳에서 자기 스스로의 노력만으로도 안전하게 살아갈 수 있다는 신념을 주입했다. 그러므로 그런 신념을 부정하고 신의 개입에 의존하는 전통 종교는 점차 그 빛을 잃어갔다. 현대인의 지적, 도덕적 혈기는 사람이 과학, 혁명, 또는 신성한 민족주의 전쟁을 통해 구제받을 수 있다는 정치적 종교 속에서 흐르고 있다. 기계 시대는 스스로 승리를 이루고, 기술 진보에서의 1보의 전진은 2보의 전진을 불러일으키고 있다. 또한 기계 시대는 군사적, 정치적 승리를 낳기도 하는데 세계를 정복하고, 그 정복지를 유지할 수 있는 능력이 가능해지면서 세계를 정복하려는 의지가 생겨나기 때문이다.

하지만 기계 시대는 스스로 파멸을 초래할 수도 있다. 오늘날의 세력균형 체제에서 전 인구가 그 국가와 운명을 함께 하며 수행하는 전면전은 세계 지배로 끝나거나 세계 파멸로 끝나게 되며, 아니면 양자 모두로 끝날 수가 있다. 왜냐하면 세계 정복을 꿈꾸는 두 경쟁자 가운데 어느 한 쪽이 최소한의 희생으로 정복을 이룰 수 있거나, 서로가 서로를 철저히 파괴함으로써 세계 정복의 꿈을 무산시켜버릴 수도 있을 것이고, 또는 전 세계적 파괴 속에서 가장 적게 파괴된 나라가 정복을 이룰 수 있을지도 모르기 때문이다. 바로 이런 점이 20세기 후반의 국제정치를 시사해주는 전망이다.

이렇게 우리는 전체를 한 바퀴 돈 셈이다. 우리는 민족주의적 보편주의라는 새로운 도덕적 힘이 오늘날의 국제정치를 이끌어가는 추진력이 되고 있음을 관찰했다. 경직된 두 진영 사이에 작용하는 단순화된 세력균형이 위대한 선 또는 심각한 악의 전조가 된다는 사실도 살펴보았다. 전면전의 잠재성 속에서 무시무시한 악의 위협도 발견했다. 한편 전쟁의 전면적 성격을 가능하게 한 현대 생활의 기계화라는 요소가 전면전이라는 수단을 통해 세계 지배를 목표로 하는 도덕적 힘을 낳기도 한다는 사실도 살펴보았다. 우리 시대의 세 가지 커다란 혁명, 그러니까 도덕적, 정치적, 기술적 혁명은 다음 사실을 공통으로 갖는다. 이것들은 서로가 서로를 지지하고 강화해주며, 하나의 범세계적 불행이라는 방향으로 움직이고 있다는 것이다. 이런 요소들이 시대를 같이하고, 함께 발전을 거듭함에 따라 그 각각이 독자적으로 이끌어가는 서구 문명의 존립에 대한 위기는 한층 악화될 수밖에 없다.

이런 혁명적 사건들이 연쇄적으로 발생함으로써 세 가지 중요한 결과를 초래했다. 정치 세계의 중심으로서의 유럽의 영원한 쇠퇴와 절대적 우위를 차지한 두 초강대국의 등장, 그리고 독자적인 정치적, 도덕적 요소로서의 아시아의 등장이 그것이다. 아시아가 유럽에게서 정치적인 해방을 이룬 시기가 서구에 대한 도덕적인 반항과 일치했듯이 미국과 소련은 세계 정치의 중심으로 등장함과 동시에 정치적인 보편종교로서의 지위를 차지하게 되었다. 유럽이 정치적, 도덕적, 기술적 중심의 지위를 빼앗기게 된 현상은 현대국가체제의 미묘한 사회적 메커니즘이 전 세계적 팽창을 통해 파괴된 데에서 오는 부산물일 뿐이며, 현대적 기술이 유럽에서 전 세계로 퍼진 현상과 아시아에서 유럽의 도덕 사상이 승리를 획득한 결과이기도 하다. 유럽은 전 세계에 정치적, 기술적, 도덕적 업적을 나누어주었으며, 세계 각국은 이를 받아들이고 이용하여 유럽의 지배력에 종지부를 찍었던 것이다.

오늘날의 세계 정치가 가진 잠재력의 어두운 면을 배경 삼아 우리 시대의 가장 중요한 문제인 평화 문제를 검토해보자.

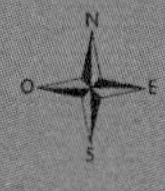


제8부

# 평화의 문제: 제한을 통한 평화

Politics Among Nations

제23장

⌘

# 군비 축소

## 우리 시대의 평화 문제



한 세대 동안에 두 차례나 세계대전이 있었고, 핵전쟁 가능성마저 상존함으로써 국제 질서의 확립과 국제 평화 유지는 서구 문명 최대의 관심사가 되었다. 전쟁은 언제나 재앙으로서 두려움의 대상이었다. 영토 국가의 발흥과 더불어 신성 로마제국이 기독교 세계의 실제적 정치 조직체에서 빈껍데기뿐인 법률적 허구로 전락하게 됨에 따라 저술가들과 정치가들은 더욱더 상실된 서구 세계의 정치적 통합체를 대체할 만한 것이 무엇일지를 숙고하게 되었다. 16세기의 에라스무스Desiderius Erasmus, 1466~1536, 17세기의 쉴리Maximilien de Béthune, Due de Sully, 1560~1641와 크루체Éméric Crucé, 흐로티위스Hugo Grotius, 1583~1645, 펜William Penn, 1644~1718, 그리고 18세기의 생피에르Abbé de Saint-Pierre, 1658~1743, 루소, 벤담Jeremy Bentham, 1748~1832, 칸트Immanuel Kant, 14724~1804 같은 사람들은 국제 질서와 국제 평화 문제의 해결을 위해 19, 20세기에 실제적 시도를 한 위대한 지적 선구자들이었다.

이런 시도 가운데 신성동맹과 1879년, 1907년의 헤이그 평화회의, 국제연맹, 국제연합 따위는 두드러진 사례들이다. 이 기구들과 회의체는 세계 평화를 유지하려는 다른 노력들과 함께 네 가지 요소, 그러니까 정신적, 도덕적, 지적, 정치적 요소로 말미암아 가능해졌는데, 이 요소들은 19세기 초에 나타나기 시작해 양차 세계대전 사이에 만연했던 많은 국제 문제의 이론과 실제에서 절정에 이르렀다.

스토아학파와 초기 기독교 시대 이후로 서구 사회에는 인류는 하나라는 도덕적 기운이 있었고, 그것에 맞는 어떤 정치체제를 수립하려는 노력이 계속되어왔다. 로마제국이 바로 그런 세계적 규모의 정치체제였다. 로마제국은 멸망한 뒤에도 오랜 세월 동안 서구 세계의 통합을 의미하는 상징적인 존재로 남아 있었으며, 나폴레옹은 물론 샤를마뉴Charlemagne, 742~814 대제를 고무시켰던, 그리고 종교전쟁이 일어나기까지 신성로마제국의 정책을 결정했던 궁극적인 목적이요 기준이었다. 1806년에 신성로마제국의 붕괴와 이를 재건하려는 나폴레옹의 노력이 동시에 일어났고, 그것이 국제 질서의 회복을 주된 목적의 하나로 삼는 근대사 시대가 시작되기 거의 10년 정도 이전 일이라는 사실은 결코 우연이 아니다.

안정되고 평화로운 국제 질서를 수립하려는 이런 시도의 도덕적 근간은 서구 세계에서 최근 몇 세기 동안 볼 수 있던 인간관계의 인간애와 문명성의 증가에서 찾아볼 수 있다. 계몽주의 철학과 자유주의 정치이론은 인간 생명에 대한 존중과 인류 복지의 증진을 촉구했다. 19세기와 20세기의 정치적, 사회적 대변혁은 이런 사조에서 그 영감을 얻었다. 법률, 평화, 질서를 통한 통치를 국제적 영역으로 확장하는 일이 근대 사회가 해결해야 할 인류 최대의 과제였다.

이런 발전을 촉진하는 지적 요인은 상인 계급이 우선 사회적으로, 그다음으로는 정치적으로 중요하게 부각된 사실과 연관된다. 이와 함께 전쟁과 국제적 무정부 상태를 예측 가능한 시장 기능에 대한 비합리적 교란 작용이라고 두려워하는 상업적, 과학적 정신이 발흥했다. 프랑스 철학자 디드로Denis Diderot, 1713~1784는 이렇게 말했다. "여러 교역 국가들 사이의 전쟁은 모든 국가에게 이롭지 못한 재난이다. 전쟁은 대상인의 부를 위협하고 그 채권자들을 창백하게 만든다."[1] 또 칸트는 이렇게 말했다. "상업 정신은 전쟁과 공존할 수 없다."[2] 그러므로 18세기 말엽에 이르러 많은 사람은 전쟁이란 시대에 뒤진 것이며, 어떤 경우에는 인류의 단합된 이성적 노력으로써 비교적 용이하게 지구 상에서 추방할 수 있는 격세유전적인 것이라는 신념을 가지게 되었다.

그러나 국제 질서와 국제 평화 문제의 해결을 위한 이론적인 추구에 실질적인 조치가 보완되어야 할 필요가 명백해진 것은 나폴레옹 전쟁이라는 재난이 계기가 되었다. 이 점에서 나폴레옹 전쟁의 중요성은 두 가지 양상을 띤다. 나폴레옹 전쟁은 세력균형을 파괴했고, 일시적으로나마 그것을 하나의 세계 제국으로 대체하겠다고 위협했다.

1_ "Fragments politiques," *Œuvres complètes*, Vol. IV (Paris : Garnier Frères, 1875), p. 42.

2_ Perpetual Peace (New York : Macmillan, 1917), p. 157.

이런 요소가 1815년에 나폴레옹의 결정적인 패배와 함께 사라지자 다른 요소가 150여 년 동안 근대국가체제의 안정을 위협했고, 아직 그 힘이 소진되지 않고 있다. 이 다른 요소가 바로 민족주의다. 프랑스 혁명으로 고취되고 나폴레옹의 정복으로 유럽에 전파된 민족주의 이념은 근대국가체제를 형성하는 원칙이 되어왔던, 그리고 1815년에 평화 정착의 토대가 되었던 왕조 정통성 원칙에 도전했다.

19세기 초에 접어들어 이런 네 가지 경험이 수렴되고, 또 이 경험이 나폴레옹 전쟁의 충격을 통해 정치적 영역으로 역동적으로 확산되었던 사실은 지난 1세기 반 동안 전쟁과 국제적 무정부 상태에 대한 대안을 모색하려는 노력에 지적, 도덕적 에너지를 제공했다. 이런 모색은 단순한 이상이나 희망, 충고의 영역을 벗어나 국제적 성격의 기구와 실제적 수단으로 구체화되면서(우리는 여기서 후자에 대해서만 관심을 국한하기로 한다) 세 가지 다른 매개체를 통해 수행되어왔다. (1) 국제정치의 무정부적이고 파괴적인 경향에 대한 제한, (2) 국제정치의 무정부적이고 파괴적인 경향의 완전한 제거를 통한 변형, (3) 국제정치의 무정부적이고 파괴적인 경향의 축출을 통해 각국의 이성적 목적을 조절하는 것이다.

제한을 통한 평화의 달성이라는 노력 가운데 지금껏 가장 지속적인 것은 군비 축소다.

## 군비 축소의 역사

군비 축소는 군비 경쟁을 종식시키려는 목적을 위해 모든 무기를 제거하거나 무기의 일부를 줄이는 것이다. 국제 무대에서 권력 투쟁의 전형적인 유형들 가운데 하나를 제거함으로써 그런 투쟁이 가져오는 전형적인 효과, 다시 말해 국제적 무정부 상태와 전쟁을 제거할 수 있다고 여겨졌던 것이다.

다음 네 가지 근본적인 차이를 명심해둘 필요가 있다. 군비 축소disarmament와 군비 통제arms control의 차이, 일반 군축general disarmament과 지역적 군축local disarmament의 차이, 양적 군축quantitative disarmament과 질적 군축qualitative disarmament의 차이, 그리고 재래식 군축conventional disarmament과 핵 군축nuclear disarmament의 차이다. 군비 축소는 군비의 제한이나 철폐인 데 비해 군비 통제는 군사적 안정화 수단을 강구하기 위해 군비 경쟁을 규제하는 문제와 관련된다. 일반 군축이라 함은 관계국이 모두 참여하는 군비 축소 유형을 뜻한다. 이 사례로는 모든 해군 강대국이 서명한 1922년의 워싱턴 해군군축협정과 실질적으로 거의 모든 국가가 참여한 1932년의 세계군축회의가 있다. 지역적 군축이란 제한된 수의 국가만이 참여했을 경우를 일컫는다. 1817년에 미국과 캐나다 사이에 체결된 러시·배것 협정Rush-Bagot Agreement이 그 예다. 양적 군축은 대부분의, 또는 모든 종류의 무기를 전면적으로 감축시키기를 목적으로 한다. 이는 1932년 세계군축회의에 참석했던 국가들 대부분의 목표였다. 질적 군축은 1932년의 세계군축회의에서 영국이 불법화하려고 노력했던 공격용 무기, 또는 국제연합 원자력위원회에서 철폐 및 제한이 논의된 바 있는 핵무기 같은 특별한 무기를 감소 내지 철폐할 것을 목표로 한다. 핵무기와 재래식 무기의 차이는 군비 통제와 군비 축소를 위한 정치적, 군사적 전제 조건에 영향을 미친다.

군비 축소 노력의 역사는 수많은 실패와 극소수 성공의 역사다. 이 실패와 성공은 모두 국제 질서와 평화를 확보하기 위한 한 방안으로서의 군비 축소가 제기하는 근본적인 문제를 지적해준다.

### 실패 사례

세계 평화 수단으로서 군비 축소가 처음 실질적으로 논의된 시기는 정치가들이 국제 질서와 평화를 수립하기 위해 점차 노력을 경주하던 국제관계의 초기와 일치한다.[3] 1816년에 러시아 황제는 영국 정부에게 '모든 종류의 군비를 동시에 축소'하자고 제안했다. 영국 왕실은 모든 강대국 군사 대표가 각국의 군사력을 결정할 수 있는 국제회의를 개최하는 형태로 러시아의 제안을 이행할 뜻을 비쳤다. 이에 대해 오스트리아와 프랑스는 동조했지만 다른 어떤 정부도 진지하게 응하지 않았으며, 결국 실질적인 결과를 가져오지 못했다. 이런 제안들은 호의적으로 받아들여지기는 했지만 그 이상의 결과가 없었다. 나폴레옹 3세가 1863년, 1867년 그리고 1869년의 세 차례에 걸쳐 일반 군축을 제안했을 때에도 같은 결과로 끝나고 말았다. 프로이센-프랑스 전쟁이 일어나기 직전이었던 1870년에 영국은 프랑스의 사주를 받아 프

3_ 18세기에는 지역적 군축을 위한 조치가 얼마간 이루어졌다.

로이센 정부에게 군비를 감축하자고 두 번이나 제안했지만 성공하지 못했다. 1877년에 이탈리아가 독일에 제안한 비슷한 안건도 마찬가지로 거절되었다. 1899년에 개최되었던 제1차 헤이그 평화회의는 군비와 국방 예산의 제한이 주된 목적 가운데 하나였다. 이 회의에는 당시의 주요 강대국을 포함한 28개국 대표들이 참석했다. 군비 축소에 대한 이 회의의 논의 결과는 그들의 입장을 대변한 두 가지 결의안으로 구체화되었다. 이 논의를 담당한 위원회는 "오늘날 전 세계에 무거운 부담이 되고 있는 군비를 규제하는 일은 인류의 물질적, 정신적 복리를 증진하기 위해 매우 바람직하다"는 견해를 천명했다.[4] 총회에서는 이 결의안을 채택하면서 "이 회의에서의 제안을 고려하여 각국 정부는 육군과 해군 전력과 국방 예산 감축 가능성에 대해 검토해주기를 희망"했다.



44개국이 참가한 1907년의 제2차 헤이그 평화회의에서는 군사비 지출의 제한에 대해 1899년의 회의가 채택한 결의안을 재확인했고, "그때 이후 거의 모든 국가에서 군사비 지출이 상당히 늘어났으므로 회의에서는 각국 정부가 이 문제에 대해 심각한 검토를 재개해야 한다"라고 선언하기에 이르렀다.[5] 이 회의의 의장이었던 러시아 대표는 이 결의안에 대해 논평함으로써 군비 축소에 관한 두 차례에 걸친 회의의 노력을 요약했다. "그 문제가 1899년에 완전히 성숙하지 않았다면 1907년에도 역시 마찬가지다. 지금까지 이 문제에 관해서는 아무

---

4_ James Brown Scott, *The Proceedings of the The Hague Peace Conference. The Conference of 1899* (New York : Oxford University Press, 1920), p. 390.

5_ Ibid., *The Conference of 1907*, Vol. I, pp. 89-90.

일도 할 수 없었다. 그리고 오늘 회의는 1899년처럼 그 문제에 대처할 준비가 거의 되어 있지 않다."[6]

베르사유 조약은 "전 세계 국가에 대한 일반적인 군비 제한의 계기를 마련하기 위해" 독일의 군비를 대폭 제한하기로 규정함으로써 세계 평화 수립의 수단으로서 군비 축소에 한 걸음 다가섰다.[7] 국제연맹 규약 제8조에서는 더욱 구체적으로 선언했다. "연맹국은 평화 유지를 위해 그 군비를 국가의 안전 및 국제 의무의 공동 행동 집행에 지장이 없는 최저한도까지 축소할 필요가 있다." 이 규약은 연맹 이사회에 이런 군축에 대한 계획을 세우는 권한을 부여했다. 이 규정에 따라 연맹 이사회는 1925년에 군축회의준비위원회를 조직했다. 이 위원회가 마련한 잠정적이고 불완전한 결의안이 1934년 제네바 세계군축회의에 제출되었다. 1933년 10월에 독일이 탈퇴함과 함께 이 회의는 해체 위기에 직면했다. 1934년에는 마지막 상임위원회가 개최되었다. 세계군축회의는 아무런 공식 협정에도 이르지 못한 채 결국 실패로 끝나고 말았다.



일반 군축을 향한 이런 노력은 제2차 세계대전으로 중단되었다. 국제연합 헌장은 국제연맹 규약이 중단했던 노력을 승계했다. 국제연합 헌장 제11조 1항은 이렇다. "총회는 국제 평화와 안전 유지에서의 협력에 관한 일반원칙을 군비 축소 및 군비 통제를 규율하는 원칙을 포함하여 심의하고, 아울러 이와 같은 원칙에 대하여 회원국 또는 안전

6_ Ibid., p.92

7_ Introduction to Part V of the Treaty of Versailles.

보장이사회 또는 이 양자에 대하여 권고를 할 수 있다." 또한 헌장 제 26조는 이렇게 규정하고 있다. "세계의 인적 및 경제적 자원이 군비를 위해서는 최소한으로 쓰이고 국제 평화 및 안정의 수립과 유지를 촉진할 목적으로 안전보장이사회는 군비 규제 방식을 확립하기 위해 국제연합 회원국에 제출될 계획을 작성할 책임을 진다."

국제연합 헌장의 이런 규정에 따라 총회는 1946년 1월 24일의 결의안을 통해 "원자력 에너지를 오직 평화적 목적에만 사용하도록 통제하고, 핵무기 및 대량 파괴가 가능한 다른 모든 주요 무기의 국가적 무장을 배제하기 위한" 구체적인 제안을 담당하는 원자력위원회를 창설했다.[8] 이른바 재래식 무기에 관해 총회는 "군비의 일반적 규제와 축소에 관한 원칙"[9]에 대한 결의안을 1946년 12월 14일에 채택했다. 총회는 여기서 "군비 및 병력에 대한 조속한 일반 규제와 감축의 필요성"을 승인하고 안전보장이사회에 그런 효과를 낼 수 있는 실질적인 수단을 즉각 강구하라고 요청했다. 그 결과 1947년 2월 13일에 안전보장이사회는 재래무기위원회Commission for Conventional Armaments 설립 결의안을 통과시켰다. 이 위원회의 목적은 "(a) 군비와 병력에 대한 일반적 규제와 감축, (b) 군비의 일반적 규제와 감축에 관련된 실질적이고 효과적인 보장책을 위한 시안"을 마련하는 것이었다.[10] 국제연합이 이렇게 핵무기와 재래 무기를 구분했던 까닭은 핵 군축의 독자적

8_ Resolution of the General Assembly, *Atomic Energy Commission Official Records, Supplement No. 1*; 또한 *U.N. doc.* A/64, p. 9.

9_ *Journal of the United Nations*, No. 75, Supp. A-64, add. 1, p. 827.

10_ *U.N. doc.* S/P.V. 105.

인 성취가 재래 무기 축소의 진전을 자극할지도 모른다는 희망 때문이었다. 재래무기위원회나 원자력위원회 어느 것도 당면한 현안에 대해 아무런 실질적 합의를 이룩하지 못했다. 그래서 총회는 1952년 1월 11일에 양 위원회의 업무를 통합하여 안전보장이사회의 회원국과 캐나다로 구성된 새로운 군축위원회를 조직하기로 결의했다. 이 위원회도 별다른 합의에 이르지 못하자 '주요 관련 강대국들'이 참여하는 협상을 촉구하는 총회의 1953년 11월 28일 결의안에 따라 중국, 프랑스, 영국, 소련, 미국으로 구성된 소위원회로 대체되었다. 이 소위원회는 소련의 반대를 무릅쓰고 1957년 8월 29일에 군축 협정 초안을 상정했고, 총회는 1957년 11월 14일에 이를 채택했다. 소련은 군축위원회나 그 소위원회의 어떠한 협상에도 더 이상 참가하기를 거부했고, 국제연합의 모든 회원국으로 구성되는 군축위원회를 새로 구성하라고 요구했다. 이에 대한 타협안으로 총회는 1957년 11월 19일에 군축위원회의 회원국을 25개국으로 확장했다. 하지만 새로운 군축위원회도 제대로 기능을 발휘하지 못했고, 핵 실험의 중지와 기습 공격의 방지를 주로 다루는 1958년 이후의 군축 협상은 국제연합 외부에서 알바니아, 캐나다, 체코슬로바키아, 프랑스, 영국, 이탈리아, 폴란드, 루마니아, 소련, 미국이 참여하여 진행되었다. 1959년에 이 국가들은 군축의 전반적인 문제를 심의하기 위해 국제연합 외부에 새로운 군축위원회를 조직했으며, 1960년 3월에 알바니아 대신 불가리아로 대체해 회의를 개최했다. 교착 상태가 거듭된 뒤 소련 진영은 같은 해 6월 회의에서 철수했다. 1962년 3월 18일에 회원국이 참가한 일반 군축회의가 국제연합의 후원 아래 개최되었다. 그러나 처음부터 프랑스가 이 회의를 거부했고, 그 이후로도 정기적으로 소집되고는 있지만 아무런 결과도 이루지 못하고 있다.

### 성공 사례

19세기의 유일한 성공적 군축 조약은 미국과 캐나다의 국경선에 관한 1817년의 러시·배것 협정에서 찾아볼 수 있다. 이 협정은 양국에 대해 각각 동등한 톤수와 장비를 가진 함정 세 척으로 오대호의 해군력을 제한하고 있다. 추축국에 대항하기 위해 사용할 목적으로 캐나다가 오대호에서 군함을 제조할 수 있도록 제2차 세계대전 초기에 개정된 이 협정은 오늘날까지 효력을 발휘하고 있다.[11]

군축을 위한 노력으로서 성공과 실패가 혼합된 대표적인 예는 1922년의 워싱턴 해군군축조약Washington Treaty for the Limitation of Naval Armaments이다. 이 조약은 미국과 대영 제국의 주력함 수를 거의 비슷하게 규정하고 영어 사용권 국가의 뒤를 이어 일본, 프랑스, 이탈리아 순서로 주력함 수를 규정했다. 그 결과 대영 제국, 미국, 일본은 주력함의 40퍼센트 정도를 해체했다. 더욱이 1931년부터 함정의 대체는 1942년까지 영국, 미국, 일본, 프랑스, 이탈리아의 주력함 비율이 5 대 5 대 3 대 1.67 대 1.67이 되도록 규정되었다. 그러나 워싱턴 회의는 주력함 이외의 함정인 순양함이나 구축함, 잠수함 등에 대해서는 합의에 이르지 못했다.



11_ 이 조약에 대한 지속적인 위반 사례는 다음을 참조. James Eayrs, "Arms Control on the Great Lakes," *Disarmaent and Arms Control*, Vol. II, No. 4 (Autumn 1964), pp. 372 ff.

영국, 일본, 미국만이 참석한 1927년의 제네바 해군회의Geneva Naval Conference에서도 마찬가지로 이 문제에 대한 합의를 이루지는 못했다. 마침내 1930년의 런던 해군회의London Naval Conference에서 미국, 영국, 일본은 순양함과 구축함 그리고 잠수함에 대해서 미국과 영국이 동등한 수로, 일본은 이 양국의 3분의 2 정도의 수로 제한하여 합의를 보게 되었다. 프랑스와 이탈리아는 이 조약에 서명하지 않았다. 왜냐하면 이탈리아가 프랑스와 동등한 수를 요구한 반면에 프랑스가 이에 동의하지 않았기 때문이다.

1934년 12월에 일본은 1922년 워싱턴 조약의 폐기를 공식적으로 통고했다. 또한 일본은 1935~1936년에 있었던 런던 해군회의를 통해 모든 종류의 해군력에 대해 동등한 권리를 주장하는 요구서를 제출했다. 이 요구를 미국과 영국은 거절했다. 그 결과 일본은 행동의 자유를 가지게 되었다. 해군력 규모에 영향을 미칠 수 있는 런던 해군회의의 유일한 결실은 미국, 영국, 프랑스 사이의 합의였는데, 여기에 1937년 독일과 소련이 참가했으며, 그 내용은 해군 군함의 최대 규모를 제한하고 어떤 국가도 그 최대한의 범위를 넘지 않는다는 것이었다. 1935년에 체결된 별개의 영국·독일 협정Anglo-German Agreement은 독일의 전체 해군력을 영국의 35퍼센트로 제한하고, 잠수함에 대해서는 35퍼센트 한계 안에서 독일의 전체 잠수함 수가 영국과 동등한 수를 보유할 수 있게 허락했다.

핵 군축과 군비 통제 분야에서는 이른바 1972년과 1975년의 전략무기제한협정SALT이 성공적인 사례로 꼽힌다. 탄도탄 요격 미사일ABMs 제한협정이야말로 진정한 군비 축소 사례가 된다. 이 협정에서는 미국과 소련의 영토 방위를 위한 ABMs 체제의 배치를 제한하고 있다. 이 협정은 탄도탄 요격 미사일의 배치를 반경 150킬로미터인 두 지역에(두 곳 가운데 한 곳은 양국의 수도를 각기 포함한다) 각각 100기로 제한하고 있다. 공격용 미사일에 대한 잠정협정Interim Agreement on Offensive Missiles은 여러 유형의 공격용 전략 핵무기 수의 제한을 시도하고 있다는 점에서 군비 통제의 수단이 된다. 이 협정은 대륙 간 탄도탄ICBMs의 수를 협정이 체결될 당시에 이미 배치되어 있거나 제조 중에 있는 것으로 제한하고 있다. 이 협정에서는 같은 수의 구형 지상 배치 대륙 간 탄도탄이나 구형 잠수함, 또는 잠수함 미사일 발사대가 폐기된다면 일정 수의 잠수함이나 잠수함 발사 대륙 간 탄도탄을 제조할 수 있도록 허용하고 있다. 1979년에 카터 미 대통령과 브레즈네프Leonid Il'ich Brezhnev, 1906~1982 소련 공산당 서기장이 서명한 2단계 SALT II 협정은 양국 상원이 승인하지 않았지만 양 초강대국의 묵시적인 합의 아래 1984년 당시 준수되고 있었다.



### 군비 축소에 따른 네 가지 문제점

오랜 실패와 짧은 성공의 역사에서 우리는 다음 네 가지 근본적인 의문점을 발견할 수 있다. 군비 축소를 위한 어떤 구체적인 노력의 성패 여부는 다음 질문에 대해 어떤 대답을 얻을 수 있느냐에 달려 있다.

1. 각 국가 사이의 군비 비율은 어떻게 책정되어야 하는가?

2. 이 비율 안에서 각국에 서로 다른 종류와 수량의 무기를 할당할 수 있는 기준은 무엇인가?

3. 이 두 가지 문제가 해결되었을 때 군비 감축 의도와 관련해볼 때 이런 해답의 실제 효과는 무엇인가?

4. 군비 축소가 국제 질서와 평화에 미치는 영향은 무엇인가?

### 비율

군비와 군비 경쟁은 국제 무대에서 전개되는 아마도 가장 중요한 권력 투쟁 양상일 것이다. 이런 근본적인 사실에서 군비 축소에 관한 모든 기술적인 주장이나 제안, 대응 제안, 반론 따위가 중요성을 부여받는다. 국가는 다른 국가의 공격에 대비하기 위해, 또는 다른 국가를 공격하기 위해 무장한다. 정치적으로 적극적인 모든 국가는 권력 투쟁에 참여하고 있으며, 군비는 이 권력 투쟁의 필수 불가결한 요소다. 그러므로 정치적으로 적극적인 모든 국가는 가능한 한 많은 권력을 획득하고자 함이 당연하다. 다시 말해 무엇보다도 무장을 가능한 한 많이 하고자 한다. 군비 측면에서 B국보다 열등하다고 느끼는 A국은 적어도 B국과 동등해지려고 노력할 것이며, 가능하다면 B국을 능가하려고 노력할 것이다. 반면에 B국은 더 이상의 국력 증가를 꾀하지 않는다 할지라도 최소한 A국에 대해 우세한 위치를 지키기 위해 노력할 것이다. 이미 살펴보았듯이[12] 이상과 같은 내용이 군비 측면에서 세력균형이 가져다주는 필연적인 결과다.



12_ 1권 pp. 436-437 참조.

A국과 B국 사이의 군비 경쟁에서 관건이 되는 것은 양국 군비의 비율이다. A국과 B국이 동등하게 될 것인가, 또는 A국이 B국보다 우세할 것인가, 아니면 그 반대로 될 것인가, 또 우세하다면 어느 정도로 우세할 것인가? 이런 문제가 군축위원회나 군축회의의 첫 번째 안건이 될 수밖에 없다. 이 문제에 대한 만족스러운 해답은 세 가지 조건 아래에서만 발견될 수 있을 것이다. (1) 관련 국가들이 다른 국가와의 권력 투쟁에 개입하지 않는 경우, (2) 한 국가나 국가군이 다른 국가나 국가군보다 우세하여 자국에게 유리한 비율을 다른 편에게 강요할 수 있는 경우, (3) 둘 또는 그 이상의 국가가 잠정적으로 자유로운 권력 투쟁보다 규제된 권력 투쟁에 참여하는 것이 더 유리하다고 느끼고, 군사력 증강을 위해 무모하게 경쟁을 벌이기보다는 상호 합의된 한도 안에서 군비 경쟁에 임하는 것이 유리하다고 인식할 경우다.



이 같은 대안이 오직 지역적 군축이라는 조건 아래에서만 구체화될 수 있음은 명백한 사실이다. 왜냐하면 오직 그런 조건 아래에서만 권력 투쟁이 완전히 사라지거나, 또는 군비 비율이라는 형태로 나타나는 규제되고 비교적 안정된 형태로 변형될 수 있기 때문이다. 군비 축소를 위한 몇몇 성공적인 시도는 실제로 모두가 지역적인 것이었다.

◆ 러시·배것 협정, 워싱턴 조약, 영국·독일 해군협정

패턴 (1)의 고전적 사례는 미국과 캐나다 사이에 체결된 러시·배것 협정이다. 양국 관계에서 상대방의 영토를 빼앗기 위한 무력 충돌로 변할 수도 있었던 권력 투쟁의 역사는 사실상 찾아보기 어렵다. 이런 군사적 충돌 가능성이 없었으므로 6,115킬로미터에 이르는 미국과 캐나

다 국경선은 세계에서 제일 긴 비무장 국경선이 되었다. 이는 또한 오대호에서의 해군력 감축이 영속적으로 성공할 수 있는 정치적인 전제조건이 되었다.

1922년에 체결되었던 워싱턴 조약은 미국과 영국 사이의 관계에 대해서 패턴 (1)의 사례가 되고 있고, 한편으로는 미국과 영국 사이의, 다른 한편으로는 미국과 일본 사이의 관계에 대해서는 패턴 (2)의 실제 사례가 된다.

미국은 전함 능력에서 영국과 동등하게 되려고 노력했다. 미국이 보유하고 있던 군사적으로 타의 추종을 불허하는 우세한 산업자원 때문에 미국은 그런 동등한 권한을 당연히 획득했다. 유일한 문제점은 그런 균형을 치열하고 대가를 치르는 경쟁을 통해서 이룩할지, 아니면 상호 합의로 이룩할지에 대한 문제였다. 양국 사이에는 그런 경쟁을 정당화할 수 있는 아무런 정치적 갈등도 없었기 때문에 양국은 실질적으로 동등한 전함 최대 보유 톤수에 합의했다.

더욱이 제1차 세계대전으로 말미암아 일본이 극동 지역에서 우세한 해군력을 보유하게 되었고, 따라서 이 지역에서의 미국과 영국의 이해관계를 위협하여 이 두 국가를 해군력 경쟁에 끌어들였다. 그러나 미국은 재정적, 심리적인 이유로 그런 확장 경쟁을 피하고자 했다. 반면에 영국은 군사 동맹으로 일본과 연결되어 있었다. 특히 영국 자치령들은 일본과 미국이 충돌할 경우 일본 편에 서게 되지 않을까 두려워했다. 이리하여 미국과 영국은 전쟁으로 번질 만한 정치적인 갈등도 없었을 뿐만 아니라 일본과의 군비 경쟁을 피하는 데에서도 같은 이해관계를 가지게 되었다. 일본과의 동맹관계를 끊어버리고 가능한 수준에서 미국과 동등한 지위를 유지하는 데 동의함으로써 영국은 해군력에서의 정치·군사적 문제를 해결할 수 있었다. 영국과 일본을 분리하고 영국과의 동등한 지위를 쉽게 확보함으로써 미국 역시 해군력에서 원하던 바를 얻었다.

미국과 영국 사이의 이러한 상호 이해는 일본을 고립시켰을 뿐만 아니라, 동시에 일본을 중重해군력 부문에서 절망적인 열등한 지위로 전락시켰다. 일본은 승산의 기회가 거의 없는 파괴적 군비 경쟁에 착수하는 대신에 불리하고 굴욕적인 상황을 최대한도로 이용했다. 다시 말해 당분간 그런 열세를 받아들이고 앞서 언급했던 비율대로 열등한 상태를 지속하는 데에 동의했다. 일본의 중국 침략에 대해 1930년대 초에 미국과 영국이 보여준 반응에서부터 1922년의 워싱턴 조약을 가능하게 했던 극동 문제에 대한 미국과 영국의 연합 노선이 깨졌다는 사실이 드러났을 때 일본은 그 조약의 속박에서 행동의 자유를 즉시 되찾았다. 영국과 미국의 우월한 해군력에 대한 일본의 입장에 관한 한 워싱턴 조약의 군비 감축 조항은 특이한 정치적 상황의 산물이다. 이 조항들은 그것을 만들어낸 정치적 상황 조건보다 오래 지속되지 못했다.

패턴 (3)의 전형적인 사례는 1935년의 영국·독일 해군협정이다. 당시 세계군축회의의 붕괴와 독일 정부의 정책은 독일이 다른 주요 군사 강대국들과의 이른바 '형평'에 도달하기 위해 재무장하려는 확고부동한 결심을 보여주었다. 영국 입장에서 독일의 재무장은 주력함에서의 영국의 우세에 대처하기 위한 소규모 함정의 충분한 증강을 의미할 뿐이었다. 한편 영국 정부는 독일의 해군력에 대해 현상유지 정책을 추구하지 않겠다는 확고한 결의를 가지고 있었다. 그런 정책은 전쟁 또는 적어도 독일과의 무제한적인 군비 경쟁의 위험성을 내포하고 있었고, 그 어느 경우에도 독일을 희생시켜 유럽에 대한 프랑스와 소련의 영향력을 강화해줄 터였기 때문이다. 그런 상황 아래에서 영국 정부의 선결 문제는 독일의 해군 재무장을 어떻게 방지하느냐가 아니라 영국이 과중한 재무장 계획을 부담하지 않으면서 독일에 대한 영국의 해군력 우세를 어떻게 유지할 수 있느냐였다.

1935년의 영국·독일 해군협정은 영국과 독일의 이런 상호 보완적인 이해관계를 성문화한 것이었다. 영국은 톤수 측면에서 독일 해군력과 안전한 거리를 유지했다. 필요할 경우 영국은 뒤늦은 출발과 제한된 자원 때문에 자국 보유 톤수의 35퍼센트라는 합의된 최대치에도 독일이 미칠 수 없을 정도의 규모와 속도로 자국의 선박 보유 톤수를 늘림으로써 독일과의 거리를 더 크게 할 수도 있었다. 독일은 자원과 다른 군사적 한계를 고려하여 가까운 장래에는 어떠한 경우에도 결코 넘어설 수 없는 한계 안에서 재무장할 수 있는 권리를 승인받았다. 특히 이 협정은 잠수함에 대해서는 독일에게 동등한 권한을 부여하고 있는데, 잠수함은 독일의 전략적 위치를 감안할 때 전반적인 톤수에서나, 전함의 능력 면에서나 감히 도전할 수도 없을 정도의 우세한 위치에 있는 영국 해군에 대한 당연한 공격 및 방어 수단이 되는 해군 무기였다. 1939년 봄, 피할 수 없게 다가오는 전쟁에 대비하여 영국과 독일이 철저한 군비 경쟁에 돌입했음이 명백해졌다. 1939년 4월, 독일이 1935년의 협정을 폐기하고 당시의 정치적 목적 때문에라도 부득이 재개할 수밖에 없었던 행동의 자유를 합법적으로 다시 확보한 사실은 이런 정치 상황의 변화에 보조를 맞춘 것이었을 뿐이다.

SALT 협정 역시 패턴 (3)의 예다. 이 협정은 핵무기를 재래식 무기와 구별 짓는 두 가지 기본적인 사실에서 비롯된다. 방어체제의 의심스러운 효율성과(그러나 이 방어체제의 배치는 공격용 전략 무기의 경쟁을 심각하게 조장할 것이다) 가상의 적을 확실하게 파괴할 수 있는 양 강대국의 충분한 능력이 그것이다. 첫 번째 사실에 입각해보면 ABMs 제한협정은 ABMs의 완전한 폐기보다는 상호 체면을 세우기 위한 방편에 불과한 듯해 보인다. ABMs 배치가 잘못된 일이라는 사실을 인정하려고 들지 않으면서 이 협정은 양측에 두 가지 명목뿐인 체제를 허락함으로써 군축 아이디어에 경의를 표하고 있다.

이런 모든 경우에 군비 축소는 두 국가 또는 제한된 수의 국가가 합의하며, 따라서 지역적인 성격을 띠게 된다는 사실에 눈길이 가게 될 것이다. 또한 합의된 비율이 권력 투쟁의 부재, 또는 한 국가나 국가군이 다른 국가나 국가군에 대해 당분간은 도전받지 않는 우세를 나타내고 있다는 사실, 또는 무제한적인 군비 경쟁이 아니라 규제된 경쟁을 어느 쪽에서나 일시적으로 선호한다는 사실 등을 반영해준다는 점도 주목될 것이다.

그렇다면 대부분 또는 모든 주요 강대국이 권력 투쟁에 나서면서 동시에 일반 군축을 모색할 경우 군비 비율에 합의할 기회는 얼마나 될까? 솔직히 말해서 그런 기회는 아예 없다. 두 차례에 걸친 헤이그 회의와 1932년의 제네바 회의, 국제연합의 군축위원회, 지난 1세기 반 동안의 지역적 군축 노력들 같은 일반 군축을 위한 지금까지의 모든 노력은 준비와 인원 부족 또는 악운 때문에 실패하지는 않았다. 가장 유리한 상황이라 할지라도 그런 노력은 성공하지 못했을 것이다. 왜냐하면 관련 국가들 사이의 지속적인 권력 투쟁이 군비 비율에 대한 합의를 불가능하게 하기 때문이다. 두 가지 실제 사례가 이를 입증해줄 것이다. 1932년에 열렸던 세계군축회의에서의 프랑스와 독일 사이의 논쟁과 국제연합 원자력위원회에서의 미국과 소련의 갈등이 그것이다.

◆ 세계군축회의

제1차 세계대전으로 프랑스는 유럽과 세계에서 막강한 군사 강대국이 되었다. 세계대전의 결과 독일은 무장이 철저히 해제되어 프랑스는 고사하고 일급 군사 강대국과의 전쟁은 생각도 할 수 없게 되었다. 비록 독일의 비밀스러운 재무장과 프랑스 군대의 전략적, 기술적 낙후성이 점차 심각해짐에 따라 사정이 달라지기는 했지만, 1932년에 세계군축회의가 개최될 때까지 이런 세력 분포 상황은 원칙적으로 지속되었다. 독일이 공언한 이 회의의 목적은 그런 세력 분포를 변경하자는 것이었다. 프랑스가 공언한 목적은 이 권력 분포 상황을 유지하자는 것이었다. 독일은 프랑스와의 사이에 '동등한 권리'를 인정받아 점차, 그러니까 몇 년 안에 프랑스와 실제적으로 동등한 군비를 확보함으로써 목표를 달성하려고 했다. 한편 프랑스는 안전 보장의 원칙을 내세워 독일의 동등권 원칙에 대처함으로써 목적을 실현하려고 했다. 실질적으로 독일 군사력의 모든 증강은 프랑스 힘의 증강으로 대처되어야 한다는 견해가 프랑스의 안전 개념이었다. 그러나 당시 프랑스는 군사적 잠재력을 거의 소모해버린 상황이었고, 그에 반해 독일은 프랑스와의 관계에서 두 가지 가장 뚜렷하고 불길한 군사적 자산이라 할 인구와 산업 잠재력을 채 뚜껑도 열지 않은 상황이었다.

그런 상황에서 프랑스는 잠재적으로 우세한 국력을 보유한 독일과의 관계에서 '안전'을 도모하기 위해 국경 밖으로 눈을 돌려 국력을 신장하고자 했다. 프랑스는 세 가지 요소의 신장을 모색했다. 이는 폴란드 및 소협상국인 체코슬로바키아, 유고슬라비아, 루마니아 같은 나라들과 동맹을 체결하고, 베르사유 조약의 영토적 현상現狀을 유지하기 위한 집단 보장체제를 새로이 구축하며, 베르사유 조약의 국제법에 의거하여 모든 국제적 분쟁에 대해 강제 관할권을 행사하게 하는 것이었다. 프랑스의 제안이 회의에서 채택되었더라면 독일의 어떤 군사력 증강도 중화되든가, 아니면 독일에 유리한 모든 정치적 효과가 박탈되었을 것이다. 프랑스의 제안은 베르사유 체제의 현상을 유지하고 세계 거의 모든 국가의 결합된 힘이 프랑스를 방어하게 하는 사법적 결정이 있었다면 달성되었을 것이다. 프랑스의 제안이 채택될 수 없었던 점은 이런 이유 때문이었다. 한편 독일의 계획이 회의에서 채택되었더라면 베르사유 체제의 국제 질서와 제1차 세계대전의 연합국 측 승리를 통해 확립된 현상現狀은 차츰 돌이킬 수 없이 붕괴되어 결국 독일이 그 우세한 군사적 잠재력을 활용해 패전국에서 승전국으로 변모해갔을 것이다.

따라서 군비 비율에 대한 프랑스와 독일의 의견 대립은 본질적으로 세력 분포에 대한 갈등이었다. 군축회의에 파견된 대표단이 안전 보장 대 평등이라는 이데올로기적 용어로 각자의 견해를 표시한 그 이면을 돌이켜 분석해보면 국제정치를 움직이는 원동력, 다시 말해 한편으로는 현상유지 정책에서 나타나듯이 기존 세력 분포 상황을 그대로 유지하려는 욕망과, 다른 한편으로는 제국주의 정책으로 나타나듯이 기존 세력 분포 상황을 뒤엎으려는 욕망을 발견할 수 있다. 따라서 프랑스와 독일이 그들 사이의 군비 비율에 대해 합의할 것을 기대함은 그들 사이의 세력 분포에 대한 합의를 기대함과 같았다. 프랑스의 현실적 우세와 독일의 잠재적 우세 사이에 타협이라는 형태로 세력 분배에 대한 합의가 이루어질지 많은 의문이 있지만, 아마도 1920년대에는 가능했을지도 모른다. 그러나 히틀러가 권좌에 오르기 직전이었던 당시 상황에서 그것은 문제가 될 수도 없었고, 따라서 군비 비율에 대한 양국 간 합의는 전혀 불가능했다.

독일이 군비에 대한 평등 요구를 철회한다고는 함은 국력의 열세를 영속적이고도 정당한 것으로 인정하고 유럽에서 다시 한 번 강대국의 지위로 부상하려는 모든 열망을 포기한다는 의미였을 것이다. 프랑스가 안전 보장 요구를 철회한다고 함은 우월한 지위를 포기하고 독일이 일급 강대국으로 복귀하는 것을 묵인하는 의미가 되었을 테다. 그러므로 양국의 군비 비율을 둘러싼 프랑스와 독일 사이의 교착 상태는 군비 축소라는 방법으로는 도저히 해결될 수가 없는 문제였다. 이 교착 상태는 양국 사이의 주도권 쟁탈의 표현이었으므로 해결될 수 있었다면 이는 양국 사이의 일반적인 권력 배분 차원에서만 가능했을 것이다.



#### ◆ 제2차 세계대전 이후의 군축 협상

국제연합의 여러 위원회와 외부의 여러 후속적 모임들을 중심으로 진행되어왔던 군축 협상은 새롭고도 아주 간소화된 형태로 1932년 세계 군축회의에서 재개되었다. 미국과 소련을 중심으로 한 양측은 자국에게 유리한 기존의 군사력 분포 상황을 견고히 하거나 자국에게 유리하도록 새로운 변경을 의도하는 제안을 내놓았다. 재래식 무기 분야에서 소련은 자국의 우세를 그대로 보존할 수 있도록 비례적 감축을 제안했고, 반면에 서방 강대국들은 그런 우세를 제거하거나 적어도 대폭 축소하려는 제안을 내놓았다.

핵무기 분야에서는 금지와 통제, 그리고 통제의 성격 사이의 관계에 초점이 맞춰졌다. 소련은 통제보다는 전면적인 금지를 우선적으로 내세웠고, 통제에 대해서는 어떤 경우에도 국가 주권을 옹호하는 입장이었다. 이런 계획은 소련의 군사적 지위를 개선하자는 목표로 주장된 것이었고, 바로 그런 이유 때문에 서방 국가들은 받아들일 수가 없었다. 왜냐하면 모든 관련 국가가 핵무기 금지를 충실히 이행할 경우 서방 국가들이 재래식 무기 면에서 우세한 소련에 대항할 유일하고도 효과적인 무기를 상실하는 것이기 때문이다. 결국 소련의 의도대로 기능하고 소련에 유리한 결과를 초래할 이런 핵무기 통제체제는 러시아 정권이 수세기 동안 고집해왔던 은밀성을 계속 유지하는 데 도움이 될 것이고, 탐지되지 않은 핵 무장은 소련에 결정적인 군사적 우위를 가져다줄 것이다. 통제체제를 위반해서 핵무기를 숨기는 일은 서방 진영 행정부와 사회의 민주적 성격을 고려할 때 어려운 일이므로 이 경우에 그들이 소련에 대항하기란 매우 어려워지게 된다.

반면에 서방 진영 국가들은 효과적인, 다시 말해 진정으로 초국가적인 통제체제 없이 핵 군축에 대해 고려하기를 거부했다. 소련의 비밀 군사 시설과 운영체제를 외국의 옵서버들에게 공개하는 체제라면 서방 진영 국가들에게 커다란 군사적 이점을 제공할 것이다. 점진적인 핵 군축의 첫 단계, 그러니까 서방 국가들이 아직 핵무기와 그 운반체제를 그대로 보유하고 있는 동안 핵무기 통제체제가 완전히 가동될 경우 이런 군사적 이점은 결정적일 수도 있다.

따라서 1930년대 초의 프랑스와 독일의 갈등처럼 소련과 미국의 갈등은 두 가지 차원에서 진행되었다. 군비 축소라는 피상적인 면과 권력 투쟁이라는 근본적인 면이 그것이다. 군비 축소 면에서 볼 때 양국 사이의 갈등은 두 가지 이론적인 개념, 그러니까 '선 안전 보장, 후 군비 축소' 대 '선 군비 축소, 후 안전 보장' 사이의 논쟁으로 귀착된다. 권력 투쟁 면에서 이 갈등은 양국이 최악의 경우에는 기존 권력 분포 상황을 그대로 유지하려는, 그리고 최선의 경우에는 자국에게 유리하도록 현재 상태를 변경하기 위해 노력하는 경쟁 형태로 나타난다. 핵 군축에 대한 논쟁은 이런 경쟁과 관련된 갈등이 외부로 표출된 것에 지나지 않는다. 이는 마치 흙 반죽이 형틀에 따라 다른 모양으로 찍혀나오는 것과 같다. 주물 모양을 바꾸려면 거푸집 모양을 바꿔야 하듯이 핵 군축 문제도 그것을 애초에 발생하게 만든 권력 투쟁의 해결에 따라 자연히 해소될 수 있을 뿐이다.

### 군비 할당의 기준

각 국가들 사이의 군비 비율은 군축을 위한 노력이 해결해야 하는 가장 중요한 문제다. 그 문제가 일단 해결되면 또 다른 문제가 해결되어야 한다. 그것은 비율의 문제보다는 덜 근본적이기는 하지만 관련 국가들 사이의 세력관계가 또다시 반영되는 실질적인 어려움으로 가득 차 있다. 이 문제는 각 국가들 사이에서 합의된 비율 안에서 할당되는 무기의 종류와 양의 기준을 어디에 둘지와 관계된다. 제네바 세계군축회의는 그런 문제에 수없이 직면해야만 했다. 아무 결론도 없이 무익하게 끝났다는 점에서 이 회의의 결과로 남겨진 두꺼운 회의 기록은 그 상황으로 보아 불가능했던 임무를 반증하는 기념비다.

이미 설명했듯이 세계군축회의에서 독일은 군비 면에서 프랑스와의 평등을 요구했다. 프랑스는 안전 보장 문제가 만족스럽게 해결된다는 조건 아래 추상적인 원칙으로서의 비율에 합의했다. 그러나 일단 양국의 군비 비율이 추상적으로나마 합의되었다면 상비군과 예비군, 중포병, 항공기의 전체 수와 기종 등등에 대해 평등이라는 개념이 구체적으로 의미하는 바는 무엇일까?



적용될 기준은 명백히 양국의 군사적 필요성을 기준으로 모색되었다. 이런 군사적 필요성은 방위라는 말로 정의되었다. 누구에 대한 방위인가? 묵시적, 명시적인 대답은 주로 상호 간에 대한 방위였다. 양국의 군사적 필요성이 일치할 수 없다는 사실은 이런 정의의 필연적 결과다. 여기서 여러 가지 요소 가운데 한 가지를 언급한다면, 양국의 서로 다른 전략적 입장이 질적, 양적으로 서로 다른 방어 무기를 요구한다는 점이다. 그러므로 군비의 평등이라는 개념이 프랑스와 독일이 상비군과 훈련된 예비군, 포병, 공군 등에서 질적, 양적으로 절대적인 평등을 이룩한다는 수학적 평등을 의미할 수는 없었다. 평등은 각국이 외국의 공격에 대해 방어 태세 면에서의 평등만을 의미할 뿐이다.

따라서 첫째로 각국에 대한 외국의 공격 위험성, 둘째로 지리적 위치나 식량과 천연자원의 자급력, 산업 능력, 인구수나 질 같은 군비 이외의 방어 수단, 셋째로 이 두 가지 요소의 견지에서 적합한 군비의 필요량을 평가하는 일이 세계군축회의의 주요 의무였다. 이 세 가지 임무는 그 회의가 극복할 수 없는 세 가지 난제를 제시했다.

첫째, 이 임무는 한 국가의 국력을 상대편 국가의 국력과 비교하여 평가하지 않고서는 달성될 수 없었다. 우리는 앞에서[13] 그런 비교 평가가 아주 어렵고 추측에 불과하며 몇몇 경우에는 거의 불가능할 정도라고 지적한 바 있다. 그런 평가 자료가 군비 할당의 기준이 된다 할지라도 이 기준은 매우 주관적일 것이며, 따라서 합의보다는 논쟁을 불러일으키게 될 것이다.

둘째, 그런 임무는 관련 정부의 정치적 의도에 대한 평가를 필요로 한다. 모든 국가는 자신들의 평화적 의도를 습관적으로 표명한다. 그러나 모든 국가는 외부 공격에 대해 자신을 방어해야 한다고 선언하면서 공격적 의도를 다른 국가에 전가하기도 한다. 누구에 대해 누가 방어를 해야 하는지 같은 문제를 가지고 관련 국가들 사이에서 합의를 이루기는 논점의 성격상 불가능하다.

마지막으로, 가장 중요한 문제는 이렇게 제기된 문제에 이어 일어나는 쟁점이 관련 국가들이 실제로 추구하고 기대하는 정책을 반영할 수밖에 없다는 점이다. 다른 국가에 대해 공격적인 성향을 띠고 있거나 다른 국가의 공격적인 성향을 두려워하는 국가는 (모든 국가는 후자에 속한다) 자신의 이익에 대한 고려 때문에 부득이 자신의 방어 필요



13_ 제10장 참조.

성을 가능한 한 높게 평가하고, 상대방의 방어 필요성을 가능한 한 낮게 평가하지 않을 수 없다. 다시 말하면 다양한 국가들이 각각의 외교정책을 통해 얻고자 하는 것, 그러니까 자국의 세력을 유지하거나 확장하고 상대방 국가의 세력을 견제 또는 줄이려는 것은 자국과 다른 국가의 군사적 필요에 대한 수치적 평가에서 나타난다. 그들이 적용하는 기준은 자신의 정치적 목적에 따라 결정될 뿐 객관적인 기준 같은 것에 따라 결정되지는 않는다. 그러므로 이런 기준은 관련 국가들이 자신들을 갈라놓는 정치적 문제의 해결에 일차적으로 합의한 뒤에야 비로소 자유로운 합의를 통해 결정될 수 있다. 따라서 군비 할당 기준의 문제는 비율 문제와 마찬가지라고 이야기할 수 있다. 다시 말해 정치적 분쟁 해결이 군비 축소에 선행되어야 한다는 것이다. 정치적 해결 없이 군축은 성공 가능성이 없다.



정치적 해결과 군비 할당 기준에 대한 합의 사이의 이러한 관계를 가장 뚜렷이 보여주는 사례는 세계군축회의에서 나타난 프랑스와 독일 사이의 갈등이다. 베르사유 체제의 현상現狀에 대한 갈등이 해소되지 않은 가운데 프랑스는 평등의 막연한 비율을 프랑스의 우세를 영속화할 수 있는 실제 군사력의 기준으로 해석했다. 반면에 독일은 그 비율을 실행에 옮길 경우 프랑스에 대해 독일이 우세해질 수 있는 구체적인 기준으로 변형했다. 이리하여 프랑스는 독일 인구가 더 많다는 점과 인구 증가율 또한 자국보다 높다는 이유를 들어 독일보다 많은 군대가 필요하다고 주장했다. 독일은 훈련된 예비군 면에서 프랑스가 우세하다는 점과 프랑스 식민제국에서 동원할 수 있는 천연자원과 인력이 독일보다 월등히 많다는 점을 지적함으로써 이에 대항했다. 독일은 잠재적 적성 국가들 가운데에 위치하고 있다는 점을 들어 상당한 포병과 항공기의 보유를 요구했다. 프랑스는 독일과의 사이에 천연의 전략적 국경선이 없다는 사실과 한 세기 동안에 세 번이나 독일의 침략에 희생되었다는 사실에 비추어 세계군축회의에 프랑스의 특별한 방위가 필요하다는 점을 상기시킴으로써 그런 요구를 묵살했다. 세계군축회의의 역사를 기록할 때 프랑스와 독일 사이의 권력 투쟁, 그러니까 작은 기술적인 문제조차도 합의를 이루지 못하게 했던 갈등을 부각하는 것도 충분한 기술 방법이 될 수 있다. 권력을 얻기 위한 경쟁 국가들 사이의 상반된 주장은 군비에 대한 상반된 주장에 반영되었던 것이다.

프랑스와 독일 사이에 개재된 정치적 문제 외에도 비교 평가의 문제는 세계군축회의가 해결하지 못했던 또 하나의 거대한 장애물이었다. 훈련된 프랑스 예비군 10만 명은 독일군 병사 몇 명 정도의 가치를 지니는가? 5만, 6만, 8만, 10만, 아니면 12만 명에 해당하는가? 독일 산업 시설이 프랑스에 비해 우세하다면 프랑스는 어느 정도의 탱크, 대포, 항공기를 더 보유해야 할 것인가? 프랑스 인구를 초과하는 독일 인구는 프랑스의 식민지 주민들 몇 명에 해당하는 숫자인가? 현대적인 예를 들자면 어느 정도의 소련 보병 부대가 몇 기의 미국 유도탄과 동등한가? 세계군축회의에서 많은 문제가 수학적 정확성을 바탕으로 검토되었음을 고려할 때 이런 문제에 대한 해답은 분명 있을 수가 없다. 이런 문제들은 정치적 협상과 외교적 타협으로 해결책이 모색되어야만 한다. 우리가 보아온 역사적 사례에서 그런 방법의 사용은 정치적 갈등 해결을 전제로 했다. 그런 갈등이 지속되었기 때문에 프랑스와 독일은 타협적인 외교를 통해 무기의 양과 종류를 할당하는 기준에 합의할 수가 없었다.

그러므로 여러 국가 간 군사력의 전반적인 비율 문제든, 또는 서로 다른 무기의 종류와 수량에 대한 할당 기준 문제든 그것이 비롯된 권력 투쟁의 갈등이 해소되지 않는 한 그 자체로서는 해결될 수가 없다.

### 군비 축소는 군비 감축을 의미하는가?

이런 문제들이 실제로 해결되고 군비 비율과 할당에 대한 합의가 이루어졌던 몇몇 예를 고려하여 이런 합의가 관련 국가의 군비 양과 질에 미치는 영향이 무엇인지를 자문해보자. 1922년의 워싱턴 조약과 1930년의 런던 해군군축조약, 1935년의 영국·독일 협정 이 세 가지 조약을 살펴볼 필요가 있다.



워싱턴 조약을 통해 미국, 영국과 일본의 주력함은 40퍼센트 정도가 감축되었다. 총 70척이 체약국 주도로 폐기되었다. 이 정도까지는 워싱턴 조약이 일반 군축을 위해 기여했던 점이다. 그러나 두 가지 요소가 지적되어야 한다. 한편, 이 감축은 오직 일시적이었을 뿐이다. 조약은 5개 체약국이 1931년 폐기분에 대한 대체 군함 제작부터 시작하여 1942년에 가서는 5 대 5 대 3 대 1.67 대 1.67의 비율이 되도록 규정했다. 1931년을 기점으로 주력함에 대한 군비 감축 시기는 종말을 고하고, 통제된 군비 경쟁의 시기로 대치된 것이다.

다른 한편으로 화력 및 항공기 같은 전쟁 기술의 급격한 발달로 항공기를 제외하고는 제1차 세계대전 기간 중에 사용된 주력함의 경우 다른 어떤 무기보다 훨씬 빠른 속도로 시대에 뒤지는 경향이 있었다.

제1차 세계대전의 교훈을 기억하는 많은 전문가는 그런 종류의 군함은 시대에 뒤진 것이며 기껏해야 예산 낭비일 뿐이고, 따라서 미래 해군력은 우수한 화력을 지닌 가볍고 빠른 전함에 따라 좌우될 것으로 믿었다. 이런 생각이 워싱턴 조약 체약국들에게는 중요했다고 가정한다면, 군함 전력 감축은 하나의 무기로서의 군함이 쇠퇴했음을 인식한 것이라고 할 수 있다. 어쨌든 체약국들이 상당수 군함을 폐기하려는 자체 계획에 따라 폐기했건, 무제한적인 경쟁 때문에 그렇게 했건 결과는 마찬가지가 된다.

이런 가정을 뒷받침이나 해주듯이 워싱턴 조약은 조약상 규정되지 않은 모든 종류의 함정, 특히 순양함, 구축함, 잠수함 따위에 대해 체약국들 사이에 군비 경쟁이 시작된다는 신호가 되었다. 이 군함들은 그 당시 예견되던 해전에는 가장 중요한 함정들이었다. 따라서 효과면에서 볼 때 적어도 워싱턴 조약은 경쟁이 그다지 치열할 것 같지 않은 해군력 분야의 경쟁을 상당히 무마시켰다. 같은 이유로 이 조약은 에너지와 천연자원을 논외로 했고, 따라서 해군 강대국들이 가장 치열하게 경쟁을 벌일 듯한 해군력 분야의 경쟁을 자극했다.

체약국들의 동기와 그 조약의 효과와 관계없이 워싱턴 조약은 결과적으로 몇몇 해군 전력을 제한했다. 1930년의 런던 조약과 1935년의 영국·독일 협정에 대해서는 같은 이야기를 할 수 없다. 런던 조약의 주된 성과는 순양함과 구축함, 잠수함에 대해서 미국과 영국, 일본 사이에 합의가 이루어졌다는 사실이다. 런던 조약은 이런 범주의 함정에 대해 각국의 해군력을 제한할 것을 규정하고자 했다. 그러나 실제로는 이 범주들에서 영국의 최대 해군력을 기준으로 설정해두고, 그 한계 안에서 미국과 일본의 군비를 조장한 결과가 되었다.

이 조약은 미국과 영국에 동등권을 주었고, 일본은 이들의 3분의 2 정도 수준이 되게 했다. 그러나 이렇게 함으로써 조약은 영국의 우세한 해군력을 특히 순양함 면에서 정당하다고 인정한 데에 지나지 않았고, 모든 실질적인 목적 아래 이 우세를 영구화했다. 왜냐하면 이 조약에서 할당된 군함의 총 톤수는 너무나 엄청났기 때문에 일본은 따라갈 엄두도 낼 수 없는 실정이었고, 미국도 그 목표치를 달성하기 위해서는 5년 동안 10억 달러라는 대가를 치러야 했는데, 이는 여론의 비판을 이겨내기 어려울 정도였다. 다시 말해서 조약에 따르면 미국이 예산을 지출하기로 작정만 한다면 이 세 가지 해군력을 영국 수준으로 증강할 수도 있었지만, 미국은 분명히 그렇게 하지 않았다.[14] 조약은 또 일본이 이 군함들을 제조할 능력만 있다면 미국과 영국이 보유한 군함 수의 3분의 2 정도까지 보유할 수 있도록 허락했지만, 일본으로서는 그렇게 할 능력이 없었다. 따라서 해군력의 제한에 대해 런던 조약이 기여한 유일한 공헌은 어떤 체약국도 초과할 수 없고 미국과 일본 같은 국가는 도달할 수도 없을 듯한 최대치를 설정했다는 점이다. 결국 조약은 군비 감축은커녕 일정한 한계 안에서 군사력 증강을 허락하고 만 셈이다.

더욱이 군함의 최대 보유량에 대한 이런 합의마저도 이 조약에 가입하지 않은 프랑스와 이탈리아가 각각의 범주에 대해 자의대로 군사



14_ 미국은 1931~1935 회계 연도에 모든 종류의 군함을 건조하기 위해 합계 324억 달러에 이르는 경비를 지출했다. 다시 말해 10억 달러의 대략 3분의 1에 해당하는 큰 금액이다(*The World Almanac* for 1947, p. 812).

력을 증강할 자유를 유보함에 따라 본질적으로 제약을 받게 되었다. 체약국의 이해관계에 대해, 특히 지중해에서의 영국의 이익에 대한 이 나라들의 위협 가능성에 대처하기 위해 조약은 조약에 가입하지 않은 국가의 새로운 함대 건설로 자국의 안전이 위협받는다고 생각될 때에는 어떤 체약국이라 할지라도 완전한 행동의 자유를 가질 수 있게 했다. 어느 체약국이 이런 근거 아래 조약에서 규정한 한계를 넘어 군함 수를 늘리는 경우에는 다른 두 국가도 이에 비례하여 자국의 해군력을 늘릴 수 있게 허용했다. 그런 긴급 사태가 벌어질 경우 런던 조약의 결과는 결국 어느 한 해군 강대국의 군비 증강에 따라 박자를 맞춰 진행되는 군비 경쟁이 될 것이었다.

1935년의 영국·독일 해군군축협정에 대해서도 여러 이야기가 필요하지 않다. 제한이라는 용어로 표현된 이 협정은 군비 축소와는 아무런 관련도 없었다. 솔직히 이야기해서 이 협정은 독일이 그 당시 넘어설 수도 없었고 넘어서려고도 하지 않았던, 또 전쟁이 일어나지 않는 한 독일이 도달하는 것을 영국이 방해할 수도 없었던 한계를 설정함으로써 결국 독일의 해군력 재무장을 보장해주었다.



### 군비 축소는 평화를 의미하는가?

군비 축소는 특수한 조건 아래에서만 실현되었다. 군비 축소가 실현된 듯해 보일 때조차도 이는 흔히 군비 감축이라기보다는 군비 증가를 의미했다. 그러나 이런 생각은 지금 우리가 논의하려는 결정적인 문제에 대한 전제에 불과하다. 국제 질서와 평화 문제에 대해 군축은 어떤 의미를 지니는가? 지구 상의 모든 국가가 양적, 질적 군비 축소에 합의할 수 있고 그 합의에 따라 실제로 군비 축소를 행한다면 그런 전적인 군비 감축이나 일부 군비 축소가 국제 평화와 질서에 어떻게 영향을 미칠 것인가?

군비 축소에 대한 현대 철학은 사람이 무기를 지니고 있기 때문에 서로 싸운다는 가정에서부터 시작된다. 이런 가정에서부터 사람이 모든 무기를 포기해버린다면 어떤 싸움도 일어나지 않으리라는 결론이 논리적으로 도출된다. 국제정치에서 오직 소련만이 이런 결론을 진지하게 받아들여서 (물론 그렇게 진지했는지 의심스럽기는 하지만) 1932년의 세계군축회의와 1959년의 국제연합에 완전하고(경찰 활동을 위한 경무기는 제외) 보편적인 군비 축소를 제안했다. 핵무기 축소에 대한 소련의 현재 태도도 그런 입장을 견지하고 있는 듯하다. 군비 축소에 대한 비슷한 견해가 1953년 1월 12일 국제연합 군축위원회의 미국 측 부대표가 대통령에게 제출한 보고서에도 나타나고 있다.



…… 군비 축소 계획의 목적은 전쟁에서 사용되는 무기를 규제하는 것이 아니라 전쟁 자체를 방지하는 것이어야 한다. 우리는 미국이 전쟁을 불가피한 것이라고 생각하지 않는다는 사실과 어떤 국가도 성공적인 공격 행위를 수행할 수 있는 수단을 갖지 못하게 함으로써 전쟁 가능성을 줄여보고자 하는 일이 우리의 임무라는 사실을 분명히 하기 위해 노력했다. 목표는 전쟁과 무력 공격의 가능성을 줄임으로써 전쟁 가능성을 줄이고자 하는 것이다.

그러나 비교적 덜 극단적인 결론이 도출된다 하더라도 이런 주장은 분명 무기의 소유, 다시 말해 적어도 어떤 종류와 양의 무기를 소유하는 문제와 전쟁과 평화의 문제 사이에는 직접적인 관계가 있다는 사실을 묵시적으로 인정한 셈이다.

사실 그런 관계가 있지만 군축을 옹호하는 사람들이 주장하는 바는 그 반대 경우다. 사람은 무기가 있기 때문에 싸우는 것이 아니라 싸워야 할 필요가 있다고 생각하기 때문에 무기를 소유한다. 무기를 빼앗아버리면 맨주먹으로 싸우거나 새로운 무기를 구할 것이다. 전쟁을 일으키는 것은 전쟁이 두 가지 악 가운데 덜 악한 것이라고 느끼는 사람 마음속의 조건인 것이다. 무기에 대한 소유욕과 소유라는 형태로 징후를 보이는 병은 바로 이런 조건에서 해결책이 구해져야 한다. 사람이란 서로를 지배하려 하고 서로의 소유물을 빼앗으려고 하는 한, 그리고 서로를 두려워하고 증오하는 한 자신의 욕망을 충족하려 하고 감정을 편안하게 하려 할 것이다. 하나의 권위가 강력히 존재하여 그런 욕망과 감정의 표현을 비폭력적인 방향으로 이끌어갈 때에야 비로소 사람은 자신의 목적 달성을 위해 오직 비폭력적인 수단만을 강구할 것이다. 그러나 각각의 영토 안에서 최고 권위를 가지는 주권국가 사회에서는 그런 욕망의 충족과 감정 표출이 당시의 기술이 제공하거나 보편적인 행위 규범이 허락하는 모든 수단을 통해 추구될 것이다. 그런 수단은 시대 변화에 따라 활과 칼, 총과 폭탄, 가스와 유도탄, 박테리아와 핵무기 등 얼마든지 다양할 수 있다.

어느 특정 시기에 실제적으로, 또는 잠재적으로 사용 가능한 무기의 양을 감축함은 전쟁의 돌발 가능성에는 아무런 영향을 미치지 못한다. 단지 그 전쟁 행위 자체에는 영향을 미칠 수 있을 것이다. 무기와 병력에서 양적으로 제한되어 있는 국가들은 자국이 소유한 무기와 병력의 질을 개선하는 데 모든 정성을 다할 것이다. 더욱이 양적 손실을 보상해주고 경쟁국보다 우월한 입장을 보장해주는 신형 무기 개발을 추구할 것이다.

어떤 유형의 무기를 완전히 제거함은 전쟁의 기술, 나아가 적대 행위 자체에 영향을 미칠 것이다. 그러나 그것이 전쟁 발생 빈도에 어떻게 영향을 미치며, 어떻게 전쟁을 전면적으로 없앨 수 있을지에 대해서는 해답을 얻기가 쉽지 않다. 예를 들어 핵무기 제조와 사용을 불법화하기가 가능하다고 가정해보자. 그것이 보편적으로 준수된다 하더라도 이런 금지의 효과가 무엇이겠는가? 이는 전쟁 기술을 최초의 원자탄이 뉴멕시코에서 폭발하기 이전인 1945년 7월 16일 아침 수준으로 되돌리는 데 지나지 않을 것이다. 핵무기 금지를 고집하는 국가들이라 할지라도 자국의 인적, 물적 자원을 총동원하여 핵무기가 아니면서도 그에 못지않은 무기를 개발하려고 할 것이다. 전쟁 기술은 변화하겠지만 전쟁 발생 빈도는 변하지 않을 것이다. 그러나 전면적 핵전쟁의 위협이 핵 시대에서 전면전의 발발을 방지해주는 가장 중요한 요인으로 실제 작용해왔다는 사실은 수긍이 가는 일이다. 다시 논의되겠지만 교전국이 처음에는 핵무기를 사용하지 않고 시작하지만 전쟁이 진행되는 동안에도 핵무기에 의존하지 않으리라는 보장이 없다면 핵무기 감축을 통해 그런 위협을 제거한다 함이 오히려 전쟁 위험을 늘리게 될지도 모른다.

세계군축회의를 이용해 방어용 무기가 아닌 공격용 무기를 금지하려던 영국의 노력이 결국 실패로 끝났던 일은 질적 군비 축소를 통한 문제 해결이 불가능함을 보여준다. 영국은 침략 전쟁을 수행할 능력이 공격용 무기 보유의 결과라고 생각했다. 공격용 무기가 없다면 침략 전쟁도 없으리라는 결론이 자연스레 뒤따랐다. 그러나 이 결론은 가정에 지나지 않았다. 무기는 공격용이나 방어용으로 나눌 수 있는 성질이 아니라 사용되는 목적에 따라 그렇게 구분된다. 기관총이나 탱크는 물론 칼 역시 사용자의 의도에 따라 공격 또는 방어 도구가 된다. 칼은 고기를 자르는 데에도, 외과 수술을 하는 데에도, 공격자를 궁지에 빠뜨리는 데에도, 또는 누군가의 등을 찌르는 데에도 사용될 수 있다. 항공기는 승객과 짐을 나르거나, 적의 위치를 정찰하고 무방비 상태 도시를 공격하거나, 공격을 위해 집결한 적의 중심부를 분쇄하는 데에도 모두 사용될 수 있다.



영국 측의 제안은 실제로 현상을 전복하는 데 사용될 수 있는 무기를 불법화함으로써 공격으로부터 현상을 안전하게 유지하려는 노력이었다. 그 제안은 폭력적인 수단을 통한 문제 해결에 동원될 수 있는 것들을 규제함으로써 정치적인 문제를 해결하자는 내용이었다. 공격용 무기의 성격에 대한 합의가 가능했다고 할지라도 결국 정치적인 문제 때문에 이용할 수 있는 무기는 어떤 것이든 모두 동원되었을 것이다. 하지만 실제로 그 점에 대한 합의는 문제 되지도 않았다. 왜냐하면 영국이 공격용이라고 간주한 무기는 현상을 타파하려는 국가들이 자국의 정치적 목적을 달성하기 위해 주로 의존했던 무기들과 공교롭게도 일치했기 때문이다. 예를 들어 영국은 군함이 방어용 무기이고 잠수함이 공격용 무기라고 생각한 반면, 소규모 해군을 보유한 국가들은 그 반대로 생각했었다. 질적 군비 축소를 주장한 영국 측 제안은 모순투성이요, 실패로 끝날 수밖에 없는 운명이었던 모험이었으며, 세계군축회의를 명예롭지 못하게 종결시키는 정치적 우둔함을 노출해버린 실패작이었다.

마지막으로 상비군이나 핵무기가 완전히 불법화되고 종국적으로 지구 상에서 모두 사라진다고 가정해보자. 그런 금지가 전쟁에 대해 가져다줄 유일한 효과는 초기의 제한적이고 원시적인 특성일 것이다. 적대국 사이의 군비 경쟁은 점차 진행되다가 절정에 이르는 대신에 적대 행위가 발생할 때까지 연기될 뿐이다. 선전 포고는 교전국이 인적, 물적 자원을 동원하게 하고, 특히 그 국가의 기술력으로 제작할 수 있는 모든 전쟁 수단을 신속하게 생산하게 만드는 신호가 될 것이다. 핵무기를 불법화하는 일도 물론 가능하다. 그러나 그것을 생산하는 데 필요한 기술적인 지식과 능력을 불법화할 수는 없다. 이런 명백한 이유 때문에 특정 무기를 금지하는 일은 일반적으로 전쟁에서 효과를 나타내지 못했다. 예를 들어 폭발성 또는 가연성 물질로 장전된 가벼운 발사체나 항공기의 민간인 폭격, 무제한 잠수함 전쟁 등에 이런 금지가 적용될 때에는 실패하고 말았던 것이다.[15]

승리는 교전국의 가장 중요한 관심사다. 그들은 전쟁의 희생자에 관한 일정한 행위 규범을 준수할지도 모른다. 자국의 기술로 생산할 수 있는 모든 무기를 사용하려 들지 않을 수도 있다. 제2차 세계대전 당시 독가스 사용 금지 의무가 잘 준수되었던 일은 명백한 예외에 지나지 않는다. 당시 모든 주요 교전국들은 독가스를 제조했다. 독가스

15_ 각각에 해당하는 국제 조약은 1권 pp. 538-540 참조.

사용과 방어를 위해 군대를 훈련시켰으며, 독가스 사용이 유리할 경우를 대비하여 모든 준비를 갖췄다. 모든 교전국이 필요할 경우에 사용하겠다는 의도를 가지고 제조한 무기를 끝까지 사용하지 않았던 까닭은 군사적 편의를 고려한 결과였을 뿐이다.

베르사유 조약으로 독일이 짊어진 군비 축소 의무가 어떤 결과로 이어졌는지를 살펴보면 질적, 양적 군비 축소가 전쟁 기술과 전략에는 영향을 미칠 수 있지만 전쟁 발생에 대해서는 그렇지 못하다는 사실을 잘 알 수 있다. 이 군비 축소는 질적, 양적 군비 축소였을 뿐만 아니라 매우 철저하기도 해서 독일이 또다시 제1차 세계대전과 비슷한 전쟁을 일으키기란 사실상 불가능하게 만들었다. 그런 목적이었다면 이는 충분히 실현된 셈이었다. 그러나 독일이 어떠한 종류의 전쟁도 영원히 일으킬 수 없게 하는 목적이었다면(사실 이런 목적이었다) 베르사유 조약의 군비 축소 조항은 실패작이었다. 이 조항 때문에 독일 수뇌부는 제1차 세계대전을 풍미했던 전쟁 방식에서 부득이 탈피하여 베르사유 조약에서 금지되지 않은 새로운 방법으로 자신들의 재능을 돌리게 되었다. 그 방법이 금지되지 않았던 까닭은 제1차 세계대전 중에는 폭넓게 사용되지 않았거나, 또는 전혀 사용되지 않았기 때문이다. 따라서 베르사유 조약은 독일이 다시 전쟁을 일으킬 수 있는 능력을 박탈하기는커녕 실제로는 프랑스처럼 제1차 세계대전에 대비하는 대신에 제2차 세계대전을 준비하도록 부추겼다. 결국 제1차 세계대전의 기술과 전략을 기준으로 한 군비 축소는 독일에게는 위장된 축복이었을 뿐이다. 군비 축소는 독일이 과거보다 미래 지향적인 노선에 따라 군사정책을 재정립하게 만들었다.

이미 지적했듯이 군비 축소 그 자체가 전쟁을 없앨 수는 없지만 전쟁으로 쉽게 발전할 수 있는 정치적 긴장을 상당히 완화할 수는 있다. 좀 더 구체적으로 말하면 공포를 조장하고 재정 부담을 늘리는 무제한의 군비 경쟁이 도저히 견딜 수 없는 상황으로까지 발전해서 그 경쟁에 참가한 국가들이 어떤 수단을 통해서든지, 심지어는 전쟁의 위험을 무릅쓰고라도 무제한의 군비 경쟁을 지속하기보다는 종결을 더 선호할 수도 있다.

군비 축소 또는 최소한 군비 규제는 국제 분쟁의 일반적인 해결에 필수 불가결한 단계다. 그러나 그것이 첫 단계가 될 수는 없다. 군비 경쟁은 권력 경쟁을 반영하고, 그 도구가 된다. 각국이 권력 경쟁에서 상충되는 주장을 내세우는 한 권력 투쟁의 논리 자체 때문에 부득이하게 상충되는 군비 경쟁으로 진전될 수밖에 없다. 따라서 권력 투쟁을 상호 만족스럽게 해결하는 일은 군비 축소를 위한 선제 조건이다. 일단 각국이 상호 만족할 만한 권력 분배에 합의하게 되면 자국의 군비를 감축하고 규제할 수 있게 된다. 그렇게 되면 군비 축소는 일반적인 평화 수립에 크게 기여할 것이다. 왜냐하면 각국이 군비 축소 문제를 어느 정도로 해결할 수 있는지가 그 국가의 정치적 이해력을 나타내는 척도가 될 것이기 때문이다.

군비 경쟁과 마찬가지로 군비 축소는 관련 국가들 사이의 권력관계를 반영한다. 군비 경쟁과 마찬가지로 군비 축소는 그것이 애초에 발생하게 된 권력관계에 대한 반작용이다. 군비 경쟁이 마치 자신이 조장한 공포와 재정적 부담을 통해 권력 투쟁을 악화시키듯이 군비 축소는 각국의 목적에서 정치적 긴장을 완화하고 신뢰를 조장함으로써 정치 상황의 개선에 기여한다. 이것이 바로 군비 축소가 국제 질서 유지와 국제 평화 보존에 기여하는 공헌이다. 이것이 중요한 공헌이기는 하지만, 국제 질서와 평화 문제에 대한 궁극적인 해결책이 아니라는 사실은 분명하다.

### 핵 시대의 군비 통제

군비 통제가 군사적 안정을 증진해 국제 평화를 강화하려는 노력이었는데도 핵 부문에서는 대단한 성공을 기록하지도 못하고 재래 무기 분야에서는 전체적으로 실패하고 만 이유는 무엇일까? 재래식 무기의 군비 통제가 실패한 이유는 군비 축소가 실패한 이유와 똑같다. 재래 무기의 보유량과 배치는 군사력 분포에 직접적으로 연결되는 문제다. 관련된 각국이 군사적 우세를 위해 경쟁하고 있기 때문에 재래 무기 통제에 대한 합의가 이루어졌다 함은 그 경쟁이 종식된다는 사실을 뜻한다. 하지만 군사적 경쟁이 종식되기 위해서는 미결 상태인 정치적 문제들이 해결되어야 한다.

핵무기 통제는 이론상 가능하다. 최소한 주요 핵 국가들이 비이성적으로까지 가기 직전 단계에서 확증 파괴라는 최적의 방안에 합의할 능력을 보유하고 있기 때문이다. 확증 파괴라는 개념은 몇몇 핵탄두와 잠재적 적대 세력의 군사 시설, 산업 및 인구 밀집 지역을 파괴하는 데 필요한 안전한 운반 체계를 보유한 상태라고 할 수 있다. 이런 능력을 보유한 국가는 억제와 실제 전쟁 수행 두 가지 측면에서 자국의 군사적 잠재력이 극대화되었음을 깨닫는다. 그 이상 보유하는 핵탄두와 운반 수단은 낭비일 뿐이다. 왜냐하면 그 국가의 군사력에 어떤 보탬도 되지 않기 때문이다. 결국 군사적 우세와 열세라는 재래식 관념은 어떤 범위 안에서는 무의미해져버린다. 최악의 상태라 할지라도 장래의 적대 세력에게 열 배 이상의 용인하기 어려운 피해를 안겨줄 능력이 있는 국가는 이미 보유한 핵 능력을 늘린다고 해서 군사적으로 얻을 것은 없다. 그리고 장래의 적국 입장에서는 자국이 입은 피해보다 '오직' 여섯 배만 더 용인하기 어려운 피해를 다른 나라에게 안길 능력이 있다면 그 나라보다 군사적으로 열세라고 할 수 없고, 핵 능력을 늘린다고 해서 군사적으로 이로울 것도 없다. 이 두 국가가 확증 파괴라는 이 최적에 도달한 이상 사용 가능한 핵 능력 측면에서 이들은 동등하다. 어느 정도 범위 안에서라면 양적 차이가 질적 평형에 영향을 미치지 못하기 때문이다. 한 국가가 대단히 유리한 입장에 서게 됨으로써 선제공격을 통해 상대방 국가의 보복 능력을 파괴할 수 있게 될 경우 이런 한계는 극복된다.

능력 차이가 이런 범위 안에 머물러야 한다는 사실을 알고 있는 미국과 소련은 핵 군비 경쟁을 규제함으로써 그것을 안정시키는 데 공동의 이해관계를 가진 셈이다. 그들이 핵 군비 경쟁을 규제할 수 있는 방법은 다음 세 가지다. 첫째로, 양측이 합의 없이 일방적으로 핵무기와 운반 수단의 생산을 제한할 수 있다. 억제와 실제 핵전쟁이라는 측면에서 어느 정도가 충분한지에 대해 스스로 판단을 내린 결과다. 미국은 일정 유형의 미사일과 항공기를 버리고 생산을 중단함으로써 이런 조치를 취한 적이 있다. 소련 역시 그런 조치를 취했으리라고 추정할 수 있다.

둘째로, 각국이 묵시적 합의에 따라 각자의 군비를 통제하는 것이다. 상대편 국가가 취하는 행동에 따라 한 국가가 어떤 행동을 취하거나 그렇게 하지 않는 것으로서 반대 경우도 마찬가지다. 미국과 소련이 1958년부터 1961년 사이에 대기권 안에서의 핵무기 실험을 자제하고 1964년에 핵분열 물질의 제조를 중단한다고 선언한 사실은 그런 근거에 따라 이루어진 조치였다.

셋째로, 공식 합의를 통해 각국이 군비를 통제하는 경우다. 1963년에 영국, 소련, 미국 사이에 체결된 부분핵실험금지조약이 그런 경우다. 이 조약으로 지상과 수중에서의 핵 장치 실험이 금지되었지만 지하 핵 실험은 허용하고 있다. 따라서 이 조약은 대기권이나 수중 실험을 통한 핵 개발에 관한 한 핵무기 기술을 안정화하고 있다. 핵무기의 독특한 성격을 고려해 합의된 공격용 전략무기 제한에 관한 잠정협정 Interim Agreement on Offensive Missiles, SALT I은 오늘날까지 가장 효과가 큰 군비 통제 사례다. 이 협정은 핵무기의 양을 대략적으로 안정시키고 있지만 질적 개량은 허용하고 있다. 특히 잠수함과 잠수함 발사 미사일을 어느 정도 늘릴 수 있도록 허용함으로써 질적, 양적으로 개선된 공격용 미사일에 취약해진 지상 발사 미사일로부터의 기술적 전환에 주의를 기울이는 모습이다.

군비 통제는 특정 유형 또는 모든 종류의 무기를 어떤 지역이나 몇몇 국가에서 제거하는 형태로 이루어지기도 한다. 1961년의 남극조약 Antarctic Treaty, 1967년의 외기권우주조약Outer Space Treaty, 1967년의 라틴 아메리카 비핵지대화조약Latin American Nuclear Free Zone Treaty, 1970년의 핵확산금지조약Nonproliferation Treaty, 1971년의 해저비핵화조약Sea-bed Treaty(대륙붕조약), 1972년의 세균 무기(생물 무기) 및 독소 무기의 개발·생산·비축 금지와 그 폐기에 관한 협약 등은 모두 이런 범주의 것들이다. 하지만 이 조약들 대부분은 관련 국가들이 준수하고 싶지 않거나 그럴 능력이 없는 것들을 법조문을 통해 어찌 되었건 성문화한 것에 불과하다는 사실을 지적해두겠다. 미국과 소련 그리고 이라크와 이란 사이처럼 좋지 못한 관계가 지속될 경우 어떤 영역에서 이루어지는 진전은 그것이 역전될 경우에 오히려 위협으로 느껴지기도 했다.

핵무기에 대한 논쟁은 몇 가지 핵심적인 문제를 제기했다. 미국과 소련 사이의 현재와 미래 군사력 균형, 특정 무기 체계의 잠재력, 소련의 군비 조약 준수 여부를 검증할 수 있는 가능성 따위가 그런 문제들이다. 하지만 이 논쟁으로 여러 진영이 공동으로 인식하는 요소, 그리고 여태껏 우리가 주목해온 모든 시나리오와 상세 정보, 또한 전문적인 사항들보다 미국의 미래에 장기적으로 더 중요하다고 판가름 날 한 가지 요소를 전면에 드러나게 했다. 그것은 핵무기에 대한 우리의 기존 사고방식과 행동 양식이 진부하다는 점이다. 50여 년 전 아인슈타인이 지적한 내용은 오늘날에도 적실성이 있다. "원자의 폭발력은 우리 사고방식 외에는 모든 것을 바꿔놓았다." 다시 말해서 방출된 원자가 우리에게 전례 없이 새로운 문제를 제기하고 있으며, 그것을 해결하기 위해서는 그와 비슷하게 전혀 새로운 사고방식과 행동 양식이 요구된다는 것이다. 하지만 양측의 많은 담당자들은 1945년의 핵 혁명이 마치 일어나지 않은 듯이 생각하고 행동하기를 계속하고 있다.

핵무기의 사용 가능성은 정치적 목적과 물리적 폭력 사이의 전통적인 관계를 근본적으로 바꿨다. 1945년까지만 하더라도 미국 같은 강대국은 다른 나라와의 관계에서 목표를 달성하기 위한 수단으로 폭력과 비폭력 사이에 합리적인 선택을 할 수 있었다. 어떤 결과를 절실히 원할 경우, 그리고 평화적인 방법으로는 그것이 불가능할 경우 위험과 이익을 비교해서 폭력적인 조치를 취하는 편이 유리하다고 판단되면 폭력을 행사할 수도 있었다. 그런 비교 판단은 선험적으로 핵무기를 사용하지 말도록 충고한다. 왜냐하면 핵무기의 지나친 파괴력이 장기적으로건 단기적으로건 모든 가능한 이점을 사라지게 하기 때문이다. 핵무기 사용은 처음에는 제한된 수준으로 시작했을지라도 마침내 양측을 공멸시키게 되므로 재앙일 뿐이다.



따라서 '무기'와 '전쟁' 같은 개념을 사용해서 핵 현상을 다룰 경우 일상적인 표현을 사용한다고 하더라도 격세유전적인 부적절성을 느끼게 된다. '무기'와 '전쟁' 같은 개념은 그것과 어떤 인간적인 목표들 사이에 합리적인 관계가 있다는 점을 암시하기 때문이다. '무기'는 전통적으로 어떤 합리적인 목표를 위해 사용되며, '전쟁'은 전통적으로 그런 합리적인 목표로 받아들여졌다. 이 두 가지는 모두 두 핵강국 사이의 핵 관계에서 찾아볼 수 없는 것들이다. 따라서 '무기'와 '전쟁' 같은 개념을 사용해서 핵 현상을 다룰 경우 일상적인 표현을 사용한다고 하더라도 새로운 현실이 제대로 나타나지 못한 채 은폐된다. 새로운 현실을 적절히 표현할 만한 개념이 아직 발견되지 않았기 때문이다.

새로운 현상을 설명하는 데 전통적인 개념을 사용하면 진실이 은폐

될 뿐만 아니라 전통적인 단어들의 전통적인 의미 속에서 새로운 진실을 찾아야 한다는 뜻이 되기도 한다. 이런 단어들이 오랜 시간을 거쳐오면서 연상, 전제, 결론의 네트워크를 형성하고 있어 그런 단어들을 핵 현상에 적용할 때 비판적으로 사용하지 않는다면 적절한 이해와 성공적인 행동을 방해하기 때문이다. 따라서 핵무기와 핵전쟁의 원인을 다루면서 그것들이 마치 재래 무기와 전쟁의 양적인 확산인 듯이 생각함은 큰 오류를 낳을 위험이 있다. 사실상 핵무기와 핵전쟁은 종류가 다른 것들이다. 왜냐하면 그것들은 총체적인 파괴의 시간적, 공간적 수단들이기 때문이다. 따라서 그것들은 역사가 우리에게 무기와 전쟁에 부여하도록 가르쳐준 기능을 수행할 수 없다.

비합리성을 깨달은 초강대국들은 핵무기 경쟁을 통제하려고 했다. 그런 통제가 궁극적으로는 핵 군축으로 이어지기를 기대한 것이다. 그 과정에서 그들은 재래 무기의 군비 통제 및 군축과 핵 군비 통제와 군축 사이의 구분에 얼마나 무관심했는지를 놀랄 만큼 생생히 보여주었다. 그들은 수년 동안에 걸쳐서 재래 무기와 관련성이 있을지는 모르지만 대개 경우 핵 분야와는 무관한 문제를 두고 밀고 당기면서 협상에 임했다. 예를 들어 어떤 러시아 미사일에 탑재할 수 있는 각개 목표 탄두의 수를 제한한다고 할 때 그것이 무슨 의미가 있을까? 상호 합의 아래, 또는 조약을 위반해 더 많은 탄두를 탑재했다면 무슨 일이 벌어질까? 탄두의 수가 상호 확증 파괴라는 원리 자체에 영향을 미치지 않는 한 상호 파괴 수단의 양과 질은 상관성이 없다. 전통적인 은유법을 사용해보자. 적이 내 목숨을 앗아갈 총을 한 자루 지니고 있는 한 그가 시내에다 멋들어진 총포류 전시관까지 갖고 있다는 사실은 우리의 상호관계에 아무 상관이 없다. 되풀이하자면 미국과 소련 사이의 전략적 핵 균형은 반드시 유지되어야 하기는 하지만 상대방을 철저히 파괴할 수 있는 서로의 능력에 달려 있다. 그런가 하면 상대방을 파괴할 수 있는 능력은 무기의 수와 성능이 아니라 적이 보유한 핵무기의 양과 질과는 무관하게 적을 확실하게 파괴할 수 있는 능력에 따라 전적으로 좌우된다.

비교 가능한 군사력은 전통적으로 신성시된 수많은 개념 가운데 하나일 뿐이며, 핵 혁명으로 말미암아 이제는 쓸모없게 되었다. 방어, 제한전, 승리, 동맹, 검증, 그리고 전투원과 비전투원 사이의 구별 등은 우리에게 익숙한 또 다른 개념들이지만 핵무기의 사용 가능성 때문에 비슷하게 효력을 잃어버렸다. 우리를 불안하게 하고 불길한 느낌이 들게 하는 것은 이 문제에 대해 고민하는 대다수 사람들이 이 시대의 새로운 조건에다가 진부한 사고방식과 행동 양식을 적용하기를 중단하지 않으려 한다는 점이다. 2단계 전략무기제한협정SALT II에 대해 혼란스러운 대화가 오간 논쟁과 그 뒤를 이은 협상이 위태롭게 진행되다가 실패로 끝나는 모습은 지나가버린 과거의 행동 양식과 사고방식으로 핵 시대의 문제를 해결하려는 문화적 후진의 영향을 극단적으로 보여주는 사례다.

이런 문화적 후진은 1945년 이래 핵무기에 대한 이론과 실제를 근본적인 방식으로 지배해왔다. 핵무기의 군사 독트린과 관행의 역사는 핵무기를 민족국가의 전통적인 목표 속으로 흡수하려는 공허한 노력의 연속에 대한 이야기다. 이른바 방사능 오염이 없는 수소 폭탄에서부터 대對병력 전략strategy of counterforce(선제 핵 공격 전략)에 이르는 30여 년 이상의 기간 동안 우리는 핵무기가 그저 재래식으로 조작될 수 있는 덩치만 커진 재래식 무기처럼 생각이 들게 노력해왔다.

논쟁의 핵심은 미국과 소련 사이에 누가 더 전략적으로 우위에 있느냐 하는 문제다. 양측은 논쟁을 통해 핵무기에 적용했을 때 이 개념이 부적절하다는 사실을 개략적으로 인식하게 되었다. 키신저는 1974년 7월에 가진 한 기자 회견에서 이렇게 이야기함으로써 그 부적절성에 대해 불편한 심정을 토로했다. "전략적 우위라는 것이 도대체 무엇이란 말이오? 이 정도 숫자라면 …… 그게 왜 중요하지요? 그걸 가지고 뭘 하시려고?" 하지만 1979년 7월 31일에 상원 외교위원회에서의 증언을 통해 그는 1974년 당시 자신이 전략적 우위가 의미 없는 개념이 되었다고 이야기한 데 대해 이유야 어찌 되었건 유감이라고 했다.



> 당시 제 발언은 분석적이었다기보다는 피로한 데다가 화가 나기도 해서 했던 이야기입니다. 양측이 균형을 유지할 경우 경쟁은 무익해지고 전략무기제한협정도 안정을 공고히 하는 데 일조할 것입니다. 그러나 우리가 경쟁에서 일방적으로 탈퇴한다면 아마도 우리는 틀림없이 젊은 소련 지도자 집단과 맞서야 할 텐데 그들은 전략적 우위를 통해 무엇을 할 수 있을지 계산을 할 겁니다.

이것이 전략적 우위를 옹호하는 데 대해 설득력이 부족한 발언임은 굳이 지적할 필요가 없을 것이다.

키신저와 다른 인사들은 재래식 군사력의 의미에서 우위라는 개념이 의미 없다는 사실을 받아들이고 거기에 새로운 정치적 의미를 부여하고자 했다. 어떤 국가가 확증 파괴라는 의미에서 핵 최적의 상태에 이르고 나면 이런 주장이 이어진다. 다시 말해 어떤 국가가 동원할 수 있는 실제 힘뿐만 아니라 그 국가가 동원할 수 있다고 다른 국가들이 생각하는 힘도 권력을 계산할 때 중요하다면 핵무기를 추가로 확보하는 것은 정치적인 힘을 급격히 키워준다. 그러니까 소련이 미국보다 더 많은 핵탄두를 보유하고 있을 경우 단순히 그 사실 때문에 소련이 미국보다 더 강한 것이 아니라 다른 사람들이 소련의 힘이 더 강해졌다고 잘못 생각하기 때문에 미국에 대해 정치적으로 더 강해진다는 것이다.

이제 남아 있는 논쟁거리는 불완전한 내용으로서 그런 인식을 하는 사람들의 자질이 부족하다는 내용이다. 이 이야기는 솔직히 말하자면 그렇게 인식하는 사람들이 무지하다고 추정한다. 왜냐하면 무지한 사람들만이 재래 무기와 핵무기의 차이점을 모른 채 군사적 최적을 벗어나는 핵무기 추가 보유에 대해 정치적, 군사적 중요성을 부여하기 때문이다.

지성적 현상現狀을 옹호하는 사람들 역시 구태의연한 사고방식의 전형적인 사례라고 할 정치적, 군사적 주장을 제시했다. 그들의 주장은 이렇다. 상호 확증 파괴 전략은 미국 대통령이 선택할 수 있는 폭을 급속하게 제한한다는 것이다. 미국 정부는 두 가지 받아들일 수 없는 선택에 직면해 있다. 수천 만 명의 민간인 목숨을 학살하거나, 이 야만적인 대안이 거부될 경우 유화정책을 펴는 것이다. 확증 파괴를 위한 최적 수준 이상의 핵무기는 제한적인 핵전쟁 수행을 가능하게 해준다. 다시 말해 우리가 익히 알고 있는 현대의 재래식 전쟁처럼 '단순히' 제한적인 파괴만을 남기는 핵전쟁을 가능하게 한다.

핵무기를 이처럼 재래식 방식으로 다루는 방법을 모색하는 것은 1945년 이래 핵전략의 가장 중요한 목적leitmotif을 다른 형태로 나타낸 것이다. 이론적으로 핵무기와 정확하게 연결할 수 있는 통제되지 않은 광범위한 파괴 효과가 발생하지 않도록 핵무기를 사용할 수 있게 해주는 새로운 전략을 위해 그동안 우리가 시도한 다양한 노력을 하나하나 열거해보면 도움이 되는 측면이 있다. 1950년대 초에 모습을 드러낸, 이른바 방사능 오염이 없다는 수소폭탄을 예로 들어보자. 다시 말해 히로시마와 나가사키에 투하된 킬로톤 상당의 폭탄조차도 가졌던 무차별 황폐화 효과를 수소 폭탄은 남기지 않는다고 한다. 수소 폭탄은 방사성 낙진을 거의 또는 전혀 남기지 않으면서 거대한 재래식 폭탄 같은 위력을 가진다고 알려졌다. 전 미 공군 참모총장 커티스 르메이Curtis LeMay, 1906~1990 장군이 한 말에 따르면 이 핵무기는 "그저 다른 폭탄일 뿐"이라고 한다. 미국 원자력위원회가 작성한 1962년 보고서 《핵무기의 효과Effects of Nuclear Weapons》에서는 이런 생각에 대한 고해 성사가 포함되어 있다. 이 위원회는 방사성 낙진을 남기지 않는 친환경 수소 폭탄 같은 것은 없으며 폭풍, 화염, 방사능의 범위가 폭탄의 디자인에 따라 달라질 수는 있다 하더라도 모든 수소 폭탄은 어느 정도 "덜 깨끗하다"라고 밝혔다. 재래식 무기와 본질적으로 다른 수소 폭탄을 고안하기가 가능하다는 생각은 아주 잘못된 생각이라는 주장이다.

또 다른 예로 '단계적 억제graduated deterrence'라는 개념을 생각해보자. 이것은 거의 당장 전면전으로 비화되지 않는 핵전쟁을 수행하자는 방안이다. 대신에 마치 체스 게임처럼 합리적이고 거의 미리 정해둔 방식으로, 예를 들어 한 편이 적국의 한 도시를 '집어내면' 상대편은 이쪽 편의 어느 도시를 '집어내는' 대응 조치를 취한다는 것이다. 이리하여 양측은 완전히 공평한 합리적 방식으로 상대방에게 어느 정도씩 피해를 입힌다. 이 사고방식은 생존 전략 문제를 중심으로 한 게임을 수준 높게 연구하는 이른바 몇몇 두뇌 집단에서 광범위한 지지를 받았다. 존재하는 가설적 가능성을 호의적으로 검토하자는 주장이 제시될 수 있다. 하지만 실제로는 살아 있는 사람이 소련, 미국, 중국의 정책결정자들이 가진 이데올로기적 관념과 가치관을 공유하면서, 예를 들어 소련이 시카고를 파괴하는 모습이나 미국이 민스크를 파괴하는 모습을 체스 게임을 하는 사람들이 졸卒을 교환하듯 초연한 모습으로 지켜볼 수 있으리라 기대하기란 어려운 일이다. 이 체스 게임에 임하는 어느 한 편이 계산을 어렵게 하는 흥분된 감정을 억누르고 조금만 합리적으로 모의 실험을 해본다면 상대편을 쉽사리 이겨버릴 수 있는 상태에 금방 이를 것이다. 그런 상황에서 게임에 임하는 사람들로서는 이론적으로 추정된 민스크와 시카고 사이의 등가성等價性을 자명한 사실로 받아들일 수는 없을 것이다. 불가피하게 소련은 민스크가 시카고보다 더 중요하다고 생각할 것이고, 미국은 시카고가 민스크보다 훨씬 더 중요하다고 여길 것이다. 그들은 이런 유형의 단계적 억제 전략이 억제력을 전혀 발휘하지 못하리라고 생각할 것이다. 자체의 역동성 때문에 전쟁의 수위가 한 단계씩 올라가서 마침내 전면적 전략 전쟁으로 비화됨이 불가피하기 때문이다. 전략 전쟁은 전쟁을 구상하던 첫 단계에서는 피하려던 목표였다. 시카고가 민스크보다 더 중요하다는 결론에 미국이 이르고 나면 미국 도시 하나와 맞먹는 소련 도시 두 개를 들어내려고 할 것이고, 그렇게 되면 소련은 다시 소련의 도시 하나와 맞먹을 미국 도시 두 개를 집어내려고 할 것이다. 게다가 우리는 일반 대중과 정책결정자들의 들끓는 흥분을 생각해야 한다. 합리적으로 시작된 일이라고 하지만 그런 상황이라면 양쪽 모두에서 엄청난 흥분이 일어나서 사건에 영향을 미칠 것이기 때문이다. 미국 국민은 미국의 도시와 주거지가 하나씩 제거되거나 부분적으로 파손되는 장면을 설사 그것이 아무리 합리적이더라도 평정심을 발휘하며 지켜보지 않을 것이다. 이는 소련 국민이나 정부 역시 마찬가지일 것이다. 이리하여 우리는 사태를 불가피하게 확대해 단계적 억제 전략이 피하고자 했던 여러 효과로 이어지게 하고야 말 힘을 다시 한 번 만나게 된다. 우리가 직면하고 있는 것은 핵전쟁의 가능성이기 때문에 우리는 핵전쟁을 가능한 한 고통스럽지 않게, 가능한 한 제한적으로 만들고자 한다. 이런 괴상망측한 병렬적 표현이 허용된다면 가능한 한 인간적인 전쟁으로는 왜 못 만들겠냐고 이야기할지 모를 일이다. 반면에 소련의 공식 군사 독트린은 이런 구분을 인정하지 않는다. 어떤 전쟁이, 특히 유럽에서 벌어지는 전쟁이라면 더욱 그렇겠지만 재래식 무기를 가지고 또는 제한적 핵전쟁으로 시작되고 양측 교전 당사자들이 이 전쟁에 아주 중요한 의미를 부여하고 있다면 전면적 핵전쟁으로 비화될 수밖에 없다는 것이 소련의 독트린이다. 따라서 방화대防火帶라는 개념, 다시 말해 한편에는 재래식 전쟁이나 제한적 핵전쟁, 다른 한편에는 전면적 핵전쟁을 두고 그 사이에 완충 지대를 두자는 생각은 소련의 군사 독트린으로서는 낯선 것이다.

로버트 맥나마라Robert S. McNamara, 1916~2009 미 국무장관이 1962년에 처음 발표한 대對병력 전략은 핵전쟁에 대한 근본적인 오해를 보여주는 또 다른 사례다. 이는 핵전쟁을 제한하여 국가 정책 도구로서 받아들일 만한 것으로 만들자는 시도였다. 대병력 전략은 단순한 모습이었다. 핵전쟁은 해도 좋지만 민간인과 산업시설 밀집 지역을 대상으로 해서는 안 된다는 것이다. 최근에 이 독트린이 다시금 부상하고 있는데, 똑같은 가정에 근거하고 있다. 핵무기의 정교화가 급속도로 이루어지면서 이 가정은 설득력을 얻고 있다. 1962년까지만 하더라도 핵무기의 성격상 군사 목표와 민간 목표를 실제로 구분하기란 불가능하다고 충분히 주장할 수 있었다. 무차별적이고 광범위한 핵무기의 파괴력이 너무나 엄청나기 때문에 군사 목표를 겨냥한 핵무기라 할지라도 민간 목표물이 근처에 있을 경우에는 그것 역시 파괴하지 않을 수 없다는 주장도 충분히 가능했다. 그런 주장은 지금도 여전히 유효하다. 만일 소련이 두 시설만, 예를 들어 피닉스와 샤이엔 인근의 핵 시설을 들어내고자 할 경우 소련 미사일은 목표 지점 인근에 있는 민간인과 산업 시설에 아무런 해도 입히지 않은 채 미사일 기지만 파괴할 정도로 정교하지 못할 가능성이 크다. 최근 정밀도가 많이 향상되어 상황이 어느 정도 개선되었을 수 있고, 대병력 전략 역시 최초 시도되던 모습보다는 좀 더 개선된 모습으로 되살려봄이 유리할 것이다.

하지만 대병력 전략에 대해서는 좀 근본적인 질문이 제기될 수 있다. 그러니까 그것의 궁극적인 군사 목표가 무엇이냐 하는 것이다. 미국이 생각하는 대병력 전략은 그동안 가장 널리 알려지기도 했는데, 미국이 제1격을 가함으로써 핵전쟁을 먼저 시작하지는 않으리라는 점이 핵심이다. 상대편이 제1격을 가하면서 핵전쟁을 먼저 시작할 때까지는 기다렸다가 그때서야 군사 목표물을 타격한다는 것이다. 그 목표물에는 상대편의 미사일 기지뿐만 아니라 미사일 그 자체도 포함된다. 그러나 일단 상대편의 제1격이 시작된 이상 미사일을 장착하고 대기 중인 기지들과 이미 미사일을 발사해서 빈 기지들을 구분함은 의미가 없어지고 만다.

어쨌거나 이런 구분이 가능하고 의도대로 주고받기 식 공격이 진행된다고 한번 가정해보자. 이는 물론 다음 사항을 전제하고 있다. 전쟁을 시작한 적은 우리 쪽 미사일 기지를 모두 파괴하지 못했고, 따라서 우리 쪽에는 미사일을 배치한 적의 미사일 기지를 파괴할 충분한 미사일이 아직 남아 있다. 이 모든 상황을 그대로 받아들이고 이 두 교전국이 서로 상대의 육상 배치 미사일을 모두 파괴했다고 가정해보자. 그래서 그들이 얻은 것은 무엇일까? 양편이 해상 발사 억지력 또는 공중 발사 억지력에 전적으로 의존해야 하는 상황임을 제외하고는 모두 예전과 같은 모습으로 되돌아가 있을 것이다. 따라서 전쟁 시작 시점과 똑같은 파괴력의 분포, 그리고 똑같은 억제력을 가진 상황이 되고 마는데, 달라진 점이 하나 있다면 육상 발사 미사일에서 해상 발사 미사일로 전쟁 기술이 바뀐 것이다. 어떤 전문가들은 육상 발사 미사일은 어쨌거나 노후 전력이므로 미국과 소련 간 군비 통제 협상을 통해 단계적으로 폐기되어야 한다고 주장한다. 이런 주장이 옳다면 앞에서 그려본 대병력 전략에 따른 교전은 결과적으로 양국이 상대의 육상 미사일을 제거함으로써 서로의 군비 축소 계획을 실행한 데에 지나지 않는다. 그럴 경우 우리는 예전과 똑같은 입장이 되어버리는 셈인데, 다시 말해 승자도 패자도 없다는 이야기다.

이제 또 다른 문제가 생기는데 전쟁에서의 승리와 패배 사이의 기본적인 구분 문제가 그것이다. 이는 수천 년의 역사적 경험에서 도출된 까닭에 우리 의식 가운데 깊이 뿌리내린 구분이다. 특히 한국과 베트남 군부는 정의의 편에 서서 전쟁에 참가한 쪽이 명확한 승리자가 되지 않은 채로, 다시 말해 자국이 승리자가 되지 않은 채로 재래식 전쟁이 끝나는 상황을 받아들이지 않으려고 했다. 핵전쟁에 관한 사고 역시 승자와 패자의 구분을 포기하지 않으려는 또 다른 사례다. 핵전쟁은 반드시 교착 상태 속에서 끝나야 한다거나 양 교전국 모두가 파괴됨으로써 종전되어야 한다는 생각은 승전을 준비하는 사람들 입장으로서는 받아들일 수 없는 주장이다. 그들은 인생의 목표를 자기 회사의 이익을 창출하는 데 두는 기업가와 같은 입장이다. 그럴 경우 그는 최상의 기대치는 이익도 손해도 없는 본전치기라는 주장과 느닷없이 마주하게 된다. 그는 이익을 내기 어려울 것이고, 배당금을 다시는 지불할 수 없게 될 것이다. 그런 일은 분명 그의 천성에 반하는 일이다. 하지만 핵전쟁에 관한 한 우리가 직면하는 상황이 바로 그러하며, 과거 어느 때와도 전혀 다른 모습이다. 그러니까 전쟁 그 자체가 완전히 무의미하고 비합리적인 구상에 지나지 않게 된 것이다. 핵전쟁을 (대병력 전략에서처럼) 제한적인 수준으로 잡아두더라도 결과는 전쟁이 시작되던 무렵과 똑같은 평형 상태로 되돌아가게 된다. 평형 상태를 구성하는 병력 구성만이 달라질 뿐이다.

방어라는 개념에 대해 살펴보기로 하자. 새로운 무기가 발명되면 거기에 대응하는 다른 무기, 다시 말해 그것에 대한 방어 수단이 조만간 만들어진다는 사실은 역사를 통틀어 자명한 이치였다. 이 자명한 이치가 역사적 경험으로 증명되었다고 가정해보자. 하지만 핵무기의 파괴성은 너무나 어마어마하기 때문에 현재 기술 수준을 봐서는, 그리고 특히 레이건 행정부의 몇몇 인사가 경솔하게 간과한 비용 문제를 고려할 때 핵무기에 대한 효과적인 방어를 고안해낸다 함은 상상할 수 없는 일이다. 따라서 실질적인 목적을 위해 두 번에 걸친 SALT 협상을 통해 ABMs를 폐기하기로 한 결정은 핵 시대의 객관적인 사실을 잘 인식한 결과였다. 핵무기에 대한 방어가 가능하다면 핵전쟁을 억제할 수 있는 가장 중요한 수단이 제거되는 셈이다. 별들의 전쟁star wars 방어 구상이 간과하고 있는 점이 바로 이것이다. 인류가 핵전쟁에서 살아남기를 기대한다면 핵전쟁을 벌일지 말지의 문제는 재래식 전쟁의 그것과 유사한 접근법, 다시 말해 편의에 대한 실용주의적 계산이 된다.

양측의 파괴로 이어지지 않되 어느 한 편이 승리할 수 있는 핵전쟁이 가능하도록 해보자는 또 다른 시도가 전술적 핵전쟁 전략이다. 전술 핵무기라는 개념, 다시 말해 핵무기를 전장에서 사용한다는 개념은 실제적, 이론적인 측면에서 여러 난관에 부닥치고 있다. 첫째로 일반적인 전술과 전략 사이에 객관적이고도 통상적으로 받아들여진, 그리고 받아들여질 수 있는 선을 그을 수가 없다는 점이다. 모든 국가의 군사사상가들은 이 문제를 두고 오랜 논쟁을 벌였지만 결정적인 결론에는 이르지 못했다. 구분을 가능하게 해주는 차이점은 전장의 객관적인 상황이 아니라 군사 전략을 기획하는 사람들이나 군사 작전을 지휘하는 인사들의 마음에서 비롯된다. 히로시마와 나가사키에 투하된 폭탄이 오늘날 전술급 핵무기로 분류된다는 사실은 전술이라는 개념이 상당히 폭넓은 개념으로, 심지어는 전략으로 간주될 만한 것들까지 포함할 정도임을 잘 보여준다. 따라서 한쪽이 전술적 행동이라고 생각하고 취하는 행동을 상대편이 전략적 움직임으로 해석해서 거기에 대응하는 행동을 취하면 전자는 다시 이를 전술적 또는 전략적 행동이라고 해석하게 된다. 그런 상황에서 양측은 최악의 상황에 대비하는 접근법을 사용하기가 쉽다. 다시 말해 적의 의도에 대해 최악의 상황을 가정하기 쉬우므로 전략과 전술의 구분은 금방 무너지고 만다. 재래식 전쟁이나 핵전쟁이나 이런 사실은 마찬가지이기 때문에 본질적 성격상 핵전쟁일 경우 문제가 더 악화된다.

미국과 소련이 참가한 전쟁이 중부 유럽에서 일어났다고 잠시 가정해보자. 유럽에다 대략 9,000여 기의 이른바 전술 핵탄두를 배치하고 있는 미국이 그 가운데 몇 개를 사용해 소련의 군사 목표, 그러니까 교량, 군사력 집결지, 탄약고, 군수시설 따위를 타격한다. 그러나 그러한 제한적인 핵무기 사용이라 할지라도 말하자면 벨라루스의 몇몇 도시를 불가피하게 파괴할 것이다. 소련은 똑같은 전술적 사고방식에 따라 미국이 소련에 입힌 피해만큼 전술적인 피해를 서방 진영 군사력에 안겨주고자 영국 해협에 면한 브레스트, 셰르부르, 르아브르 등등의 목표물을 타격한다. 그러나 이 전술적 목표물들은 성격도 다르고 양측에서 극단적인 비대칭성을 보이기 때문에 이곳들이 화염에 휩싸이는 장면을 바라보는 순간 미국은 소련이 무슨 의도로 저렇게 하는지를 자문하게 될 것이다. 이것이 전술적 기동일까, 아니면 전략적 행동일까? 최악의 경우를 대비하는 방향으로 사태를 해석한 미국은 그 반응으로 소련의 몇몇 도시를 사라지게 한다. 그렇게 되면 소련은 마찬가지 응수를 하게 된다. 미국이 소련의 도시들을 사라지게 한다면 소련도 미국의 몇몇 도시를 제거해버린다. 이쯤 되면 양측은 전면적인 전략 전쟁에 빠져든 형국이 된다. 양쪽 국가가 그것을 원했기 때문이 아니라 초기 행동의 객관적인 역동성이 두 국가에게 선택의 여지가 없도록 만들어버리기 때문이다. 리언 위셀티어Leon Wieseltier는 이런 상황을 이렇게 설명한다.

> 미국이 소련과 핵전쟁을 벌인다면 아마 그것은 틀림없이 소련이 먼저 미국을 공격했기 때문이 아닐 것이다. 소련이 미국의 동맹국을 공격했기 때문일 것이다. 전쟁 초기 단계에 전략 핵무기가 오가지는 않겠지만 머지않아 그 단계로 확대되어갈 것이다. 대서양 동맹의 방어 전략은 전쟁이 단계적으로 확대되어 무자비하게 진행될 것이라는 가정 아래 수립된다. 전쟁이 단계적으로 확대되는 모습을 나타내는 은유적인 공식 표현은 '억제의 체인', '억제의 망', '억제의 연속' 따위다. 새로운 미사일이 배치되면 이 체인, 망, 연속이 완성된다.[16]

우리 시대 최악의 핵 공포가 현실로 나타나지 않게 하기 위해서는 모든 수준에서의 억제가 필요하다. 따라서 전술적 전역 핵무기가 사용되지 못하도록 재래식 전쟁은 포기되어야 하며, 전략 핵무기가 사용되지 못하도록 전술 핵무기가 포기되어야 한다. 그리고 전략 핵무

16_ *Nuclear War, Nuclear Peace* (New York : Holt, Rinehart and Winston, 1983), pp. 65-66.

기는 어떤 대가를 치르더라도 포기되어야 한다. 전쟁이 단계적으로 확대될 가능성은 모든 사람의 손에 달려 있다. 평화가 유지되는 순간은 선의 희망이다. 그러나 전쟁이 일어나는 순간은 악의 가능성이다. 결국 억제를 은유적으로 표현하는 말들은 복잡하게 얽힌 갈등을 표현하는 말과 같다. 억제가 실패하는 순간 모든 수준에서 실패할 것이다. 그것이 억제의 어두운 측면이다. 미국은 그 유명한 '선제공격' 정책을 통해 유럽의 병력을 핵무기를 사용해서라도 구하겠다는, 다시 말해 재래식 전쟁을 핵전쟁으로 '단계를 높이겠다'는 자신의 의도를 반복적으로 밝혀왔다. 그리고 소련은 NATO의 어떤 핵 공격도 미국의 핵 공격으로 해석할 것이라는, 다시 말해 전역 핵전쟁을 전략 핵전쟁으로 해석하고 그에 맞는 대응 조치를 취할 것이라는 의도를 반복적으로 밝혀왔다.



전쟁의 단계적 확대를 움직일 수 없는 상황으로 몰고 가는 것은 군사 독트린뿐만이 아니다. 지상의 실제 상황이 바로 그렇다. 그런 상황을 초래하는 가장 결정적인 한 가지 요소는 동맹국들에 대한 재래식 방어가 충분하지 못하다는 점이다. NATO와 바르샤바 조약기구WTO는 인력 측면에서 거의 비슷한 규모다. 그러나 바르샤바 조약기구는 특히 탱크(2.64 대 1), 야포(2.07 대 1), 육상 기지 발진 폭격기(4.83 대 1), 전투기(5.07 대 1), 그리고 요격기(7.14 대 1)에서 우세한 상황이다. 그리고 보급선도 NATO보다 문제가 적은 상태다. 이런 이유로 재래식 전쟁이 치열하게 진행될 경우 핵전쟁으로 비화할 가능성은 거의 분명할 것이다. 그럴 경우 '선제 타격'은 최후의 수단이 된다. 핵 방어의 신뢰성을 높이기 위해 선제공격에 따른 파괴적인 결과는 (특히 보호받는 민주주의 국가 시민들에게는) '유연 반응' 전략이라는 독트린 뒤에 숨어 당분간 은폐되었다. '유연 반응' 전략은 가장 무서운 핵 공격을 회피하거나, 어쨌든 마지막을 위해 남겨두고자 한다. 하지만 유연 반응 전략의 결점에 대해서는 상세한 설명이 있었다. 덜 무서운 공격이 상당히 무서운 공격이다. 그리고 핵 공격은 즉각 시작될 수밖에 없을 것이다.[17]

우리는 우리 생각을 핵무기 현상에 적응하기보다는 핵무기 사용 계획을 우리의 재래식 사고방식에 맞추려고 노력했었다. 그러나 30여 년 이상에 걸친 논쟁이 보여주듯이 실제 그런 일이 일어날 수는 없다. 제한적인 피해만 발생시키는 제한 핵전쟁은 전쟁에 걸린 이익이 역시 제한적이라는 전제 아래에서만 생각할 수 있는 일이다. 하지만 가장 중요하지 않은 이해관계 대신에 핵전쟁을 시작하는 것이 합리적인 선택이 되는 상황을 상상해보기는 어렵다. 가장 중요한 이해관계는 전쟁 초기에서, 또는 전쟁이 단계적으로 확대된 이후 상황에서 무제한의 핵 공약과 무제한의 잠재적 피해를 정당화하는 조건이 된다. 1945년 이후에 핵무기가 사용된 적이 없다는 사실은 바로 이런 이유 때문이다. 핵무기가 제한적으로 사용된다 함은 명백한 모순이다. 핵무기는 가장 중요하다고 판단되는 이익을 위해 사용되는, 통제할 수 없고 잠재적으로 무제한적인 파괴 수단이다. 따라서 소련의 군사 독트린은 제한적인 이익을 위해 치러지는 핵전쟁이 핵전쟁 초기 단계에서는 가능할지 모르지만 전면적인 핵전쟁으로 비화할 가능성이 크다고 명시하고

17_ Ibid., pp. 63-65.

있다. 유럽 지역에서처럼 가장 중요한 국가 이익을 위해 핵전쟁이 치러질 경우 전면전의 수단으로 사용된다고 봐야 한다.

지금까지 핵을 둘러싼 논쟁을 지배해온 재래식 사고방식은 우연이 아니다. 그것은 전체 역사를 통틀어 신성시되어온 관례에서 벗어나기를 몹시도 싫어하는 증상이다. 또한 지나간 시절에나 어울릴 듯한 행동 양식과 사고방식을 핵무기에다 적용하려는 결단이기도 하다. 핵 군비 통제 문제는 강대국들과 그들의 동맹국들을 위해서뿐만 아니라 인류 전체를 위해서도 문자 그대로 지극히 중요한 문제다. 현재 본격적으로 진행 중인 핵 확산과 더불어 핵무기 경쟁이 입에 담기조차 어려운 대재앙을 조만간 몰고 올 것이 확실하기 때문이다. 핵무기 경쟁은 서로를 몹시도 두려워하는 신중한 정부가 운영하는 두 초강대국에만 제한되지 않고 전 세계로 확산되고 있는 실정이다. 모든 국가가 때때로 바보와 악당의 손에, 심지어는 이들 모두에 의해 지배되어왔음을 역사가 보여주고 있기 때문이다. 핵무기가 나타나기 훨씬 전에도 그런 현상은 충분히 심각했었다. 그러나 바보와 악당, 심지어는 이들 모두가 핵무기를 보유하고, 핵전쟁이 피할 수 없게 되어버린 상황을 한번 상상해보자. 이것이 바로 일반화된 무제한 핵무기 경쟁이라는 역동적 현상 속에 내재된 실제 핵전쟁의 피할 수 없는 위험이다. 이는 핵 군비 통제와 종국적으로는 핵 군축을 전체 인류를 위한 삶과 죽음의 문제로 만들고 있다.

하지만 이론적으로 요구되는 일을 실제로 이루어내기란 대단히 어렵다. 핵무기 통제는 확증 파괴라는 최적 상태에 이른 주요 핵 강국들의 능력으로 가능했다. 확증 파괴를 넘어서는 것은 비합리적인 행동이다. 그러나 실제로 핵무기 통제는 핵 기술의 안정성에 기초를 두고 있다. 관련 국가들이 경쟁을 단념할 수 있다는 가정 아래에서만 그것이 가능할 것이기 때문이다. 그래서 주요 핵 강국들은 대기권과 수중에서의 핵 실험을 중단하자는 합의를 할 수 있었다. 이 매체들에서의 실험을 통해 더 이상의 기술적 진보를 당분간은 기대하기 어렵다고 판단했기 때문이다. 하지만 그들은 지하 핵 실험과 외기권 핵 실험, 그리고 기존 핵 기술을 발전시켜서 새로운 기술을 발견하기 위한 기회를 찾아 연구와 실험을 계속하고 있다. 기술적인 안정성에 대한 의존성이라는 측면에서 핵 군비 통제는 제한적이고 일시적일 가능성이 크다. 재래식 무기와 관련한 군사력 경쟁의 정치적 유인 요소가 여전하고, 재래식 무기와 핵무기 사이의 기본적인 구분이 일관성 있게 받아들여지지 않는 한 군축은 불가능하고, 군비 통제 역시 기껏해야 불안정할 뿐이다.

제24장

⌘

# 안전 보장



좀 더 사려 깊은 관찰자들은 군비 축소 문제의 해답이 군비 축소 그 자체 속에 있지 않음을 깨달았다. 그들은 그 해답을 안전 보장에서 찾아냈다. 군비란 어떤 심리적인 요소들의 결과다. 이 요소들이 지속되는 한 무기 자체에 대한 국가들의 집착 또한 지속될 것이며, 따라서 그런 집착 때문에 군비 축소는 불가능해지게 될 것이다. 일반적으로 밝혀진, 그리고 가장 빈번한 군비의 실제적 동기는 공격에 대한 두려움, 다시 말해 불안감이다. 그러므로 새로운 방법을 통해 국가들을 공격에서 보호해줌으로써 안정감을 느끼게 해줄 필요가 논의되어오고 있다. 그렇게 되면 군비를 조장해왔던 동기나 군비의 필요성이 사라지게 될 것이다. 왜냐하면 국가들이 과거에는 군비를 통해 추구해왔던 안전을 이 새로운 방법을 통해 발견할 수 있기 때문이다. 제1차 세계대전 이후로 정치적으로 활발했던 모든 국가는 때때로 집단안전보장과 국제경찰군이라는 두 가지 방법을 법적으로 옹호해왔다.

## 집단안전보장

국제연맹 규약 제16조, 국제연합 헌장 제7장, 그리고 국제연합 총회의 '평화를 위한 단결 결의'에 대해 이야기하는 가운데 우리는 이미 집단안전보장 문제의 법적인 측면을 언급했었다.[1] 이제 특히 국제 질서 및 평화 문제와 관련해 집단안전보장이 가지는 정치적인 문제에 대해 고려하는 일이 남아 있다.

집단안전보장의 운영체제에서 안전 보장 문제는 더 이상 군비나 국력의 다른 요소들을 통해 처리되는 개별 국가의 문제가 아니다. 안전보장은 마치 자기 나라의 안전이 위기에 처한 듯이 안전 보장을 생각하고 집단적으로 대처하려는 모든 국가의 관심사가 되었다. A국이 B국의 안전을 위협할 경우 C, D, E, F, G, H, I, J 및 K국이 B국을 대신해서 마치 A국이 B국뿐만 아니라 다른 모든 나라를 위협한 듯이 간주하여 A국에 대해 적절한 조치를 취하는 것이다. 그 반대 경우도 마찬가지다.[2] '모두가 하나이며 하나가 모두One for all and all for one'라는 말은 집단안전보장의 표어다. 1869년 4월 17일에 영국 대사였던 로프터스Augustus Loftus 경이 당시 영국 외상이었던 클래런던Clarendon 백작에게 보낸 보고서에 따르면 비스마르크는 이 점을 1869년 4월 12일에 로프터스 경에게 이야기했다고 한다. "어떤 강대국이 유럽의 평화를 의도적으로 파괴하려고 할 경우 귀국이 그 국가를 공동의 적으로 간주할



1_1권 pp. 650 ff. 참조.
2_2권 p. 216 그림 참조.

것임을 선언해준다면 우리는 기꺼이 그 선언에 따르고 참가할 것입니다. 다른 강대국들도 이를 지지한다면 바로 이런 방법이야말로 유럽의 평화를 위한 가장 확실한 보장이 될 것입니다."

앞서 이미 집단안전보장의 논리가 국제 무대의 조건 아래에서 제대로만 작동할 수 있다면 흠잡을 데가 없다는 점을 지적한 바 있다.[3] 집단안전보장이 전쟁 방지 수단으로 기능하려면 세 가지 가정이 충족되어야 한다. (1) 집단안전보장체제는 잠재적인 침략국 또는 침략적인 동맹국들이 이 체제를 통해 방어되는 질서에 감히 도전할 엄두도 내지 못할 정도로 압도적인 힘을 언제든지 동원할 수 있어야 한다. (2) (1)의 요구조건을 충족할 수 있는 힘을 지닌 국가들은 적어도 자신들이 방어하고자 하는 안전에 대해 같은 생각을 하고 있어야 한다. (3) 그 국가들은 모든 구성국의 집단적 방어라는 대의명분이라고 정의되는 공동선에 자신들의 상충하는 정치적 이해관계를 기꺼이 종속시켜야 한다.



이 모든 가정은 특별한 상황에서 실현될 수 있다고 상상할 수 있다. 그러나 그럴 가능성은 매우 희박하다. 과거 경험과 국제정치의 일반적인 특성을 보면 그런 상황이 발생할 가능성은 매우 적다. 과거는 물론 오늘날의 전쟁 조건 아래에서는 어느 국가도 다른 모든 국가를 상대로 성공하리라고 기대하면서 감히 도전할 만큼 충분히 강력하지는 못하다. 실제 상황에서 어느 한 국가가 다른 모든 나라를 상대로 침략국의 입장에 서는 경우란 사실상 거의 생각할 수 없다. 하나 이상의 국가들이 집단안전보장이 방어하려는 질서에 적극적으로 반대하며,

3_ 1권 pp. 650-651 참조.

거기에 다른 국가들도 동조하는 형태가 일반적이다.

이런 상황이 벌어지는 이유는 집단안전보장으로 방어되는 질서의 성격 때문이다. 바로 특정 시점에 존재하는 현상現狀이 그것이다. 따라서 국제연맹이라는 집단안전보장체제는 국제연맹이 창설되던 1919년 당시의 영토적 현상現狀을 보존하고자 했다. 그러나 1919년에는 이미 많은 국가들이 당시의 영토적 현상現狀에 강력히 반대하고 있었다. 이탈리아는 물론 제1차 세계대전에서 패배한 국가들이 전쟁에서 승리했더라면 보장받을 수도 있었던 것을 빼앗기게 된 데 대해 불만을 가졌기 때문이다. 미국, 소련 같은 국가들은 기껏해야 현상現狀에 대해 무관심했을 뿐이다. 1919년 당시 현상現狀의 주요한 수혜자였고 안전보장이라는 수단으로 현상現狀을 지키고자 했던 프랑스와 그 동맹국들에게 안전 보장이란 1919년의 평화 조약에서 결정된 국경을 방어하고 유럽 대륙에서 자신들의 우월성을 영속화함을 의미했다. 불만을 가진 국가들에게 안전 보장이란 그와 정반대였다. 다시 말해 국경선을 재조정하고, 프랑스와 그 동맹국들에 대해 상대적으로 자기 국력을 증강하는 것이었다.

각 국가가 현상유지에 동조하는 측과 반대하는 측으로 나뉘는 현상은 제1차 세계대전 이후 시대에만 특별하지는 않았다. 잘 알다시피 이는 국제정치에서 기본적인 유형이다. 또한 역사의 어느 시기에나 반복되는 일이다. 현상유지적인 국가들과 제국주의적인 국가들 사이의 반목을 통해 역사는 활발히 진행되어온 것이다. 이런 반목은 타협이나 전쟁을 통해 해결된다. 국제정치의 원동력으로서의 권력 투쟁이 더 고차원적인 원리 때문에 가라앉거나 대체될 수 있을 것이라는 가정 아래에서만 집단안전보장은 성공할 기회를 갖는다. 그러나 실제 국제 문제에서는 아무것도 그런 가정에 들어맞지 않기 때문에 집단안전보장으로 특정 현상現狀을 고착시키려는 노력은 장기적으로 볼 때 실패하기 마련이다. 단기적으로 볼 때는 적대국의 일시적인 약세로 말미암아 집단안전보장은 특정한 현상現狀을 안전하게 유지하는 데 성공할 수 있다. 그러나 앞서 우리가 집단안전보장의 성공에 대해 설명했던 세 번째 가정이 있지 않으므로 장기적으로는 결국 실패하고 만다. 1980년대 초에 영국과 아르헨티나는 포클랜드 제도의 영유권을 놓고 격돌했고, 이스라엘은 레바논을 침공했다. 그리고 미국은 그레나다에 군대를 파견했다. 국제연합이 통과시킨 결의안이 무엇이든 간에 국제연합도, 그 회원국들도 이들의 행위를 되돌려놓을 수는 없었다.



역사적 경험과 국제정치의 실제 본질에 비추어볼 때 국제관계에는 이해관계의 갈등이 지속될 것임을 반드시 가정해야 한다. 아무리 강력하고 국제법을 잘 준수하는 국가나 국가군이라 할지라도 침략을 누가 저질렀고, 또 그 집단안전보장이 어느 국가를 대상으로 하는지에 관계없이 항상 모든 침략에 대해 집단안전보장으로 대응할 수는 없다. 1950년에 한국이 침략을 받았을 때 미국과 국제연합은 원조를 제공할 능력이 있었고, 또 원조를 제공함으로써 얻는 이익이 있었기 때문에 한국을 도왔다. 만일 내일이라도 당장 인도네시아가 침략의 희생물이 된다면 미국과 국제연합은 또다시 집단안전보장의 선도자가 되어줄 수 있을까? 칠레나 이집트가 그렇게 된다면 어떨까? 만일 두 침략자가 동시에 진격해온다면 미국과 국제연합은 어떻게 대응할까?

이해관계와 동원 가능한 힘을 고려하지도 않고 무조건 대응할까? 아니면 집단안전보장 원칙의 위반을 거부하고 더 위험한 쪽이나 더 다루기 쉬운 쪽 하나만을 택해 대응하기를 거부할까? 그리고 만일 내일이라도 한국이 태도를 갑자기 바꿔 북한과 중국을 침략한다면 미국과 국제연합은 당장 돌아서서 한국과 싸울까?

물론 그 대답은 마지막에 언급했던 가설적인 경우에서처럼 틀림없이 '아니오'이거나 물음표가 될 것이다. 그렇지만 집단안전보장 원칙에 따른다면 그 대답은 무조건적이고도 분명한 '예'여야 한다. 이 원칙들은 힘의 상황과 이해관계에 관계없이 모든 침략에 대한 집단적 조치를 요구한다. 외교정책 원리는 힘의 상황과 이해관계에 따라 다른 종류의 침략 행위와 침략자를 구분하기를 요구한다. 이상으로서의 집단안전보장은 추상적인 모든 침략에 대항한다. 그러나 실제 외교정책은 특정한 구체적 침략자에 대항해서만 작용할 수 있을 뿐이다. 집단안전보장에 허락된 유일한 질문은 '누가 침략을 감행했느냐?'이다. 외교정책에서는 '이 특정한 침략자와의 대결에서 나는 어떤 이익을 얻게 되는가, 또 그에 대항하려면 어느 정도의 힘이 있어야 하겠는가?'라고 물을 수밖에 없다.

그렇다면 집단안전보장은 또 하나의 가정을 전제로 할 때에만 비로소 성공할 수 있다. 그러니까 모든 또는 거의 모든 국가가 특정 국가의 안전이 위협받음으로써 파괴될 위험에 처한 상황을 방어하기 위해 전쟁 위험을 무릅쓰면서 각국의 개별 이익의 입장에서 정책을 정당화할 수 있는지의 문제와 관계없이 기꺼이 협력해줄 것이라는 점이다. 다시 말해서 집단안전보장이 개별 국가들에게 요구하는 바는 자국의 이기심이나 그에 봉사하는 정책의 포기다. 집단안전보장은 개별 국가들의 정책이 상호 원조라는 이상과 그 이상에 따라 요구된다면 전쟁이라는 최대 희생까지도 감수하려는 자기희생 정신으로 고취되기를 기대한다.

이 세 번째 가정은 서구 문명의 역사에서 발생했었던 어떤 도덕적인 변화보다도 더욱 근본적인 도덕적 혁명을 가정하는 것이다. 이는 국가를 대표하는 정치인의 행동 속에서뿐만 아니라 평범한 시민의 행동 속에서도 일어나야 하는 도덕적 혁명이다. 평범한 시민은 때로 자국의 이익에 반하는 정책일지라도 지지해야 할 뿐만 아니라, 이 지구상 어떤 국가의 안전 보장을 위해서라도 핵전쟁으로 인한 전멸의 위협까지 기꺼이 무릅쓰고 자신의 생명을 내던질 수 있도록 요구되기도 한다. 만일 이 세상 모든 사람이 그런 식으로 생각하고 행동한다면 인류의 생명은 영원히 안전할 것이라고 주장될 수 있다. 이 결론의 진실성 여부는 전제의 가설적인 성격을 감안할 때 논란의 대상이 되지 못한다.



일반적으로 사람들은 군중 속의 한 개인으로서 또는 다른 나라와의 관계 속에 있는 한 국가의 국민으로서 집단안전보장의 성공에 필요한 사고방식이나 행동 원리를 따라주지 않는다. 그리고 이에 대해 설명하고자 한 앞의 내용[4]처럼 현대에는 자국의 이익에 해로울 때 사람들이 초국가적 도덕 원리에 따라 행동해줄 기회는 역사상 어느 시기보다 더 줄어들고 있다. 개별 국가의 상위에 군림하는 법 집행 기관도

4_ 1권 pp. 549 ff. 참조.

없으며, 또 그 개별 국가들을 굴복시킬 어떤 압도적인 도덕적, 사회적 압력도 없다. 그러므로 그들은 자국의 이익이라 간주되는 것을 항상 추구하기 마련이다. 집단안전보장의 실현을 필요로 하는 조건 아래에서 적어도 몇몇 국가 사이에는 국가적, 초국가적 이해관계와 도덕성 사이의 갈등이 불가피하게 존재한다. 각국은 그 갈등을 자기 이해관계에 유리하게 해결하지 않을 수 없고, 그 결과 집단체제의 기능이 무력해질 수밖에 없다.

이상의 논의를 통해 볼 때 우리는 이상적 가정에 따라 기능하는 집단안전보장이 현재 세계에서는 제대로 기능해주기를 바랄 수 없다는 결론을 내려야 한다. 더욱이 이상적으로 완벽하지는 못한 상황에서 그것을 기능하게 해보려는 어떤 노력은 원래 달성하려고 했던 목표와는 정반대 결과를 낳는 것이 집단안전보장의 극적인 역설이다. 어떤 국가든 감히 현상現狀을 변경하고자 무력에 의존하는 일이 없도록 그 상태를 유지할 수 있는 막강한 힘을 보유함으로써 전쟁을 불가능하게 하는 것이 집단안전보장의 목적이다. 그러나 집단안전보장이 기능할 수 있는 조건이 덜 이상적일수록 현상現狀을 유지하려는 국가들의 연합 세력도 약해지게 된다. 만일 몇몇 국가가 현상現狀에 반대하고 집단안전보장이라고 정의되는 공동의 이익을 받아들이지 않으면, 반대 측에 대한 우세 또는 현상을 유지하려는 측과 타파하려는 측 사이의 권력관계는 전자에게 더 이상 압도적으로 유리하지 않을 것이다. 오히려 권력 분포는 현상유지 국가들에게 여전히 유리해보일 수 있는 세력균형에 도전을 제기하면서도 현상現狀에 반대하는 국가 측에 절대적 억제력으로서 작용할 정도는 되지 못할 것이다.

집단안전보장을 그런 조건 아래에서 작동하게 만들려는 노력은 평화를 유지하지 못하고 전쟁을 불가피하게 만든다. 사실 잘 알다시피 그런 조건이야말로 집단안전보장이 현실적으로 기능할 수 있는 유일한 조건이기는 하다. 그리고 이는 전쟁을 불가피하게 만들 뿐만 아니라 국지전을 불가능하게 함으로써 전쟁을 전 세계적인 규모로 확산시키게 된다. 왜냐하면 오늘날 같은 상황 아래에서 집단안전보장체제가 실행에 옮겨질 때 만일 A국이 B국을 공격한다면 C, D, E 및 F국은 집단안전보장의 의무를 준수하여 B국을 돕겠지만 G와 H국은 방관적인 태도를 취하고 I, J, K국은 A국의 침략을 원조하게 될지도 모르기 때문이다. 만일 집단안전보장체제가 없었다면 A국과 B국의 관계에 어떤 결과가 나온다 해도 다른 국가의 개입 없이 A국이 B국을 공격했을 것이다. 이상적이지 못한 조건 아래에서 작동하는 집단안전보장체제이기 때문에 A국과 B국 사이, 또는 다른 두 국가 사이에서 벌어지는



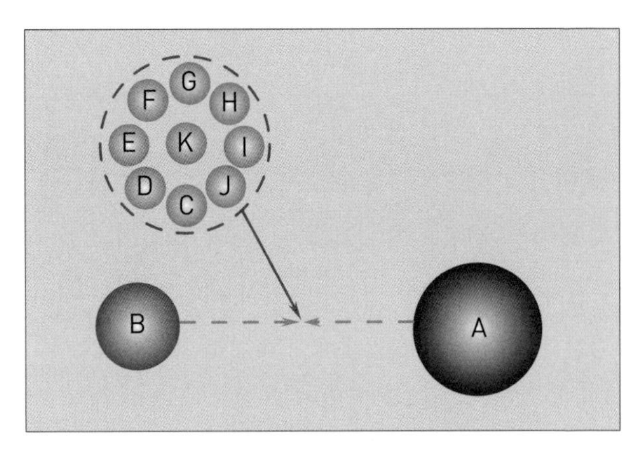


〈이상적 집단안전보장〉

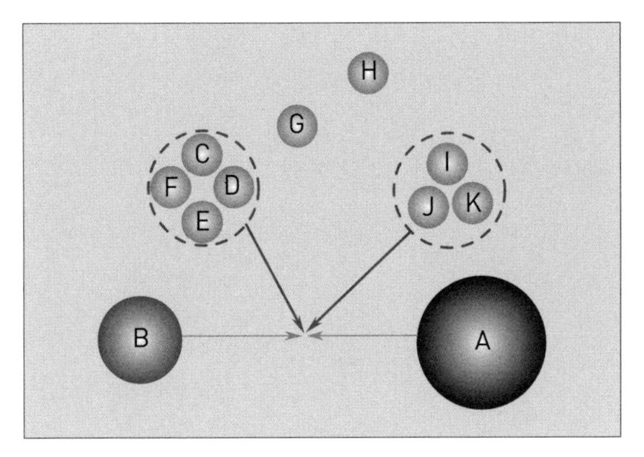


〈현실적 집단안전보장〉

전쟁은 필연적으로 전 세계의 모든, 또는 대다수 국가 간 전쟁의 위험을 초래한다.



근대국가체제의 출범 이후 제1차 세계대전에 이르기까지 두 국가 사이의 불화가 다른 국가로 파급되지 않도록 국지화하려는 노력이 외교정책의 주된 관심사였다. 1914년 여름에 일어났던 오스트리아와 세르비아 사이의 마찰이 다른 국가로 확산되지 않게 막아보려던 영국의 외교정책은 비록 성공하지는 못했지만 인상적인 예였다. 가정 그 자체의 논리에 따라 집단안전보장의 외교는 모든 국지적 분쟁을 전 세계적 분쟁으로 전환하는 것을 목표로 해야 한다. 평화로운 하나의 세계가 될 수 없다면 전쟁의 세계가 될 수밖에 없는 것이다. 평화란 나눠질 수 없는 것이기 때문에 전쟁 또한 나눠질 수 없다. 집단안전보장의 가정 아래에서는 이 세상의 어떤 전쟁이든 세계 전쟁이 될 잠재적인 가능성을 안고 있다. 결국 전쟁을 불가능하게 만들기 위한 장치가 전쟁을 전 세계적이게 만들어버리는 결과를 낳는다. 집단안전보장은 두 국가 사이에 평화를 유지하기는커녕 현실 세계에서 실제로 작동하고 있듯이 결국 모든 국가 사이의 평화를 파괴할 수밖에 없을 것이다.[5]

평화를 보존하게 해주는 실질적인 방법으로서의 집단안전보장에 관한 이런 평가는 집단안전보장을 적용하려고 했던 두 가지 구체적인 경험에서 나온 것이다. 그 경험이란 1935~1936년에 국제연맹이 이탈리아에 내린 제재 조치와 1950~1953년에 한국의 영토 보전을 위한 국제연합의 개입이다.

### 이탈리아-에티오피아 전쟁

이탈리아가 에티오피아를 침공한 뒤에 국제연맹은 규약 제16조에 규정된 집단안전보장 장치를 가동했다. 그러나 집안안전보장의 성공 여부가 달려 있는 여러 전제 조건 가운데 아무것도 충족되지 못했고, 또 당시 국제정치의 현실적인 상황 아래에서는 실현될 수가 없음이 곧 분명해졌다.

미국과 독일, 일본은 국제연맹의 집단안전보장체제 회원국도 아니었고, 더욱이 그들 사이에도 의견 일치가 이루어지지 않고 있었다. 독일은 이미 공개적으로 유럽의 현상을 전복하려는 정책을 실천에 옮기고 있었고, 일본 또한 극동의 현상을 전복하려는 정책을 수행 중에 있었다. 그래서 이 두 국가는 관심 밖 지역에서의 현상 변화가 유럽과

5_ 집단안전보장이 지역적인 수준에서, 다시 말해 강대국의 그늘에서 어떻게 성공적으로 기능할 수 있는지에 대해서는 1권 pp. 426 ff.에서 이미 지적된 바 있다. 2권 pp. 383 ff.도 참조할 것.

극동에서의 현상유지에 대단한 관심을 보이던 영국과 프랑스의 지위를 약화할 수만 있다면 사태가 전개되는 모습을 긍정적으로 바라볼 뿐이었다. 한편 미국은 현상유지를 위해 적극적인 행동을 취하는 데 대한 국민의 반대가 비록 있었지만 유럽에서의 현상유지를 견고히 하려는 노력에 찬성하고 있었다. 국제연맹의 실험적인 여러 노력이 성공하게 하기 위해 무엇이든 할 태세가 갖춰진 나라들은 스칸디나비아 제국처럼 실질적인 효과를 기대하기에는 너무나 국력이 약했거나 소련처럼 궁극적인 동기가 의심스러운 경우가 많았다. 게다가 소련은 당시 상황에서는 반드시 필요했던 해군력도 부족했으며, 인접 국가들과의 협조 없이는 중요한 작전 지역으로 접근할 수도 없었고, 그런 협조를 바랄 수도 없는 상태였다.

이리하여 집단안전보장과 이탈리아가 대결한 이 사건은 결과적으로 영국과 프랑스 대 이탈리아의 대결이었다. 이는 어떤 범법자라도 감히 도전해볼 엄두조차 낼 수 없을 정도로 강력한 힘이 집중되어야 한다는 이상적인 전제와는 너무나 거리가 먼 상황이었다. 물론 영국과 프랑스의 힘을 합치면 이탈리아를 쳐부수기에 충분하고도 남았을 것이다. 그러나 영국과 프랑스는 국제연맹의 집단안전보장체제에 참가한 회원국이었을 뿐 아니라 그 밖에 여러 도덕적, 법적, 정치적인 구속도 받고 있는 처지였다. 그들이 현상現狀을 방어하느라고 대결 상태에 있던 국가는 이탈리아만이 아니었다. 이 국가들은 전 세계적인 권력 투쟁에 개입되어 있었으며, 이탈리아와의 문제는 가장 중요하다고는 할 수 없는 조그마한 분쟁이었을 뿐이었다. 또한 그들은 이탈리아의 현상 파괴에 대항하는 한편으로 일본의 진출 또한 간과할 수 없었으며, 라인 강 동부에서 진행되고 있던 독일의 공격 준비도 도외시할 수 없었다. 마지막으로 그들은 현재 국내 상태를 위협하는 혁명적인 움직임으로서의 공산주의에 대한 두려움을 소련과 별개의 것으로 생각하여 대소 정책을 변경할 수도 없었다. 영국과 프랑스가 국가 이익이라고 여겼던 것들은 집단안전보장이 그들에게 요구하던 것과는 상충했다. 특히 그들은 이탈리아와의 전쟁 위험을 무릅쓰면서까지 에티오피아를 방어하지는 않으려고 했고, 또한 그 결심을 공표한 바 있었다. 처칠이 한 말을 다시 인용해본다. "첫째로 수상이 그런 제재가 전쟁을 의미한다고 언명한 바 있고, 둘째로 그가 전쟁이 발생해서는 안 된다는 결심을 했으며, 셋째로 그는 제재를 결정했다. 이 세 가지 조건을 다 만족시키기는 분명 불가능했다."[6]



영국과 프랑스는 자국의 국가 이익을 집단안전보장의 요구에 종속시키기를 원하지는 않았지만 그렇다고 해서 집단안전보장과는 무관하게 국가 이익을 추구하려고도 하지 않았다. 이것이 바로 영국과 프랑스 외교정책의 치명적인 실수였다. 일관성 없이 반신반의하면서 두 가지를 동시에 추구함으로써 두 가지 다 실패할 수밖에 없었던 것이다. 그들은 동아프리카의 현상을 유지하지도 못했고, 이탈리아를 독일 수중으로 넘겨주고 말았다. 그들은 현상유지자로서의 권위뿐만 아니라 국제연맹의 집단안전보장체제마저도 붕괴시켰다. 1930년대 말에 현상을 타파하려는 국가들이 점점 더 대담해져서 침략 전쟁이라는 극단적인 조치마저 서슴지 않았던 이유들 가운데에는 바로 이런 권위

6_ *London Evening Standard*, June, 26, 1936.

상실이 중요하게 자리 잡고 있다.

이탈리아의 에티오피아 침공에서 나타나듯이 집단안전보장체제의 와해는 두 가지 중요한 교훈을 전해준다. 먼저 이상적으로 완벽한 개혁안과 그 개혁안의 성공 여부를 결정하는 전제들이 결핍되어 있는 정치적인 현실 사이의 모순을 보여준다. 또한 국가 이익에 따라 행동할지, 또는 국제사회의 공동 이익으로 표현되는 초국가적 원리에 따라 행동할지를 결정하지 못하는 외교정책의 치명적인 취약성을 보여준다.

## 한국 전쟁

집단안전보장에 대한 이론적 분석을 통해 배울 수 있었고, 또 이탈리아-에티오피아 전쟁의 경험을 통해서도 얻을 수 있었던 여러 교훈은 한국 전쟁의 경험을 통해 완전히 확인되었다.

1950년 6월 25일에 북한이 남한을 침략했고, 그해 11월에 중국이 개입했음은 누구나 알 수 있는 명백한 침략 행위였다. 이 행위의 합법성 여부는 조금도 의심할 여지가 없었기 때문에 집단안전보장은 모든 국제연합 회원국에게 침략의 희생이 된 남한을 원조하기를 요구하기에 이르렀다. 침략의 성격이나 군사적인 결과 따위를 고려할 때 이 원조가 효과적으로 이루어지기 위해서는 군 병력을 전선으로 파견하는 형태가 될 수밖에 없었다. 하지만 국제연합의 60여 회원국 가운데 종류를 불문하고 군 병력을 파견한 국가는 16개국에 불과했고, 그 가운데에서도 상징적인 의미 이상의 실질적인 도움을 주었던 국가는 미국, 영국, 캐나다, 터키뿐이었다. 직접적인 당사국이었던 남한과 미국

두 나라가 한국에서 전투에 참가한 병력의 90퍼센트를 충당했다. 전쟁이 진행되는 도중에 또 다른 강대국인 중국이 적극적으로 침략에 가담했다. 아르헨티나, 브라질, 체코슬로바키아, 인디아, 멕시코, 폴란드 같은 군사력을 보유하고 있던 국제연합 회원국들은 어느 쪽의 군사 작전에도 적극적으로 참여하지 않은 채 방관적인 입장을 견지했다. 이렇게 한국 전쟁에서 적용된 실제 집단안전보장은 앞에서 설명된 형태와 정확히 일치한다. 현실 세계의 정치적 상황을 고려해볼 때 달리 어쩔 수도 없었을 것이다.

한국 전쟁에서 여러 국가가 취했던 상이한 태도를 이해하기 위해서는 집단안전보장체제에서 회원국들이 부담하는 의무에 대한 법적 규정을 살펴보는 것으로는 불충분하며, 또 그럴 필요도 없다. 그러나 각국의 이해관계가 어떠한지를 살펴보고, 또 각국이 자국의 이익을 위해 사용하는 힘을 참고함은 필요 불가결한 일이다.

앞에서 살펴보았듯이[7] 한국이 거의 200여 년 이상을 독립국가로 존재할 수 있었던 까닭은 극동 지역에서 세력균형이 작동한 결과였다. 다시 말해 강력한 한 세력이 한국을 지배하고 보호하거나, 한반도가 제국주의 열강들의 경쟁 장소가 되어 일반적으로 짧은 기간 동안에 대단히 불안정한 균형을 이루곤 했던 것이다. 이따금씩 일본이 도전해서 성공한 적도 있지만, 지배 및 보호의 주된 세력은 전통적으로 중국이었다. 19세기 말 무렵에 이르면 러시아가 중국을 대신해 한국에 대한 지배권을 놓고 일본과 경쟁했다. 제2차 세계대전 말기에는 중국

7_ 1권 pp. 430-431 참조.

과 일본이 한국에 대한 역사적인 기능을 수행하기에는 너무나 약했기 때문에 미국과 소련이 그 기능을 물려받아 미국은 일본의 역할을, 소련은 중국의 역할을 대신했다. 미국과 소련 그 어느 쪽도 상대방이 한반도 전체를 지배하도록 허락할 수 없었다. 미국은 일본의 방위를 중대한 이익으로 생각하고 있었는데, 일본 입장에서 볼 때 잠정적인 적대 세력의 손아귀 속에 든 한국은 마치 자기 목에 들이댄 날카로운 비수와도 같았고, 이는 러시아 입장에서도 마찬가지였으며, 특히 중국 입장에서는 더욱 그러했다. 따라서 제2차 세계대전 이후로 한국이 미국 관할권과 소련 관할권으로 양분된 일은 이 두 관련 국가의 이익과 그들이 동원할 수 있었던 세력을 표현한 것이었고, 그 당시 두 국가 가운데 어느 쪽도 한반도 전체를 지배하기 위해 대규모 분쟁을 무릅쓸 만한 위치에 있지 않았기 때문이기도 했다.

한반도 전체에 대한 지배 문제는 한국이 소련의 지원을 받은 북한에게서 침략을 당하면서 다시 재개되었다. 미국이 한국을 전폭적으로 지원했던 행위는 일본의 안전과 극동의 전반적인 안정에 미국이 중대한 이해관계를 가지고 있었다는 사실로서 정당화되었다. 캐나다와 영국이 상당한 원조를 보냈던 이유도 바로 후자의 이익이 있었기 때문이다. 호주, 벨기에, 콜롬비아, 프랑스, 룩셈부르크, 터키 같은 나라들이 형식적으로 원조를 한 데에 대해서도 마찬가지의 이익이 있었거나 미국의 선의를 특별히 기대했었기 때문이라고 설명할 수 있다. 그리고 다른 국가들 대부분이 원조를 제공하지 않은 까닭은 한국에 개입할 만한 이익을 가지지 못했거나, 힘이 모자랐거나, 또는 이 두 가지 이유가 모두 있었기 때문이라고 할 수 있다.

그러나 국제연합 회원국 전체의 군사력에 비해서는 작은 일부분이라고 할 수밖에 없는 이런 원조조차도 대규모 전쟁으로까지 발전하기 전에 북한의 침략을 물리치기에는 충분했다. 다시 말해서 중국이 개입하기 전에는 비록 덜 이상적인 조건이었을지라도 집단안전보장이 성공적으로 수행될 수 있었던 것이다. 중국의 개입이 한국 전쟁 양상을 완전히 바꿔놓았다. 그 이전에는 침략자에 대항하는 대응 군사력이 우월했기 때문에 한국 전쟁은 집단안전보장 전쟁 또는 경찰 활동이라고 할 수 있었다. 중국의 개입으로 말미암아 이 전쟁은 거의 비슷한 두 동맹 세력이 대치하는 전통적인 전쟁과도 같은 성격을 띠게 되었다. 한국이 연합군의 원조에 힘입어 북한에 대항할 수 있었듯이 어느 한 쪽이 상대방을 괴멸시킬 수 있는 가능성은 전면 전쟁이 아니고서는 없었다. 강력한 세력이 침략자 쪽에 가담한 순간부터 그 막강한 침략군에 상응하는 집단안전보장의 노력만이, 다시 말해 강대국에 대한 총력전만이 침략군을 무찌를 수가 있었다. 간단히 말해서 평화로운 수단을 통한 현상유지의 도구인 집단안전보장은 만일 침략국이 강대국일 경우에는 스스로 공언한 애당초의 목적을 무산시킨 채 전면전의 도구가 되어버린다.

한국 전쟁은 집단안전보장의 이런 모순을 완전히 노출시키지는 않았다. 이는 전쟁에 참가한 강대국들의 이익이 이 전쟁을 한반도 안으로만 국한시켰기 때문이다. 연합군이 북한으로 진격해 들어가자 중국이 개입했던 이유는 북한이 남한을 침략한 데 대해 연합군이 개입하면서 주장했던 것과 똑같은 이유 때문이었다. 다시 말해 한반도 전체가 적국의 손에 넘어갈지도 모른다는 우려 때문이었다. 집단안전보장이 제대로 작동하기 위해서는 침략을 일시적으로 저지하는 일뿐만 아니라 미래의 안전 보장을 확고히 하는 일도 필요했다. 그것은 전면전을 통해 중국을 패배시킴으로써만 달성할 수 있는 목표였다. 마찬가지로 한반도에 대한 중국의 전통적인 지배력을 회복하려면 전면전을 통해 미국을 패배시켜야만 했을 것이다. 미국도, 중국도 그런 모험에 필요한 부담과 위험을 무릅쓰고 싶지 않았다. 결국 양국은 비록 애매하고 불안정하기는 하지만 한국을 두 개의 세력권으로 분할해두는 데 만족하게 되었고, 이는 극동에서의 세력균형을 반영하고 있다.

이렇게 볼 때 앞에서 논의했던 다른 경우와 마찬가지로 한국 전쟁이 겪은 딜레마와 모순은 집단안전보장이라는 개념 그 자체에 본질적으로 내포된 모순이 오늘날의 국제정치적 조건 아래에서 실제 행동에 옮겨짐으로써 드러난 것이다.



## 국제경찰군

실제 또는 가상의 위법 국가에 대한 집단적 무력의 적용이 더 이상 개별 국가들의 통제권에 속하지 않는다는 점에서 국제경찰군 개념은 집단안전보장보다 한 단계 앞서고 있다. 국제경찰은 언제 어떻게 활동할지를 결정하는 국제기구의 통제 아래에서 기능한다. 그런 형태의 경찰력이 영속적인 국제기구로서 기능해온 사례는 아직 없다. 그러나 국제연합 회원국들은 헌장 제42조에 따라 국제연합군이라는 형태로 그런 군대를 창설하는 의무를 부여받고 있다. 그러나 이 의무의 실행에서는 아무런 진전도 없었다.

제1차 세계대전 종결 이후 국제경찰군과 관련된 평화 유지에 대한 희망은 국내사회에서 경찰이 행하던 평화 유지 기능의 유추에서 도출되었다고 볼 수 있다. 그러나 이 유추는 세 가지 근거에서 잘못된 것이다.

국내사회란 수백만 명의 성원으로 구성되어 있으며, 그 가운데 어떤 순간 법을 어기는 데 관여하는 사람은 극소수다. 국내사회에서는 구성원 사이의 권력 분산도 매우 발달해 있어서 강력한 구성원과 약한 구성원이 있다. 게다가 법을 지키려는 사람들의 결합된 힘은 가장 강력한 위법자들의 연합 세력보다 훨씬 강력하다. 법을 준수하는 대다수 사람의 조직화된 기구로서의 경찰은 법과 질서에 대한 잠재적 위협에 대응하는 데에는 비교적 작은 규모로도 충분하다.



이 세 가지 측면에서 국제적인 상황은 대단히 판이하다. 국제사회는 약 150여 주권국에 이르는 비교적 적은 구성원으로 이루어져 있다. 이들 가운데에는 미국과 소련 같은 거인 국가가 있는가 하면, 룩셈부르크와 니카라과 같은 작은 국가도 있다. 더욱 중요한 사실은 강대국 가운데 어느 한 국가의 국력이 국제사회의 모든 국가의 총체적 국력 안에서 매우 큰 부분을 차지한다는 점이다. 한두 개의 2급 국가나 몇 개의 약소국과 한 강대국이 결합되면 다른 모든 국가가 결합한 힘을 쉽사리 능가할 수 있다. 그토록 강력한 세력이 잠재적인 적이 될 수도 있다는 점을 생각하면 경찰 활동을 대규모 전쟁으로 전환하지 않고도 법질서 위반 행위를 진압할 수 있기 위해서는 정말로 굉장한 규모의 경찰력이 필요함을 알 수 있다. 만일 일반 군축을 시행해 각국의 군비가 극적으로 감축된다 하더라도 상대적으로 줄어든 범위 안에서나마 국제경찰군의 규모는 강력해야 할 것이다. 왜냐하면 국제경찰은 분쟁 시에 실제적인 군사력으로 쉽게 전환될 수 있는 강대국의 잠재적 능력, 다시 말해 군대의 사기나 훈련, 산업 능력과 전략적 이점 따위에 대해서도 압도적으로 우세할 수 있는 대응 능력을 갖춰야 하기 때문이다.

그렇다면 각국이 자국의 이익을 보호하고 증진하기 위한 방법으로 국제경찰군에 복종한다고 전제해보자. 그럼 그런 국제경찰군은 어떻게 구성되어야 할 것인가? 실제 국제사회의 성격상 이에 대한 만족스러운 해답은 얻을 수가 없다.

국내사회에서 경찰이란 원래 현행법과 질서에 대해 일체감을 갖는 구성원들로 이루어진다. 그러나 만일 현행법과 질서에 대해 반대하는 사람들이 그 속에 섞여 있고, 또 그들의 수가 현행 법질서에 반대하는 인구 비율과 비슷하다고 가정해보자. 그렇다 하더라도 불평분자들의 수는 정말 무시할 수 있을 정도로 매우 적고 강력한 경찰력에 영향을 끼칠 수는 없을 것이다. 한편 국제경찰군의 구성은 각국에서 동일한 수로 뽑거나 인구에 비례해 뽑아야 할 필요가 있다. 그러나 이미 살펴보았듯이 이 국가들은 이른바 현상現狀, 다시 말해 현행법과 질서에 대한 준수국과 반대국으로 나뉘는 것이 보통이다. 이런 점에서 국제경찰군을 구성하는 각국 국민은 자국에 대한 선호 경향을 가지지 않을 수 없다. 국민의 한 사람으로서 반대하지 않으면 안 될 현상現狀을 유지하기 위해 그들이 조국에 대항해 싸우기를 기대할 수 있겠는가? 국가에 대한 충성심과 국제적 충성심 사이의 현실적인 상대성을 감안할 때 분쟁이 일어날 경우 국가적 충성심은 마치 수많은 자석과도 같이 국제경찰군의 구성원들을 끌어당겨 국제경찰군이 현행법과 질서에 대한 도전을 분쇄하기 위해 소집되기도 전에 해체시켜버리고 말 것이다.

국제사회 전반, 또는 특히 강대국일 경우를 고려해볼 때 국제경찰군이 특정 지역에서 발생하는 법 위반 행위를 예방할 수 있는 가능성이 예외적으로 있다 하더라도 앞에서와 같은 일반적인 고려 사항들이 틀렸음을 당연히 입증하지는 않는다. 모든 관련 국가가 그런 예방 활동에 대해서는 이해관계를 직접적으로 가지기 때문이다. 이런 가능성을 보여주는 고전적인 예로는 1956년 수에즈 침공 이래로 이집트와 이스라엘 사이에 있는 가자 지구를 방어하면서 티란 해협의 비무장을 감시하는 국제연합 긴급군United Nations Emergency Force을 들 수 있다. 1967년에 이집트가 병력을 철수해달라고 요구하자 국제연합 긴급군이 이를 즉각 이행했던 사실을 볼 때 긴급군의 사례 역시 대립하는 두 국가 사이에서 명백한 한계를 안고 있음을 관찰할 수 있다.

주권국가로 구성된 사회에서 국제경찰군이란 논리적으로 모순된다. 세계 국가를 논의할 때 이 문제를 다시 언급하게 될 것이다. 국제경찰군의 문제는 개별 국가들의 세속적인 최후 충성심이 그곳에 주어지고, 구성원인 개별 국가들이 그들 각자의 요구에 대한 적법성 여부

8_ 좀 더 상세한 논의를 위해서는 다음을 참조. Hans J. Morgenthau, "The Political Conditions for an International Police Force," *International Organization*, Vol. XVII, No. 2 (Spring 1963), pp. 393 ff.; "The Impartiality of the International Police," in Salo Engel and B.A. Métall, *Law, State, and International Legal Order : Essays in Honor of Hans Kelsen* (Knoxville : University of Tennessee Press, 1964), pp. 209 ff.

를 기꺼이 맡길 수 있는 정의 개념을 수립한 세계사회의 틀 속에서 그 해결책이 모색되어야만 한다.[8]

제25장

# 사법적 해결

## 사법 기능의 성격



국가 간 갈등은 군비 축소, 집단안전보장, 국제경찰군을 통한 세계 평화의 실현을 불가능하게 한다. A국은 B국이 양보하려고 하지 않는 어떤 것을 B국에게 요구한다. 그 결과 A국과 B국 사이의 무력 충돌이 언제나 가능하다. 만약 A국과 B국 모두에게 그 갈등을 평화롭게 해결할 수 있는 납득할 만한 방법이 있다면 국제 분쟁의 최고 중재자로서의 전쟁은 무의미해질 것이다. 그리고 여기서 다시 국내사회와의 유사성이 주목을 끈다.

원시 사회에서 개인들은 서로의 갈등을 싸움을 통해 흔히 해결한다. 그들은 공정한 재판관의 권위적인 결정에 호소함으로써 무력에의 호소를 대체할 대안을 찾아낼 때에만 폭력적인 수단을 통한 해결을 자제한다. 만약 그런 공정한 재판관이 국가 사이의 분쟁에서도 권위 있는 결정을 내려줄 수만 있다면 전쟁의 주요한 원인은 명백히 제거될 것이다.

이는 바로 19세기 중엽 이래 많은 인도주의자와 정치가가 빈번하게, 그리고 강력하게 이끌어낸 결론이다. 모든 국제 분쟁을 국제 법정을 통한 강제적인 해결에 맡기고자 했던 19세기 말엽의 이른바 중재운동Arbitration Movement은 대단한 지지와 열렬한 충성을 얻을 수 있었다. 이 운동의 공적 영향력은 뒤에 국제연맹이라든가 국제연합, 세계정부에 희망을 집중했던 많은 대중 운동의 위력과 비견될 정도였다. 우리는 자칫 전쟁으로 치달을 수도 있는 국제 분쟁의 평화적인 해결을 위한 국제 법정의 강제 관할권을 확립하고자 했던 숱한 노력이 실패로 끝난 모습을 역사적 기록을 통해 이미 살펴보았다.[1] 대부분의 국가, 특히 강대국들이 국제 법정의 강제 관할권을 수락하지 않았던 이유는 아직 검토 대상으로 남아 있다. 이런 실패에 대한 책임은 정치가와 국가의 어리석음이나 사악함이 아니라 국제정치와 그것이 전개되는 국제사회의 성격에 있다.

국내 법정의 문제 해결 영향력과 그와 비슷할 것으로 기대되는 국제 법정의 효과를 유추한다면 이는 잘못이다. 법원은 현행법을 근거로 분쟁을 해결한다. 현행법은 피고와 원고가 만나는 공동의 장을 제공해준다. 양자 모두 현행법이 자신의 소인訴因을 지지해준다고, 다시 말해 자기편이라고 주장하면서 그것을 근거로 판결을 내려주기를 요청한다. 법정에 해결을 의뢰한 그들의 분쟁은 사실 여부와는 별개로

1_ 1권 pp. 627 ff. 참조.

현행법이 각자의 주장과 어떤 관련성을 가지느냐의 문제가 된다. 피고와 원고가 현행법에 대해 제각기 다르게 해석함은 물론이다.

바로 이런 것이 국내 법정과 국제 법정이 다루어야 하는 기본적인 문제이며, 국제 법정이 실제로 다루어왔던 거의 모든 사건의 성격이다. 그러나 국가와 국가를 극도의 분쟁으로 몰고 가서 전쟁의 위험을 수반하는 것은 그런 문제들이 아니다. '정치적'이라고 해야 마땅할 국제적인 갈등, 그리고 모든 주요한 전쟁의 원인이 되어왔던 국제적인 갈등에서 문제가 되는 것은 현행의 법이 아니라 당위의 법이다. 여기서 문제는 양측이 소송을 위해 최소한 합법적이라고 승인한 현행법에 대한 해석이 아니라, 변경 요구에 직면한 현행법의 정통성 문제다.

최근의 예를 몇 개만 인용해보자. 1938년에 체코슬로바키아와 관련된 법률적 상황이 어떠했는지는 누구나 알고 있다. 1939년 단치히 및 독일-폴란드 국경의 지위와 관련하여 국제법이 선언한 바에 대해서는 누구도 의심을 품지 않았다. 오늘날 다르다넬스 해협에 대한 소련과 터키의 권리 의무에 적용되는 국제법 규범에 대해 누구도 이견을 제시하지 않는다. 전쟁의 망령을 불러내는 이런 모든 분쟁에서 문제가 되었고 또 되고 있는 것은 현행 국제법의 적용과 해석이 아니라 기존 법질서의 합법성과 그 법을 바꾸려는 요구가 지닌 정당성이다. 체코슬로바키아, 단치히, 폴란드와 관련하여 독일이 반대에 봉착했던 것, 다르다넬스 해협과 관련하여 소련이 반대하는 것은 이런 문제들과 관련된 국제법의 특별한 해석이 아니라 기존의 법질서 그 자체다. 독일이 원했고 소련이 원하는 것은 옛 질서를 대체할 새로운 법질서다. 영국과 프랑스가 거부했던 것은 바로 이러한 독일의 요구였다. 새로운 법질서에 대한 요구와 옛 질서의 방어가 양립 불가능했기 때문에 제2차 세계대전이 일어난 것이다. 오늘날 국제 정세를 악화하는 요인도 민족해방전쟁을 빌어 소련 측이 제기하는 이 같은 요구와 이에 대한 서방 강대국들의 거부다.

기존 법질서와 그것을 바꾸려는 요구 사이의 충돌은 정치적인 용어로 이야기하자면 현상유지와 제국주의 사이의 적대감을 달리 표현한 것에 지나지 않는다. 어떤 특정한 세력 분포 상황이 일단 어느 정도 안정된 상태에 이르면 법질서로 굳어진다. 이런 법질서는 새로운 현상現狀에 대해 이데올로기적인 가면과 도덕적인 정당화를 제공해줄 뿐만 아니라 법적인 안전장치로 새로운 현상現狀을 보호하여 그것을 위반할 경우 법적 강제 집행 장치를 작동하게 한다. 법원의 기능은 문제 사건이 현행 법규에 따라 정당화될 수 있는지 여부를 결정함으로써 집행 기능을 행동에 옮기는 것이다. 따라서 기존의 모든 법체계는 반드시 현상現狀의 후견인이 된다. 이는 국내적으로나 국제적으로 마찬가지다.

현상現狀이라는 일반적으로 승인된 틀 안에서 권리의 결정과 이해관계의 조정이 문제 되었을 때에는 법원은 사건에 따라 피고 편을 들지, 원고 편을 들지를 결정한다. 현상現狀을 보존하느냐, 근본적으로 바꾸느냐가 문제가 될 때 법원의 답변은 문제가 제기되기도 전에 명백하다. 그러니까 법원은 기존의 현상現狀을 지지해야 하며, 변화 요구를 거부해야 한다. 1790년에 프랑스 법정이 봉건적 군주제를 철폐하고 프랑스를 중산계급의 공화국으로 바꿀 수 없었듯이 1800년에 열린 국제 법정은 나폴레옹에게 유럽에 대한 지배권을 줄 수 없었다. 1938년의 체코슬로바키아 문제, 1939년의 단치히-폴란드 문제, 그리고 1950년의 한국 문제에서 국제 법정이 독일과 북한에게 각각 패소 판정을 내렸으리라는 데에는 의심할 여지가 없다. 현행법은 본질적으로 법률 용어로 표현된 현상現狀이라고 할 수 있으므로 당연히 현상現狀을 지지하게 되며, 법원은 계류 중인 사건에다가 현행법을 적용시킬 수 있을 뿐이다.

현상現狀의 테두리 안에서 권리를 결정하거나 이익을 조정하는 문제가 아니라 현상現狀 그 자체의 존립이 문제가 되는 위기 상황에서 국제법과 국제 법정을 들먹이는 것은 현상유지 국가들이 즐겨 사용하는 수법이다. 국제법과 국제 법정은 그들의 당연한 동맹이다. 제국주의 국가들은 필연적으로 기존 법질서와 현상現狀에 반대하게 되며, 국제 법정이 내리는 권위 있는 결정에 소송을 의뢰하지 않는다. 자신의 권위가 근거하는 기초를 파괴하지 않고서는 법원이 그들의 요구사항을 인정할 수 없기 때문이다.



### 국제적 갈등의 성격 : 긴장과 분쟁

현상現狀의 변경에 대한 분쟁은 법원에 계류되지도 않을 뿐만 아니라 일반적으로 법원에서 통용될 수 있는 유일한 개념인 법률 용어로 표현되지도 않는다. 1938년 9월에 독일과 체코슬로바키아 사이의 실제적인 쟁점은 수데텐란트에 대한 주권이 아니라 중부 유럽의 군사적, 정치적 지배권에 관한 것이었다. 수데텐란트에 대한 분쟁은 이 문제의 여러 징후 가운데 하나에 불과했다. 이런 징후들 가운데 가장 두드러졌던 사례로는 1938년 3월에 독일의 오스트리아 합병으로 절정을 이루었던 오스트리아와의 분쟁과 체코슬로바키아가 독일의 보호 정치 아래 들어가게 된 결과를 낳았던 1939년 3월에 일어난 체코슬로바키아와의 분쟁이 있다.

이런 모든 징후의 배경이 되는 한 가지 이유는 다음과 같은 갈등이었다. 그러니까 현상現狀이라는 승인된 틀 속에서의 영토적 양보라든가 법적 조정이 아니라 현상現狀 그 자체의 존립, 다시 말해 권력의 전반적인 분배와 중부 유럽의 전체적인 주도권 향방을 둘러싼 갈등이었다. 권력 갈등의 징후가 되는 분쟁들은 주장, 반대 주장 그리고 거부 같은 법률 용어로 공식화될 수 있었으며, 이것들을 법원이 인정하기도 하고 거부하기도 했다. 분쟁의 배경이 되는 원인은 법률 용어로 공식화될 수도 없었다. 변화의 주장으로 존립이 위태로워진 법질서가 그런 주장을 만족시킬 법적인 구제책은 고사하고 그런 주장을 표현할 수 있는 법률 용어조차 구비하지 못했기 때문이다.

전쟁 위험을 수반하는 분쟁의 근저에는 기존 세력 분포를 유지하려는 욕망과 그것을 전복하려는 욕망 사이의 긴장이 존재한다. 이런 상충하는 욕망들은 이미 앞에서 논의된 이유 때문에[2] 자기 자신의 개념, 다시 말해 권력이라는 개념으로 표현되는 일은 좀처럼 없고 도덕적, 법률적 개념으로 표현된다. 각국의 대표들이 이야기하는 것은 도덕원칙과 법률적인 주장들이다. 그들의 말이 의미하는 바는 권력의 갈등

2_ 제7장 참조.

이다. 비공식적인 권력 투쟁을 '긴장tensions'이라는 개념으로 일컫고, 법률 용어로 공식화된 투쟁은 '분쟁disputes'이라고 하자. 긴장과 분쟁 사이의 전형적인 관계에 대한 논의는 국제 평화 유지를 위해 국제 법정이 수행할 수 있는 기능을 명확하게 한다. 세 가지의 그런 전형적인 관계가 구분될 수 있다.

### 순수한 분쟁

두 국가 사이에 전혀 긴장이 없으면서도 분쟁이 발생하는 경우가 있다. 또는 때때로 긴장이 존재하는데도 그 긴장과는 아무 관련이 없는 분쟁이 발생하는 경우도 있다. 이런 경우를 우리는 '순수한 분쟁'이라고 한다.



미국과 소련이 자국의 외교관들을 위한 달러화와 루블화의 환율을 두고 분쟁 상태에 있다고 가정해보자. 미국과 소련 사이에 긴장이 존재하는데도 양 당사국은 그 분쟁을 국제 법정의 권위 있는 결정에 맡길 수 있다. 따라서 순수한 분쟁은 사법적인 결정에 의존하기 쉽다.

### 긴장을 동반하는 분쟁

하지만 긴장과 분쟁이 서로 관련될 수도 있다. 그런 관계에는 서로 다른 두 가지 종류가 있을 수 있다. 분쟁의 주제가 긴장의 주제 가운데 일부와 동일한 경우가 있다. 긴장이란 빙산에 비유될 수 있는데, 꼭대기 부분이 바다 위로 솟아나와 있기는 하지만 중요한 대부분은 바다 속에 잠겨 있다. 그런 긴장의 작은 부분을 법률 용어로 정의할 수 있으며, 분쟁의 주제가 될 수도 있다. 이런 형태를 '긴장을 동반하는 분쟁'이라고 한다.

미국과 소련 사이의 긴장에서 중요한 쟁점들 가운데 하나는 유럽에서의 세력 분포다. 포츠담 협약은 연합국의 독일 점령 및 통치와 관련되는 문제의 여러 측면을 해결하려고 노력했던 법적 문서다. 따라서 포츠담 협약의 주제는 미·소 긴장의 주제를 구성하는 쟁점의 일부분과 동일하다. 포츠담 협약의 해석을 둘러싼 분쟁은 미·소 간의 전반적인 세력관계에 직접적인 영향을 미친다. 어느 한 국가에 유리하게 해석하게 되면 그쪽에다가 너무 많은 힘을 늘려줄 것이고, 그만큼 다른 쪽의 힘을 줄이게 될 것이다. 왜냐하면 두 국가 사이의 권력 경쟁이 주요한 관건의 하나로 파악했던 문제가 바로 이것이기 때문이다.

그런 분쟁에 대한 국제 법정의 권위적 판결을 받아들인다 함은 그것이 어떤 형태이든 간에 권력 투쟁 자체의 결과에 대한 통제권을 포기함과 같다. 어떤 국가도 그렇게까지 하려고 하지 않았다. 법원이란 법률 용어로 공식화된 현상의 수호자일 수밖에 없기 때문에 법원의 결정은 현상유지에 유리한 법률 문서의 해석에 대한 지지가 될 것이다. 이렇게 함으로써 법원이 분쟁에 대처할 수 있을지는 모르지만, 긴장까지 해결할 수는 없다. 긴장과 관련해볼 때 포츠담 협약 같은 법률 문서의 해석은 기존 법에 대한 해석이 아니라, 그 법의 존재에 대한 정당성이 문제 되는 경쟁의 한 국면에 불과하다. 기존 법률의 산물이자 대변자인 법원은 긴장과 동일한 주제를 가지는 분쟁의 진정한 문제점을 해결할 수가 없다. 어떤 의미에서 법원도 그런 분쟁에 가담한 한 당사자다. 현상現狀 그리고 그것을 대표하는 법률과 제휴관계에 있는 법원은 현상現狀의 옹호와 변화에의 요구 사이의 갈등을 초월하는 판결 기준을 갖고 있지 못하다. 법원은 그런 갈등을 해결할 수 없는 것이다. 어느 한 쪽을 편들어 가담할 수 있을 뿐이다. 실제 문제에 대한 공정한 판결이라는 가면을 쓰고서 법원은 당면 문제를 현상現狀에 유리하도록 판결하지 않을 수 없다. 이처럼 자신의 기원과 기능이 지닌 한계를 뛰어넘을 수 없는 법원의 무능력 속에 법원이 현상유지의 상대적 장점과 새로운 세력 분포 사이의 시비를 해결하지 못하는 실질적인 원인이 놓여 있다.

### 긴장을 대변하는 분쟁

긴장과 관련되어 있는 또 다른 유형의 분쟁은 이 논의에서 가장 중요한 부분이다. 이런 종류의 분쟁을 '긴장을 대변하는 분쟁'이라고 하기도 한다. 이런 종류의 분쟁은 단순한 분쟁과 표면적으로 비슷하다. 단순한 분쟁이 긴장을 대변하는 분쟁으로 사실상 바뀌는 경우가 많으며, 그 반대 일이 일어나는 수도 많다. 이런 분쟁의 주제는 긴장의 주제와는 전혀 상관없다. 긴장과 분쟁이 관련되는 것은 대변적代辯的, 상징적 기능 속에서일 뿐이다.

미국과 소련의 외교관들을 위한 달러화의 루블화 환율에 관한 양국 사이의 분쟁을 다시 한 번 생각해보자. 이미 살펴보았듯이 이런 분쟁은 미 · 소 간에 존재하는 긴장과 아무런 관련이 없을 수도 있다. 그러나 두 나라가 전반적인 권력 투쟁에 열중해 있기 때문에 이 분쟁에 집착해 자신들의 상대적 국력을 시험해볼 구체적인 문제로 이용할 수도 있다.

미국과 소련을 갈라놓는 근본적인 쟁점, 다시 말해 전 세계적인 세력 분포 문제는 이미 언급했던[3] 도덕적, 이데올로기적 이유 때문에 주장이나 반대 주장 같은 용어로 합리적으로 공식화할 수가 없다. 현대 심리학 용어를 사용한다면 그것은 '억압되어' 있는 것이다. 긴장이 양국 관계의 불안정한 상태를 전달하여 어떤 종류의 분쟁에 대해서건, 또 어떠한 본질적인 중요성을 지닌 분쟁에 대해서건 혼란한 동요를 일으킬지도 모른다. 일단 이런 일이 발생하면 두 국가 사이의 관계에서 분쟁이 긴장의 위치를 대신 차지하게 된다. 국가들은 평화 시에 긴장을 고려하게 되고, 전쟁 시에는 행동의 근거가 되게 하는 모든 강렬한 감정과 타협하지 않는 거친 권력에의 경쟁심이 분쟁으로 방출되는 것이다.

평화 시에는 긴장과 관련해 국가가 시행할 수 없는 일도 분쟁과 관련해서는 당장 시행할 수가 있다. 분쟁은 주장과 대항 주장이 표출되고 각국의 상대적인 권력관계가 상징되는 시험 사례가 된다. 양보는 있을 수가 없다. 이를테면 주장하는 쪽이 분쟁의 대상에게 10분의 1이라도 양보한다면, 그것은 전반적인 권력관계에서 그만큼의 약점을 드러냄과 같은 일이 된다. 상대편에서도 전반적인 양보란 도저히 생각할 수 없다. 분쟁의 대상을 상실함은 결정적인 전쟁이나 전투에서의 패배와 상징적으로 동일시된다. 그 투쟁이 분쟁 차원에서만 발생하는 한 그런 일은 전반적인 권력 투쟁에서의 실패를 의미할 것이다. 따라서 각국은 절차라든가 위신에 대한 문제에 대해 마치 국가의 존립 자체가 걸려 있는 문제처럼 강경하고 집요하게 싸우려고 할 것이다. 그



3_ 제7장 참조.

리고 상징적인 의미에서는 그것이 실제로 문제가 된다.

진정으로 위대하다는 것은
거대한 논쟁의 이유가 있어야만
마음을 동하는 것.
그러나 명예가 문제가 되었을 때는
지푸라기만 한 사소한 일에도
당당히 싸워야 하는 것.[4]

분쟁이 이처럼 긴장을 대변하는 관계에 있을 때 분쟁 해결은 틀림없이 불가능해진다. 이는 반드시 주고받기 식의 상호 타협을 통해서 진행될 수밖에 없는 외교적 협상에 따른 해결에도 해당된다. 마찬가지로 권위 있는 사법적 결정에 따른 해결에도 해당된다. 긴장을 동반한 분쟁에 대해 이미 앞에서 논의했던 것들은 이런 범주의 분쟁에도 적용된다. 관련 국가들은 긴장을 대변하는 분쟁들을 마치 그것이 긴장 자체인 듯이 생각한다. 마찬가지로 그런 분쟁에 대한 사법적 해결은 그 긴장에 대해 어느 정도의 의미를 가지느냐에 따라 평가될 것이다. 어떠한 국가도, 특히 현상現狀을 파괴하려는 어떤 국가도 이미 논의한 이유 때문에 이런 종류의 분쟁을, 또 그 분쟁을 통한 긴장 자체의 문제를 법정의 권위 있는 판결에 위임하는 모험을 하려고 하지 않을 것이다.



4_《햄릿》 4막 4장.

## 사법 기능의 한계

이리하여 정치적 분쟁은 긴장과 관련되고 있으며, 따라서 두 나라 사이의 전반적인 권력관계가 문제가 되고 있기 때문에 사법적인 방법으로는 해결될 수가 없다는 결론에 이르게 되었다. 분석을 통해 도달한 이런 결론은 국가들의 실제적인 행동을 통해서도 확인되었다. 모든 나라가 분쟁을 국제 법정에 의뢰해야 하는 의무를 지지 않으려고 무던히도 애쓰고 있다는 점을 이미 지적한 바 있다.[5] 그들은 자국의 분쟁에 적용될 해결책에 대한 궁극적인 권리를 유보하기 위해 그렇게 하는 것이다. 카슈미르 지방에 대한 인도-파키스탄 사이의 중재를 촉구한 국제연합 안전보장이사회의 결의안을 거절하면서 인도 수상 네루Jawaharlal Nehru, 1889~1964는 이렇게 말했다. "커다란 정치적 문제들은 이런 식으로 외국이나 다른 나라에서 온 중재자들에게 넘겨지지는 않는다. 그리고 지금 이 문제야말로 실로 커다란 정치적 문제다."[6]

중재 조약을 아무런 조건도 없이 체결하고 모든 분쟁을 사법적인 절차에 맡긴 국가들은 전반적인 세력 분포를 둘러싼 갈등, 다시 말해 정치적 분쟁이 거의 불가능한 국가들이란 사실이 중요하다. 그런 조약들은 예를 들어 콜롬비아와 엘살바도르, 페루와 볼리비아, 덴마크와 네덜란드, 덴마크와 이탈리아, 덴마크와 포르투갈, 네덜란드와 중국, 네덜란드와 이탈리아, 오스트리아와 헝가리, 프랑스와 룩셈부르



5_ 1권 pp. 627 ff. 참조.

6_ *London Times*, August 8, 1952. p. 4.

크, 벨기에와 스웨덴, 이탈리아와 스위스 사이에서 체결되었다. 정치적 갈등 가능성을 머지않은 장래에 예견할 만한 아주 조그만 이유라도 가진 어떤 두 국가도 정치적 분쟁을 사법적 판결에 의뢰하는 의무를 스스로 짊어진 적은 없었다.

더욱이 상설중재재판소가 내린 20여 개의 결정들 가운데에는 진정한 의미에서 정치적이라고 할 만한 사건은 하나도 없었다. 상설국제사법재판소가 결정한 30개의 판결과 27개의 권고적 의견들 가운데[7] 정치적이라고 할 수 있는 것은 독일-오스트리아 관세 동맹에 대한 권고적 의견 단 하나뿐이었다. 이 경우 재판소의 관할권은 국제연맹 이사회가 재판소에 권고적 의견을 요청하도록 규정한 국제연맹 규약 제14조에 근거한 것이었다는 점은 이미 지적한 바 있다.[8] 그 의견은 권고적 성격 때문에 이사회를 구속하지는 않았지만 이사회가 사건에 대한 자신의 법적, 정치적 평가를 토대로 해서 적절하다고 생각하는 수단은 무엇이든지 자유롭게 취할 수 있게 했다. 이 경우 국제연맹 이사회는 현상유지를 위한 기구로 작용했다. 이사회가 그런 역할을 해야만 했다는 사실은 국제연맹의 정치적 집행부로서 수행하게 되어 있는 이사회의 기능과 구성을 고려해볼 때 불가피한 일이었다.

이 같은 권고적 의견의 요청은 재판소를 혼란으로 몰고가 재판소 역사상 가장 심각한 지적 붕괴를 초래하고 말았다. 네 개의 각기 다른 의견이 있었다는 사실, 그리고 열다섯 명의 재판관 가운데 일곱 명이



7_사람에 따라 이 수치는 다를 수 있다. 여기서는 Oppenheim-Lauterpacht, op. cit. (7th ed., 1952), Vol. II, pp. 80-88을 참고했음.

8_ 1권 pp. 643-645 참조.

찬성을 주장하는 두 개의 의견에 표를 던졌고, 일곱 명은 반대 의견에 서명했던 사실은 그 혼란의 정도를 보여준다. 지적인 붕괴 정도는 의견 그 자체들을 열독해봄으로써 알 수 있다. 고도의 능력을 지닌 재판부가 독일-오스트리아 관세 동맹 사건을 적절히 처리하지 못했다는 사실은 그 사건의 성격상 필연적인 결과였다.

제안된 관세 동맹과 함께 독일과 오스트리아는 1919년 당시의 현상現狀에 도전했다. 상설국제사법재판소는 기존 현상現狀의 틀 속에서 발생하는 모든 사건을 취급할 지적인 준비가 되어 있었다. 그런 현상現狀의 법질서는 재판소에게 임무를 수행할 만한 지적인 수단들을 제공해주었다. 현상現狀에 대한 도전에 직면하게 되자 재판부는 각 당사자들의 논쟁점을 초월하여 주장과 대항 주장을 재판할 수 있는 근거를 찾을 수가 없었기 때문에 균형을 잃고 말았다. 현상現狀을 유지하려는 기관으로서, 그리고 그 정통성을 당연히 받아들여야만 하는 기능을 수행하는 기관으로서 재판소는 어떤 법정도 수행할 수 없는 사건에 직면했다. 이는 독일-오스트리아 사이에 계획된 관세 동맹의 적법성에 대해 판결을 내림으로써 현상現狀 자체의 합법성을 판결하는 일이었다.

안칠로티Dionisio Anzilotti, 1869~1950 판사는 탁월하고도 심오한 동의 의견을 통해 재판소가 직면한 이 사건이 본질적으로 정치적인 문제라는 사실, 그리고 사법적인 수단으로는 대처할 수 없다는 사실을 지적했다. "이 문제의 해답은 전적으로는 아니지만 대체로 정치적, 경제적 고려에 좌우된다는 사실을 모든 것이 가리키고 있습니다. 따라서 이 문제에 대한 재판소의 의견을 이사회가 진심으로 알고 싶어 하는지, 또 재판소가 이 문제를 다루어야만 하는지의 문제가 제기될 수 있습니다. …… 본인은 재판소가 법정으로서의 활동을 관장하는 가장 기본적인 규칙에서 멀어지게 할지도 모르는 의견을 제시하기를 거절할 수도 있다고 생각하는 바입니다."[9] 재판소는 의견을 제시하기를 거절하지 않았으며, 현상現狀을 유지하자는 주장과 바꾸자는 주장 사이의 갈등을 해결하고자 함으로써 '법정으로서의 활동을 관장하는 가장 기본적인 규칙들에서' 멀어지고 말았다.

국제사법재판소는 상설국제사법재판소가 빠졌던 이러한 함정을 피했다. 1951년에 영국이 영국·이란 합작 석유 회사 사건을 의뢰했을 때 국제사법재판소는 관할을 거부했다. 이란 정부는 기존 조약을 명백히 위반하여 영국·이란 합작 석유 회사의 소유권을 국유화했다. 영국과 이란 사이의 분쟁은 기존 법률의 적용 가능성에 대한 분쟁이 아니라 현상現狀의 합법성에 관한 분쟁이었다. 그 현상現狀은 기존 법률로 성문화되어 새로운 법질서의 합법성과 상치되고 있었다. 앞에서 살펴보았듯이 재판소란 기존 법질서의 정통성을 인정해야만 하며, 판결을 통해 그것을 방어해야만 한다. 그러므로 현상유지에 관심이 있었던 영국이 국제사법재판소에 제소하고, 반면에 현상現狀을 바꾸는 데 관심이 있었던 이란이 재판소의 관할을 거부했음은 지극히 당연한 일이었다. 관할권을 행사했을 경우 재판소는 사건의 실질적인 쟁점을 고려하기보다는 영국 편을 들기가 고작이었을 것이다. 기술적인 이유를 들어 판결을 거절함으로써 재판소는 지금 여기서 다루어지고 있는 사법적 기능의 한계를 무언중에 시인했다.

9_ *P.C.I.J.* Series A/B, No. 41, pp. 68-69.

마지막으로 앞에 제시되었던 분석에 대해 아마도 가장 인상 깊은 경험적 증거는 제2차 세계대전 이후에 발전하고 있는 미 · 소 관계에서 나타난다. 미국과 소련을 갈라놓은 근본적인 쟁점이 무엇인지를 정의한다 함은 대단히 어려운 일로서 많은 논란의 대상이 되어왔다. 이는 독일도, 쿠바도, 한국도, 베트남도 아니다. 또한 이런 개별적인 쟁점들의 총합 때문이라고도 볼 수 없다. 그 근본적인 쟁점은 두 적대적인 철학과 정부체제 사이의 대립이라고 정의될 수도 없다. 왜냐하면 그런 갈등은 오늘날 우리가 목격하는 국제적 파급 효과 같은 것도 없이 25년 동안이나 있어왔기 때문이다. 개별적으로든, 결합되어서든 앞에서 언급했던 문제들도 미국과 소련이 만날 때마다 빠져드는 갈등의 깊이나 괴로움, 그리고 그런 갈등을 평화적인 수단으로 해결하려는 모든 노력을 방해하는 교착 상태를 설명하지 못한다.

전 세계를 감싸고 있는 긴장이 존재하고 있다는 사실이 이 같은 개별적인 갈등의 특색을 설명할 수 있다. 그 긴장은 미·소 간에 존재하는 크고 작은 모든 쟁점 속에서 맥박처럼 뛰는 생명이 되고, 그것들에게 같은 색깔과 같은 체온, 같은 특색을 준다. 이야말로 근본적인 쟁점이라고 할 수 있는데, 앞에서 언급했던 개별적인 여러 분쟁은 단지 그 긴장의 작은 갈래나 상징적인 사례에 불과하다. 전 세계적인 세력 분포에 대한 미·소 간 반목 때문에 양국 사이의 어떤 개별적인 분쟁도 해결될 수가 없는 것이다. 마찬가지로 그런 반목은 여러 분쟁의 사법적인 해결도 불가능하게 한다.

분석적이고 경험적인 고려를 통해서 전쟁을 일으키기 쉬운 분쟁들은 사법적인 방법으로 해결될 수가 없다는 결론에 이르게 된다. 그런 분쟁들은 긴장의 한 갈래이거나 긴장의 상징적인 표현이기 때문에 그것들의 진정한 쟁점은 현상유지 대 현상 타파다. 국내적이든, 국제적이든 어떤 법정도 이런 문제를 해결할 준비가 되어 있지 않다. 이런 문제가 국내적 영역에서 어떻게 정상적으로 해결되는지를 고려해보면 다른 각도에서이기는 하지만 국내 법정과 국제 법정의 평화 유지 기능 사이에는 유사성이 없음을 알 수 있다.

제26장

⌘

# 평화적 변화

## 국내 문제의 평화적 변화



긴장은 사회생활의 보편적인 현상이다. 긴장은 국제 영역에서만큼 국내에서도 일어난다. 국내 영역에서도 주어진 현상現狀은 하나의 법체제를 통해 안정되고 영구화된다. 이런 현상現狀에 적대적인 사회 세력은 그 법체제를 변화시킴으로써 현상現狀을 전복하려고 한다. 이 문제를 심판하는 곳은 법정이 아니다. 법정은 현상유지의 대리인으로서 행동해야만 한다. 현상을 유지하려는 욕구와 바꾸려는 욕구 사이의 투쟁 속에서 변화에의 대의명분은 간혹 입법부의 지지를 받거나, 때로는 행정부가 지지한다. 그러므로 현상유지와 변화의 요구 사이에 있는 긴장은 국내 영역에서는 흔히 현상유지 수호자로서의 법정과 변화의 옹호자로서의 입법부 사이의 갈등으로 바뀌어버린다.

이는 긴장이 나타난 근대 역사의 수많은 큰 격론에서 찾아볼 수 있다. 19세기 영국에서는 봉건제도 현상의 유지와 이를 바꾸고자 하는 중산층의 욕구 사이의 긴장이 법정과 의회 사이의 경쟁으로 나타났다. 지식층에서의 이 같은 경쟁관계는 입법을 통한 개혁을 주장한 벤담과 보통법common law과 법정을 옹호한 보수주의자 블랙스톤William Blackstone, 1723~1780 사이의 논쟁 속에서 이미 그 기미가 나타나기도 했다. 이와 비슷한 갈등이 미국에서는 1910년대에 자유방임주의 경제학 원칙이 사회적, 통제적인 성격의 입법에 도전을 받으면서 법정이 이를 보호하려고 했을 때 일어났다. 이 두 경우에 변화에의 요구가 승리를 거두자 법정은 새로운 현상現狀의 수호자가 되었다.

이러한 평화적 변화를 가능하게 한 데에는 세 가지 요소가 작용했다. (1) 스스로를 자유롭게 표현할 수 있는 여론의 능력, (2) 여론의 압력을 흡수할 수 있는 사회적, 정치적 제도의 능력, 그리고 (3) 새로운 현상現狀을 폭력적인 변화에서 보호할 수 있는 국가의 능력이다.

19세기 영국이나 20세기 미국에서 여론은 토론과 인쇄물을 통해, 그리고 조직적인 노력과 자발적인 반응을 통해 변화 요구를 표현했다. 이런 표현의 영향을 받아 공동체의 도덕적인 분위기가 변해 변화 요구가 인정되었고, 현상現狀과 그것을 옹호하는 사람들을 물리쳤다. 어떤 사회적, 정치적 기구도 이 맹위를 떨치는 도덕적 분위기의 영향력을 피할 수는 없었다. 이런 도덕적 가치 평가의 보이지 않는 변화에서 현상現狀의 변화를 촉진하는 가장 강력한 힘을 찾아볼 수 있다.

현상現狀을 지지하거나 바꾸는 법률을 제정하는 과정에서 여론은 변화를 바라는 사람들의 욕구를 나타낼 기회를 갖게 되었을 뿐 아니라 현상現狀의 옹호자들과 경쟁할 기회도 갖게 되었다. 이 경쟁은 입법부의 선거라는 형태를 띠거나 또는 입법부 안에서의 어떤 법률에 대한 지지 운동이라는 형태를 띠었다. 그러므로 변화를 요구하는 사회 세력들은 의회제도로 모여들게 되었다. 거기서 그들은 반대자들과 만나 평화적인 경쟁을 하게 되었고, 이미 모든 사람에게 인정된 다수결 투표라는 객관적 기준에 따라 승리자를 결정했다. 이처럼 앞의 두 극적인 경우에서 현상現狀은 법적 절차의 계속성을 파괴하지 않고서, 그리고 사회의 평화와 질서를 해치지도 않고 바뀔 수 있었다.

끝으로 국가의 권위와 권력은 사회 집단과 정치적 분파 사이의 경쟁에서 도출된 법질서가 공적 제도의 전체 구조에 기초를 제공하는 도덕적 합의의 최소 요구사항과 부합한다면 이를 즉각 강제할 태세가 되어 있다. 있을지도 모를 반대에 대한 국가의 이 같은 대비와 도전받지 않는 우월성 때문에 소집단들은 주어진 현상現狀에 대해 폭력적인 수단으로 반대하지 못할 뿐만 아니라, 여론 역시 두 가지 중요한 제약을 받게 된다. 국가의 대비와 우월성은 여론 형성에 영향력 있는 어떤 세력들이 다른 어떤 영향력 있는 세력도 받아들일 수 없고, 따라서 국가가 무력 저지의 위험을 무릅쓰고서라야 비로소 집행할 수 있는 극단적인 요구를 하지 못하게 규제한다. 국가의 권력과 그 한계를 인식하고 있는 입법부 안에서 타협이 이루어지도록 강력한 유인으로 작용하는 것이다. 왜냐하면 국가는 국가 그 자체의 도덕질서라는 최소한의 요구를 무시하지 않는 그런 법률을 집행할 수 있고, 또 집행하려고 하기 때문이다. 그러나 국가는 그런 최소한의 도덕적 질서 요구를 위반하는 법률을 집행할 수는 없다. 그렇게 되면 국가의 기본 구조가 와해되어 무정부 상태나 내란의 위험에 처할지도 모르기 때문이다.

대체로 이상과 같은 과정이 자유사회에서의 사회적 변화가 이루어지는 정상적인 절차다. 이런 절차가 통상적인 임무를 수행하는 어떤 특정 기관을 통해 이루어지지 않음은 명백한 사실이다. 자신의 요구를 정의의 원칙으로까지 승화시키는 사회 세력은 여론을 장악한다. 입법 기관의 도덕적 평가와 법적 결정을 좌우하는 것은 막강한 여론의 영향력이다. 그리고 이는 궁극적으로 사법부와 행정 권력에 대해서도 마찬가지다. 입법, 사법, 행정기관은 모두 여론의 도구다. 그들은 여론에 대해 모두 똑같은 기능을 한다. 다시 말해 여론의 요구를 제시받고 검사하고, 일반적으로 받아들여진 정의의 원칙 아래 그 요구를 평가하며, 그것들을 합법적이라고 인정된 현실적인 요구로 변형시키기 위한 평화적이고도 질서 있는 통로를 제공한다.

이런 변화 절차에 입법부가 기여하는 바는 우선 대중이 다양한 관점을 제시하고 비조직적인 사회가 선택한 어떤 사항을 공식 승인하는 공공의 광장을 제공해주는 일이다. 현상유지와 변화 사이에 쟁점이 제기될 때마다 입법부로 넘겨져서 거기서 법안을 통과시키거나 기각시킴으로써 해결해야 한다는 믿음은 고지식한 생각이다. 이런 평화적 변화 과정에서 입법부는 필요 불가결하지만 이차적인 역할을 담당한다.

어떤 현상現狀에서 다른 현상現狀으로 넘어가는 평화적 변화 과정에서 사법부가 공헌하는 바는 상하 양원, 백악관, 그리고 일반 시민들의 가정뿐만 아니라 법정에까지 스며 있는 도덕적인 분위기에 따라 지배된다. 지금까지 살펴보았듯이 법원은 단지 법을 있는 그대로 적용하는 곳이기 때문에 현상유지의 도구에 지나지 않는다. 그러나 일단 입법부가 새로운 현상現狀을 구현하는 새로운 법을 통과시키면 법원은 그 당시의 현상現狀에서 다른 현상現狀으로의 전이를 촉진하고 순조롭게 할 수도 있고, 또는 그것을 지연시키고 평화적이고 질서 있는 진행을 저해하거나 위태롭게 할 수도 있다. 다시 말해 법원은 불가피한 변화에 저항할 수도 있고, 평화적이고 질서 있는 실현에 기여할 수도 있다. 그 가운데 어떤 역할을 수행할지는 법원의 여론 수용 태도뿐만 아니라 여론의 힘과 진지성에 달려 있다.

민주주의 체제에서의 정부 행정기관은 여론에 영향을 미치고 이끌 수도 있으며, 여론의 압력을 정부의 다른 기관에 전달할 수 있다. 행정 기관 자체의 독자적인 노력을 통해서는 중요한 변화를 가져올 수 없다. 그곳의 주요한 기능은 다른 기관에서 결정한 사항을 집행하는 것이다. 그러나 독재체제에서는 정부의 모든 기능이 정책 결정과 집행을 동시에 수행하는 행정부의 손아귀에 집중된다. 그러나 독재자가 여론을 무시하고 자기 마음대로 모든 일을 결정한다고 생각하면 잘못이다. 사실 독재자는 그가 독점적으로 통제하는 의사소통의 통로를 효과적으로 사용함으로써 여론을 조작할 수 있다. 그러나 그 선전이 효과적이기 위해서는 그것이 피지배자들의 생활 경험과 어느 정도 부합해야 한다. 따라서 독재자는 이런 경험을 그의 선전에 적용하거나 이런 경험에 맞추어 선전 내용을 조정해야 한다. 어쨌거나 독재자조차 완전히 조작할 수 없고 무시할 수도 없는 여론의 압력에 노출되어 있는 것이다.

대충 살펴본 이런 내용들이 국내 무대에서의 평화적 변화 절차다. 이런 과정들을 통해서 긴장은 폭력적인 돌발 사태가 아닌 공공 토론,

선거 운동, 의회에서의 논쟁, 그리고 정부적 차원의 위기로 나타날 수 있다. 그러나 만약 이런 절차가 제대로 작동하지 않거나 나쁜 영향으로 기능한다면, 그 뒤에 전개될 국내 상황은 국제 무대의 조건과 비슷해지게 된다. 변화에의 요구가 자유 경쟁 원칙 아래 선거와 입법 과정에서 제시될 수 없게 되면 지하로 숨어버리는 것이다. 현상유지와 변화에 대한 논쟁이 긴장으로 바뀌며, 우리가 국제 무대에서 보아온 것과 비슷한 분쟁이 된다. 그렇게 되면 국내사회는 혁명 직전 또는 혁명의 단계로 접어들 것이다. 현상現狀을 옹호하는 사람들의 집단과 변화를 주장하는 사람들의 집단은 마치 두 군사 집단처럼 서로 대립할 것이며, 다수결 표결이나 정의라고 하는 공동 기준에 중재를 호소할 수 없기 때문에 경제적 또는 군사적 전쟁으로 해결하려고 할 것이다.



이 같은 상황이 실제로 혁명이나 내란으로 치달을지는 국내사회의 권력 배분에 달려 있다. 우리는 이미 다른 맥락에서 현대적 전쟁 기술과 통신 기술 때문에 대중 혁명이 거의 불가능함을 지적한 바 있다.[1] 가능성은 오히려 쿠데타 형태로 나타나는 폭력적인 변화 쪽이 더 크다. 국민의 한 분파가 지지하는 정부에 대항해 봉기하는 국민의 다른 분파보다는 정부기구 안의 한 분파, 특히 군부가 정부 전체를 장악해 버릴 가능성이 더 많은 것이다.

현재 논의에서 중요한 점은 국내 법정이 혁명이나 내란으로 발전할지도 모를 분쟁을 평화적으로 해결하는 곳이 아니라는 사실을 인식하는 것이다. 드레드 스콧Dred Scott, 1795?~1858 사건에서 노예제도의 지역

---

1_ 2권 pp. 128 ff. 참조.

적 확장 문제가 미국 대법원에 제출되었을 때 법원은 현상現狀을 옹호하는 결정을 내렸다. 그러나 그 결정은 아무것도 해결하지 못했다. 어떤 법원도 드레드 스콧 사건에서 문제가 된 것을 해결할 수는 없었을 것이다. 심지어 전체 사회마저도 현상유지와 변화에 대한 요구 사이의 갈등을 평화적인 수단을 통해 해결할 수가 없었다. 왜냐하면 그 갈등은 당시 남부와 북부 사이의 권력 분배에 대한 도전이었을 뿐만 아니라, 노예 문제 및 연방 정부와 주정부 사이의 관계에서 미국의 정치구조가 기초하는 도덕적 합의의 내용에 의문을 제기하는 것이었기 때문이다. 그 의문은 법원이나 입법부가 아니라 전체 사회에 제기된 것이었다. 그리고 미국 사회는 서로 양립할 수 없는 두 가지 대답을 내놓았다. 그 대답은 갈등을 '억제할 수 없도록' 만들어버렸다.

국내적으로 평화적 변화의 주요 기능은 고립적으로 행동하는 어떤 특수한 기관이 수행하는 것이 아니라 통합된 전체로서의 국내사회를 통해 이루어진다. 정부의 권위와 물질적인 힘으로 뒷받침되는 사회의 도덕적 합의는 모든 사회적, 정치적 기관을 활용해 그 사회의 정의 개념에 부합하는 방식으로 문제를 해결하려고 할 것이다. 만약 입법부가 민주주의 사회에서처럼 자유로운 기관이라면 이런 평화적인 변화과정에서 특별히 중요한 역할을 한다. 그러나 입법부 역시도 전체 사회의 한 기관에 지나지 않는다. 사회의 지지가 없다면 그들이 만든 법은 요구되는 변화를 가져오지 못하는 무력한 것이 되고 만다. 입법의 역사를 보면 독점 금지법처럼 입법부가 제정하여 법전에 남아 있기는 하지만 사회의 도덕적 합의가 그 법을 지지하지 않기 때문에 뜻하는 목적을 이루지 못한 법률들이 산재해 있다. 그러므로 입법부도 법원과 마찬가지로 기술적인 기능만을 수행함으로써 옛 질서를 새로운 것으로 평화적으로 바꾸는 데에는 한계가 있다. 다시 말해서 입법은 사회의 복지를 좌우하는 질서 있고 평화적인 절차를 위태롭게 하지 않고 사회 안의 권력 분배를 바꾸려는 극도의 사회적 도전에 봉착했을 때 사법적인 판결만큼이나 명백한 한계가 있다.

### 국제 문제의 평화적 변화

국내사회의 법적 절차와 국제사회의 법적 절차를 유추함으로써 우리는 중요한 교훈을 배울 수 있다. 그러나 그 교훈은 국제 분쟁의 사법적 해결을 옹호하는 사람들이 이끌어낸 교훈은 아니다. 국내 법원은 사법적 해결 옹호자들이 기대하는 기능을 완수하지도 않고, 완수할 수도 없다. 그들은 해결에 실패할 경우 폭력적인 참사로 발전할지도 모를 분쟁을 평화적으로 해결하지도 않고, 또 그렇게 할 수도 없다. 국내사회에서 이런 기능을 수행하는 세력이나 기구가 국제 무대에는 전혀 존재하지 않는다.

이미 살펴보았듯이[2] 분쟁 당사국들에게 분쟁 해결을 위한 공통된 정의 기준을 제공해줄 국제적인 도덕적 합의는 더 이상 존재하지 않는다. 이런 도덕적 합의의 결여 때문에 많은 중재 조약과 국제사법재판소의 법령 규정을 실현시키기가 어려워진다. 그 규정은 어떤 특별

2_ 1권 pp. 567 ff. 참조.

한 조건 아래에서 국제 재판소가 엄격한 국제법에 따라서가 아니라 '평등과 정의의 일반원칙에 따라*ex aequo et bono*' 판결할 수 있게 허용하는 것이다. 이런 종류의 규정은 기존의 국제법 규칙에 근거한 사법적인 해결이 불가능한 분쟁이 있음을 인정한다는 점에서 타당성을 가진다. 하지만 그런 규정은 법원에다가 기존 국제법 규칙을 떠나 평등과 정의의 일반원칙을 적용할 수 있게만 해주면 후자의 분쟁 범주에 속하는 문제들이 해결될 수 있다고 가정한다는 점에서는 타당하지 못하다. 국제 재판소는 그런 원칙들이 존재하고 있어야 그것들을 적용할 수 있다. 국제 재판소가 현상유지와 변화에 대한 요구 사이에 처할 때마다 개입할 준비가 되어 있는 긴급 시의 해결책*deus ex machina*과도 같은 규정을 그들은 새로이 만들어낼 수도 없고, 원용할 수도 없다. 국제사회에는 정의에 대해 일반적으로 받아들여진 기준이 없으므로 현상現狀의 방어나 공격을 둘러싼 시비가 가려지지 못한다. 적용할 기준이 없는 상황에서 법원에게 그런 기준을 적용하도록 권한을 부여함은 아무런 도움도 되지 못한다.

아울러 국제사회에는 평화적 변화 과정에서 국내사회의 입법 기관과 비슷한 기능을 수행하는 입법 기관이 없다. 국제연맹 규약 제19조와 국제연합 헌장 제10조, 제14조는 평화적 변화를 위한 하나의 방편을 제공하려고 노력해왔다. 국제연맹 규약 제19조는 이렇게 규정하고 있다. "연맹 총회는 적용 불능하게 된 조약의 재심의와 그 계속의 결과 세계 평화를 위태롭게 할 가능성이 있는 국제적 상태의 심의를 수시로 연맹국에게 권고할 수 있다." 국제연합 헌장 제10조는 또 이렇다. "총회는 이 헌장의 범위 안에 있는 문제와 사항을 토의할 수 있도록 …… 이 같은 문제 또는 사항에 관하여 국제연합 회원국 또는 안전보장이사회 또는 이 양자에 대하여 권고를 할 수 있다." 국제연합 헌장 제14조는 좀 더 구체적으로 "총회는 원인 여하를 불문하고 일반적 복지와 각국 사이의 우호관계를 해할 우려가 있다고 (총회가) 인정하는 여하한 사태에 대해서도 평화적으로 조정할 것"을 언급하고 있다.

### 국제연맹 규약 제19조

국제연맹 규약 제19조에 대해 프레더릭 던Frederick S. Dunn 교수는 정확하게 언급한 바 있다. "그것은 애초부터 사문이었다."[3] 제19조는 1920년에 칠레를 상대로 볼리비아가 단 한 번 공식적으로 원용했던 사례가 있다. 국제연맹 총회가 지명한 법률전문가위원회의 불리한 보고서를 접하자 볼리비아는 자신들의 청원을 철회하고 1929년까지 연맹 활동에 참여하기를 거부했다.



법률전문가위원회는 그 보고서에서 두 가지 중요한 점을 지적했다. 하나는 명백한 것이었고, 다른 하나는 제19조의 적용 범위를 심각하게 제한하는 것이었다. 그 보고서는 규약 제19조가 명백히 제시하고 있는 것을 선언했다. 그러니까 총회는 조약을 변경할 수 있는 구속력 있는 권한이 없고, 조약의 그런 변경은 조약 체결 당사국들의 배타적 권한 사항이며, 총회는 단지 연맹 회원국들에게 권고만 할 수 있을 뿐이라는 내용이었다. 그러나 조약에 대해 그런 권고를 할 수 있는 조건은 조약의 부적용성이었다. 그리고 그 위원회는 조약의 부적용성에

3_ *Peaceful Change* (New York : Council on Foreign Relations, 1937), p. 111.

대해 "조약의 적용을 부당하게 불가능한 것으로 만드는" 급격한 물질적, 도덕적 변화의 개입이라고 정의했다.[4] 현상現狀의 영속화가 이런 요구조건을 만족시킬 수 있을 만큼 명백히 터무니없는 상황은 정말 드문 일이다.

그러나 총회가 관련된 회원국에게 조약을 재고하도록, 또는 평화를 위협하는 상황을 숙고하도록 권고했다고 가정해보자. 당사국들은 이 권고를 자유롭게 받아들이든가 선택할 수 있다. 만약에 그들이 이 권고를 자발적으로 받아들인다면 문제의 이해관계는 중요하지 않으며, 어떤 외부 압력이나 격려 또는 체면을 세울 수 있는 수단 때문에 그들이 조약의 재고나 상황의 숙고에 동의했을 것이라고 생각해도 무방하다. 그러나 고려한다 함은 동의를 의미하지 않는다. 당사국들이 조약이나 상황을 고려함으로써 총회의 권고를 받아들이는 것이다. 그렇다고 해서 그들이 어떤 해결책에 동의함은 여전히 아니며, 규약 제19조는 총회가 그들에게 어떤 해결책을 강요할 수 있는 권한을 부여하고 있지 않다.

총회가 규약 제19조에 따라 권고할 때 만장일치 투표로만 가능했을지, 아니면 과반수 투표로도 충분했을지는 분명하지 않다. 만약 만장일치가 요구되었다고 가정한다면, 한 국가라도 반대하면 총회는 권고를 할 수 없었을 것이다. 그리고 자국의 이해가 현상現狀의 변화에 따라 불리하게 영향을 받을 국가는 아마 거의가 반대했을 것이다. 다른 한편으로 만약 당사국들이 이미 현상現狀의 재고에 동의한 상황이라면



4_ *Journal of the Second Assembly of the League of Nations*, 1921, p. 218.

그들은 그런 효과를 얻기 위해 권고를 받을 필요도 없으며, 제19조에 따른 절차는 무의미해지고 만다.

그러나 만약 과반수 투표가로만 결정되는 상황이었다고 가정하면, 집단안전보장의 실제적인 작용을 소용없게 만들어버리는 것과[5] 비슷한 결과가 된다. 현상現狀을 영속시키는 문제가 걸려 있는 어느 상황에서는 국제사회는 아마도 두 개의 적대적인 집단으로 분할될 것이다. 한 집단은 현상現狀의 영속적인 유지에 찬성할 것이고, 다른 집단은 현상現狀의 전복을 요구할 것이다. 어느 집단이 수적으로 우세한지는 문제가 되지 않는다. 주권국가들로 이루어진 국제사회에서 가장 중요한 점은 우세한 권력이 어느 편에 속하느냐이다. 소수의 강대국은 다수의 약소국이나 중진국의 권고를 자신 있게 무시할 것이다. 압도적인 힘을 행사할 준비가 된 다수의 권고를 소수는 따를 것이다. 그러나 실제로는 힘의 불균형이 그리 심하지 않은 두 진영이 서로 적대관계에 놓일 가능성이 더 많다. 그런 경우 국제연맹 총회에서 다수가 될 수도 있었던 현상유지 반대 국가들의 권고에 따라서 문제가 해결되지는 않았을 것이다.



### 국제연합 헌장

국제연맹 규약 제19조와 관련된 순전히 이론적인 이런 고려들은 국제연합 기관들의 실제 임무 수행을 통해 시험되었다. 국제연합 헌장 제18조 2항에는 국제연합 총회는 헌장의 제10조와 14조에 따라 회원국

5_ 제24장 참조.

3분의 2의 참석과 투표로 권고를 할 수 있음이 규정되어 있다. 헌장 제10조, 제14조는 그 표현이 국제연맹 규약 제19조보다 더 광범위하면서 덜 구체적인 반면에, 규약 제19조를 통해 국제연맹이 수행하고자 했던 기능과 똑같은 기능을 국제연합에서 수행하게 되어 있다. 다시 말해 평화적 변화를 위한 법적인 통로를 열어주는 기능이다. 국제연합 총회는 권고를 할 수 있는 이 권한을 상당히 자주 사용했다. 이런 권고들 가운데 많은 수가 평화적 변화 문제와는 관계가 없었거나, 평화의 보존이나 회복을 통한 현상유지를 목적으로 했다. 그러나 총회에 상정된 많은 의제들은 평화적 변화 문제를 제기했다. 이 의제들은 팔레스타인, 한국, 독일, 오스트리아, 헝가리, 튀니지, 모로코, 알제리, 서부 이리안, 사이프러스, 대만, 수에즈 운하, 요르단, 레바논, 그리고 이탈리아의 과거 식민지 문제 등이다. 그 전반적인 결과는 부정적이었는데, 그렇게 될 수밖에 없었다.

다른 한편, 모든 관계 당사국이 받아들일 수 있는 현상現狀 변화에 대한 권고는 불필요하다. 그 권고의 수락은 관계국 사이에 있을지도 모르는 어떠한 불일치라도 그들 사이의 전반적인 권력 분배에 영향을 미치지는 않으며, 단지 모든 관련 당사국이 동의하는 전반적인 권력 분포 안에서의 조정에 영향을 미칠 뿐임을 의미한다. 다른 한편으로, 당사국들 가운데 한 국가가 반대하는 현상現狀 변화에 대한 권고는 사문으로 남거나 강행되어야만 한다. 그러므로 권고가 효과적이려면 힘이 뒷받침되는 결정이어야 한다. 이처럼 권고를 결정으로 변경하는 작업이 헌장을 통해 무력 사용 권한을 부여받은 국제연합의 유일한 기구인 안전보장이사회에서 이루어져야 한다는 내용이 총회의 요청이 의도한 바였다. 안전보장이사회가 무력을 사용할 수 없었기 때문에 총회의 권고들은 사문화되고 말았다.

만약에 관련 당사국들이 동의하지 않는다면 반대하는 측에 대항해서 막강한 힘을 배치시킬 수 있는 집단안전보장의 이상적인 조건 아래에서만 평화적 변화가 가능하다. 이미 살펴보았듯이 이런 조건이 실현되는 경우는 있을 것 같지 않기 때문에 현대의 국제기구가 제공하는 평화적 변화를 위한 장치는 일반적으로 제대로 작동하지 못할 수밖에 없다. 설사 작용한다 하더라도 변화가 일어나지 않거나, 또는 변화가 발생한다 하더라도 평화적이지 못할 것이다. 다시 말해서 변화에의 권고가 시행되지 않거나, 그렇지 않으면 변화를 옹호하는 국가와 반대하는 국가 사이의 전쟁이 마침내 문제를 해결해버릴 것이다. 주권국가들로 이루어진 국제사회에서는 다른 도리가 없다. 왜냐하면 주권국가들은 정의의 공통 기준처럼 국제사회에 존재하지도 않는 공동선에 대한 충성에 따라서라기보다는 자신들이 국가 이익이라고 간주하는 바에 따라 행동하기 때문이다.

제27장

⌘

# 세계 정부

지금까지 논의해온 국제적 무질서와 전쟁에 대한 처방은 모두 특수한 것들이다. 그것들은 국제적 무질서와 전쟁으로 향하는 추세가 명확하게 드러나는 특정 문제를 목표로 하고 있고, 그것을 해결함으로써 국제적 질서와 평화에 대한 일반적인 문제를 모두 해결하려고 한다. 세계 정부는 평화와 질서가 특정 문제를 해결하는 특수한 장치의 산물이 아니라 공동의 권위와 정의 개념 아래 하나의 통합된 사회를 이루는 공동 유대관계의 산물이라는 인식에 근거를 두고 있다. 주권국가들로 이루어진 국제사회에서 어떻게 그런 권위를 수립하고, 어떻게 그런 정의 개념을 창조할지는 세계 정부를 창설하려는 사람들이 해결해야 할 과제다.

지난 1세기 반 동안 세 차례에 걸쳐 세계대전이 발생할 때마다 세계 정부를 수립하려는 시도가 곧 뒤따랐다. 국제 질서와 평화를 지키려는 노력이 모두 실패하자 이를 확실하게 보존하기 위한 전면적인 노력이 요구되었던 것이다. 나폴레옹 전쟁 다음에는 신성동맹이 뒤따랐고, 제1차 세계대전 다음에는 국제연맹이, 제2차 세계대전 다음에는 국제연합이 결성되었다. 세계 정부를 설립하려는 이런 시도에 대해 다음과 같은 세 가지 질문이 제기되어야 마땅하다. (1) 통치권을 어느 곳에 부여할 것인가, 다시 말해 누가 통치할 것인가? (2) 어떤 정의 원칙에 따라 그 정부가 활동해야 하는가, 또는 그 정부가 실현해야 할 공동선은 무엇인가? (3) 그 정부가 어느 정도까지 질서와 평화를 유지할 수 있었는가?

## 신성동맹

### 역사



신성동맹이라고 일컬어지는 세계 정부는 세 개의 조약, 그러니까 1814년 3월 9일의 쇼몽 조약Treaty of Chaumont과 1815년 11월 20일에 파리에서 체결된 사국동맹Quadruple Alliance, 그리고 1815년 9월 26일의 신성동맹조약Treaty of Holy Alliance에 근거하고 있다. 쇼몽 조약에서 오스트리아, 영국, 프로이센, 러시아는 20년 기간의 동맹을 체결했다. 이는 나폴레옹 왕조가 프랑스에 복귀하는 것을 방지하고, 나폴레옹에 대항하던 당시의 전쟁이 끝난 뒤에 체결될 영토 협정의 보장을 목적으로 한 것이었다. 사국동맹은 쇼몽 조약의 조항을 재확인했으며, 제6조에서 이른바 '의회 정부' 또는 '회의 외교'[1]로 알려진 원칙을 수립했다.

신성동맹이라는 세계 정부의 헌법을 제시했던 사국동맹과는 대조적으로, 그 세계 정부의 이름을 유래하게 만든 신성동맹조약 자체에는 정부에 관한 원칙들이 전혀 포함되어 있지 않았다. 이 조약은 신을 사실상 세계의 주권자라고 하면서 모든 지도자가 기독교 원리를 준수해야 함을 규정했다. 그 조약은 '호혜 봉사', '불변의 친선', '상호 애정', '기독교적 자비', 그리고 '확고한 우애' 같은 구절들로 충만해 있다. 오스트리아, 프로이센, 러시아의 지도자들이 처음 체결했던 신성동맹은 교황과 술탄을 제외한 유럽의 모든 지도자들이 지지했다.[2] 당시 러시아 황제였던 알렉산드르 1세Aleksandr I, 1777~1825가 고취한 신성동맹은 유럽의 도덕적 일체감을 재확인했다. 국가들 사이의 도덕적 일체감을 재확인한 것이 바로 신성동맹조약의 주요 기능이었다.

신성동맹조약은 그 이름이 의미하는 세계 정부, 다시 말해 신성동맹의 실제적인 기능 면에서는 아무런 의미를 갖지 못했다. 러시아 황제가 때때로 신성동맹의 원칙을 원용하기는 했지만, 다른 강대국들은 문서상으로는 긍정하면서도 실제 행동으로는 거절했다. 조약이 체결되던 당시 영국 외상이었던 캐슬레이Viscount Castlereagh, 1769~1822는 그 조약을 "한 편의 숭고한 신비주의와 난센스"라고 했고, 오스트리아 수상 메테르니히Klemens von Metternich, 1773~1859는 상스러운 농담거리로 삼았다. 그러나 그 조약은 최초의 세 체약국이 제안한 정의의 원칙에 대한, 그리고 이런 원칙들을 실현하기 위한 수단으로서의 정책에 대



1_ 제6조의 내용은 이렇다. "이 조약의 이행을 확실하고도 용이하게 하기 위하여, 그리고 네 국가 사이의 긴밀한 유대를 강화하여 세계 복지를 증진하기 위하여 제약국은 그들 공동의 이익을 협의하고 각국의 안녕과 번영 및 구주의 평화 유지를 위해 각 시기에 가장 유익하다고 간주되는 조치를 고려할 목적으로 주권자 자신 또는 대신이 일정한 시기에 화합한다."

2_ 영국 국왕은 헌법적인 이유 때문에 공식적으로 지지할 수는 없었다. 수상이 비공식적으로 동의를 표명했다.

한 하나의 도덕적 정당화로써 작용했다. 이리하여 신성동맹조약은 이데올로기적인 기능을 수행했을 뿐 아니라 당시의 국제관계를 총괄적으로 표현하는 상징이 되기도 했다.

1818년에 사국동맹의 체약국은 제6조에 따라 앞으로의 모든 회의에 프랑스를 다섯 번째 회원국으로 참가시키기로 결정했다. 1820년 트로파우 회의Congress of Troppau를 통해 회람 형식으로 서명된 조약에서 오스트리아, 프로이센, 러시아는 왕권을 제한하는 어떤 국민의 권리도 인정하지 않겠다는 서약을 했다. 이 맹약은 신新신성동맹이라고 알려져 있다. 캐슬레이는 같은 해에 두 개의 공문을 통해 다른 나라의 내정에 무력으로 간섭하려는 어떤 형태의 정책에도 참여하기를 거절했다. 그의 후임인 캐닝George Canning, 1770~1827은 영국이 참석했던 마지막 회담인 1822년의 베로나 회의에서 이 원칙을 고수했다.



베로나 회의의 실패 소식이 전해지자 캐닝은 영국 외교관 베이곳Charles Bagot에게 보낸 1823년 1월 3일자 편지에서 신성동맹의 종교 원칙을 "모든 국가는 자기 스스로, 신은 우리 모두를 위하여!"라고 철저히 고취함으로써 회의를 통한 세계 정부의 종말과, 영국에 관한 한 새로운 시대가 시작되었음에 환호했다. 회의를 통한 세계 정부라는 당면 관심사는 영국의 탈퇴로 유명무실해져버렸다. 에스파냐 식민지와 관련한 첫 번째 시도 그리고 그리스와 터키에 관한 두 번째 시도가 모두 실패로 끝난 뒤 그 조약은 1815년에 종말을 맞고 말았다.

1815년 11월 20일의 사국동맹조약 제6조에 따라 설치된 보편적 세계 정부체제는 10년도 채 지속되지 못했다. 특수한 문제를 해결하기 위한 대사급 회담 체제의 생명은 더 짧았다. 이 대사급 회담 체제 역시 1815년의 조약으로 시작되었는데 세 개의 기관으로 구성되었다. 이는 프랑스와의 평화 조약으로 제기된 문제들을 주로 해결하기 위해 조직되었으나 일반적으로는 사국동맹의 최고 집행 기관으로 기능한 프랑스 주재 오스트리아·영국·프로이센·러시아 대사들의 모임, 노예 무역의 폐지를 조직화하기 위해 런던에서 회동한 강대국 대사들의 모임, 그리고 독일 문제를 논의하기 위해 모인 프랑크푸르트 대사 회담이 그것이다. 이 모든 기구는 1818년까지 모두 사라지고 말았다.

### 강대국이 만들어낸 정부

신성동맹이라는 세계 정부는 강대국에 의한 정부였다. 오스트리아의 정치가이며 작가인 겐츠Friedrich Gentz, 1764~1832는 이 정부의 일반적인 성격을 이렇게 묘사했다.



> 1814년과 1815년 이래 유럽에서 확립되어온 그 체제는 세계 역사상 유례없는 현상이다. 3세기 동안 유럽을 지배하면서 너무나 자주 말썽을 일으켰고, 유럽을 피바다로 만들었던 형평의 원칙, 또는 더 좋게 말해서 특별한 동맹관계로 형성된 균형 원칙은 주요 강대국의 지도 아래 모든 국가를 하나의 연합체제로 결합시키는 일반적인 동맹 원칙으로 대치되었다. 두 번째, 세 번째, 네 번째 등급의 국가들은 강대국들이 공동으로 내린 결정에 말없이, 그리고 아무 전제 조건 없이 승복했다. 마침내 유럽은 자신들이 창조한 최고 재판소의 비호 아래 단결된 하나의 거대한 정치적 가족을 형성한 듯하다.[3]

국가 사이에는 극단적인 힘의 차이가 존재한다는 정치적 현실에 따라 강대국과 약소국을 구분함은 국제정치의 경험상 기본적인 것이다. 국제정치와 기구의 제도에서와 마찬가지로 법적 지위에 차이를 두고자 했던 구상은 캐슬레이가 했으며, 1815년에 채택된 체제의 근간이 되었다. 5대 강대국이 앞으로 회담할 기회를 마련한 1818년 11월 15일의 엑스라샤펠Aix-la-Chapelle 회의의 의정서는 이렇게 규정하고 있다. "특별히 다른 유럽 국가의 이익이 관련된 회의가 개최될 경우 직접으로 또는 전권 대사가 참가권을 직접 명백히 유보한 상태 아래에서만 그 해당 국가의 공식 초청으로 개최되어야 한다." 그러나 이 조건은 신성동맹, 더 구체적으로는 신신성동맹의 정책에 아무런 영향도 주지 못하고 말았다.



### 현상(現狀)의 두 가지 의미

어떠한 정의 원칙이 신성동맹을 이끌었나에 대한 답변은 분명한 듯하다. 이는 현상現狀을 바탕으로 한 평화의 유지인 것이다. 이 원칙은 1818년 11월 15일에 엑스라샤펠에서 서명된 5대 강대국의 선언에서 가장 분명하게 표현되었다. "이 연합의 목적은 이것이 위대하고 건전하다는 것만큼이나 간단하다. 이 동맹은 새로운 정치적 결합을 도모하지 않으며, 기존의 조약에 따라 보장된 관계를 변화시키려고 하지도 않는다. 평온하고 일관된 절차를 통해 이 동맹은 평화의 유지, 그리고 그 평화의 토대가 되고 그것을 돈독하게 해주는 협정의 보장을

3_ Friedrich Gentz, *Dépéches Inédites du Chevalier de Gentz aux Hospodors de Valachie* (Paris : E. Plon, 1876), Vol. I, p. 354. 영문 번역은 저자가 작성한 것임.

목표로 하고 있을 뿐이다."

그러나 만약에 그 현상現狀이 무엇을 의미하는지 의문이 제기된다면 이에 대한 답변은 아주 모호해진다. 영국이 처음부터 의도한 바는 러시아의 의도와는 전혀 달랐다. 그리고 신신성동맹의 정책을 이끌었던 현상現狀의 개념은 캐슬레이와 캐닝의 정책 배경을 이루는 개념과는 정반대였다. 영국이 신성동맹이라는 수단을 통해 보존하려고 했던 현상現狀은 프랑스와 관련된 나폴레옹 전쟁 말기의 정치적 상황에 엄격하게 한정되는 것이었다. 영국 정치가들에게는 나폴레옹 때문에 영국이 직면한 치명적인 위험이 나폴레옹 제국으로 말미암은 유럽의 세력균형에 대한 위협과 마찬가지로 생각되었다. 영국은 프랑스에 새로운 정복자가 출현하는 사태를 저지하려는 세계 정부를 기꺼이 지지하려고 했으며, 그런 목적을 위해 프랑스에 대항하는 1815년의 평화 협정을 집행하려고 했다. 현상現狀에 대한 영국적 개념은 1815년의 영토 협정과 프랑스 주권에서 나폴레옹 일가의 구성원을 배제하는 데에 국한되었던 것이다. 이런 점에서 캐슬레이와 캐닝의 외교정책 사이에는 아무런 차이점도 없다.

애초부터의 러시아 외교정책과 1810년대 말 이후의 오스트리아, 프로이센, 프랑스의 정책을 결정했던 현상現狀의 개념은 영토적으로도, 주제에서도 무제한적이었다. 실현 가능한 실제 정치적 상황보다 불투명하게 표현된 그 개념에 따르면 세계 모든 곳에서 1815년의 영토적 현상現狀과 헌법 면에서 절대군주제인 현상現狀을 지속시키는 것이 신성동맹이라는 세계 정부의 목적이었다. 두 번째 목적을 실현하기 위해서는 절대군주제가 위험한 지경에 놓여 있는 모든 국가의 내정에 개입하는 수밖에 없었다.

그런 개입에서 불가피하게 생기는 부산물은 개입하는 국가들의 무력 증강이었다. 민족주의와 자유주의적 운동이 더 널리 퍼지면 퍼질수록 개입하려는 국가나 국가군이 그들의 힘을 증강하고, 따라서 세력균형을 깨뜨릴 기회가 더욱 커졌던 것이다. 이 같은 사태 발전으로 이득을 본 국가는 주로 러시아였다. 바로 이 때문에 영국과 러시아는 사이가 갈라진 것이다.

프랑스 혁명 이후 활기를 띠고 성장한 나폴레옹 제국을 세계시민주의와 절대 정부라는 종교적 신비주의에 고취된 러시아 제국으로 바꾸기 위해 영국이 거의 4반세기 동안이나 나폴레옹 제국과 싸운 것은 아니었다. 민족적, 자유주의적 운동의 확산으로 신신성동맹이 그들의 보편적 개입의 원칙을 시험해볼 기회를 얻게 되자 영국은 동맹에서 초연한 자세를 취했고, 동맹의 정책에 반대를 표명했다. 1818년에 러시아가 아메리카 대륙의 식민지들과 전쟁 중에 있던 에스파냐를 원조하기 위해 연합군을 파견하자는 제안을 하자 영국은 그 계획의 실행을 저지했다. 그러나 1820년에 나폴리, 피에몬테, 포르투갈에서 혁명이 일어나자 오스트리아는 신신성동맹 이름으로 나폴리와 피에몬테의 절대군주제를 무력으로 회복했다. 1820년에는 에스파냐에서 혁명이 일어났다. 혁명으로 세워진 입헌 정권에 대항하여 1823년에 프랑스는 그 자신의 이름으로, 그러나 오스트리아, 프로이센, 러시아의 정신적 후원을 등에 업고 무력으로 개입했다.

### 평화, 질서, 국가 이익

신성동맹의 이 같은 행동은 두 가지 사실을 보여준다. 하나는 어느 상황을 살펴보더라도 심각한 전쟁의 위협이 부재했다는 사실이다. 개입하는 국가와 개입 대상국 사이의 힘의 불균형 때문에 개입은 전쟁이라기보다 징벌 원정의 성격이 컸다. 개입의 대상이 되는 국가는 혁명을 일으킨 무리를 통해 반혁명파와 싸워야 할 뿐만 아니라 외국 군대와도 싸워야 했다.

또 다른 사실은 그 시대의 많은 외교적 용어들이 러시아 황제의 신비적 편애에 아무리 많은 양보를 했다 하더라도 모든 국가의 정책은 자신들의 국가 이익에 따라 결정되었다는 것이다. 이는 영국의 행위에서 매우 명백하게 드러난다. 캐슬레이나 캐닝(그는 이런 점에서 아주 솔직하고도 달변이었다) 그 누구도 평화와 안정에 대한 일반적인 이해에 의거해서만 제한을 받는 영국의 전통적 이익에 따라 자신들이 움직였다는 사실을 감추려고 하지 않았다. 이탈리아에 대한 오스트리아의 개입과 에스파냐에 대한 프랑스의 개입은 둘 다 전통적인 국가 이익에 따라 실행된 것이었다. 이런 관련성은 오스트리아와 프랑스가 그들의 남쪽 인접국 문제에 대해 취했던 개입 정책 덕분에 신성동맹이 거의 반세기 동안 지속될 수 있었다는 사실에서 잘 드러난다.

우리의 논의에서 더 중요한 점은 특수한 국가 이익과 신성동맹의 일반원칙들이 서로 갈등을 일으킬 때마다 국가 이익이 승리했다는 사실이다. 이에 대한 예는 1820년과 1822년, 두 차례를 들 수 있다. 이 두 경우에서 러시아는 동맹의 모든 회원국이 집단적으로 개입하자는 제의를 했으며, 그 목적을 위해 중서부 유럽에 러시아 군대를 대규모로 파견하겠다고 제의했다. 영국이 이 제안에 반대할 것임은 이미 영국이 전통적인 세력균형 정책으로 복귀했다는 사실로 미루어보더라도 명백했다. 영국이 신신성동맹의 또 다른 주축인 오스트리아와 함께 반대에 참여했다는 사실은 신성동맹 원칙의 이데올로기적 성격을 잘 드러내주고 있다. 이런 원칙들은 국가 이익에 따라 주창된 원칙에 도덕적인 정당성을 부여할 수 있을 때 원용되었다. 국가 이익에 아무런 이득이 없을 때 이 원칙들은 폐기되었다.

1821년에 그리스인들이 터키인들에 대항하여 반란을 일으켰을 때 강대국들이 취했던 태도는 이런 점에서 교훈적이다. 이 사건은 신성동맹 시대에 일어난 상황들 가운데 전면전으로 발전할 수도 있었던 유일한 상황이었으며, 20세기에 들어와 실제로 전쟁이 일어나게 했던 유일한 상황이었다. 신신성동맹의 원칙에서 볼 때 정통 정부에 항거하는 민족적 반란에 대해 취할 수 있었던 태도는 단 한 가지였다. 그 정통 정부에 적극적인 지지를 보내야 한다는 것이었다. 그러나 이는 그 사건으로 가장 영향을 많이 받던 강대국의 국가 이익이 요구하던 해답은 아니었다.

러시아는 전통적으로 그리스 정교를 신봉하던 오스만 제국 신민들의 보호자였다. 콘스탄티노플을 손아귀에 넣는 것이 모스크바의 통치자들이 수세기에 걸쳐 품었던 꿈이었다. 따라서 그리스인들의 반란이 일어나자 러시아 황제는 신신성동맹의 원칙을 전적으로 무시하고 터키에 대해 선전 포고를 하고자 했다. 그와는 반대로 오스트리아와 영국은 전에도 느꼈고 그 뒤 거의 한 세기 동안 느끼던 불안감으로 러시아가 발칸 반도에서 세력을 확장하는 상황과 지중해로 진출하는 상황을 보고만 있을 수밖에 없었다. 그래서 신신성동맹의 반대자였던 캐슬레이와 적극적인 지지자였던 오스트리아 수상 메테르니히는 러시아가 그리스 반란자들을 지지하기 위한 적극적인 행동을 취하지 못하도록 제휴했다.

그들이 신신성동맹의 창시자에 대항하여 그 동맹의 원칙을 성공적으로 적용했던 사실은 분명한 국가 이익 개념보다는 추상적인 원칙들에 기초한 외교정책이 직면하는 어려움을 역설적으로 보여주고 있다. 캐슬레이가 현명하게 지적했듯이 국제 문제에서 국가들 사이에 균형을 유지하기란 매우 어려우며, '대립되는 원칙들 사이에' 균형을 유지하기란 더욱 어렵다.

1826년에 들어서 마침내 러시아와 터키 사이에 전쟁의 위험이 커졌을 때 이를 막은 것은 이미 소멸되어버린 신성동맹이 아니라 터키가 그리스인에게 양보하도록 러시아와 협상에 들어가 그런 내부 개혁에서 러시아가 즉각적인 이득을 얻지 못하게 했던 캐닝의 대담한 행위였다. 캐닝이 사망한 뒤에 그가 성공적으로 방지했던 사건이 마침내 터지고야 말았다. 1828년에 러시아는 단독으로 터키에 선전 포고를 했고, 터키를 유린했다. 이 전쟁의 발발은 부분적으로는 캐닝의 사망 뒤 영국의 정치력이 쇠퇴한 데 기인했다. 분명 이는 신성동맹이라는 세계 정부의 부재 때문은 아니었다.

당시의 신성동맹은 국제 평화의 유지에 전혀 기여하지 못한 단명한 실험이었다. 자기 세력 범위 안에서 통치권을 행사하던 세계 정부로서의 신성동맹은 겨우 5년여 동안만 성공적이었다. 신성동맹이 한창 뻗어나가고 있던 1818년에 그 동맹의 설계자이자 빼어난 철학가였던 겐츠는 그 동맹이 본질적으로 안고 있던 결점을 이렇게 지적했다.

> 현 체제에서 가장 큰 난관은 이 체제를 구성하는 이질적 요소들의 결합을 오랫동안 유지하기 곤란하다는 점이다. 너무나 다양한 이해관계, 극단적으로 적대적인 경향들, 지극히 모순되는 예상, 관점, 그리고 은밀한 생각들이 분명하고도 영속적인 이해에 근거하는 진정한 동맹이라기보다는 특별한 목적을 위해 일시적으로 결성된 연합에 더 가까운 성격을 가진 한 연맹의 공동 행동 속에서 당분간 서로 뒤엉켜 침잠되었다. 그러한 연합이 발생하는 데에는 독특한 상황이 필요했다. 다양한 상황과 이해와 의견 때문에 필연적으로 그 자신의 독특한 성격과 행동 계획을 가지게 마련인 많은 독립된 국가 사이의 대립과 투쟁을 그 연합이 오랜 기간 동안 대신한다 함은 사람의 본성과 사물의 본질에 위배되는 것이다.[4]



두 개의 원초적인 결함 때문에 신성동맹은 불가피하게 단명하고 말았다. 하나는 현상現狀의 방어가 구체적인 정치적 용어로 무엇을 뜻하는지에 관해 신성동맹의 주요한 두 가맹국이 정반대 입장에 있었다는 사실이다. 그 현상現狀에 대해 그들은 모두 추상적 개념인 정의의 지도원리에 따라 동의했었다. 하지만 현상現狀의 구체적인 의미는 각 국가의 이익에 따라 결정되었다. 만약 그런 이익들이 우연히도 일치한다면 그 동맹은 하나의 집단체로서 일치된 행동을 보일 수 있었을 것이

---

4_Ibid., p. 355.

다. 그러나 때때로 그럴 수밖에 없었듯이, 그리고 영국과 러시아가 영원히 그랬듯이 각국의 이해가 상충되는 경우 그 동맹은 기능을 상실하고 말았다.

신성동맹의 또 다른 결함은 러시아, 프로이센, 오스트리아 정부가 구체적인 정치 행위의 지침으로서 동의했던 정의의 원리와, 신성동맹의 지배 아래 있는 대다수 사람이 지지하던 정의 개념 사이의 차이였다. 정통 정부의 원리와 자유주의, 민족주의 원리 사이의 갈등 때문에 정통 정부의 원리에 따라 고취된 세계 정부의 기능은 절대 군주제와 전 세계에 걸친 그들의 지배 영역 보호와 회복을 위한 계속적인 무력 사용에 의존하게 되었다.

만약 모든 회원국이 러시아 황제 알렉산드르 1세의 확신과 정열을 함께 나누어 가져주었더라면 그 세계 정부가 얼마나 오랫동안 임무를 수행할 수 있었을지는 추측하기 나름이다. 신성동맹은 일부 회원국의 반대와 그 지배를 받는 시민의 반대를 극복할 수 없었다. 캐슬레이 시대에 그 두 반대는 접촉 없이 평행선을 그었으며, 캐슬레이는 신신성동맹의 정책에 적극적인 협조를 하지 않았다. 그런 운동들을 당시 영국의 의도대로, 다시 말해 세력균형이라는 저울추처럼 사용했음은 캐닝의 위대한 혁신이었다. 이는 점증하는 민족주의적, 자유주의적 운동의 힘을 통해 옹호되었고, 나중에는 그의 후임자였던 파머스턴Viscount Palmerston, 1784~1865이 완성 단계로 발전시켰다. 그 혁신으로 캐닝은 19세기를 통해 주요한 세력의 중심지였던 유럽 대륙에 대한 영국의 외교정책을 조정하고 이끌게 되었다.

신성동맹이라는 세계 정부에는 앞에서 언급했던 단명한 대사급 위원회를 제외하고는 영속적인 기구가 하나도 없었으며, 당시의 국제 문제를 해결할 목적으로 개최된 많은 국제회의로만 구성되었을 뿐이다. 그런데도 신성동맹은 진정한 의미에서 세계 정부였다. 엑스라샤펠 회담의 안건으로 채택된 문제들에 대한 미결 목록은 그 정부의 활동 범위를 예시해줄 것이다. 이 미결 목록이란 독일에 종속된 공국 군주들이 자신들의 새로운 주권 남용에 대해 제기한 항의, 헤세 선거후가 자신의 칭호를 왕으로 바꿔달라는 청원, 나폴레옹 어머니가 했던 아들 석방 청원, 군주에 대한 모나코 국민의 불만, 바이에른과 호흐베르크 가문의 바덴 승계권 분쟁, 올덴부르크Oldenburg 공작과 벤팅크Bentinck 백작 사이의 크누펜호이센Knupenhaussen 통치권을 둘러싼 분쟁, 프로이센과 오스트리아의 유대인 문제, 각국 외교관들의 서열 문제, 노예 무역 철폐와 바바리 해적 소탕 문제, 그리고 에스파냐 식민지 문제 등이다.



## 유럽 협조 체제

이러한 신성동맹의 폭넓은 정부 차원 행위에 비해 그다음 세기는 퇴보의 시기였다. 세계 문제를 판단하는 강대국들이 만들어낸 세계 정부의 모습은 1919년에 국제연맹 총회가 신성동맹이 담당했던 역할을 다시금 법제화했을 때까지 다시 출현하지 않았다. 그러나 신성동맹과 국제연맹 사이 시기에 강대국들의 연합된 행동으로 국제 문제를 해결하려는 특별한 시도가 없지는 않았다. 신성동맹 해체 이후에 강대국들은 전쟁으로 발전할지도 모를 정치적 문제를 해결해야 하는 책임을 계속해서 떠맡았다. 그런 책임은 평화를 위협하는 여러 문제, 예를 들어 1830년대 초의 벨기에 문제, 1850년대 초와 1878년의 동방문제, 그리고 20세기 초의 아프리카 문제 따위를 다루는 많은 회담 속에서 수행되었다. 비록 헛되기는 했지만, 제1차 세계대전 직전에 그레이 경이 호소했던 바는 특별 회담과 유럽 협조 체제라고 일반적으로 알려진 것을 통해 유지되는 세계 평화에 대한 강대국들의 그런 책임이었다.

유럽 협조 체제는 두 가지 점에서 진정한 의미의 세계 정부와 차이가 있었다. 한 가지는 그것이 제도화되지 않았다는 점이다. 강대국들 사이에 정기 회담이나 회담 그 자체에 대한 아무런 합의가 없었다. 강대국들은 국제적인 상황이 단합된 행동을 요구할 때에만 회담을 개최했다. 또 한 가지는 이미 앞에서 언급했듯이[5] 유럽 협조 체제가 갈등을 중화하고 공동의 판단이나 행동에 대해 기준을 제공해줄 수 있는 어떤 강력한 정신적 화합에 따라 전혀 활성화되지 못했다는 점이다. 프랑스 혁명으로 제기된 민족주의와 정통성 사이의 균열은 19세기 내내 해결되지 않은 채 남겨졌다. 그 균열은 때때로 좁아지기도 하고 넓어지기도 했지만, 없어지지는 않았다. 제1차 세계대전 말엽에 가서야 중부 유럽과 동부 유럽의 군주제가 종말을 고하면서 민족주의적 원칙이 승리를 거두었다.

그러나 조직화된 기구는 말할 나위도 없고 강한 도덕적 일체감이나 회담을 통해 제도화된 정부도 없었지만 유럽 협조 체제는 90년을 존속하는 동안 전반적으로 평화를 보존하는 데 매우 성공적이었다. 그 기

5_1권 pp. 557 ff. 참조.

간 동안 세계가 경험했던 유일하면서도 중요한 국제적 전쟁인 1854년에서 1856년 사이의 크리미아 전쟁Crimean War은 일련의 사건에서 기인하고 있다. 그 사건들 가운데 어느 하나라도 발생하지 않았더라면 그 전쟁은 충분히 방지될 수 있었을 것이다. 유럽 협조가 이미 평화를 위한 조치에 대해 동의했었지만 그 문서의 전달이 24시간 늦어지는 바람에 상황이 바뀌었던 것이다.

유럽 협조가 전면적 전쟁을 방지하는 데 성공적이었다는 점을 어떻게 설명할 수 있을까? 세 가지 요인이 언급되어야 할 것이다. 그 시기에 유럽공동체의 도덕적 일체감은 가냘프면서도 한편으로는 당시의 인도주의적, 도덕적 분위기에 따라 강화된 메아리로 계속 존재했다. 앞에서 살펴보았듯이[6] 당시의 정치적 상황은 서로 갈등하는 이해관계를 조절하면서 정치적인 공백 지역으로 확장해나가기를 선호하는 분위기였다. 하지만 마지막으로 매우 중요한 점은 그 당시에 어떻게 화해하고 평화를 보존하며, 어떻게 전쟁을 단축시키고 지역적으로 제한시킬 수 있는지를 꿰뚫고 있던 훌륭한 외교관과 정치가들이 잇따라 존재했다는 사실이다. 그들의 업적이 우리 시대에 전해주는 귀중한 교훈은 나중에 다시 언급될 것이다.



6_ 2권 pp. 44 ff. 참조.

## 국제연맹

제1차 세계대전의 종말과 함께 세계 정부 역사상 새로운 시기가 도래했다. 국제연맹은 기능적인 측면에서 신성동맹과 매우 큰 동질성을 보여주었다. 그러나 조직 면에서 볼 때 국제연맹은 1세기 전의 실험과는 커다란 변모를 보이고 있다.

### 조직

국제연맹은 신성동맹과는 달리 법인격 행위자 그리고 그 자체의 기관을 가진 실질적인 조직이었다. 연맹의 정치적 기관으로서는 총회, 이사회, 상설연맹사무국이 있다. 총회는 모든 회원국의 대표자들로 구성되었다. 이사회뿐만 아니라 총회에서도 각 국가는 한 표씩의 투표권을 가지고 있었다. 전쟁 방지에 관련된 문제를 포함한 모든 정치적 결정에는 참석한 모든 회원국의 만장일치가 요구되었다.[7] 여기에 대한 주요한 예외는 제15조 10항과[8] 국제 분쟁의 해결에 관련된 결정에서 분쟁 당사국이 투표에서 제외된다는 규칙이었다.



7_ 로잔(터키와 이라크 사이의 국경) 조약 제3조 2항에 대한 권고적 의견에서 만장일치 원칙에 대해 강조한 상설국제사법재판소(PCIJ)의 견해 참조. "연맹의 활동 범위에 속하거나 세계 평화에 영향을 주는 모든 문제를 처리할 임무를 지닌 …… 조직체에서 만장일치 원칙을 준수함은 당연하고도 필요한 일이라고 본다. 이사회를 구성하는 강대국 전부의 동의에 따라 지지되고 있을 경우라야 이사회의 결정은 권위를 가질 수 있을 것이다. 단서 조항도 없는 상황에서 중요한 문제에 대한 결정이 다수결로 내려질 수 있다면 연맹의 명성 그 자체가 실추될 수도 있다. 더욱이 세계 평화에 영향을 미칠 수 있는 문제에 대한 결의가 소수이기는 하지만 정치적 지위 면에서 커다란 책임을 담당해야 할 주요 이사국의 의사에 반해 채택될 수 있는 경우는 생각하기도 어려운 일이다" (*P.C.I.J.* Series B, No. 12, p. 29).

8_ 2권 p. 279의 각주 9 참조.

연맹 이사회는 두 가지 형태의 회원국, 그러니까 상임이사국과 비상임이사국으로 구성되어 있다. 한동안은 연맹에 속했던 모든 강대국, 그러니까 처음의 프랑스, 영국, 이탈리아, 일본이 상임이사국이 되었으며, 나중에 독일과 소련이 추가되었다. 비상임이사국의 수는 처음 4개국이었다. 그 수는 계속 늘어 1936년에 가서는 11개국이 되었다. 따라서 처음에는 상임이사국 수와 비상임이사국 수가 같았지만 1922년부터 비상임이사국 수가 상임이사국 수를 넘어서게 되었다. 독일, 이탈리아, 일본이 탈퇴하고 소련이 추방되고 난 뒤인 1939년에 이사회는 2개의 상임이사국(프랑스와 영국)과 11개의 비상임이사국으로 구성되었다.

강대국과 약소국 사이의 권력 분배에서 중요한 사실은 숫자상의 관계가 아니라 강대국이 이사회에서 상임이사국의 지위를 누리고 있다는 점이다. 만장일치 원칙과 함께 강대국은 상임이사국의 지위를 이용하여 이사회가 그들 모두의 동의 없이는 아무런 결정도 내릴 수 없게 할 수 있었다. 더욱이 어느 국제기구에서도 투표권의 분배가 사건의 진상을 밝혀주지는 못한다. 어느 강대국이든 고립되기를 원하지 않을 경우 어떤 조치에 대해 찬성을 하건, 반대를 하건 투표에서 고립되지 않을 수 있으며, 어느 강대국 그룹도 어떤 특별한 문제에서 소수자의 입장에 서고 싶지 않다면 투표에서 패할 위험을 무릅쓸 필요도 없다. 대부분의 중소국가들은 경제적, 군사적, 정치적으로 강대국의 지원에 의존하고 있다. 이런 국가들은 자기 충고를 따르도록 암시하는 강대국들의 뜻을 거역하고 반대투표를 할 수는 거의 없다. 이렇게 강대국들은 연맹의 많은 중소 회원국의 투표를 지배했다. 중요한 쟁점이 있을 경우 프랑스는 벨기에, 체코슬로바키아, 유고슬라비아, 루마니아, 그리고 (거의 10년 이상이나) 폴란드의 투표를 확보할 수 있었다. 영국은 영연방, 자치령, 스칸디나비아 제국, 포르투갈의 투표에 의지할 수 있었다.

강대국들의 이러한 지배적 영향력은 연맹의 법적 구조에 얽매이지 않고 몇몇 중소 회원국 대표들의 탁월한 지적 지도력과 더불어 국제연맹에서 협조관계를 유지했다. 이 대표들은 자국의 세력에 어울리지 않게, 그리고 그것에 상관없이 국제연맹의 활동에 상당한 영향력을 행사했다. 이 같은 지도력의 주요 무대는 총회였다. 국제연합 총회와는 대조적으로 국제연맹 총회는 일상 소관 업무나 이차적으로 중요한 문제뿐만 아니라 평화 보존 조치 같은 정치적인 문제에 대해서도 구속력 있는 결정을 내릴 수 있는 권한을 갖고 있었다.[9] 그런 면에서 국제연맹 총회는 실제적인 의회의 역할을 했다고 볼 수 있는데, 거기서 지도권은 국력, 때때로는 국가의 이익과도 무관하게 대부분 가장 적격이라고 판단되는 대표에게 주어졌다.

그러나 그 지도권도 강대국들의 주요 이익이 시작되는 선에서는 끝



9_ 연맹 규약 제3조 3항을 참고 : "연맹 총회는 연맹의 행동 범위에 속하거나 세계 평화에 영향을 미치는 일체의 사항을 처리한다." 제15조 9 · 10항도 아울러 참고 : "연맹 이사회는 본건에 따른 모든 경우에서 분쟁을 연맹 총회에 이양할 수 있다. 분쟁 당사국 일방의 요청이 있는 경우에 이를 또한 연맹 총회에 이양한다. 단, 전기한 요청은 분쟁을 연맹 이사회에 부탁한 뒤 12일 이내에 행함을 요한다." "연맹 이사회의 행동 및 권한에 속하는 본건 및 제12조의 규정은 연맹 총회에 이양시킨 사건에 관하여 이를 전부 연맹 총회의 행동 및 권한에 적용한다. 단, 각 경우에 분쟁 당사국의 대표자를 제외한 연맹 이사국에 대표자를 낸 연맹국 및 기타 연맹국 과반수의 대표자에 의하여 분쟁 당사국의 대표자를 제외한 다른 연맹 이사 회원국 전부의 동의를 얻은 연맹 이사회의 보고서와 동일한 효력을 지닌다."

날 수밖에 없었다. 연맹이 커다란 위기에 처할 경우에는 강대국들의 지휘권이 우선적으로 내세워졌다. 이탈리아-에티오피아 전쟁이나 에스파냐 내란 같은 제1급의 정치적 중요성을 지닌 분쟁이 일어나서 일부 약소국과 강대국의 태도가 갈라졌을 때 강대국의 정책이 승리함은 당연했다. 왜냐하면 국내사회에서 거대한 경제 조직이 우월한 세력을 행사하는 것이 당연하듯이 국제 무대에서 강대국의 우월성은 당연하기 때문이다. 세력의 우월성 그 자체를 소멸시키지 못하는 한 어떠한 법적 제도나 조직적 장치도 이 같은 불균형에 따른 정치적 결과를 뒤집어엎을 수는 없는 일이다. 연맹 안에서는 약소국들이 그 이전 또는 그 이후의 어느 때보다 더 영향력이나 독자적 행동의 기회를 크게 누렸다. 그러나 국제연맹이라는 세계 정부는 적어도 고도의 정치 영역에서는 강대국들의 정부였다.



### 현상(現狀)의 두 의미 : 프랑스 대 영국

국제연맹이라는 세계 정부가 실현하려고 했던 정의의 원칙은 무엇이었을까? 이 질문에 대한 대답은 국제연맹 규약 26개 조가 제1차 세계대전을 종결지은 평화조약의 처음 26개 조와 동일하다는 사실에서 상징적으로 찾아볼 수 있다. 따라서 국제연맹과 1919년의 현상現狀 사이의 밀접한 관계는 처음부터 명백했다. 연맹 규약의 규정은 그 관계를 명백한 법률 용어로 나타냈다. 규약 전문은 "각국 정부 사이의 행위를 규율하는 현실적 규칙으로서의 국제법"과 "모든 조약상의 의무를 엄숙히 존중"할 것을 언급하고 있다. 제10조는 회원국들에게 "모든 연맹국의 영토 보존 및 정치적 독립을 존중하고, 또 외부의 침략에 대하여 이를 옹호"하게 하는 법적 의무를 설정함으로써 국제연맹이 1919년의 영토적 현상現狀의 옹호자가 되게 했다. 분쟁의 해결과 그 집행에 관련된 모든 후속 조항은 연맹 규약 제10조에 비추어 이해되어야 한다. 이 규정은 연맹의 기관들이 각국의 주장과 행동을 평가하고, 평화에 대한 위협에 대처하는 방법을 고안할 때 지침으로 삼게 될 규준을 설정하고 있다.

연맹 규약을 기초한 사람들이 연맹이 1919년의 현상現狀을 그대로 반영하고 있다는 비난에서 연맹을 구하려고 노력했음은 사실이다. 그런 목적을 위해 그들은 제19조에서 평화적 변화에 관해 규정해놓았다. 처음부터 사문화된 그 조항의 본질적 결점에 대해서는 이미 앞에서 지적한 바 있다. 그러나 제19조의 본질적인 결점은 차치하고라도 그것이 규약의 구조 안에서 고아와도 같은 고립성을 지니고 있음에 비추어볼 때, 그리고 제10조가 한편으로는 1919년의 평화 조약에 대해 가지는 유기적인 관계와, 또 한편으로 연맹 규약의 제11조에서 제16조까지의 평화 보존과 법 집행에 관한 규정에 대해 가지는 유기적인 관련성을 비교해본다면 제19조는 무의미해지고 만다. 따라서 규약 제19조는 변화라는 부정할 수 없는 사실에 대한 문서상의 양보에 지나지 않는다. 연맹의 기원과 마찬가지로 1919년의 평화조약과 동일한 연맹의 기본 법률은 세계 정부라는 일하는 기구로서의 국제연맹이 현상現狀의 옹호자로서 판단하고 행동하는 것을 불가피하게 했다.

두 가지 원칙이 1919년의 현상現狀의 근본이 되었다. 하나는 독일이 영원히 전쟁을 일으키지 못하게 하는 것이었고, 또 하나는 민족자결 원칙이었다. 그러나 애초부터 연맹 정책의 주된 책임을 지고 있던 영국과 프랑스는 이 두 원칙을 각각 다르게 해석했으며, 각자의 해석에 따라 연맹의 정책을 결정하려고 했다. 프랑스로서는 독일의 영원한 전쟁 능력 상실을 유럽 대륙에서 프랑스의 영원한 우위와 같은 것으로 받아들였다. 영국 입장에서는 독일의 영원한 전쟁 능력 상실과 통제된 한도 안에서 독일을 강대국으로 복귀시켜 적어도 세력균형 비슷한 것이 유럽 대륙에 다시금 존재하게 하는 일은 서로 모순되는 정책이 아니었다.

프랑스는 국제연맹을 주로 1919년의 현상現狀 옹호를 위해 프랑스의 군사력을 강화해주는 일종의 집단적 보안관으로 여겼다. 영국은 국제연맹을 주로 세계 각국의 정치가들이 모여서 그들의 공동 관심사를 논의하고 타협을 통해 동의를 구하는 일종의 어음 교환소로 간주했다. 마지막으로 프랑스는 민족자결 원칙을 독일에 대항하는 동유럽 동맹국들을 강화하는 정치적 무기로 사용했다. 영국은 민족자결 원칙을 적어도 유럽 대륙에 보편적으로 적용시킬 수 있는 원칙으로 보았는데, 이는 프랑스의 동맹국들을 희생시켜서라도 독일을 강화하는 의도로 사용될 가능성이 충분히 있었다.

정의의 기준과 정치 원칙에 대한 이렇게 다른 해석의 근저에서 우리는 다시 한 번 국제정치의 기본적인 양상을 발견할 수 있다. 프랑스는 세계 정부인 국제연맹의 주요 회원국 가운데 하나로서 모든 정책을 1919년의 현상現狀을 유지하려는 주된 욕망에 종속시켰다. 이 현상現狀은 유럽 대륙에서 프랑스의 패권을 의미하는 것이었다. 영국은 19세기 유럽 문제에 영국이 행사했던 지배적인 영향력을 다시 회복할 수 있을 것으로 생각했다. 그 목적을 위해 영국은 19세기에 존재하던 세력 분포 양상, 다시 말해 영국을 '균형 유지자'로 하는 유럽 대륙의 세력균형을 회복하려고 노력했다. 그래서 연맹이라는 세계 정부의 다른 주요 회원국으로서 영국의 모든 정책은 가능하다고 생각되는 범위 안에서나마 1919년의 현상現狀을 손상하는 방향으로 수행되었다. 이 같은 영국 외교정책의 목표는 프랑스를 약하게 만듦으로써만 달성될 수 있었다.

하지만 기본 구상과 정책에 대한 영국과 프랑스 사이의 갈등은 영국과 러시아 사이의 갈등이 신성동맹을 좌초시켰듯이 국제연맹을 난파시키지는 않았다. 오히려 이는 연맹의 정치 활동을 서서히 마비시켜 세계 질서와 평화에 대한 위협에 대항하여 연맹이 결단력 있는 행동을 취하지 못하게 만들었다. 이런 상황은 영국의 구상이 프랑스의 구상을 누르고 승리를 거두자 절정에 이르렀다. 그 사태 발전의 주요 책임은 영국과 프랑스 사이의 권력 분배에서 찾을 수 있다.

프랑스의 우월성은 1920년대 중반에 독일의 힘이 늘어남과 비례해서 처음에는 서서히 감지할 수 없을 정도로, 그리고 히틀러가 권좌에 오른 뒤에는 급격한 속도로 줄어들기 시작했다. 1919년에 프랑스는 독일에서 라인 좌안을 분리하려고 시도했으며, 영국 및 미국과 동맹 조약을 체결하려고 했다. 그러나 프랑스는 아무것도 이루지 못했다. 독일의 잠재적 국력과 비교해볼 때 본질적으로 약세를 면치 못하는 자국 군사력에 단지 두 가지를 추가할 수 있었을 뿐이다. 하나는 폴란드, 체코슬로바키아, 루마니아와의 동맹과 유고슬라비아와의 우호 조약을 체결한 것이었다. 그러나 이 동맹국들은 기껏해야 중진국에 지나지 않았다. 이들 전부는 아니더라도 몇몇 국가는 군사적으로 과대

평가를 받고 있었으며, 항상 단결된 행동을 보여주리라 믿을 수도 없었다. 또 하나는 프랑스와 독일 사이의 국경을 영국과 이탈리아의 공동 보장 아래 두기로 했던 1925년의 로카르노 조약이었다. 그러나 프랑스는 독일과 폴란드 사이의 국경에 대해 그와 비슷한 보장을 얻을 수 없었으며, 국제연맹 규약이 드러내고 있던 허점을 확실하게 보완할 수 있는 자동적인 집단안전보장에 대한 영국의 지지도 확보할 수 없었다.[10]

단기적으로는 주도권에 대한 그런 상황, 그리고 장기적으로는 도저히 극복할 수 없는 약점 때문에 프랑스는 1920년대 중반에는 주저하면서, 그리고 1930년대에는 달리 어쩔 도리가 없어서 국제연맹 안에서 영국의 주도를 따르기 시작했다.[11] 왜냐하면 그 당시의 우유부단과 명백한 약점 때문에 프랑스가 연맹 규약의 조항들을 자국을 위해 실행에 옮겨 국제연맹이 세계 질서 유지와 전쟁 방지를 위한 세계 정부로서의 역할을 하게 할 수가 없었기 때문이다. 프랑스는 국제연맹이 그런 역할을 담당하게 할 능력을 갖고 있지 못했으며, 영국은 국제연맹이 그런 역할을 하는 데에 관심이 없었다. 연맹이 그런 역할을 수행한다 함은 유럽 대륙에서 프랑스의 패권을 영속시킨다는 의미였고, 영국은 그 패권을 종식시키려고 했기 때문이다. 이리하여 영국의 구상과



10_ 2권 pp. 288-291 참조.

11_ 이런 추세는 1934년에 잠시 중단되었는데, 당시 프랑스의 외상이었던 바르투(Jean Louis Barthou, 1862-1934)가 소련과의 군사 동맹을 체결하는 준비 작업을 했기 때문이다. 그러나 그의 후임들은 어느 누구고 이를 수행하려고 하지 않았다. 그 당시 영국에 강하게 반대하는 경향을 띠고 있으면서 추축국들과의 상호 이해를 추구하던 라발(Pierre Laval, 1883-1945)의 외교정책은 1919년의 현재 상태에 대한 기본 입장에서는 영국과 같았다.

정책은 국제연맹의 세계 정부로서의 활동에 흔적을 남기게 되었다.

### 국제연맹의 세 가지 취약점

국제연맹이 중요한 정부 기능을 수행하지 않았던 것은 아니다. 국제연맹은 두 지역, 그러니까 자르 분지와 단치히 시를 관장했다. 국제연맹은 규약 제22조의 내용에 따라 그 위임 통치 지역을 실질적이라기보다는 간접적으로 통치했다.[12] 하지만 세계 질서 유지와 평화 보존 또는 회복이라는 문제에서 국제연맹이 통치권을 행사할 수 있는 경우는 회원국들 가운데 강대국들의 이익이 영향을 받지 않는 경우나, 회원국들 가운데 가장 영향력 있는 국가들이 요구하는 공동 이익처럼 드문 경우에 국한되었다.

국제연맹은 1920년에 폴란드가 고대 리투아니아의 수도였던 빌나를 점령했을 때 세계 정부로서의 역할을 수행하지 못했다. 왜냐하면 그 국제법 침해 행위가 프랑스의 가장 강력한 동맹국이 자행한 것이



12_ 규약 제22조의 내용을 비교해볼 것.

"이번 전쟁의 결과로서 종전에 지배하던 국가의 통치에서 벗어난 식민지 및 영토로서 현 세계의 격심한 생존 경쟁 상태 아래에서 아직도 자립할 수 없는 인민들이 거주하는 데에 대하여는 이 인민의 복지와 발달이 문명의 신성한 사명이며, 또 그 사명 수행의 보장이 본 규약 중에 구체화되어야 한다는 원칙이 적용되어야 한다."

"이 원칙을 실현하는 가장 좋은 방법은 상술한 인민에 대한 후견의 임무를 선진국으로서 자원, 경험 또는 지리적 위치에 따라 이 책임을 가장 잘 질 수 있고 또 이를 수락할 용의가 있는 국가에 위임되고, 이 국가가 연맹을 대신하여 수임국으로서 후견의 임무를 행하게 함에 있다."

"각 위임의 경우에서 수임국은 그 위임된 지역에 관한 연보를 연맹 이사회에 제출해야 한다."

"수임국이 행할 권한, 통제 및 시정의 정도는 사전에 연맹국 사이의 합의가 없는 경우에는 연맹 이사회가 각 경우에서 명백히 규정해야 한다."

"수임국의 연보를 수리 · 조사하고, 또 위임의 실행에 관한 모든 사항에 대하여 연맹 이사회에 보고하기 위해 상설 위원회를 설치해야 한다."

었고, 소련이 연맹의 개입을 반대했기 때문이다. 그러나 1925년에 일어났던 불가리아와 그리스 사이의 전쟁은 양측에 적대 행위의 즉각적인 중지를 요구하는 전문을 보낸 연맹 이사회 의장 때문에 초기에 쉽게 중단되었다. 그는 프랑스와 영국의 적극적인 지지를 업고 있었으며, 프랑스와 영국은 이 사건에서 단결된 행동을 보였고, 특히 그리스의 공격 행위를 억제하도록 영향력을 행사했다.

국제연맹은 1923년에 이탈리아가 그리스령인 코르푸 섬을 점령했을 때 개입하기를 거절했다. 또한 연맹은 1931년에 일본이 만주를 침공한 뒤, 그리고 1937년에 중국 본토를 침공한 뒤에도 강제적인 성격을 띤 아무런 조치를 취하지 않았다. 1932년에서 1935년 사이에 볼리비아와 파라과이 사이의 차코 전쟁이 일어났을 때에도 무기 수출 금지를 권고한 것 외에는 전쟁을 방지하거나 중지시키기 위한 아무런 조치를 취하지 않았다. 1935년 이래로 단치히 지역 안에서의 권위를 유지하기 위한 효율적인 조치를 취하지 않았으며, 독일의 계속적인 베르사유 조약 위반에 대해서도 아무런 조치를 취하지 않았다. 에티오피아에 대한 이탈리아의 공격과 관련해서 1935년에서 1936년 사이에 연맹이 취한 행동은 이미 살펴보았듯이[13] 비효율적이라는 점에서 다름이 없었다. 연맹은 1936년에서 1939년 사이에도 에스파냐 내란의 국제적 파문을 수습하기 위한 작업을 하지 않았다. 그러나 1939년 11월에 연맹은 핀란드 침공을 이유로 소련을 축출했다. 이탈리아에 취했던 제재를 제외하고는 이것이 국제연맹의 마지막이자 가장 극단



13_2권 pp. 218-221 참조.

적인 정치 행위였다.

국제연맹은 주요 전쟁을 방지하지 못했으며, 국제 질서의 유지에도 효율적으로 대처하지 못했다. 영국의 구상이 프랑스에 비해 영향력이 컸다는 사실을 제외하고 이런 실패의 이유로는 세 가지가 있다. 이는 법률적, 구조적, 정치적 이유이다.

### ◆ 법률적 취약점

국제연맹 규약은 전쟁 그 자체를 불법화한 것은 아니었다. 연맹의 가맹국들은 일정한 조건 아래에서 전쟁을 할 수 없게 되어 있었다. 따라서 이런 조건에 해당되지 않을 때에는 전쟁이 허용되었다. 그래서 연맹 규약의 전문은 "전쟁에 호소하지 않을 의무[14]를 수락"하도록 규정했다. 제12조에는 연맹국은 "…… 중재 재판관의 판결 뒤 3개월을 경과할 때까지는 어떠한 경우에도 전쟁에 호소"하지 못하도록 규정하고 있다. 제13조 4항에 의거하여 연맹국들은 분쟁에 대한 사법 재판의 판결에 "복종하는 당사국에 대해서는 전쟁에 호소하지 않을 것"임을 동의했다. 마지막으로 제15조 6항에서는 "연맹 이사회의 보고서가 분쟁 당사국의 대표자를 제외한 다른 연맹 이사회 회원국 전부의 동의를 얻은 경우에는 연맹국은 이 보고서의 권고에 따르는 분쟁 당사국에 대해 전쟁에 호소하지 않을 것을 약속한다"라고 규정하고 있다.

전쟁의 명백한 금지를 포함하는 조항은 나중의 두 규정뿐이다. 레이

14_ 의무(obligation)라는 영어 표현에 비해 프랑스어 표현인 'certaines obligations' 는 상당히 단호한 느낌을 준다.

Jean Ray는 이렇게 말하고 있다. "규약 기초자들의 소심함이 중대한 결과를 초래하여 그들이 수립하려고 애쓰던 새로운 체제를 위험한 상태로 빠뜨렸음이 틀림없다. 사실상 반대 의견이 분명하게 제시되지 않았기 때문에 전쟁이 국제 분쟁의 한 해결책인 정상적 해결책이라고 묵시적으로 인정되었던 것이다. 법률상 이런 의무 규정은 단지 예외로 제시되었을 뿐이고, 전쟁에 호소할 수 있다는 것이 함축적인 규칙이다."[15] 연맹국들이 규약의 규정대로 행동했다 하더라도 그들은 연맹의 기본 법률에서 전쟁을 방지할 수 있는 몇몇 수단과 함께 전쟁을 적법화할 수 있는 그 밖의 다른 도구를 발견했을 것이다.

◆ 구조적 취약점



앞의 법률적 결함은 연맹의 실제 기능에 영향을 주지 못했다. 왜냐하면 연맹은 그 법에 따라 기능하지 않았기 때문이다. 반대로 연맹의 관할 아래에서 전쟁을 미연에 방지하지 못함과 직접적인 연관이 있는 것은 연맹의 구조적 결함이다. 이 결함은 연맹 안의 세력 분포와 세계의 전반적인 권력 분포 사이의 차이에서 발생했다.

국제정치의 주요 인자가 더 이상 유럽적이지 않은 시대가 전개되었는데도 연맹의 구조는 여전히 주로 유럽적이었다. 연맹의 지배권을 교대로 행사했던 강대국, 다시 말해 프랑스와 영국은 유럽의 강대국이었다. 연맹국 가운데 유일한 비유럽 강국은 일본이었다. 1920년대와 1930년대에 이미 세계에서 가장 강력한 국가로서의 잠재력을 가졌

15_ *Commentaire du Pacte de la Société des Nations* (Paris : Sirey, 1930), pp. 73-74.

던 두 국가 가운데 미국은 연맹에 가입한 적이 없으며, 소련은 연맹이 쇠퇴 일로에 있던 1934년에서 1939년까지 연맹의 일원이었다.

물론 초창기의 31개 연맹국 가운데 단 10개국만이 유럽 국가였으며, 나중에 가맹한 13개국 가운데 7개국만이 유럽 국가였다. 그러나 여기서 다시 한 번 숫자가 모든 것을 말해주지는 않는다. 국제 질서와 평화를 유지하려는 국제 조직은 모든 국가를 다 포함하는 보편성이 있어야 할 필요는 없다. 그러나 세계 평화를 위협할 수 있는 모든 강대국이 그 조직의 관할권 아래 있어야 한다는 의미에서는 보편적이 되어야 한다.

따라서 연맹 규약 제17조는 연맹 가입 여부에 상관없이 연맹의 관할을 보편적으로 적용하려는 노력이었다. 이 조항은 연맹국과 비연맹국 간 또는 비연맹국 상호 간에 분쟁이 발생한 경우에 "이런 분쟁의 해결을 위한 연맹국의 의무를 연맹 이사회가 정당하다고 인정되는 조건에 따라 비연맹국이 수락할 것을 권유하는" 권한을 연맹에 부여했다. "만약에 권유를 받는 국가가 그런 연맹국 의무를 수락하기를 거부하고 어떤 연맹국에 대해 전쟁에 호소하는 경우"에는 그 나라에 대해 제16조에 따른 제재 조치가 적용될 것이었다. "만약에 분쟁 당사국 쌍방이 …… 연맹국 의무의 수락을 거부한다면 연맹 이사회는 적대 행위를 방지하고 분쟁을 해결할 조치 및 권고를 행할 수 있다."

제17조의 이 마지막 조항은 세계 평화를 보존하기 위해 국제연맹을 세계 정부화하려는 노력이었다. 그런 정부의 가능성은 다시 연맹국의 일치된 행동과 연맹의 정부 기능이 행사될 대상 국가 사이의 세력 분포에 의존할 수밖에 없다. 국제연맹은 두 개의 약소국 또는 중진국을

대상으로 별로 어렵지 않게 자기 의지를 펼 수 있었을 것이다. 그러나 미국과 소련이 연맹국이 아니었던 1919년과 1934년 사이 어느 때에 연맹국과 미국이나 소련 사이에서, 또는 미국과 소련 사이에서 분쟁이 발생했다고 가정해보자. 그런 상황 아래에서 미국이나 소련, 또는 두 국가 모두를 상대로 연맹의 의지를 관철시키려고 했다면 세계에서 잠재적으로 가장 강력한 국가인 이들 가운데 한 국가 또는 두 국가와 연맹국 사이에 세계대전이 발생했을 가능성이 크다. 그때 수많은 비연맹국은 미국이나 소련 편에 가담하거나 중립을 지켰을 것이다. 전 세계적으로 평화를 보존하려는 노력이 전 세계적인 규모의 전쟁을 불러일으켰을 것이다.[16] 그러므로 몇몇 강대국이 연맹에 참가한 반면에 다른 강대국들이 연맹에 참가하지 않았다는 사실은 국제연맹이 전 세계적으로 평화를 보존하게 하는 행위를 무력하게 만들었던 것이다.



강대국들이 국제연맹에 보편적으로 가입하지 않았다는 사실은 양차 세계대전 사이 동안에 영국과 프랑스의 정책이 실패했던 근본 이유를 다시 한 번 보여주고 있다. 두 나라의 정책은 시대착오적이었다. 프랑스의 정책은 루이 14세 시대라면 어쩌면 성공했을지도 모른다. 당시 세력균형의 주요한 변수는 중부 유럽과 서부 유럽에 위치해 있었으며, 1919년에 프랑스가 확보했던 것과 같은 우세는 프랑스에게 유럽 대륙에서의 영원한 패권을 확립할 실제 기회를 갖게 했을 것이다. 그러나 러시아가 세력균형의 주요 변수로 등장하고 나서부터 나

16_독자들은 이런 상황이 지속적인 집단안전보장의 적용에서 발생하는 상황과 동일하다는 사실을 기억할 것이다. 2권 pp. 213-218 참조.

폴레옹은 동부 유럽 및 아시아 지역 대부분의 자원을 동맹관계로 묶어두지 않거나 적대관계에 있게 할 경우 유럽 대륙에서의 패권이 아무 의미가 없다는 사실을 알아야 했다. 이 교훈은 뛰어난 프랑스 외교관들이 지켜감으로써 제1차 세계대전 이전 20년 동안 러시아와 긴밀한 유대를 유지하는 프랑스 외교정책의 기틀을 마련하게 했다. 양차 세계대전 사이 동안 그들의 후계자들은 동부와 남부 유럽의 여러 분할 소국과의 동맹체제에 희망을 가졌는데, 이는 러시아와의 '위대한 동맹'에 대한 하찮은 대체물이었다. 1789년 이후의 프랑스 귀족들과 똑같은 혁명의 공포에 사로잡힌 그들은 새로운 국제 정세의 논리에 따르기보다는 차라리 국가적 자살 행위를 할 각오였던 것이다.

그 당시 영국의 외교정책도 프랑스만큼이나 시대착오적이었다. 유럽 대륙에서 영국은 프랑스가 독일에 비해 약세였던 만큼이나 본질적으로 약세에 있었다. 프랑스에 대해 러시아가 담당한 역할은 영국에 대한 미국의, 또는 더 낮은 정도로는 일본의 역할과 비슷했다. 디즈레일리Benjamin Disraeli, 1804~1881 시대까지만 해도 성공적이었던 정책이 스탠리 볼드윈Stanly Baldwin, 1867~1947 시대에는 실패로 끝나버렸다. 19세기 전반에 걸쳐 영국의 뒤뜰은 사실 안전했다. 영국 해군이 아무런 도전도 받지 않고 해양을 지배했기 때문이다. 1830년대에는 다른 해군 강대국들이 출현했으며, 그 국가들 가운데 하나는 세계에서 가장 강력한 국가로서의 잠재력을 보유하고 있었다. 더군다나 항공기의 발달로 영국은 전례 없이 대륙과 가까워지게 되었다. 이 같은 상황 때문에 영국의 외교정책은 단 두 개의 대안밖에 가질 수가 없었다. 영국은 유럽의 세력균형이라는 저울에서 장기적으로 영국의 이익이 최대한으로 보호될 수 있는 쪽에 자국의 무게를 영구히 실을 수가 있었다. 또는 미국의 대유럽 정책을 위한 선봉 역할을 할 수도 있었다.[17] 영국이 택하지 말아야 할 정책은 '영광된 고립' 정책의 지속이었다. 그러나 영국은 그것을 택했다.

소련과 미국이 실제로 추구하던 정책에 직면해서 프랑스와 영국이 나름대로 진정한 선택을 할 수 있었겠느냐는 영원히 논의의 여지가 있는 문제다. 그러나 선택 때문이건, 필요 때문이건 주요 회원국이 실제 세계의 세력 분포 상황과는 완전히 어긋나는 정책을 수행하는 조건에서는 세계 정부가 기회를 얻지 못했을 것이라는 점만은 분명하다.

◆ 정치적 취약점



이는 상당한 위협을 수반하는 전쟁에 직면해서 국제연맹이 단결된 행동을 보일 수 있었다고 가정하더라도 사실이었을 것이다. 그러나 이런 가정이 실제로 실현되지는 않았다. 강대국들이 추구한 다양한 국가 이익은 국제연맹이 현상現狀이라는 이름을 붙였던 정의의 원칙보다 더 우세했다. 제1차 세계대전 직후인 1921년에 연맹 이사회의 네 개 상임이사국은 핀란드와 스웨덴을 포함하는 올란드 제도의 강화, 그리고 독일과 폴란드 간 불화의 씨앗이었던 북부 실레지아의 분할 같은 비교적 중요한 정치적 쟁점에 대해 단결된 행동을 보일 수 있었다. 이런 희망적인 출발 이후에 중요한 문제에 대한 연맹의 집단 행동을 무

17_ 제2차 세계대전 이후로 영국이 이 두 가지 외교정책을 번갈아가면서 사용해오고 있다는 사실은 주목할 만하다.

력하게 만들었던 것은 프랑스와 영국 사이의 갈등뿐만이 아니라 강대국들 사이의 개별적이고도 적대적인 정책이었다.

1925년에 국제연맹에 가담하면서 독일은 영토적 현상現狀을 파괴하는 다이너마이트로서 민족자결 원칙을 주로 이용하여 베르사유 체제의 현상現狀을 붕괴시키는 정책을 추구했다. 이런 정책은 프랑스와 동부 동맹국들의 정책과는 대립되는 것이었으며, 처음에는 은밀하게, 나중에는 공개적으로 유럽 대륙에서의 그들의 우세에 종지부를 찍으려는 데 목적을 둔 정책이었다. 독일은 민족자결 원칙에 덧붙여 그들의 입장을 강화하는 무기로써 당시의 서구 강대국들을 사로잡고 있던 볼셰비키 혁명과 러시아 제국주의에 대한 공포를 이용했다. 독일은 한편으로는 볼셰비즘을 막는 방벽 역할을 수행하겠다고 제의하면서, 또 한편으로는 소련과 동맹을 체결하겠다고 위협하면서 서구 강국들에게 양보를 얻어냈고, 폴란드를 프랑스에서 고립시킬 수 있었으며, 그리하여 국제연맹을 마비시킬 수 있었다.

이탈리아도 1920년대에 영국과 비슷한 정책을 추구했다. 이탈리아는 프랑스와 동유럽 동맹국들, 특히 유고슬라비아를 약화하려는 수단으로써 일정한 한계 안에서의 독일의 재기를 환영했다. 1930년대에 국제연맹의 무능력이 명백해지게 되자 이탈리아는 독일이 소련을 이용했듯이 때로는 독일이 공동의 위협인 양, 때로는 독일의 말없는 동반자인 양 행동하며 독일을 이용했다. 나아가 이탈리아는 지중해의 지배권을 놓고 영국과 프랑스에 대항하여 공개적인 전쟁을 벌이기도 했다.

소련은 국제연맹 밖에서도 그랬듯이 연맹 안에서도 고립되었다. 소련의 국가적 잠재력과 세계 혁명의 후원자 역할은 서구 강대국에 이중의 위협을 주었다. 이탈리아에 대한 제재를 제외하고는 프랑스, 영국, 소련이 1934년에서 1939년까지의 커다란 위기 앞에서 공동 행동을 하기 위해 단결하기가 불가능함이 입증되었다. 그런 모든 위기에서 서구 강대국들과 소련은 서로 적대관계에 놓였다. 심지어는 1939년에 독일이 소련과 서구 강국들에 대해 전쟁 위협을 했을 때에도 그들은 전쟁을 억제하기 위한 공동 행동에 합의하지 못했다. 그 대신에 양측은 벼락의 위협이 상대방 진영에 떨어지게 하려고 노력했다. 그들을 본의 아니게 동맹관계로 결속하게 한 요인은 양측에 동시에 전쟁을 일으킨 히틀러의 잘못이었다.

마지막으로 1922년의 조약으로 열세에 놓이게 된 데에 분개하면서 일본은 극동에서 패권을 확립할 순간을 준비했다. 일본은 극동에서 영국과 미국 세력을 쫓아냄으로써, 그리고 영국과 미국이 전통적인 정책의 일환으로서 모든 나라에 대해 똑같이 문호를 개방하라고 주장한 중국의 '문호를 폐쇄' 함으로써 극동에서의 패권을 장악할 수 있었다. 따라서 1931년에 일본이 극동 제국을 건설하기 위한 첫 조치로서 만주를 침공했을 때 국제연맹을 이끌던 주요 회원국이었던 프랑스 및 영국과 자연스레 마찰을 일으킬 수밖에 없었다. 연맹의 지배를 위해 프랑스와 영국이 사용한 민족자결 원칙을 극동에서의 지배권을 설정하려고 일본이 똑같은 방식으로 사용했던 사실은 모순적인 의미를 지니고 있다. 이제 그 원칙은 극동의 유색인들을 부추겨 연맹 지도국들의 식민주의에 대항하는 데 활용되었다. 하지만 일본이 연맹의 회원국으로 남아 있던 동안이나 1932년에 탈퇴한 뒤에나 영국은 일본의 중국 침공을 저지하기 위해 연맹을 효율적인 집단행동으로 이끌 만큼 강하다고 스스로 생각하지 못했다.

전쟁을 방지할 수 있는 국제연맹의 능력은 연맹국들의 단결과, 특히 강대국들의 단결에 달려 있었다. 만장일치 원칙에 의거하여 분쟁 당사국을 제외한 모든 연맹국은 행동을 취하려는 연맹의 조치에 반대투표를 함으로써 어떤 결정에 대해서도 거부권을 행사할 수 있었다. 연맹의 주요 지도국 사이의 적대적인 정책을 고려할 때 거부권을 행사할 수 있다는 가능성 자체가 결정적인 집단행동을 취해보려는 노력마저 좌절시켜버렸던 것이다. 모든 것에 우선하는 정의의 원칙만이 그런 행동을 가능하게 할 수 있었을 것이다. 이미 살펴보았듯이 그런 정의의 원칙은 사실 제1차 세계대전에서 패배했던 국가들에 대한 현상現狀의 집단적 방어, 또는 민족자결 원칙 같은 추상적인 원칙으로만 존재했을 뿐이다.

구체적인 행동을 요구하는 정치적 상황에 직면했을 때 이런 추상적인 원칙들은 개개 국가가 추구하는 개별 정책들에 대해 이념적인 정당성을 부여하는 수단으로 변모되었다. 따라서 공동 행동을 위한 공동의 판단 기준이나 지침을 전혀 마련해주지 못하는 이런 추상적인 정의 원칙들은 개별 국가들의 적대적인 정책들을 강화해줌으로써 실제로는 세계적 무정부 상태를 가속화했던 것이다. 그러므로 세계 질서와 평화를 유지하지 못한 국제연맹의 무능력은 주권국가들의 윤리와 정책이 국제연맹이라는 세계 정부의 도덕적, 정치적 목적의 상위에 군림하는 상황에서 불가피하게 초래된 결과였다.

제28장

⌘

# 세계 정부

## 국제연합

국제연합 헌장이 규정한 기능과 실제적 운영을 이해하려면 국제연합 헌장의 규약 내용과 예기치 못한 정치 상황의 압력 아래에서 국제연합의 여러 기관이 헌장에 따라 기능을 실제로 수행하는 방식 사이의 차이점을 명확하게 구별할 필요가 있다. 미국 정부처럼 국제연합이라는 정치 체제는 헌장의 규정과 현실적인 정치 관행을 견주어봄으로써만이 이해될 수 있다. 헌장상의 기능과 실제 활동을 이처럼 구별해 분석해보면 국제연합 기관들이 수행하는 특별한 정치적 기능에서뿐만 아니라 국제기구로서의 국제연합 성격 그 자체 안에서 발생한 일련의 중요한 변모를 발견할 수 있다.

## 헌장상의 국제연합

### 초강대국이 만들어낸 정부

헌장상의 조직 측면에서 국제연합은 국제연맹과 비슷하다. 국제연합 역시 세 개의 정치적 기관을 보유하고 있다. 국제연합의 모든 가맹국으로 구성된 총회General Assembly와 정치적 집행 기관으로서의 안전보장이사회Security Council, 그리고 사무국Secretariat이 그것이다. 그러나 총회와 안전보장이사회 사이의 기능 배분은 국제연맹의 이사회와 총회 사이와는 판이하게 다르다. 강대국들이 만들어낸 정부의 성격을 띠는 경향은 국제연맹에서도 명백했지만 국제연합의 기능 배분 측면에서 철저히 나타나 있다. 이런 경향은 헌장이 규정하고 있는 세 가지 헌장상의 장치에서 분명하게 나타난다. 정치적 문제에 대해 총회가 의결권을 가질 수 없다는 점과 안전보장이사회의 상임이사국들에 대해 만장일치를 요구하는 제한, 그리고 분쟁 당사국은 그들에게 불리한 어떠한 강제 조치도 거부할 수 있는 권리를 가지고 있다는 점이 그것이다.

이미 살펴보았듯이 국제연맹 총회는 단독으로 또는 연맹 이사회와 경쟁적으로 정치적 문제에서 행동을 취할 수 있었던 진정한 의미의 세계 의회였다. 헌장 제10~14조까지의 내용에 따르면 국제연합 총회는 정치적인 문제에 대해 관계 당사국이나 안전보장이사회에 권고를 할 수 있을 뿐이다. 세계 평화와 안전의 유지에 대해서 총회는 토론하고 조사하며 권고할 뿐이지 행동은 취할 수가 없다. 심지어는 온건한 기능까지도 안전보장이사회의 협의 사항에 속하는 문제에 대해서는 총회가 권고를 할 수 없도록 규정한 헌장 제12조에 따라 제약되고 있다. 그러므로 국제연맹의 커다란 특징이었던 이사회와 총회의 동시적 관할권은 결정 기관인 안전보장이사회와 권고 기관인 총회의 서로 엇갈리는 관할권으로 대치되어 있다. 안전보장이사회가 어떤 문제에 관여하고 있을 때 거기에 대해 총회는 토의까지는 할 수 있으나 더 이상 권고할 수는 없다.

이런 장치 때문에 안전보장이사회는 정치적으로 중요한 문제에서 총회의 기능을 간접적으로 통제할 수가 있게 되었다. 어떤 문제를 단순히 자기 관할 사항으로 만듦으로써 안전보장이사회는 총회를 그 문제에 대한 공동 의견을 발표할 권리마저도 가지지 못하는 하나의 토론회로 변모시킬 수 있다.

총회의 기능에 대한 이런 제한은 국제연합에 이중적인 성격을 부여했다. 총회는 어떤 국제 문제의 해결을 위해 3분의 2 이상 다수 찬성으로 안전보장이사회에 권고할 수가 있는데, 안전보장이사회는 이를 마음대로 무시할 수 있다. 안전보장이사회의 이런 자유재량권은 만약에 총회가 세계의 거의 모든 국가로 구성된 대표 기구가 아니고 제한된 회원국만으로 구성된 자문기구에 불과하다면 그다지 심각한 문제는 되지 못할 것이다. 말하자면 안전보장이사회와 총회 사이의 기능적 배분은 헌장상 하나의 기형이다. 국제연합은 똑같은 문제에 대해 두 개의 목소리, 그러니까 총회의 목소리와 안전보장이사회의 목소리로 이야기할 수 있는데, 이 두 목소리 사이에는 아무런 유기적 연관도 없다. 총회는 국제연합의 총 가맹국 3분의 2 이상의 찬성으로 어떤 문제에 권고를 할 수 있으며, 안전보장이사회는 15개 사무국 가운데 아 9개 이사국의 동의로써 그 권고를 묵살하고 다른 결정을 내릴 수 있다.

이 같은 헌장 장치상의 해악은 우리가 신성동맹과 국제연맹에서도 발견했던 강대국의 우세한 지배권에 있지 않다. 오히려 그 해악은 총회가 자신의 무기력함을 내보일 수 있는 기회를 가지는 데 있다. 신성동맹은 사실 강대국들의 세계 정부였다. 국제연맹은 모든 가맹국의 권고와 동의를 받는 강대국들의 세계 정부였으며, 그 가맹국들 각각은 만장일치 원칙에 따라, 그리고 제15조 10항을 제외한 연맹 규약[1]에 따라 그 세계 정부의 행동을 저지할 수 있었다. 국제연합은 그 헌장상의 장치 면에서는 신성동맹과 비슷하고, 외양에서는 국제연맹과 비슷한 강대국들의 세계 정부다. 국제연합의 헌장 내용을 특징짓는 것은 그 외양과 헌장상의 실체 사이의 차이, 다시 말해 헌장의 한 구절 한 구절이 유발하는 민주적 기대감과 실제적 기능 분배로 나타나는 전제적인 운영 사이의 대조다.



국제연합이라는 세계 정부는 바로 안전보장이사회를 통한 세계 정부다. 말하자면 안전보장이사회는 오늘날의 신성동맹인 것이다. 그런 식으로 안전보장이사회의 우월성이 확립되었기 때문에 헌장에서는 더 나아가서 안전보장이사회 안의 강대국들의 우월성을 인정하고 있다. 실제로 국제연합이 정부처럼 기능하기를 기대하는 까닭은 다섯 개 상임이사국이 있기 때문이다. 우리는 만장일치 원칙이 안전보장이사회의 모든 결정에서 폐기되어버렸으며, 본질적인 문제 결정에서는 다섯 개 상임이사국의 찬성투표를 포함한 아홉 개 이사국의 찬성투표로 대치되었다는 사실을 알았다. 다섯 개 상임이사국(중국, 프랑스, 영

---

1_ 1권 pp. 652-653 참조.

국, 소련, 미국) 가운데 몇몇 국가의 우세한 영향력을 고려할 때 그들 사이의 만장일치는 안전보장이사회 이사국 가운데 적어도 다른 네 국가 이상의 찬성투표를 얻게 될 것이 기대된다.

따라서 국제연합은 안전보장이사회 상임이사국의 지속적인 단결에 달려 있다. 헌장의 체계 안에서 이 다섯 개 상임이사국은 말하자면 하나의 세계 연방의 핵심, 다시 말해 신성동맹 안의 신성동맹인 것이다. 만장일치 원칙을 그들에게만 적용하도록 제한함으로써 헌장은 그들을 국제연합의 세계 정부로 만들고 있다. 상임이사국 가운데 단 한 국가만 반대표가 있더라도 국제연합이라는 세계 정부가 존재할 수 없음은 당연한 결과다.

이런 정부적 활동의 강대국 독점은 제27조 3항에서 더욱 강화되어 있는데, 그 조항에 따르면 분쟁 당사국으로서 헌장 제6장에 따른 분쟁의 평화적 해결에 관련되었을 때만 투표권을 갖지 못할 뿐이다. 다시 말하면 제7장에 따른 강제 조치에 강대국의 거부권이 적용되는 것이다. 강대국이 분쟁 당사국이 되었을 때에는 그 강대국의 태도에 상관없이 안전보장이사회는 제27조 3항에 따라 해결책을 제시할 수 있다. 안전보장이사회가 그 결정을 집행하려고 할 경우에 강대국들 가운데 어느 한 국가만이라도 반대한다면 비록 그 국가가 분쟁 당사국이라 할지라도 그 강제적 행위에 대한 법적 장애가 된다. 이러한 경우에 안전보장이사회의 결정은 사문화되고 만다.

하지만 실제로 국제연합이라는 세계 정부는 앞에서 했던 분석보다 더 강대국들의 정부다. 다섯 개 안전보장이사회 상임이사국 가운데 2개국, 그러니까 미국과 소련만이 진정한 강대국이다. 영국과 프랑스는 중간 강대국이며, 중국은 단지 잠재적인 강대국일 뿐이다. 오늘날 같은 세계 정치 상황 아래에서 상임이사국을 포함한 대부분의 안전보장이사회 이사국은 필요하다면 미국, 중국, 소련이 택한 입장을 지지하도록 설득될 수 있다. 법적 장식을 다 떼어버릴 경우 국제연합이라는 세계 정부는 실제로 단결된 행동을 보이는 미국, 중국, 소련의 세계 정부다. 만약 그들이 단결한다면 그들은 기껏해야 질서를 유지하고 전쟁을 방지할 목적으로 나머지 세계를 통치할 수 있을 뿐이다. 만약 그들이 분열된다면 최악의 경우 세계 정부는 전혀 존재하지도 않게 될 것이다.

국제연합은 미국, 중국, 소련의 연합 세력을 통해 세계를 통치하는 이상적인 하나의 도구다. 그러나 국제연합 헌장은 국제연합이 미국, 중국, 소련 사이의 관계에서 질서를 확립하고 유지하는, 또는 그들 사이의 전쟁을 방지하기 위한 세계 정부로 기능할 수 있는 가능성을 명시적으로 나타내지는 않고 있다. 거부권이라는 장치는 미국, 중국, 소련이 그들의 의사에 반하여 세계 정부에 종속될 수 있는 가능성을 배제한다.



### 정의되지 않은 정의 원칙

국제연합 소속 기관의 판단과 행동을 이끌어가는 정의의 기준은 세 곳, 그러니까 헌장 전문, 국제연합의 목적과 원칙을 밝히는 제1장, 그리고 헌장의 그 밖에 다른 여러 곳에서 발견된다. 그러나 신성동맹과 국제연맹의 기본 원칙과는 대조적으로 국제연합이 기초하고 있는 정의의 원칙은 두 가지 내적 모순으로 둘러싸여 있다. 그 하나는 국제연합이 수행할 행동 방식에 관한 것이고, 다른 하나는 수행되어야 할 행동의 목적에 관한 것이다.

헌장 전문은 "크고 작은 …… 각국의 평등권에 관한 …… 신념"을 재확인하고 있으며, 제2조 1항은 "이 기구는 모든 회원국의 주권 평등 원칙에 기초를 두고 있다"라고 선언하고 있다. 이 원칙은 제7장의 강제 조치와 관련된 경우를 제외하고는 "본질상 그 국가의 국내 관할권 안에 있는 사항"을 국제연합의 관할권에서 제외시키고 있는[2] 제2조 7항에 따라 강화되고 있다. 그러나 국제연합의 전체적인 구조는 헌장의 주요 골격 속에 언명되어 있듯이 이른바 각 가맹국의 '주권 불평등'이라고 역설적으로 일컬을 수 있는 것에 기초하고 있다. 국제연합이 헌장에 규정된 대로 기능하려면 안전보장이사회의 이사국이 아닌 모든 회원국은 자신들의 주권을 잃게 되고 단지 이름과 형식상의 주권만 남게 될 것이라는 점을 우리는 이미 지적한 바 있다.[3] 따라서 헌장의 도입부에서 천명된 주권 평등 원칙은 헌장 그 자체가 규정하고 있는 실제적 기능 분배와는 모순되는 것이다.

헌장 전문과 제1장에는 다섯 가지 정치적 행동 목적이 공식화되어 있다. (1) 국제 평화와 안전의 유지, (2) 집단안전보장, (3) "각국의 영토 보존이나 정치적 독립성에 대한" 무력 사용 금지, 그리고 헌장에 정의되어 있는 '공동 이익'을 위한 무력 사용권 유보, (4) "정의와 조약 및 기타 국제법의 원칙에서 발생하는 의무 존중"의 유지, (5) 민족



2_ 국내적 관할권이 국제적 의무에 대해 가지는 파괴적인 영향에 대해 1권에서 논의한 부분(1권 pp. 630-635)을 참고할 것.

3_ 1권 pp. 688 ff. 참조.

자결주의.

이 다섯 개 목적 가운데 처음 두 개는 일반적이고 도구적인 성격을 가진다. 이것들은 국제연합이 하는 일이 무엇이든 간에 그것은 평화적으로 행해져야 하고 집단안전보장 원칙에 따라야 함을 말해주고 있다. 그 밖의 세 원칙들은 특수하고도 구체적이다. 이것들은 구체적인 상황에서 국제연합이 어떤 일을 해야 하는지, 또는 하지 말아야 하는지를 말해주고 있다. 어떤 상황 아래에서는 무력을 사용해도 되고, 또 어떤 상황 아래에서는 무력을 사용해서는 안 되고 정당하게 행동해야 하며, 국제법의 제 규범과 민족자결 원칙과도 조화를 이루도록 행동해야 한다는 것이다.

헌장은 처음 두 목적을 정교하게 다듬고 보충하는 일에 대해서는 매우 뚜렷하게 규정하고 있지만(특히 제6장과 제7장 참조), 나머지 세 목적과 관련해서는 실제로 아무런 언급도 없다는 점이 중요하다. 제11조 1항과 제24조 2항은 총회와 안전보장이사회의 심의와 행동에 관한 지침으로서의 목적과 원칙에 관해 일반적인 언급을 하고 있다. 그러나 정의라든가 국제법의 존중, 민족자결주의 같은 개념의 구체적인 의미는 자명하지도 않으며, 언제 어디서나 똑같은 의미를 지니지도 않는다. 추상적으로는 사람들 대부분이 그런 용어의 정의에 대해 동의할 수 있을 것이다.

이 같은 추상적 용어에 구체적인 의미를 부여하고, 그것들이 사람들의 판단과 행동을 이끌 수 있게 해주는 것은 구체적인 정치 상황이다. 헌장의 주요 골격 속 어느 곳에도 실질적인 정의의 원칙에 대한 정의나 언급이 없다. 그런 추상성에 명백한 내용을 부여할 수 있는 다른 어떤 근거도 없다.

## 국제연합 — 정치적 현실

### 총회의 부침

국제연합의 헌장상의 설계는 세 가지 정치적 가정에 기초하고 있다. 첫째, 강대국들이 평화와 안전에 대한 모든 위협을 그 원인에 관계없이 일치된 행동으로 처리하리라는 점이다. 둘째, 그들의 지혜와 힘이 모이기만 한다면 전쟁에 호소하지 않고서도 그런 모든 위협에 충분히 대처할 수 있으리라는 점이다. 셋째, 그런 위협은 강대국들 가운데 한 국가에서 생기지는 않으리라는 점이다. 이 가정들은 경험적 사실을 통해 뒷받침되지 못하고 있다. 강대국들은 자신들의 서로 다른 이익들이 문제가 될 때에는 단결하여 행동할 수가 없었다. 달리 말한다면 그들은 아주 드물고 예외적인 경우에만 단결하여 행동할 수 있었던 것이다. 그리고 세계 평화와 안전에 대한 주요한 위협은 주로 강대국 자신들에서 발생한다. 따라서 헌장의 설계는 전후 세계의 정치 현실에 도전받아온 것이다.

헌장의 의도와 정치적 현실 사이의 차이는 처음에 국제연합에서 의도했던 것과는 다른 모습으로 바뀌어왔다. 그 둘 사이의 관계가 역동적으로 변화해온 모습을 자세히 살펴보면 세 단계 과정으로 구별할 수 있다. 대체적으로 처음 10년 동안은 안전보장이사회의 쇠퇴와 총회의 득세 시기였다. 그다음 10년은 안전보장이사회와 총회의 권한을 위임받아 행동하는 사무총장의 득세로 대략 특징지어진다. 평화 유지 활동의 재정 문제에 대한 갈등으로 초래된 1964년의 헌장상의 위기는 사무총장의 한계를 명백히 드러냈으며, 그 결과로 안전보장이사회는 다시 그 헌장 때문에 주어진 권위를 회복하기 시작했다.

안전보장이사회와 총회의 상대적 중요성에 관한 이 같은 변화는 두 기관의 활동의 양적 변화를 나타낸 도표를 통해 잘 드러난다. 이들이 다룬 정치적 쟁점의 수로 판단해보면 안전보장이사회는 헌장의 의도와 일치하게 국제연합의 선두 정치 기관으로 활동을 시작했었다. 그러나 1948년 7월 1일 이래로 안전보장이사회의 활동은 그 절대치에 많은 변화를 보이면서 총회의 활동에 비해 계속적으로 열세를 보여주고 있다.

미국과 소련 사이의 갈등과 중국의 부재로 국제연합은 헌장이 의도하듯이 강대국들의 세계 정부가 되지 못했다. 그런 갈등은 세계 정부의 한 기관으로서의 안전보장이사회를 마비시켜왔다. 안전보장이사회가 이러한 기관으로서 행동할 수 있었던 몇 안 되는 경우에서도 한국 전쟁 초기에서처럼 소련의 우연하고도 일시적인 불참 때문에, 그리고 인도네시아, 카슈미르, 수에즈 문제에서처럼 각국 이익의 우연하고도 예외적인 일치 때문에 안전보장이사회는 그 기능을 수행할 수 있었다.

마찬가지로 안전보장이사회가 개최한 회의 수 변화는 국제연합의 지도적인 정치 기관으로서의 중요성 변화를 보여준다.

미국과 소련의 전 세계에 걸친 이해관계와 개입 때문에 안전보장이사회에 상정되어온, 또는 상정될지도 모르는 모든 문제에는 두 초강대국의 이해와 개입이 어느 정도 불가피하게 얽혀 있다. 이런 관련성

| 총회와 안전보장이사회에서 다루어진 정치적 사건 통계 (1946년 1월 1일 ~ 1964년 6월 30일) | | |
|---|---|---|
| 기간 | 총회 | 안전보장이사회 |
| 1946. 1. 1. ~ 1946. 6. 30. | 2 | 8 |
| 1946. 7. 1. ~ 1947. 6. 30. | 6 | 8 |
| 1947. 7. 1. ~ 1948. 6. 30. | 9 | 14 |
| 1948. 7. 1. ~ 1949. 6. 30. | 15 | 10 |
| 1949. 7. 1. ~ 1950. 6. 30. | 13 | 12 |
| 1950. 7. 1. ~ 1951. 6. 30. | 24 | 12 |
| 1951. 7. 1. ~ 1952. 6. 30. | 17 | 9 |
| 1952. 7. 1 ~ 1953. 6. 30. | 18 | 5 |
| 1953. 7. 1. ~ 1954. 6. 30. | 12 | 8 |
| 1954. 7. 1. ~ 1955. 6. 30. | 18 | 4 |
| 1955. 7. 1. ~ 1956. 6. 30. | 13 | 4 |
| 1956. 7. 1. ~ 1957. 6. 30. | 19 | 11 |
| 1957. 7. 1. ~ 1958. 6. 30. | 22 | 9 |
| 1958. 7. 1. ~ 1959. 6. 30. | 15 | 6 |
| 1959. 7. 1. ~ 1960. 6. 30. | 14 | 2 |
| 1960. 7. 1. ~ 1961. 6. 30. | 20 | 6 |
| 1961. 7. 1. ~ 1962. 6. 30. | 24 | 8 |
| 1962. 7. 1. ~ 1963. 6. 30. | 15 | 4 |
| 1963. 7. 1. ~ 1964. 6. 30. | 11 | 8 |
| 계 | 287 | 148 |



때문에 합의는 일반적으로 불가능해졌으며, 안전보장이사회에서의 투표는 보통 소련을 한 편으로 하고 나머지 대다수 이사국이 다른 편에

| 안전보장이사회가 개최한 회의 수 | | | |
|---|---|---|---|
| 1946 | 88 | 1956 | 51 |
| 1947 | 137 | 1957 | 48 |
| 1948 | 168 | 1958 | 36 |
| 1949 | 62 | 1959 | 5 |
| 1950 | 73 | 1960 | 71 |
| 1951 | 39 | 1961 | 68 |
| 1952 | 42 | 1962 | 38 |
| 1953 | 43 | 1963 | 58 |
| 1954 | 32 | 1964 | 86 |
| 1955 | 23 | | |

가담하는 양상을 띠어왔다. 이렇게 되면 소수의 강대국이 다수에 대해 자신들의 반대 의견을 제시하고, 자신들의 이익을 적대적인 다수의 침해에서 보호하는 방법은 거부권이라는 도구를 통해서 가능해진다.



국제연합이라는 세계 정부의 가장 효율적인 기관으로서 총회가 그 탁월성을 보일 수 있었던 까닭은 두 가지 요인에 기인한다. 이는 총회의 다수파가 다섯 가지 헌장상의 장치를 이용했음과 현대 세계 정치의 성격 때문이다.

총회가 세계 정부의 한 기관으로서 활동해오면서 그 동안 추구해온 헌장상의 관행은 안전보장이사회의 권위를 줄이고 총회의 권위를 늘리는 경향을 띠었다. 우선 무엇보다도 헌장 제12조 1항은 안전보장이사회에 부여한 총회 활동에 대한 지배권을 두 개의 헌장상의 장치에 따라 회피해왔다. 많은 안건이 교착 상태에 빠진 안전보장이사회에서 단순 과반수 투표로 결정하는 총회로 이양되었으며, 이는 그러한 이양이 헌장 제27조 3항에 따라 모든 상임이사국의 동의 투표를 요구하지 않는 절차상의 문제라는 가정에 근거하고 있다. 다시 말해서 안전보장이사회는 어떤 문제를 안전보장이사회에서 총회로 이양하자는 과반수의 결정에는 거부권이 적용되지 않는다는 가정에 따라 행동해온 것이다.

더욱이 총회는 제12조 1항을 임의로 해석해왔으며, 안전보장이사회에도 동시에 상정된 안건에 대해 권고를 해왔다. 팔레스타인과 한국 문제에서 이런 상황이 발생했다. 그 절차는 총회가 똑같은 문제를 놓고 안전보장이사회가 관여할 때와는 다른 어떤 한 측면을 다루고 있다는 식의 법적 논의로써 정당화되어왔다. 이런 주장은 분명 제12조 1항을 약하게 만드는 경향이 있으며, 결과적으로 총회가 거기에 상정되는 거의 모든 문제에 무제한적인 관할권을 갖는다는 가정을 위한 문을 활짝 열어놓은 셈이다.

총회는 한 걸음 더 나아가 평화와 안전의 보존에 대한 기본적이고도 특별한 책임이 총회에 있다는 사실을 적극적으로 내세웠는데, 제24조 1항에 따르면 그런 책임은 주로 안전보장이사회에 주어져 있다. 총회는 '평화를 위한 단결 결의Uniting for Peace Resolution'[4]를 통해 이런 결과를 얻었으며 이 결의에 따라 집단조치위원회Collective Measures Committee가 구성되어 평화와 안전의 유지를 위한 폭넓은 자문 기능을 가지게 되었다. 소련이 그 결의를 부정적인 것이라고 한 선언은 지나

4_그 내용에 대해서는 1권 pp. 667-669 참조.

친 주장이었지만, 집단조치위원회가 안전보장이사회를 '위축시키기' 위해 고안되었다고 한 주장은 전혀 틀린 말은 아니었다. 왜냐하면 집단조치위원회의 성립은 안전보장이사회가 강대국들의 여러 가지 이익이 얽힌 문제에 관해서는 세계 정부의 한 기관으로서 활동하지 못하는 명백한 무능력에 의존하기 때문이다.

헌장의 내용을 살펴보면 총회는 어느 점에서도 안전보장이사회의 지위를 결코 대신할 수 없었다. 왜냐하면 헌장은 단지 안전보장이사회에만 법적으로 구속력 있는 결정을 내릴 수 있는 권한을 부여하고, 총회에는 권고적 권한만을 허용함으로써 그 같은 권한 침해에 대한 외견상 뛰어넘을 수 없는 장애물을 설치했기 때문이다. 점점 더 뚜렷해진 안전보장이사회의 무능력은 두 기관의 상대적 권한에 미묘한 변화를 초래했다. 이 변화는 적어도 어떤 문제에 대해서, 그리고 일정한 한계 안에서[5] 총회의 권고에 대해 법적으로 구속력 있는 결정과 비슷한 권위를 부여했다. 실질적으로 국제연합의 과반수 회원국들은 어떤 문제에 대해 국제연합이 행동을 취해야 하며, 안전보장이사회가 조치를 취할 수 없는 경우에는 만약 할 수만 있다면 안전보장이사회가 취했을 행위와 같은 방식으로 총회가 대신 조치를 취해야 한다고 분명하게 느꼈던 것이다. 따라서 기술적으로 말하면 총회는 단지 권고할 수 있을 뿐이지만, 회원국들의 실질적 과반수는 어떤 문제와 관련하여, 그리고 일정한 한계 안에서 자기들의 권고가 마치 법적 구속력을 지니듯이 행동하려는 경향을 보여왔던 것이다.[6]

5_ 바로 이런 조건에 대해서는 2권 pp. 322 ff.에서 설명할 것이다.

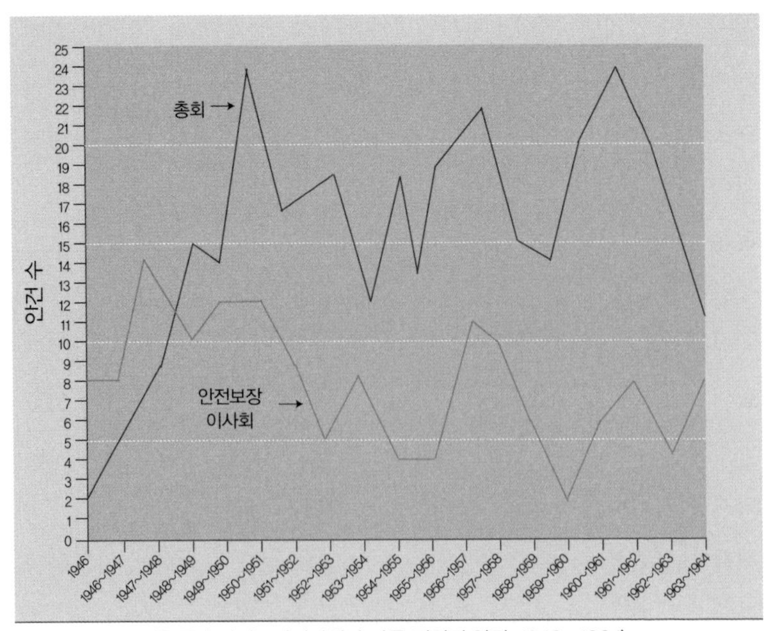

〈총회와 안전보장이사회가 다룬 정치적 안건, 1946~1964〉

이처럼 총회가 국제연합 안에서 정치적 유력 기관으로 변모할 수 있었던 까닭은 오직 회원국의 적어도 3분의 2 이상이 그것을 선호했기 때문이다. 왜냐하면 만약에 3분의 2 이상의 다수가 총회에 상정된 권고에 찬성하지 않았다면 그런 변모는 일어나지 않았을 것이기 때문이다. 바로 이 3분의 2 다수가 총회의 변모를 가능하게 했던, 그들이 지지하는 한 그 변모에 생명을 불어넣었던, 그리고 그 변모의 내용과 힘을 결정했던 도구였다. 그리고 그 변모의 성격은 그 다수가 어떻게

6_ 이런 경우에 대한 보기 드문 독특한 예를 회고할 수 있다. 이탈리아 식민지 문제와 관련하여 프랑스, 영국, 미국, 소련은 총회의 결정 사항을 구속력 있는 것으로 받아들이기로 사전에 약속했었다.

구성되느냐에 달려 있다.

총회의 권고를 지지하는 다수의 구성은 1955~1956년에 새로운 두 회원국을 받아들임으로써 급격한 변화를 겪었다. 이 시기는 국제연합의 역사에서 한 단계의 막을 내리고 새로운 단계를 맞이하는 전환점이었다. 그 이전의 국제연합은 그 이후의 국제연합과는 다른 세계 정부였으며, 현재의 국제연합이 수행하는 기능과는 다른 기능을 수행하던 세계 정부였다고 할 수도 있다. 국제연합이 겪었던 변화는 정치 토론의 장이 안전보장이사회에서 총회로 넘어간 것으로 그치지 않았다. 그 변화는 총회 자체 안에도 두 개의 다른 종류의 다수에 기초하여 두 개의 다른 형태의 국제기구를 만들었다.

1956년 말까지 총회의 권고를 지지하던 다수파의 핵심 국가로는 미국, 서구 제국, 대부분의 영연방 국가, 그리고 라틴 아메리카 국가들이 있었으며 그 수는 39개국에 이르렀다. 이 핵심 국가들을 둘러싸고 그 주위에는 서로 다른 국가들이 때로는 다수파에 찬성하기도 하고, 때로는 반대하며, 때로는 기권하면서 유동 세력으로 무리를 지었다. 거기에서도 항상 제외되었던 국가군은 5개국으로 구성된 소련 진영이었다. 이 당시의 국제연합은 소련 진영의 참여 없이도 임무를 수행한 세계 정부였을 뿐만 아니라 소련 진영이 국제연합에 반대했듯이 소련 진영에 반대했던 세계 정부이기도 했다. 국제연합은 소련 진영에 대한 반대에서 자기 존재 이유 및 정치적, 군사적 주요 목적을 찾고 있었다. 그 목적에서 국제연합은 소련 진영에 대항한 하나의 거대한 동맹이라고 할 수 있었다.

어떤 원인 때문이든 모든 침략에 반대하는 강대국 정부의 한 도구로 인식된 국제연합은 정치적 필요에 따라 확실한 원인에서 야기된 실제적인 침략은 물론, 잠재적 원인으로 말미암은 잠재적인 침략에도 반대하는 크고 작은 많은 국가의 수단이 되어왔다. 헌장에 따르면 국제연합은 추상적인 침략에 대항하는, 다시 말해 모든 곳에서 자행되는 모든 침략에 대응하는 무기가 되어야 했다. 정치적 이익 논리를 따라 국제연합은 개별적인 특정 침략자들이 저지르는 행위를 기준으로 판단해서 그들에 대항하는 무기가 되었다. 그러므로 1953년 3월, 총회에 파견된 소련 대표는 집단조치위원회의 보고서를 토의하는 도중에 평화를 위한 단결 결의와 그 위원회의 활동이 소련에 대항하는 미국의 획책이라고 주장하면서 선동적인 언어로 국제연합의 구조와 목적을 근본적으로 바꿔야 한다고 지적했다. 그리고 미국 대표가 그 결의와 위원회의 활동이 '어느 누구'에 대항하기 위함이 아니라 침략에 대항하기 위함이라고 응수했을 때 그는 헌장을 현실 국제정치에 대한 이념적 구실로 사용하면서 정치 현실보다는 헌장 정신에 말뿐인 찬사를 보냈다.



국제연합 회원국 수가 처음 50개국에서 현재 158개국으로 늘어남으로써 총회 안의 투표 세력 분포에 급격한 변화가 일어났으며, 이와 더불어 국제연합이 총회를 통해 수행할 수 있는 정치적 기능에서도 급격한 변화가 일어났다. 회원국의 증가는 투표수의 분포에서 세 가지 중요한 정치적 변화를 초래했다. 서방 진영은 소련 진영에 대항하는 결의안을 지지하는 데 필요한 과반수를 동원하기 어렵게 되었다. 미국이 바랄 수 있는 최선책은 못마땅한 결의안이 상정되었을 때 미국을 지지하는 국가들이 그 안건에 대한 투표를 유보하게 함으로써 거부권을 행사하는 것이었다. 미국은 기껏해야 소극적인 영향력을 계속 행사할 수 있을 뿐이다. 어떤 국가가 미국의 이익에 반해 국제연합을 이용하지 못하도록 방지할 수 있을 뿐이다. 그러나 미국은 미국의 이익을 증대하는 일 같은 적극적인 임무를 수행하기 위해서는 국제연합을 더 이상 이용할 수 없게 되었다.

국제연합 안에서의 미국의 영향력이 급격하게 쇠퇴한 반면, 소련 진영의 영향력은 늘어났다. 제2차 세계대전 이후 10여 년 동안 소련은 안전보장이사회와 총회에서 사실상 무기력한 소수파였다. 이미 살펴보았듯이 소련은 안전보장이사회의 투표에서 매번 패배하던 상황에서 거부권을 행사함으로써 자국의 이익을 보호할 수 있었다. 총회에서는 소련의 입장을 지지하는 회원국 수가 3분의 1에 대체로 못 미쳤기 때문에 자국에 못마땅한 어떤 결의안이 통과되는 것을 막지는 못했다. 최근까지만 해도 소련은 자기 진영의 투표수에 많은 다른 국가의 투표수를 더할 수 있는 좋은 기회를 가졌다. 물론 이는 미국이 누리는 것처럼 그렇게 좋은 기회는 아니었다. 소련 진영의 투표수에 다른 국가들의 투표수를 더하면 국제연합 회원국 수의 3분의 1 이상이 되기 때문에 소련에 불리한 결의안을 저지할 수 있을 만큼 소련의 지위를 바꿔놓았을지도 모른다. 그러나 국제연합에 중국이 등장함으로써 중국 및 중국을 지지하는 국가들이 소련에 적대적인 입장을 취하곤 했으므로 그런 기회는 사라져버렸다.

투표권의 분포에 대한 이 같은 변화는 국제연합 회원국 수의 대규모 증가가 주로 이른바 아프리카-아시아 블록에 속한 국가들에 유리했다는 사실에서 기인하고 있다. 아프리카-아시아 블록은 국제연합 회원국의 3분의 1 이상을 구성하고 있다. 따라서 만약 그들이 연합하여 투표한다면 그들의 이익에 반하는 어떤 결의안에도 거부권을 행사할 수 있으며, 또는 미국이나 소련 진영에 가담하여 어떤 결론을 낼 수 있는 3분의 2 과반수의 핵심이 될 수도 있다. 그러나 실제로 아프리카-아시아 블록은 단결해서 투표권을 행사한 적이 거의 없었다. 몇몇 국가는 미국에 동조하고, 몇몇 국가는 소련 측에 동조하며, 그 밖에 상당히 많은 국가는 기권하는 등 그들의 투표는 전형적으로 분열되어왔다. 결과적으로 국제연합이 총회를 통해 정치적 기능을 수행할 수 있는 능력을 볼 때 아프리카-아시아 블록은 여태까지 소극적인 기능을 수행해왔다. 그들은 자신들의 투표를 분산함으로써 미국과 소련이 회원국 3분의 1 이상의 거부권을 가지고 단순 과반수의 의지를 거부할 수 있는 능력을 키워주었던 것이다. 그 결과 총회는 식민주의의 잔재에 대한 반대, 전쟁 중인 국가들의 휴전이나 협상에로의 권유, 사무총장에게 조사·관찰·보고하고, 훌륭한 사무국의 이용, 평화 유지군의 조직, 평화와 질서 회복에 필요하다고 생각되는 일을 할 수 있는 권위 부여 등 단순한 반대가 아니라 좀 더 구체적인 정책을 요구하는 결의안을 통과시킬 수 없음이 증명되었다. 이렇듯 구체적이고도 실질적인 정책에 총회 구성원의 3분의 2 이상이 찬성할 수 없게 되자 사무총장이 국제연합의 일시적인 최고 집행관으로 격상되는 결과가 초래되었다.

헌장에 따르면 사무총장은 "기구 행정 직원들의 수장"이다. 그는 "국제 평화와 안전의 유지를 위협한다고 생각되는 사항에 대해 안전보장이사회에 주의를 환기할 수 있다." 그리고 사무총장은 "국제연합의 기관들에게 위탁받은 기타 임무를 수행한다." 사무총장이 국제연합의 명실상부한 최고 정치 대리인으로서의 새로운 기능을 가지게 된 까닭은 이 같은 헌장의 규정에 근거한다.

이런 새로운 기능들은 총회의 무능력과 밀접한 연관이 있다. 총회가 취한 행동의 책임이 안전보장이사회의 무능력과도 밀접히 관련됨과 같은 이치다. 그리고 한 걸음 더 나아가 정치적 문제 해결에 대해 국제연합이 지는 책임은 그 문제에 직접적으로 관련된 국가들, 특히 강대국들 사이에서 중요한 정치적 쟁점을 해결하지 못하는 무능력의 부산물이라고 이야기할 수도 있다. 그래서 그들은 국제연합에 해결책을 모색하는 책임을 부과한다. 마비되어버린 안전보장이사회 자리를 대신한 총회 회원국들은 그들이 각각 개별 국가로 행동할 때와 마찬가지로 어떤 해결책에 집단적으로 동의할 수가 없다. 그래서 그들은 해결책을 모색하는 책임을 사무총장에게 부과한다.

이리하여 사무총장은 국제연합의 일종의 수상이 되었다. 안전보장이사회와 총회에서 일반적으로 모호한 권한을 위임받음으로써 사무국은 안전보장이사회와 총회가 수행했어야 할, 그러나 수행할 수 없었던 정치적 기능을 떠맡은 것이다. 사무국의 이런 변모는 1953년부터 1961년까지 사무총장직을 맡았던 함마르셸드Dag Hammarskjöld, 1905~1961의 창의력과 능력에 크게 힘입었다. 그 자신이 한 말을 빌리자면 그는 국제연합을 "정부들의 유력한 도구"로 변모시켰다. 다시 한 번 그가 한 말을 빌리자면 그는 "새로운 집행적 책임을 어딘가에 창조"하기 시작했으며, "평화와 안전의 수호를 위해 국제연합 헌장과 전통적 외교가 제공한 체제 안에서 나타날지도 모를 어떠한 진공 상태를 채우려고 노력하기" 시작했다. 그는 총회나 안전보장이사회에서 위임받은 권한을 폭넓게 해석하는 이상으로 나아갔으며, 때로는 전혀 아무런 권한을 위임받지도 않은 채, 그리고 어떤 회원국의 명백한 반대에 직면하면서까지 행동하기도 했다. 이리하여 그는 소련이 사전에 그의 라오스 방문에 반대를 표명하고, 특히 국제연합의 대표를 남겨두는 데에 반대했는데도 1959년 라오스에 국제연합군을 주둔시켰다. 마찬가지로 1958년에 그는 레바논에 국제연합 조사반의 증강을 제의한 미국 측 제안과 사무총장은 행동의 자유를 부여받아야 한다는 일본 측 제안에 소련이 이미 반대했는데도 레바논 주재 국제연합 조사반을 증강하기로 결정했다.

이처럼 사무총장 자리가 초국가적 정치기구와 비슷하게 권한이 커지자 사무총장이 취한 특별 조치에 대해 특정 국가들이 반대했을 뿐만 아니라 모든 정치적 국제기구의 마비를 가져온 내부 모순, 다시 말해 각 국가의 주권과 국제기구의 능률성 사이의 모순이 더욱 첨예화되었다. 소련은 국제 조약과 기구가 주도하는 주권 침해에 대항하여 그들의 국가 주권을 계속적으로 방어했으며, 국제연합의 초국가적 열망의 구현체 역할을 하는 함마르셸드와 그의 전임자 트뤼그베 리Trygve Lie, 1896~1968의 주도권에도 계속 반대했다. 1958년에 드골이 정권을 장악한 뒤 프랑스는 소련 측에 가담했다. 소련은 비동맹 진영, 소련 진영, 서구 진영을 각각 대표하는 동등한 권력을 지닌 세 명의 관리가 사무총장을 대신하게 하는 이른바 삼두체제Troika를 제의함으로써 사무총장의 권한을 약화하려고 했다. 만약 이 제안이 통과되었더라면 사무총장의 직책은 거부권에 따라 좌우되고 말았을 것이며, 거부권 때문에 안전보장이사회가 마비되었듯이 마비 상태에 빠지고 말았을 것이다. 이 제안이 실패로 돌아가자 소련과 프랑스, 그리고 이두 국가를 지지하는 다른 국가들은 국제연합의 초국가적 성향을 중지시키고 역전시킬 수 있는 다른 방편을 모색했다. 그들은 총회가 권고한 평화 유지 조치에 대한 재정 지원 문제에서 그 방편을 모색했다.

헌장 제19조에는 "이 기구에 대한 분담금의 지불을 연체하고 있는 국제연합 회원국은 그 연체금 액수가 당시까지 만 2년 동안 그 국가가 납입해야 할 분담금 액수와 같거나 또는 이를 초과할 때에는 총회에서 투표권을 가지지 못한다"라고 규정되어 있다. 1964년 12월 1일에 소련이 바로 이러한 처지에 놓여 있었으며, 프랑스와 그 밖의 많은 약소국이 1965년 1월 1일에 그런 상황에 처해 있었다. 국제사법재판소가 정반대의 권고적인 의견을 내놓았는데도 소련과 프랑스는 총회에서 통과된 평화 유지 조치를 위한 분담금을 지불할 의무가 없다고 주장했다. 그들이 주장한 바에 따르면 강대국들이 거부권을 사용하여 자국의 이익을 보호하는 안전보장이사회만이 총회의 3분의 2 찬성에 따라 통과된 가자 지역 문제나 콩고 지역 문제 같은 평화 유지 조치를 지시할 권한이 있다는 것이다.

만약 헌장의 규정이 적용되었더라면 소련은 1964년도 회기 초에 자동적으로 투표권을 박탈당했을 것이며, 프랑스와 다른 분담금 체납 국가들은 1964년 1월 1일 이후에 박탈되었을 것이다. 그랬었다면 국제연합은 회원국들 중 다른 강대국들에 대해서도 그 권한을 행사할 수 있었을 것이다. 그렇게 했을 경우 국제연합은 회원국들의 공공연한 분열이나 이탈을 감수했어야 했을 것이다.

몇몇 회원국은 이런 위험에 처하지 않으려고 했고, 심지어는 제19조를 적용하자는 결의를 단호하게 주장하던 미국조차도 국제연합의 권위를 내세우면서 그 문제를 공개적으로 논의하기를 기피했다. 총회는 투표 대신에 '만장일치'를 통해 운영되었다. 다시 말해 총회는 전원이 찬성한 업무만을 처리했으며, 그 동의도 총회의 토론장에서 공식적인 투표를 통해서가 아니라 로비를 통한 비공식적인 합의를 통해 이루어졌다. 그리고 회기 마지막 날에 총회는 정상적인 투표 절차를 재개해야 한다고 알바니아가 주장하면서 그 문제를 공개적으로 다루려고 했을 때, 그 제의는 투표를 통해 기각되었다. 그 투표에는 분담금 체납 국가들도 참가했는데, 이는 헌장 제19조는 절차상의 투표가 아닌 실제적인 투표에만 적용된다는 법적 근거가 없는 이유에 따른 결과였다.



이런 법률적 입장과 논쟁은 국제연합이라는 조직 자체에 내재하는 갈등이 표면적으로 드러난 데 지나지 않는다. 국가 주권과 효율적인 국제기구 사이의 갈등이 그것이다. 이미 살펴보았듯이[7] 이 두 개념은 이론적으로나, 실제적으로나 조화될 수 없는 것이다. 한 국제기구가 효력을 발휘할 수 있으려면 그 기구 회원국의 행동의 자유는 침해되기 마련이며, 각 회원국이 행동의 자유를 주장하면 국제기구의 효율성은 손상되기 마련이다. 헌장 자체가 한편으로는 모든 회원국의 '주권 평등'을 강조하고, 다른 한편으로는 안전보장이사회의 상임이사국에 제한된 세계 정부에 준하는 특권을 부여함으로써 해결될 수 없는

7_1권 pp. 688 ff. 참조.

갈등을 나타내고 있는 것이다.

헌장 제19조의 적용을 보류하고 국제연합의 평화 유지 조치에 자발적으로 기여하자는 원칙이 1965년 총회에서 결의됨으로써 국가 주권을 옹호하고 국제연합의 강력한 권한을 반대하던 측은 결정적인 승리를 거두었다. 앞에서 언급했듯이 국제연합이 초헌장적인 발전을 통해 전개되어왔다는 점에서 그런 승리는 분명히 국제연합에 대한 반혁명이었다. 거의 20년 동안 지속되어온 국제연합의 이런 초헌장적인 발전은 이 결정으로 무위로 돌아갔다. 이 결정으로 국제연합은 헌장의 원래 의도대로 되돌아오게 된 것이다.

이는 실제로 거부권 및 11개국에서 15개국으로 늘어난 이사국 수의 증가로 무력해질 여지가 아직 많기는 하지만 안전보장이사회가 다시 최고 집행 기관이 되었으며, 본질적으로 총회가 투표권의 합계와 실질적인 국력의 총계가 전혀 비례하지 않는 소국가들의 과도한 가입으로 쇠약해진 토론장이 됨으로써 그 기능이 축소되었고, 또한 사무총장은 총회가 그에게 부여한 집행권을 박탈당했다는 사실을 의미한다. 말하자면 안전보장이사회가 무기력해졌으며 총회도, 사무총장도 무기력해진 것이다. 국제연합은 더 이상 효율적인 국제기구가 아니었다. 이에 대해 사무총장 우 탄트U Thant, 1909~1974는 1965년 3월 22일의 한 연설에서 이렇게 말했다.

> 본인이 느끼기에 오늘날 우리가 목격하고 있는 상황은 국제연합이 세계의 안정과 평화를 위해 진행해온 완만한 진보가 명백하게 역전되고 있다는 사실입니다. 만약 제때 바로 잡지 않고 이런 상태가 더 지

속된다면 위대한 여망의 한 장이 종말을 고하고 세계 기구가 단지 하나의 토론장밖에 되지 못하는 새로운 장이 시작될 것입니다.

안전보장이사회를 헌장의 의도에 따라 운영시키기에 충분한 이익공동체가 상임이사국들 사이에 존재하는지, 그리고 총회가 전에 가지고 있던 권한을 되찾아 국제연합이 강력한 기구로 변모하는 데에 대해 총회의 각 회원국이 충분히 인식하고 있는지는 미래만이 이야기해줄 수 있을 것이다.

사무총장의 권한 약화는 국제연합 내부에서 반대가 표출된 결과일 뿐만 아니라 사무국의 고유한 결점이 드러난 결과이기도 하다. 정치적 분쟁에 말려든 당사국들을 국외자들이 평화적 해결에 동의하게 하는 방법에는 네 가지가 있으며, 개별적으로 또는 동시적으로 사용될 수 있다. 다시 말해 그들은 분쟁을 계속함으로써 얻을 수 있는 이익보다 불이익이 더 크다는 사실에 위협을 받을 수 있으며, 분쟁을 성공적으로 끝맺음으로써 기대할 수 있는 이익보다 더 큰 이익을 약속받을 수도 있다. 그리고 기대되는 이익이나 손해에 관한, 그리고 상대방이나 그 분쟁에 관심을 쏟는 제3국의 의도나 능력에 대한 합리적인 논의에 설득될 수도 있으며, 그들의 체면을 세워주면서 기술적으로도 만족할 만한 처방을 고안해냄으로써 이미 실질적으로 성취된 하나의 타협안을 최종적으로 마무리 짓는 마지막 작은 단계에서 도움을 얻을 수도 있다. 이 네 가지 방법 가운데 처음 두 가지가 나중 두 가지보다도 더 중요하며, 나중의 두 가지는 본질적으로 부수적인 기능을 맡고 있다. 정치적 행위자로서의 사무총장의 지위가 어느 정도로 약화되었느냐는 그가 위협과 구속이라는 조정의 가장 유력한 두 가지 도구를 거의 완전히 박탈당했다는 사실과, 그의 활동이 이미 실질적으로 성취된 타협에 관한 합리적인 설득이나 그것을 문서화하는 데에 국한되었다는 사실에서 잘 드러나고 있다.

현재 상황 같은 총회의 취약성은 사무총장의 취약성 속에 반영되어 나타난다. 총회와 사무총장 모두는 이야기하고 설명하고 공식화할 수는 있지만, 현재로서는 정치적 행위의 핵심이라고 할 수 있는 위협과 약속이라는 조종간을 쥘 수가 없는 것이다. 사무총장의 일시적 탁월함은 능력이 없으면서도 행위를 요청받아 곤경에 처해버린 총회 때문에 생긴 것에 지나지 않았다. 그리고 마찬가지로 총회에 제기된 행동 요청은 미결인 채로 남겨진다면 전쟁으로 발전할지도 모르는 문제를 해결할 수 없어 절망에 빠진 강대국의 외침에 지나지 않는다. 따라서 총회의 결의와 마찬가지로 사무총장의 행동은 질병의 치료책이 아님은 말할 나위도 없고, 회복의 기미라기보다는 그들로서는 어쩔 도리가 없음을 보여주고 있다. 그러나 그것들은 손상된 신경을 치료하는 진정제 효과나 현재의 상처가 더 커지지 않게 방지하는 약물 치료 같은 효과를 보일 수도 있다. 이것이 바로 오늘날 국제연합이 국제 분쟁의 평화적 해결을 위해 실제로 할 수 있는 공헌이다.

어쨌든 총회는 안전보장이사회가 애초부터 처해 있던 입장에 당분간이나마 놓이게 되었다. 다시 말해 헌장에서 요구하는 과반수를 충족시키지 못함으로써 총회가 임무를 수행할 수 없는 것이다. 그러나 소련의 예측 가능하고 거의 자동적인 거부권 사용 탓에 안전보장이사회가 처음부터 마비되었던 사실과는 달리 총회의 마비는 세 단계로 분석해볼 수 있는 역동적인 진행 과정의 결과였다. 미국이 주도했던 3분의 2 다수의 해체, 두 강대국이 자국의 정책을 지지하는 3분의 2 다수를 확보하려던 헛된 노력, 그리고 상대편을 지지하는 투표수를 최소화하려던 두 강대국의 노력이 그 세 가지 국면이다. 이처럼 지지표 또는 적어도 기권을 확보하려는 계속적인 노력이 총회에서 강대국들을 사로잡은 주요 문제 가운데 하나가 되었다. 여기에서 새로운 외교적 절차가 생겨났는데, 이는 두 가지 중요한 의의를 지닌다. 그 절차는 강대국들에게 적어도 그들의 정책을 형성하는 과정에서나마 많은 약소한 회원국의 선호도를 따르게 함으로써 국제 분쟁의 첨예한 국면을 무디게 해준다. 또 그 절차는 불리한 결정에 대한 명백한 책임을 국제연합으로 돌릴 수 있는 기회를 관련 국가들에게 제공함으로써 그들의 체면을 세워주고 충격을 흡수하는 장치로서의 역할을 하고 있다.



## 새로운 절차들

자국 정책을 성공적으로 수행하기 위해 약소국들의 지지가 필요한 강대국들은 두 가지 행동 경로 가운데 하나를 택할 수 있다. 우선 강대국들은 전통적인 외교 방식에 따라 월등한 국력으로 약소국들에게 압력을 가할 수가 있다. 이런 방법으로 의존관계가 수립되고 동맹관계가 형성된다. 그러나 국제연합 총회를 통해 자국 정책에 대한 지지를 확보하려는 강대국들은 자신들의 강한 국력에만 의존할 수가 없다. 만약 강대국들이 자신들의 정책적 목적을 위해 충분한 투표수를 확보하지 못한다면 강한 국력은 아무 소용이 없다. 따라서 강대국들은 총회의 절차에 따라 결정되는 다른 행동 경로를 추구해야 한다. 이런 총회의 절차와 그 절차로 생겨난 새로운 국제연합 외교는 모든 회원국이 각각 한 표의 투표권만을 갖고 있기 때문에 강대국과 약소국 사이의 차이를 줄이는 경향이 있다.

만일 한 강대국이 전통적인 외교 수단으로 동맹관계를 형성하려고 한다면 그 강대국은 동맹을 맺으려는 상대 국가들의 국력 관점에서 동맹 상대국을 선택할 것이다. 그러나 새로운 국제연합 외교의 임무는 정치력, 군사력의 최대량에 따라 동맹을 형성하기보다는 최대한의 투표권을 확보함으로써 과반수를 형성하려는 것이다. 총회에서 인도의 투표권은 아이슬란드의 투표권과 마찬가지 효과를 가지며, 카타르의 투표권은 영국의 투표권과 같은 가치를 지닌다. 한 동맹 안에서 가장 국력이 강한 국가는 중간 정도 국력을 가진 국가에게는 양보를 하면서도 대단치 않은 국력을 가진 약소국들의 의사는 무시할 수가 있다. 그러나 가장 강력한 국가라 할지라도 국제연합에서 과반수 국가의 찬성을 확보하는 데에서는 거기에 필요한 가장 약소한 국가의 희망에도 유의해야 한다. 이런 이유로 아들라이 스티븐슨Adlai Stevenson, 1900~1965, 찰스 요스트Charles Yost, 윌리엄 스크랜턴William Scranton, 1856~1922, 도널드 맥헨리Donald McHenry 같은 몇몇 국제연합 주재 미국 대사들은 미국의 정책을 지지해달라고 설득하기 위해 복도와 휴게실에서 끈질긴 노력을 기울였던 훌륭한 인물들로 기억되고 있다.

약소국의 약세가 느껴지듯이 강대국의 세력이 느껴지는 것은 당연하다. 왜냐하면 강대국은 힘 있는 목소리로 설득을 하며, 약소국은 이에 약한 목소리로 속삭이듯이 대답하기 때문이다. 그러나 새로운 국제연합 외교에서는 힘의 강약이 여전히 중요하기는 하지만 전통적인 외교에서만큼 중요하지는 않다. 바로 여기에 전통적인 외교 기술과 국제연합 외교 기술 사이의 중요한 차이가 있다. 전자가 전혀 개의치 않는 것에도 후자는 설득하는 태도로 나가야 하기 때문이다. 그러므로 강대국은 자국에게 필요한 투표권을 소지한 회원국들이 받아들일 수 있는 방식으로 투표가 이루어지도록 안건을 제시해야 한다. 강대국의 목표에 전적으로 부합하기 위해서는 두 가지 변형된 조치가 필요하다.

그 조치는 무엇보다도 어떤 특정 국가나 한정된 국가군의 이익이 아닌 3분의 2 다수 국가의 공동 이익을 반영하는 언어로 제시되어야 한다. 이런 언어학적 변형은 흔히 국가 정책을 이념적으로 정당화하고 합리화하는 초국가적 정책에 불과할지도 모른다. 그러나 선전의 목적을 위해서건, 정치적 계약의 상호 거래를 위해서건 어떤 일정한 용어를 계속적으로 사용함은 계약의 본질 자체에 미묘한 영향을 끼칠 수 있다. 왜냐하면 계속적으로 사용된 용어는 계약에 참여한 당사자들에게 계약에 일치하거나 적어도 그것에서 완전히 벗어나지 않는 어떤 기대감을 불러일으킬 것이기 때문이다.

그러므로 어떤 특정 국가나 한정된 국가군의 완전한 일체감을 확보하고 있고 총회에서 회원국 3분의 2 다수의 폭넓은 지지를 얻고자 노력 중인 외교정책은 만일 그런 폭넓은 지지를 얻기 위해 초국가적 개념으로 지속적으로 제시된다면 점차 미묘한 변화가 나타날 것이다. 이 같은 변화가 원래의 국가 정책에서 제시된 목적이나 방법에 역행하지 않을지는 모른다. 그러나 이는 한 국가 정책의 날카로운 국면을 무디게 하는 결과를 초래할 것이고, 과거의 입장에서 후퇴하게 할 것이며, 결의문 속에 구현된 초국가적 원칙의 관점에서 그 정책을 다시 공식화하고 재구성하게 할 것이다.

결의를 지지하는 3분의 2 다수를 형성하는 협상 과정에서도 똑같은 결과가 직접적으로, 그리고 거의 불가피하게 발생할 것이다. 지지해줄 회원국들 사이의 이익, 능력, 관점이 모두 다르기 때문에 최소 공분모를 모색할 필요가 생기며, 결국 국가 정책을 처음 작성한 사람이 원하는 최대치에는 당연히 미치지 못하게 될 것이다. 총회가 취한 조치가 그 최대치에 얼마나 못 미치느냐 하는 문제는 부분적으로는 새로운 방식의 국제연합 외교를 이용하는 각 국가의 수완에 달려 있을 것이다. 그러나 대부분의 경우에 한 정책에 대한 지지를 구하는 국가와 그 지지를 보낼 수 있는 국가 사이의 물리적 힘의 분포 상황에 따라 지지를 구하는 국가가 이를 얻기 위해서 어느 정도 양보해야 하는지가 결정될 것이다. 왜냐하면 그렇게 할 수 있는 국가는 자기 힘을 이용해 상대의 양보를 얻어내고, 상대에게 양보하지 않을 수 있는 지렛대로서 자기 힘을 이용할 수가 있을 것이기 때문이다. 전통적인 외교와 새로운 외교가 만나는 곳이 바로 여기다.

하지만 국제연합은 적어도 정책 형성에서 양보를 하게 만드는 두 가지 커다란 유인을 가지고 있다. 이는 현재 국제연합이 행동을 하기에는 무력하며, 강대국의 실제 목소리와는 다르게 보이는, 또 사실 어느 범위 안에서는 다른 목소리로 말을 하는 것이다. 그러므로 서로 분쟁 상태에 있는 국가들은 그들끼리라면 할 수 없으리라고 생각되는 일을 국제연합과의 관계 속에서는 할 수 있게 된다. 체면이 깎일 염려 없이 실질적이지는 않더라도 정책 형성 과정에서 양보를 할 수 있는 것이다. 체면을 세워주는 그런 해결책을 어느 중립국이나 중립국가군이 제안했을 경우에는 특히 그러하다. 왜냐하면 분쟁 당사국들은 서로에게 양보하는 것이 아니라 '중립' 국가들이 대변하는 총회의 과반수 국가들에 양보하는 것이 되기 때문이다. 반대로 이런 상황에서 양보를 거절함은 적에 대항하여 자국의 올바른 입장을 방어하는 듯해 보이기보다는 오히려 '인류 그 자체의 정치적 목소리'에 대한 반항적인 태도로 보이기가 쉽다. 하나의 운영 기관 그 자체로서 총회가 끼칠 수 있는 이런 영향들이 아무리 눈에 보이지 않고 가볍다 하더라도 이런 영향은 현실적으로 존재하고 있으며, 관련 당사국들은 이를 고려하고 있다.

체면을 유지할 수 있는 해결책의 고안자 역할을 하는 사무총장은 '중립적' 국가와 '인류의 정치적 목소리' 두 가지의 화신이 되고 있으며, 그들이 총회에서 행사하는 영향력에 함께 가담한다. 그러나 그는 마음대로 사용할 수 있는 장치를 두 가지 더 가지고 있으며, 그것들을 가지고 유리한 상황 아래에서 국제 분쟁을 완화할 수가 있다. 그 하나가 사무국의 기능인데, 이는 사무총장이 마음대로 사용할 수 있는 유일한 실제적 압력 수단이다. 사무총장은 어떤 문제에 소극적인 당사국에게 세계 평화와 안전을 위협하는 것으로 인정하여 총회에서 주의를 환기시키겠다고 경고할 수도 있고, 자신이 생각하기에 비난받아 마땅한 대상에 대해 비난조로 경고할 수도 있다. 다시 말해 총회가 중재와 완화 기능을 수행하도록 영향력을 행사하겠다고 위협하는 것이다.

사무총장이 마음대로 사용할 수 있는 또 하나의 도구는 자신의 인격과 함수관계에 있으며, 이는 순전히 설득의 영역에 존재한다. 고인

이 된 함마르셸드 사무총장은 재임 기간 동안 사무총장의 평화 증진 기능이 그 지적, 도덕적 자질에 깊게 의존한다는 사실을 인상 깊게 보여주었다. 이런 점에서 함마르셸드 같은 인격을 가진 사람만이 자신이 이루려고 노력했던 일을 시도할 수 있었을 것이며, 성취해낼 수 있었을 것이다.

해결되지 못한 문제들의 규모로 보아 함마르셸드가 성취한 것이 별로 없다고 말하더라도 틀린 말은 아닐 것이다. 그리고 이런 판단은 국제연합 전체로 확대되어야 한다. 그러나 이런 해결되지 못한 문제들이 개별 국가뿐만 아니라 문명 자체를 위협하리라는 결과의 해악성에 비춰보면 국제연합이 이룩해온 일들이 미미하기는 하지만 전혀 없던 것보다는 나았다고 해야 한다.



## 국제연합과 평화의 문제

헌장에 구상되어 있는 국제연합은 강대국들 사이의 단결을 당연시하고 있으며, 강대국 정부라는 도구를 통해 중소국가들 사이의 평화 보존에 관심을 두고 있다. 현재의 새로운 국제연합은 두 초강대국 사이의 불화를 당연하게 여기고 있으며, 각 회원국이 각각의 정책에 대한 효율적인 지지를 확보하기 위해 사용하는 자원과 정책의 협조에 관심을 쏟고 있다. 헌장에 의거한 국제연합은 강대국들 사이의 평화가 확실하다는 환상에서 생겨난 것이며, 새로운 국제연합은 강대국들 사이의 현실적인 갈등에 존재 근거를 두고 있다.

그러므로 새로운 국제연합이 평화 보존을 위해 할 수 있는 공헌은 헌장상의 국제연합이 할 수 있다고 기대되는 것과는 전적으로 다를 수밖에 없다. 국제연합이 전쟁을 한 번이라도 방지했음을 입증할 만한 증거는 없다. 그러나 국제연합이 네 번의 전쟁, 그러니까 1949년 인도네시아, 1949년 팔레스타인, 1956년 이집트, 그리고 1965년 카슈미르에서 발생한 전쟁들을 단축하는 데 실질적으로 기여했다는 사실을 입증할 만한 분명한 증거는 있다. 국제연합이 이런 활약을 보일 수 있었던 까닭은 헌장에 나타나 있듯이 강대국들이 그런 전쟁을 단축하는 데 공동의 관심을 가지고 있었기 때문이거나, 아니면 적어도 강대국 가운데 어느 국가도 그 전쟁들을 연장시키는 데 관심이 없었기 때문이다. 비슷한 상황 아래에서라면 국제연합은 다시 전쟁 기간 단축 같은 비슷한 기능을 수행할 수 있을지도 모른다.



서구 진영 동맹과 소련 진영이 헌장에 따라 구상된 거의 텅 빈 공간에서 여전히 함께 공존하고 있다는 사실 자체만 하더라도 국제연합이 평화 유지에 대해 어느 정도 기여할 수 있음을 보여준다. 왜냐하면 한 국제기구 안에 두 진영이 공존하고, 비동맹국가들이 두 진영 사이를 이리저리 떠돌아다니는 한 국제연합 헌장이 부르짖는 보편성과 크고 작은 모든 국가 사이의 평화를 유지하자는 주장은 여전히 유효하기 때문이다. 그리고 동서 양 진영의 대표들 사이에는 개별적인 접촉 기회가 생기는데, 이는 분쟁 완화나 해결을 위해 신중하게 이용될 수 있다. 1960년대와 1970년대 후반 미국은 당시 행정부의 정치적 특성과 대사들의 개성 덕분에 비공식 외교 채널을 비교적 성공적으로 활용했다. 1980년대 초반 같은 다른 시기에 미국 대표들은 국제연합을 자국 외교정책을 홍보하는 공명판처럼 활용했다. 미국 대표는 미국 입장을 지지하지 않는 국가의 대표들에게 한 번 도와주는 대가로 '일몰 속으로 항해를 떠나게' 해주었다.

미국, 소련, 제3세계 대표들이 거친 미사여구로 표현할지라도 국제연합이 평화 보존을 위해 얼마나 기여할 수 있느냐는 두 진영이 공존하는 국제기구 안에서 전통적인 외교 기술을 얼마나 신중하게 잘 사용하느냐에 달려 있는 듯해 보인다. 말하자면 국제연합은 구식 외교 기술의 새로운 무대가 되는 셈이다. 이에 대해 사무총장은 1955년의 연례 보고서에서 이렇게 말하고 있다.

> 우리는 긴장 완화, 불신과 오해의 퇴치, 그리고 공동 기반과 이익의 새로운 영역을 발견하고 설계하기 위한 가장 대표적인 도구로서 국제연합의 실제적인 가능성을 이용하기 시작했다. …… 회의 외교는 회원국 정부의 대표자들 사이에서 벌어지는 직접적인 접촉을 통해, 또는 사무총장과 회원국 정부 사이의 접촉을 통한 국제연합 안에서의 좀 더 은밀한 외교를 통해 적절히 보완될 듯하다. …… 헌장의 골격 안에는 아직도 대부분 연구되지 않은 채 남아 있는 여러 다양한 실천 가능성이 있다. …… 앞으로 새로운 형태의 접촉을 발전시키면서, 새로운 방법의 토의와 화합 기술을 발전시키면서 견고한 진보가 이루어졌으면 좋겠다는 생각이 본인의 희망이다. 약간의 조정을 통해 국제연합 외부에서 발생한 주요 문제의 논의가 국제연합 체제 안으로 끌어들여져서 그 세계 기구의 힘을 더해주는 동시에 그 기구에서 힘을 이끌어냈으면 좋겠다는 것이다.

사무총장의 1957년도 연례 보고서 서문을 인용해본다.

> 오늘날 가장 필요한 것은 …… 각 국가 사이의 갈등을 첨예하게 함이 아니라 무디게 하는 것이다. 적절히 사용되기만 한다면 국제연합은 회원국들이 이용할 수 있는 어떤 다른 기구보다도 더 좋은 화해 외교를 제공할 수 있을 것이다. 세계의 모든 다양한 이익과 여망이 헌장이라는 공동의 터전 위에 기초한 국제연합 내부로 모여들 것이다. 해결책을 찾지 못할 때 갈등은 오랫동안 지속될지도 모르며, 많은 나라가 특정한, 그리고 지역적인 이익을 적극 방어하려고 들지도 모른다. 그렇지만 날카로운 긴장 속에 서로가 적대적인 방향으로 나아가고 있는 일시적인 오늘날의 상황이 전개되는데도 국제연합의 일반적인 경향은 불화를 없애거나 깨뜨려버림으로써 공동 이익에 접근하는 해결책을 찾고, 헌장의 원칙들을 적용시키는 방향이다.



새로운 국제연합은 동서 양 진영 사이의 갈등에서 빚어진 냉전의 산물이다. 헌장상의 국제연합은 동서 양 진영 사이의 갈등으로 붕괴되고 균열된 폐허인 것이다. 신성동맹 안에서 영국과 러시아가 보인 갈등이나 국제연맹 안에서 영국과 프랑스가 보여준 갈등처럼 국제연합 안에서의 미국과 소련 간 갈등은 정반대의 판단과 행동 기준으로 귀착되었으며, 이는 사실상 모든 정치적 문제에서 이 국제기구의 행동을 무력하게 만들어버리고 말았다.

국제연합을 이용하여 그 두 초강대국을 합의하게 만들려는 시도는 헛된 것이며, 불화를 더 가속화한다는 사실은 경험이 잘 보여주고 있다. 헌장은 국제연합이, 다시 말해 단결된 행동을 보이는 미국과 소련이 다른 국가들 사이의 전쟁을 방지할 수 있게 한다. 하나가 되어 행동하는 미국과 소련을 기초로 세워졌기 때문에 헌장에 따른 국제연합은 그 두 국가 사이의 전쟁을 법적으로 방지할 수는 없으며, 그리고 새로운 국제연합은 기껏해야 전쟁 방지에 미온적인 기여밖에 할 수 없다. 더욱이 이 같은 전쟁은 미국과 소련, 그리고 모든 인류를 위협하고 있다. 그 전쟁을 방지하기 위해 우리는 국제연합이 아닌 다른 무엇에 기대를 걸어야 할 것이다.

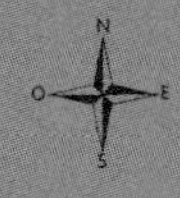


제9부

# 평화의 문제: 변경을 통한 평화

Politics Among Nations

제29장

⌘

# 세계 국가

이제까지의 국제 평화 문제에 대한 논의를 토대로 두 가지 결론이 내려질 수 있다. 국가의 권력욕을 제한함으로써 국제 평화 문제를 해결하려는 노력은 성공을 거두지 못했으며, 근대국가체제 상황 아래에서는 어떠한 노력도 성공할 수가 없었다는 점이다. 그렇다면 국가 사이의 관계에서 평화와 질서의 불안정성은 어떻게 설명될 수 있을까? 그리고 국가 안의 평화와 질서가 갖는 상대적 안정성은 무엇으로 설명될 수 있을까? 다시 말해 국제 무대에 결여된 어떤 요인이 국내사회에 존재하기에 평화와 질서가 유지되고 있는가? 그 대답은 명백한 듯하다. 바로 국가 그 자체다.

국가사회가 평화와 질서를 유지할 수 있는 까닭은 국가가 존재하기 때문이며, 자국 영토 안에서 최고 권력을 지니고 있기 때문이다. 이 같은 국가가 없으면 국가사회는 국제사회와 다를 바가 없는데, '만인에 대한 만인의 투쟁'[1]이 인류의 보편적 상황이 될 것이라고 주장한

홉스Thomas Hobbes, 1588~1679의 신조가 바로 이것이었다. 이런 전제에서 논리적으로 불가피하게 도출된 결론은 지구 상의 모든 국가로 구성된 세계 국가 아래에서만 국가 사이의 평화와 질서가 보장될 수 있다는 것이다. 중세의 보편적인 질서가 붕괴된 이래로 이 같은 결론은 시대에 따라 이따금씩 제창되어왔다.[2]

불과 25년 사이에 두 차례 세계대전을 치른 경험과 제3차 세계대전은 핵전쟁이 되리라는 전망 때문에 세계 국가에 대한 생각은 과거 어느 때보다도 더욱 절실해졌다. 그 주장인즉, 세계를 파멸에서 구하기 위해 필요한 것은 국제적인 의무와 제도를 통해 국가 주권 행사를 제한하는 것이 아니라 개별 국가의 주권을 세계적인 권위에 이양해서 각국이 자국 영토 안에서 주권을 행사하듯 그 세계 국가가 각 국가 위에 서서 주권을 행사하게 만드는 것이다. 국제사회 안에서의 개혁은 여태까지 실패해왔으며 또 그럴 수밖에 없다. 따라서 주권국가들로 구성된 현존 국제사회에서 초국가적 공동체에로의 급진적인 전환이 필요한 것이다.

이런 주장은 국제사회를 국가사회와 비슷하게 생각하는 입장에 근거하고 있다. 따라서 우리가 첫 번째로 해야 할 일은 국가사회 안에서 평화와 질서가 어떻게 보존되느냐의 문제를 살펴보는 일이다.



1_ *Leviathan*, 제13장.

2_ 2권 pp. 147 ff. 참조.

## 국내 평화의 여러 조건

한 국가 안에 있는 사회집단 사이의 평화는 이중적인 토대, 다시 말해 사회 구성원들이 평화를 깨뜨리고 싶어 하지 않으며, 만일 그럴 소지가 있더라도 그들이 평화를 파괴할 만한 능력이 없다는 사실에 근거하고 있다. 만약에 압도적인 힘이 평화를 깨뜨리려는 시도를 가망 없는 일로 만들어버린다면 개인은 평화를 깨뜨릴 수 없게 될 것이다. 그런데 두 가지 조건 아래에서라면 그들은 평화를 해치고 싶은 마음이 들지 않을 것이다. 한편으로는 그들이 전체로서의 사회에 대해서 어떤 일부에 대한 충성심을 능가하는 충성심을 가져야 하고, 다른 한편으로는 그들의 요구가 어느 정도 충족되어 사회에서 최소한 정의 비슷한 것을 기대할 수 있어야 한다. 이 세 가지 조건, 그러니까 압도적 힘과 초당파적인 충성심, 정의에 대한 기대감 때문에 한 국가 안에서 평화는 가능해진다. 국제사회에는 이 조건들이 충족되고 있지 않기 때문에 전쟁 위험이 도사리고 있다.

그러면 이런 조건들이 충족될 수 있기 위해서는 어떤 요인들이 작용하는가? 그리고 그때 국가가 하는 역할은 무엇인가? 한 국가 안에서 평화에 이바지하는 사회 세력들 사이의 상호 작용을 잘 살펴보면 이 질문들에 대한 해답을 찾을 수 있을 것이다.

### 초당파적 충성심

국가사회는 여러 사회집단으로 구성되어 있다. 어떤 집단들은 서로 배타적인 주장을 내세우는 점에서 상호 적대적이다. 상반되는 주장 때문에 발생하는 이러한 상호 배타성은 특히 경제 분야에서 두드러지게 나타나는데, 한 집단은 경제적 산물의 분배를 요구하고, 다른 집단은 그것을 거부함으로써 생기는 것이다. 이 같은 경제적 산물의 분배 문제는 사회의 보편적 현상 가운데 비교적 많은 관심을 끄는 한 가지 예에 지나지 않는다. 정당, 종파, 인종 집단, 지역 등 어느 것이나 다 비슷한 경쟁관계에 놓여 있다. 그런데 어떻게 그런 갈등이 폭력화되지 않을까?

우선 예를 들어 경제집단 E1의 구성원으로서 경제집단 E2의 구성원 B에 반대하는 A가 있다고 하자. A는 E1과 자신을 완전히 동일시할 수 없으며, E1에 자신의 모든 충성심을 바칠 수도 없다. 그 이유는 다음 세 가지 때문이다.



A는 E1의 구성원이자 동시에 종교집단 R, 정치집단 P, 그리고 인종적 문화집단인 C의 구성원이기도 하다. 이 모든 집단은 A의 충성심을 요구한다. A가 그 모든 집단에 공정하게 처신하려면 그는 어느 집단과도 완전하게 자신을 동일시할 수 없게 된다. E1의 구성원으로 행동하면서도 R에 대해서 책임이 있다는 사실을 A는 잊을 수가 없다. P의 목적을 위한 싸움에 뛰어들면서도 그는 자신이 C에서 받은 은혜에 유념하지 않을 수 없다. 국내 집단과 갈등의 이런 다원주의 때문에 국내 사회의 구성원은 자신의 이익과 충성의 상대성을 고려하게 되고, 집단들 사이의 충돌이 완화된다. 말하자면 이런 다원주의는 모든 집단과 갈등에 넓게 나타나게 될 일체감의 강도를 약하게 한다.

게다가 E1의 소속원 A가 E2의 소속원 B와 서로 적대관계에 있지만 다른 측면에서 볼 때에는 둘 다 P의 소속원으로서 같은 편이 될 수도 있다. 다시 말해서 A와 B는 경제 분야에서는 서로 적이지만 정치에 관한 한 동지인 것이다. 그들은 경제적으로 서로 충돌하지만 정치적으로는 서로 단결하고 있다. A와 B는 또한 종교적, 인종적, 지역적 집단의 구성원이며, 그들은 이 집단들의 어느 구성원과도 비슷한 갈등과 친화관계를 맺을 수 있다. 따라서 A는 한꺼번에 서로 다른 여러 사회집단에 소속되어 있을 뿐만 아니라 동시에 자신이 구성원으로 있는 집단 또는 적대 집단에 속해 있는 많은 사람들과 친구이거나 적인 것이다.

A가 동료들과의 관계에서 가지는 친구와 적대자라는 다원적 역할은 그를 친구이자 적으로서 제약한다. 그와 경제적으로는 적대관계에 있지만 정치적으로는 동지관계에 있는 사람과 완전히 노선을 같이함은 경제적 이득을 얻기 위한 싸움에서 손해를 볼 위험을 각오해야 한다. 경제적 이익을 위한 싸움을 극한까지 몰고 가면 정치집단의 한 구성원으로서 필요한 정치적 지지를 잃어버릴 수밖에 없다. 만약 A가 경제적으로는 적대자이면서 정치적으로는 동료인 관계를 동시에 유지하려면 그 두 관계가 서로 방해가 되지 않는 한계 안에서 두 관계 모두에 신경을 써야 한다. 사회 구성원들의 사회적 역할이 중복되기 때문에 갈등이 중화되는 경향이 있으며, 사회 구성원들이 동시에 여러 역할을 할 수 있도록 그 갈등을 그런 범위 안에 제한하는 경향이 있다.

마지막으로, A와 B는 그들이 소속되어 있는 여러 다른 사회집단은 말할 것도 없고 서로 경쟁관계에 있는 경제집단의 구성원일 뿐 아니라 분명히 같은 국가사회에 속하는 구성원들이다. 그들은 언어, 관습,

역사적 유산, 기본적인 사회, 정치철학, 국가의 상징을 똑같이 공유한다. 그들은 같은 신문을 읽고, 같은 라디오 프로그램을 청취하며, 똑같이 휴일을 즐기고, 같은 영웅들을 숭배한다. 무엇보다도 그들은 자국을 다른 국가와 비교하면서 다른 국가 국민보다 그들이 서로 더 많은 공통점을 가지고 있음을 인식하고 있다. 좀 더 구체적으로 말하면 그들은 자신들이 공유하고 있는 국민적 특성이 모든 중요한 면에서, 특히 도덕적인 면에서 다른 국가 국민들보다 월등하다고 확신한다. 따라서 A와 B는 그들이 똑같은 국민 가족에 속한다고 느낄 뿐만 아니라 이 같은 가족관계로 그들의 가치를 북돋워주고 다른 국민과 비교해볼 때 모든 중요한 면에서 '더 나은' 국민이 되게 해주는 매우 귀중한 그 무엇을 공유한다.



A와 B가 갖고 있는 긍지와 자존심은 그들이 같은 국가공동체에 소속되어 있다는 사실과 밀접한 관계가 있다. 그들의 지적 확신과 도덕적 평가는 바로 그 소속감에서 나온다. 이 같은 소속감이 어떻게 그들의 권력욕에 대용적인 만족감을 주는지는 이미 이야기한 바 있다.[3] 그들이 국가에 대해 갖는 충성심은 그들이 받은 은혜에 대한 감사의 보답 이상의 것이다. 그 충성심이 바로 이 은혜에 대한 조건이다. 국가에 충성함으로써, 모든 세속적인 선의 근원인 양 국가를 신봉함으로써, 그리고 국가와 자신을 동일시함으로써 사람들은 소속감에 따르는 안정과 민족적 긍지에 대한 환희, 다른 나라와의 경쟁에서 조국의 승리를 모두 자기 일처럼 경험할 것이다. 따라서 국가를 외부에서부터

3_ 1권 pp. 287 ff. 참조.

의 파멸에서 보호하고, 내부적 붕괴를 방지하는 일이 모든 국민의 주된 관심사가 된다. 마찬가지로, 국가에 대한 충성은 모든 국민의 최고 공약이다. 국가적 통일성을 위협하는 어떠한 것도 용납될 수 없다. 이익관계, 이념, 충성심 따위가 국가의 통일성에 대한 관심사와 양립되지 않는 경우에는 그것들은 통일성의 요구에 양보해야 한다.

국가의 통일성에 대한 이러한 관심은 A와 B를 분열시킬 수 있는 모든 문제에 집요한 제약을 가하며, A와 B가 그 문제를 놓고 싸우게 될 방식도 항상 규제한다. 그들 사이의 갈등에서 문제 되는 이익이 무엇이든 간에 국가의 통일성 자체에 관련되는 문제를 일으키지는 않을 것이다. A와 B가 갈등을 스스로 해결하기 위해 사용하는 방법이 무엇이든 그들은 국가의 통일성 자체를 위험에 빠뜨리는 조치를 취하지는 않을 것이다. 따라서 한 국가 안의 모든 갈등은 추구되는 목적과 사용되는 수단에서 제약되고 있다. 말하자면 그 갈등들은 일정한 한도를 넘지 못하도록 제한을 가하는 국가공동체라는 꽉 짜인 구조 속에 파묻혀 있는 것이다. 다원주의, 서로 중복되는 분파적 충성심, 그리고 국가적 충성심의 제한적, 억압적 영향력 따위가 바로 한 국가 안의 평화를 보장하는 세 가지 요인 가운데 첫 번째 요인이다.



### 정의에 대한 기대

국가사회는 서로 적대적인 사회집단들이 자신들의 주장이 완전히 무시되지 않고, 또 적어도 모두가 부분적인 만족을 얻을 기회를 가질 수 있다는 기대감을 어떻게 하면 갖게 할 수 있을까? 경쟁하는 모든 집단은 자신들이 소속된 국가사회에서 정의 비슷한 것을 어떻게 하면 기대할 수 있을까?

국가사회 안에서 정의의 문제는 두 가지 차원으로 나타난다. 하나는 사회 전체가 공유하는 일반원칙 차원이며, 다른 하나는 특정 집단이 제기하는 구체적인 요구 차원이다. 일반원칙 차원에서는 사회의 공동선을 규정해주는 일반원칙에 모든 집단이 동의하고 있기 때문에 평화를 위협하는 문제는 발생하지 않는다. 민주주의, 사회 정의, 평등, 언론의 자유 같은 원칙들은 사회가 집단적 노력을 통해 추구하는 궁극적인 목표를 나타내는 추상적 영역에 머무르는 한 사회 평화를 위협하는 갈등을 일으키지 않는다.

그러나 사회집단들이 이 원칙들의 이름을 빌려 자신들의 주장을 내세울 경우 이런 추상적인 원칙들은 유력한 무기가 된다. 그런 주장들에서 사회는 가장 강력한 도전을 받는다. 사회는 평화에 대한 위협을 느끼지 않고도 작고 힘없는 집단들의 주장을 무시할 수가 있다. 사회의 응집력이나 조직적인 폭력의 독점은 이 같은 작고 힘없는 집단들의 분개나 불만이 사회 질서에 대한 공공연한 대항으로 나타나지 않게 할 만큼 강력한 힘을 지니고 있다. 그러나 사회는 규모가 크고 강한 잠재력을 가진 집단들의 정의에 대한 요구에는 무관심할 수 없는데, 이는 혁명이나 내란의 위험을 초래할지도 모르기 때문이다. 다시 말해 평화가 위협당하고 통합체로서의 존재 가치가 위협받을 수 있기 때문이다.

평화적 변화의 복잡한 구조가 작용하는 곳이 바로 여기이며, 모든 집단은 정의에 대한 자신들의 요구를 여론, 선거, 의회 표결, 조사위원회 같은 중재에 따라 해결할 기회를 가진다. 이미 다른 곳에서 이런 구조의 작용에 관해 언급한 바[4] 있으니 참고하기 바란다. 이런 구조들은 사회집단들에게 모두를 구속하는 규칙에 따라 각자의 주장을 발표하고 경쟁하여 남의 인정을 받을 수 있는 기회를 줌으로써 서로 대립되는 요구를 평화적 경로를 통해 해결하게 해준다. 이러한 경쟁 조건 아래에서는 어떤 집단도 궁극적인 우세를 확신할 수는 없지만, 그러나 모든 집단은 언제라도 정의를 획득하기 위해 몇 가지 점진적인 조치를 취할 수 있는 기회를 가질 수 있다.

### 압도적 권력

국가사회의 평화를 보존하는 세 번째 요소는 평화를 교란하는 모든 시도를 미연에 방지할 수 있는 압도적 권력이다. 이 압도적인 권력은 두 가지 다른 방식, 그러니까 조직적인 폭력 수단을 독점함으로써 나타나는 물리적 힘이라는 형태와 저항하기 힘든 사회적 압력이라는 형태로 나타난다.

사회가 사용할 수 있는 조직적 폭력을 독점하는 권력은 두 가지 특징 때문에 다른 형태의 폭력, 특히 국제 무대에서 볼 수 있는 폭력과 구별된다.

국가사회의 조직적 폭력은 사회집단 사이의 상호 모순되는 요구들이 법의 테두리 안에서 주장되고 평화적인 수단을 통하는 한 그 요구들에 대해 어느 정도 중립적인 태도를 견지한다. 19세기 자유주의 원칙에 따르면 사회의 조직적인 폭력은 상충되는 이해관계의 소용돌이

4_ 제26장 참조.

에서 초연하게 벗어나 법을 위반하는 모든 사람에게 법을 집행할 태세를 갖추어 완전히 중립적인 입장에 설 것이 요구되었다. 그 원칙에 반대하여 마르크스주의는 사회의 조직적인 폭력이 피착취 대중을 계속 지배하기 위한 지배 계급의 무기에 지나지 않는다고 주장하고 있다. 실제로 사회의 강압적 기구는 완전히 중립적일 수가 없다. 왜냐하면 이미 살펴보았듯이[5] 그 기구가 집행하는 법질서가 완전히 중립적이지 못하며, 그 기구는 자기 존재 기반이 되는 현상現狀을 옹호할 수밖에 없기 때문이다. 만약에 현상現狀이 도전을 받는다면 사회의 강압적 기구의 도움에 의지할 수가 있다.

그러나 현상現狀을 옹호하면서도 어떤 특정한 현상現狀만을 옹호하지는 않는 것이 강압적 사회기구가 갖는 독특한 특징이다. 미국의 강압적 사회기구는 1800년, 1900년, 1932년, 그리고 1940년의 현상現狀을 각각 방어했다. 영국에서는 봉건제도, 자본주의, 사회주의라는 현상現狀이 잇따라 강압적 사회기구의 지지를 받았다. 그러나 어느 한 특정한 현상現狀은 근본적인 도덕 신념이나 대다수 국민의 주요 이익에 적대적일 수도 있으며, 많은 행정 관료가 현상現狀에 대한 단호한 반대에 동조할지도 모른다. 그런 경우에 현상現狀을 구현하는 법질서는 집행될 수 없을 것이다. 미국 같은 경우에 남북전쟁의 헌법적 배경이나 주류 양조 판매 금지법의 운명이 그 예다.

국가사회의 강압적 기구가 갖는 또 하나의 독특한 특징은 집단적인 행동이 거의 없다는 점이다. 대체로 국가사회의 강압적 기구가 행하



5_ 2권 pp. 247 ff.(제26장) 참조.

는 평화 및 질서 유지 활동은 법을 위반하는 개인에 대해서만 적용될 뿐이다. 그 기구가 평화를 위협하는 다른 집단에 대해 집단적인 무력으로 대항하는 경우는 보기 드문 예외적인 현상이다. 노사 분규를 해결하기 위해 무력을 사용하는 행위는 그런 종류의 대표적인 예가 된다. 정상적인 상황에서는 필요할 경우에 즉각 개입할 준비가 되어 있는 조직적 폭력의 독점이 사회 안에 존재한다는 사실만으로도 국내적 평화에 대한 집단적 교란을 방지할 수가 있다. 그 존재 자체가 사회의 강압적 기구에게 직접 행동을 취할 필요가 없게 만들어주는 것이다.

이런 요인 이외의 어쩌면 더 중요한 다른 요인은 사회가 그 구성원들에게 평화를 지키도록 가하는 막대하고도 비조직화된 압력이다. 한 집단이 이 같은 압력을 피할 수 있으려면 국가사회 구조 안에 그보다 더 통합되어 있고, 더 강요적이며, 더 높은 충성심을 요구하는 사회조직을 수립해야 할 것이다. 오늘날의 강력한 민족주의와 그 민족주의가 민족주의적 보편주의라는 정치적 종교로 변모했다는 점, 현대적 대중 전달 수단의 편재, 그리고 이 모든 것이 비교적 동질적인 소규모 집단들에 의해 통제되고 있다는 사실로 말미암아 사회적 압력이 증강되고 확대되고 있으며, 그런 압력 때문에 사회의 반대 집단들이 법과 평화의 테두리 안에서 유지되고 있다.

### 국가의 역할

국가는 국내 평화에 무엇을 기여할까? '국가state'는 사회의 강압적 기구를 가리키는 또 하나의 이름에 지나지 않는다. 다시 말해 사회가 질서와 평화를 보존하기 위해 독점된 조직적 폭력을 사용할 수 있는 조건을 결정하는 법질서를 달리 일컫는 이름이다. 앞에서 사회의 강압적 기구니, 법질서니 했던 것이 바로 국가를 가리키는 것이었다. 국내적 질서를 유지하기 위해 국가가 행하는 기능은 세 가지다. (1) 국가는 국가사회에 법률적인 지속성을 부여한다. 각 개인은 시간적, 공간적 지속체로서의 국가, 국민의 봉사를 요구하고 받으면서 자신에게 이익을 부여하는 인격체로서의 국가, 국민의 행동을 그 이름 아래에 귀속하는 인격체로서의 국가를 경험하게 되며, 따라서 사람들은 가정과 교회를 제외한 다른 어떤 집단에도 보이지 않던 개인적인 충성심을 보일 수 있다. (2) 국가는 사회적 변화를 위한 제도화된 기관과 절차를 대부분 마련해준다. (3) 국가는 법률 집행을 위한 기관들을 마련해준다.



이제 남은 것은 국내 평화에 대한 국가의 기여가 얼마나 중요한지를 판단하는 일이다. 이 문제에 대한 대답은 이중적이다. 국내 평화에 대한 국가의 기여는 필요 불가결하지만, 그것만으로는 충분하지 않다. 국가의 기여 없이 국내 평화는 이루어질 수가 없다. 그러나 국가의 기여만으로 국내 평화가 이루어질 수는 없다.

국가 없이 국내 평화가 불가능하다는 사실은 이미 권력의 문제, 세력균형, 주권의 문제에 관해 언급하는 과정에서 암시되었다. 적대적 사회집단들은 매우 중요하다고 생각되는 목적을 달성하기 위해 동원 가능한 모든 수단을 사용할 것이다. 만약 이 같은 사회집단들이 주권국가들이 국제 무대에서 그러하듯 물리적 폭력 수단을 장악하고 있다면 그들은 이를 두 가지 방식으로 사용할 것이다. 그들은 자신들이 우세하다고 생각하는 것들을 시위를 통해 드러내 보임으로써 상대방을 압박하든지, 아니면 그것을 이용해 상대방의 물리적 폭력 수단들을 파괴하려고 할 것이다. 어떤 경우든 물리적 폭력 사용의 목적은 상대의 의도를 무너뜨려 그들의 요구를 거절하려는 데 있다.

국가사회의 역사를 살펴보면 어떠한 정치적, 종교적, 경제적, 지역적 집단이라 할지라도 폭력적인 수단을 사용해서 그다지 큰 위험을 초래하지 않는다면 그 폭력 수단을 동원해서라도 자신들의 주장을 관철시켜야겠다는 유혹을 오랫동안 물리치지 못했음을 알 수 있다. 다른 사회적 요인들이 평화라는 대의명분을 아무리 강력하게 지지한다 하더라도 폭력적 수단이 가져다주는 신속하고도 명확한 승리 앞에서는 그 효력을 상실하고 말았던 것이다. 따라서 국가가 평화를 유지하고 생존을 보장하기 위해 보유하는 조직적인 폭력 수단을 독점하지 못할 때, 그리고 어떠한 폭력 수단이든 그것을 효과적으로 사용할 수 없을 때마다 국가사회는 붕괴되어 일시적으로든, 영구적으로든 수많은 작은 단위들로 분열되었다.

만약 이해관계 때문에 폭력 사용이 정당화된다면, 폭력을 보유한 사람이면 누구나 다 사용하려 들기 때문에 사회기구는 그 사용을 억제할 수 있을 만큼 강력해질 필요가 있다. 사회는 국가가 시간적, 공간적으로 그 사회에 부여하는 법적 통일성과 변화무쌍한 사회 과정을 조절하는 사회적 변동을 위한 기관들을 대신할 수 있는 대체물을 찾을지도 모른다. 그러나 사회는 모든 대립되는 집단의 상위에 존재하여 그들의 갈등을 평화적인 경계 안에 머물게 하는 리바이어던Leviathan 같은 권력의 대체물은 가지고 있지 못하다.

국가는 국내 평화 유지에 필요 불가결하다. 이것이 홉스 철학의 진정한 메시지다. 그러나 국가 그 자체만으로는 국내 평화를 유지할 수 없다는 사실을 홉스의 철학에서는 미처 언급하지 않고 있다. 국가사회의 평화를 지키는 데에 국가 권력이 필요하기는 하지만 그것만으로는 불충분하다는 사실은 내란의 역사적 경험에서 증명된다. 오랜 역사에서 내란이 몇 번밖에 일어나지 않았다면 그것들을 규칙에 대한 예외로 무시할 수 있었을 것이다. 그러나 1480년부터 1941년까지의 총 278회 전쟁 가운데 78회, 그러니까 전체의 28퍼센트가 내란이었다. 1840년에서 1941년까지 내란과 국제 전쟁의 비율은 내란이 18회, 국제 전쟁이 60회 발생하여 약 1 대 3이었다. 1800년에서 1941년까지를 살펴보면 내란이 28회, 국제 전쟁이 85회 발생하여 그 비율은 거의 정확하게 1 대 3이었다.[6] 내란에 따른 손실에 대해서 라이트Quincy Wright, 1890~1970 교수는 이렇게 말하고 있다. "16세기 프랑스의 위그노 전쟁, 15세기 영국의 장미 전쟁과 17세기 내란, 독일의 관점에서 본 30년 전쟁, 에스파냐의 관점에서 본 반도 전쟁, 미국의 남북전쟁, 중국의 태평천국의 난 같은 내란들은 희생자 수나 경제적 손실 면에서 당대의 국제 전쟁의 손실을 훨씬 능가하는 것들이었다."[7]

내란의 발생 빈도와 그 파괴성으로 볼 때 국가가 존재함만으로는 국내적 평화가 확실하게 보장되지 못한다는 사실이 입증된다. 그 이유는 국가의 성격 자체에서 찾을 수 있다. 국가는 정부가 주장하는 몇몇 추상적인 원칙에 따라 고안되어 사회 위에 덧놓여진 어떤 입헌 의회의



6_ Quincy Wright, *A Study of War* (Chicago : University of Chicago Press, 1942), Vol. I, p. 651.
7_ Ibid., p. 247.

인위적 창조물이 아니다. 반대로 국가는 사회의 한 부분으로 탄생되고 있으며, 사회가 번영하고 쇠퇴함에 따라 함께 번영하고 쇠퇴한다. 국가는 사회와 결코 분리되어 있지 않으며 사회가 창조하는 것이다.

최우선적인 충성심을 통해 한 사회 내 집단 사이의 갈등이 더 이상 제한·억제·중화되지도 않고, 그 사회적 변동의 진행 과정이 모든 주요 집단에게 정의의 기대감을 더 이상 지속시키지도 않으며, 조직화되지 않은 강제력이 사회집단들에게 조화를 강요할 만큼 충분하지도 않은 그런 사회의 평화는 국가가 아무리 강력하다 하더라도 보존될 수 없다. 계급 투쟁, 인종 분쟁, 종교 분쟁, 지역 분쟁, 또는 순수한 정권 투쟁 같은 형태를 띠는 사회 내적 파괴력은 혁명, 쿠데타, 내란으로 폭발할 것이다. 국가는 소방서가 화재 발생에 대비하여 즉각 진화 태세를 갖춘 채 떨어져 있듯이 그런 돌발 사태에서 떨어져 있지 않다. 국가는 두 가지 의미에서 그런 돌발 사태와 불가피하게 연관되어 있다. 다시 말해 국가는 한편으로 혁명의 제1차적 목표이며, 무력을 사용해 혁명에서 자신을 방어해야 한다. 다른 한편으로 사회를 분열시키는 알력들은 사회의 강압적 조직체, 그러니까 국가도 분열시킨다. 그럴 경우 국가는 하나의 조직체로서 기능하지 못하며, 갈등상태에 있는 각 부분은 사회 전반에 산재한 투쟁 집단에 가담할 것이고, 국가의 통일성은 내란 따위로 와해될 것이다. 그렇지 않다면 국민을 분열시키는 문제들 때문에 전체 국민 사이에 싸움이 일어나는 것이 아니라 국가기구 안에서 쿠데타나 음모, 숙청 같은 형태로 피비린내 나는 싸움이 일어날 것이다. 현대적 기술이 국가에게 부여한 효율적인 권력의 독점이라는 관점에서 볼 때 후자 쪽이 오늘날 더 가능성이 높을 듯하다.[8]

## 세계 국가의 문제점

국내 평화 문제에 대한 분석에서 세계 국가 주창자들의 주장을 반박할 수 없다는 점이 밝혀졌다. 다시 말해 정치적 세계의 범위와 같은 공간에 있는 국가가 존재하지 않는 한 영원한 세계 평화는 불가능한 것이다. 이제 우리의 관심사는 세계 국가를 어떻게 설립하느냐이다.

### 두 가지 학설

밀John Stuart Mill, 1806~1873은 그가 쓴 《대의 정부론Considerations on Representative Government》 제1장에서 정부 형태에 관한 똑같은 문제를 다루었다. 그가 다루려는 문제의 기본이 된다고 생각한 '정치 제도에 대한 두 가지 대립되는 개념들'은 세계 국가의 형성 방법에 관한 논의에도 원용될 수 있다. 그 가운데 한 가지 학설에 따르면,

> …… 정부는 수단과 목적 문제를 제외하고는 아무런 문제도 제기하지 않는, 엄격하게 말해서 하나의 실제적인 기술로 이해된다. 정부의 형태는 사람의 목적을 달성하기 위한 일종의 방편이라고 할 수 있다. 그것들은 완전히 하나의 발명과 계획의 문제로 간주된다. 사람들이 만드는 것이기 때문에 정부를 만들고, 또는 만들지 않고, 또 어떻게 어떤 형태로 만들어야 하는지는 사람의 선택에 달린 문제라고 생각할 수 있다. …… 최상의 정부 형태를 찾아내고, 다른 사람들에게 그것이

8_ 현대 대중 혁명의 쇠퇴에 대해서는 1권 pp. 287 ff. 참조.

최상의 형태라는 점을 설득하고, 그렇게 한 다음 그것을 채택하도록 부추기는 것이 이런 정치철학을 지니고 있는 사람들의 마음속에 있는 생각의 순서다. 그들은 (비록 규모의 차이는 인정하지만) 증기로 움직이는 쟁기나 탈곡기를 바라보듯 한 정부체제를 바라보는 것이다.

다른 학설에 따르면 정부란,

…… 일종의 자연스러운 산물이며, 정부에 관한 학문은 (말하자면) 자연 역사의 한 분야로 간주되고 있다. 그들이 주장하는 바에 따르면 정부의 형태는 선택 문제가 아니다. 대체로 주어지는 그대로 채택해야 하는 것이다. 정부는 미리 꾸며진 계획에 따라 건설될 수 없다. 그들은 "만들어지지 않고 자라난다." …… 이렇게 주장하는 학파는 한 국민의 기본적인 정치를 그 국민의 본성과 생활에서 나온 일종의 유기적 성장물로 간주한다. 다시 말해 그들이 심사숙고하여 의도적으로 만든 것이 아니라 그들의 습관이나 본능, 그리고 무의식적인 바람과 욕구의 산물이라는 것이다. 그들의 의지는 순간적인 고안으로 순간의 필요를 충족하는 일을 제외하고는 그 문제에 아무 관련이 없다. 그런데 여기서 그 고안이 만약 민족적인 감정이나 성격과 충분히 일치한다면 보통 지속될 것이며, 계속적인 회합을 통해 그 국민들에게 적합한 하나의 정체를 형성할 것이다. 그러나 국민적 본성이나 환경에 따라 자연스럽게 그것을 이끌어내지 못한 국민에게 억지로 갖게 하려고 한다면 이는 헛된 일이 되고 말 것이다.

밀은 "이 두 가지 학설에 담겨 있는 진실 모두"를 취하면서도 이 두 극단적인 원리의 중간적인 입장을 견지했다. 한편으로,

> …… 정치 제도는 …… 사람들이 만들어낸 것이다. 다시 말해 그것들의 기원과 존재는 사람의 의지에 따른 것이다. ……
>
> 다른 한편으로 정치기구가 저절로 작용하지는 않는다는 생각이 생길 수 있다. 처음 생겨날 때 그랬듯이 사람들에 의해, 그리고 보통 사람들에 의해서도 운용되어야 하는 것이다. 단순한 묵인이 아니라 사람들의 적극적인 참여가 필요한 것이다. 그리고 평범한 사람들의 능력과 자질에 맞게 조정되어야 한다. 이 말은 세 가지 조건을 암시한다. 국민은 자신들을 위해 만들어지는 정부 형태를 기꺼이 받아들여야 한다. 아니면 적어도 그 정부 형태를 수립하는 데에 극복할 수 없는 장애가 되지는 말아야 한다. 그들은 그 정부 형태가 계속 유지되도록 필요한 일을 기꺼이 해야 하며, 또 할 수 있어야 한다. 그리고 그 정부가 자기 목적을 달성할 수 있도록 그들에게 요구하는 바를 기꺼이 해야 하며, 또 할 수 있어야 한다. …… 그들은 행동 조건과 자제 조건을 충족시킬 능력을 가져야 한다. 그 조건들은 확립될 정체를 계속 존립하게 하는 데, 또는 그 정체가 자기 목적을 달성하는 데 필요한 것들이다. 그 조건들이 그 정체의 목적에 얼마나 이바지하느냐에 따라 권고 여부가 결정된다.
>
> 이런 조건들 가운데 어느 하나라도 충족되지 않는다면 아무리 유망한 공약을 내세우는 정부 형태라 하더라도 어떤 경우에는 적합하지 않게 된다.

## 대중 지지의 세 가지 시험

특수한 정부 형태를 위해 고안된 이 세 가지 시험은 세계 국가에도 잘 적용될 수 있다. 세계의 사람들은 세계 정부를 기꺼이 받아들일까, 아니면 적어도 그들이 세계 정부의 수립에 극복할 수 없는 장애물이 될 정도로 반대하지는 않을까? 그들은 세계 정부가 계속 유지되는 데 필요한 일을 기꺼이 할 수 있으며, 또 해낼 능력이 있는가? 그들은 세계 정부가 그 목적을 달성할 수 있도록 자신들에게 부과하는 일을 할까, 아니면 회피할까? 이런 질문들에 대한 대답은 앞에서 민족주의, 민족주의적 보편주의, 국제적 도덕, 세계 여론 같은 문제와 관련해서 언급한 곳에 함축적으로 나타난 바 있다.[9] 또 국내 평화 유지에 관한 조건을 언급한 곳에서도 암시되어 있다. 그 대답들은 부정적일 수밖에 없다.

우리가 예상하는 세계 국가처럼 폭넓은 범위를 가지는 사회는 존재하지 않는다. 존재하는 것은 주권국가들로 이루어진 하나의 국제사회다. 전 세계 모든 국가의 국민 개개인으로 구성되어 정치적으로 조직화된 하나의 인류 집단이라고 할 수 있는 초국가적 사회란 존재하지 않는다. 현대에서 사람들이 살고 행동하는 가장 포괄적인 사회는 국가사회다. 앞에서 살펴보았듯이 국가는 사람의 세속적인 충성심을 최고로 받는 수령인이다. 그 국가를 넘어서면 다른 국가들이 있다. 어떠한 공동체에서도 사람들은 자국의 이익이라고 생각되는 것을 무시한 채 행동하지는 않을 것이다. 사람들은 국적에 관계없이 궁핍한 사람들에게 식량, 의복, 돈을 나누어줄 수도 있다. 그러나 그들은 그 궁핍



9_ 특히 제17장 참조.

한 사람들이 가고 싶은 곳을 마음대로 가고, 그곳에서 다시 유용한 시민이 되기를 허용하기보다는 그들의 영역 안에 머물게 하고 싶어 한다. 왜냐하면 국제적인 빈민 구제는 국가 이익과 양립될 수 있다고 간주되는 반면, 이민의 자유는 그렇지 않기 때문이다. 오늘날 인류의 도덕적인 상황으로 미루어볼 때, 만약 그들이 생각하는 자국의 이익이 자신들에게 다른 행동 방향을 요구한다면 어느 누구도 세계 정부 편에 서서 행동하지는 않을 것이다. 대신에 압도적으로 많은 사람들은 자국의 복지라고 생각되는 것을 세계 국가의 이익을 포함한 다른 어떤 것보다도 우선적으로 여길 것이다. 다시 말하면 세계의 여러 국민들은 세계 정부를 쉽사리 받아들이지 않을 것이며, 자국에 대한 자신들의 우선적인 충성심이 세계 정부의 설립에 극복하기 힘든 장애가 되는 것이다.



세계의 여러 국민들은 세계 정부를 계속 유지하는 데 필요한 일을 하려고 하지도 않을 것이고, 또 할 수도 없다. 왜냐하면 그들은 자국의 권위를 끌어내리고 대신에 인류 전체의 정치적 기구를 옹립하려는 전례 없는 도덕적, 정치적 혁명과 모든 가치의 재평가를 수행할 준비가 되어 있지 않기 때문이다. 반면에 그들은 자국 정부가 계속 유지되도록 스스로를 희생하고 목숨까지 바칠 준비는 되어 있다.

상황은 국가 쪽이 여러모로 훨씬 더 유리하기 때문에 세계 정부가 유지될 수 있도록 희생하고 죽을 각오까지 되어 있는 사람이라도 오늘날 같은 세계에서는 그럴 기회조차 갖지 못한다. 인류와 세계 국가를 위해 자국의 이익과 정책에 반대하려는 사람은 (자국을 약하게 만드는) 그 반대 행위 때문에 자국 정부와 치열한 교전 중에 있는 국가를 강하게 만들 수도 있다. 그는 매국노에게 내리는 처벌을 받음으로써 기껏해야 자기 신념의 순교자가 될 뿐이다. 세계 시민으로서 행동하고 싶은 사람이 현실 세계의 상황 때문에 다른 나라의 빨치산이 되고 자국에서는 매국노가 될 수밖에 없는 도덕적 패러독스에서 오늘날 세계 국가 같은 것을 수립하기 위한 사회적, 도덕적 전제 조건의 부재를 가장 잘 볼 수 있다. 자기 국가를 넘어서면 한 사람이 충성을 바칠 수 있는 정치적인 어떤 것이 존재하지 않기 때문이다. 자국 주변에는 타국만이 존재할 따름이다.

마지막으로, 세계의 각 국민들은 세계 국가가 그 목적을 달성하기 위해 그들에게 요구하는 것을 하려고 하지도 않을 것이고, 또 할 수도 없다. 세계 국가의 주된 목적은 세계 평화 유지다. 그 목적을 달성하기 위해 세계 국가는 세 가지 기능을 수행해야 할 것이다. (1) 세계 국가는 인류의 일체성을 유지하기 위해 인류에 하나의 법적 인격을 부여한다. (2) 세계 국가는 인류의 모든 집단이 자신들의 상충되는 요구들에 대해 조금이라도 만족감을 느끼게 해줄 수 있도록 세계적 규모의 사회 변혁을 관장하는 기관들을 만들어내고 계속 운영해야 한다. (3) 세계 국가는 평화에 대한 모든 위협에 압도적인 힘으로 대처할 수 있는 집행 기관을 설립해야 한다. 이 사항들에 대한 여론 조사에서도 나타나듯이[10] 세계의 각 국민들이 기능 (1)을 수행하는 세계 국가를 지지할 가능성을 인정할 수도 있다. 기능 (3)에 대한 지지가 없을 것임은 앞에서 충분히 언급했다[11] 그렇다면 세계의 각국 국민이 기능



10_1권 p. 701의 각주 17 참조.

(2)를 수행하는 세계 국가를 지지할 가능성이 있는지 여부를 간단히 살펴보자. 바로 그 기능 (2)가 어느 국가에게나 마찬가지로 평화 유지 기능의 핵심이 된다.

사회적 변화를 관장하는 입법 기관에서 세계의 서로 다른 국민들이 어떻게 대표될 수 있지에 대한 문제는 여기서 생각하지 말기로 하자. 인구수를 통한 대표권에 대해서는 백인들이 반대할 것이다. 세계가 유색 인종의 지배 아래 놓이게 될 것이 뻔하기 때문이다. 다수결 원칙을 위반하면서 백인의 우위를 확보하려는 어떤 형태의 대표제도 이 때문에 항상 열세에 놓이게 될 유색 인종의 반대에 부닥칠 것이다. 설사 이런 기관들을 설립할 가능성이 있다 하더라도 운영되지 못할 명백한 가능성에 대해서는 생각하지 말기로 한다. 미국인, 중국인, 인도인, 러시아인처럼 서로 다른 도덕적 신념과 정치적 이익, 자치 능력을 가진 국민들을 대표하는 어떤 의회도 이런 차이에도 불구하고 전체로서 기능하는 하나의 조직체를 창조해낼 수는 없을 것이다. 그 의회를 구성하는 어느 집단도 그렇게 구성된 입법 기관의 과반수 투표에 승복하려들지 않을 것이다. 도덕적, 정치적 일체감의 부족을 강제적인 조치로 극복해야만 하는 그런 기관들은 내전과 위협에 부닥치게 될 것이다.

전통적으로 여러 국가의 요구가 마찰을 빚어왔던 두 가지 구체적인 문제, 그러니까 이민과 무역 문제를 고찰해보자. 연방국가와 마찬가지로 세계 국가는 국가 사이의 이민과 무역에 관한 규제를 그 구성 국가들의 자유재량에 맡길 수가 없다. 세계 국가 자체가 이 문제들을 규

---

11_ 1권 pp. 699-701 참조.

제해야 한다. 만약 이 두 가지에 대한 세계 국가의 권위가 세계 헌법으로 엄격하게 규정된다 하더라도 매년 10만 명의 러시아인, 25만 명의 중국인, 그리고 20만 명의 인도인을 미국으로 이민시킬 수 있는 권력을 미국인들이 세계 정부에 부여할 준비가 되어 있을까? 그리고 매년 1만 600명의 러시아인이 미국으로 이민갈 수 있도록 소련 정부가 허용할까? 미국 국민이 자국의 상품과 똑같은 조건 아래에서 경쟁을 벌일지도 모르는 외국 농산품 수입을 허용하려고 할까? 소련인은 자신들의 계획 경제체제를 혼란에 빠뜨리고 자신들의 정치체제에 대한 확신마저 저해할지도 모르는 값싼 소비재를 수입하게 놔둘까? 만약 이 같은 질문들에 대한 대답이 분명히 그럴 수밖에 없듯이 부정적이라면 세계 국가가 어떻게 통치권을 행사할 수 있을까? 세계 평화를 위협하는 국가 사이의 긴장을 세계 국가가 어떻게 평화적으로 해결할 수 있을까?

세계 평화는 세계 국가 없이는 항구적일 수 없으며, 현재 같은 세계의 도덕적, 사회적, 정치적 조건 아래에서는 어떠한 세계 정부도 설립될 수 없다는 결론이 불가피하다. 지금까지 이 책에서 논의되어온 바에 비추어볼 때 근대 역사의 어느 시기에도 인류 문명이 항구적인 평화와 세계 국가를 이처럼 필요로 하던 때가 없었으며 세계의 도덕적, 사회적, 정치적 상황이 이처럼 세계 국가 설립에 불리한 때가 일찍이 없었다는 결론도 피할 수가 없다. 마지막으로, 국가를 기꺼이 지지하고 뒷받침해줄 수 있는 사회가 없이는 국가가 존재할 수 없듯이 세계 국가를 지지하는 세계공동체 없이는 세계 국가는 존재할 수가 없다는 결론이 불가피하다.

## 잘못된 두 해결책

그렇다면 세계 국가를 어떻게 설립할 수 있을까? 지금까지 두 가지 해결책이 제시되었다. 세계 정복이 그 첫 번째요, 스위스와 1787년의 제헌 의회로 말미암은 미합중국의 탄생이 그 두 번째다.

### 세계 정복

세계 국가로까지 접근해갔었던 모든 역사적 정치 조직체들은 한 가지 공통점을 지니고 있다. 그것은 한 강력한 국가가 당시 정치 세계의 다른 구성 국가들을 정복함으로써 세계 국가를 창조했다는 사실이다. 이 세계 국가들 대부분은 또 하나의 공통점을 가지고 있는데, 그것은 그 세계 국가들의 운명이 정복당한 국가들의 운명보다는 짧았다는 점이다.



서구 문명에서 이 같은 규칙의 유일한 예외는 로마제국이다. 로마제국이라는 세계 국가가 장수를 누렸던 까닭은 두 가지 예외적인 변화에 기인한다. 정복자 로마인들은 피정복자들을 지배적인 문명 속으로 받아들여 로마 시민화하거나, 피정복자들의 문명을 뿌리 뽑아 자신들의 노예로 만듦으로써 그들을 로마화했다. 그러나 정복 과정에서, 특히 그리스Hellenistic 세계의 정복 과정에서 로마인들은 자신들의 문명을 피정복자들의 문명 속에서 재구성함으로써 자기 자신을 바꿨다. 이러한 이중의 동화 과정을 통해 로마인들은 자신들의 정복에 맞는, 그리고 자신들의 새로운 국가에 안정을 가져다줄 수 있는 새로운 도덕적, 정치적 공동체를 창출해냈다. 이런 두 가지 변형에 덧붙여 다음 사실이 지적되어야 한다. 그러니까 로마제국은 지중해 지역을 정복한 뒤에 정치적으로 진공 상태에 놓여 있던 지역으로 확장해갔고, 야만인들이 정착하고 있던 지역의 느슨하게 조직된 문명은 정복자의 월등하면서도 매혹적인 문명의 충격 아래 와해되었다는 점이다.

대부분의 다른 세계 국가들은 정복을 통해 세워지자마자 곧 해체되었다. 이는 무력으로 세워진 정치적, 군사적 상부 구조 아래에 각각 독립적인 도덕 가치나 정치적 이익을 가지고 있으면서 정복자의 지배를 떨쳐버리려고 애쓰는 개개의 국가사회가 존재했기 때문이다. 이 같은 세계 국가들은 그들과 동일한 범위를 가진 세계공동체에서 자연스럽게 성장해나온 것이 아니라 불만스러워하는 여러 국가사회에 인위적으로 부과된 무력의 산물이다. 예를 들어 나폴레옹이 꿈꾸던 세계 국가가 이용되지도 않은 영국과 러시아의 지원군 때문에 붕괴되고 말았던 것은 물론 사실이다. 그러나 1812년에 그 제국이 확장의 주요 임무에 실패함으로써 군사적 허약성을 처음으로 보였을 때 그 제국을 구성하고 있던 국가사회들은 자신들의 존재를 재주장하면서 나폴레옹 제국을 멸망시키기 위해 영국과 러시아 측에 가담했다.

정복자와 피정복자를 새로운 공동체로 통합시키기 어려운 작은 규모의 정복은 회복주의자들의 분리주의와 반란의 위협을 조금 덜 받는다. 아일랜드와 영국의 관계와 동유럽 제국과 러시아와의 관계가 그 경우다. 만약 정복자가 막강한 힘을 과시할 수 있다면 같은 국가 안의 두 민족사회 간 갈등으로 말미암은 평화에 대한 위협은 일어나지 않을 것이다. 그러나 만약에 피정복자의 힘이 정복자의 힘과 거의 맞먹을 경우 그들 사이에 내전이 일어날 잠재적인 위험은 비록 현대적인 전쟁 상황으로 보아 그 국가의 존립 자체를 위태롭게 만들지는 않는다 하더라도 그 국가의 힘을 서서히 파괴할 것이다.[12]

제한적인 정복에 따르는 결과가 이렇기 때문에 이 같은 제한적인 정복으로는 그 정복과 범위가 같은 새로운 공동체를 이루어낼 수 없다. 따라서 정복으로 이루어져 세계공동체의 지지를 받지 못하는 세계 국가가 그 국경 안에서 평화를 유지할 수 있기 위해서는 마음 내켜 하지 않는 인류를 지배하는 데 필요한 수백만 명의 군사력과 경찰력을 엄격한 규율과 충성으로 가득 차게 하여 유지할 수 있어야만 한다. 그런 세계 국가는 불안정한 기초에 세워진 전체주의의 망령일 것이며, 상상만 하더라도 몸서리쳐지는 일이기도 하다.

### 스위스와 미국의 사례



바람직한 세계 국가의 모습은 이미 스위스에서 이루어진 듯하다. 그러니까 자신의 언어, 문화, 충성심, 그리고 정책을 가진 많은 주권국가로 이루어진 새로운 연방국가의 창조가 그것이다. 스위스는 네 개의 서로 다른 언어를 사용하는 22개의 독립된 주들을 하나의 정치체제 속으로 통합시킬 수 있었다. 세계의 150여 개 국가들은 왜 이러한 일을 할 수 없을까? 세계 모든 국가가 스위스가 했듯이 연방 헌법을 채택하게 하자. 그리고 스위스의 여러 주들이 그랬듯이 서로 상대방에 대해 행동하게 하자. 그러면 세계 국가 문제는 해결될 것이다. 이런 논의는 설득력 있게 들리며, 많은 사람들이 자주 내세운 주장이기

12_ 이 점에 관해서는 1권 pp. 287 ff. 참조.

도 하다. 그러나 스위스의 역사적 사실을 살펴보면 그런 주장은 와해되어버리고 만다.

우선 첫째로 통일된 스위스 역사는 1848년으로 거슬러 올라간다. 그전까지 스위스의 여러 주들은 단일국가라기보다는 성공적인 국제연맹이나 국제연합을 닮은 연방을 형성했었다. 그 연방은 14세기에 몇몇 이른바 산림 주Forest Cantons와 도시 주City Cantons 사이에 체결될 수많은 영구적 동맹에서 비롯되었다. 이런 동맹들은 공동의 적에게서 함께 위험을 방어하기 위한 어떤 동일하고도 상호 보완적인 이익에서 나온 것이었다. 이런 동맹들이 바로 그 동맹을 성립할 수 있게 했던 여러 사건들을 극복해내고 공동의 정부 기관을 가진 연방으로 더욱 밀접한 유대관계를 다질 수 있었던 것은 어떤 이유에서인가? 이에 대한 대답은 스위스의 특수한 상황을 설명해줄 것이다.



1. 원래의 연방에 속해 있는 서로 인접한 13개 주는 독일 제국과 합스부르크가에 대항하는 공동 전선으로 결합되었다. 그들은 모두 독일 제국과 합스부르크가의 지배를 받고 있었으며 공동 노력으로 해방을 맞이했지만, 독일 제국과 합스부르크가는 아직 그들의 자유에 대한 공동의 적으로 남아 있었다.

2. 14세기와 15세기의 기사들에 대한 스위스 군대의 그 유명한 승리는 두 가지 효과를 가져다주었다. 그들은 스위스 군대가 유럽에서 가장 막강하다는 명성을 수세기 동안 누리게 했으며, 원래 연방의 중심부였던 계곡들을 외국의 공격에서 완벽하게 방어할 수 있음을 입증했다.

3. 스위스를 공격할 때에 따르는 이 같은 군사적 위험에 비해 승리가 가져다주는 매력은 보잘것없었다. 그 계곡들이 천연자원을 거의 보유하지 못한 곳이라는 점에서 볼 때 매력이란 오로지 전략적인 요충지라는 점뿐이었다. 다시 말해 이탈리아와 북유럽을 연결해주는 알프스 산의 몇몇 통로를 통제할 수 있다는 점밖에 없었다. 아무튼 4세기 동안 나폴레옹 전쟁이라는 단 하나의 예외를 제외하고는 스위스에 인접한 모든 강대국은 알프스의 그 통로들을 스위스에게서 탈취하기보다는 스위스가 모든 교전국에 대항하여 그 통로들을 방어하게 함이 더 유리하다는 사실을 깨달았다. 그러나 스위스에 인접한 강대국들 사이의 경쟁관계가 지속되어야만 세력균형에 따른 이 예방적인 영향력이 발휘될 수 있었다는 사실은 의미심장하다. 이탈리아에서 나폴레옹이 거둔 승리는 이와 같은 방어체제를 즉시 무너뜨렸으며, 1798년 이후 스위스는 경쟁 국가들 사이에 재수 없는 희생물이 되어왔다. 오스트리아, 독일, 이탈리아가 삼국동맹을 체결했을 때 이탈리아 참모진들이 프랑스에 대한 연합 작전의 일환으로 스위스를 통과해 진군하자고 독일 참모진에게 여섯 번이나 제의한 사실도 또한 기억해둘 만하다.



따라서 스위스를 탄생하게 하고 존속하게 했던 것은 헌법적 합의 속에 표현된 단순한 의지의 작용뿐만이 아니라, 특수하면서도 한데 뭉쳐져서 독특한 면을 보여준 수많은 여건이 있었기 때문이다. 스위스는 이런 여건들 때문에 이웃한 강대국들 사이에서도 살아남을 수 있었던 반면에, 그 여건들은 스위스를 구성한 주들 사이에 평화가 유지될 수 없게 했다. 불과 300여 년도 안 되는 기간 동안에 스위스의 주들은 그들 모두, 또는 거의 모두가 개입된 수많은 소규모 전쟁과 다섯 번의 종교전쟁을 치렀는데, 마지막 전쟁은 1847년에 일어났다. 거기에 덧붙여 수많은 혁명과 쿠데타가 내란의 역사를 더욱 얼룩지게 했다.

그렇다면 스위스 역사는 세계 국가 문제에 어떤 점을 시사해주는가? 우리는 라파르드William E. Rappard 교수의 결론에 동의할 수 있는데, 그는 연방으로서의 스위스가 "그들에게는 맞지 않는 특수한 상황에 따라 제한적인 국가 안보만을 유지했다. …… 만약 5세기에 걸친 집단 안보에 대한 스위스의 경험이 금세대에 교훈을 줄 수 있다면 그 교훈은 분명히 부정적인 것이다. 이는 동시에 가장 최근의 관찰과 단순한 상식의 가르침을 확인해주고 있다. 국제사회의 안전이 완전한 주권국가들의 자유로운 협동에만 달려 있다면 그것은 불가피하게 허약한 것이 될 수밖에 없다"라고 했다.[13] 따라서 스위스의 경험은 제한으로 유지되는 평화가 허약하다는 우리의 결론을 입증하고 있다. 반면에 그런 스위스의 경험은 각 민족국가의 상위에 존재하는 국가의 설립이 필요하면서도 어렵다는 사실을 강조해주고 있기도 하다.

세계 국가의 설립 가능성에 대한 증거로서 입법 의회의 방식을 통한 미합중국의 설립이 오늘날 자주 언급되고 있다. 실제로 미국을 보면 어떤 국가가 계속 유지될 수 있기 위해서는 기존의 도덕적, 정치적 공동체에 의존해야 함을 증명하고 있다.

1787년에 입법 의회가 열렸을 때 13개 주는 정치적인 현실보다는



13_ William E. Rappard, *Cinq Siècles de Sécurité Collective(1291-1798)* (Paris : Librairie du Recueil Sirey, 1945), p. 594.

명목상으로만 주권적 주였다. 그들은 한 개의 주권체로 통합될 13개의 개별적인 주권체가 아니었다. 1776년에 영국에서의 독립을 선언하고 난 뒤에도 주권은 여전히 허공에 뜬 상태였다. 미합중국을 설립함으로써 그들은 하나의 주권, 다시 말해 영국 국왕의 주권을 다른 것으로 교체했던 것이다. 그리고 하나의 공동 충성심을 새로운 공동 충성심으로 바꿨다. 그러는 동안에도 그들은 계속 똑같은 언어와 문화, 민족적 유산, 도덕적 신념, 하나의 통치권 아래 연합해 싸웠던 혁명전쟁에서 시험을 겪은 바 있는 정치적 이해관계를 견지했다. 그 13개 식민주들은 영국의 왕권 아래 하나의 도덕적, 정치적 공동체를 형성했고, 영국에 대항하여 싸운 공동 투쟁 속에서 그것을 시험하고 충분히 인식했으며, 독립을 쟁취한 뒤에도 그 공동체를 계속 견지했던 것이다. 제이John Jay, 1745~1829는 그가 쓴 《연방주의자The Federalist》 제2권에서 이렇게 말했다.



…… 신은 하나로 단결된 국민에게 이 하나로 연결된 국가를 기꺼이 부여했다. 미 국민은 똑같은 조상의 후예이며, 같은 언어를 구사하고, 같은 종교를 가지고 있으며, 똑같은 정부 원칙을 고수하고, 예절과 관습에서 매우 비슷한 사람들이며, 피비린내 나는 기나긴 전쟁을 같이 싸워오면서 공동의 협의, 힘, 노력으로 그들 전체의 자유와 독립을 고귀하게 달성했다.

비슷한 감정이 지금까지 우리들 사이의 모든 인간적 질서와 계급에 만연했었다. 보편적인 모든 목적을 위해 우리는 한결같이 하나의 국민이 되어왔다. 모든 시민 개개인은 어느 곳에서나 똑같은 권리와 특권과 보호를 누리고 있다. 하나의 국가로서 우리는 평화를 이루어 왔고 전쟁을 치렀다. 하나의 국가로서 우리는 공동의 적을 무찔러왔고, 외국과의 동맹을 형성하고 조약을 체결해왔으며, 수많은 회의와 회담을 가졌었다.

필라델피아 회의의 주요 업적은 하나의 헌법, 하나의 주권, 하나의 국가를 각각 다른 것으로 대체시킨 일이었으며, 두 가지 모두는 이미 존재하고 있던 공동체에 기반을 둔 것이었다. 그 회의는 그 이전까지 존재하던 13개의 독립된 주를 하나의 국가로 만든 것이 아니었다. 미합중국의 탄생은 하나의 헌법에 합의함으로써 한 국가가 창조될 수 있음을 입증하는 것이 아니라 앞에서 이야기한 두 가지 전제 조건의 타당성을 입증해주고 있다. 다시 말해 전쟁은 국가 사이에서뿐 아니라 국가 안에서도 일어날 수 있으며, 미국이라는 나라는 헌법으로 창조된 것이 아니라 이미 존재하고 있던 하나의 도덕적, 정치적 공동체에 기초를 두고 있다는 점이다. 미 국민의 공동체가 미국이라는 국가보다 앞서는 것이었으며, 이와 마찬가지로 세계 공동체가 세계 국가에 선행되어야 하는 것이다.

제30장

# 세계 공동체

세계공동체가 세계 국가에 선행되어야 한다는 앞 장의 결론은 세계공동체를 창조해내기 위한 두 가지 노력을 탄생시켰다. 하나는 유네스코UNESCO라고 알려진 국제연합 교육과학문화기구이며, 또 하나는 국제연합의 다른 전문기구들이다.[1]



## 문화적 접근 : 유네스코

유네스코 헌장 제1조는 이렇다.

이 기구의 목적은 국제연합 헌장이 세계 모든 인민에 대하여 인종,

1_ 이 장과 관련하여 세계 여론을 논한 제7장의 내용 참조.

성, 언어 또는 종교의 차별 없이 확인하고 있는 정의, 법의 지배 및 인권과 기본적 자유에 대한 보편적 존중을 조장하기 위하여 교육, 과학 및 문화를 통해 모든 국민 사이의 협력을 촉진함으로써 평화와 안전에 공헌하는 것이다.

이 목적을 실현하기 위해 이 기구는 다음을 행한다.

ⓐ 대중 전달의 모든 방법을 통해 제 인민이 서로 알고 이해하기를 촉진하는 일에 협력함과 동시에 이 목적으로써 언어와 표상을 통한 사상의 자유로운 교류를 촉진하기에 필요한 국제 협력을 권고하는 것.

ⓑ 다음과 같은 방법에 따라 일반 교육과 문화의 보급에 새로운 자극을 주는 것.

가맹국의 요청에 따라 교육 사업의 발전을 위해 그 나라와 협력하는 것.

인종, 성 또는 경제적, 사회적 차별에 상관없이 교육 기회 균등의 이상을 발전시키기 위해 모든 국민 사이에 협력관계를 만드는 것.

가장 적합한 교육 방법을 제시함으로써 세계 어린이들이 자유에 대한 책임감을 준비할 수 있게 하는 것.

ⓒ 다음과 같은 방법에 따라 지식을 보존하고 증진하며, 또한 보급하는 것.

세계 유산인 도서, 예술 작품, 그리고 역사와 과학 기념물의 보존과 보호를 확보하고, 관련된 모든 국민에 대하여 필요한 국제 조약을 권고하는 것.

교육, 과학, 문화 분야에서 활동하고 있는 사람들의 국제 교환, 아울러 출판물, 예술적 또는 과학적으로 의의 있는 물건, 기타 참고 자료 교환을 포함한 지적 활동의 모든 부분에서 제 국민 사이의 협력을 장려하는 것.

어느 한 나라에서 작성된 인쇄물 또는 간행물이라도 모든 국가의 인민들이 이용할 수 있게 하는 국제 협력의 방법을 발의하는 것.

국제 평화 유지에 대한 유네스코의 기여를 평가하기 위해서는 다음 세 가지를 구분해야 한다. (1) 여기서는 유네스코 자체의 목적인 문화와 교육의 보급 및 증진에 관심을 두지 않는다. (2) 여기서는 국제 협력을 통해 국제 평화 보존에 유네스코가 기여할 수 있는 것이 무엇이냐에 관심을 두지 않는다. 그 문제에 대해서는 이 장의 마지막 부분에서 다루어질 것이다. (3) 여기서는 국제 이해와 교육, 그리고 일반적인 문화 활동을 통해서 유네스코가 세계 평화 보존을 위해 어떠한 일을 할 수 있는지에 대한 문제에만 관심을 가지고자 한다.



카네기 국제평화기금the Carnegie Endowment for International Peace은 1948년도의 유네스코 활동에 대한 평가에서 "다른 무엇보다도 개개 항목이 평화와 안전의 수호라는 관점에서 볼 때 항상 명백하고 분명하지는 않았다"[2]라고 표명했는데, 이는 유네스코의 모든 활동이 본질적으로 가치 있다고 하더라도 맞는 말이다. 이런 결점은 유네스코 활동 계획에 따라 우연히 발생하는 성질이 아니다. 이런 결점이 다시 고쳐지고 빈틈없게 바뀐다고 해서 평화 보존 기능을 제대로 수행할 수 있게 되지는 않는다. 이와는 반대로 이런 결점은 그 기관의 토대를 형성하면

2_ *International Conciliation*, No. 438 (February 1948), p. 77.

서 그 기관의 모든 활동에 스며 있는 철학 자체에서 비롯된 고유한 한계가 있다. 따라서 1952년 11월 17일에 유네스코 총회의 논의를 간추리면서 당시 퇴임을 앞두고 있던 보데트Jaime Torres Bodet 의장은 "유네스코가 경계해야 할 가장 큰 위험은 노력의 낭비다"라고 경고했다.

유네스코의 철학은 상이한 국가들로 구성된 회원국들 사이의 접촉을 증진하고 서로를 이해하게 하는 (특히 국제 이해를 목적으로 하는) 교육과 문화 교류, 그리고 일반적인 모든 활동이 국제 공동체의 창조와 평화 유지에 반드시 기여할 것이라고 가정한다. 이런 가정에는 각국이 서로를 충분히 알지 못하고, 서로 다른 교육 및 문화 수준을 갖고 있기 때문에 국가주의적이며, 서로 전쟁을 벌인다는 가정이 내포되어 있다. 이 두 가정은 모두 그릇된 것이다.



### 문화의 발달과 평화

이 세상에는 평화를 사랑하고, 자살적이라고 해도 좋을 만큼 외국 문화의 영향에 수용적인 태도를 보이는, 제도적인 교육을 전혀 받지 못한 미개한 국민들이 있다. 그런가 하면 독일인처럼 고등 교육을 받고 고전 문화에 심취해 있으면서도 자기 역사의 대부분을 통해 국가주의적이고 전쟁을 좋아했던 국민들이 있다. 페리클레스Perikles, B.C. 495?~B.C. 429 치하의 아테네인과 르네상스 시대의 이탈리아인은 서구 문명사상 최고의 문화를 창조했지만, 다른 어느 시대 못지않게 그들의 역사 기간 동안 국가주의적이었고 호전적이었다.

더군다나 영국과 프랑스 같은 몇몇 국가의 역사를 보더라도 민족주의적 배타성과 호전적 정책의 시기가 세계시민주의적이고 평화적인 정책의 시기와 교차되고 있으며, 이런 변화는 교육이나 문화의 발전과는 아무런 관계가 없다. 중국인은 학문을 숭상하는 전통을 다른 어느 국민들보다도 월등히 지니고 있다. 그리고 다른 어느 민족보다 길고 창조적인 문화 업적을 쌓아온 역사를 지니고 있다. 이런 높은 수준의 교육과 문화 때문에 중국인은 군인들뿐만 아니라 다른 모든 국가를 경멸의 눈초리로 바라보고, 19세기 초만 하더라도 이 나라들을 중국 황제의 야만 속국으로 간주했다. 그러나 이 모든 것이 중국 국민을 덜 민족주의적이고 더 평화 지향적인 국민으로 만들지는 않았다. 오늘날 소련의 교육 수준은 특히 문자 해독력이나 기술 교육 분야에서는 다른 어느 시대보다 높은 수준에 올라 있다. 그러나 그런 우수성이 소련의 외국 사상 수용이나 소련 정부의 외교정책에 영향을 끼치지는 못했다.



대충 살펴본 이 같은 사례들은 교육과 문화의 양과 질이 세계공동체 문제와는 아무런 관련이 없음을 보여주고 있다. 세계공동체 문제는 지식이나 문화적 가치 창조, 감상에 달려 있지 않고 전례 없는 차원의 도덕적, 정치적 변화에 따라 결정될 문제인 것이다.

### 문화적 통일성과 평화

교육과 문화에 관한 지금까지의 언급은 서로 다른 민족 문화 유산을 상호 교환하는 데 목적을 둔 교육·문화적 활동에도 그대로 적용될 수 있다. 국경을 초월하는 수많은 인적 교류가 있다는 사실만으로는 우리의 문제에 해답이 되지는 못한다. 좀 더 구체적으로 말하자면 국경을 넘나드는 지적, 심미적 유대관계가 세계공동체에 관한 문제를 유리한 방향으로 이끌지 못한다는 말이다. 정치적 잠재력을 지니는 세계공동체는 지성과 감정의 공동체가 아니라 도덕적 기준과 정치적 행위의 공동체다. 미국의 어느 엘리트가 러시아 음악과 문학을 즐기고, 셰익스피어가 러시아 무대에서 상연 금지되지 않았다는 사실과 지금 우리가 다루고 있는 문제는 전혀 관련이 없다. 여러 국가의 국민들이 똑같은 지적, 심미적 경험을 나눈다고 해서 하나의 공통된 사회가 창조되지는 않는다. 왜냐하면 그런 경험이 각국 국민에게 자신들이 그런 경험을 공유하지 않았더라면 취하지 않았을 도덕적, 정치적으로 상호 연관된 행동을 취하게 하지는 않기 때문이다.

러시아를 포함한 서구 제국은 지적이고 심미적인 것보다 더 높은 차원에서, 그리고 분명하게 정의된 행동 목적을 지니고 1,000년 이상 공동의 경험을 나누었다는 사실을 기억해야 한다. 그들은 같은 신을 신봉해왔으며, 종교적 믿음에서도 근본적으로 같았고, 똑같은 도덕규범의 지배를 받아왔으며, 공동의 의식적 상징을 지녀왔다. 이러한 종교적 경험의 동일성은 다른 어떤 초국가적인 차원의 지적, 심미적 경험보다도 더 개인의 전인격 및 행동에 밀접하게 관련된 것으로서 일종의 세계공동체를 창조할 수는 있었지만 세계 정부를 가능하게 할 만큼 충분히 통합된 세계공동체는 아니었다. 그렇다면 모든 국민과 러시아인이 똑같이 공유할지도 모르는 차이콥스키Il'ich Chaikovskii, 1840~1893의 선율, 도스토옙스키Mikhailovich Dostoevskii, 1821~1881의 심오함, 《연방주의자The Federalist》의 통찰력, 그리고 《백경Moby Dick》의 상상력 등이 덧없는 감정의 공동체뿐만 아니라 구시대의 충성을 청산하고 새로운 충성을 확립해주는 도덕적 가치와 정치적 행동의 공동체까지도 만들어낼 수 있으리라고 우리가 어떻게 상상이나 할 수 있겠는가?

역사는 이 질문에 대한 명확한 해답을 주었다. 유네스코가 계획하고 성취할 수 있는 것보다 더 긴밀한 문화적 통일성은 역사상 모든 시기에 전쟁과 함께 공존했다. 여기서 전쟁이란 같은 민족 문화를 공유하는 구성원끼리의 싸움으로 정의되는 내전을 말하지 않는다. 그리스 도시 국가 사이의 전쟁, 중세기 유럽의 전쟁, 르네상스 시대 이탈리아에서의 전쟁, 16~17세기의 종교전쟁, 그리고 지식층이 관련되는 한에서는 18세기의 전쟁들까지도 모두 하나의 동질적인 문화권 안의 전쟁들이었다. 그런 문화권들은 각각 언어, 종교, 교육, 문학, 예술 같은 공통의 근본 요소들을 지니고 있었다. 그러나 그 문화들은 그 문화와 공존하는 동질의 공동체, 다시 말해 분열적인 경향을 통제하고 그런 경향들을 평화적 출구로 나가게 해주는 하나의 공동체를 창조하지 못했다. 그렇다면 모든 점에서 그토록 다양한 문화의 상호 교류를 통해 하나의 공동체가 창조되리라고 우리가 어떻게 기대할 수 있겠는가?



### 국제 이해와 평화

국제 문제에 관한 유네스코 견해의 근본적인 오류는 유네스코의 세 번째 목적, 그러니까 국제 이해에서 두드러지게 나타난다. 보통 국제 분쟁은 다른 국민들의 지적 결함과 무지, 판단 부족의 결과라고 여겨지고 있다. 만약 미국인이 러시아인을 제대로 이해할 수 있게만 된다면, 그리고 반대로 러시아인이 미국인을 이해할 수 있다면 그들은 두 국민이 얼마나 닮았으며, 얼마나 공통점이 많은지, 또 싸울 만한 이유가 거의 없다는 사실을 깨닫게 될 것이다. 이 주장은 두 가지 점에서 잘못되어 있다.

누구든지 마음대로 흉내 낼 수 있는 개인적인 경험에 비춰보면 우정이 증대된다고 해서 반드시 상호 간의 이해가 그만큼 증대되지는 않는다. 물론 A가 B의 성격이나 동기를 오해하지만, 사실이 분명하게 규명됨으로써 분쟁의 요소가 제거될 수 있는 경우가 많다. 그러나 A와 B가 중대한 이익을 위해 분쟁 상태에 있는 경우는 다르다. A가 B의 의도를 오해했기 때문에 B와 경제적 이득을 위한 싸움을 벌이지는 않는다. 오히려 A는 B의 의도를 너무 잘 이해하고 있기 때문에 B와 싸울 것이다. 수많은 미군이 잘 알지도 못하는 프랑스 국민에 대한 감상적인 우정을 담뿍 담고 프랑스로 파견되었다. 그들의 우정 어린 감정은 그들이 프랑스를 이해하는 순간 충격을 견뎌내지 못했다. 러시아를 친선 방문한 많은 사람의 비슷한 경험들도 이와 너무나 비슷하다.

전쟁의 위험을 무릅쓴 채 처음부터 국가사회주의 정권의 대외 목표에 단호하게 반대했던 사람들 가운데에는 독일 문화에 대한 심오한 이해를 가지고 있는 사람들도 있었다. 그들이 국가사회주의 정권이라는 적과 화해하기 어려웠던 까닭은 바로 그 이해 때문이었다. 마찬가지로 러시아 역사와 문화를 공부하여 진정으로 러시아와 러시아인을 이해하는 사람들은 대체로 친러시아나 반러시아 히스테리에 영향을 받지 않았다. 그들은 러시아 외교의 전통적인 방식과 러시아 팽창주의의 전통적인 목표를 알고 있었다. 만약 그들의 이해가 서구 국가들의 외교적 행위에 영향을 미쳤더라면 그 행위는 실제보다 더 지적이었으며, 더 성공적이었을 것이 틀림없다. 이 같은 이해가 소련과의 관계를 개선했을지 아닌지는 미해결 문제다. 지적이고 성공적인 외교정책은 미국인과 러시아인이 서로에 대해 상대방이 현재 어떠한 위치에 있으며 원하는 것이 무엇인지를 얼마나 잘 이해하느냐에 달려 있다. 미국과 소련 사이의 평화는 결국 그들 가운데 한 국가의 현재 위치와 그 국가가 원하는 것이 상대방 국가가 원하는 것과 양립할 수 있는지 여부에 달려 있다.

이러한 관찰은 국제 문제에 관한 유네스코의 견해가 가진 또 하나의 오류를 지적해주고 있다. 국제 분쟁이 국제 이해를 통해서 제거될 수 있다는 생각은 국제적 갈등 문제란 오해에서 발생하기 때문에 다만 상상적인 것이며, 실제로 국가와 국가 사이에는 싸움까지 불사할 만한 문제가 없다는 함축적인 가정에 근거를 두고 있다. 그러나 사실은 그렇지 않다. 어떤 것도 진실이라고 할 수가 없는 것이다. 역사의 진행 방향을 결정하고 지구의 정치적 면모를 변화시켰던 모든 대규모 전쟁은 실제적인 이해관계 때문이었지 상상적인 이해관계 때문은 아니었다. 그런 대변혁에서의 쟁점은 늘 변함없는 것이었다. 다시 말해 누가 지배를 하고 누가 지배를 받을지, 또 누가 자유인이 되고 누가 노예가 될지에 대한 것이다.

그리스인과 페르시아인, 아테네인과 마케도니아인, 유대인과 로마인, 교황과 황제, 중세기 말의 영국인과 프랑스인, 터키인과 오스트리아인, 나폴레옹과 유럽, 히틀러와 세계 사이에 문제가 되었던 쟁점의 근저에 오해가 있었던가? 상대방의 문화, 성격, 의도에 대한 오해가 쟁점이 되었기 때문에 그와 같은 전쟁들이 전혀 실제적이지 못한 문제를 두고 수행되었던가? 그렇지 않다면 오히려 그와 같은 많은 분쟁에서 잠시 동안이나마 평화를 보존했음은 정복자가 될 국가의 문화,

성격, 의도에 대한 오해이며, 이러한 요소들에 대한 이해가 불가피하게 전쟁을 일으켰다고 주장될 수는 없을까? 아테네인들이 데모스테네스Demosthenes, B.C. 384~B.C. 322?가 한 경고에 주의를 기울이지 않았던 동안은 전쟁의 위협이 없었다. 전쟁을 불가피하게 만든 때는 그들이 마케도니아 제국과 그 정책의 성격을 파악했을 때였으며, 그때는 이미 시기가 늦어 있었다. 이해와 전쟁의 불가피성 사이의 상관관계는 역사가 후대에 물려주고 있는 우울한 교훈 가운데 하나다. 한쪽이 상대방의 입장, 성격, 의도를 철저히 파악하면 할수록 전쟁은 더욱더 불가피해지는 것이다.

유네스코의 커다란 장점과는 별도로 세계공동체에 대한 장애 요소를 진단한 유네스코의 판단이 완전히 빗나갔기 때문에 유네스코의 프로그램은 세계공동체 문제와는 동떨어지고 말았다. 세계공동체 문제는 도덕적이고 정치적인 문제이지 지적이고 심미적인 문제가 아니다. 세계공동체는 도덕적 판단과 정치적 행위의 공동체이지 지적 자질이나 심미적 감상의 공동체가 아닌 것이다. 미국인과 러시아인의 교육과 문화 수준이 똑같은 수준으로 오르든지 완전히 융합될 수 있고, 미국인이 고골Nikolai Gogol', 1809~1852을 이해하듯이 러시아인이 트웨인Mark Twain, 1835~1910을 이해할 수 있을 것이라고 가정해보자. 만약 그 가정이 사실이라 하더라도 중동 지역을 누가 지배할지에 대한 문제는 오늘날처럼 미국과 소련 사이에 여전히 남겨질 것이다. 초국가적이라기보다는 국가적인 기준과 충성에 따라 사람들이 판단하고 행동하기를 계속하는 한 세계공동체 문제는 하나의 가정으로만 남아 있을 것이며, 우리는 그 실현을 계속 기다려야 할 것이다.

## 기능적 접근

### 국제연합의 전문기구

앞에서 언급했던 기준과 충성의 전이는 어떻게 일어날 수 있었을까? 국제연합의 전문기구들이 그 방법을 제시해왔다. 그 전문기구들은 기구마다 주체가 달라지는 많은 국가 사이의 개별 협정으로 생겨난 자율적인 기구들이다. 그 기구들은 자체의 조직과 예산, 정책 형성 기구와 행정조직을 갖고 있으며, 각 기구는 자체의 회원국을 보유하고 있다. 몇몇 기구의 이름은 그 기구의 기능을 잘 설명해주고 있다. 국제노동기구International Labor Organization, 식량농업기구Food and Agriculture Organization, 국제부흥개발은행International Bank for Reconstruction and Development, 국제통화기금International Monetary Fund, 국제전기통신연맹International Telecommunication Union, 만국우편연합Unibersal Postal Union, 국제민간항공기구International Civil Aviation Organization, 유네스코UNESCO, 세계보건기구World Health Organization 따위가 그런 예다.

국제연합 헌장 제9장과 제10장은 국제연합의 전문기구들과 국제연합 사이의 조직적, 기능적 관계에 대해 규정하고 있다. 헌장은 국적에 관계없이 모든 개인의 권리와 복지에 대해 국제연합이 책임을 져야 함을 국제기구 역사상 전례 없을 정도로 강조하고 있다. 또한 헌장은 경제사회이사회 안에 그 책임을 수행하기 위한 특별기구를 창설했다. 경제사회이사회는 "전문기구들과 국제연합의 관계를 결정하는"[3] 협정을 그 전문기구들과 체결하는 권한을 가지며, 이미 많은 협정을 체결하고 있다. 국제연합은 "전문기구의 정책과 활동을 조정하기 위해 권고할 수 있다."[4] 경제사회이사회는 전문기구에서 정기 보고와 특별 보고를 받기 위해 적절한 조치를 취할 수 있으며, 국제연합 가맹국이나 전문기구의 요청이 있을 때에는 역무를 제공할 수가 있다.[5]

전문기구들이 국제연합과의 협조 아래 수행하는 사회적, 경제적 활동의 근저에 흐르는 철학은 무엇인가? 그 철학과 국제공동체 문제와의 관련성은 무엇인가? 이 질문에 대해 미트라니David Mitrany, 1888~1975 교수는 매우 분명하고도 설득력 있게 대답했다.

> 만약 세계가 고립되고 경쟁하는 정치적 단위들로 분열되었기 때문에 갈등과 전쟁이라는 악마가 생겨난다면 그 악마는 분열의 경계선을 변경하거나 축소함으로써 쫓겨나지 않겠는가? 분리된 단위로의 어떠한 정치적 재편성도 조만간 똑같은 효과를 나타낼 것이며, 새로운 세계의 문을 여는 모든 국제체제는 정치적 분열을 억제하는 반대 효과를 가져와야만 한다. 누구나 알 수 있듯이 그 목적을 달성하는 데에는 단 두 가지 방법밖에 없다. 하나는 정치적 분열을 강압적으로 씻어버릴 세계 국가를 통해서 이루어지며, 또 하나는 앞에서 논의된 방식이다. 그러니까 모든 국가의 이익과 생존을 점차적으로 통합하는 국제적 활동 및 국제기구의 확산으로 정치적 분열상 위를 그물처럼 덮어씌우는 것이다. 이는 효율적인 국제체제라면 모두가 고무하고 부추겨야 할 근본적 변화다. 이는 곧 국제적 활동의 연장선상에 국제 정부를

3_ 제63조 1항.

4_ 제58조, 제62조, 제63조 2항도 아울러 참조.

5_ 제64조, 제66조 2항.

수립하는 일이다. …… 아직까지 잠재적이고 인식되지 않은 사회적 통일에 관해 이것저것 가정하기보다 명백한 공동의 필요에 대해서만큼은 되도록 많은 주의를 기울여야 한다. …… (그런 식으로 해서) 공동체는 글로 쓰는 서약 행위를 통해서가 아니라 적극적인 조직 개발을 통해서 살아 있는 조직체를 획득할 것이다. …… 이런 경향은 법적으로 분할된 관할권과 권력에 기초한 전통적인 기구 대신에 구체적인 목적과 필요에 기초한, 또 시간과 장소의 구체적 조건에 기초한 정부를 조직할 것이다. …… 기능적 접근은 …… 공동의 활동과 공동 행정기구들의 자연적 발생으로 경계선을 덮음으로써 그 경계선을 무의미하게 만들면서, 이 같은 긍정적이고 건설적인 공동의 활동과 관습과 이익이 성장하도록 도와줄 것이다.[6]



공동체가 실제로 성장하고, 그런 공동체에서 정부가 성장해나오는 방식이 바로 이와 같다. 이미 우리는 주권이란 하나의 이론이기 이전에 하나의 사실이며, 미국 국민은 국가를 창조하기 이전에 하나의 공동체를 형성했음에 주목해왔다. 그렇다면 아무것도 없는 곳에서 어떻게 공동체가 창조될 수 있을까?

미트라니 교수의 말을 빌리자면 국제공동체는 여러 국가 구성원들이 공유하는 공동의 필요에 대한 만족감에서 비롯되어야 한다. 국경에 관계없이 전 세계 모든 인류에게 봉사하는 국제연합의 전문기구들

6_ David Mitrany, *A Working Peace System*, 4th ed. (London : National Peace Council, 1946), p. 14, 15, 18, 28, 34, 35(저자의 허락을 받아 전재).

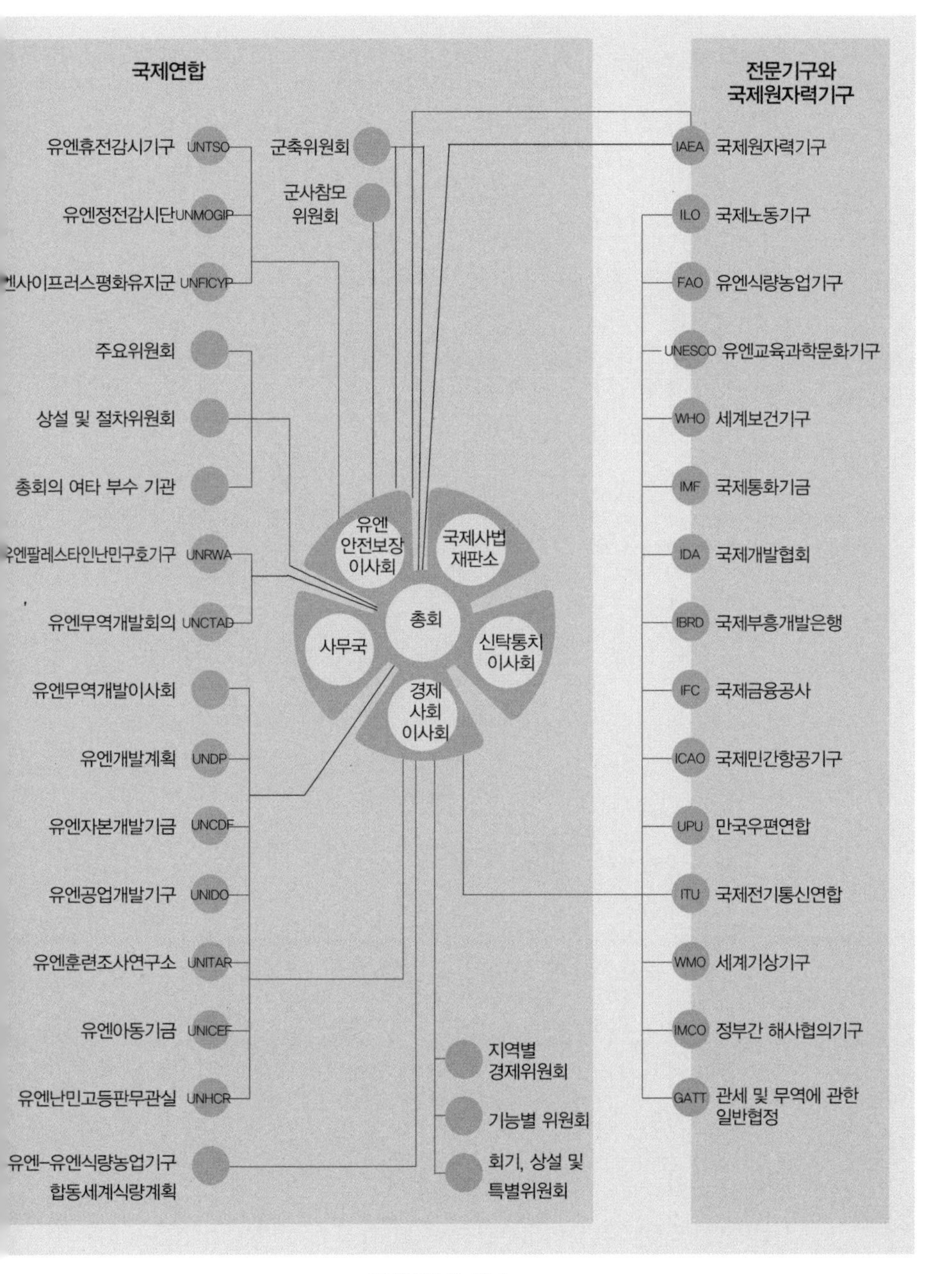
국제연합
전문기구와
국제원자력기구
유엔휴전감시기구 UNTSO
유엔정전감시단 UNMOGIP
유엔사이프러스평화유지군 UNFICYP
주요위원회
상설 및 절차위원회
총회의 여타 부수 기관
유엔팔레스타인난민구호기구 UNRWA
유엔무역개발회의 UNCTAD
유엔무역개발이사회
유엔개발계획 UNDP
유엔자본개발기금 UNCDF
유엔공업개발기구 UNIDO
유엔훈련조사연구소 UNITAR
유엔아동기금 UNICEF
유엔난민고등판무관실 UNHCR
유엔-유엔식량농업기구
합동세계식량계획
군축위원회
군사참모
위원회
유엔
안전보장
이사회
국제사법
재판소
총회
사무국
신탁통치
이사회
경제
사회
이사회
지역별
경제위원회
기능별 위원회
회기, 상설 및
특별위원회
IAEA 국제원자력기구
ILO 국제노동기구
FAO 유엔식량농업기구
UNESCO 유엔교육과학문화기구
WHO 세계보건기구
IMF 국제통화기금
IDA 국제개발협회
IBRD 국제부흥개발은행
IFC 국제금융공사
ICAO 국제민간항공기구
UPU 만국우편연합
ITU 국제전기통신연합
WMO 세계기상기구
IMCO 정부간 해사협의기구
GATT 관세 및 무역에 관한
일반협정

국제연합의 체계

은 그들이 존재하고 가능하고 있다는 바로 그 사실 때문에 이익과 가치와 행위의 공동체를 창조할 수 있었다. 궁극적으로 만약에 그런 국제기구들이 수적으로 충분했고, 지구 상의 국민들 대부분이 가장 바라는 것들을 만족시켰더라면 그런 기구들과 그 기구들이 속해 있는 공동체에 대한 충성이 개별 국가사회나 그 소속 기구들에 대한 충성을 대치했을 것이다. 이 같은 사태의 발전이 현재 같은 세계 상황 아래에서도 가능하다는 증거로 미트라니 교수는 주로 제2차 세계대전 동안 연합국들이 설치했던 기능적 성격의 국제기구, 그러니까 영국·미국 원자재위원회Anglo-American Raw Materials Board와 중동공급센터Middle East Supply Centre 같은 경험을 들고 있다. 이런 예들은 기능적 접근으로 제기된 문제에 초점을 맞추고 있다.



전쟁 기간 동안에는 공동의 적에 대한 승리를 갈구하는 공동의 대의명분과 공동 이익에 대한 충성이 개별 국가에 대한 충성보다 우선했으며, 아주 중요한 기능적 국제기구의 성공적인 운용을 가능하게 해주었다. 평화 시에는 국가가 국민에게 제공해야 하는 혜택이 기능적 국제기구에게서 기대해야 할 혜택을 훨씬 능가하는 듯해 보인다. 물론 오늘날 여러 국가 시민들은 핵전쟁의 회피를 통한 물리적 생존, 자연환경의 보호, 국제 무역의 조절을 통한 경제적 번영, 통화체제, 그리고 국제적 협조 같은 공통의 관심사를 지니고 있으며, 그런 것은 단지 초국가적인 기반에서 만족될 수 있다는 사실을 과거 어느 때보다 잘 인식하고 있다. 좀 더 구체적으로 말하면, 국가를 분열시키는 권력 투쟁이나 그 때문에 발생하는 불안정이 국가에 대한 일체감 형성을 모든 국가 국민들 대부분의 주된 관심사로 만들고 있다. 그 국가는 개인적인 보호, 권력 추구의 대상적 만족감, 그리고 물리적 욕구에 대한 즉각적인 만족감을 제공한다. 전염병을 퇴치하기 위한 세계보건기구의 원조 같은 몇 가지 산발적인 예외를 제외하고는 국제연합의 전문기구들은 보통 사람들의 직접적인 경험과는 거리가 먼, 그리고 그것도 수많은 국가 기관을 거치고 나서야 느낄 수 있는 희망과 만족감을 제공한다. 따라서 그 희망이나 만족감의 국제적 기원을 추적하기란 쉽지 않다. 외국에 편지를 보낼 때 만국우편연합이 제공해주는 수고에 대해 누가 감사하는 마음을 갖고 있는가?

그런 연유로 기능적 국제기구들이 모든 국가의 국민적 복지를 위해 제공하는 공헌은 뒷전으로 물러나게 된다. 모든 사람의 눈에 직접적으로 나타나는 것은 지구 상의 강대국들을 분열시키고, 비록 패배자들의 생존 자체는 아니더라도 그들의 복지를 위협하는 커다란 정치적 분쟁이다. 이는 근본적으로 무지 때문에 그 중요성을 잘못 인식하고 있다기보다는 오히려 기능적인 관점에서 볼 때 개인 욕구의 만족에 더 중요한 것은 기능적 국제기구가 하는 일보다는 국가 정부가 하는 일이라는 부정할 수 없는 사실에 대한 인식이다. 무엇보다 중요한 것은 한 국가가 외국의 침략에 대항하여 그 영토와 국민을 지키는 능력과 그 영토 안에서 평화를 유지하고 사회적 변화 과정이 진행되게 하는 능력이다. 대중들이 기능적 국제기구에 무관심함은 중요한 국제적 쟁점의 해결에 대해 그런 기구들이 별로 대단한 활약을 하지 못한다는 사실을 과장해서 반영한 것에 지나지 않는다.

어느 특정 국가의 국가 이익과 기능적 국제기구의 목적과 기능 사이에 아무런 갈등도 존재하지 않을 때 이것은 사실이다. 이 같은 갈등이 있을 경우에는 국가 이익이 국제적 목적보다 우선한다. 따라서 현재 같은 세계 정치적 상황에서 적대적인 두 강대국 가운데 하나이면서 전통적으로 외국의 개입을 두려워하고 자국의 정치·경제체제의 통합을 갈망하는 소련이 새로운 전문기구들 가운데 세곳인 국제노동기구, 유네스코, 세계기상기구에만 가입하고, 세계보건기구와는 협조관계에 있으며, 거의 1세기 동안 존재하면서 성격상 가장 비정치적인 것으로 남아 있던 두 기관인 1874년에 설립된 만국우편연합과 1865년과 1912년의 국제전신연맹과 국제무선전신연맹을 대체한 국제전기통신연맹의 회원국이라는 사실은 깊은 의미를 갖고 있다.

어떻게 하나의 세계공동체가 기능적 접근 방식을 통해서 창조될 수 있느냐에 대한 문제의 해답은 국제정치 분야에 달려 있다. 그 해답은 세 개의 서로 다른 기능적 기구, 그러니까 북대서양조약기구North Atlantic Treaty Organization, NATO와 유럽공동체European Communities, 그리고 경제와 기술적 원조를 위한 기구들이 하는 역할과 할 수 있는 역할을 분석함으로써 얻을 수 있다. 이 세 기구는 공통점을 지니고 있다. 다시 말해 모든 가맹국은 독자적으로 해결할 수 없는 공동의 문제를 초국가적 수준에서의 기술적, 기능적 협조를 통해 해결하려고 한다는 점이다. 그 목적을 위해 그들은 국제 정부라는 새로운 절차를 이용하고 발전시키고 있다. 이에 대해서는 이미 앞에서 언급한 바 있다.[7]

그런 절차들은 두 가지 점에서 새롭다. 그것들은 국제연합을 모델로 정책 집행의 기본 방향과 추구할 정책의 성격에 관한 협정을 결합

7_ 2권 pp. 322 ff. 참조.

시킨다. 이런 식으로 그것들은 가맹국 가운데 한 국가 또는 그 기구 자체의 권력이나 자원의 실제적 우월성을 평등에 대한 모든 가맹국의 법률적 주장에 연결시킨다.

그런 절차들은 국제 문제와 국내 문제 사이의 오랜 차이를 없애버리는 경향이 있다는 점에서, 그리고 이와 더불어 다른 국가의 국내 문제에 대한 오랜 불간섭 원칙도 지워버리는 경향이 있다는 점에서 새로우며, 이 점에서 고려한 절차들은 국제연합이라는 새로운 모델을 초월하는 것이다. 왜냐하면 전통적으로 개별 국가의 배타적 국내 관할권에 속했던 군비, 산업 생산성, 물가와 관세 같은 문제들이 그런 절차들을 통해 국제적인 관심사로 변모되고 있으며, 바로 이것이 그 새로운 절차들의 진수이기 때문이다.



### 북대서양조약기구NATO

NATO 창설에 관한 조약은 1949년 4월 4일에 벨기에, 캐나다, 덴마크, 프랑스, 영국, 아이슬란드, 이탈리아, 룩셈부르크, 네덜란드, 노르웨이, 포르투갈, 그리고 미국이 참여함으로써 조인되었다. 그리고 1952년에는 그리스와 터키, 1955년에는 독일(서독)이 가입했다. 이 조약은 회원국들 사이의 집단안전보장 원칙을 설정하고 있다. 제5조에 따르면 "유럽이나 북미에 있는 회원국 가운데 한 국가나 그 이상의 국가들에 대한 무력 공격은 전체 회원국에 대한 공격으로 간주된다……." 그리고 그 공격은 전체 회원국들의 반격을 받을 것이다. 이 일반적인 목적에서 볼 때 NATO는 전통적인 동맹과 다르지 않고, 회원국들의 군사력 증강에 직접적인 목적을 두고 있지도 않다. 그러나

NATO는 거기서 좀 더 나아가 회원국들 사이의 경제적, 정치적 안정 유지와 일반적으로 좀 더 긴밀한 유대관계의 확립을 목표로 삼고 있으며, 이런 목표들을 하나의 복잡한 다국가적 기구를 통해 성취하려고 노력하고 있다. 이 기구의 목적은 회원국들 사이의 협의에 기초하여 회원국들의 군사적, 경제적 정책에 대한 기본 방향을 설정하는 데 있다. 이 기구의 포괄적인 목적과 그런 목적을 성취하는 데 사용된 기술적인 면에서 볼 때 실제로 NATO는 전통적인 동맹 제도의 한계를 넘어서 새로운 형태의 기능적 기구로 향하고 있다.

NATO는 각 회원국의 각료들로 구성된 북대서양평의회North Atlantic Council가 주도한다. 평의회는 NATO의 최고 통치기구로서 각 회원국에 대한 생산 계획, 재정적 부담, 군사적 부담의 질과 양을 결정한다. 사무총장 이하 국제적 참모진이 보좌하는 평의회는 오로지 그 기구를 위해 운영되는 진정한 의미의 국제기구이며, NATO의 상설 민간인 관료체제다.

평의회 아래에는 많은 민간기구와 군사기구가 운영되고 있다. 군사기구인 NATO는 각 회원국의 참모총장들로 구성된 군사위원회Military Committee가 주도하고 있다. 그 위원회는 군사적 문제에 관해 평의회에 자문하며, 공동 방위를 위한 군사적 조치들을 계획하고, 상설 그룹Standing Group에 지침을 마련해준다. 미국, 영국, 프랑스의 참모총장으로 구성된 이 상설 그룹은 군사위원회의 상설 집행 기관이다. 이 그룹은 북대서양 방위의 일반적인 전략에 대해 책임을 지며, 다른 여러 NATO 사령부에 군사적 지침과 지시를 하달한다. 이 사령부들 가운데 유럽 연합국 최고 사령부Supreme Headquarters in Allied Powers in Europe, 그러니까 SHAPE가 가장 중요하다. 유럽 연합국 최고 사령관의 지시 아래 그 사령부는 서유럽의 연합군을 통제한다. 유럽 연합국 최고 사령부 역시 회원국들의 고급 관리들로 구성된 진정한 의미의 국제기구다. 최고 사령관은 상임 그룹에서 명령을 받지만 모든 회원국의 참모총장이나 다른 고급 관리들과 직접 접촉할 수 있다.

NATO는 회원국들의 군사적, 경제적, 재정적 정책을 포괄하는 범위 면에서 볼 때 공동 목적을 위한 특정의 기술적인 장을 마련해주기 위해 국제 정부라는 새로운 절차를 채택하려는 새로운 기능적 기구 가운데에서 가장 야심적인 기구다. 그 긴요한 군사적 목적과 좀 더 넓고 장기적인 정치적, 사회적 목표들을 과연 NATO가 제대로 성취할 수 있을지를 결정하는 것은 다음 세 가지 요소 사이의 상대적인 힘과 상호관계다. NATO 회원국들은 하나의 통합된 공동 방위체제의 설립을 얼마나 시급하게 여기는가? 공동 군사적 업무의 긴급성과 비교했을 때 개별 회원국의 국가적 이익은 얼마나 중요한가? 마지막으로 회원국들이 공동 군사적 임무와 개별적 이익 사이의 관계를 설정할 때 미국은 얼마나 영향력을 행사할 수 있는가? 다시 말하면 둘 가운데 어느 쪽에 회원국들의 정책이 우선순위를 부여할 것인가?

공동의 초국가적 이익, 개별적인 국가 이익, 그리고 미국의 힘 사이의 이런 상호 작용이 NATO의 성패 여부를 결정할 것이다. 처음 두 요소의 상호 작용은 NATO의 미래를 위해서뿐만 아니라 기능적인 면에서 유럽 국가들을 통합하려는, 다시 말해 유럽공동체라는 형태로 나타나는 다른 계획들의 성패 여부에도 결정적인 요소가 되고 있다.

### 유럽공동체

유럽공동체는 유럽 석탄철강공동체European Coal and Steel Community, 유럽 경제공동체European Economic Community, Common Market, 유럽 핵에너지공동체European Atomic Energy Community, Euratom로 구성되어 있다. 유럽 석탄철강공동체는 1952년 7월 25일부터 활동하고 있으며, 나머지 두 공동체는 1958년 1월 1일 이후에 운영되기 시작했다. 각 공동체의 회원국은 똑같이 벨기에, 프랑스, 독일(서독), 이탈리아, 룩셈부르크, 네덜란드다. 비슷하면서도 별개의 조직으로 출발했던 이 기관들은 1967년에 통합되었다. 결과적으로 이 공동체는 현재 유럽위원회라고 일컬어지는 공동 집행부와 공동의회Assembly, 공동 사법재판소 아래 운영되고 있으며, 각료회의와 경제·사회위원회의 뒷받침을 받고 있다. 이 공동의 제도는 유럽 석탄철강공동체의 제도를 모방했기 때문에 유럽 석탄철강공동체를 분석해보면 유럽공동체의 정부적 구조를 명백히 알 수 있을 것이다.

유럽 석탄철강공동체는 회원국들의 석탄 및 철강 생산을 위한 통합된 시장을 만들려는 목적으로 창설되었다. 유럽 위원회의 전신인 최고당국이 공동체의 집행 기관이었다. 어떤 정부의 지시도 없이 "완전히 독자적으로 공동체의 전체 이익을 위해" 회동하기로 되어 있기 때문에 공동체는 진정한 초국가적 기관이었다. 공동체는 석탄과 철강의 가격, 세금, 규칙 위반에 대한 벌금, 투자 조정, 대부·대출과 관련하여 구속력 있는 결정을 내릴 수 있는 권한이 있었다. 공동의회는 회원국 의회나 보통 선거로 선출된 78명의 의원으로 구성되었다. 공동의회는 최고당국의 연례 보고서를 승인해야 하며, 3분의 2 찬성투표로 의원들을 사임시킬 수 있었다. 각 회원국에서 파견한 한 명씩의 대표로 구성된 각료회의는 최고당국과 회원국들 사이의 연계 역할을 맡았으며, 최고당국의 원대한 계획을 위해서는 각료회의의 협력이 요구되었기 때문에 최고당국에 대해 견제 역할을 하기도 했다. 사법재판소는 최고당국의 결정에 대한 상고심을 판결했으며, 공동의회와 각료회의의 행위가 비합법적일 때는 그것을 무효로 했다.

유럽공동체가 기능적 기관으로서 가지는 중요성은 그 공동체의 정치적 목적에서 특히 두드러진다. 단결된 행동을 통해 유럽 각국의 세력 손실을 보상해주려는 노력 외에도 유럽공동체는 오래된 정치적 문제들을 해결하려는 혁명적인 시도다. 두 가지 기본적인 사실로 그 문제를 특징지을 수 있다. 하나는 유럽 국가들 가운데 독일이 확보하고 있는 자연스러운 우세함이고, 또 하나는 다른 유럽 국가들이 독일의 우세함을 인정하려고 하지 않는다는 사실이다. 1870년 이후 유럽 대륙에서의 대변혁과, 이 같은 변혁에 앞서는 외교적 움직임은 바로 이 두 가지 사실의 지배를 받아왔다.

제1차 세계대전 이전과 이후에 프랑스는 그전 세기에도 그랬듯이 세력균형을 이용해 이 두 사실을 다루려고 했다. 프랑스는 독일의 우세함을 견제하는 동맹체제로 자신의 내재적인 약점을 보완하려고 했다. 그러나 프랑스는 실패했다. 양차 세계대전을 통해 프랑스는 자신의 힘으로도, 대륙의 동맹국에게서도 안전을 보장받지 못했으며 오히려 영국과 특히 미국의 개입으로 구원을 받았다. 이런 실패는 유럽공동체의 가능성을 평가할 때 명심해야 할 또 한 가지 사실이다.

이 공동체들은 약소국들이 강대국을 견제하는 데 사용했던 전통적인 방식과는 확연하게 구별되고 있다. 다시 말해 서유럽의 다른 국가들은 동맹체제를 통해 잠재적인 강국을 견제하는 대신에 이를테면 독일을 자신들의 품 안으로 끌어들여 무장 해제시키고, 독일의 월등한 힘을 무해하게 만들고자 하는 것이다. 다시 말해 유럽공동체는 강대국과 약소국을 혼합하여 그들의 뭉쳐진 힘을 공동으로 관리하려는 시도다. 그렇게 함으로써 서유럽은 강력한 독일의 힘이 적대적인 목적으로, 특히 유럽 대륙에서 새로운 패권을 차지하려는 목적으로 사용됨을 미리 방지할 수 있으리라는 희망을 품고 있다.

유럽공동체는 목적을 실현시키기 위해 사용하는 방식에서도 혁명적이다. 그 이전에, 특히 양차 세계대전 사이에 유럽을 통일하기 위한 노력은 위에서부터 시도되었다. 말하자면 매우 포괄적인 법률기구가 제시되거나 확립되었던 것이다. 이 같은 시도의 목표는 전반적인 정부를 위한 법적 구조를 만드는 데 있었다. 각료위원회와 각국 대표들의 자문회의Consultative Assembly로 구성된 유럽 위원회가 오늘날 그런 전통을 따르고 있다. 말하자면 유럽공동체는 계획된 구조의 반대편 끝에서 출발했다. 그러니까 위에서부터라기보다 아래에서부터 출발한 것이다. 한정된 행동 범위 안에서나마 하나의 기능적 통합체를 만들기 위해 노력하고 있으며, 제한된 범위 안에서 그런 통합체가 운용되면 무엇보다 먼저 그 범위 안에서의 이익공동체로 발전할 것이고, 나중에는 농업, 교통, 전기, 군사 같은 다른 기능적 분야로 확산되리라는 기대를 품은 시도다. 결국에는 이런 일련의 기능적인 통합에서 정치적인 통합이 조직적으로 생겨나리라는 희망을 품고 있다. 일단 모든 기능적 기구가 확립되고 나면 개별 국가가 의식하지 못하는 사이에 점진적으로 하나의 공동 유럽 정부로 주권이 이양될 것이다.

이러한 계획의 성패는 개별 국가의 국가 이익 및 권력 분배와 관련되는 세 가지 근본 요소에 달려 있다. 이런 점에서 제기되는 첫 번째 문제는 유럽공동체의 서로 상이한 기관들 안에서와 기관들 사이의 권력 분배가 어떻게 될지에 대한 문제다. 예를 들면 유럽 위원회의 구성은 어떻게 되어 있느냐이다. 다시 말해 그 기관은 석탄과 철강의 생산과 분배에 관한 기술적인 신념을 근거로 독자적인 행동 노선을 취하는 기술자들로 구성되어 있는지, 아니면 각 정부에서 지시를 받지는 않겠지만 자기 조국의 국가 이익과 그에 대한 기여를 생각하지 않을 수 없는 정부 파견 대표들로 구성되어 있는지의 문제다.

유럽 위원회와 회원 국가의 대표들로 구성된 준의회체인 의회 사이의 관계는 무엇인가? 그리고 위원회와 각 관계 정부의 대표들로 구성된 각료의 관계는 무엇인가? 위원회, 의회, 회의의 행위와 관련하여 사법재판소는 적어도 문서상으로나마 얼마만큼의 권력을 행사할 수 있는가?

두 번째 문제는 공동체의 기관과 회원 국가 정부 사이의 권력 분배는 어떠한지에 대한 물음이다. 정관에 따르면, 예를 들어 석탄철강공동체의 집행 기관인 최고당국은 원칙적으로 조사권과 이차적인 권한을 지니고 있다. 회원국 영토 안에서 직접적인 행정 권한을 거의 소유하지 못하고 있는 것이다. 주요 권력은 투자 분야에 놓여 있으며, 따라서 그 권력은 비협조적인 회원 국가에 대해 투자나 대부, 대부에 대한 보증 따위를 보류하는 부정적이고 소극적인 것이라고 할 수 있다. 그러나 만약 그런 비협조적인 국가가 대부를 필요로 하지 않거나 다른 데에서 얻을 수 있다면 어떻게 될까?

세 번째는 경제·군사·정치적인 분야에서 회원국들 사이의 연합 정도가 어느 정도인지에 대한 물음이다. 말하자면 석탄, 철강, 핵 에너지, 무역 같은 분야에서 기대되고 있는 공동체의 이익과 개별 회원국의 실제적인 경제적, 군사적, 정치적 이익 사이의 관계가 어떤지에 대한 것이다. 예를 들면 독일을 재통일하려는 모든 독일인의 충족되지 못한 야망이나 유럽에서 패권을 수립하려는 프랑스인의 야망이 유럽공동체의 기능에 어느 정도로 방해가 되는지에 대한 것이다. 공동체 안에서 프랑스나 독일이 가지는 경제적 이익이 이 같은 충족되지 못한 국가적 야망을 뛰어넘을 만큼 강할까?



## 경제적, 기술적 원조를 위한 기구들

NATO와 유럽공동체는 목적, 주제, 절차에서 비교적 진보된 기능적 기구들이다. 그러나 이 같은 점에서 덜 진보적인 다른 많은 기능적 기구와 비교해보면 NATO나 유럽공동체는 지역적인 성격을 가졌다는 점에서 덜 진보적이다. 만약 그들이 성공한다면 그들은 민족국가의 케케묵은 분리주의를 극복할 것이다. 세계공동체에 대한 그들의 공헌은 새로운 초국가적, 지역적 단위들이 세계의 나머지 부분에 대해 추구할 정책들로써 답변되어야 할, 아직도 논의의 여지가 있는 질문거리가 될 것이다.[8] 현재 같은 세계 정치 상황 아래에서 지역적인 특성을 지닌 기능적인 기관들은 다른 지역의 불안한 정치적 갈등에 말려

8_ 지역주의가 민족주의를 극복하는 양면가치적 현상에 대해서는 2권 pp. 32 ff. 참조.

들지 않을 수 없다. 따라서 그들은 개별 국가에 대해서는 결합시키는 방향으로 영향력을 발휘하는 반면, 세계공동체의 궁극적인 목적에서 볼 때 적어도 단기적이나마 분열시키는 힘을 강화할 수밖에 없다.

경제적, 기술적 원조를 위한 기구들은 그 대부분이 제공하는 원조가 적어도 잠정적으로는 세계적 규모이기 때문에 지역주의의 양면 가치성을 대부분 피한다. 그러나 그들은 주제, 목적, 절차에서 정형이 없다. 그러므로 기능적 세계 통합에 대해 그들이 미칠 수 있는 영향은 어쨌든 단기적으로 파악하기 어렵고 막연하며, 정치적으로 비효과적이다. 이는 이런 형태의 주요한 세 그룹의 기구들도 마찬가지다. 그러니까 미국과 소련이 일방적으로 세운 국제연합의 전문기구들과 기술원조평의회, 그리고 콜롬보 계획Colombo Plan에 따라 영연방 제국들이 설립한 전문기구들도 마찬가지다. 이 기구들은 소련 같은 특정 국가의 정치적 이익에 밀접하게 관련되어 있을 때에는 정치적으로 매우 효과적이어서 적어도 단기적으로는 세계공동체의 이상을 수포로 만들었다.



이 기구들의 명백한 인도주의적 측면과는 별도로 경제적, 기술적 원조 계획의 목적은 정치적으로 덜 분명한 함축성을 지니고 있다. 왜냐하면 정치적으로 매우 중요한 미개발 지역들은 비동맹국가들로서 동·서 양 진영이 그들을 끌어넣기 위해 경쟁하고 있기 때문이다. 그런 경쟁에서는 더 좋은 삶을 약속해줌이 중요한 무기이며, 그것을 실제적으로 제공해줌은 더욱더 중요하다.[9]

9_ 사람의 마음을 사로잡기 위한 투쟁의 이런 측면에 대해서는 2권 pp. 32 ff. 참조.

그러나 원조를 받는 국가가 정치적으로 충성하게 해주는 요인은 이러한 원조나 이에 따른 이로운 결과가 아니라, 한편으로는 원조와 이에 따른 이로운 결과 사이에, 다른 한편으로는 원조 제공국의 정치철학, 정치체제, 정치적 목적 사이에 수혜국의 국민이 마음속에 확립하는 긍정적인 생각이다. 다시 말해서 만약에 원조를 받았는데도 수혜국이 원조 제공국의 정치철학, 체제, 목적에 계속해서 찬성하지 않는다면 그 원조의 정치적 효과는 상실되고 만다. 만약 자신이 받는 원조가 원조 제공국의 정치철학, 체제, 목적의 자연스러운 표현일 뿐임을 계속 깨닫지 못할 경우에도 마찬가지 결과가 된다. 수혜국이 다음과 같이 말하는 한 경제적, 기술적 원조는 정치적으로 비효과적이다. 이를테면 "원조는 좋다. 그러나 제공 국가의 정책은 마음에 안 든다"라든가 "원조는 좋다. 그러나 제공 국가의 정책이 좋든, 나쁘든, 또는 상관이 없든 원조와는 아무 관련이 없다."[10]



원조 제공국과 수혜국 사이의 공동체를 형성하는 데 효과적이기 위해서는 원조가 제공되는 절차와 이유가 원조와 그 원조 제공국에 대한 신용을 나타내는 정책 사이에 어떤 연관성을 가지게 해주어야 한다. 국제연합이나 서구 국가들의 원조정책을 통하여 그런 관계가 확립된 예가 드물게 있었지만, 이는 계획적이었다기보다는 우연히 그렇게 된 것이었다. 왜냐하면 그 원조의 이유와 절차가 그런 관계를 설정

10_ 우리는 여기서 논의를 간추리고 문제의 정치적 측면에 초점을 맞추기 위해 경제적, 기술적 원조가 수혜국에서 환영받으리라고 가정한다. 실제로 그런 원조가 대단한 긴장과 사회적 혼란을 일으키고, 문제를 해결하기보다 오히려 단기적으로 심각한 문제를 발생시켜 환영받기보다는 분노의 대상이 될 수도 있다.

하는 데 이바지할 수 없는 것이었기 때문이다.

경제·기술 원조의 내용은 교육과 건강에서부터 행정과 수력 발전에 이르기까지 개인적, 사회적 필요의 모든 범위를 망라한다. 이런 노력의 확산은 원조의 내용뿐만 아니라 여러 국가적, 경제적 기관의 형태로 나타나는 그 근원에서도 방대하다. 수혜국들이 자신들이 받은 이익을 특정의 초국가적 기구 덕택으로 돌리고, 그 기구를 자신들의 정부보다 높은 이해관계를 갖는 은혜의 상징으로 전환하여 자신들의 충성을 그쪽으로 전환하기란 어렵다.

그런 국가적 충성심의 전이는 이 기구들이 따르는 기본적인 절차 때문에 더욱 어려워진다. 그들은 일반적으로 개개 정부의 요청에 따라 원조를 줄 뿐이다. 더군다나 원조의 목적, 종류, 제공 양상 따위는 원조를 제공하는 기구와 수혜국 정부 사이의 협정에 따른다. 이 같은 상황 아래에서 그 기구는 자기 정부의 한 기구로서 스스로의 계획에 따라 정부를 도와주는 것으로 받아들여지기 쉽다. 이 때문에 혜택을 받는 국민은 국가에 대한 충성심을 더욱 강화할 것이고, 따라서 세계공동체 발전에 필요한 초국가적 상징에로의 충성심 전이를 방해할 것이다. 이리하여 오늘날의 경제적, 기술적 원조는 국제 평화 문제에 아무 도움을 주지 못할 것이며, 최악의 경우에는 세계 저개발 지역 국민들의 국가적 충성심을 강화함으로써 더욱 다루기 힘든 국제적 갈등을 야기할지도 모를 일이다.

우리는 전쟁으로 발전할지도 모르는 국제적 갈등의 평화적 해결을 위한 첫걸음으로 세계 국가의 기초가 되는 국제공동체의 창조를 제의했다. 우리는 국제공동체의 결성이 최소한 국제 분쟁의 감소와 극소화를 전제로 하고 있기 때문에 여러 국가의 국민들을 결합시키는 이익이 그들을 분리하는 이익을 능가해야 한다는 점을 발견했다. 국제적 분쟁이 어떻게 감소되고 극소화될 수 있을까? 철저한 연구를 요구하는 마지막 문제가 바로 이것이다.

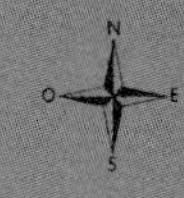


제10부

# 평화의 문제: 조정을 통한 평화

Politics Among Nations

제31장

# 외교

우리는 국제 평화가 국가 주권에 제한을 가함으로써 보장될 수 없고, 그 실패의 원인은 국가 간 관계의 성질 바로 그 자체에 있다는 사실을 발견했다. 우리는 주권국가로 구성된 현재의 국제사회를 세계 국가로 변화시키는 방법을 통한 국제 평화는 오늘날 세계를 풍미하고 있는 도덕적, 사회적, 정치적 조건 아래에서는 달성될 수 없다고 결론지었다. 만약에 세계 국가라는 것이 우리 세계에서 달성 불가능하고,그런데도 세계의 생존을 위해 필요 불가결하다면 처음부터 그 설립이 불가능하지 않은 조건을 창조할 필요가 있다. 이런 조건을 창조하는 일차적인 필요조건으로 우리는 이 시대의 두 강대국을 대립하게 하고 처참한 전쟁이라는 유령을 불러내는 정치적 갈등을 완화하고 최소화하는 방안을 제안했다. 영구 평화의 필수 조건을 설립하는 이런 방법을 우리는 조정을 통한 평화라고 한다. 그리고 도구는 외교다.

## 외교의 네 가지 임무

우리는 이미 국력의 요소로서 외교의 으뜸가는 중요성을 강조할 기회가 있었다. 국제 평화의 보존을 위한 외교의 중요성은 단지 그런 일반적인 기능의 특수한 측면이었을 뿐이다. 전쟁으로 끝난 외교는 평화적인 수단을 통해 국익을 증진한다는 외교의 일차 목표에서 실패한 것이다. 이는 항상 사실이었고, 전면전이 지니고 있는 파괴적인 잠재력에 비추어볼 때에는 특히 그러하다.

외교정책의 전체 영역을 포함하는 가장 넓은 의미에서 볼 때 외교의 임무는 네 가지다. (1) 외교는 실제로, 그리고 잠재적으로 이용 가능한 힘을 감안하여 목표를 결정해야 한다. (2) 외교는 다른 나라의 목표와 그것을 달성하기 위해 실제로, 그리고 잠재적으로 이용 가능한 힘을 평가해야 한다. (3) 외교는 이런 상이한 목표들이 어느 정도로 양립할 수 있는지를 판단해야 한다. (4) 외교는 이런 목표 추구에 적당한 수단을 구사해야 한다. 이런 임무 가운데 어느 한 가지만 실수하더라도 외교정책의 성공과 세계 평화는 위태로워진다.

목표를 달성할 힘이 없는 국가가 너무 큰 목표를 설정했을 경우 두 가지 이유에서 전쟁 위험에 직면할 수 있다. 이런 국가는 국력을 낭비할 가능성이 있으며, 대치하고 있는 모든 시점에서 적대국의 견딜 수 없을 만큼 강한 도전을 막을 수 있을 정도로 강하지 못할 가능성이 있다. 외교정책의 실패는 그 국가가 오던 길을 되돌아가게 하고, 실제 힘의 관점에서 목표를 재정립하게 한다. 그렇지만 이런 국가는 흥분한 여론의 압력 때문에 도달할 수 없는 목표를 향해 계속 나아가고,

목표 달성을 위해 자원을 고갈시키며, 마침내 국가 이익과 외교적 목표를 혼동하여 평화적인 수단으로 해결될 수 없는 문제를 전쟁으로 해결하려고 할 가능성이 더욱 농후해진다.

만약 한 국가의 외교가 상대방의 목표와 자국이 동원할 수 있는 힘을 잘못 평가하는 경우에도 전쟁이 일어날 수 있다. 우리는 이미 현상유지 정책을 제국주의 정책으로 잘못 판단하는 경우와 그 반대 경우, 그리고 한 종류의 제국주의를 다른 종류의 제국주의와 혼동하는 실수[1]를 지적했다. 제국주의 정책을 현상유지 정책으로 잘못 판단하는 국가는 그 나라의 정책이 수반하는 자국에 대한 위협에 대처할 준비가 되어 있지 않다. 그런 국가의 취약성은 공격을 초래할 것이고, 전쟁을 불가피하게 만들 것이다. 현상유지 정책을 제국주의 정책으로 착각하는 국가는 과도한 반응 때문에 피하려던 전쟁의 위험을 오히려 초래할 수 있다. A국이 B국의 정책을 제국주의로 잘못 알고, B국도 A국의 방어적인 반응을 제국주의로 잘못 알게 되는 것이다. 이처럼 상대국의 가상적 침입을 제압하기 위해 양국은 무장으로 치닫게 된다. 마찬가지로 한 가지 유형의 제국주의를 다른 유형의 제국주의와 혼동하면 지나친 반응을 초래하고, 따라서 전쟁의 위험을 발생시킨다.

다른 국가의 힘을 평가하는 데에는 과대평가나 과소평가 모두가 똑같이 평화에 대한 치명적인 요인이 된다. B국의 힘을 과대평가할 경우에 A국은 마침내 자국의 생존을 위해서 가장 불리한 조건에서 싸우지 않을 수 없을 때까지 B국의 요구에 복종한다. B국의 힘을 과소평



1_ 1권 pp. 215 ff., 268 ff. 참조.

가하면 A국은 자국의 가상적인 우월성을 과신하게 된다. A국은 B국에 대해 무리한 요구를 하고, B국이 너무 약해 저항할 수 없다고 여겨지는 조건을 내세우게 된다. B국이 실제적인 저항 능력이 있을 경우에 A국은 후퇴해서 패배를 인정하거나 전진하여 전쟁을 감행하거나 선택을 해야 한다.

이성적이고 평화적인 외교정책을 추구하고자 애쓰는 국가는 양립 가능성에 비추어 자국의 목표와 다른 국가의 목표를 끊임없이 비교하지 않을 수 없다. 만약 양국의 목표가 양립하면 아무 문제도 일어나지 않는다. 양국의 목표가 양립 불가능하면 A국은 B국의 목표와의 양립 불가능성이 있는데도 자국의 목표가 반드시 추구되어야 할 만큼 필수적인지를 판단해야 한다. 만약 A국의 필수적 이익이 이런 목표를 달성하지 않고도 보호될 수 있다고 판단되면 그 목표는 포기되어야 한다. 다른 한편으로, 만약 A국이 자국의 외교 목표가 사활적 이익에 필수적이라고 여긴다면 자국의 목표와 일치하지 않는 B국의 외교 목표가 B국의 사활적 이익에 필수적인지를 스스로 물어봐야 한다. 만약 대답이 부정적이라면 A국은 자국에게 사활적이 아닌 동등한 가치의 목표를 B국에게 양보하고, B국이 외교 목표를 포기하게 만들어야 한다. 달리 말하면 타협을 주고받는 외교 교섭을 통해서 A국의 이익과 B국의 이익이 조정될 수 있는 방법이 모색되어야 한다.

마지막으로, A국과 B국의 양립 불가능한 외교 목표가 쌍방에게 필수적임이 입증된다면 A국과 B국의 필수적인 이익이 재정의되고 조정되어 결국 서로 일치하게 함으로써 해결책을 찾을 수도 있다. 그러나 이 경우 비록 양국이 다 같이 지적이고 평화적인 정책을 추구한다 하더라도 A국과 B국은 전쟁 일보 직전까지 위태롭게 다가가고 있는 것이다.

외교 목표를 추구하기 위한 적당한 수단을 모색하는 행위는 평화를 보전하려는 이성적인 외교의 마지막 임무다. 외교가 사용할 수 있는 수단은 설득과 타협, 그리고 무력 사용의 위협 세 가지다. 무력 사용의 위협에만 의존하는 외교는 결코 이성적이거나 평화적이라고 할 수 없다. 모든 문제를 설득과 타협에만 의존하는 외교도 지적이라고 할 만한 자격이 없다. 있다고 해도 아주 드물게, 강대국의 외교정책 수행에서 다른 수단들을 배제하고 단 한 가지 방법만 사용하는 데 대한 정당화가 있을 수 있다. 일반적으로 강대국의 외교관은 자국 이익과 평화에 도움이 될 수 있도록 설득을 하고 타협을 하며, 상대국에게 자국의 군사력을 인식시켜야 한다.

외교의 기술은 어떤 특정한 순간에 이용할 수 있는 세 가지 수단을 각기 어떻게 잘 이용하느냐에 달려 있다. 다른 기능을 성공적으로 수행한 외교라 할지라도 상황이 주로 타협을 요구하는 데에도 설득만을 강조한다면 국가 이익을 증진하고 평화를 보존하는 데 실패할 수 있다. 군사력이 우선적으로 과시되어야 할 때에 타협만을 지나치게 강조하거나, 정치적 상황은 설득과 타협을 요구하는 데에도 군사력만을 강조하는 외교 역시 마찬가지로 실패할 것이다.

## 외교의 도구

외교의 이런 네 가지 임무는 언제 어디서나 외교정책을 구성하는 기본 요인들이다. 이웃 부족과 정치적 관계를 유지하려는 원시 부족의 추장도 외교에 성공하고 평화를 보존하기 위해서는 이런 네 가지 기능을 잘 수행해야 한다. 이런 기능 수행의 필요성은 국제정치 자체만큼이나 오래되고 폭넓은 것이다. 조직적인 기구를 통해 이런 기능이 수행되기 시작한 때는 비교적 최근 일이다.

외교의 조직적 도구는 두 가지다. 이는 각국이 수도에 설치한 외교부와 외교부가 외국 수도에 파견하는 외교관들이다. 외교부는 정책결정 대행 기관이고, 외교정책의 두뇌다. 그곳에서는 외부 세계에서 오는 정보가 수집되고 평가되며 외교정책이 결정되고, 외교관들로 하여금 현실 정책으로 바꾸어 추진하게 한다. 외교부가 외교정책의 두뇌라면 외교관들은 외교부의 눈이고, 귀이고, 입이며, 손가락 끝, 다시 말해 이동 외교부다. 외교관은 자신의 정부를 위해서 상징적, 법적, 정치적인 세 가지 기본 임무를 수행한다.



### 상징적 대표

외교관은 우선 자기 나라의 상징적인 대표다. 따라서 외교관은 상징적인 기능을 계속 수행해야 하고, 다른 외교관과 주재국 정부의 상징적인 기능의 대상이 되어 자신을 노출해야 한다. 이런 기능들은 한편으로는 외교관의 본국이 해외에서 누리는 위신과, 다른 한편으로는 본국이 그 외교관의 주재국에 대해서 고려하는 위신을 시험하는 데 도움이 된다. 예를 들면 영국 주재 미국 대사는 국빈 초대 만찬회나 환영회 같은 초대받은 공식적인 행사와 자신이 모습을 나타내는 행사에서 미국 대통령을 대표한다. 그는 관련된 국가에 대해서 기쁘거나 슬플 경우에 축하하거나 위로를 표명하며, 또 축하나 위로를 받는다. 그는 외교 의식의 상징적인 기능을 수행한다.[2]

이 상징적인 기능의 주요한 예로는 대부분의 외교 사절단이 주재국 정부의 각료들이나 동료 외교관들, 그리고 그들이 주재하는 수도의 상류사회에 베풀지 않을 수 없는 호화로운 연회를 들 수 있다. 민주국가에서 많은 불리한 논평의 대상이 된 이런 관습은 일차적으로 외교관 개인들이 사치를 좋아한다는 의미는 아니다. 이는 외교관의 세계에서 특수한 기능을 수행한다.

연회석상에서 외교관은 자신을 위한 개인 자격으로 행동하지 않고 자기 나라의 상징적인 대표자로 행동한다. 소련 대사는 이런 자격으로 1917년 10월 혁명을 기념하는 축하연에 손님들을 초대했다. 그를 통해서(그의 개인적 생각은 이런 상징적인 의도와 무관하다) 소련이라는 국가는 손님을 접대하고 축하하며, 초대되지 않은 사람들에게도 소련이 부유하고 관대하다는 인상을 심으려고 한다. 소련이 국제사회에서 중요하면서도 아직 의심스러운 지위를 다시 획득한 뒤인 1930년대에 소련이 전 세계에 베푼 파티가 호화롭고 푸짐하며 질 좋은 음식과 술로 명성이 높았던 사실은 우연이 아니다. 이런 사치의 의도는 서구 세계의 부르주아 주민들에게 소련 국민이 풍요롭게 살고 있음을 보여주



2_ 1권 pp. 233 ff. 참조.

기 위함이 아니었다. 오히려 그 의도는 소련이 방금 가까스로 빠져나왔고 다시 빠져들지 않을까 두려워하는 정치적 열등감을 보상하려는 것이었다. 접대 문제에 관한 한 다른 국가 외교관들보다 비록 더 낫지는 않더라도 동등하게 행동하도록 외교관들에게 지시함으로써 소련은 막 출세한 벼락부자와 별 다름없이 적어도 자기 나라가 다른 나라처럼 좋은 나라라는 사실을 상징적으로 과시하려고 노력했다.

법적 대표

또한 외교관은 자기 정부의 법적인 대표로 행동한다. 델라웨어 주의 윌밍턴에 있는 주식회사가 다른 주와 도시에서는 법적 대리인을 통해 대표되는 것과 똑같이 외교관은 자기 정부의 법적 대리인이다. 이런 대리인들은 우리가 주식회사라고 일컫는 법적 허구 조직체의 이름으로 행동하고, 법인체를 구속하는 선언을 하며, 법인체에 의무를 지우는 계약에 서명하고, 마치 그들 자신이 법인체인 듯이 법인체 규약의 한계 안에서 행동한다. 이와 비슷하게 런던 주재 미국 대사는 미국 정부의 이름으로 미국 헌법과 법률, 정부의 명령에 따라 법적인 기능들을 수행한다. 그는 조약에 서명하거나, 이미 서명된 조약의 효력 발생 근거가 되는 비준 문서를 발송하거나 접수하는 권한을 부여받을 수 있다. 그는 재외 미국 시민들에게 법적인 보호를 제공한다. 그는 국제회의와 국제연합 산하기구에서 미국을 대표하고, 본국 정부의 훈령에 따라서 본국 정부의 이름으로 투표할 수 있다.

정치적 대표

외교관은 외교부와 더불어 자기 나라의 외교정책을 결정한다. 이는 외교관의 가장 중요한 기능이다. 외교부가 외교정책의 수뇌부임과 마찬가지로, 외교관들은 본부와 외부 세계 사이의 양면 통신을 유지하는 외곽 구조다.

외교관의 어깨에는 앞에서 논의한 외교의 네 가지 임무 가운데 적어도 한 가지를 수행해야 하는 주요한 짐이 얹혀 있다. 그들은 다른 나라의 외교 목표와 그들이 이 목표의 수행을 위해 실제로, 그리고 잠재적으로 이용할 수 있는 힘을 평가해야 한다. 이런 목적을 위해서 정부 관리들과 정치 지도자들에게 직접 질문함으로써, 그리고 신문과 여론 따위를 면밀히 검토함으로써 주재국 정부의 계획에 대한 정보를 가지고 있어야 한다. 더욱이 그들은 정부와 정당과 여론 안의 상반되는 경향들이 정부 정책에 미치는 잠재적인 영향력을 평가해야 한다.

워싱턴에 주재하는 외국의 외교관들은 현재 국제 문제에 대한 미국 정부 내 여러 부서들의 현재 및 미래에 있음직한 태도를 본국 정부에 알려야 한다. 그는 정부와 정당의 여러 인물들이 외교정책 형성에 미치는 중요성을 평가해야 한다. 대통령 입후보자들은 선거 때 외교정책 현안에 대해 어떤 입장을 취할 것인가? 특정 시사 평론가나 해설가가 공식 정책과 여론에 미치는 영향은 어떤 것인가? 이런 것들이 외교관이 답변하려는 질문들의 일부분이다. 본국 정부가 펼치는 외교정책의 성공과 실패 여부, 그리고 본국 정부의 평화 보존 능력은 외교관이 전달하는 보고서의 신빙성과 그의 신중한 판단에 달려 있다.

일국의 실제적, 잠재적 국력을 평가할 때 외교 사절단은 고급스럽고도 은밀한 간첩 조직 같은 성격을 지니게 된다. 군부의 고위층이 여러 나라의 외교 사절단에 파견된다. 그들은 육군, 해군, 공군 무관 자격으로 모든 수단을 동원하여 그 나라의 현실적, 계획적 군비와 새로운 무기, 군사적 잠재력, 군사 조직, 전쟁 계획 따위에 관한 정보를 수집하는 책임을 지고 있다. 그들의 업무는 경제 동향, 산업 발전, 공업 소재지, 특히 군비에 대한 그들의 영향력에 관한 정보를 수집하는 상무 담당 외교관이 보완한다. 이런 면에서, 또한 이루 헤아릴 수 없이 많은 다른 면에서 정부가 외교 사절단에게서 받는 보고의 정확성과 확실성은 정부 결정의 신뢰성에 필요 불가결한 것이다.

이런 정보 수집 기능, 특히 외교정책의 토대가 되는 비밀 정보의 수집은 현대 외교의 뿌리를 이루고 있다. 중세에는 외국을 여행하는 군주의 특별 공사가 간첩이라는 사실이 당연시되었다. 15세기에 이탈리아의 작은 공국들이 자국보다 강한 나라와의 관계에서 상주 외교 대표를 이용하기 시작했을 때 그들은 일차적으로 강대국 측의 침략 의도에 대한 정보를 적시에 받고자 하는 의도를 지니고 있었다. 16세기에 상주 외교 사절단이 일반화되었을 때조차도 외교관들은 주재국에게는 귀찮은 존재이자 부담스러운 존재로 흔히 여겨졌다. 17세기 초에 근대 국제법의 창시자 흐로티위스는 외교 사절단의 철폐를 주창하기까지 했다.

외교관들은 외교정책 중추부의 정책 결정을 위한 1차 자료로서 외부 세계의 사건을 보고하는 단순한 눈과 귀만은 아니다. 그들은 중추부에서 발생하는 자극을 말과 행동으로 바꾸는 입과 손이다. 그들은 자기 주위 사람들, 특히 국민의 여론을 대변하는 사람들과 정치적 지도자들에게 본국 정부의 외교정책을 이해시키고, 가능하다면 그 외교정책을 승인하게 해야 한다. 외교정책을 '판매'하는 이런 임무를 위해 외교관의 인간적인 매력과 외국 국민의 심리에 대한 이해는 필수 조건이다.

설득과 협상, 그리고 무력의 위협이라는 평화 보존 기능 수행에서 외교관들은 두드러진 역할을 수행한다. 본국 외교부는 외교관에게 추구할 목표와 사용할 수단에 대한 지침을 제공할 수 있다. 그렇지만 이런 훈령의 집행을 위해서는 외교관 자신의 판단과 재능에 의존해야 한다. 외교부는 외교관에게 설득을 사용하거나, 무력 행사를 암시하는 위협을 하거나, 이 두 가지 전술을 동시에 이용하도록 지시할 수 있다. 그러나 어떻게, 그리고 언제 이런 기법을 사용하느냐 하는 문제는 외교관의 자유재량에 맡기지 않을 수 없다. 논쟁이 어떻게 설득적일 수 있으며, 협상에 따른 합의는 어떤 이익을 낳는가? 무력 행사의 위협은 어떤 인상을 주는가? 이런 각각의 수단을 어떻게 효과적으로 이용할 수 있는가? 이 모든 것은 외교관의 수중에 달려 있다. 그는 좋은 외교정책을 망치거나 나쁜 외교정책이 가져올 수 있는 최악의 결과를 피할 수 있는 힘을 지니고 있다. 우리는 위대한 외교관들이 조국의 국력 신장에 탁월한 공헌을 한 데 대해 언급한 바 있다.[3] 평화에 대한 그들의 기여도 그에 못지않게 중요하다.



3_ 1권 pp. 364 ff. 참조.

## 외교의 쇠퇴

오늘날 외교는 30년 전쟁 말부터 제1차 세계대전 시작 무렵까지 수행했던, 때로는 눈부시게 화려하며 항상 중요했던 역할을 더 이상 수행하지 못하고 있다. 외교의 침체는 제1차 세계대전의 종결과 함께 시작되었다. 1920년대만 하더라도 몇 명의 뛰어난 외교관들이 자국의 외교정책에 중요한 기여를 할 수 있었다. 제2차 세계대전 이전의 10년 동안 외교정책의 형성에서 외교관들이 담당하던 역할은 더욱 줄어들었고, 외교 문제를 처리하는 수단으로서 외교의 침체는 더욱 분명해졌다. 제2차 세계대전 이후 외교는 생명력을 잃어버렸고 근대국가체제에서 전례가 없을 정도로 그 기능은 위축되어버렸다. 다섯 가지 요인이 그런 외교의 침체를 설명해준다.



### 통신의 발달

이런 요인들 가운데 가장 분명한 것은 현대 통신의 발달이다. 외교가 발생한 부분적인 이유는 새로운 영토 국가의 정부들이 정치적 관계를 계속 유지하던 시기에 신속한 통신체제가 결여되어 있었던 데에 있다. 외교가 침체한 이유는 부분적으로는 위성, 항공기, 무전, 전보, 텔레타이프, 장거리 전화 같은 형태로 신속하고 정규적인 통신이 발달한 데에 그 원인이 있다.

제1차 세계대전 발발 이전에 미국과 영국 정부가 협상에 들어가고자 할 때에는 언제라도 많은 재량권을 부여받은 상주 외교 대표를 워싱턴과 런던에 반드시 주재시킬 필요가 있었다. 세부적인 보고서를 신속하고 지속적으로 송달하기 위한 설비가 발달하지 않았고, 특히 협상을 결렬시키지 않고는 본국으로 가서 개인적인 자문을 구하기가 불가능했기 때문에 이런 상주 대표의 설치가 필요했던 것이다. 오늘날 미 국무부의 관리는 대서양 횡단 전화로 영국 외무성의 상대방 관리나 영국 주재 미국 대사와 대화만 하면 된다. 그도 아니면 다음 날 아침에 영국에서 협상을 시작하기 위해 저녁에 대서양 횡단 비행기를 타면 된다. 본국 정부와 직접적인 협의가 필요할 때에는 언제라도 하루면 대서양을 횡단했다가 다시 돌아올 수 있고, 본국 정부에 최근의 회의 진행 상황을 보고하고 그에 대한 지침을 받을 수도 있다.

4반세기 전만 하더라도 국무 장관이 국제회의에 참가하거나 외국 수도를 방문하기 위해 수주일 동안 워싱턴을 비우는 일은 생각할 수도 없었다. 오늘날 국무 장관은 수도를 떠나 있을 때에도 전화와 무전을 통해 국무부와 계속 접촉을 유지할 수 있고, 하룻밤 동안만 여행을 하면 곧 수도로 돌아올 수 있다. 이처럼 일반적으로 중요한 협상들은 외교관이 아니라 외교부 장관 자신이나 외교부의 고위 관리와 기술 전문가들로 구성된 특별 대표단이 수행한다.



### 외교의 가치 하락

그런데 이런 기술적 발전만이 전통적인 외교의 쇠퇴에 대한 책임이 있지는 않다. 외교의 쇠퇴 이유로는 기술적인 발전 외에도 외교란 평화를 위해 아무 기여도 하지 못할 뿐 아니라 실제로는 평화를 위협하기 때문에 포기되어야 한다는 확신이 추가되어야 한다. 이런 확신은 역사적 우연으로서의 권력 정치가 인위적으로 제거되어야 한다는 주

장을 발생시켰던 생각과 같은 토양에서 성장했다.[4]

그런 확신과 생각은 권력 정치와 외교의 기능 사이의 밀접한 관계를 모두 인식하고 있으며, 이 점에서 그들은 옳다. 제도로서 외교의 발생은 민족국가의 발생과 일치하고, 따라서 근대적 국제관계의 발생과 일치한다. 그런데 외교와 근대국가체제의 발생은 단순한 시기상의 일치 이상을 의미한다. 만약 국제 문제에서 최소한의 질서와 평화를 창조하고 유지하기 위해 주권국가 사이의 교제가 성립되려면, 이는 상설적인 대리인이 수행해야 한다. 따라서 외교에 대한 반대와 가치 하락은 근대국가체제와 그것이 만들어낸 국제정치 유형에 대한 적대감이 야릇한 모습으로 나타난 데에 지나지 않는다.

외교관이 근대 역사를 통해 도덕적으로 낮은 평가를 받아왔음은 사실이며, 국제 무대에서 권력 투쟁을 제거할 수 있는 쉬운 방법이 있다고 생각한 사람들만이 외교관을 경시하지는 않았다. 외교관이 사악하고 부정직하다는 평판은 외교 자체만큼이나 오래된 것이다. 17세기 초에 영국 대사였던 워턴Henry Wotton, 1568~1639 경이 외교관을 "자기 나라를 위해 거짓말을 하도록 해외로 보내진 정직한 사람"이라고 정의했음은 잘 알려져 있는 바다. 메테르니히는 비엔나 회의에서 러시아 대사가 죽었다는 보고를 접했을 때 "아, 그게 사실이야? 도대체 왜 그랬을까?"라고 외쳤다고 한다.

외교의 가치 하락에 대한 근대적인 설명은 비밀성이라는 외교적 기법의 특수한 측면에 특별한 중요성을 부여한다. 제1차 세계대전 동안

4_ 1권 pp. 141 ff. 참조.

과 그 이후에 외교관들의 비밀 음모가 전쟁에 대해서 비록 대부분은 아니더라도 상당한 책임을 지고 있고, 외교적 협상의 비밀성은 귀족주의적인 과거의 격세유전적이고 위험한 잔재이며, 평화애호적 여론의 주의 깊은 감시 아래 진행되고 체결된 국제 협상은 평화를 더욱 촉진시킬 수밖에 없으리라는 생각이 널리 유포되었다.

우드로 윌슨은 국제 문제에 대한 이러한 새로운 철학의 가장 웅변적인 대변인이었다. 그가 작성한 14개 조항의 서문 및 제1조는 새로운 철학의 고전적 성명이다. 이 14개 조항의 서문은 이렇게 서술하고 있다.

> 평화의 과정들은 시작부터 절대 공개적이어야 하고, 그것들이 앞으로는 어떠한 종류의 비밀 협정도 포함하거나 허용해서는 안 된다 함이 우리의 희망이자 목적이다. 정복과 영토 확장의 시기는 지나가 버렸다. 마찬가지로 특정한 정부의 이익에 기여하고, 어떤 예기치 않은 순간에 세계 평화를 전복할 수 있는 비밀 협약의 시기도 지나갔다. 정의와 세계 평화를 목적으로 하는 모든 국가가 지금 또는 다른 어떤 때에 그들이 계획 중인 목표를 공언할 수 있음은 과거에 미련을 갖지 않는 모든 공인의 관점에는 아주 분명한, 이런 행복한 사실 때문이다. 제1조는 다음과 같다. "공개적인 회의 외교를 통해 강화 조약을 체결하며, 차후에 어떤 종류의 개별적인 협정도 체결하지 않는다. 외교는 언제나 공개적으로 수행되어야 한다."[5]

## 회의식 외교

제1차 세계대전 이후 세계의 정치가들이 낡은 외교 패턴에서 벗어나기 시작한 까닭은 이 새로운 철학에 대한 존경심 때문이었다. 그들은 국제연맹과 국제연합에서 회의를 통한 외교라는 새로운 형태의 외교 관계를 만들어냈다. 해결되어야 할 국제 문제는 이런 조직들의 심의 기구에 상정된다. 여러 정부의 대표자들은 공개 토론에서 그 문제의 공과를 논의한다. 그 조직체의 헌장에 따라 행해진 투표가 그 문제를 처리하게 된다.

이런 방법은 그 이전에도 1899년과 1907년 헤이그 평화회의 같은 특별 회의에서 사용되었다. 국제 문제를 취급하는 일반적인 방법으로서 이런 방식이 처음 사용된 곳은 국제연맹이었다. 그런데 국제연맹이 사용한 이런 방식은 실제적이라기보다는 표면적이었다. 위원회와 국제연맹 총회의 공개 토론은 보통 사전에 주의 깊게 논의되었다. 특히 정치적인 문제가 고려 대상일 때는 더욱 그러했다. 공개 회담이 열리기 전에 모두가 찬성할 수 있는 해결책이 모색되었으며, 비밀 협상이라는 전통적인 수단을 통해서 모색되는 경우도 있었다. 공개 회담은 단순히 관련된 각국 대표들에게 자신들의 입장을 재천명하고, 비밀리에 도달된 합의 사항을 헌장의 규정에 따라 비준하도록 기회를 부여할 뿐이다.



반면에 국제연합은 외교 업무를 취급하는 회의 방식을 신중하게 채

5_ *Selected Addresses and Public Papers of Woodrow Wilson*, edited by Albert Bushnell Hart (New York : Boni and Liveright, 1918), pp. 247-288.

택했다. 국제연합 외교라는 새로운 방법을 발전시켰는데, 총회에서 표결에 부쳐지는 모든 사항에 대해 헌장이 요구하는 3분의 2 다수결을 통과하게 하는 방식이었다.[6] 국제연합의 새로운 외교가 목표하는 바는 일반적으로 이야기해서 회원국들을 분열시키는 문제 해결이 아니라 상대편을 득표에서 이기기 위해 3분의 2 다수결을 확보하고자 하는 것이었다. 회의 과정에서 목표가 되고 정점을 이루는 것은 투표였다.

전통적인 외교 협상 대신에 공개회의라는 방법을 사용하는 경향은 국제연합의 총회 활동에서 가장 전형적으로 나타났고, 또한 그 구성과 문제, 목표에서 19세기와 20세기 초의 외교 회담 모임들과 가장 비슷한 전후의 국제회의에도 영향을 미쳤다. 21개국이 참가한 1946년의 파리 평화회담은 철저히 공개 원칙 아래 진행되었으며, 국제연합의 심의기구가 수립한 절차를 그대로 따랐다.

제2차 세계대전의 유산을 처리하기 위해 프랑스, 영국, 소련, 미국의 외무 장관으로 구성된 외무장관회의는 완전히 공개적이거나, 아니면 투명한 막 뒤에서 반비밀로 토의하고 투표했다. 대중은 각국 대표단이 언론 특파원에게 보고하는 내용을 통해 토론의 주요한 국면을 추적할 수 있었다.

하지만 통신의 발달, 비밀 외교에 대한 비난, 새로운 회의 외교 따위는 이런 전반적인 외교의 와해를 완전히 설명할 수 없다. 국제정치 문제에 대한 두 강대국의 완전히 비전통적인 접근 방법과 20세기 후

6_ 국제연합의 외교에 관한 2권 pp. 254 ff.의 설명 참조.

반기 세계 정치의 성격이라는 두 가지 추가적 요인이 외교의 쇠퇴에 대한 책임을 공유하고 있다.

### 초강대국 : 새로운 외교 주체

미국은 국가 형성기에 이례적으로 훌륭한 외교의 혜택을 받았다. 잭슨 시대 이후 외교의 필요성이 사라짐에 따라 미국 외교의 뛰어난 품성도 사라졌다. 1930년대 말에 적극적인 미국 외교정책의 필요성이 분명해졌을 때 평범한 수준의 외교, '침략국'에 대한 도덕적 분노로 변형된 권력 정치와 비밀 외교에 대한 비난, 서반구에서는 잘 작용하던 무력시위의 전통 이외에는 외교정책을 구축할 만한 것이 아무것도 없었다. 그래도 미국 외교정책을 미국의 이익과 조화되게 한 것은 때때로 국제적 현실에 대한 직관적인 이해에 따라 인도되었던 루스벨트 Franklin D. Roosevelt, 1822~1945의 즉흥적 대응이었다.

그 결정적인 시기에 국무 장관도, 국무부의 상주 직원도, 그리고 해외 주재 외교관들도 미국 외교정책의 수행에 부차적인 영향력 이상을 행사하지는 못했다. 12년 동안 거의 혼자 미국 외교정책을 결정해왔던 루스벨트가 무대를 떠났을 때 전통적인 외교를 통해 국가 이익을 평화적인 방법으로 보호하고 증진해왔던 그 복잡하고 미묘한 장치를 창조하고 운영할 만한 사람이나 집단은 남아 있지 않았다. 외교정책이 무엇인지를 알고 있는 능력 있고 충실한 소규모 공무원 집단은 민주 정치에서 외교정책이 성공적으로 수행되기 위해서는 꼭 있어야 할 조건인 외교정책의 합리적이고 복잡한 과정에 대한 국민의 이해와 대중의 지지를 얻을 수도 없었다.

전혀 다른 이유로 소련도 외교관계를 위한 적당한 제도를 발전시키기가 어렵다는 사실을 알았다. 1917년 볼셰비키 혁명은 오랜 전통으로 빛나며 명예롭고 뛰어난 업적을 지니고 있는 러시아 외교체제를 파괴해버렸다. 혁명 뒤에 공직에 남아 있었던 몇 안 되는 구파 외교관들과 혁명가 대열에서 부상한 능력 있는 새로운 외교관들은 자신들의 능력을 입증할 기회를 거의 가지지 못했다. 소련과 다른 대부분의 국가 사이의 적대감과 그 결과로 말미암은 소련의 고립 때문에 정상적인 외교관계가 수행될 수 없었던 것이다.

더욱이 러시아 외교관은 실패할 경우 가차 없이 처벌되는 전체주의 정부의 사자였고, 공식 훈령을 지나치게 자유재량으로 해석하면 최소한 공직을 상실할 위험을 각오해야만 했다. 따라서 혁명 뒤, 그리고 제2차 세계대전 종결 이후 러시아 외교관들은 다른 국가에 본국 정부의 제안을 전달하는 일을 더욱더 자기 임무로 여겼으며, 그 나라는 자기 판단에 따라 그 제안을 받아들이거나 거절할 수 있었다. 반대 제안과 협상 과정에서 발생하는 새로운 내용은 외교부에서 새로운 지침이 와야 대응이 가능했다. 이런 새로운 훈령의 내용은 또다시 상대방 정부에게 전달되고, 그들은 이 제안을 받아들이거나 거절한다. 어느 한 쪽이나 양쪽의 인내심이 고갈될 때까지 이런 과정이 지속된다. 이런 절차는 새로운 상황에 대한 재빠른 적응, 심리적 기회의 영리한 사용, 상황에 따른 후퇴와 전진, 설득, 협상에 따른 응분의 보상 같은 외교적 협상이 가지고 있는 모든 장점을 파괴해버린다. 새로운 러시아 외교를 통해 수행되는 외교관계는 최고 사령부(외교부)에서 야전군 사령관(외교관)에까지 중계되는 일련의 군사적 명령 체계와 대단히 닮았다. 여기서 야전군 사령관은 상부에서 받은 협상 조건을 적에게 전달한다.

상관에게 잘 보이고 싶어 하는 외교관은 대개 진실성 여부에는 관계없이 상급자가 듣기 원하는 내용을 보고한다. 진실을 외교부의 희망에 따라 왜곡하고, 유리한 색으로 칠하는 이런 경향은 모든 외교 업무에서 발견된다. 전체주의 국가의 외교관들 대부분은 강박 관념에 사로잡히지 않을 수 없다. 상부 명령에 순종해야 일시적이나마 공직을 유지하기가 가능하기 때문이다.

### 오늘날 세계 정치의 성격

우리 시대의 외교가 침체한 데 대한 설명에서 부족한 부분은 현대 세계 정치의 성격 자체에서 보충된다. 도덕적으로 새로운 힘을 가진 민족주의적 보편주의의 개혁주의 정신에 깊이 물들고, 전면 전쟁의 잠재력에 매료되며, 그것을 두려워하는 거대한 두 세력권의 중심인 두 강대국은 완고한 적대감 속에서 서로 대치하고 있다. 그들은 필수적이라고 간주되는 것을 포기하지 않고는 물러설 수 없다. 전쟁의 위험을 무릅쓰지 않고는 진격할 수도 없다. 따라서 설득은 속임수에 해당하고, 타협은 반역을 의미하며, 무력의 위협이 전쟁을 대체할 뿐이다.

미국과 소련 사이에 존재하는 권력관계의 본질을 고려할 때, 그리고 양국 사이의 관계에 영향을 미쳐온 심리 상태를 고려할 때 외교가 작용할 만한 여지가 없으며, 폐물이 되어가는 경향이 있다. 이 같은 정치적, 도덕적 조건 아래에서 각국의 운명을 이끈 것은 민감하고 융통성 있으며 재능 있는 외교관의 마음이 아니라, 엄격하고 가차 없으며 독단적인 십자군적인 마음이었다. 십자군적인 마음은 설득과 타협을 모른다. 그들은 단지 승리와 패배만을 알 뿐이다.

이리하여 외교정책 수행에 투입되는 도덕적인 열정은 어떤 상황에 처한 어떤 국가의 합리적인 이익일지라도 훼손할 것이다. 16세기와 17세기의 종교전쟁, 18세기가 도래하던 무렵의 나폴레옹 전쟁, 그리고 제2차 세계대전을 뒤따라 전개된 냉전은 모두 이런 사례다. 오늘날 이런 열정은 특히 더 불합리하고 자기 파멸적인 모습을 보이고 있다. 그 시기를 과거의 역사와 구분 짓는 요인은 국가 이익 개념을 배타적인 표현보다는 초연한 표현으로 재구성해야 할 필요가 있다는 점이다. 전통적으로, 그리고 상당 부분은 오늘날까지도 A국의 국가 이익이 만족될 경우에 B국의 국가 이익은 그만큼 불만족스럽게 된다. 현대의 기술 발전은 그런 관계에 근본적인 변화를 가져왔다. 그 어느 때보다 폭넓게 A국의 특정 국가 이익은 B국의 국가 이익을 희생시키면서 추구되어서는 곤란한 지경이 되었고, 반대로 A국의 만족은 B국에게도 만족스러운 상황이 전개되고 있다. 평화로운 핵무기, 핵무기 비확산, 핵전쟁의 회피, 기술적으로 핵심적인 자연 자원의 생산과 분배, 식량의 적절한 생산과 분배, 인구 증가율 통제, 그리고 자연환경 보존 같은 아주 볼 만한 사례를 들어보자. 우선 A국의 국가 이익이 충족되기 위해서는 B국과의 협력이 있어야 한다. 둘째로 A국의 이익은 B국의 손해가 아니라 B국의 이익에 달려 있다. 다시 말해 A국의 국가 이익은 B국 국가 이익의 동시적 충족을 통해서만이 확보 가능하다. 이런 만족을 위해서는 A국의 배타적 국가 이익을 초월해서 B국의 이익까지도 고려되어야 하는 것이다.

따라서 외교는 이제 새로운 공동의 국가 이익이 추구될 수 있는 새로운 기구와 절차를 창조해야 하는 새로운 임무를 가지게 된다. 만약 그 임무가 희망이 없고 전쟁이 불가피하다면, 이 책은 여기서 끝마쳐야 할 것이다. 만약 전쟁이 불가피하지 않다면, 외교의 부활 및 성공적인 평화 보존 기능에 대한 조건이 고려되어야 할 것이다.

제32장

⌘

# 외교의 미래

## 외교는 어떻게 부활될 수 있는가?



외교의 부활은 전통적인 외교를 쇠퇴시킨 요인들, 또는 적어도 그런 요인들에 따른 결과 가운데 일부분을 제거해야 가능하다. 이런 점에서 외교의 가치 하락과 그 결과인 의회 방식의 절차를 통한 외교를 가장 우선적으로 다루어야 한다. 외교의 가치 하락이 단지 권력 정치의 가치 하락에 따른 결과인 한, 후자에 대한 이야기만으로도 충분할 것이다.[1] 아무리 도덕적으로 매력이 없다 할지라도 외교는 질서 있고 평화적인 관계를 유지하려고 하는 주권국가들 사이의 권력 투쟁을 나타내는 징후다. 만약 국제 무대에서 권력 투쟁을 금지시킬 수 있는 방법이 있다면 외교는 저절로 사라질 것이다. 만약 질서와 무정부 상태,

1_ 1권 pp. 141 ff. 참조.

평화와 전쟁이 세계 국가들에게 관심 밖의 문제라면 외교 대신 전쟁을 준비하고 최선의 결과를 기대하는 것이 가능할 것이다. 자국 영토 안에서는 자신보다 우월한 상급자가 없는 최상의 존재인 주권국가들이 국가 사이의 관계에서 평화와 질서를 유지하기를 원한다면, 그들은 설득하고 협상하면서 상대방에게 압력을 행사하고자 노력해야 한다. 말하자면 그들은 외교적 절차에 참여해야 하고, 그것을 개발하면서 그에 의존해야 한다.

새로운 의회 방식의 외교는 이런 절차를 대신할 대체물이 아니다. 의회 외교는 국제적 갈등을 완화하기보다 오히려 악화하는 경향이 있으며, 평화에 대한 전망을 밝게 하기보다 어둡게 한다. 공개성, 다수결 원칙, 국제 문제의 단편성이라는 새로운 외교의 세 가지 본질적 속성이 이 같은 불행한 결과의 원인이 된다.



### 공개성의 결점

비밀 외교 문제에 대한 논의에 수반된 많은 혼동은 그 문제의 두 가지 측면을 구분하지 못하는 데서 생긴다. 이는 '공개적 조약'과 '공개적으로 체결된 조약' 그리고 외교 협상 결과의 공개성과 외교 협상 자체의 공개성 구분을 말한다. 외교 협상 결과의 발표는 민주주의 원칙에서 요구되는 것이다. 이런 발표가 없이는 외교정책에 대한 민주적 통제도 있을 수 없기 때문이다. 그러나 협상 자체를 공개적으로 밝히는 일은 민주주의가 요구하는 바가 아니며, 상식상의 요구에도 위배된다. 협상 당사자 이외의 다른 사람들이 관심을 가지는 어떤 문제를 공개적으로 협상함이 불가능하다는 사실은 일상의 경험에서 쉽게 알 수 있다. 이런 불가능성은 협상의 본성과 협상이 일반적으로 진행되는 사회적 상황에 기인한다.

양측이 최대의 요구를 제시하면서 출발하고는 처음 시작보다 낮은 수준에서 절충될 때까지 설득, 홍정, 압력의 과정을 거치는 동안 양측의 요구가 점점 줄어드는 양상이 협상의 일반적인 특성이다. 협상의 장점은 적어도 어느 정도까지는 양측의 요구를 만족시키고, 양측 모두를 구속하는 동일하거나 보완적인 이익이 존재함을 협정 체결이라는 행동으로 보여줌으로써 양측 사이의 친선을 도모하는 것이다. 다른 한편으로 그런 결과에 다다르는 협상 과정에서 당사자들은 자국 국민에게 차라리 기억되지 말았으면 하고 바라는 행동을 하는 경우도 있다. 사기와 투매, 허세와 공갈, 언쟁, 속임수, 약점 그리고 강한 척하는 일보다 더 지겨운 광경이 협상과 좀 나은 조건을 얻어내려는 추진 과정에 존재한다. 이런 협상을 공개함은 다른 당사자들과 마주하게 될 앞으로의 협상에서 당사자들의 협상 능력을 파괴하거나 적어도 손상하는 행위나 마찬가지다.

손상되는 것은 협상 능력만이 아니다. 만약 이런 협상이 공개되어 그들의 약점이 들춰지고 그들의 가식적인 행위가 낱낱이 밝혀진다면 그들의 사회적 지위나 위신, 권력은 돌이킬 수 없는 손실을 입게 될 것이다. 협상 당사자들이 추구하는 이익을 놓고 경쟁하는 사람들은 공개 협상으로 드러나는 여러 사실을 자신에게 유리하게 이용할 수 있을 것이다. 그들은 앞으로의 협상을 위해서뿐만 아니라 전반적인 계산이나 계획 그리고 준비에 임할 때 경쟁에 참여하는 모든 참가자의 특성과 잠재력을 감안할 것이다.

자유 시장에서 모든 판매자가 구매자와 공개적인 협상을 하지 않음은 이런 이유 때문이다. 어떤 지주도 소작인과 공개 협상을 하지 않고, 높은 지식을 지닌 상급자가 그 막료와 공개 협상을 하지 않으며, 어떠한 공직 입후보자도 자신의 후원자와 공개 협상을 하지 않는다. 어떤 관리도 자신의 동료들과 공개 협상을 하지 않고, 어떠한 정치가도 자신의 동료 정치가들과 공개 협상을 하지 않는다. 그렇다면 한 개인이 생각할 수 없는 일을 어떻게 국가가 할 수 있고, 기꺼이 하리라고 기대할 수 있는가?

공개적인 국제 협상의 모습을 목격할 관중이 제한된 수의 관련 당사자들뿐 아니라 전체 세계의 이목이기 때문에 협상이 공개됨으로써 각국이 입는 불이익은 더욱 늘어난다. 더욱이 관련 정부들은 자국 국민이 주시하는 가운데, 특히 정부가 민주적으로 선출되었을 때에는 반대 당들이 완전히 주목하는 가운데 협상에 임하게 된다. 권좌를 계속 유지하고 싶은 정부는 물론 국민의 존경심을 지속적으로 유지하기만을 원하는 정부라 하더라도 협상 초기에 올바르고 필요하다고 선언했던 것 가운데 일부분을 협상 진행 도중에 공개적으로 포기할 수는 없으며, 또한 최초에 견지했던 입장에서 물러설 수도 없고, 상대편 주장 가운데 최소한 부분적인 정의를 인정할 수도 없다. 여론의 우상은 말 장수가 아니라 영웅이다. 비록 여론은 전쟁을 두려워하지만, 자국 외교관들이 전쟁의 위험을 무릅쓰고서라도 적에게 굴복하지 않는 영웅으로 행동하기를 요구한다. 그리고 평화를 위해 비록 부분적일지라도 양보한 사람들을 허약해빠진 사람, 반역자라고 비난한다.

더욱이 전통적인 외교는 그 목적에 아주 적합한 언어와 태도로 국가 업무를 처리했다. 외교의 목표는 중용을 유지하면서 국가 이익을 증진하는 것이었고, 협상을 통한 해결이라는 형태로 타협의 여지를 남겨놓고 있었다. 외교관들은 이런 외교 업무에서 사용되는 계산된 어휘들과 형식들을 갖춘 말에 대해 아무 책임도 지지 않거나 마음이 내키는 만큼만 책임을 지는 경우가 보통이었다.

이런 말씨와 형식은 의미를 결여하고 있었고, 어떤 경우에는 의미가 모호했으며, 따라서 결국 유리하다고 여겨지는 정책과 해결을 지지하는 쪽으로 얼마든지 해석될 수 있었다. 또한 그것들은 예의를 갖추고 있었다. 따라서 국가들을 갈라놓는 문제가 아무리 심각해도 이런 예의 바른 절차를 사용하는 사람들은 사이좋게 지내기가 쉬웠다. 결국 그런 절차들은 섬세하고 주의 깊고 중도적이며 타협적인 협상자의 완벽한 도구다.

공공 외교와 그 주창자들은 이미 한물 가버린 귀족주의적 속물근성과 도덕적 무관심의 시대에 속하는 이런 외교 수단을 경멸한다. 공적인 외교관이 그래야 된다고 기대되는 바와 대조적으로 정의를 위한 십자군 전사는 그와 같은 방식으로 말하지 않는다. 세계를 청중으로 삼은 무대에 앉아서 공적인 외교관은 서로에게보다는 세계를 상대로 이야기한다. 그들의 목표는 협정을 위한 공통 기반을 발견할 수 있다고 서로를 설득하는 것이 아니라, 자신들은 옳고 상대편은 그르며 자신들은 항상 정의의 철저한 수호자이고 앞으로도 그러할 것임을 세계를 상대로, 특히 본국 정부를 상대로 설득하는 것이다.

세계의 눈과 귀가 주의 깊게 주시하는 앞에서 이런 입장을 취한 사람이 타협에 동의할 경우 바보나 악한 같아 보일 수밖에 없다. 그는 자기가 공개적으로 언급한 말을 지켜야 하며, 협상과 타협보다는 공공 외교가 요구하는 '원칙에 입각해야' 한다. 그는 처음에 취한 입장을 견지해야 하고, 상대편도 그렇게 해야 한다. 어느 측도 후퇴하거나 전진할 수 없기 때문에 '당나귀 싸움'이 벌어지게 된다. 상대편이 물러서지 않을 것이며, 물러설 수도 없으리라는 사실을 알고 있기 때문에 양측은 서로 강경하게 반대하게 된다. 대중에게 그들이 행동한다는 모습을 보여주기 위해 그들은 공중을 향해 말로 공포탄을 쏘아댄다. 말의 공포탄은 시끄럽게 폭발하고, 모두가 알고 있듯이 아무것도 목표로 하고 있지 않다. 대표단의 마음이 만나는 곳은 오로지 상호 욕지거리가 오가는 장소일 뿐이다. 대표들이 쓰라림을 안고 좌절한 채 마침내 헤어질 때 끓어오르는 분노로 마음이 상하기는 하지만 최소한 한 가지 결론에 다다르게 된다. 이는 상대편의 언동이 정치선전이었다는 점이다. 따라서 양측은 모두 자기가 옳다고 생각한다.

이렇듯 외교적 상호관계가 정치선전 시합으로 타락한 현상은 새로운 외교의 공개성으로 인한 불가피한 부수 현상이다. 공개적으로 수행되는 외교는 협정에 도달할 수도 없거나 협정 체결을 위한 협상도 불가능하게 할 뿐 아니라, 공개적인 모임은 국제 문제를 전보다도 더욱 악화된 상황에 처하게 한다. 각 정치선전 시합은 각국 대표들과 그들의 본국에게 자신이 절대적으로 옳고 상대편이 절대적으로 그르며 그들을 가르고 있는 간격이 너무 깊고 넓어서 전통적인 외교 방법으로는 좁혀질 수 없다는 확신을 강화한다. 국제연합 사무총장이 1956년에 작성하고 1959년에 보완을 거쳐 좀 더 정교하게 다듬은 보고서에 담긴 호소문에는 많은 지혜가 담겨 있다. "문제점에 대한 단순한 토론과는 구분되는, 분쟁 해결을 위한 협상 도구로서 국제연합이 강조되어야 한다."

다수결의 결점

외교의 공개적 수행으로 생긴 해악은 다수결 투표로 문제를 해결하려는 시도 때문에 가중된다. 국제연합 총회에서 이런 방법은 회원국의 3분의 2 이상이 나머지를 부결시키는 형태로 발전되었다. 이런 외교업무 수행 방법이 중요한 문제를 단 한 가지도 평화적으로 해결하지 못했다는 사실은 그 결과로 보아 분명하다. 예를 들면 소련 진영은 몇 번이고 한국 문제를 부결시켰다. 총회에서의 투표는 서방 진영의 투표력을 입증했고, 그 결과 서방 진영의 정치적인 영향력이 향상되었으며, 한국에 대한 국제연합의 행동을 지지하는 국가들이 단결하여 소련 진영에 대항할 수 있게 했다는 점에서만 한국 문제 해결과 관련성을 가지고 있었다. 한 쪽의 힘을 늘렸다는 점에서 간접적인 기여를 한 것 외에는 투표와 한국 문제 해결은 아무 관계도 없었던 것이다. 문제는 국제연합 총회석상이 아니라 전장에서 해결되었으며, 동서 간의 외교 협상으로 해결되었다. 국제적 심의기구에서 상대방을 투표로 이기는 일이 소용없는 일이고, 특정 집단을 강화하기 위해 때때로 사용되는 경우 외에는 오히려 해롭기까지 한 이유는 국내사회와 대비되는 국제사회의 성격 자체에서 찾을 수 있다.

미국 의회가 소수자의 의견을 부결시킬 때에는 실제로는 잠시 동안만 그렇게 결정하는 것이다. 이는 국제 무대에서 찾아볼 수 없는 네 가지 이유 때문에 가능하다.

1. 의회의 다수결 투표는 평화적 변화를 위한 방안들의 총체적인 체계를 구성하는 필수적인 부분이다. 각 방안들은 다른 방안을 보충하거나 지지하거나 개선책으로 작용할 수 있으며, 모든 방안은 헌법에 따라 제한되고 조정된다. 의회에서 소수파와 다수파는 통합된 사회를 형성한다. 다수결 투표로 결정하는 심의기구 외에 국가사회는 다수결 투표를 무효화할 수 있고, 다수결 투표의 비헌법적인 사용과 독단적인 오용에서 소수를 보호할 수 있는 대통령의 거부권과 사법부 심의 같은 일련의 방안을 창조했다. 패배한 소수 및 다수결의 배후에는 다수의 결정을 집행하고 부정의와 오용에서 소수를 보호할 준비가 되어 있는 국가공동체의 전체 도덕적, 정치적 권력이 존재한다.

2. 국가공동체 안에서 작동하는 평화적인 변화 수단은 소수파에게 미래 어느 때엔가는 다수파가 될 수 있는 기회를 제공한다. 이런 기회는 새로운 연합과 권력 분배를 낳는 정기적인 선거라는 수단과 사회 과정의 역동성 속에 본질적으로 내재한다. 또한 이런 역동성은 심의기구 안에서 소수파가 중요한 모든 문제에 소수로 남아 있게 하지는 않는다. 어떤 집단은 종교적인 측면에서 소수 집단이어서 그에 대한 표결에서는 패배한다. 그러나 경제적인 법률을 결정하는 경제적 다수파의 한 부분이 될 수 있다.[2]

3. 다수파와 소수파 사이의 수적 관계는 적어도 전체 인구 안에서 권력과 이익의 실제적인 분포와 비슷하다. 하원에서 270 대 60으로 어떤 동의안을 부결시켰을 때, 미국 국민 가운데 비교적 소수만이 패



2_ 평화적 변화에 대한 제26장의 설명 참조.

배한 소수파의 견해와 같은 의견을 가지고 있다고 가정할 수 있다.

4. 의회에서 각 투표는 한 표로 계산되지만, 정치적으로 이야기해서 모든 투표가 동일한 비중을 지니고 있지 않다는 점은 당연한 사실이다. 강력한 위원회 의장, 산업가, 농부, 노동 지도자들이 자기 집단의 이익에 영향을 미치는 법률안에 대해 반대표를 던지면 다수파가 의도했던 그 법률안의 정치적, 경제적, 사회적 결과에 충분히 영향을 미칠 것이다. 그러나 의회에서 가장 강력한 한 표도 미국 국민 전체 권력의 극히 일부분을 대표할 뿐이다.

다수결 투표가 국내정치의 평화적 변화에 기여할 수 있게 하는 이런 네 가지 요인들 가운데 어느 것도 국제 무대에서는 작동하지 않는다.



1. 다수결 투표는 국제연합의 구조 안에서 강제적인 평화적 변화를 위한 단 하나의 방안이다. 다수파에게 실질적인 절차상의 제한을 가할 수 있고 부정의와 오용에 대해서 소수파를 보호할 수 있는 헌법이나 대통령의 거부권, 강제적 사법 심의, 인권 선언 따위가 없다. 다수파와 소수파에게 도덕적인 속박을 가할 수 있고 저항하는 소수파에 대해서 다수파의 결정을 집행할 수 있는 공동체가 없다. 다수파는 그들이 원할 때마다 모든 문제에 대해서 소수파를 투표로 이길 수 있으며, 소수파는 거부권과 자체의 힘으로써 무효화하고자 하는 다수파의 어떤 결정에 대해서도 자신을 보호할 수 있다.

2. 국제연합의 소수파는 특히 현재의 정치적 조건 아래에서 영원히 소수파일 가능성이 있다. 같은 이유로 소수파의 지위는 모든 중요한

문제에서 소수파일 수밖에 없다. 중국과 제3세계 국가들의 독자적 지위 때문에 완화된 양극체제는 현대 세계 정치를 지배하고 있으며, 단절된 양측의 영구적 동맹으로 이어지고 있다. 양대 진영의 긴장은 사실상 모든 문제를 정치적으로 만든다. 이런 문제가 표결에 부쳐졌을 때 양 진영을 지지하는 국가들은 두 진영을 구분하는 선에 따라 분열된다.

3. 총회에서 소수파와 3분의 2 다수파 사이의 수적 관계는 분명히 국제연합 회원국의 권력과 이익의 실제적인 분포에 반드시 상응하지는 않는다. 그리고 총회에서 가장 강력한 회원국의 투표는 세계공동체 전체 권력의 상대적으로 작은 부분을 대표하지는 않는다. 아프리카, 아시아, 유럽, 라틴 아메리카의 모든 작은 국가로 구성된 압도적인 다수는 미국이나 소련의 한 표와 비교했을 때 권력이라는 측면에서 아무 의미도 지니지 못한다.



국제 심의기구에서 강력한 소수파를 습관적으로 투표에서 이기는 일은 냉전 기간에는 강력한 무기였지만, 평화 유지에는 기여하지 못한다. 소수파가 다수파의 결정을 받아들일 수 없고, 다수파는 전쟁에 호소하지 않고는 결정 사항을 집행할 수 없기 때문이다. 국제 무대로 옮겨진 의회 절차는 기껏해야 문제를 그대로 남겨둘 뿐이었다. 문제는 풀리지 않고, 쟁점은 해결되지 않았다. 최악의 경우에 이런 절차들은 국제적인 분위기를 해치고, 전쟁의 씨앗을 품고 있는 갈등을 악화한다. 이런 절차는 다수파가 원할 때마다 소수파를 공개적으로 모욕할 수 있는 기회를 제공한다. 주권국가들로 구성된 사회의 다수결 투표는 소수파에게 거부권이라는 무기를 필연적으로 제공하게 되는데, 이것을 가지고 소수파는 다수파의 의지를 방해하고, 국제적인 기구가 전혀 기능하지 못하게 할 수도 있다. 어느 측의 찬성이나 반대투표도 그 자체로는 사건의 진행 과정에 영향을 미칠 수 없기 때문에 다수파와 소수파는 다 같이 자제력을 발휘할 필요가 없으며, 국제 조직이나 인류에 대한 책임을 의식할 필요도 없다. 다른 주권국가 집단을 한 주권국가 집단이 습관적으로 투표에서 패배시키는 일은 국제 분쟁의 평화적인 해결을 위해서는 아무 도움도 되지 못하는 철없는 경기에 말려드는 것이며, 인류를 전쟁의 길로 더욱 몰아넣을 뿐이다.

### 단편성의 해악

다수결 투표를 통한 결정은 전통적인 외교의 부활을 방해하는 국제 문제의 단편화라는 세 번째 결점을 암시한다. 본래 성격상 다수결 투표는 고립된 문제와 관련된다. 다수결로 처리될 사실은 그에 선행하고 동반하며 뒤따르는 사실들과는 인위적으로 구분되고, 그래서 다수결로 처리되어야 할 법적 '사건' 또는 정치적 '문제'로 전환된다. 국내에서는 이런 절차가 반드시 해롭지만은 않다. 어떤 심의기구의 다수결 원칙을 통한 결정은 평화적 변화를 위한 방안들의 복잡한 체계가 있는 상황에서 기능한다. 이 복잡한 체계는 경우에 따라 서로를 보완하고 지지하고 저지하며, 어떤 경우든 어느 정도는 서로를 견제하고, 따라서 각 결정 사이에, 그리고 전체 사회 체계와 일관성을 유지하게 한다.

국제 무대에는 통합적인 요인들로 구성된 체계가 존재하지 않는다.

따라서 이곳에서 '사건'이나 '문제'를 차례로 한 가지씩 다수결 투표로 처리한다 함은 특히 부적절하다. 중동이나 베를린 같은 사건이나 문제는 항상 좀 더 큰 상황의 특수한 국면이고 표현이다. 이런 사건이나 문제는 역사적 과거에 뿌리를 내리고 있으며, 특정한 장소를 넘어 미래로 그 여파를 확산시킨다. 쟁점과 갈등 사이의 관계에 대한 우리의 논의는 국제 갈등의 표면적인 현상과 일상의 국제 사건들의 표면 밑에 깊게 묻혀 있는, 크고 정의되지 않는 문제들 사이의 밀접한 관계를 제시해주었다.[3] 사건과 문제를 발생하는 그대로 취급하고 그것들을 국제법이나 정치적인 편의에 따라서 처리하려고 함은 표면적인 현상만을 취급하는 것이며, 그 밑에 있는 문제들을 고려하지 않고 해결하지 않은 채 놓아두는 것이다. 국제연맹은 이런 결점의 희생이 되었고, 국제연합도 국제연맹의 경험에 대해 주의하지 않았다.



예를 들어 소련이 핀란드를 공격한 행위를 들어 국제연맹이 1939년에 소련을 국제연맹에서 축출한 일은 국제법상 정당한 행위였다. 그러나 소련이 세계적으로 당면하고 있었던 정치적, 군사적인 문제는 소련의 핀란드 공격으로 시작되지도 않았고, 그것으로 끝나지도 않았다. 소련의 핀란드 침공의 진상은 이러이러하며, 그런 근거에서 문제를 해결해야 된다고 국제연맹이 둘러댄 행위는 현명하지 못한 처사였다. 역사는 이런 핑계가 현명하지 못함을 입증했다. 왜냐하면 핀란드를 돕기 위해서 영국과 프랑스 군대가 스웨덴의 영토를 통과하는 일을 스웨덴이 거절했기 때문에 영국과 프랑스는 독일과 소련을 동시에

3_2권 pp. 234 ff. 참조.

대적하여 전쟁을 수행하지 않을 수 있었던 것이다. 국제연맹은 법적인 문제로 제기된 정치적 상황을 처리할 때마다 정치적인 기술의 규칙에 따라 전반적인 해결책을 요구하는 정치적 상황의 특수한 단계로서가 아니라 적용 가능한 국제법 규범에 따라 고립된 사건으로 취급할 수 있었을 뿐이다. 따라서 정치적인 문제들은 결코 해결되지 않았고, 단지 이리저리 이송되다가 마침내 법적 놀이 규칙에 따라 미결로 남게 되었다.

국제연맹에 해당하는 이런 사실이 국제연합에도 해당되었음은 이미 증명되었다. 정치적인 기관에 제기된 많은 문제에 대한 접근에서 국제연합은 국제연맹이 수립해놓은 전통에 충실했다. 이런 사건들은 의회적인 절차와 전통 외교가 그렇게 자주 비난받는 원인이 되었던 바로 그런 책략이 사용될 수 있는 기회를 제공했다. 그러나 아주 드문 경우 그 뿌리를 형성하는 정치적 문제를 해결하려는 시도가 행해지기도 했다.

제2차 세계대전 뒤의 특수한 정치적 회의들은 국제연맹과 국제연합에서 수립된 안건 단편화 패턴을 반복했다. 예를 들어 그들은 한국 문제, 독일 통일 문제, 군축 문제 따위를 취급했다. 그 어떤 회담도 이런 모든 문제의 근원이 되며, 이런 문제들의 해결에 열쇠가 되는 근본적인 정치 문제, 다시 말해 미국과 소련 사이의 전반적인 관계 문제를 다루지는 않았다. 국제정치의 근본적인 문제를 해결하려고 애쓰지 않았기 때문에 그들이 노력을 집중한 특수한 문제들 가운데 어느 것도 해결될 수 없었다.

평화 보존에 관건이 되는 문제를 해결하려고 노력함은 차치하고서라도 그 문제를 인식조차 하지 못한 현대 외교의 실패는 현대 외교가 사용해온 방법의 불가피한 결과다. 상대에게 화해하는 말투로 이야기하기보다는 정치선전의 목적으로 세계를 상대로 연설하는 외교, 타협을 목표로 삼고 협상하기보다는 쓸모없는 다수결과 방해를 위한 거부권으로 값싼 승리를 얻으려고 하는 외교, 일차적인 문제를 직시하기보다는 이차적인 문제를 조정하는 데에 만족하는 외교, 이런 외교는 평화를 위한 자산이라기보다는 오히려 부담이다.

현대 외교의 이런 세 가지 본질적인 결점은 현대 통신의 오용으로 더욱 악화되었다. 현대 기술을 통한 시간과 공간의 정복은 필연적으로 외교관의 중요성을 줄였다. 그러나 이는 현대 외교의 특징인 외교부와 외교관 사이의 기능적인 혼동을 필연으로 만들지는 않았다. 국무 장관이나 외교 장관은 현대 통신 기술을 통해 수분 이내에 외국의 수도와 통화할 수 있으며, 기껏해야 며칠 이내에 몸소 외국의 수도에 도착할 수 있다. 따라서 외교 업무의 수행을 책임지고 있는 사람이 순회 대사와도 비슷하게 한 회의에서 다른 회의로 서둘러 다니고, 회의와 회의 사이에 외교부에 잠시 들러 다음 회의를 준비하는 경향이 늘어났다. 외교의 두뇌이고 중추 신경이라 여겨지는 사람은 기껏해야 말단 신경의 기능을 수행한다. 따라서 중심부에 공백이 생긴다. 국제정치의 전반적인 문제를 직시하고 모든 특수한 문제를 근본적인 전체의 한 국면이요, 표현이라고 보는 사람은 아무도 없다. 대신에 외교부의 각 전문가들은 자신의 전문 분야에 속하는 특수한 문제만을 취급한다. 그리고 현대 외교 기술로 말미암아 생기게 된 외교 업무 수행의 분화 현상은 외교 업무의 전반적인 방향성 결여로 더욱 강화되고 있다.

## 외교 부활의 가능성 : 아홉 가지 규칙[4]

만약 최근 들어 외교의 유용성을 거의 파괴해버린 이런 결점들에서 벗어날 수 있고, 아득한 옛날부터 국가들의 상호관계를 규율해온 기술들을 복구시킬 수 있다면 외교는 부활될 수 있다. 그러나 그렇게 하더라도 평화 보존을 위한 선행 조건 가운데 단 한 가지만이 실현될 뿐이다. 부활된 외교가 평화를 위해 얼마나 기여할 수 있느냐는 외교를 활용하는 방법과 의도에 달려 있다. 외교의 활용에 대한 논의가 이 책의 마지막 임무다.

앞에서 이미 국가 이익을 증진하고 평화를 보존하기 위해 외교정책이 성공적으로 대처해야 할 네 가지 주요 임무를 정리했다. 이제 현대 세계 정치가 외교와 직면함으로써 발생하는 특수한 문제에 비추어 이런 임무들을 재규정해야 한다. 우리는 현대 세계 정치의 지배적이고 특징적인 요인인 양극체제가 엄청난 선과 대단한 악의 잠재력을 지니고 있음을 알았다. 거의 비슷한 두 국가의 적대관계는 이상적인 세력균형 체제를 구성한다는 프랑스 철학자 페늘롱의 견해를 인용했다. 페늘롱이 양극체제에서 기대했던 긍정적인 결과가 미국과 소련 사이의 적대관계에서는 수반되지 않았음도 우리는 알았다.[5]

마지막으로 현대 세계 정치에 있는 위협적인 측면의 주요한 이유가 민족주의적 보편주의와 현대 기술의 충격 아래에서 근본적으로 변화

---

4_ 외교의 규칙에 대해 상술하려는 의도가 아니다. 현재의 상황과 밀접한 관련을 가지는 내용에 대해 일반적인 문제점을 몇 가지 지적했을 뿐이다.

5_ 2권 pp. 92-95 참조.

된 현대 전쟁의 성격에 있음을 우리는 알았다. 현대 기술의 결과는 되돌려질 수 없다. 신중하게 조작할 수 있는 단 한 가지 변수는 민족주의적 보편주의라는 새로운 도덕적 힘이다. 부활된 외교 기술을 통해 전쟁으로 향하는 경향을 역전시키려는 시도는 이런 현상에서 출발해야 한다. 소극적인 관점에서 보면 이는 부활된 외교가 세계 지배를 목적으로 하는 정치적 종교의 도구로 사용되지 않을 때에만 평화를 보존할 수 있음을 의미한다.

## 네 가지 기본 규칙

1. 외교는 십자군 같은 정신에서 벗어나야 한다. 이는 전쟁의 위험을 범하지 않기 위해 외교가 무시할 수 없는 규칙들 가운데 첫 번째다. 섬너William G. Sumner, 1840~1910는 이렇게 말했다.



> 만약 전쟁을 원한다면 교리를 발전시켜라. 사람 이성의 내면에 있고 자신을 배반하게 하기 때문에 교리는 사람이 복종했던 가장 무서운 폭군이다. 문명인은 교리에 대해서 가장 격렬한 투쟁을 전개했다. 예루살렘 성지의 재정복, '세력균형', '세계 지배의 금지', '국기를 뒤따르는 무역', '육지를 장악한 사람이 바다를 장악한다', '왕관과 제단', 혁명, 신념 등등 이런 것들에 사람은 자기 생명을 바쳤던 것이다. 어떤 독트린이 그 정도의 권위에 이르게 되면 그 이름은 어떤 선동가라도 언제 어느 문제에 대해서든 당신에게 휘두를 수 있는 곤봉이 된다. 교리를 설명하기 위해서 우리는 신학적인 용어에 의지해야 한다. 교리는 하나의 신념이다. 사실이라고 믿는 합리적인 근거가 있

어서가 아니라, 단지 어떤 교회나 종파에 속하기 때문에 믿을 수밖에 없는 어떤 것이 바로 독트린이다. 한 국가의 정책을 우리는 이해할 수 있다. 예를 들어 18세기 말에 에스파냐와의 전쟁을 무릅쓰면서까지 미시시피 강 하구까지 자유항행을 보장하려던 것이 미국의 정책이었다. 그 정책은 자체 안에 이유와 타당성을 지니고 있었다. 그것은 우리의 이익에 근거하고 있었다. 그것은 명확한 형태와 분명한 범위를 지니고 있었다. 독트린은 추상적 원칙이다. 그것은 필연적으로 범위에서 절대적이며, 용어에서 난해하다. 그것은 형이상학적인 주장이다. 독트린은 절대적이고 인간사는 모두 조건적이며 상대적이기 때문에 독트린은 결코 진실이 아니다. 이제 정치로 돌아가서 추상적인 교리가 얼마나 정치적 경륜에서 추악한 행위인지를 생각하라. 어떠한 정치가나 편집자도 어느 때든 독트린에 새로운 것을 첨가할 수 있다. 국민은 정치가와 편집자가 독트린을 되풀이하는 말을 듣기 때문에 독트린을 묵인하고 박수를 친다. 정치가와 편집자는 그 독트린이 인기 있다고 생각하기 때문에 되풀이한다. 이처럼 교리는 점차 성장한다. 독트린은 어느 때 어떤 것이라도 의미할 수 있으며, 아무것도 의미하지 못할 수도 있다. 그리고 아무도 그것이 어떻게 될지 모른다. 당신은 지금 당신이 상상하는 막연한 한계 안에서 그것에 동의한다. 따라서 내일 전혀 들은 적도 없고 생각한 일도 없는 어떤 것에 똑같은 이름이 주어졌을 때에도 그것에 동의해야 한다. 만약 당신이 정치적 구호가 계속 성장하게 내버려둔다면 어느 날 당신은 그것이 당신 위에 군림하고 있으며 당신 운명의 중재자라는 사실을 깨닫게 될 것이다. 현혹에 대해서 무력하듯이 당신은 독트린에 대해서 무력하다. 현재 우리의 위태로운 어떤 이익과도 명확한 관계가 없고, 우리가 예견할 수 없는 복잡함을 발생시킬 가능성을 지니고 있는 추상적인 주장을 제안하는 행위보다 건전한 정치적 수완과 상식에 더 위배되는 것은 없다.[6]

식민지 역사가 시작되던 무렵에 매사추세츠 주의 초대 총독이었던 윈스럽John Winthrop, 1588~1649은 자기 이익과 십자군적 정신 사이의 갈등을 분명하게 인식하고, 자기 이익에 유리한 결정을 했다. 모건Edmund S. Morgan 교수는 이렇게 말했다.

윈스럽에게는 자기 독선이 자비심을 어떻게 사라지게 했는지 주목할 기회가 여러 번 있었다. 자기 독선은 또한 사람들이 진실성에 대해 눈멀게 했다. 그는 뉴잉글랜드가 외부 세계에 경제적으로 의존해 있음을 알고 있었으며, 신앙심 깊은 로마 가톨릭교도들이 높은 가격으로 살 뉴잉글랜드산 대구를 실은 배가 보스턴 항에 물방울을 튀기며 정박할 때마다 그의 마음은 기쁨에 들떴다. 그는 또한 훌륭한 외교부 장관이 알고 있어야 할 점을 알고 있었다. 다시 말해 그는 공정함이 자기를 둘러싸고 있는 악들에 대해 맹목적이고 무차별한 저항을 하게 될 때 공동체를 위험하게 한다는 사실을 알았다. 그의 동료들이 인디언에 저항하는 로드아일랜드를 원조하기를 거부했을 때 그는 국가 정책에 실수가 있다고 주장했다. "비록 로드아일랜드 주민들이 크게 잘



6_ "War," *Essays of William Graham Summer* (New Haven CT : Yale Univ. Press, 1934), Vol. I, pp. 169 ff.

못했고, 파멸로 치달을 듯이 소동을 벌이고는 있지만 만약 인디언들이 그들을 이긴다면 인디언들에게 커다란 이익이 될 것이며, 인디언들이 가지게 될 무기와 많은 인명 손실과 120가구에 속하는 가축과 다른 재산들 때문에 인디언의 승리는 나라 전체에 위험이 될 것"이라고 그는 주장했다. "그렇지 않으면 만약 로드아일랜드 주민들이 자신들의 요청을 받아들일 준비가 되어 있는 네덜란드에게 보호를 요청하지 않을 수 없게 되며, 그렇게 중요한 장소를 그렇게 강력한 이방인들의 권력 아래 둔다 함은 모든 영국인에게 커다란 불편함이 될 것이다.[7]

자신의 종교만을 유일한 진리라고 강요하려는 행위는 그 대가가 비쌀 뿐 아니라 쓸모없는 일임이 종교전쟁을 통해서 밝혀졌다. 두 개의 종교가 상호 관용 아래 공존할 수 있음을 확신시키기 위해서는 거의 전례가 없었던 유혈과 황폐, 그리고 야만이 휩쓴 100여 년의 시간이 필요했다. 우리 시대의 두 정치적인 종교는 16세기와 17세기의 두 커다란 기독교 종파를 대치했다. 우리 시대의 정치적인 종교는 30년 전쟁의 교훈을 필요로 할까? 아니면 필연적으로 요령부득의 전쟁으로 귀결될 국제주의적 열망에서 조만간 벗어날 수 있을까?

평화는 이런 질문에 대한 해답에 달려 있다. 이 질문에 긍정적으로 대답이 되어야만 공유된 확신과 공통 가치에서 발생하는 도덕적 합의

---

7_ Edmund S. Morgan, *The Puritan Dilemma : The Story of John Winthrop* (Boston : Little, Brown, 1958), pp. 189-190.

가 개발될 수 있기 때문이다. 평화 애호적 외교가 성장할 기회는 도덕적 합의 안에 있다. 그렇게 되어야만 외교가 평화적 해결을 요구하는 구체적인 정치 문제에 직면할 기회를 갖는다. 만약 외교정책의 목표가 세계 규모의 정치적인 종교 관점에서 정의될 수 없다면 과연 어떻게 정의될 수 있을까? 이는 민족주의적 보편주의라는 십자군적 열망이 제거된 뒤에 해결되어야 할 근본적인 문제다.

2. 외교정책의 목표는 국가 이익 관점에서 정의되어야 하며, 적당한 힘으로 뒷받침되어야 한다. 이는 평화를 보존하는 외교의 두 번째 규칙이다. 평화 애호국의 국가 이익은 국가 안보 관점에서 정의될 수밖에 없으며, 국가 안보는 국가 영토와 그 제도의 보전이라고 정의되어야 한다.[8] 국가 안보는 외교가 타협 없이 적절한 힘으로 방위해야 할 더 이상 축소할 수 없는 최소한의 것이다. 그러나 외교는 국가 안보가 핵 시대의 충격 아래에서 겪었던 근본적인 변화에 민감해야 한다. 핵 시대가 오기 전까지는 한 국가는 외교를 통해 다른 국가를 희생시켜 자국의 안보를 확보할 수 있었다. 오늘날 특정 국가에 유리하게 핵무기의 세력균형을 근본적으로 변화할 수 없는 상황에서 외교가 한 국가를 핵 파괴에서 안전하게 지키기 위해서는 모든 국가를 안전하게 해야 한다. 이렇듯 제한적이고 초월적인 관점에서 정의된 국가 이익과 함께 외교는 세 번째 규칙을 준수해야 한다.



8_ 관계되는 문제에 대해 자세히 논술한 제24장 참조.

3. 외교는 다른 국가의 입장에서 정치를 봐야 한다. "극단적인 편견이나, 다른 국가가 희망하거나 두려워하는 것을 전혀 고려하지 않음만큼 한 국가에 치명적인 것은 없다."[9] 다른 나라의 국가 안보적 이익은 무엇인가? 그리고 그것은 자국의 국가 이익과 양립할 수 있는가? 다른 어떤 세력균형 체제에서보다 양극체제에서 국가 안보적 이익을 정의하기가 쉽고, 두 적대 국가의 이익은 일치할 가능성이 많다. 이미 살펴보았듯이 양극체제는 양대 진영이 전 세계적으로 경쟁적인 접촉을 하고, 양측의 야망이 세계 지배 임무의 투쟁적인 열정에 따라서 고조될 때 평화의 관점에서 어떤 다른 체제보다 훨씬 불안전하다. "…… 인접성 또는 상황의 비슷함은 국가들을 자연히 적으로 만든다."[10]

하지만 일단 국가 안보 관점에서 국가 이익을 정의하고 나면 다른 국가의 국가 안보 영역에 아주 밀접하게 혹은 그 내부에 설치했던 전초 기지를 자기 영역 안으로 후퇴시켜 자기 궤도 안에서 자제할 수 있다. 그런 전초 기지는 국가 안보에 아무 도움이 되지 않는다. 단지 부담이 될 뿐이며, 전쟁이 일어났을 때에는 유지될 수 없다. 양측의 국가 안보 영역을 분리하는 거리를 넓게 할수록 좀 더 안전하다. 양측은 서로에게서 아주 먼 선을 긋고, 그 선에 접근하거나 가까이 다가서면 전쟁을 의미한다는 사실을 알게 한다. 그러면 두 경계선 사이에 뻗어 있는 중간 지역에 대해서는 어떻게 할까? 이 중간 지역에 외교의 네



9_ Edmund Burke, "Remarks on the Policy of the Allies with Respect to France" (1973), *Works* (Boston : Little, Brown, 1889), Vol. IV, p. 447.

10_ *The Federalist*, No. 6.

번째 규칙이 적용된다.

4. 국가들은 자신들에게 필수적으로 중요하지 않은 모든 문제에 대해 기꺼이 타협해야 한다.

> 모든 정부, 모든 사람의 이익과 기쁨, 모든 덕과 모든 신중한 행위는 타협과 교환에 근거하고 있다. 우리는 불편함의 균형을 맞추며, 주고받는다. 우리는 다른 사람을 즐겁게 하기 위해 어떤 권리를 완화한다. 우리는 미묘한 논쟁자가 되기보다는 행복한 시민이 되기를 선택한다. 시민으로서의 이익을 즐기기 위해 자연적인 자유를 포기해야 하듯이, 우리는 거대한 제국에의 동참과 친교에서 발생하는 이익을 위해 시민적인 자유의 일부분을 희생해야 한다. 그러나 모든 공정한 거래에서 산 물건은 지불된 가격과 어느 정도 비례해야 한다. 아무도 영혼이라는 보석을 헐값에 팔려고 하지는 않을 것이다.[11]



여기서 외교는 가장 어려운 임무에 직면한다. 정치적 종교를 위한 십자군적 열정으로써 흐려지지 않고 양측의 국가 이익을 객관적으로 볼 수 있는 사람들에게 이런 필수적인 이익의 경계를 설정하는 일은 그다지 어렵지 않다. 이차적인 문제에 대한 타협은 또 다른 문제다. 여기서 외교의 업무는 그 성격상 이미 분리와 정의를 지향해온 이익들을 분리하거나 정의하는 일이 아니라 여러 면에서 서로 접촉하고,

11_ Edmund Burke, "Speech on the Conciliation with America," *Works*, Vol. II, p. 169.

분리의 가능성을 넘어 서로 얽혀 있는 이익들 사이에 균형을 맞추는 일이다. 이는 중간 영역을 상대 측 궤도 속에 흡수시키지 않으면서 상대편이 중간 영역에서 어느 정도의 영향력을 가지도록 허용하는 거대한 임무다. 자신의 안보 영역에 근접한 지역에서 이 영역을 자신의 궤도 속에 흡수시키지 않으면서 상대방의 영향력을 가능한 한 작게 하는 일은 이에 못지않은 거대한 임무다. 이런 임무 수행에 자동적으로 적용할 수 있는 공식은 마련되어 있지 않다. 이차적인 문제에 대한 타협은 확고함과 자제력으로써 지지되는 지속적인 적응 과정을 통해서만 가능하다. 그러나 어떤 접근법이 타협정책의 성공을 촉진하거나 방해할지 미리 지적할 수는 있다.

우선 타협의 성공이(다시 말해 네 번째 규칙의 준수가) 어느 정도로 다른 세 가지 규칙의 준수에 의존하는지를 주목해볼 가치가 있다. 이 세 가지 규칙도 상호 의존적이다. 두 번째 규칙을 준수함이 첫 번째 규칙의 준수에 달려 있듯이 두 번째 규칙을 준수해야만 세 번째 규칙이 준수될 수 있다. 국가는 정치적인 신조를 십자군적 정신처럼 절대적으로 추구하는 태도에서 벗어나야 국가 이익을 합리적인 관점에서 볼 수 있다. 국가는 자신의 국가 이익이라고 생각되는 것을 확보한 뒤에야 상대편의 국가 이익을 객관적으로 고려할 수 있다. 양측이 자신의 국가 이익에 대해서 불안해하는 한 아무리 작은 문제라도 타협은 불가능하다. 이처럼 만약 국가들이 기꺼이 다른 세 가지 규칙을 준수하지 않는다면 네 번째 규칙을 준수하라고 희망할 수 없다. 도덕이나 편의는 다 같이 이런 네 가지 기본적인 규칙의 준수를 요구한다.

규칙의 준수는 타협을 가능하게 하지만, 타협의 성공을 보장하지는 않는다. 세 가지 규칙의 준수를 통해서 가능하게 된 타협이 성공하기 위해서는 다섯 가지 다른 규칙이 준수되어야 한다.

타협의 다섯 가지 선행 조건

1. 실질적인 이익을 위해 무가치한 권리를 포기하라. 법적, 선전적인 관점에서 생각하는 외교는 특히 법적인 문구를 강조할 가능성이 있으며, 이것이 자신의 국가와 인류에 대해 초래할 결과를 인식하지 못할 가능성이 많다. 이런 외교는 방어되어야 할 권리가 있기 때문에 그 문제가 타협의 대상이 될 수 없다고 생각한다. 그러나 외교관이 당면하고 있는 선택은 합법성과 비합법성의 문제가 아니고, 정치적 지혜와 어리석음 사이의 선택이다. "내게 문제는 당신이 당신의 국민을 비참하게 할 권리를 가졌느냐의 문제가 아니라, 그들을 행복하게 하는 것이 당신의 이익이 아닐까 하는 점이다. 중요한 것은 법률가가 내게 해도 좋다고 얘기하는 것이 아니라 인류, 이성, 정의가 내게 명하는 것"이라고 버크Edmund Burke, 1729~1797는 말한 바 있다.[12]

2. 후퇴하면 체면을 잃게 되고, 심각한 위험을 감수해야만 이익을 얻을 수 있는 위치에 스스로 서지 마라. 앞의 규칙을 무시하면 흔히 이 규칙을 무시하게 된다. 허울뿐인 법적 권리와 실제 정치적 이익을 혼동하는 외교는 법적 권리는 확보하지만, 정치적 이익을 잃어버리기

12_ "Speech on Conciliation with the Colonies" (1775), *The Works of Edmund Burke* (Boston : Little, Brown, 1865), Vol. II, p. 140.

쉽다. 다시 말해 어떤 국가는 정치적 결과에 상관없이, 권리가 있든 없든 한 가지 입장을 견지할 수 있다. 그리고 또다시 타협은 어려운 문제가 된다. 그 국가는 심각한 위신의 손실을 초래하지 않고는 그 입장에서 후퇴할 수 없다. 정치적 위험, 아마 전쟁의 위험까지 무릅쓰지 않고는 그 입장에서 전진할 수도 없다. 방어할 수 없는 입장을 부주의하게 취하고, 곧 그 곤경에서 벗어나기를 완강하게 거부하는 것이 무능한 외교의 특징이다. 이 전형적인 예는 1870년 프로이센-프랑스 전쟁 전야에 나폴레옹 3세가 내놓은 정책과 제1차 세계대전 전야에 오스트리아와 독일이 취한 정책이다. 현대적인 예는 미국의 인도차이나 개입이다. 이런 예는 또한 전쟁의 위험이 이 규칙의 위반과 얼마나 밀접하게 관련되어 있는지를 보여준다.



3. 약한 동맹국이 당신 대신 결정을 내리게 하지 마라. 앞의 규칙들을 망각하는 강대국들은 특히 이 규칙을 위반하기 쉽다. 그들은 자신의 국가 이익을 약한 동맹국의 국가 이익과 완전히 동일시하여 행동의 자유를 상실한다. 강력한 우방의 지지를 확보하고 있는 약한 동맹국은 자신에게 적합한 외교정책적 목표와 수단을 선택할 수 있다. 강력한 국가는 자신의 것이 아닌 이익을 지지해야 하며, 자국에게가 아니라 우방국에 필수적인 문제를 두고 타협할 수도 없게 된다.

이 규칙을 위반한 고전적인 예는 1853년 크리미아 전쟁 전야에 터키가 영국과 프랑스에게 행동을 취하게 한 방법에서 발견된다. 유럽 협조 체제는 러시아와 터키 사이의 갈등을 해결하기 위한 타협안에 사실상 합의했다. 이때 터키는 러시아와 전쟁을 할 경우 서구 국가들이 자국을 지지하리라는 점을 알고 최선을 다해 전쟁을 도발함으로써 영국과 프랑스를 그들의 의지에 반하여 전쟁에 개입시켰다. 이렇듯 터키는 자국의 이익에 따라 영국과 프랑스의 전쟁과 평화 문제를 대신 결정해버리는 과감한 행동을 했던 것이다. 영국과 프랑스는 비록 그들의 국가 이익이 러시아와의 전쟁을 요구하지 않고 전쟁 발발을 방지하는 데 거의 성공했는데도 터키의 결정을 받아들여야만 했다. 그들은 약한 동맹국에게 행동의 자유를 넘겨주었고, 터키는 자국의 목적을 위해 영국과 프랑스의 정책에 대한 통제력을 활용했다.

4. 군대는 외교정책의 주인이 아니라 그 도구다. 이 규칙을 준수하지 않는 한 성공적이고 평화적인 외교정책은 불가능하다. 어떤 나라도 외교정책의 목표와 수단을 결정하기 위해 군부와 타협할 수는 없다. 군대가 전쟁의 수단이면 외교는 평화의 수단이다. 전쟁 수행과 외교정책 수행의 최종 목표가 동일함은 사실이다. 두 가지 모두 국가 이익을 위한 것이다. 그러나 그들의 직접 목표와 그들이 사용하는 수단, 그들 각자의 임무에 영향을 미치는 사유 양식에서 양자는 근본적으로 다르다.

전쟁의 목표는 단순하고 무조건적이다. 그것은 적의 의지를 파괴하는 것이다. 전쟁의 수단도 똑같이 단순하고 무조건적이다. 그것은 적의 병력이 가장 취약한 지점에 많은 양의 파괴력을 집중시키는 것이다. 따라서 군사 지도자는 절대적인 관점에서 생각해야 한다. 그는 현재와 가까운 미래에 산다. 그의 앞에 있는 단 한 가지 문제는 가능한 한 빨리 피해를 줄이면서 어떻게 승리를 획득하느냐와 어떻게 패배를 피하느냐이다.

외교정책의 목표는 상대적이고 조건적이다. 외교정책의 목표는 상대방의 필수적인 이익을 손상시키지 않고 자신의 필수적인 이익을 보호하기 위해 가능한 한 상대방의 의지를 꺾으려는 것이지 그것을 파괴하려는 것은 아니다. 외교정책의 수단도 상대적이고 조건적이다. 방해되는 장애물을 파괴하면서 전진하는 것이 아니라 장애물 앞에서는 후퇴하고 우회하며, 장애물 둘레에서 계략을 사용하고, 설득과 협상, 압력을 통해서 점차적으로 장애물을 부드럽게 하고 와해시키려는 것이다. 결과적으로 외교관의 마음은 복잡하고 미묘하다. 외교관은 손 안의 문제를 역사의 한 순간으로 인식하고, 내일의 승리를 넘어 미래의 헤아릴 수 없는 가능성을 예견한다. 볼링브룩Henry Bolingbroke, 1678~1751은 이렇게 말했다.



> 도시를 점령하고 전투에서 이기는 영광은 이런 승리에서 비롯되는 유용성으로 측정되어야 한다고 나는 말하고 싶다. 무기에 영광을 가져다주는 승리는 국가의 위원회에 수치를 가져다줄 수 있다. 전투에서 이기고 마을을 점령하는 일은 장군과 군대의 영광이다. 그러나 한 국가의 영광은 그 국가의 목적을 그 국가의 이익과 힘에 조화시키는 것이다. 그리고 그 국가가 사용하는 수단을 그 국가의 목표와 조화시키는 것이다. 그리고 국가가 행사하는 활기를 수단과 목적에 조화시키는 것이다.[13]

13_ *Bolingbroke's Defence of the Treaty of Utrecht* (Cambridge, UK : Cambridge University Press, 1932), p. 95.

외교의 수행을 군부에게 양보함은 타협 가능성을 파괴하는 행위이며, 따라서 평화를 포기하는 행위이다. 군인들은 승리와 패배의 절대성 사이에서 어떻게 행동해야 할지를 알고 있다. 군인들은 승리와 패배의 절대성을 피하고 협상된 타협의 중간 지대에서 상대방과의 만남을 목표로 하는 끈기 있고 복잡 미묘한 외교의 수행에 대해서는 아무것도 모른다. 군부의 규칙에 따라 군인이 수행하는 외교정책은 전쟁으로 귀결될 뿐이다. 왜냐하면 군인들에게는 "우리가 준비하는 것이 곧 우리가 얻으려는 것"[14]이기 때문이다.

현대 전쟁의 잠재력을 알고 있는 국가들에게 평화는 외교정책적인 목표가 되어야 한다. 외교정책은 평화 보존을 가능하게 하고 전쟁 발발을 불가피하게 하지 않는 방법으로 수행되어야 한다. 주권국가들로 구성된 국제사회에서 군사력은 외교정책의 필요 수단이다. 그러나 외교정책의 수단이 외교정책의 주인이 되어서는 안 된다. 평화를 가능하게 하기 위해 전쟁이 수행되듯이, 외교정책은 평화를 영구화하기 위해 수행되어야 한다. 두 가지 임무의 수행을 위해서 외교 업무 수행을 헌법적으로 책임지고 있는 민간 권위에 군부를 종속시키는 일이 필요 불가결한 선행 조건이다.

5. 정부는 여론의 지도자이지 노예가 아니다. 외교 수행을 책임지는 사람은 앞서 말한 외교 원칙을 마음속에 지속적으로 간직하지 않는 한 제대로 지킬 수가 없다. 앞에서 아주 세밀하게 지적했듯이,[15] 좋

14_ William Graham Sumner, *Essays,* p. 173.

은 외교정책에 대한 합리적인 요구조건은 이성적이라기보다는 감정적인 여론의 지지를 처음부터 기대할 수 없다. 이는 타협을 목표로 하는 외교정책, 따라서 상대방의 목표 가운데 일부분을 인정해야 하고 자신의 이익 가운데 일부분을 포기해야 하는 외교정책에서는 특히 그러하다. 특히 민주적인 정치 상황 아래에서 수행되고 정치적인 종교의 투쟁적인 열정을 통해서 고무될 때 정치가는 항상 대중의 박수를 받기 위해 좋은 외교정책의 요구조건을 희생할 유혹을 받는다. 다른 한편으로 대중적인 열정에 조금이라도 오염되는 것을 방지하고 외교정책의 요구조건을 성실히 이행하려는 정치가는 정치 지도자로서 종말을 고하게 될 것이며, 그의 외교정책도 실패로 끝나고 말 것이다. 왜냐하면 그는 자신에게 권력을 부여하고 이를 유지하게 했던 대중의 지지를 상실하기 때문이다.



따라서 정치가는 대중의 열망에 복종해서도 안 되고, 무시해서도 안 된다. 그는 대중의 열망에 스스로 적응하는 한편으로, 자신의 정책을 지지하도록 대중의 열망을 동원함으로써 신중한 균형을 이루어야 한다. 한마디로 그는 이끌어나가야 한다. 그는 고도의 정치가적 역량을 발휘해야 한다. 대중의 열망이라는 바람에 따라 돛의 균형을 잡아 아무리 우회하고 갈지자 길을 택하더라도 국가라는 배를 좋은 외교정책이라는 항구로 이끌고 가야 하는 것이다.

15_ 1권 pp. 325 ff. 참조.

## 결론

앞에서 개괄한 국제 평화에의 길은 1세기 반 동안이나 전쟁에 지친 세계의 상상력을 자극해온 단순하고도 매혹적인 처방과 경쟁할 수는 없다. 전쟁의 문제를 단번에 영원히 처리해버릴 듯한, 극도로 단순한 처방에는 놀랄 만한 어떤 것이 있다. 그것은 자유 무역, 중재 재판, 군비 축소, 집단안전보장, 보편적 사회주의, 세계 정부, 세계 국가 같은 해결책의 약속이었다. 외교 업무에는 일반 사람들이 구경할 만하거나 그들에게 매혹적이거나 고무적인 것이 아무것도 없다.

하지만 우리는 이런 해결책들이 실제 문제의 단순한 징후만이 아니라 실제 문제 그 자체를 다루는 한 실제로 존재하지 않는 통합된 국제사회를 가정하고 있음을 지적했다. 이런 국제사회를 만들고 유지하기 위해서는 외교의 조정 기술이 요구된다. 국내사회의 통합과 평화가 평범하고 거의 주목받지 않는 일상적인 조정과 변화를 통해 발전함과 마찬가지로 국제사회의 종국적인 이상, 다시 말해 그 자체를 초월하여 초국가적인 사회를 이룩하는 일은 외교의 전통적인 도구인 설득과 협상, 그리고 압력에서부터 그 실현을 기대해야 한다.

지금까지 우리의 논의를 따라온 독자는 이렇게 질문할 것이다. 그러나 외교는 과거에 전쟁을 방지하는 데 실패하지 않았는가? 이런 정당한 질문에 대해 두 가지 대답이 제시될 수 있다.

외교는 평화를 보존하는 임무에서 여러 번 실패했고, 성공한 적도 여러 번 있었다. 외교가 때때로 실패했던 까닭은 외교가 성공하기를 아무도 원하지 않았기 때문이다. 우리는 과거의 제한전이 목적과 수단에서 우리 시대의 전면전과 얼마나 다른지 살펴보았다. 전쟁이 왕들의 정상적인 업무였을 때 외교의 임무는 전쟁을 방지함이 아니라 가장 유리한 순간에 전쟁을 일으키는 일이었다.

다른 한편으로 국가들이 전쟁을 방지하기 위한 목적에서 외교를 사용했을 때 그들은 때때로 성공했다. 우리 시대에서 성공적으로 전쟁을 방지한 외교의 중요한 사례는 1878년에 열렸던 베를린 회의다. 평화적 수단을 통한 조정 외교를 통해 나폴레옹 전쟁 이후 영국과 러시아를 갈라놓았던 문제를 해결하거나, 적어도 해결할 수 있게 했던 것이다. 19세기 대부분 동안에 발칸 반도, 다르다넬스 해협, 동부 지중해를 두고 벌어진 영국과 러시아 사이의 갈등은 세계 평화 위에 걸려 있는 칼과도 같았다. 그러나 크리미아 전쟁 이후 50년 동안 영국과 러시아 사이에 전쟁이 다시 일어날 위험이 있었지만, 실제로는 일어나지 않았다. 평화 보존에 대한 주요 명예는 베를린 회의에서 정점에 달했던 외교의 타협 기술에 돌려져야 한다. 영국 수상 디즈레일리가 그 회의를 끝내고 런던으로 돌아왔을 때, 그는 자신감을 가지고 "영광스럽게 평화를 가져왔다"라고 선언했다. 사실 그는 후세들을 위해서도 평화를 가져왔다. 1세기 동안 영국과 러시아 사이에 전쟁이 없었기 때문이다.

하지만 우리는 주권국가들로 구성된 국제사회에서 평화가 불안전함을 살펴보았다. 이미 살펴보았듯이 평화를 보존하는 데에 외교가 계속적으로 성공하기 위해서는 모든 지도적 참여자가 비범한 도덕적, 지적 자질을 가져야 한다. 지도적인 정치가 가운데 어떤 사람이 국력의 구성 요인 가운데 하나를 잘못 평가하면 평화와 전쟁이 뒤바뀌게 된다. 계획이나 국력 측정을 그르치게 하는 돌발 사고가 그런 결과를 초래할 수도 있다.[16]

외교는 주권국가들로 구성된 국제사회가 제공할 수 있는 평화 보존의 최상의 수단이다. 그러나 특히 현대 국제정치와 현대 전쟁의 조건 아래에서는 외교만으로는 불충분하다. 국제 평화가 국내 평화처럼 확보될 수 있는 조건은 국가들이 현대 기술을 통해 소유하게 된 파괴 수단을 좀 더 높은 권위에 양도했을 때뿐이다. 이때 그들은 주권을 포기하게 된다. 그렇게 되면 외교는 오늘날보다 더 안전하게 평화를 유지할 수 있으며, 세계 국가는 국가들이 외교 규칙을 준수할 때보다 더 안전하게 평화를 유지할 수 있다. 그러나 세계 국가가 없이는 영구 평화가 불가능하듯이 외교를 통한 평화 보존 및 공동체 건설 과정이 없이는 세계 국가도 존재할 수 없다. 세계 국가의 존립 가능성을 보다 확실하게 하기 위해서는 갈등을 완화하고 극소화하는 외교의 조정 과정이 부활되어야 한다. 선의를 가진 모든 사람은 국제 문제의 종국적인 상태에 대한 자신들의 개념이 어떤 것이든 그런 필요를 인식하고, 그것을 충족시키려는 요구에 모두 참여할 수 있다.

여기서 제시된 국제 평화 개념에 대한 권위 있는 뒷받침이 필요하다면, 이는 동시대인들 가운데 어느 누구보다도 외교정책에서 실수를 적게 한 처칠 경이 했던 충고에서 찾아볼 수 있다. 1948년 1월 23일에 하원에서의 연설을 통해 현대 국제 무대를 근심스럽게 바라보면서

16_ 1권 pp. 391 ff., pp. 479 ff. 참조.

"전쟁이 일어날까?"라고 자문했던 처칠은 냉전 발발 이후 행했던 거의 50여 차례에 걸친 연설에서처럼 조정을 통한 평화를 촉구했다. 그는 이렇게 말했다.

> 나는 너무 오랫동안 무작정 사태를 관망하는 데에는 심각한 위험이 있는 듯하다고 감히 말하고 싶다. 나는 전쟁을 방지할 수 있는 가장 좋은 기회는 너무 늦기 전에 소련과 전격적으로 화해하는 일이라고 믿는다. 이는 물론 초기에 서구 민주주의 국가들이 내부적으로 단결한 뒤 주도권을 쥐고 소련에게 조정을 요구한다는 의미다.
>
> 공산주의자들과 이치를 따지거나 논쟁하는 일은 무의미하다. 그러나 정당하고 현실적인 기초 위에서 공산주의자들을 취급함은 가능하다. 그리고 내 경험에 따르면 공산주의자들은 그들의 이익에 관계되는 한 협상을 계속할 것이다. 그리고 이 중대한 문제에서 협상은 오래 걸릴 것이다. 그러나 일단 일이 해결되고 나면 …….
>
> 모든 것을 되는대로 내버려두었다가 어떤 사건이 생겨서 갑자기 어쩔 수 없을 정도로 악화되게 한다면 매우 심각한 위험이 따를 것이다. 이것이 오늘 내가 주장하려는 바다.
>
> 사태를 모두 고려해볼 때 전쟁을 피할 수 있는 가장 좋은 기회는 다른 서구 민주주의 국가들과 단결하여 소련과의 문제를 정점으로 이끌고 가서 비밀스럽고도 진지한 형식적 외교를 통해 지속적인 해결책에 도달하는 것이라고 말함은 정당하다고 믿는다. 만약 이런 해결책이 달성될 수 있다면 확실히 모두의 이익이 충분히 보장될 것이다. 그러나 이런 방법조차도 전쟁 방지를 보장하지는 못한다고 말할 수밖에

없겠다. 그러나 이 방법은 전쟁을 피해 생존할 수 있는 최상의 기회를 제공한다고 믿는다.[17]



17_ *Parliamentary Debates (Hansard), House of Commons,* Vol. 466, No. 48, pp. 562-563.

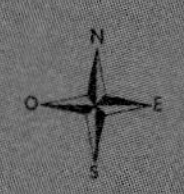

부록 A

## 21세기를 향한 현실주의 갱신

국제적 제도의 그릇된 약속

현실주의적 구성주의

영국 학파 대 미국 현실주의

모겐소 : 권력 투쟁으로서의 정치

이라크 전쟁 회고

국제정치 철학의 새로운 출발

미국은 냉전에서 승리했는가?

부록 B

국제연합 헌장

외교사 용어 해설

참고 문헌

부록 A

# 국제적 제도의 그릇된 약속

존 미어셰이머John J. Mearsheimer*

이 글은 제도가 국가들을 전쟁에서 밀쳐내 평화를 증진한다는 주장을 점검하기 위한 목적에서 작성되었다. 필자는 제도를 핵심 개념으로 삼는 주요 국제관계 이론들, 다시 말해 자유주의적 제도주의liberal institutionalism, 집단 안보collective security, 비판이론critical theory을 집중적으로 평가할 것이다.[1] 하지만 우선 현실주의에 대해 간단히 살펴보면서

*_존 미어셰이머는 시카고 대학교 정치학과 교수다.
출처 : *International Security*, Vol. 19, No. 31 (Winter 1994-1995), pp. 5-49 
이 글은 하버드 대학교 존 M. 올린 전략 연구소(John M. Olin Institute for Strategic Studies)의 연구 프로젝트인 "The Changing Security Environment and American National Interests"의 중간 보고서를 토대로 했다. Robert Art, Benjamin Frankel, Markus Fischer, Charles Glaser, Hein Goemans, Joseph Grieco, Robert Jervis, Christopher Layne, Eric Lopez, Robert Pape, Ashley Tellis, Bradley Thayer, Ivan Toft, Stephen Van Evera, Stephen Walt에게 감사하며, 특히 Michael Desch의 조언은 많은 도움이 되었음을 밝힌다.

이 글을 시작하려고 한다. 그 까닭은 '제도주의자들'의 이론은 대개는 현실주의에 대한 반응으로 나왔으며, 각각은 현실주의의 근본 논리에 직접적으로 도전하고 있기 때문이다.[2] 현실주의자들과 제도주의자들의 의견이 특히 엇갈리는 부분은 제도가 국제적인 안정에 명백한 효과를 미치느냐의 여부다. 현실주의자들은 아니라고 대답하는 반면에 제도주의자들은 그렇다고 대답한다. 현실주의자들은 제도가 기본적으로 국제사회의 힘의 배분 상황을 반영하고 있다고 본다. 이때 제도는 강대국의 이기적인 계산에 따라 만들어지며, 국가의 행위에 독립적인 영향을 미치지 않는다는 것이다. 따라서 현실주의자들은 제도가 평화를 가져오는 중요한 원인이 아니라고 믿는다. 제도가 중요한 역할을 하는 부분은 주변적인 문제들뿐이라는 것이다. 제도주의자들은 제도에 대한 이런 견해에 곧바로 도전하면서 제도가 국가의 선호를 바꿀 수 있고, 따라서 국가의 행위를 바꿀 수 있다고 주장한다. 자신의 행동 하나하나가 상대적 권력의 위치에 어떻게 영향을 미치는지 알 수 있게 함으로써 제도는 국가들이 이기적인 계산을 못하도록 억지력을 행사한다는 것이다. 제도는 독립 변수이며, 국가들에게 전쟁에서 거리를 두게 할 수 있는 능력을 가진다.



1_ 평화를 가장 잘 유지하기 위한 처방은 전쟁과 평화의 원인에 대한 일반적인 이론들에 토대를 두어야 한다. 이 점은 학자들과 정책결정자들 모두에게 진실이다. 정책결정자들은 자신들이 이론을 적용하고 있다는 사실을 자각하는 경우가 드물기는 하지만, 그런데도 국제기구에 대한 그들의 견해는 여러 국제관계 이론 가운데 어떤 특정한 것을 은연중에 더 선호하는 결과가 형성된다.

2_ 예를 들어 키어헤인은 "제도주의자들의 사고는 현실주의를 비판적으로 공격하는 데 초점이 맞춰져 있다"라고 한다. Robert O. Keohane, "Institutional Theory and the Realist Challenge After the Cold War," in *Neorealism and Neoliberalism: The Contemporary Debate*, David A. Baedwin, ed. (New York : Columbia University Press, 1993), p. 271.

제도와 관련한 현실주의자들의 주장에 반대한다는 점에서 제도주의자들이 일치된 모습을 보이기는 하지만, 제도주의 이론들은 국가의 행위를 바꾸기 위한 제도의 역할에 대해 제각기 다른 주장을 제시한다. 필자의 목표는 이 세 가지 이론을 평가해서 제도가 평화의 원인이 된다는 주장이 설득력 있는지를 판단해보는 것이다. 이 작업에는 네 가지 질문에 대한 대답을 내놓는 것이 포함된다. (1) 제도란 무엇인가? (2) 평화를 가져오는 데 제도가 담당하는 역할은 무엇인가? 특히 각각의 이론에서 핵심이 되는 인과 논리는 무엇인가? (3) 제도가 작동하는 방식에 대한 이 이론들이 논리적 설득력을 가지는가? (4) 이 이론들을 뒷받침하는 증거는 있는가?

필자가 내린 결론의 핵심은 제도가 국가의 행위에 미치는 영향은 최소한일 뿐이며, 따라서 탈냉전 시대에 우리 세계의 안정을 증진하는 데 큰 기대를 주지 못한다는 것이다. 제도 관련 학설의 토대를 이루는 세 가지 이론에는 모두 결함이 있다. 각 이론은 인과 논리에서 문제점을 지니고 있으며, 세 가지 제도 이론 모두는 역사의 기록에 따라서도 그다지 뒷받침되지 못한다.

이 글의 남은 부분은 다음과 같은 구조로 짜여 있다. 우선 필자는 제도라는 개념에 대해 간단히 정의를 내려보고, 현실주의에 대해서도 살펴볼 것이다. 제도주의자들의 이론 하나하나가 현실주의와의 관계 속에서 존재 의미를 가지기 때문이다. 본문으로 들어가서는 자유주의적 제도주의와 집단 안보, 그리고 비판이론에 대해 설명하고 평가를 내릴 것이다. 결론 부분에 가서는 제도가 평화의 중요한 원인이라는 증거가 그토록 빈약한데도 제도에 대한 정책결정자들과 학자들의 평가는 왜 그토록 높게 유지되고 있는지를 살펴보고자 한다.

## 제도란 무엇인가?

국제관계 분야의 각종 저술들 속에 제도라는 개념에 대해 널리 받아들여진 정의는 있지 않다.[3] 때로는 이 개념이 아주 폭넓게 규정되어 국제관계의 모든 측면을 포괄하기도 하는데, 그럴 경우 분석력은 떨어지기 마련이다.[4] 예를 들어 '기대를 갖게 하는 인지된 행위 패턴 또는 관습'이라고 제도를 정의할 경우 전쟁에서부터 관세와 무역에 관한 일반 협정GATT 체제 아래에서 협상된 관세 규제에 이르기까지 국가 사이의 정례화된 거의 모든 행위 패턴이 이 제도라는 개념에 포함되므로 사실상 무의미해지게 된다.[5] 그런데도 제도주의 학자들 대다수



3_ 이 글에서는 레짐(regim)과 제도를 같은 의미를 나타내는 개념으로 사용한다. 이 둘은 국제 문제 관련 여러 저술에서 상호 교환 가능한 개념으로 사용되기도 한다. 다음 자료 참조. Robert O. Keohane, "international Institutions : Two Approaches," *International Studies Quarterly*, Vol. 32, No. 4 (December, 1988), p. 384; Robert O. Keohane, *International Institutions and State Power : Essays in International Relations Theory* (Boulder, CO : Westview Press, 1989), pp. 3-4; Oran R. Young, *International Cooperation : Building Regimes for Natural Resources and the Environment* (Ithaca, NY : Cornell University Press, 1989), Chaps. 1 and 8. '다자주의'라는 개념은 제도와 거의 동의어로 사용된다. 러기(John Ruggie)가 주장한 바에 따르면 " '다자적'이라는 말은 '제도'라는 명사를 수식하는 형용사다. 따라서 다자주의라는 개념은 국제관계에서 제도적인 형태를 띠는 모든 것을 가리키는 말이다. …… (특히) 다자주의란 '일반적' 행위 규칙에 근거를 두고 셋 또는 그 이상의 국가 사이의 관계를 조절하는 제도적인 틀을 의미한다." Ruggie, "Multilateralism," pp. 570-571.

4_ 이 점에 대한 논의로는 다음 자료 참조. Arthur A. Stein, *Why Nations Cooperate : Circumstance and Choice in International Relations* (Ithaca, NY : Cornell University Press, 1990), pp. 25-27. 또한 Susan Strange, "*Cazel Hic Dragones* : A Critique of Regime Analysis," in *International Regimes*, edited by Stephen D. Krasner, special issue of *International Organisation*, Vol. 36, No. 2 (Spring, 1982), pp. 479-496.

가 사용하는 방식과 양립될 수 있는 유용한 개념 정의를 내려보는 일은 가능하다.

필자는 제도를 국가 간 상호 협력과 경쟁 방식을 정하는 일련의 규칙이라고 정의한다.[6] 이 규칙들은 받아들여질 수 있는 국가 행위의 형태가 어떠해야 하는지 규정하고, 받아들여질 수 없는 종류의 행위는 금지한다. 또한 이 규칙들은 국가 간 협상을 통해 형성되고, 저명한 여러 이론가가 이야기하듯이 고차원의 규범을 상호 받아들이게 한다. 이 규범이 곧 "권리와 의무라는 개념으로 정의되는 행위 기준"[7]이다. 이 규칙들은 통상적으로 국제 협정을 통해 만들어지고, 대개 인력과 예산을 확보해 운영되는 기구라는 형태로 구체화된다.[8] 규칙은 대개 공식 국제기구 속으로 편입되지만, 국가들에게 규칙을 지키도록 압력을 가하는 것은 기구 그 자체가 아니다. 제도는 세계 정부의 한 형태가



5_ Oran R. Young, "Regime Dynamics : The Rise and Fall of International Regimes," In Krasner, *International Regimes*, p. 277.

6_ Douglass C. North and Robert P. Thomas, "An Economic Theory of the Growth of the Western World," *The Economic History Review*, 2nd series, Vol. 23, No. 1(April 1970), p. 5.

7_ Krasner, *International Regimes*, p. 186. 현실주의 제도들이 규범에 기초하는 경우가 있다 하더라도 아주 드문 반면에 비현실주의 제도들은 보통 높은 규범에 기초하고 있다. 규범과 규칙 사이의 구분선은 제도주의 저술 속에 뚜렷하게 규정되어 있지 않다. Robert O. Keohane, After *Hegemony : Cooperation and Discord in the World Political Economy*(Princeton, NJ : Princeton University Press, 1984), pp. 57-58 참조. 예를 들어 권리, 의무와 관련되는 것은 규범이 아니라 규칙이라고 주장할 수도 있을 것이다. 하지만 여기서 핵심은 여러 제도주의자에게 적절한 국가 행위의 기준에 대한 핵심 신념인 규범은 좀 더 구체적인 규칙을 정하는 토대가 된다는 점이다. 규범과 규칙을 이렇게 구분하는 방식은 이후의 논의에서도 그대로 적용될 것이다. 집단 안보와 비판이론 두 가지는 국가가 이기적인 방식으로 행동한다는 현실주의 신념 체계에 도전하면서 국가들에게 좀 더 이타주의적으로 행동할 수 있게 요구하는 규범을 발전시켜야 한다고 주장한다. 반면에 자유주의적 제도주의는 국가들이 이기심에 기초하여 행동한다는 현실주의 관점을 받아들이면서 국가 간 협력을 조장하는 규칙들을 만드는 데 초점을 맞춰야 한다고 주장한다.

아니다. 국가 스스로 자신이 만든 규칙에 복종하기를 선택해야 하는 것이다. 간단히 말해서 제도는 "개별 주권국가가 효율적인 통제 장치가 없는 가운데 발휘하는 분권화된 협력"을 요구한다.[9] 제도가 어떻게 작동하며, 어떻게 작동하지 않느냐에 대한 나머지 세 가지 질문에 대답하기 위해서는 제도주의 이론들 각각을 들여다봐야 한다. 그렇더라도 현실주의에 대한 간단한 논의를 해봄이 첫 번째 순서가 될 것이다.

### 현실주의

현실주의는 세계 정치를 다소 우울한 모습으로 그린다.[10] 모든 국가가 서로를 속이고자 호시탐탐 노리고, 따라서 서로를 신뢰할 아무 이유도 없는 잔혹한 무대로 국제체제를 묘사하는 것이다.[11] 각 국가는 그



8_ 국제기구는 둘 또는 그 이상인 국가의 협력적인 행동으로 만들어지는 공적 기관이다. 이 관리 조직들은 자신의 예산과 인력, 그리고 빌딩들을 보유하고 있다. 존 러기는 국제기구를 "본부와 공식 편지지, 투표 절차, 그리고 넉넉한 연금제도를 갖춘 분명한 실체"라고 규정한다. Ruggie, "Multilateralism," p. 573. 규칙들이 일단 국제기구 속으로 편입되고 나면 "논리적인 구분이 가능"할지라도 "거의 똑같아 보이는 경우가 많다." Keohane, *International Institutions and State Power*, p. 5.

9_ Charles Lipson, "Is the Future of Collective Security Like the Past?" in *Collective Security Beyond the Cold War*, George W. Downs, ed. (Ann Arbor, MI : University of Michigan Press), p. 114.

10_ 현실주의 학자들이 국제정치의 많은 측면에 대해 같은 견해를 가지고는 있지만 그들 사이에는 중요한 지적 의견 불일치가 존재한다. 지난 50여 년 동안 가장 영향력 있는 현실주의자들 가운데 두 사람인 모겐소(Hans Morgenthau)와 왈츠(Kenneth Waltz)의 견해 참조. 모겐소는 국가가 권력을 향한 의지를 가지고 있다고 주장하는 반면에 왈츠는 국가들이 단순히 살아남기를 원한다고, 따라서 안전을 극대화하고자 노력한다는 가정으로 자기 이론을 시작한다. Hans J. Morgenthau, *Politics Among Nations : The Struggle for Power and Peace*, 5th ed. (New York : Knopf, 1973); Kenneth N. Waltz, *Theory of International Politics* (Reading, MA : Addison-Wesley, 1979) 참조. 여기서의 논의는 현실주의에 대한 필자의 생각에 기초한 것으로 모겐소보다는 왈츠의 견해와 더 가깝다.

체제 안에서 본질적으로 가장 강력한 행위자가 됨은 물론, 다른 어떤 국가도 그 높은 지위를 차지하지 못하도록 최선을 다하는 권력 투쟁이 일상적으로 일어난다.

국제관계는 전쟁이 끊임없이 일어나는 상태가 아니라 안전을 위한 가차 없는 경쟁이 진행됨으로써 그 배후에는 언제나 전쟁 가능성이 도사리고 있는 상태다. 그 경쟁의 강도는 상황에 따라 다르다. 직관적이지 않은 듯해 보일 수도 있겠지만, 이 경쟁적인 세계 속에서 국가들이 서로 협력하는 경우도 자주 발생한다. 그런데도 국가 간 협력에는 엄연히 한계가 존재하는데, 이는 주로 안전을 위한 경쟁이라는 압도적인 논리 때문에 협력에 제한이 가해지기 때문이다. 제아무리 협력을 강화한다 하더라도 안전을 위한 경쟁을 없앨 수는 없는 노릇이다. 진정한 평화, 또는 국가들이 권력을 향해 경쟁하지 않는 세계란 불가능하다는 것이 현실주의의 논리다.



세계가 작동하는 원리에 대한 이처럼 비관적인 사고방식은 국제체제에 대한 현실주의의 다섯 가지 가정에서 도출될 수 있다. 첫째는 국제체제가 무정부 상태라는 가정이다. 이 말은 이 세계가 무질서한 혼란 상태라든가 무질서로써 움직인다는 뜻은 아니다.[12] 현실주의가 이 세계의 특징을 안전을 위한 경쟁과 전쟁이라고 묘사한다는 점을 생각

---

11_ Stephen Van Evera, "The Hard Realities of International Politics," *Boston Review*, Vol. 17, No. 6 (November/December 1992), p. 19.

12_ Waltz, *Theory of International Politics*, pp. 88-93. 또한 Robert J. Art and Robert Jervis, editors, *International Politics : Anarchy, Force, Imperialism* (Boston : Little, Brown, 1973), Part 1; Helen Milner, "International Theories of Cooperation Among Nations : Strengths and Weaknesses," *World Politics*, Vol. 44, No. 3 (April 1992), p. 468.

해보면 이런 결론을 도출하기란 어려운 일이 아니다. 하지만 현실주의자들이 이야기하는 '무정부 상태'는 갈등과는 아무 관련이 없다. 오히려 그것은 자기 위에 어떤 중앙 권력도 존재하지 않는 독립된 정치 단위(국가)들로 구성된 체제를 이야기하는 배열 원칙이라고 할 수 있다. 다시 말해 주권은 국가에 내재적으로 부여된 것인데, 국제체제에 국가보다 높은 통치체가 없기 때문이다. '정부 위의 정부'가 없는 것이다.[13]

두 번째 가정은 국가들이 상대방에 위해를 가할 수 있는 수단이자 서로를 파괴할 수도 있는 다소 공격적인 군사 능력을 본질적으로 보유한다는 점이다. 한 국가의 군사력은 대개 그 국가가 사용할 수 있는 특정 무기와 동일시된다. 무기가 없을지라도 한 국가의 국민은 손발을 써서라도 다른 국가의 국민을 공격할 수 있다.



세 번째 가정은 국가들이 다른 국가의 의도를 결코 확실히 파악할 수 없다는 점이다. 특히 어떤 국가도 다른 국가가 자국에 대해 공격적인 군사 능력을 사용하지 않으리라고 확신할 수는 없다. 이 말은 국가들이 반드시 나쁜 의도를 가졌다는 의미는 아니다. 다른 어떤 국가가 호의를 지닌 신뢰할 만한 국가일 수 있지만, 그런 판단에 확신을 가지기란 불가능하다. 왜냐하면 의도를 100퍼센트 확실하게 간파하기가 불가능하기 때문이다. 공격의 원인은 여러 가지가 가능하다. 그리고 어떤 국가도 다른 국가가 그 가운데 하나 때문에 영향을 받지 않으리

13_Inis L. Claude, Jr., *Swords into Plowshares : Tire Problems and Progress of International Organization*, 4th ed.(New York : Random House, 1971), p. 14.

라고 확신할 수는 없다. 더욱이 의도는 시시각각 변한다. 따라서 한 국가의 의도는 어떤 날에는 호의적이다가도 다음 날에는 호전적으로 변할 수 있다. 의도를 평가할 때 불확실성은 불가피한 부분이다. 이 말의 의미는 간단하다. 그러니까 국가들은 다른 국가가 공격적인 군사 능력과 더불어 공격적인 의도를 품지 않으리라고 결코 확신할 수 없다는 뜻이다.

네 번째 가정은 국가를 움직이는 가장 근본적인 동기는 생존이라는 점이다. 모든 국가는 주권을 유지하고자 한다. 다섯 번째 가정은 국가들이 국제체제 속에서 어떻게 하면 살아남을 수 있을지를 전략적으로 생각한다는 점이다. 국가들은 마치 기계와도 같이 합리적이다. 그런데도 국가들의 계산이 때때로 잘못되는 경우가 있는데, 정보가 불완전한 세상에서 서로 부대끼기 때문이다. 다시 말해 잠재적인 적국이 자기 힘 또는 단점을 제대로 보여주지도 않고 진정한 목표를 숨기려는 의도를 가지고 있기 때문이다.

국가들이 경쟁 속에서 움직이는 데 영향을 미치는 요소는 이 가정 가운데 어느 하나만이 아니다. 사실 동기와 관련된 근본적인 가정은 국가들이 생존을 목표로 하고 있다고, 다시 말해 방어적인 목표를 가진다고 이야기한다.[14] 하지만 전체적으로 보면 이 다섯 가지 전제가 만들어내는 동기에 따라 국가들은 공격적으로 생각하고, 때로는 행동하게 된다. 특히 세 가지 행위 패턴이 두드러진다.



14_ 강조했듯이 모겐소는 국가가 선천적인 권력 의지를 가지고 있으며, 따라서 본질적으로 외형상 공격적이라고 주장한다. 여기서 논점은 국가들이 방어적인 동기를 가지고 출발하지만 국제체제의 특성 때문에 공격적으로 생각하고, 때로는 그렇게 행동하지 않을 수 없다는 점이다.

첫째로, 국제체제 속의 국가들은 서로를 두려워한다. 국가들은 서로를 의심하며, 전쟁이 서서히 다가오고 있을지도 모른다는 점을 걱정한다. 그들은 위험을 예견하는 것이다. 국가들이 서로를 신뢰할 만한 여지는 별로 없다. 시간과 장소에 따라 공포의 정도는 다를지 몰라도 결코 하찮은 수준으로까지 줄어들지는 않는다.[15] 이 공포의 근저에는 다음과 같은 생각이 자리 잡고 있다. 그러니까 각 국가마다 상대방을 공격할 수 있는 능력을 제각기 보유하고 있는 세계에서, 그리고 그럴 만한 동기를 충분히 가질 수 있는 세계에서 생존을 최우선으로 생각하는 국가라면 최소한 다른 국가를 의심해야 하며, 쉽사리 상대방을 신뢰하지 말아야 한다는 것이다. 여기에다 위협에 직면한 국가가 도움을 청할 만한 중앙의 권력체가 없다는 가정이 더해지면 각국은 서로를 두려워해야 할 더욱 큰 동기를 가지게 된다. 더욱이 제3자의 이기심이 발동하면 모를까 침략국을 응징할 수 있는 장치도 변변치 않다. 잠재적인 침략국을 억제하는 일이 쉽지 않은 경우가 많기 때문에 각국이 전쟁에 대비하는 조치를 취해야 할 논리는 충분한 셈이다.



침략의 희생물로 전락했을 때 어떤 결과가 닥칠지를 생각해보면 공포가 왜 세계 정치를 좌우하는 유력한 힘인지를 잘 알 수 있다. 국가들이 상호 경쟁하는 모습은 국제정치를 단순히 시장처럼 여기지 않고

15_ 이것은 냉전 말기에 독일 재통일에 대해 영국과 프랑스가 보인 반응을 보면 알 수 있다. 거의 45년 동안 이 세 국가가 가까운 동맹국이었다는 사실에도 불구하고 영국과 프랑스는 통일독일의 위험성에 대해 즉각적으로 생각하기 시작했던 것이다. David Garnham, "European Defense Cooperation : The 1990s and Beyond," in *The 1992 Project and the Future of Integration in Europe*, Dale L. Smith and James Lee Ray, eds. (Armonk, NY : M.E. Sharpe, 1993), pp. 203-205; Margaret Thatcher, *The Downing Street Years* (New York : HarperCollins, 1993), Chaps. pp. 25-26 참조.

있음을 보여준다. 국가들 사이의 정치적인 경쟁은 경제적 상호 작용에 비해 훨씬 더 위험한 사업이어서 전쟁으로 발전할 수도 있다. 전쟁은 전장에서의 대규모 살인, 심지어는 민간인 대량 학살을 의미하는 경우도 많다. 극단적인 경우에는 전쟁으로 한 국가가 완전히 궤멸해 버리기도 한다. 전쟁의 참혹한 결과 때문에 국가들은 서로를 단순한 경쟁 상대가 아니라 치명적인 적대국이 될 소지가 있는 존재로 여기는 경우도 더러 생긴다.

둘째, 국제체제 안의 각국은 자국의 생존을 보장받고자 한다. 다른 모든 국가가 잠재적인 위협 세력이기에, 그리고 위험이 발생했을 때 자국을 구해줄 상위의 권위체도 없기 때문에 국가들은 자국의 안전을 다른 국가에 기댈 수가 없다. 각국은 스스로를 취약하고 고독하다고 여기는 경향이 있고, 따라서 자국의 생존을 스스로 책임지고자 노력하게 된다. 케네스 왈츠Kenneth Waltz, 1924~가 이야기하듯 국가들은 '자구自求' 체제 속에서 살아간다. 자구에 대한 이런 강조가 국가들에게 동맹을 결성하지 못하게 하지는 않는다.[16] 하지만 동맹은 편의에 따라 이루어지는 잠정적인 결혼일 뿐이어서 오늘의 동맹 상대가 내일의 적이 되기도 하고, 오늘의 적이 내일의 동맹 상대가 되기도 한다. 자구의 세계에서 살아가는 국가들은 언제나 자국의 이기심에 따라 행동해야만 한다. 왜냐하면 자구의 세계에서 이기적으로 사는 데에는 대가가 따르기 때문이다. 이는 단기적인 관점에서도, 장기적인 관점에서도 사실이다. 어떤 국가가 단기적으로 패자가 되었을 경우 장기전을

16_ Stephen M. Walt, *The Origins of Alliances* (Ithaca, NY : Cornell University Press, 1987) 참조.

치러낼 가능성은 별로 없기 때문이다.

셋째, 국제체제 속의 국가들은 자국의 권력을 다른 국가에 비해 상대적으로 극대화하고자 노력한다.[17] 그 이유는 간단하다. 어떤 국가가 다른 국가에 대해 군사적으로 유리한 위치에 있을수록 그만큼 더 안전하기 때문이다. 모든 국가는 자국이 속한 체제에서 가장 믿을 만한 군사 강국이기를 희망할 것이다. 매우 위험할 수도 있는 이 세계에서 자국의 생존을 보장할 최선의 방법이 바로 이것이기 때문이다. 이런 논리는 국가들이 서로를 속이게 하는 강력한 동기를 유발한다. 여기에는 상황이 유리하고 승리 가능성이 크다고 판단될 때 전쟁이라도 불사함이 포함된다. 목표는 잠재적인 경쟁 상대국의 희생을 딛고 군사력을 더 많이 확보하는 것이다. 체제 안에서 마침내 헤게모니 국가의 지위를 차지하는 일이야말로 이상적인 결과일 것이다. 그렇게만 된다면 생존은 거의 보장된 것이나 다름없다.

모든 국가는 이런 논리의 영향을 받고 있다. 다시 말해 모든 국가는 상대를 서로 속일 기회를 호시탐탐 노릴 뿐만 아니라 다른 국가가 자

17_ 이 점에 대해서는 현실주의자들 사이에도 이견이 있다. 어떤 현실주의자들은 국가가 상대적 권력의 극대화가 아니라 주로 기존의 세력 균형을 유지하는 데 관심을 가진다고 주장한다. 필자가 주장하는 '공세적 현실주의'와 대비되는 이런 '방어적 현실주의'의 사례로는 다음 자료 참조. Joseph M. Grieco, "Anarchy and the Limits of Cooperation : A Realist Critique of the Newest Liberal Institutionalism," *International Organization*, Vol. 42, No. 3 (Summer 1988), pp. 498-500; Jack L. Snyder, *Myths of Empire : Domestic Politics and International Ambition* (Ithaca, NY : Cornell University Press, 1991), pp. 10-13; Waltz, *Theory of International Politics*, pp. 126-127. 또한 다음 자료도 참고가 될 것이다. Fareed Zakaria, "Realism and Domestic Politics : A Review Essay," *International Security*, Vol. 17, No. 1(Summer 1992), pp. 190-196. 모겐소 역시 공세적 현실주의자이다. 이런 의견 차이가 있는데도 국가가 상대적 세력 균형에 대단한 관심을 가진다는 사실을 믿는다는 점에서는 모든 현실주의자의 견해는 일치한다.

국을 속이지 못하도록 최선을 다한다는 것이다.[18] 따라서 모든 국가는 공격적인 성향을 가지는 동시에 방어 지향적이기도 하다. 그들은 정복자로서의 자신을 생각하기도 하고, 공격자에 대항하는 균형 세력 역할을 하기도 한다. 그 결과 이 세계는 전쟁 가능성이 배후에 늘 도사리고 있는, 안보를 위한 끊임없는 경쟁의 장이 된다. 평화라는 개념을 평정 내지 상호 조화라고 정의한다면 그런 상태가 이 세상에서 나타날 가능성은 아마 없을 것이다.

◆ 현실주의 세계에서의 협력

현실주의가 기본적으로 경쟁적인 세계를 상정하고 있지만, 국가 간 협력도 분명 존재한다. 하지만 그것을 달성하기는 때때로 어렵고, 그것을 지속하기란 늘 어렵다. 협력을 방해하는 요소로는 두 가지가 있다. 상대적 이익에 대한 고려와 기만에 대한 고려가 그것이다.[19]



협력을 고려하는 국가들은 협력하는 국가들 사이에서 이익 또는 수익이 어떻게 분배될지에 대해 생각해야 한다. 그 분배에 대해서는 두 가지 생각이 가능하다. 우선 절대적 이익이라는 차원에서 생각해볼 수 있다. 다시 말해 각국이 자국 이익을 극대화하는 데 집중할 뿐 상대편이 확보할 이익이나 입을 손실에 대해서는 신경을 쓰지 않는 것이다. 상대방의 행동이 이익을 극대화하려는 내 행동에 얼마나 영향을 미칠지에 따라 상대방에 대해 기울이는 관심 정도가 결정된다. 다

18_ Walt, *Origins of Alliances*. 참조.

19_ Grieco, "Anarchy and the Limits of Cooperation" 참조.

른 하나는 국가가 상대적 이익이라는 관점에서 생각할 수도 있다는 점이다. 다시 말해 양측은 각자의 이익을 고려할 수도 있을 뿐만 아니라 상대방의 이익과 비교해 자국 이익이 어느 정도인지를 고려할 수 있는 것이다.

실제 세상에서 국가들은 세력 균형에 관심을 가지기 때문에 협력을 생각할 때 상대적 이익이라는 관점에 따라 주로 동기를 부여받을 수밖에 없다. 각 국가가 절대적 이익을 극대화하려고 희망은 하지만, 더 중요한 점은 어떤 협정을 맺든 상대방보다 나은 조건 또는 최소한 더 나쁘지는 않은 조건을 확보하는 것이다. 하지만 국가들이 절대적 이익 논리보다 상대적 이익 논리에 마음을 뺏긴 상황이라면 협력은 달성하기가 더 어려워진다. 그 까닭은 절대적 이익에 관심을 가지는 국가들은 이익이 커져가는 것, 그리고 이렇게 커진 부분 가운데 최소한 일부가 자국에게 돌아오기를 보장받고 싶어 하는 데 반해 상대적 이익에 노심초사하는 국가들은 그 이익이 어떻게 분배되는지에 대해서도 관심을 가지지 않을 수 없어 협력을 위한 노력이 복잡해지기 때문이다.

기만하려는 생각 역시 협력을 방해한다. 상대 국가가 협정을 위반해 비교적 더 많은 이익을 챙길까 두려워서 국가들은 협력을 약속하는 협정 체결을 주저하는 경우가 많다. 군사적인 영역에는 '변절이라는 특별한 위험'이 있다. 군사 무기의 특성상 세력 균형의 급속한 변화가 가능하기 때문이다. 이런 상황은 기만하는 국가가 피해 국가에 결정적인 패배를 안길 수 있는 기회의 창을 만들어줄 수도 있다.[20]

협력을 저해하는 이 같은 요소들이 있는데도 국가들은 실제 세계에서 협력하기도 한다. 예를 들어 세력 균형 논리가 국가들에게 동맹을 결성하게 하고, 공동의 적에 대응해 협력하게 만드는 것이다. 1939년에 폴란드에 대항해 독일과 소련이 그랬듯이 국가들은 때로는 제3의 국가에 대항하기 위해 합심 단결하는 경우도 있다.[21] 동맹은 물론 경쟁국도 협력하는 경우가 있는 것이다. 어쨌거나 힘의 배분 상황을 대략적으로 반영하고 기만에 대한 우려를 충족하는 거래는 성사될 수 있다. 냉전 시기에 초강대국들 사이에서 체결된 수많은 군비 통제 협정들이 이 점을 잘 설명하고 있다.

그러나 여기서 중요한 부분은 다른 국가를 속이고 이용하려는 강력한 유인을 받으면서 경쟁을 핵심으로 하는 세계에서 협력이 실제 이루어지고 있다는 사실이다. 이 점은 제1차 세계대전이 일어나기 전 40여 년 동안의 유럽 지역 정치에서 여실히 드러난다. 이 시기에 강대국들 사이에는 많은 협력이 진행되었다. 하지만 그 협력이 1914년에 발발한 전쟁을 막아주지는 못했다.[22]



◆ 현실주의 세계에서의 제도

현실주의자들도 국가가 때로는 제도를 통해 움직인다는 사실을 인정한다. 하지만 그들은 이 규칙들이 주로 국제사회에서의 힘의 배분을

20_ Lipson, "International Cooperation," p. 14.

21_ Randall L Schweller, "Bandwagoning for Profit : Bringing the Revisionist State Back In," *International Security*, Vol. 19, No. 1(Summer 1994), pp. 72-107.

22_ John Maynard Keynes, *The Economic Consequences of the Pence* (New York : Penguin Books, 1988), Chap. 2; J.M. Roberts, *Europe, 1880-1945* (London : Longman, 1970), pp. 239-241 참조. 제2차 세계대전 당시에도 미국과 소련 사이에 중요한 협력이 이루어진 바 있다. 그러나 그 협력도 독일과 일본이 패전한 직후에 발생한 냉전을 방지하지는 못했다.

기초로 실시되는 국가들의 이기적인 계산을 반영하고 있다고 믿는다. 체제 속에서 가장 강력한 국가는 세계적으로 그 국가가 차지하고 있는 권력을 유지할 수 있도록, 또는 더욱 늘릴 수 있도록 제도를 설계하고 구체화한다. 그런 점에서 제도는 본질적으로 '권력관계가 행동으로 드러나는 무대'[23]이다. 현실주의자들에게 전쟁과 평화의 원인은 주로 세력 균형의 함수이며, 제도란 대체적으로 그 체제 속에서의 권력의 배분 상황을 반영한다. 간단히 말해서 세력 균형은 전쟁을 설명해주는 독립 변수이며, 제도는 그 과정 속의 매개 변수일 뿐이다.

NATO는 제도와 관련한 현실주의의 사고를 잘 설명하는 사례다. NATO는 제도다. 그리고 그것은 분명 제3차 세계대전을 방지하는 역할을 담당하고 있고, 냉전체제에서 서구 진영의 승리에 보탬이 되고 있다. 그런데도 NATO는 기본적으로 냉전 시기 유럽에서의 2극 체제적 힘의 분배 양상을 보여주는 것이었다. 그리고 유럽 대륙의 안정 유지에 핵심 역할을 한 것은 NATO 자체가 아니라 세력 균형이었다. NATO는 본질적으로 소련의 위협에 맞서 권력을 유지하고자 했던 미국의 도구였다. 이제 소련이 붕괴한 가운데 현실주의자들은 NATO가 사라져야 한다거나 유럽의 새로운 힘의 배분 양상을 토대로 재편되어야 한다는 주장을 내놓고 있다.[24] NATO가 냉전 시절처럼 유지될 수는 없는 것이다.



23_ Tony Evans and Peter Wilson, "Regime Theory and the English School of International Relations : A Comparison," *Millennium : Journal of International Studies*, Vol. 21, No. 3 (Winter 1992), p. 330.

## 다양한 제도주의 이론

제도주의 이론에는 세 가지가 있다. 각각의 이론은 제도가 전쟁에서 국가를 어떻게 밀쳐내고 안정을 도모하는 데 도움이 되는지에 대해 서로 다른 입장을 보인다.[25] 자유주의적 제도주의는 세 가지 이론 가운데 가장 야심이 적은 이론이다. 이 이론은 전쟁을 어떻게 방지할지에 대한 중요한 질문을 직설적으로 내놓는 대신에 국가 간 경제적, 환경적 협력이 현실주의자들이 생각하는 것보다 왜 더 가능성이 큰지를 설명하는 데 초점을 맞춘다. 이 영역들에서 협력이 강화되면 전쟁 가능성이 그만큼 적어지게 된다는 논리인데, 다만 어떻게 그런 효과가 나타나는지에 대한 자유주의적 제도주의자들의 설명은 없다. 이 이론의 근거는 기만이야말로 국제적 협력을 저해하는 가장 주된 요인이며, 제도가 이 문제를 극복할 수 있는 열쇠가 된다는 신념이다. 이 이론의 목적은 국가를 규제할 수 있는 규칙 만들기이며, 국가가 이기적 행위자라는 현실주의자들의 근본적인 주장에 도전하지는 않는다.

집단 안보는 전쟁을 어떻게 방지할지에 대한 문제를 정면으로 대면해 다룬다. 세계 정치에서 무력은 늘 중요하게 고려될 것이며, 국가들은 잠재적인 침략자에 대항해 스스로를 보호해야 한다는 가정에서 이



24_ Gunther Hellmann and Reinhard Wolf, "Neorealism, Neoliberal Institutionalism, and the Future of NATO," *Security Studies*, Vol. 3, No. 1(Autumn 1993), pp. 3-43 참조.

25_ 제도주의 이론들 사이에 이런 차이점들이 있는데도 이 이론들을 지지하는 사람들은 때때로 상대방의 이론에 대해 긍정적인 평가를 내리며, 따라서 세 가지 이론 모두가 반현실주의라는 한 가지 판단 기준을 공유하는 제도주의 학문 체계의 일부 구성요소임을 인식하는 듯하다. 이 같은 사례로는 다음 자료 참조. Charles A. Kupchan and Clifford A. Kupchan, "Concerts, Collective Security, and the Future of Europe," *International Security*, Vol. 16, No. 1(Summer 1991), pp. 114-161; Ruggie, "Multilateralism," pp. 561-598.

이론은 출발한다. 하지만 이 이론에 따르면 국가의 행위에 대한 현실주의자들의 사고방식에 도전함으로써, 그리고 그 대신에 세 가지 반反현실주의적 규범을 대체함으로써 전쟁 위협이 크게 경감될 수 있다고 한다. 첫째는 국가들이 현상現狀을 바꾸기 위해 무력을 사용하겠다는 생각을 거부해야 한다는 것이다. 둘째는 규범을 어기고 전쟁을 위협하거나 실제 발발하는 국가에 대응하기 위해서는 책임 있는 국가들이 스스로의 편협한 이기심에 근거한 행동을 하지 말아야 한다는 점이다. 오히려 그들은 자국의 이익을 극대화할 수 있는 모든 대응 방식에 대한 유혹을 억누르고 압도적인 무력을 동원해 침략국을 위협할 수 있도록 자동적으로 뭉쳐야 한다. 셋째, 각국은 서로를 신뢰하는 가운데 침략을 포기하고, 그 포기가 진실해야 한다는 점이다. 또한 각국은 자국이 침략의 목표가 되었을 경우 다른 국가들이 도와주기 위해 달려와주리라는 점에 확신을 가져야 한다.

비판이론은 이 세 이론 가운데 가장 야심적인 이론이다. 바로 국제정치의 근본 특성을 바꾸고, 국가 간 협력 증진뿐만이 아니라 진정한 평화 가능성이 증진되는 세계 창조를 궁극의 목표로 한다는 점에서이다. 집단 안보와 마찬가지로, 그러나 자유주의적 제도주의와는 달리 비판이론은 국가의 이기적인 행동에 대한 현실주의의 생각에 정면으로 도전한다. 이 이론은 국가 행동의 배후에서 추진력이 되는 것은 관념과 담화, 다시 말해 국제정치에 대해 우리가 어떻게 생각하고 이야기하는지에 대한 가정을 근거로 한다. 이 이론은 국가의 행동이 대부분 외부 세계라는 주어진 구조의 함수라고 주장하는 현실주의를 정면으로 반박한다. 비판주의 이론가들에게 관념은 물질적인 세계를 중요한 방식으로 형성한다. 따라서 국제정치에 대변혁을 일으킬 수 있는 방법은 개인이 세계 정치에 대해 생각하고 말하는 방식을 극적으로 바꾸는 것이다. 지식인들, 특히 비판적 이론가들 스스로야말로 그 과정에서 핵심 역할을 담당할 사람들이라고 여겨진다 …….

◆ 인과 논리의 결함

자유주의적 제도주의의 논리에는 이론상 중대한 결점이 있다. 경제 문제에 적용할 경우에도 이 결점은 마찬가지로 적용된다. 협력을 저해하는 중요한 장애물이 바로 기만이라고 지적하는 데까지는 이 이론이 옳다. 하지만 이 이론은 협력을 가로막는 다른 중요한 요소들을 간과하고 있으니, 바로 상대적 이익에 대한 관심이다. 조지프 그리에코 Joseph Grieco가 보여주었듯이 자유주의적 제도주의자들은 국가가 상대적 이익에 관심을 가지지 않고 절대적 이익에 전적으로 집중한다고 가정한다.[26] 키어헤인은 1993년 연구에서 이 문제를 이렇게 인정한 바 있다. "그리에코는 상대적 이익 문제에 주의를 집중시킴으로써 중요



26_ Grieco, "Anarchy and the Limits of Cooperation." 참조. 이 주제와 관련한 그리에코의 다른 자료들은 다음과 같다. Joseph M. Grieco, "Realist Theory and the Problem of International Cooperation : Analysis with an Amended Prisoner' s Dilemma Model," *The Journal of Politics*, Vol. 50, No. 3 (August 1988), pp. 600-624; Grieco, *Cooperation Among Nations : Europe, America, and Non-Tariff Barriers to Trade*(Ithaca, NY : Cornell University Press, 1990); Grieco, "Understanding the Problem of International Cooperation : The Limits of Neoliberal Institutionalism and the Future ot Realist Theory," in Baldwin, *Neorealism and Neoliberalism*, pp. 301-338. 그리에코의 비판이 보여주는 효과에 대해서는 상대적 이익과 절대적 이익에 대한 논의들을 모아 분석한 바로 앞의 자료를 참조하기 바란다. 상대적 이익과 절대적 이익의 관계 문제는 널리 인용되는 그리에코의 1988년 논문에서 문제가 제기되기 이전까지는 큰 주목을 끌지 못하던 이슈였다. 그리에코 이전에 이 문제를 간략히 논의한 자료로는 다음 두 학자의 자료 참조. Joanne Gowa, "Anarchy,

한 기여를 했다. 이 주제는 좀 더 강조되었어야 할 문제인데, 특히 세계 경제와 관련해 자유주의자 또는 신자유주의 평론가들이 좀 더 강조했어야 할 부분이다."[27]

이런 간과는 죄수들의 딜레마 게임 속에서 가정되는 선호 순서를 보더라도 알 수 있다. 이를 대입해보면 각국은 적대국의 전략이 자국의 (절대적) 이익에 어떤 영향을 미칠지에 관심을 가질 뿐 한 쪽이 상대방과 비교해서 어느 정도의 이익을 얻느냐에 대해서는 관심을 가지지 않는다. 다시 말해 각 죄수들은 단순히 자기에게 가장 유리한 거래를 원할 뿐 그 과정에서 다른 쪽이 얻는 부분에 대해서는 관심을 기울이지 않는다는 것이다.[28] 그런데도 자유주의적 제도주의자들은 상대

---

Egoism,and Third Images : *The Evolution of Cooperation* and International Relations," *International Organization*, Vol. 40, No. 1(Winter 1986), pp. 172-179; Oran R. Young, "International Regimes : Toward a New Theory of Institutions," *World Politics*, Vol. 39, No. 1(October 1986), pp. 118-119.

27_ Robert O. Keohane, "Institutional Theory and the Realist Challenge," in Baldwin, *Neorealism and Neoliberalism*, p. 283. 자유주의적 제도주의학파가 자신들의 이론을 발전시켜가던 1980년대 중반 무렵 그들은 국가가 절대적 이익을 추구한다고 명확하게 가정하지는 않았다. 사실 그들이 상대적 이익과 절대적 이익 사이의 차이와 구분에 대해 많은 생각을 한 듯하지는 않다. 하지만 국가가 상대적 이익이 아닌 절대적 이익을 추구한다는 가정은 그들의 저술 속에 은연중에 함축되어 있다.

28_ 립슨은 이렇게 이야기한다. "죄수들의 딜레마에는 가장 간단한 형태만 보더라도 두 행위자가 개입된다. 각각은 이기적이며, 스스로를 믿는 행위자로 자신의 효용을 극대화하기 위해 노력한다고 가정된다. 이 가정은 현실주의가 이야기하는 국제체제 속에서의 독립적인 국가라는 개념과 아주 비슷한 것이다." Lipson, "International Cooperation," p. 2. 그렇지만 현실주의자들은 국제정치에 대한 이런 개념에 동의하지 않으며, 국제관계의 많은 부분을 설명하는 데 죄수들의 딜레마 게임이 (가장 단순한 형태라 할지라도) 과연 적실성이 있을지 의문을 품는데 이는 그리 놀랄 일이 아니다. 이와 관련된 자료로는 다음을 참조. Gowa, "Anarchy, Egoism, and Third Images":Grieco, "Realist Theory and the Problem of International Cooperation"; Stephen D. Krasner, "Global Communications and National Power : Life on the Pareto Frontier," *World Politics*, Vol. 43, No. 3 (April 1991), pp. 336-366.

적 이익에 대한 고려를 무시할 수 없다. 왜냐하면 그들은 국가를 무정부체제 속에서의 이기적 행위자라고 가정하면서 군사력이 국가에게 상당히 중요하다는 사실을 인정하고 있기 때문이다. 현실주의의 핵심 가정을 명시적으로 받아들이는 이론은(자유주의적 제도주의가 그러하다) 국가들이 협력하는 이유를 명확하게 설명하고자 할 때 상대적 이익 문제와 반드시 마주치게 된다.

상대적 이익 논리는 안보 영역에 국한해 적용되고, 절대적 이익 논리는 경제 영역에 적용된다고 이야기함이 자유주의적 제도주의자들의 원래 의도가 아닐까 생각하는 사람이 있을지도 모르겠다. 그들이 주로 경제적, 환경적 협력을 설명하는 데 관심을 두었던 점을 감안하면 상대적 이익 문제를 이론에서 소홀히 취급한 것을 큰 문제라고 보기는 어렵다.

이런 주장에는 두 가지 문제가 있다. 첫째는 기만이 협력을 저해하는 유일하게 중요한 장애물이라면 자유주의적 제도주의자들은 자신들의 이론이 군사 영역이 아닌 경제 영역에 적용된다고 주장할 수 있다. 사실 그들은 이런 식의 주장을 하고 있다. 하지만 상대적 이익에 대한 고려가 방정식의 한 요소로 들어온 이상 경제와 군사 문제 사이에 명확한 구분선을 유지하는 일은 불가능해진다. 군사력이 경제력에 매우 크게 의존하고 있기 때문이다. 한 국가 경제의 상대적 규모는 국제적 군사력 균형 속에 그 국가가 어떤 위치를 차지하는지에 심대한 영향을 미친다. 따라서 안보적인 이유 때문에 상대적 이익에 대한 고려는 군사 영역은 물론 경제 영역을 생각할 때에도 반드시 계산되어야 한다. 자유주의적 제도주의자들이 자신들의 이론을 적용하면서 명확한 설명을 위해 사용하는 그럴싸한 구분선은 국가가 상대적 이익에 대해 신경을 많이 쓰고 있다는 사실을 받아들이는 순간 유용성이 거의 사라져버리고 만다.[29]

둘째로 국가가 상대적 이익에 대해 왜 관심을 가지는지를 설명할 수 있는 논리로 비안보nonsecurity 논리 같은 비현실주의nonrealist 논리가 있다. 예를 들어 전략적 거래이론strategic trade theory은 국가가 상대적 이익에 대해 주의하지 않을 수 없는 까닭을 설명하면서 전형적인 경제 논리를 제시한다.[30] 그 논리에 따르면 국가는 경쟁 국가의 기업들보다 자국 기업이 상대적으로 더 유리한 위치를 차지하도록 도와야 한다. 왜냐하면 이야말로 그 국가의 경제적 번영을 확실하게 하는 최선의 방법이기 때문이다. 심리이론도 있는데, 이는 협력을 약속한 협정을 두고 개인들이(또는 국가가) 자신의 약속 이행에 왜 관심을 가지는지를 설명하는 이론으로서 물질적인 이유 때문이 아니라 자신의 발전을 다른 사람이나 국가의 발전과 비교하는 행위가 사람의 본성이기 때문이라고 설명한다.[31]

자유주의적 제도주의의 반론을 한 가지 더 들어보자면 기만 문제를 해결함과 상대적 이익 문제는 연관성이 없다는 것이다. 각국이 서로



29_ 이 문제에 대한 필자의 견해는 1994년 6월 19일에 숀 린-존스(Sean Lynn-Jones)가 필자에게 보낸 서신에서 큰 영향을 받은 것이다.

30_ 전략적 거래이론에 대한 간단한 논의는 다음 자료 참조. Robert Gilpin, *The Political Economy of International Relations* (Princeton, NJ : Princeton University Press, 1987), pp. 215-221. 이 주제와 관련하여 가장 널리 인용되는 자료는 다음과 같다. Paul R. Krugman, editor, *Strategic Trade Policy and the New International Economics* (Cambridge, MA : MIT Press, 1986).

31_ Robert Axelrod, *The Evolution of Cooperation* (New York : Basic Books, 1984), pp. 110-113.

를 기만하지 못한다면 그들은 상대에 대해 두려움을 가져야 할 필요가 없고, 따라서 국가들은 상대적 힘에 대해서도 우려하지 않아도 좋을 것이다. 하지만 이 주장의 문제점은 기만 문제가 해결된다 하더라도 국가들은 상대적 이익에 여전히 노심초사하지 않을 수 없다는 데 있다. 그 이유는 이익의 차이가 군사적 이점으로 전환될 수 있고, 이는 다시 강제 또는 침략을 위해 사용될 수 있기 때문이다. 또한 국제체제에서 각국은 때때로 이해관계의 충돌 때문에 침략을 감행하는 경우도 있다.

또한 냉전기 시절에 경제협력개발기구OECD의 선진 산업화 민주국가들 사이의 경제관계에서조차 상대적 이익에 대한 고려가 중요하게 고려되었던 경험적 증거가 있다. 다음과 같은 경우라면 상대적 이익에 대한 현실주의 논리가 별로 설득력이 없다고 생각할지도 모르겠다. 그러니까 미국은 여타 OECD 국가들에서의 군사적 위협을 느끼지 않는 초강대국이었고, 이 OECD 국가들은 미국을 위협하기 위해 상대적 이익의 이점을 사용할 가능성이 없었다.[32] 더욱이 이 OECD 국가들은 냉전 시절에 미국의 중요한 동맹국들이었다. 따라서 이 국



32_《국가간의 협력Cooperation Among Nations》에서 그리에코는 현실주의 논리가 여기에 적용되어야 한다고 주장했다. 하지만 로버트 파월(Robert Powell)은 "유럽공동체와 미국 사이의 협상을 두고 볼 때 …… 상대적 상실이 생존 가능성에 미칠 수 있는 영향 때문에 상대적 이익에 대한 관심이 생겨난다"라고 보기는 어렵다는 점을 지적했다. Robert Powell, "Absolute and Relative Gains in International Relations Theory," *American Political Science Review*, Vol. 85, No. 4(December 1991), p. 1319, note 26. 필자는 파월의 견해에 동의한다. 파월의 견해에 대한 그리에코의 반응을 볼 때 그리에코는 전략적 거래이론 같은 비군사적 논리를 현실주의 진영에 포함하고 있음이 분명하다. 그에 비해 파월과 필자는 그렇지 않다. 다음 자료에서 그리에코가 주장한 내용 참고. "The Relative-Gains Problem for International Relations," *American Political Science Review*, Vol. 87, No. 3(September 1993), pp. 733-735.

가들이 규모와 힘을 키울 때 미국 역시 전략적으로 유리해졌음이 사실이다.

그런데도 상대적 이익은 선진 산업국가들 사이의 경제관계에서 중요하게 고려된 듯하다. 세 가지 유명한 연구 사례를 살펴보자. 스티븐 크래스너Stephen Krasner는 국제 통신 산업의 여러 부문에서 이루어진 협력을 위한 노력에 대해 고찰한 바 있다. 그가 발견한 사실은 국가들이 기만에 대해서는 놀랄 만큼 관심이 적었던 반면에 상대적 이익에 대해서는 대단히 노심초사하더라는 것이었다. 이런 관찰을 통해 그는 자유주의적 제도주의는 "국제 통신 분야에서는 적실성이 없다"라는 결론을 내렸다. 그리에코는 무역에 대한 비관세 장벽과 관련한 GATT 체제 아래의 몇 가지 협정을 준수하려는 미국과 유럽공동체EC의 노력을 분석했다. 그가 발견한 사실은 성공의 수준이 기만에 대한 관심에 따라 결정되지 않고 주로 이익의 분배에 대한 관심에 따라 영향을 받는다는 것이었다. 비슷한 사례로 마이클 마스탄두노Michael Mastanduno는 기만이 아니라 상대적 이익에 대한 관심이 미국의 대일본 정책 세 가지를 형성하는 데 중요한 요인으로 작용했다는 사실을 발견했다. 다시 말해 차세대 주력 지원 전투기FSX, 인공위성 그리고 고해상도 텔레비전 사업이 그것이다.[33]

필자의 견해는 상대적 이익에 대한 고려가 협력을 불가능하게 만든



33_ Krasner, "Global Communications and National Power," pp. 336-366; Grieco, *Cooperation Among Nations*; Michael Mastanduno, "Do Relative Gains Matter? America' s Response to Japanese Industrial Policy," *International Security*, Vol. 16, No. 1(Summer 1991), pp. 73-113. 다음 자료도 참조. Jonathan B. Tucker, "Partners and Rivals : A Model of International Collaboration in Advanced Technology," *International Organization*, Vol. 45, No. 1(Winter 1991), pp. 83-120.

다는 것이 아니다. 필자의 논지는 간단히 말해서 상대적 이익에 대한 고려가 협력을 저해하는 심각한 장애물이 될 수 있으며, 따라서 국가 간 협력에 대한 이론을 개발할 때 반드시 참작되어야 한다는 것이다. 이 점을 자유주의적 제도주의자들이 받아들이고 있음은 분명하다. 예를 들어 키어헤인은 "분배 문제와 국제적 협력의 장에서 발생하는 분배 문제에 따른 복잡성에 대해 제대로 강조하지 못함으로써 중요한 실수를 저질렀음이 분명하다"라고 인정했다.[34]

◆ 자유주의적 제도주의가 수정될 가능성은?

자유주의적 제도주의자들이 자신들의 이론을 수정·보완하고자 한다면 두 가지 질문에 대답해야 한다. 첫째, 각국이 상대적 이익에 심각하리만큼 주의를 기울이고 있을 때 제도가 협력을 촉진할 수 있는가? 또는 국가들이 상대적 이익에 대한 고려를 무시하고 대신 절대적 이익에 집중할 때라야 제도의 중요성이 인정될 것인가? 필자는 국가가 상대적 이익에 심각하게 관심을 가질 때 제도가 협력을 촉진한다고 자유주의적 제도주의자들이 믿는다는 증거를 발견하지 못하고 있다. 그들은 자신들의 이론이 상대적 이익에 대한 관심이 별로 또는 전혀 중요하게 고려되지 않을 때에만 적용된다는 사실을 분명 인정하고 있다.[35] 여기서 두 번째 질문이 나온다. 국가가 상대적 이익에 초연해질



34_ Keohane, "Institutional Theory and the Realist Challenge," p. 292.

35_ 예를 들어 상대적 이익에 대한 그리에코의 주장에 대해 알게 된 키어헤인은 이렇게 쓰고 있다. "상호 이익이 별로 크지 않고, 따라서 상대적 이익이 국가에게 특별히 중요한 특수한 상황 조건 아래에서는 신자유주의 이론은 신현실주의가 국가 행동의 기본 요소들에 대해 설명해주기를 기대한다." Keohane, *International Institutions and State Power*, pp. 15-16.

때는 언제일까? 이 질문에 대한 대답이 궁극적으로 자유주의적 제도주의가 적용되는 영역을 정해줄 것이다.

자유주의적 제도주의자들은 이 중요한 질문에 아직 체계적인 대답을 내놓지 못하고 있다. 따라서 이론을 수정·보완하려는 그들의 노력에 대한 평가는 임시적일 뿐이다. 존재하는 것은 상대적 이익에 대한 그리에코의 첫 논문에 대해 키어헤인이 내놓았던 장문의 논문과, 그리에코의 논문에 대해 반응을 보인 로버트 파월Robert Powell과 던컨 스나이들Duncan Snidal의 두 논문이다. 키어헤인과 다른 자유주의적 제도주의자들은 파월과 스나이들의 논문을 두고 상대적 이익 문제에 대해 어떻게 생각해야 하는지를 보여주는 본보기라고 지적하고 있다.[36]

파월과 스나이들은 상대적 이익에 대한 관심이 적어지는 경우에 대해 각기 다른 견해를 내놓고 있다. 그런데도 두 사람 모두는 본질적으로 현실주의론자들이다.[37] 제도가 협력을 촉진할 수도 있다는 주장은 두 사람 가운데 누구도 내놓지 않고 있으며, 두 사람의 설명은 우리에게 익숙한 현실주의 개념들을 가지고 이루어지고 있다.



---

36_ Keohane, "Institutional Theory and the Realist Challenge," pp. 269-300; Powell, "Absolute and Relative Gains," pp. 1303-1320; Duncan Snidal, "Relative Gains and the Pattern of International Cooperation," *American Political Science Review*, Vol. 85, No. 3(September 1991), pp. 701-726. 또한 Powell, "Anarchy in International Relations Theory : The Neorealist-Neoliberal Debate," *International Organization*, Vol 48, No. 2(Spring 1994), pp. 313-344; Snidal, "International Cooperation Among Relative Gains Maximizers," *International Studies Quarterly*, Vol. 35, No. 4(December 1991), pp. 387-402; Powell and Snidal' s contributions to "The Relative-Gains Problem for International Cooperation," pp. 735-742.

37_ 이 점에 대해서는 다음 자료 참조. Sean Lynn-Jones, "Comments on Grieco, 'Realist Theory and the Relative Gains Problem for International Cooperation : Developments in the Debate and the Prospects for Future Research' ," unpublished memorandum, December 10, 1992.

파월의 주장은 잘 알려진 공격-방어 균형에 뿌리를 두고 있는데, 이는 로버트 저비스Robert Jervis, 1940~, 조지 케스터George H. Quester, 잭 스나이더Jack Snyder, 스티븐 반 에베라Stephen Van Evera, 1948~ 같은 학자들의 노력으로 유명해진 개념이다.[38] 파월은 공격적인 전쟁의 위협 수준이 낮고 '무력 사용이 더 이상 문제 되지 않을 경우' 상대적 이익에 대한 고려는 별로 주목받지 못하며, 국가들은 자유주의적 제도주의의 견지에서 행동한다고 주장한다.[39] 이런 상황은 침략의 비용이 클 때 해당되는데, 이는 다시 '전쟁의 배후에 숨겨진 기술 때문에 부과되는 제약 사항'과 함수관계에 있다.[40] 다시 말하자면 우세한 군사 무기 때문에 공격적인 성향이 득세할 경우 전쟁 비용은 낮아지며, 상대적 이익에 대한 고려는 아주 강해질 것이다. 그런 상황에서 협력을 촉진하도록 제도가 해낼 수 있는 일은 거의 없다. 하지만 방어적 기술이 우세할 경우에는 도발을 감행하는 데 따르는 비용은 올라가고, 상대적 이익 문제는 부각되지 못한다. 다시 말해 제도가 협력을 촉진할 수 있게 된다.

스나이들은 어떤 국가가 심각한 전쟁 위협에 직면한 상황에서조차 상대적 이익에 대해 그다지 신경을 쓰지 않는 경우가 있다고 주장한

38_ Robert Jervis, "Cooperation Under the Security Dilemma," *World Politics*, Vol. 30, No. 2 (January 1978), pp. 167-214; George H. Quester, *Offense and Defense in the International System* (New York : John Wiley, 1977); Jack Snyder, *The Ideology of the Offensive : Military Decision Making and the Disasters of 1914* (Ithaca, NY : Cornell University Press, 1984); Stephen Van Evera, "The Cult of the Offensive and the Origins of the First World War," *International Security*, Vol. 9, No. 1(Summer 1984), pp. 58-107.

39_ Powell, "Absolute and Relative Gains," pp. 1311, 1314.

40_ Ibid., p. 1312. 파월은 자신의 논문에서 '공격-방어' 균형이라는 개념을 사용하지 않는다.

다. 이 주장의 기본이 되는 개념은 국제체제 아래에서의 힘의 분포다.[41] 좀 더 구체적으로 그는 적지 않은 국가가 대략 비슷한 힘을 보유하고 있는 다극체제 아래에서 상대적 이익에 그다지 큰 신경을 쓰지 않을 것이라고 주장한다. 어떤 체제에 속한 국가 수가 많아지면 상대적 이익에 대한 관심은 줄어들게 된다. "그 이유는 더 많은 행위자가 있을수록 연합을 통해 스스로를 방어할 가능성이 커지고, 일반적으로 잠재적인 적국들이 느슨하게 결합되어 있을수록 이쪽은 더 안전하기 때문이다."[42] 하지만 그는 "상대적 이익에 대한 가정은 …… 행위자가 둘인 상황에서 중요한 의미를 가진다. 그리고 소수 국가가 개입되거나 많은 국가 사이에 비대칭성이 심할 경우에는 절대적 이익 모델의 결론이 더 유리해질 수도 있다"라고 인정한다.[43]

상대적 이익 문제를 다루는 자유주의적 제도주의자들의 노력을 분석하면서 필자는 세 가지 결론을 얻었다. 첫째는 국가들이 상대적 이익에 대한 관심을 대체적으로 무시하는 경우가 언제인지에 대한 파월과 스나이들의 주장을 받아들인다 하더라도 이런 조건을 실제 세계에서 찾아보기는 어렵다는 점이다. 파월은 방어적 군사 기술이 우세한



41_ 힘의 분포에 대한 스나이들의 기본적인 주장이 현실주의 전통과 맞아떨어지지 않는다 하더라도 (사실 그리에코는 〈무정부 상태와 협력의 한계Anarchy and the Limits of Cooperation〉, p.506에서 스나이들의 주장을 축약한 바 있다) 그가 발전시키고 있는 공식 모델은 "협력에 따른 이익은 관여하는 국가들의 규모에 비례하며, 그들 사이에 공평하게 분배된다"라는 비현실주의적 가정에 근거하고 있다. Snidal, "Relative Gains," p. 715. 이런 가정은 본질적으로 이익에도 차이가 있을 가능성을 배제하고 있으며, 따라서 상대적 이익 문제를 제거하고 있다. 그리에코의 다음 자료 참조. "The Relative-Gains Problem for International Cooperation," pp. 729-733.

42_ Snidal, "Relative Gains," p. 716.

43_ Ibid., p. 702.

세계를 그려보고자 했다. 하지만 공격 무기와 방어 무기를 구분하기란 대단히 어려운 일이며, 파월의 주장은 그런 점에서 별 도움이 못된다.[44] 핵무기는 예외적인 경우다. 상호 확정 파괴MAD 상황에서 핵무기는 방어 무기다.[45] 그런데도 냉전 시절 초강대국의 무기고 속에는 핵무기가 대규모로 쌓여 있었지만 상대적 이익에 대한 고려가 중요하게 고려된 곳에서 초강대국들 사이의 심각한 안보 경쟁을 막지는 못했다. 파월이 자기 주장의 핵심 부분을 설명해줄 역사적 사례를 제시하지 못한 점은 아주 중요한 문제다. 스나이들은 대략 비슷한 규모의 강대국들이 다수 포진한 다극 세계를 그려보고자 했다. 하지만 역사적으로 관찰되는 다극체제는 강대국이 소수(보통은 5개 내지 6개 국가들이) 존재하는 모습이며, 그들 사이에 힘의 불균형 내지 비대칭성도 대단히 심한 경우가 많다. 스나이들은 강대국들이 상대적 이익에 대한 고려를 대체로 무시해버리는 다극체제의 역사적 사례를 제시하지 못



44_ 방어적 무기가 정복을 어렵게 하고 비용도 많이 들게 하는 반면, 공격 무기는 정복을 싸고 쉽게 한다는 데에는 대략적으로 의견이 일치한다. 하지만 특정 무기를 공격 무기 또는 방어 무기라고 분류할 수 있는 공인된 범주는 아직 없다. Marion Boggs, *Attempts to Define and Limit "Aggressive" Armament in Diplomacy and Strategy* (Columbia, MO : University of Missouri, 1941); Jack Levy, "The Offensive/Defensive Balance of Military Technology : A Theoretical and Historical Analysis," *International Studies Quarterly*, Vol. 28, No. 2(June 1984), pp. 219-238; John J. Mearsheimer, *Conventional Deterrence* (Ithaca, NY : Cornell University Press, 1983), pp. 25-27; Jonathan Shimshoni, "Technology, Military Advantage, and World War I : A Case for Military Entrepreneurship," *International Security*, Vol. 15, No. 3(Winter 1990/1991), pp. 187-215.

45_ Shai Feldman, *Israeli Nuclear Deterrence : A Strategy for the 1980s* (New York : Columbia University Press, 1982), pp. 45-49; Charles L. Glaser, *Analyzing Strategic Nuclear Policy* (Princeton, NJ : Princeton University Press, 1990); Jervis, "Cooperation Under the Security Dilemma"; Stephen Van Evera, *Causes of War*, Vol. II : *National Misperception and the Origins of War* (forthcoming), Chap. 13.

하고 있다.[46]

두 번째는 자유주의적 제도주의 역시 상대적 이익에 대해 국가들이 언제 관심을 가지는지를 두고 새로운 주장을 거의 내놓지 못하고 있다는 점이다. 이 이론을 주장하는 사람들이 선택한 것은 그 문제와 관련한 현실주의의 두 가지 설명에 의존하는 것이었다. 다시 말해 공격-방어의 균형과 체제 내 힘의 분포가 그것이다. 따라서 자유주의적 제도주의는 현실주의를 대신할 만한 이론적 대안이라기보다는 현실주의의 부속물이라고 평가되어야 한다.[47]

세 번째는 상대적 이익에 대한 현실주의 논리가 적용되지 않는 상황에서조차 전략적 거래이론 같은 비군사적 논리가 국가들에게 상대적 이익 관점에서 생각하게 만들 수 있다는 점이다. 자유주의적 제도주의 이론은 이 논리들에 정면으로 맞서야 한다.



46_ 실제 키어헤인은 그리에코의 글에 대한 응답 형식으로 탈냉전기 유럽의 안정에 대해 전망하고 있다. Keohane, "Institutional Theory and the Realist Challenge," pp. 284-291 참조. 응답 형식으로 쓰인 그의 글 시작 부분에서 "현실주의와 제도주의 주장을 구분"하는 그들의 주장에 의존하면서도 그의 낙관적인 평가 속에 파월이나 스나이들의 주장에 대해 전혀 언급이 없음은 놀라운 사실이다. ibid., p. 276.

47_ 자유주의적 제도주의는 그들의 이론과 현실주의 사이의 관계에 대해 분명한 태도를 취하지 못해왔다. 예를 들어 키어헤인은《헤게모니 뒤에After Hegemony》(p. 14)에서 자신의 이론이 '개량형 현실주의'이며, "현실주의 이론은 …… 대체되지는 못할지라도 보완될 필요가 있다"라고 완곡하게 주장한 바 있다. 몇 년 뒤 그는 좀 더 과감한 주장을 내놓고 있는데, 이런 내용이다. "신현실주의와의 (명백한) 유사성이 있는데도 신자유주의적 제도주의는 독창적인 사조의 학파로 인정되어야 한다." Keohane, *International Institutions and State Power*, p. 8. 그러나 같은 책에서 그는 아주 과감한 주장을 하고 있다. "우리는 신자유주의적 제도주의가 신자유주의에 대한 단순한 대안이 아니라 사실은 그것을 포섭하고자 한다는 점을 이해해야 한다." Ibid., p. 15.

◆ 인과 논리의 결함

집단 안보 이론에는 두 가지 중요한 결함이 있다. 그리고 이 두 가지 결함은 신뢰라는 지극히 중요한 요소와 관련된 것들이다. 집단 안보는 국가들이 두려움을 극복하고 서로 신뢰하는 방법을 어떻게 배우게 되는지에 대해 만족할 만한 설명을 내놓지 못한다는 점에서 완벽한 이론이라고 할 수 없다. 현실주의자들은 국가들이 무질서한 세계 속에서 기능하고 있으므로 서로 두려워하고 있고, 다른 국가의 의도를 결코 확실하게 알 수 없다고 주장한다. 무질서나 공격 능력 어느 것에 대해서도 별로 언급하지 않는다는 점에서 집단 안보는 현실주의자들의 처음 두 가정에 대해 대체적으로 침묵하는 편이다.[48] 하지만 의도에 대해서는 다소 언급하고 있는데, 집단 안보의 첫 두 규범이 국가들에게 공격하지 말고 방어하라고 주문하고 있기 때문이다. 다른 말로 하자면 국가들은 군사력 사용 문제를 고려할 때 오로지 호의적이고 온건한 의도만을 지녀야 한다는 것이다.

하지만 이 이론은 어떤 국가 또는 몇몇 국가가 집단 안보의 토대를 이루는 이 규범을 거부하고 공격적인 행동을 할 수도 있음을 인정한다. 어쨌거나 집단 안보체제의 가장 중요한 목표는 공격적인 의도를 지닌 국가들을 다루는 것이다. 요컨대 집단 안보는 어떤 국가도 다른 국가의 의도를 완전하게 확신할 수는 결코 없음을 받아들이고 있는

48_ 집단 안보를 주장하는 사람들은 광범위한 군비 감축을 일반적으로 선호하는 편이다. 하지만 그들은 국가들이 침략자에 맞설 수 있도록 상당한 공격 능력을 보유하고 있어야 한다는 점을 인정한다. 이런 이유로 어떤 학자들은 집단 안보가 안정을 해칠 수도 있다고 지적한다. Glaser, "Why NATO Is Still Best," pp. 30-33 참조.

데, 이 점은 국가들이 서로 두려워함 말고는 다른 선택의 여지가 없는 현실주의 세계로 우리를 다시 데려간다.

집단 안보체제에서 국가들이 신뢰하기 어려운 두 번째 이유가 있다. 압도적인 힘으로써 침략자에 맞서기 위한 노력을 좌절시킬 수도 있는 집단 안보의 어려운 요구조건이 바로 그것인데, 필자는 그것을 아홉 가지로 정리했다. 클로드Claude가 이야기하듯이 집단 안보는 "아주 복잡한 요구조건의 망을 충족할 것을 가정하고 있다."[49]

첫째, 집단 안보가 제대로 작동하기 위해서는 국가들은 침략자와 피해자를 명확히 구분할 수 있어야 한다. 그러고는 침략자에 맞서 대항해야 한다. 그렇지만 위기를 맞아 분란을 일으킨 장본인이 누구이며, 누가 피해자인지를 결정하는 일이 어려운 경우도 더러 발생한다.[50] 제1차 세계대전 발발의 책임을 져야 할 유럽 강대국이 만일 있다면 어느 국가인지를 두고 아직도 분분한 논의가 진행 중이다.

둘째로, 이 이론은 모든 침략 행위가 나쁘다고 가정한다. 하지만 정복이 정당화될 수 있는 경우가 간혹 있기도 하다. 예를 들어 1979년에 베트남이 캄보디아를 침공한 행위에는 칭찬받아 마땅한 좋은 이유가 있다. 그 이유란 잔인무도한 폴 포트Pol Pot, 1925~1998 정권을 권좌에서 내쫓았기 때문이다.

셋째로, 역사적 또는 이데올로기적 이유 때문에 어떤 국가들은 특별히 더 우호적인 경우가 있다. 집단 안보체제 안에서 절친한 우방국



49_ Claude, *Swords into Plowshares*, p. 250.

50_ Bourquin, *Collective Security*, pp. 295-338 참조.

을 둔 국가가 침략국이라는 꼬리표를 달게 되었을 때 그 우방국들은 침략국을 대상으로 한 집단적 조치에 참여하기를 꺼릴 가능성이 크다. 영국이나 이스라엘이 국제사회에서 침략국이라는 이름표를 달았다 하더라도 이들을 상대로 한 군사력 행사에 미국이 참여하는 경우를 생각하기 어려운 것이 한 예가 될 것이다.

넷째로, 국가들 간 역사적 불화와 반목 또한 집단 안보를 위한 노력을 복잡하게 만들 수 있다. 유럽의 집단안보체제가 유럽 대륙에서 가장 강력한 두 국가인 독일과 러시아에 크게 의존하면서 질서를 유지하는 상황을 생각해보자. 하지만 1939년에서 1945년 사이에 유럽 전역에 걸쳐 살인과 파괴를 자행했던 독일과 소비에트 제국의 핵심이었던 러시아가 유럽의 질서를 유지한다는 아이디어는 다른 유럽 국가들의 만만치 않은 저항을 불러올 가능성이 크다.



다섯째로, 국가들이 침략 행위에 자동적으로, 집단적으로 저항하기를 합의한 경우라 할지라도 부담을 어떻게 나눠 가질지를 결정하는 과정에서 어려움이 발생할 가능성이 분명 있다. 각국은 다른 국가에 책임을 전가하는 한편, 침략국에 맞서는 데 필요한 막대한 비용을 다른 국가들에게 떠맡기고 싶은 강한 욕구를 가질 것이다.[51] 예를 들어 제1차 세계대전 당시 영국, 프랑스, 러시아는 각자 전장에서 독일군을 패배시키는 피의 대가를 동맹국이 지불하게 하고자 노력을 기울였다.[52] 책임을 전가하는 행위가 만연할 경우 집단 안보가 가동될 수 있게 하는 압도적인 군사력을 동원하는 일은 훼손될 수 있다.

여섯째, 집단 안보체제 속에서 침략에 대한 신속한 대응을 보장하는 일은 쉽지 않다. 사전 기획에는 문제점이 따른다. "무력 분쟁이 발생했을 경우 국가들 간 연합이 어떤 모습으로 나타날지를 파악하는 일이 불가능하기 때문이다."[53] 여기에다 전쟁을 치르기 위해 국가들 사이의 대규모 연합을 결성하는 데 따르는 협조 문제가 만만치 않게 등장한다. 하나 이상의 침략국을 대상으로 하는 경우 책임 있는 국가들이 신속하게 대응하는 일은 더욱 심각한 문제에 봉착한다. 미국이 사담 후세인Saddam Hussein, 1937~2006에게서 쿠웨이트를 해방시키고자 연합을 결성하는 데에는 6개월 이상의 시간이 걸렸다. 미국의 이 같은 노력만큼이나 인상적인 상황은 위협의 대상이 된 국가들이 지원이 곧 이루어질 것이라고 이야기하면서도 결국에는 자신들이 정복당한 몇 달 이후에나 나타나는 안보체제를 그다지 신뢰하지 않으려고 했다는 점이다.

일곱째로, 지역적으로 국한된 분쟁이라 하더라도 집단 안보체제가 개입되면서 곧바로 국제적인 분쟁이 되어버리는 까닭에 국가들은 집단 안보 노력에 동참하기를 주저하는 경향이 있다. 세계적으로 벌어지는 분쟁을 바라보는 국가들로서는 옛 유고슬라비아 사태를 두고 서구 사회가 그랬듯이 골치 아픈 지역을 차단해 문제가 더 이상 확산되



51_ Mancur Olson, Jr. and Richard Zeckhauser, "An Economic Theory of Alliances," *Review of Economics and Statistics*, Vol. 48, No. 3(August 1966), pp. 266-279; Barry R. Posen, *The Sources of Military Doctrine: France, Britain, and Germany Between the World Wars* (Ithaca, NY : Cornell University Press, 1984) 참조.

52_ David French, *British Strategy and War Aims, 1914-1916* (London : Allen and Unwin, 1986).

53_ G.F. Hudson, "Collective Security and Military Alliances," in *Diplomatic Investigations : Essays in the Theory of International Politics*, Herbert Butterfield and Martin Wight, eds. (Cambridge, MA : Harvard University Press, 1966), p. 177.

지 못하게 예방하고 싶은 생각을 예외 없이 가지게 된다.[54] 하지만 집단 안보는 평화적인 목적을 위해 노력하고자 하더라도 문제를 키우는 속성이 있다.

여덟째로, 국가들이 침략에 자동적으로 대응해야 한다는 생각은 근본적으로 국가 주권 개념과 충돌하며, 따라서 현실적으로 적용되기 어렵다는 점이다. 국가들은, 특히 민주주의 체제 국가들은 침략 국가와 맞서 싸울지 말지를 두고 토의할 수 있는 자유를 시샘이라도 하듯 지키려는 경향을 보인다. 전쟁이란 죽음이 따르는 사업이다. 특히 강대국들이 개입될 때에는 더욱 그렇다. 그리고 자국의 이익이 직접적으로 개입되지 않은 상황에서 피를 흘리는 커다란 비용을 치르겠다고 미리 약속하는 국가는 별로 없을 것이다.



아홉째로, 무력을 행사하는 문제를 두고 국가마다 태도가 같을 수가 없어 결과적으로 위협에 처한 국가를 구하고자 책임 있는 국가들이 실제로 와줄지에 대해 의구심이 생기게 된다. 집단 안보 이론의 배경이 되는 근거는 전쟁이란 잔혹하기 짝이 없는 기획이어서 각국이 침략 행위를 포기해야 한다는 신념이다. 동시에 이 이론에 따르면 문제를 일으키는 국가들을 꺾을 수 있도록 나머지 국가들이 무력을 행사할 수 있는 준비를 갖추고, 또한 무력을 행사할 의지를 보유해야 한다. 하지만 책임 있는 국가들 입장에서 볼 때 전쟁은 너무도 혐오스러워서 되도록이면 외면하고 싶어 한다. 그러기에 그들이 침략을 저지

54_ 이런 사고방식의 사례로는 다음 자료 참조. Stephen M. Walt, "Collective Security and Revolutionary Change : Promoting Peace in the Former Soviet Union," in Downs, *Collective Security Beyond the Cold War*, pp. 169-195.

하고자 실제 전쟁에 참여할 의지를 가지고 있는지에 대한 회의가 생기게 된다. 사실 집단 안보를 가장 열렬히 주장하는 사람들조차 침략국가를 다루는 문제에서 무력행사보다는 '창의적인 외교와 경제 제재'를 더 선호하는 모습을 보인다.[55]

요약하자면 막상 일이 닥쳐 침략이 임박한 듯한 상황에서 집단 안보가 선전처럼 제대로 작동해줄지를 두고 관련 국가들이 의심할 만한 이유는 너무나 많다. 집단 안보가 실패할 경우 세력 균형적인 고려 사항을 무시하고 집단 안보 쪽에다 신뢰를 보냄으로써 결과적으로 피해를 입게 된 국가들이 겪어야 할 곤경은 너무나 심각하다. 이런 상황을 염려하여 국가들은 자국의 운명을 다른 국가의 손에 맡기는 대신에 자구라는 현실주의 논리를 따르고자 한다 …….



### ◆ 비판이론

비판이론[56]은 평화를 회복하는 문제를 정면으로 다루고자 하며, 국가

---

55_ Robert C. Johansen, "Lessons for Collective Security," *World Policy Journal*, Vol. 8, No. 3 (Summer 1991), p. 562.

56_ 비판이론은 기존의 특정 학문 분야가 다루지 않았던 사람의 조건이라는 영역을 탐구하는 접근법이다. 사실 비판이론은 1980년대 초반에 관제관계학 분야로 파급되기 이전에 이미 다른 학문 분야에서 널리 개발되었고, 또한 적용됐다. 이 글에서는 비판이론 그 자체에 초점을 맞추기보다 비판이론이 관제관계학에 적용된 학술 자료를 검토해보고자 한다. 자료마다 주장하는 바가 다르기도 하고, 특히 강조하는 부분에서 차이가 날 테지만 필자는 이 문헌들을 통일성 있는 전체로서 대하려고 한다. 비판이론에 대한 좀 더 일반적인 논의가 이루어진 자료로는 다음을 참고. David Held, *Introduction to Critical Theory: Horkheimer to Habermas* (Berkeley :University of California Press, 1980); Pauline M. Rosenau, *Post-Modernism and the Social Sciences: Insights, Inroads, and Intrusions*(Princeton, NJ : Princeton University Press, 1992). 또한 다음 자료도 참고. Pauline Rosenau, "Once Again into the Fray : International Relations Confronts the Humanities," *Millennium: Journal of International Studies*, Vol. 19, No. 1(Spring 1990), pp. 83-110.

의 행위를 바꾸는 문제에 대해 과감히 주장한다.[57] 특히 그들은 국제체제를 변환시켜 '신뢰와 공유의 규범'이 국가들을 인도하는 '세계사회'로 바꾸고자 한다. 그들의 목표는 안보를 위한 경쟁과 전쟁을 역사의 유물로 돌리고, 그 대신에 진정한 '평화 체제'를 구축하는 것이다.[58]

비판이론가들은 관념을 아주 심각하게 받아들인다. 사실 그들은 담화 또는 이 세계에 대해 우리가 어떤 생각을 하며 어떻게 이야기하느냐가 우리의 관습을 형성한다고 믿는다. 대략적으로 말하자면 관념이란 역사를 움직이는 추진력이다. 더욱이 그들은 현실주의가 국제정치학 이론들 가운데 압도적인 영향력을 행사해왔다는 사실을 받아들이며, 따라서 현실주의가 실제 국가 행위에도 실질적으로 영향력을 행사해왔다고 판단한다.



그러나 비판이론가들은 현실주의에 대해 도전하고 현실주의의 토

57_ 비판이론을 관제관계학 분야에 적용하려는 중요한 자료들로는 다음 자료들을 참고할 만하다. Richard K. Ashley, "The Poverty of Neorealism," *International Organization*, Vol. 38, No. 2(Spring 1984), pp. 225-286; Ashley, "The Geopolitics of Geopolitical Space : Toward a Critical Social Theory of International Politics," *Alternatives*, Vol. 12, No. 4(October 1987), pp. 403-434; Robert W. Cox, "Gramsci, Hegemony and International Relations : An Essay in Method," *Millennium : Journal of International Studies*, Vol. 12, No. 2(Summer 1983), pp. 162-175; Cox, "Social Forces, States and World Orders : Beyond International Relations Theory," *Millennium : Journal of International Studies*, Vol. 10, No. 2(Summer 1981), pp. 126-155; Cox, "Towards A Post-Hegemonic Conceptualization of World Order : Reflections on the Relevancy of Ibn Khaldun," in *Governance Without Government : Order and Change in World Politics*, James N. Rosenau and Ernst-Otto Czempiel, eds. (New York : Cambridge University Press, 1992), pp. 132-159; Rey Koslowski and Friedrich V. Kratochwil, "Understanding Change in International Politics: The Soviet Empire' s Demise and the International System," *International Organization*, Vol. 48, No. 2 (Spring 1994), pp. 215-247; Friedrich Kratochwil and John G. Ruggie, "*International Organization*: A State of the Art on an Art of the State," *International Organization*, Vol. 40, No. 4 (Autumn 1986),

대를 잠식함으로써 그런 상황을 바꾸고자 한다. 리처드 애슐리Richard Ashley는 그들의 의도를 사실적으로 묘사하고 있다. "그렇다면 신현실주의의 개념과 주장을 한번 깨뜨려보자. 실수한 태양계 모형 장치orrery를 찬양하지도, 무시하지도 말아보자. 대신에 천체를 부수고 조각내어 열어젖혀서 그 속에 무슨 가능성이 들어 있었는지 살펴보자. 그러고 나고서는 조각난 찌꺼기들을 그냥 흩어 없애버리지 말고 항아리 속에 쓸어 담아 유리문을 깨끗하게 닦은 서가 위 높은 선반 위에다 올려두고 과거 우리가 저질렀던 다른 실수의 표본들과 더불어 진열해 보자."[59] 현실주의를 산산조각 내고 나면 보다 평화로운 세계를 향한 길이 아마도 활짝 열린 듯이 보일지 모른다.

비판이론 그 자체가 대안적인 미래를 제시하기보다는 현실주의 같은 '패권적인' 관념들을 비판하는 데 주안점을 두고 있기 때문에 비



pp. 753-775; Ruggie, "Continuity and Transformation in the World Polity : Toward a Neorealist Synthesis," *World Politics*, Vol. 35, No. 2(January 1983), pp. 261-285; Ruggie, "Territoriality and Beyond : Problematizing Modernity in International Relations," *International Organization*, Vol. 47, No. 1 (Winter 1993). pp. 139-174; Alexander Wendt, "The Agent-Structure Problem in International Relations Theory," *International Organization*, Vol. 41, No. 3(Summer 1987), pp. 335-370; Wendt, "Anarchy Is What States Make of It : The Social Construction of Power Politics," *International Organization*, Vol. 46, No. 2(Spring 1992), pp. 391-425; Wendt, "Collective Identity Formation and the International State," *American Political Science Review*, Vol. 88, No. 2(June 1994), pp. 384-396. 필자는 이상의 문헌 자료들을 전체적으로 가리켜 '비판이론' 이라는 개념을 사용했다. 때로는 이것들을 가리키는 다른 이름이 사용되기도 하는데 구성주의(constructivism, 構成主義), 성찰주의(reflectivism, 省察主義), 포스트모더니즘(후기 모더니즘, postmodernism), 후기 구조주의(poststructuralism)가 그것들이다.

58_ 이 문단 따옴표 속의 글들은 다음 자료에서 인용한 것이다. Ashley, "Poverty of Neorealism," p. 285; Wendt, "Anarchy Is What States Make of It," p. 431.

59_ Ashley, "Poverty of Neorealism," p. 286.

판이론은 현실주의에 도전하는 일에 잘 맞춰져 있다. 가장 중요한 목적은 "기존 질서 안에 있는 모순을 찾아내는 일이다. 이런 모순들에서 변화가 일어날 수 있기 때문이다."[60] 이 이론을 '비판' 이론이라고 하는 데에는 타당한 이유가 있다. 하지만 비판이론 그 자체가 국제정치의 미래 모습에 대해 별로 이야기하지 않고 있다는 점은 대단히 중요한 의미를 가진다. 사실 비판이론은 "미래를 예측하기는 불가능하다"라고 강조한다.[61] 로버트 콕스Robert Cox, 1926~는 이 점에 대해 설명하고 있다. "잠재적인 변화에 대해 비판적으로 인식하는 일은 유토피아를 기획하는 일, 다시 말해 변화의 궁극적인 목표라고 할 수 있는 미래 사회의 디자인을 제시하는 일과는 구분되어야 한다. 비판적인 이해는 목표보다는 변화 과정에 집중한다. 이는 사회 운동이 무엇을 달성할 수 있을지에 대해서보다는 사회 운동을 촉발할 가능성에 초점을 맞춘다."[62]

그런데도 현실주의에 도전하면서 그것을 뒤엎고자 비판이론을 활용하는 국제관계 분야의 학자들은 보다 조화롭고 평화적인 국제체제



60_ Robert W. Cox, *Production, Power, and World Order : Social Forces in the Making of World History* (New York : Columbia University Press, 1987), p. 393.

61_ Cox, "Post-Hegemonic Conceptualization," p. 139.

62_ Cox, *Production, Power, and World Order*, p. 393. 1844년에 젊은 칼 마르크스는 이런 접근법을 다음과 같이 요약한 바 있다. "새로운 사조가 가진 좋은 점은 미래를 예상하기 위해 교조적으로 대들지 않고 낡은 세계에 대한 비판을 통해 새로운 세상을 발견해내려 한다는 점이다." Karl Marx, "For a Ruthless Criticism of Everything Existing," in *The Marx-Engels Reader*, 2nd ed., Robert C. Tucker, ed. (New York : Norton, 1978), p. 13. 마르크스의 초기 저작들은 비판이론에서 명백한 영향을 받고 있다. 예를 들어 Ashley, "Poverty of Neorealism," pp. 226-230; Cox, "Social Forces," p. 133. 그렇지만 비판이론은 현실주의와 많은 부분 공통점을 지닌 정치적 구조 이론을 제시하는 마르크스의 후기 저작들과는 차이가 있다.

의 수립을 기대하고 있음이 분명하다. 하지만 그 구체적인 목표를 달성하는 일이 얼마나 바람직한지, 또는 가능성은 얼마나 되는지에 대해 그 이론 자체는 별로 이야기하는 바가 없다 …….

◆ 인과 논리의 결함

비판이론가들의 주된 목표는 국가들의 행위를 근본적인 방식으로 바꾸고자 하는 것이다. 다시 말해 안보 경쟁과 전쟁의 세계를 넘어 다원주의적 안보공동체를 형성해가자는 것이다. 하지만 그 변화가 어떻게 일어날 수 있느냐에 대한 그들의 설명은 아무리 좋게 평가하더라도 충분하지 못하고, 나쁘게 보자면 자체적인 모순을 안고 있다.[63]

비판이론은 담론이 변화하면 국가의 행위도 변화한다고 주장한다. 하지만 그런 주장은 명백하고도 결정적으로 중요한 몇 가지 문제점을 남기고 있다. 여러 관념들이 상호 경쟁하는 시장에서 어떤 담론이 압도적인 영향력을 얻고 다른 어떤 담론들은 사라지게 되는 이유를 결정하는 것은 무엇인가? 담론이 등장하고 사라지는 메커니즘은 무엇인가? 이런 일반적인 의문은 좀 더 구체적인 세 가지 질문으로 이어진다. (1) 세계 정치에서 현실주의가 그토록 오랜 기간 압도적인 담론으로 행세해온 이유는 무엇인가? (2) 현실주의가 자리를 물려주어야 할 시간이 되었다면 그 이유는 무엇인가? (3) 현실주의가 좀 더 평화로운 공산주의 담론으로 대체되리라고 보는 이유는 무엇인가?

비판이론은 여러 담론들이 발생하고 사라져가는 이유에 대해 통찰

63_ 이 문제에 대한 필자의 생각은 하인 괴만스(Hein Goemans)에게서 명백히 영향을 받았다.

력을 제공하지 못한다. 토머스 리세-카펜Thomas Risse-Kappen은 이렇게 말한다. "지식 기반의 초국가적 네트워크들 간 '인식론적 공동체'에 대한 연구에서는 왜 어떤 관념은 선택되어 정치에 영향을 미치는 반면에 다른 것들은 낙오해 폐기되어버리는지에 대한 조건을 파악하는 데 지금까지 성공하지 못했다."[64] 현실주의가 왜 여태껏 압도적인 영향력을 행사하는 담론이었으며, 오늘날에 와서 현실주의의 토대가 왜 그토록 위태로운지에 대해 비판이론가들이 별로 언급하지 않는다는 사실은 놀라운 일이 못된다. 그들은 분명 이 중요한 문제에 대한 논리 정연한 주장을 제시하지 않고 있다. 따라서 비판이론의 렌즈를 통해 현실주의의 운명을 판단하기란 어려울 수밖에 없다.

그렇더라도 비판이론가들은 때때로 관제관계학의 담론에서 변화를 유발할 만한 특정 인자들에 대해 이야기하는 경우가 있다. 그러나 그런 경우에도 그들의 결론은 대개 물질적인 세계의 변화가 담론상의 변화를 초래한다는 것이다. 예를 들어 애슐리는 현실주의의 미래에 대해 추측하면서 이렇게 주장하고 있다. "중요한 문제는 역사적 조건을 바꾸는 일이 오랫동안 지속되어온 현실주의의 권력 의식을 무력화했느냐 여부다." 특히 그는 '국가 재정 위기' 같은 '후기 자본주의 사회의 발전상'과 '엄청난 파괴력과 고도로 자동화된 핵무기'를 동반한 '자본의 국제화'가 정치가들에게 현실주의적 권력 의식을 행사할 수 있는 여지를 앗아갔느냐고 질문한다.[65] 콕스도 이와 비슷한 주장을 하



64_ Thomas Risse-Kappen, "Ideas Do Not Float Freely : Transnational Coalitions, Domestic Structures, and the End of the Cold War," *International Organization*, Vol. 48, No. 2(Spring 1994), p. 187. 또한 Koslowski and Kratochwil, "Understanding Change," p. 225 참조.

고 있다. "사람들이 세상의 본질에 대해 가지는 총체적인 관념과 그것에 도전하는 실질적인 문제점들 사이에 '괴리'가 발생할 경우 근본적인 변화가 일어난다." 또한 그는 "우리들 가운데 몇몇은 신현실주의의 가장 중요한 지적 구조가 오늘날 세계 정치의 여러 도전과 맞서기에 부적절하다고 생각한다"라고 썼다.[66]

현실주의자들이 그런 주장을 했더라면 이해할 만했을 법하다. 어떤 담론이 우세한 위치를 점할지를 대략적으로 결정하는 객관적인 현실이 있다고 믿는 사람들이 바로 그들이기 때문이다. 하지만 비판이론가들은 이 세상이 사회적으로 구성되어 있으며, 기본적으로 객관적인 요소들로써 형성되지 않았다는 점을 강조한다.

결국 우리 머릿속에 그려지는 그림은 무정부 상태다. 그렇지만 비판주의 이론가들이 왜 현실주의가 패권적 지위를 잃을 수밖에 없을지를 설명하려고 할 때 그들 역시 그 변화를 일으키는 궁극적인 요인으로 객관적 요소들을 제시하게 된다. 담론은 객관적 세계에서 벌어지는 일의 결정적인 원인이라기보다는 그것들이 나타나는 모습을 주로 반영하는 듯하다. 간단히 말해서 국제정치를 연구하는 비판주의 이론가들이 실제 세계의 변화 원인에 대한 자신들의 생각을 조금이나마 드러내 보이는 경우 그들의 주장은 자신들의 이론과는 정면으로 대치되면서도 자신들이 비판하려는 이론과는 모순되지 않는 듯해



65_ Ashley, "Geopolitics of Geopolitical Space," pp. 426-427.

66_ Cox, "Post-Hegemonic Conceptualization," p. 138. 또한 Cox, "Social Forces," pp. 138-149 참조. 다른 예로는 Ruggie, "Continuity and Transformation," pp. 281-286; Wendt, "Collective Identity Formation," pp. 389-390 참조.

보인다.[67]

비판이론을 국제관계에 적용할 때 발생하는 또 다른 문제점이 있다. 비판이론가들은 현실주의를 평화와 조화를 강조하는 다른 담론으로 대체하고 싶어 하지만 비판이론 자체가 미래를 알 수 없다고 강조한다는 점이다. 그 자체의 논리에 따르면 비판이론은 현실주의를 무너뜨리고 변화를 일으키는 데 유용한 도구가 될 수 있다. 하지만 어떤 담론이 현실주의를 대체할지를 예측할 수 있는 토대를 비판이론은 제시하지 못하고 있다. 이는 비판이론이 변화 방향에 대해 별로 언급하는 바가 없기 때문이다.

사실 콕스는 이렇게 주장하고 있다. "유토피아적인 기대가 사람들이 행동할 수 있게 하는 요소가 될 수 있지만 …… 그런 기대가 현실에서 실현되는 경우는 거의 없다."[68] 따라서 어떻게 보면 비판이론가들이 옹호하는 공산주의적 담론은 이론 그 자체와 연결된 결과라기보다는 희망 사항에 불과하다. 사실 비판이론은 새로이 등장하는 담론



67_ 콕스는 이 문제를 분명히 인식하고 있다. 새로운 세계 질서를 형성할 수 있는 다양한 객관적 요소들을 장장 11쪽에 걸쳐 설명하고 나서 그는 이렇게 이야기한다. "물론 미래 세계 질서를 선행적 사색에 토대를 두고 예측함이 신중하지 못하기도 할 뿐더러 논리적으로도 바람직하지 못할 것이다." Cox, "Social Forces," p. 149. 그리고 나서 그는 이런 객관적 사색이 미래 세계 질서에 대한 전망을 이해하는 데 얼마나 중요한지에 대해 몇 줄을 덧붙여 강조하고 있다. 그는 이렇게 이야기한다. "그것들의 유용성은 새로이 등장하는 세계 질서를 이런저런 방향으로 이끄는 요소들에 관심을 끌게 하는 데 있다. 변화하는 생산 절차에서 힘을 얻은 사회 세력들은 미래의 가능한 모습을 생각해볼 수 있는 시발점이 된다. 이 세력들은 여러 다른 모습으로 나타날 수 있으며, 미래 국가 체제와 관련해 세 가지 다른 가설적인 형태를 시험 삼아 생각해볼 수도 있다. 이 세 가지 결과에 초점을 맞춤은 다른 유형의 결과를 생각할 수 없다는 의미는 물론 아니다." 다시 말해 콕스는 가능한 미래 세계 질서를 설명할 때 객관적 요소에 크게 의존하고 있다.

68_ Cox, *Production, Power, and World Order*, p. 393.

이 대체되는 낡은 담론보다 더 유해하지 않으리라는 점을 보장할 수 없다. 예를 들어 현실주의보다 훨씬 더 폭력적인 파시즘적 담론이 새로운 패권적 담론으로 등장하지 않으리라는 보장을 이 이론은 보장하지 못하는 것이다.

부록 A

# 현실주의적 구성주의*

새뮤얼 바J. Samuel Barkin**

구성주의는 관제관계학IR 이론서에서 현실주의와 정반대 입장에 서 있는 듯해 보인다. 이런 반대 입장을 보여주는 사례는 여러 곳에서 발견할 수 있다. 구성주의 이론은 현실주의의 변형, 다시 말해 구조적

*_ 구성주의는 관제관계학 이론서에서 현실주의와 정반대 입장에 있는 듯이 묘사되고 있다. 현실주의와 방법론적인 측면에서 양립될 수 없다고 주장하는 구성주의자들은 현실주의와 유물론 및 합리주의 사이의 접점에 초점을 맞춘다. 자신들의 패러다임이 구성주의와 양립될 수 없다고 주장하는 현실주의자들은 구성주의자들에게서 볼 수 있는 이상주의자 또는 공상가 경향에 주로 초점을 맞춘다. 하지만 두 가지 가운데 어느 주장도 타당성을 지속적으로 인정받지는 못하고 있다. 이 글은 구성주의적 인식론과 고전 현실주의 이론을 고찰하면서 두 이론이 실제로는 양립될 수 있다는 점을 주장하고 있다. 다시 말해 구성주의가 곧 현실주의적이라는 의미가 아니라 구성주의적 연구와 다른 이론이 양립될 수 있듯이 현실주의적 세계관과도 양립될 수 있다는 점을 주장하는 것이다. 현실주의적 구성주의 입장은 관제관계학 이론에서 유용한 측면이 분명 있다. 이는 국제정치학에서의 권력 개념에 대한 연구와 사회적 구성으로서의 관제관계학 연구 사이의 관계를 명료하게 하는 데 도움이 될 뿐 아니라 방법론적인 논의를 명확하게 하는 이상의 의미를 지닌다.

**_ 새뮤얼 바킨은 플로리다 대학교 정치학부 교수다.

출처 : *International Studies Review*, Vol. 5, 2003, pp. 325-342.

현실주의(Wendt, 1987a; Dessler, 1989; Onuf and Klink, 1989)에 대해 비판을 제기함으로써 관제관계학의 주류로 편입되었다. 구성주의자임을 자처했던 학자들은 폭넓은 의미에서의 자유주의 범주에 속하는 세계관을 보유하는 경우가 많으며(또는 최소한 그렇게 보이며), 그런 범주에 속한다는 사실을 스스로도 인정하는 경우가 많다. 더욱이 최근 구성주의자들의 이론서에서는 구성주의와 현실주의를 논리적으로 양립될 수 없거나(예를 들어 Wendt, 1999; Patomäki and Wight, 2000) 최소한 상반되는(Lebow, 2001) 것으로 명시적으로 묘사하고 있다. 관제관계학 교수법 역시 현실주의와 구성주의를 별개 카테고리로 분류하는 경향이 많아지고 있는데, 이는 관제관계학 교과서에서 최소한 서문 수준에서나마 현실주의와 구성주의를 관제관계학의 세 가지 또는 그 이상의 별개 패러다임 가운데 두 가지로 보는 경향이 점점 많아짐과 비슷한 모습이다(예를 들어 Hughes, 2000; Kegley and Wittkopf, 2001; Lieber, 2001).

현실주의나 자유주의가 관제관계학 패러다임이듯이 구성주의 역시 관제관계학의 한 패러다임이라고 주장한다면 오해할 소지가 있다. 그리고 교과서에서 볼 수 있는 그런 경향은 학문적인 저술에는 거의 보이지 않고 있다. 후자에서 구성주의는 대개 존재론, 인식론, 방법론 같은 의미에서 사용되고 있다. 사정이 그렇기에 구성주의는 통상 유물론이나 합리주의와도 엄격히 구분된다고 정의된다. 최근에 이 분야 학술 활동을 선도하고 있는 몇몇 저술은(예를 들어 Katzenstein, Keohane, and Krasner, 1998; Ruggie, 1998) 합리주의와 구성주의 간 논쟁을 당대 국제관계 이론의 중심적인 논의로 규정한 바 있다. 자신들의 방법론이 현실주의와 양립되지 않는다고 주장하는 구성주의자들은 유물론과 합리주의 두 가지와 현실주의 사이의 연계성에 초점을 맞춘다. 구성주의와는 자신들의 패러다임이 양립될 수 없다고 주장하는 현실주의자들은 대개 방법론 자체보다는 구성주의자들에게서 볼 수 있는 이상주의자 또는 공상가 경향에 주로 초점을 맞춘다.

하지만 두 가지 주장 모두 면밀한 검증을 무사히 통과하기는 어렵다. 현실주의 이론과는 상호 주관적인 인식론 및 방법론 면에서 양립되지 못한다는 구성주의자들의 주장은 현실주의에 대한 희화적인 평가 내지는 대단히 편협한 이해에 바탕을 두고 있다. 구성주의에 대한 현실주의자들의 비판 또한 방법론이 본질적으로 자유주의 편향적인 속성을 지닌다는 몇몇 (아마도 많은) 현업 구성주의자의 세계관에서 추론된 것이라는 비판을 면하기는 어렵다. 구성주의자의 인식론과 고전 현실주의 이론을 검토해보면 사실상 이 둘이 양립될 수 있다는 점을 알 수 있다. 물론 구성주의가 필연적으로 현실주의적이라는 의미가 아니라 구성주의적 연구와 다른 이론이 양립될 수 있듯이 현실주의적 세계관과도 양립될 수 있다는 뜻이다.

이 글의 목적은 바로 이런 검토를 해보고자 하는 것이다. 우선 그 첫 번째 단계는 개념을 규정하고, 구성주의와 현실주의를 연결하는 논문들에서 발견되는 개념상의 혼란을 명확히 정리하는 것이다. 두 번째 단계는 현실주의적 구성주의가 인식론적으로, 방법론적으로, 그리고 패러다임 측면에서 유용하다는 점을 주장하고자 한다(그 점에 대해서는 구성주의적 현실주의도 마찬가지다). 마지막 단계는 현실주의적 구성주의란 어떤 것이며, 관제관계학 연구에서 적실성을 가지는 부분은 어디인지에 대해 개략적으로 논의해보고자 한다. 이런 접근법은 무엇보다 몇 가지 유용한 기능을 충족할 수 있다. 그 가운데 한 가지 기능은 주장하는 사람들마다 상대 말을 들으려고 하기보다는 자기 이야기만 하는 이 분야의 몇몇 논쟁을 명확히 정리하는 것이다. 또 한 가지 기능은 국제관계학에서의 권력 연구와 이상에 대한 연구를 한편으로 하고, 국제정치학에서의 사회적 구성에 대한 연구를 다른 한편으로 하는 두 가지 연구 동향 사이의 관계를 명확히 하는 것이다. 마지막 기능은 국제관계학에 대한 주류 접근법과, 이유야 다르지만 구성주의와 현실주의 모두가 나름대로 문제를 안고 있다고 보는 비판적이며 후기 모더니즘적인 접근법 사이에 다리를 놓는 것이다.

개념 정의



이 분야를 연구하는 그토록 많은 학자가 패러다임과 인식론 문제를 논의할 때 상대 말을 경청하기보다는 자기 주장만 되풀이하는 데에는 개념적 혼란이 한 원인이 되고 있다. 학자들은 개념을 새롭게 정의하는 경향이 자주 있어서 같은 개념이 저자들마다 아주 다른 의미로 사용되는 상황이 발생하곤 한다. 이런 현상은 이 논문에서 사용되는 핵심적인 개념들 대부분에도 해당되는데, 가장 중요한 두 개념인 현실주의와 구성주의도 마찬가지다. 같은 단어에다 다른 의미를 부여하는 학자들이 있을 경우 혼란은 가중된다. 예를 들어 알렉산더 웬트(Alexander Wendt, 1999)는 정치적 현실주의와 과학적 현실주의를 이야기하면서 이 두 가지 개념이 양립될 수 없다고 주장한다. 그는 또 이상주의에 대해서도 개념 정의를 두 가지로 제시하고 있다. 그러니까 관념ideas의 '주의ism'와 이상ideals의 '주의'가 그것인데, 이 둘은 아주 다른 개념이다. 이상주의와 과학적 현실주의에 대해 간단히 살펴보겠다. 하지만 첫 단계는 이 논문의 가장 중심 개념인 구성주의와 (정치적) 현실주의 두 개념에 대해 정의를 내리고, 이 논문에서는 어떻게 사용될지를 명확히 하는 일이 될 것이다. 두 개념을 정의할 때 구성주의자임을 자처하는 학자들과 현실주의 연구자 집단에 속한다고 이야기하는 학자들을 되도록이면 많이 포함해 그들의 개념 정의에서 공통분모를 파악하는 방식을 취했다.

구성주의는 개념을 포괄적으로 정의하기가 쉬운 쪽에 속한다. 자신을 구성주의자라고 소개하는 학자들 대부분은(어쩌면 모든 학자) 이런 방식으로 개념을 정의하는 작업이 국제정치학의 사회적 구성에 초점을 맞추는 일이라는 데 동의할 것이다. 구성주의자들은 국제정치학의 여러 사실을 바라볼 때 어떤 객체와 즉물적 현실을 반영하기보다는 간間주관적intersubjective 또는 사회적 현실을 반영하는 것으로 파악한다(Onuf, 1989). 다시 말해 국제적 관계 속에서의 행위자들의 행동과 그들의 이해관계, 그리고 그들의 활동 무대가 되는 구조 따위가 객체 또는 물적 조건보다는 사회 규범과 관념에 따라 규정되는 것이다.

구성주의 개념이 이처럼 폭넓게 정의되다 보니 구성주의자들 사이에도 상당한 차이를 발견할 수 있다. 차이가 발생하는 한 가지 평면은 인식 및 연구의 대상이 되는, 경험적으로 인식할 수 있는 현실이 어디까지냐 하는 것이다. 이에 대한 학자들의 견해는 두 인식론 가운데 어느 한 편으로 수렴하는 경향을 보인다. 한 부류는 인식할 수 있는 현실이 저 바깥에 존재하고 있고 경험적 연구를 통해 접근이 가능하다고 주장한다. 다른 한 부류는 우리가 관찰하고 있는 것들이 우리의 관찰과는 무관하게 실제로 존재하고 있는지를 확실하게 알 수 없으며, 따라서 경험적 연구 대상으로 삼을 진정한 현실이란 존재하지 않는다고 주장한다. 이 두 가지 인식론을 '신고전주의적' 구성주의와 '후기 모더니즘적' 구성주의라고 한 학자도 있고(Ruggie, 1998 참조), '두터운thick' 구성주의와 '얇은thin' 구성주의라고 한 학자도 있다(Wendt, 1999 참조). 이 글에서는 현실주의적 구성주의를 구성주의의 신고전주의적 변형에 초점을 맞추는 형태로 적실성을 강조하고자 한다. 왜냐하면 이론적 적실성을 제시하면서 중요성을 강조하기에 가장 까다로운 주제가 바로 이것이기 때문이다. '후기 모더니즘적' 구성주의는 권력이 정치의 중심 개념이란 점을 대체적으로 수긍하는 편이며, 이제부터 다루겠지만 권력은 현실주의의 핵심 개념이다. 현실주의가 본질적으로 근본주의적이라는 '후기 모더니즘적' 반론에 대해서는 이 절의 뒷부분과 다음 절에서 다룰 것이다.

두 가지 기본 개념들 가운데 정의 내리기 어려운 쪽은 현실주의다. 왜냐하면 외형적으로 상호 양립될 수 없어 보이는 정의가 너무나 많이 존재하고 있기 때문이다. 결론부터 말하자면 현실주의의 공통적인 모습, 다시 말해 구성주의에서의 간間주관성 개념 같은 비중을 차지하는 현실주의의 개념은 바로 권력이다. 몇몇 독자는 이런 관찰에 대해 진부할 정도로 빤한 이야기가 아니냐고 생각할 수도 있을 것이다. 하지만 현실주의를 정의하는 오늘날의 많은 학자는 권력 개념에 그다지 주목하지 않고 있으며, 결과적으로 그들이 권력 개념에 얼마나 많이 의존하고 있는지를 보여주지도 못하고 있다(예를 들어 Mearsheimer,

1994/1995; Jervis, 1998; Legro and Moravcsik, 1999). 또 어떤 독자들은 권력 개념이 관제관계학 분석에서 특히 유용하게 사용되기에는 너무 넓은 범주를 포괄하고 있다는 생각을 할지도 모른다. 이 점을 지적하는 비판에 대해서는 나중에 다루기로 한다. 현실주의의 핵심 개념이 권력임을 좀 더 설득력 있게 강조하기 위해서는 오늘날 우리가 사용하는 현실주의 개념들에는 어떤 것들이 있는지 살펴봐야 한다. 그 과정에서 우리는 국제관계에서의 중심 개념이 결국은 권력이라는 사실을 전제하는 개념들이 얼마나 되는지 주의를 집중할 필요가 있다.

'현실주의' 개념이 국제관계학 논문에서 사용된 까닭은 국제정치의 당위적 측면이 아니라 있는 그대로의 모습을 연구해보려는 필요성을 반영한 것이다(Schuman, 1933; Kirk, 1947; Morgenthau, 1948; Carr, 1964; Rommen, 1994). 이런 필요성의 배후에 숨은 논리가 결국 권력을 중심으로 이루어져 있는 것이다. 정치가 이렇게 바뀌어주었으면 좋겠다고 희망한다고 해서 우리가 정치를 그렇게 만들 수는 없다. 왜냐하면 우리에게는 권력이 없기 때문이다. 따라서 우리는 기존 권력체제 속에서 노력해나갈 수밖에 없다(Lasswell, 1935; Wight, 1946; Morgenthau, 1948; Carr, 1964). 현실주의 이론을 발전시키면서 미국에서 발표된 독창성 풍부한 저술들은 현실주의가 권력에 관한 것이라고 명시적으로 규정했다. 예를 들어 한스 모겐소(1985: 31-32)는 국제정치학의 모든 연구는 개념적으로 권력에 관한 것이라 주장했다. 그는 정치학을 권력에 관한 사회과학이라고 정의했다. 국제관계의 어떤 요소들 가운데 권력 주위를 배회하지 않는 것을 연구하고자 한다면 국제정치학 대신 국제경제학이나 국제법, 또는 국제사회학을 택해야 할 것이다. 이런 입장을 취했던 모겐소(1948: 15)는 국제법, 국제경제학, 국제사회학이 상호 연관성이 없다는 주장을 하지 않았다. 그가 이야기하고자 했던 바는 국제 무대에서 권력이라고 정의되는 정치는 중요하며, 연구 가치가 충분히 있다는 점이었다.

모겐소의 《국가 간의 정치Politics Among Nations》가 1948년 처음 발간되고 반세기 이상 세월이 흐른 지금 권력 개념에 대한 정의를 내린 그의 독창적이고도 핵심적인 업적이 때때로 망각되는 경우가 있다. 현실주의에 대한 오늘날의 개념 정의는 권력뿐만 아니라 다음 몇 가지 개념을 조합해 사용하는 경우가 많다. 이는 분석의 중심 개념으로서의 국가, 생존에 대한 국가의 관심, 물질적 능력의 중요성, 그리고 합리성이다(현실주의 개념을 검토한 자료로는 Donnelly, 2000 참조). 이 요소들과 함께 목격할 수 있는 것이 현실주의의 핵심 개념인 권력과 이어지는 명백한 혈통이다. 하지만 이 개념들이 원래 유래한 관념들과 어떤 식으로 연결되는지를 인식하지 못하는 경우가 자주 있다. 이 개념들을 하나씩 살펴봄으로써 우리는 그런 연결성을 되살릴 수 있다.

현실주의에 대한 오늘날의 정의들 가운데 상당수는 국가가 국제정치에서 중심 행위자임을 가정하고 있다. 초기 현실주의자들에게 이 전제는 추론의 문제라기보다 경험적 관찰의 결과였다. 20세기 전반부 동안 발생했던 주요한 정치적 사건은 두 차례에 걸친 세계대전이었는데, 이 전쟁들은 국가들을 통해, 그리고 국가들 사이에서 치러진 것이었다. 국가는 권력을 보유한 국제정치상의 공식 기구였다. 사실 국가 이외의 어떤 기구도 국제적으로 그처럼 효율적인 권력을 보유한 경우는 없었다. 국가가 중요시된 까닭은 바로 이 때문이다. 하지만 카E. H.

Carr(1964: 224-235)는 국가가 오늘날의 세계 정치에서 권력의 중심 위치를 차지하고 있지만 반드시 중심적인 행위자로 남아 있어야 할 필요는 없다고 결론지은 바 있다. 그런데도 이 시기 이후 현실주의자들 사이에는 국가를 나름대로의 권리를 가진 현실주의의 한 개념적 요소인 듯이 취급하는 관행이 거의 습관처럼 이어졌다(예를 들어 Jervis, 1998 참조). 국가를 경험적 관찰의 중심에서 개념적 중심으로 옮겨간 결과 나타난 한 가지 효과는 현실주의자들이 국가 내부에서 벌어지는 일에 대해서는 관심의 대상으로 삼지 않게 되었다는 점이다. 그리고 이는 현실주의 비판론자들과 몇몇 신현실주의자가 제시하는 주장이기도 하다. 그러나 이런 주장을 하는 현실주의 이론가들은 별로 많지 않다(이 점에서는 독창성 풍부한 신현실주의 이론가들도 마찬가지다). 현실주의 이론에서 국가 내부에서 전개되는 일은 그 국가의 권력이 어디까지 영향력을 미치는지 그 범위를 결정하기도 하며, 또한 그 권력의 목표가 무엇인지도 결정한다.[1] 고전 현실주의 이론은 사실 케네스 왈츠(1959, 1979)가 그것을 비판하면서 제시한 첫 번째 이미지 이론과 비슷하다. 현실주의가 세 번째 이미지 이론이며, 자유주의 이론이 첫 번째 이미지 이론과 두 번째 이미지 이론의 결합 형태라고 주장하면서 현실주의와 자유주의를 구분하려고 했던 제프리 레그로와 앤드루 모라브치크(Legro and Moravcsik, 1999) 같은 국제관계 이론가들의 노



1_ 케네스 왈츠(1979: 121-122)는 이 문제를 국제정치학의 체제 연구와 구분되는 외교정책 연구라고 일컬으면서 환원주의적인 방식을 통해서만 이루어질 수 있다고 주장한다. 하지만 그는 그것이 중요하지 않다고 치부해버리지는 않는다.

력은 따라서 오류를 안고 있다. 현실주의에서 국가가 중요한 까닭은 국가가 권력을 보유하고 있기 때문이다. 개인과 국내기구와 제도가 중요한 까닭은 국가가 보유하는 권력의 정도와 국가가 권력을 행사하는 방법을 그들이 결정하기 때문이다.

국가들이 생존이라는 이해관계를 공유하고 있다는 가정은 방금 논의한 국가의 중심적 위치에 대한 전제에서 나오는 것이다. 현실주의 이론에서 생존이라는 이익을 가정하는 일은 절대적인 규칙이라기보다는 일반화다. 다시 말해 자국의 생존에 관심을 가지지 않는 국가는 무질서한 세계에서 오래 살아남을 수 없는 것이다. 따라서 우리는 오랫동안 버텨오면서 오늘날 세계에 존재하고 있는 국가들은 생존에 대한 관심과 이해관계를 가진 국가들이라고 가정할 수 있다(Morgenthau, 1948: 13; Waltz, 1979: 74-77; Jervis, 1998: 980-981). 생존이 국가 행위의 유일한, 심지어는 핵심적인 동기 유발 요인일 필요는 없다. 하지만 생존이 문제가 되는 상황에서 맨 먼저 찾게 되는 것은 국가다. 현실주의를 비판하는 몇몇 학자는 국가가 생존에 가치를 부여한다는 가정은 너무 진부한 표현이며, 따라서 국가에 대한 현실주의의 좀 더 내재적인 가정이 필요하다고 주장한다(예를 들어 Legro and Moravcsik, 1999: 14; Wendt, 1999: 235). 그러나 이 가정이 진부하다는 사실 그 자체가 바로 중요한 점이다. 권력이 문제시되는 세계에서 국가들이 가져야 할 공통의 기본 관심은 상대적 권력의 관점에서 생각하는 생존이다(예를 들어 Waltz, 1979; Grieco, 1997; Schweller, 1998).

현실주의에 대한 오늘날의 정의에서 자주 볼 수 있는 세 번째 개념은 합리성이다. 수많은, 아마도 거의 대다수의 오늘날의 정치 학도에게 합리성이라는 단어는 합리적 선택이론을 연상하게 한다(Kahler, 1998; Katzenstein, Keohane, and Krasner, 1998). 정치학 연구의 이런 접근법은 우리가 정치적 행위자들의 외생적 선호를 알기만 한다면 그들이 마치 합리적인 기계라도 되는 듯이 정치적 행위자들에 대한 연구를 유용하게 진행시킬 수 있다는 전제에서 출발한다. 하지만 현실주의 이론에서 사용되는 합리성 개념은 합리적 선택이론의 가정들과는 차이가 있다. 고전 현실주의는 합리성과 관련된 두 가지 요소를 제시한다. 첫 번째는 학자로서의 우리가 합리적이어야 한다는 점이다. 다시 말해 정치를 연구할 때 그 개념을 융통성 있게 사용하더라도 질서 있고 '과학적'이어야 한다는 말이다. 말하자면 우리는 행위의 일반적인 패턴을 찾고자 노력해야 한다는 뜻인데, 이는 (비록 전체는 아닐지라도) 폭넓은 사회과학자들이 받아들인 권고 사항이다.[2] 현실주의에서 합리성 개념이 논의되는 두 번째 방식은 예언적이라기보다는 좀 더 규범적인 것으로서 정치가들이 반드시 합리적으로 행동하리라기보다는 자기 국가의 이익을 추구하기 위해 합리적이어야 한다는 말이다. 다시 말해 국가의 정책결정자들이 국제정치적으로 정당해야 한다기보다는 색다른 성명을 발표하고자 할 때 그들은 자신의 권력 자원을 합리적으로 소집해 점검해야 한다는 뜻이다. 모겐소(1985: 10)가 말한 바에 따르면 "외교정책은 자신의 도덕적, 실제적 목적에 비추어 합리

2_ 하지만 이 권고 사항은 순수하게 연역적인 사회 과학 모델, 다시 말해 러기(1998: 880)와 웬트(1999: 48) 같은 구성주의자들이 합리주의자들의 속성이라고 언급하는 모델을 고집하라는 이야기는 아니다. 사실 모겐소(1946)는 E. H. 카(1964)가 '공상가들'이라는 개념을 사용했음과 마찬가지 방식으로 국제정치적 문제점에 대한 해결책을 기본 원칙들(first principles)에서 추론하려는 '과학적 인간'이라는 개념을 사용해 현실주의자들을 공격하는 수단으로 삼았다.

적이어야 한다." 따라서 합리성에 대한 가정이라고 일컬어지는 것들이 사실은 권력의 중심성을 가정한 위에 제시되는 합리성 규칙일 경우가 많다.

네 번째 개념인 물적 능력의 우월성에 대한 가정은 현실주의자 자신들보다 그들을 비판하는 학자들이 더 자주 현실주의 이론의 특징이라고 언급하는 부분이다(예를 들어 Kratochwil, 1984: 310; Wendt, 1999: 30). 현실주의자들은 경제력, 조직력, 또는 도덕적 측면 같은 권력의 여러 형태 가운데 군사력에 더 초점을 맞추는 경우가 자주 있다. 이는 사실이다(예를 들어 Mearsheimer, 1994/1995). 이런 경향은 적대국의 군사력이 자국의 생존 그 자체를 위협할 수 있는 반면에 적대국이 보유한 다른 형태의 권력은 그렇지 못하다는 가정에서 기인할 수 있다(물론 이런 가정이 사실이냐 아니냐는 논쟁거리로 삼을 만한 여지가 있다). 또한 상상력 풍부한 현실주의 학자들의 저작물이 속속 발표되던 당시의 시대 상황, 다시 말해 냉전(Oren, 2000)이 원인이었을 수도 있고, 또는 군사력 수단을 통해 얻게 된 평화로운 상황이 원인이었을 수도 있다. 그러나 세계 주요 강국들이 누리는 오늘날의 상황처럼 급박한 군사 위협이 있지 않을 때에는 현실주의 이론이 다른 형태의 권력 요소들에 비해 군사력에 더 비중을 둘 만한 선험적인 이유가 존재하지 않게 된다. 냉전 시절 군대 병력과 장비 수를 계산하는 가내 공업이 있었는데, 현실주의 이론보다는 행태주의 과학의 혁명에 따라 생겨난 직종이었다. 그리고 아마도 이런 발전에 힘입어 현실주의가 물질적인 능력과 연계되기에 이르렀을 것이다.[3] 하지만 이런 가정에 찬성하는 현실주의 이론가들은 얼마 되지 않으며, 대다수 학자가 명확히 주장하는 바는 권력의 원천이 비물질적인 것이라는 점이다(예를 들어 Waltz, 1979: 131; Morgenthau, 1985: 34-36).

현실주의 비판론자들이 유물론의 가정 사항을 현실주의의 특성이라고 언급한다면 왜 이런 가공의 인물이 창조되었는지 한 번쯤 의문을 품어봐야 한다. 한 가지 이유는 현실주의를 합리적 선택이론과 더 양립 가능한 것으로 만들고자 하는 의도일 것이다. 사실 이는 형식 이론가들이 선호를 대하는 방식처럼 우리가 권력을 다룰 수 있게 해준다. 하지만 고전 현실주의 이론에 따르면 권력이란 최소한 부분적으로나마 내생적인 특성을 지닌다. 다시 말해 권력이 어떻게 사용될 수 있는지를 모르는 채 자신의 권력이 어느 정도인지를 알 수는 없는 것이다. 그렇더라도 권력의 자원을 실체화하는 작업은 권력을 외생 변수로 만드는 효과가 있다. 다시 말해 저기 바깥에 측정 가능하고 당장의 정치적 행위와 구분될 수 있는 무언가가 실제로 존재하는 듯이 만들어주는 것이다. 이와 비슷하게 형식이론은 행위자의 선호를 진행 중인 게임에 대해 외생적인 것으로 간주해야 한다. 그리하여 권력을 실체화하는 작업을 통해 현실주의는 합리주의자들과 비판론자들 모두에게 '합리적인 논리'가 된다(예를 들어 Legro and Moravcsik, 1999; Wendt, 1999).



지금까지의 논의가 내포하고 있는 의미는 권력이 현실주의 이론의 핵심적이고 공통적인 요소라는 점이다. 현실주의에 대한 오늘날의 정

3_ 하지만 전쟁 연관성 프로젝트(Correlates of War project: 전쟁 원인에 대한 계량 분석 프로젝트)에 참가한 학자들처럼 물질적인 능력을 헤아리는 일에 가장 헌신적으로 가담했던 사람들이 자신들을 평화이론가 또는 갈등 해결 이론가라고, 그리고 현실주의 반대론자라고 일컬었던 일은 주목할 필요가 있다(예를 들어 Singer, 1990; Vasquez, 1998).

의에 포함된 네 가지 개념 가운데 국가가 분석의 중심 위치를 차지한다는 점과 생존에 대해 관심을 가진다는 점은 권력을 중시했던 현실주의자들의 입장에서 유래한 것이다. 세 번째 개념인 합리성은 합리적 선택이라는 방식보다 현실주의자들의 입장에서 사용될 경우 역시 권력을 중시하는 입장과 통한다. 네 번째인 물적 능력을 중시하는 입장은 순전히 현실주의적 관념이 표현된 것이라기보다는 냉전이 한창이던 무렵 정치학 연구에 도입된 행태주의적 전환의 효과이며, 냉전 말기 무렵에 합리주의적 전환이 시도된 결과다. 그렇지만 구성주의와 현실주의가 양립될 수 없다는 주장을 불러오는 가장 중요한 요인은 권력을 중시하는 입장보다는 이 네 번째 개념이다.

### 현실주의와 구성주의



많은 구성주의자는 국제관계에서 권력이 중요하다는 점을 명시적으로 받아들이고 있다. 예를 들어 웬트(1999: 13-14)는 현실주의와 권력 사이의 관계에 관한 한 자신 역시 현실주의자라고 이야기하고 있다. 그와 다른 구성주의 이론가들이 현실주의자들과 견해를 달리하는 경우가 있는데, 현실주의 이론이 정치를 '사회적 측면보다는 물질적 측면을' 중시한다고 보기 때문임이 그 핵심 이유다(Wendt, 1999: 13-14). 이런 비판은 세 가지 내용으로 요약된다. 이는 현실주의 이론이 (1) 물질적인 능력을 중시하고 있고, (2) 인간 본성이 실질적인 중요성을 지닌다고 파악하며, (3) 경험주의를 강조한다는 것이다. 이 세 가지 비판은 각기 구별되는 독특한 것으로서 이 가운데 어느 한 가지를 택할 경우 현실주의와 구성주의가 상호 양립될 수 없다는 주장이 된다.

하지만 면밀하게 분석해보면 이 세 가지 가운데 어느 하나도 지속 가능한 것은 없다.

이 비판들 가운데 첫 번째는 권력에 대한 현실주의자들의 이해가 물질적인 능력에 치중하는 경향이 있다는 내용인데, 이에 대해서는 이미 앞에서 언급한 바 있다. 스스로를 현실주의 학자라고 이야기하는 많은 사람이 권력이라는 관념을 계량적 단위 수준으로 평가 절하고자 했음은 분명한 사실이다. 하지만 그런 절차가 현실주의 이론에 내재되어 있다고 믿을 만한 이유는 존재하지 않는다. 사실 국제관계학에서 행태주의적인, 따라서 계량적인 연구는 일반적으로 현실주의 차례가 지나간 지 수십 년 이후에나 이어진 것이어서 현실주의는 행태주의에 내재될 수 없다고 받아들여지고 있다(Bull, 1972; Vasquez, 1983; Holsti, 1985). 따라서 독창성이 풍부한 많은 현실주의 이론가들은 비물질적인 요소들이 국제관계에서의 권력을 완전하게 이해하는데 가장 중요하다고 완강하게 주장해왔다(예를 들어 Morgenthau, 1948; Wolfers, 1962; Carr, 1964; Waltz, 1979; Gilpin, 1981; Strange, 1987). 더구나 자칭 현실주의자들을 포함해 권력을 연구하는 학자들은 권력 분석이 얼마나 복잡하며 다면적일 수 있는지를 지적해왔다(예를 들어 Lasswell and Kaplan, 1950; Bachrach and Baratz, 1962; Baldwin, 1989; Hall, 1997). 심지어는 행태주의자들이 활동하던 이후 시점에 자칭 현실주의자들이 수행한 군사 문제 연구들조차 주의主義 같은 비물질적인 요소를 강조하는 경우가 많았다(예를 들어 Mearsheimer, 1983; Posen, 1984). 따라서 몇몇 현실주의 학자가 계량적인 측정 수단을 동원해 비정한 물질적 능력을 연구하는 현상을 두고 이런 부류의 유물론이 현실주의 속에 내재되어 있다는 의미로 해석됨은 곤란하다.

두 번째 비판은 현실주의의 논리에는 국제정치 행위자들의 행동을 지배하는 인간 본성과 인간의 필요에 대한 어떤 물질주의적인 가정이 있다는 것이다(Wendt, 1999: 30, 131-133). 인간 본성에 대한 현실주의자들의 이해에서 비롯된다는 가정들 속에는 불안정과 공포라는 존재가 자주 포함된다(Waltz, 1959; Wendt, 1999). 현실주의자들이 어떤 형태로든 인간 본성에 대한 이론으로 시작하지 않을 수 없다는 사실은 분명하다. 웬트(1999: 131)가 언급했듯이, 사실 사회적 이론들 모두는 어떤 형태로든 인간 본성에 대한 이론으로 시작하지 않을 수 없다. 인간 본성이 영원히 가변적이라 할지라도 그 사실은 변함이 없다. 인간 본성에 대한 이론들 가운데에는 정치적 현실주의와 양립될 수 없는 것들도 있다. 인간 본성이 끊임없이 변한다거나 궁극적으로 불완전하다고 주장하는 이론들도 그런 부류에 속한다. 하지만 현실주의와 구성주의 이론 모두와 양립될 수 있는 인간 본성에 대한 이론들이 광범위하게 존재한다는 사실을 우리는 확인할 수 있다. 사람들은 모두 다르다는 점을 지적하는 이론들이 그런 사례다(이런 내용을 다룬 자료로는 Sterling-Folker, 2000 참조). 현실주의 논리는 모든 개인이 공격적이라거나 이기적이라는 점을 반드시 전제하지는 않는다. 그저 일부가 그렇다고 전제할 뿐이다. 다시 말해 현실주의 이론은 모든 개인이 공격적이지 않을 수는 없으며, 이타적일 수만도 없다는 사실을 전제한다. 사람들이 권력을 축적하고자 노력하는 한, 그리고 그들의 노력을 견제하는 다른 세력이 존재하지 않는 한 다른 사람들은 불안정에 직면하게 된다. 예를 들어 현상유지 국가들과 수정주의 국가들을 구분했던 랜들 슈웰러Randall Schweller(1998)의 주장도 이런 논리의 사례라고 할 수 있다. 비판론자들은 이렇게 대답할 수 있다. 그들의 말을 그대로 옮겨보자면, 현실주의 논리는 충분히 광범위하고 모호해서 오로지 진부할 뿐이다. 이런 비판에 대해서는 다음에 논의하기로 한다.

세 번째 비판은 정치적 현실주의가 정도의 차이는 있지만 실증주의적이거나 경험주의적이어서 결과적으로 구성주의 방법론과는 양립될 수 없다는 것이다(예를 들어 Pettman, 2000과 Wendt, 1999 참조). 이런 비판은 외형상 방법론에 대한 논쟁인 듯해 보이지만 많은 구성주의 이론가가 최근 이 논점을 존재론적 경지로까지 발전시킨 바 있다. 이런 비판에 사용되는 말이 '과학적'(Wendt, 1999) 또는 '비판적'(Patomäki and Wight, 2000) 현실주의 라는 개념인데 과학 철학에서 유래한 개념으로서 '정치적' 현실주의와는 관련성이 전혀 없다. 사회과학에 적용된 과학적 현실주의의 핵심은 우리의 관찰과는 독립적인 실제 사회 구조가 저기 외부에 존재하고 있다는 점이다. 요약하자면 저기 바깥에 '저기'가 실제로 존재한다고 그들은 생각한다(Hellman, 1983; Leplin, 1984; Bhaskar, 1986; Archer, et al., 1998). 이런 관점은 단지 우리가 관찰하는 것만을 알 수 있을 뿐(Ayer, 1959, Lapid, 1989)이라는 논리 실증주의적-경험주의적 사고 구조와도 대조적이고, 모든 사회적 지식은 추론을 통해 창조된 것이기에 어떤 사회 구조도 그것들에 대한 우리의 담론과는 독립적으로 저기 외부에 존재할 수 없다는 후기모던적-해체주의적 논리 구조(George, 1994)와도 대조적이다. 그러나 논리 실증주의와 해체주의의 입장은 관찰자와 별개로 존재하는 사회적 현상에 대한 지식은 있을 수 없다는 전제를 공유하고 있다. 그런가

하면 과학적 현실주의의 입장은 사회적 현상이 관찰자와 별개로 존재할 수 있으며, 직접 관찰하지 않고서도 예증할 수 있다는 것이다(Patomäki and Wight, 2000). 정치적 현실주의의 존재론에 대한 구성주의자들의 비판은 이런 비과학적 현실주의 입장과 연결되어 있다.

이 마지막 비판은 여러 차례 제기되어온 것이다(예를 들어 Ashley and Walker, 1990a). 후기 실증주의자들은 실증주의-후기 실증주의 논쟁에서 현실주의를 실증주의처럼 간단히 취급해버리는 경우가 자주 있는데, 그 결과 국제관계학에서 새로이 등장하는 사고 추세와 양립할 수 없게 된다. 하지만 구성주의적 시각에서 보자면 그런 식의 처리는 문제가 될 수밖에 없는데(예를 들어 Walt, 1987; Snyder, 1988), 현실주의적 논리 구조를 포함할 수 있을 만큼 충분히 광범위한 실증주의의 개념 정의가 오늘날의 구성주의 논리 구조의 대부분도 포함할 수 있을 만큼 광범위하기 때문이다. 현실주의를 비판하는 학자들 가운데 상당수는 현실주의와 신현실주의를 구분하지 않는 경우도 많은데, 지난 세기 마지막 20여 년 동안 두드러진 활약을 보였던 왈츠의 저술(1979)을 고려하면 이해가 되는 부분이기도 하지만 그의 저서 자체가 고전 현실주의에 대한 명확한 비판을 담고 있었다는 점에서는 문제점이 없지도 않다.[4]

파토매키와 와이트(Patomäki and Wight, 2000)는 정치적 현실주의가 논리 실증주의와 해체주의 양자의 입장과 너무나 근접해 있다고 주장한다. 논리 실증주의와 해체주의 학자들은 모두 구성주의의 토대를

4_ 신현실주의가 제시하는 현실주의의 '합리화'에 대해서는 고전 현실주의와 신현실주의보다는 '상식적(commonsense)', '타협적(concessionary)' 현실주의를 이야기기하는 스피글리(Spegele, 1996) 참조.

이루는 과학적 현실주의와 양립될 수 없는 인간 중심의 지식관을 공유하고 있다. 그들은(Patomäki and Wight, 2000: 219-223) 독창성 풍부한 20세기 중반의 현실주의자들을 경유하여 거슬러 올라가 18세기의 흄David Hume, 1711~1776과 칸트의 존재론적 저서들에서 이 인간 중심주의의 근원을 찾고 있다.[5] 그 과정에서 그들은 정치적 현실주의가 발전하면서 모겐소가 미국의 국제정치학계에 소개하는 모습을 흄의 경험주의와 니체Friedrich W. Nietzsche, 1844~1900의 후기 모더니즘과 연결 짓고 있다. 이렇게 계보를 따져보는 핵심 이유는 현실주의 사조에서 경험적으로 관찰 가능한 영역과 도덕적 사유의 영역 사이에 예리한 분절을 시도하려는 것이다. 이는 어떤 면에서 정치적 현실주의가 실증주의적이라는 비판을 다른 방식으로 진술하는 것이기도 하며, 좁은 의미에서의 실증주의는 과학적 현실주의와 양립될 수 없다고 주장하는 것이기도 하다.



정치학의 '과학적' 측면에 관한 모겐소의 저서는 분명 처음 접할 때에는 혼란스러운 면이 있다. 《과학적 인간 대 권력 정치Scientific Man Versus Power Politics》(1946)에서 그는 정치적 문제를 이성을 적용해 해결하고자 하는 '과학적 인간'은 이런 문제를 성공적으로 해결해낼 수 없다고 주장한다. 반면에 《국가 간의 정치》에서 모겐소(1985: 5)는 정치적 현실주의를 "정치 법칙의 객관적 실재에 대한 …… 믿음"이자 이 법칙들을 "반영하는 합리적 이론을 발전시킬 수 있는 가능성"이라

5_ 이렇게 계보를 그리는 것은 논쟁의 여지가 있다. 경우에 따라서 모겐소는 현상과 실체를 구분하기를 명백히 거부하는 듯해 보이기도 한다. 이를 두고 그들은 모겐소가 은연중 이 둘을 공유하고 있다는 비판을 한다(예를 들어 Morgenthau, 1946: 170-171).

고 이야기한다. 정치적 현실주의에 대한 몇몇 구성주의 학자의 비판은 모겐소가 저서 두 권을 집필하는 과정에서 격심한 마음의 변화를 겪었노라고 주장한다. 예를 들어 파토매키와 와이트(Patomäki and Wight, 2000: 222)는 모겐소의 처음 저서에 세상에 대한 과학적 지식을 찾아낼 수 있다는 그의 회의론이 드러나 있다고 해석하면서 《국가 간의 정치》에서 드러난 그의 생각과 모순되지 않느냐고 주장한다.

하지만 이런 주장은 앞에서 언급한 바 있듯이 예견적인 합리성과 규범적인 합리성을 혼동하는 것이다. 《과학적 인간 대 권력 정치》(1946: 122-131)에서 모겐소가 제시하는 반박은 이 세상을 합리적으로 이해하자고 함이 아니라 이 세상을 합리적 공간으로 이해하자는 시도이다. 그가 《국가 간의 정치》에서 주장하는 내용은(1948: 3-5) 세상이 사실상 합리적인 공간이 아닐진대 세상을 합리적으로 이해하자고 시도함에는 문제가 있다는 것이다. 다시 말하자면 모겐소의 저서 두 권은 모두 같은 논지를 주장하고 있지만 그 핵심으로 다가서는 방향이 다르다고 봐야 한다. 이런 해석은 고전 현실주의와 합리적 선택이론 사이의 양립 불가능성을 나타내는데, 러기(Ruggie, 1998)는 이를 신공리주의라고 한다.[6] 하지만 이는 또한 고전 현실주의와 신고전적 또는 얇은 구성주의 사이의 양립 불가능성을 나타내기도 한다. 모겐소의



6_ 이런 관찰은 레그로와 모라브치크(1999)의 저서들처럼 이성주의의 개념을 가지고 현실주의를 정의하려는 최근의 시도들을 일컫는다. 이 논문에서처럼 그런 시도는 패러다임 간 논쟁에 속하는 저술들이라기보다 합리주의-구성주의 논쟁에 속하는 저술로 분류될 수 있다. 사실상 합리주의적 선택의 개념으로 고전 현실주의를 재정의하는 것은 제2차 세계대전 이후 관제관계학과 합리적 선택이론 사이를 연결하려고 시도함으로써 합리주의 접근법에 대한 비판을 좀 더 무디게 하려는 듯해 보일 수 있다.

저서들에서 보이는 '과학적 인간'에 대한 반감과 관념의 중요성을 받아들이는 자세, 그리고 역사적 맥락이 중요하다는 주장은('사회적 인과관계'에 대한 논의는 1946: 130 참조) 구성주의 인식론에 대해 그가 했던 언급에서 잘 나타나고 있다. 이때 구성주의가 신고전적이냐 후기모던적이냐는 큰 문제가 아니다. 그리고 주관적인 견해와 독립적으로 존재하는 현실을 받아들이면서도 그 결과 도덕과 마찬가지로 관찰할 수 없는 것들의 역할을 부정하지도 않는 고전 현실주의의 존재론은 구성주의 비판론자들이 현실주의와 때때로 연결 짓는 냉혹한 유물론과는 질적으로 차이가 있다.

구성주의와 정치적 현실주의 사이의 이른바 양립 불가능성에 대해서는 이로써 어느 정도 논의가 된 듯하다. 정치적 현실주의를 우리는 국제 무대에서의 권력관계에 초점을 맞추는 국제관계학 연구라고 정의한다. 두말할 필요도 없이 많은 독자는 지금쯤 그래서 뭐가 어쨌다는 말이냐고 궁금해하기 시작했을 것이다. 현실주의 개념을 아무것도 배제할 수 없을 정도로 폭넓게 정의함으로써 결과적으로 현실주의가 구성주의와 양립 가능하게 되었는가? 이 분야에서의 용어상 혼란에 대해 언급한 앞의 논의로 돌아가 좀 더 이야기를 진행해보면 이 질문에 대한 대답이 나올 것이다. 웬트(1999)가 현실주의와 이상주의 개념을 두 가지 다른 방식으로 사용하고 있다는 점을 상기해보기 바란다. 이 절에서는 정치적 현실주의와 과학적 현실주의 사이의 구분에 대해 살펴보았다. 다음 절에서는 관념에 초점을 두느냐, 이상에 초점을 두느냐를 중심으로 두 현실주의 사이의 구분을 시도해보겠다.

### 관념, 유토피아, 자유주의자들

"E. H. 카의 신랄한 비판 이후 관제관계학에서 '이상주의자'라는 개념은 주로 순진무구한 사람을 일컫는 별명처럼 사용되어왔다"(Wendt, 1999: 33). 웬트의 이런 지적은 사회정치학 이론으로서의 이상주의와 국제관계학 이론으로서의 이상주의를 구분하면서 나왔는데, 그 자신이 속한 쪽은 국제관계학 이론 쪽이었다. 첫 번째 이상주의가 관념의 중요성에 주목하는 사회이론을 일컫는다면, 두 번째 이상주의는 현실주의보다는 이상에 토대를 둔 국제관계학 이론을 일컫는다. 웬트는 자신이 속하는 쪽은 후자가 아니라 전자라고 주장하고 있다. 이 주장에 대해서는 뒤에 상술하기로 한다. 흥미롭게도 E. H. 카는 그의 저서 《20년의 위기The Twenty Years' Crisis》(1964)에서 이상주의idealism라는 개념을 전혀 사용하지 않는 반면에 이상향적인 이상주의utopianism에 대해 논의를 진행하고 있다. 모라브치크(1997: 514)가 자유주의적 국제관계학 이론을 재정의한 자신의 저서에서 '이데올로기로서의 자유주의의 역사적 역할'과 자신을 거리를 두면서 분리하고자 애쓰고 있음도 이와 비슷한 사례라고 할 수 있다. 모겐소의 《과학적 인간 대 권력정치》에서 자유주의는 현실주의를 돋보이게 하는 역할을 하고 있다. 웬트(1999: 39)와 모라브치크(1997: 514)는 각자가 스스로에게 붙이고 있는 이상주의자와 자유주의자라는 두 꼬리표에서 규범적인 색깔을 떼어버림으로써 '과학적인', 따라서 짐작컨대 가치 중립적인 사회과학을 수립하고자 했다는 점에서 공통점이 있다.

이 학자들 모두는 사실상 이상주의와 자유주의라는 두 개념의 명예를 회복하고자 (비록 아주 다른 방식이기는 하지만) 노력하고 있는 것이다. 이 개념들이 사회과학에 대한 규범적인 접근법을, 다시 말해 이데올로기를 반영하고 있다는 비판이 있었기 때문이다. 이 절에서는 모라브치크와 웬트가 자신들과 거리를 두고자 애쓰고 있는 국제관계학에 대한 규범적 접근의 명예를 회복하고자 하는 내용을 다루려고 한다. 현실주의를 돋보이게 하는 미사여구로서 E. H. 카(1964)는 '이상향적인 이상주의'를, 모겐소는 '자유주의'와 '과학적 인간'(1946)이라는 개념을 사용했다. 카와 모겐소가 사용한 개념들이 아주 다른 듯하지만 둘 다는 우드로 윌슨 같은 전통에 포함되는 정치 과학자들과 자주 연결되는 일종의 자유주의적 이상주의와 과학적 인본주의를 일컫고 있다는 점에서 마찬가지였다(Kegley, 1993; Schmidt, 1998). 이런 사고학파의 핵심은 사람들이 일관되고 합리적인(또는 최소한 예측 가능한) 선호를 가지고 있으며, 이를 합리적으로 추구하고자 한다는 점이다.[7] 그 결과 사람들이 다른 사람들의 선호 추구 행동에 되도록이면 방해가 적게 되는 방식으로 자신의 선호를 합리적으로 추구할 수 있는 잘 고안된 정치제도는 사람들의 분별력에 충분한 호소력을 발휘할 것이다. 그럴 경우 권력 정치는 굳이 필요하지 않아도 될 것이다. 다시 말해서 자유주의적 이상주의자에게 올바른 정치 구조란 분명 칸트의 말(1957)처럼 영속적인 평화를 가져다줄 수 있는 것이다.



7_ 이런 사고학파와 오늘날 국제관계학 연구에서의 합리주의적 접근 방식 사이의 가장 큰 차이점은 후자의 경우 합리성에 대한 전제가 결여되어 있다는 점이다. 사람의 합리적인 성향은 수단으로서의 의미가 있을 것으로 추정된다. 하지만 다른 사람의 권리와 행복을 존중함이 수단적인 측면에서 합리적이지 못하다는 점이 명백할 때 다른 사람의 권리와 행복을 반드시 존중하리라고 가정할 수는 없는 일이다.

고전 현실주의자들의 반응은 궁극적인 해결책이란 없다는 것이다. "평화는 시간과 공간이라는 조건에 따라 좌우되므로 특정 국가가 맞이하는 하루하루의 관계 속에서 그때그때 합당한 방식으로, 다양한 위급성의 조건에 따라 구축되고 유지되어야 한다. 국제 평화의 문제라는 것이 존재한다면 그것은 철학자를 위한 것일 뿐이다" (Morgenthau, 1946: 217). 이 말은 적절한 기구가 특정 시간과 장소에서 전개되는 특정 정치 문제를 성공적으로 다룰 수 있다는 말이지만 시간, 장소, 문제 사이의 연결성은 역사적으로 독특할 수밖에 없다. 다른 시간, 다른 장소에서는 다른 문제들이 있을 수밖에 없는 것이다. 대다수는 아닐지라도 많은 국제정치 문제가 최소한 어느 정도 분포상의 영향을 받는 만큼 새로운 문제 또는 상이한 시간과 공간 속에서의 문제들을 해결하는 데 따르는 상대적 이익이나 특혜의 배분은 그런 이익에 대한 권리를 가장 잘 주장할 수 있는 행위자, 다시 말해 힘이 센 행위자의 이해관계를 반영하는 경우가 많다. 그렇기 때문에 정치 구조가 아무리 잘 고안된다 하더라도 국제정치에서 결과를 결정하는 궁극적인 요인은 언제나 권력이다.



다면 국제관계에서 중요한 것은 오로지 권력뿐 그 외에는 아무것도 없을까? 정반대일 수도 있다. 모겐소(1946: 177-178)가 주장한 바에 따르면 사람이란 본질적으로 정치적인 동물이기도 하지만 동시에 도덕적인 동물이기도 한 까닭에 모든 정치적 행위에는 윤리적인 의미가 따른다. E. H. 카(1964: 235)가 주장한 바에 따르면 "어떤 국제 질서라 하더라도 도덕성이라는 요소를 무시하는 현실주의는 현실적이지 못하다." 고전 현실주의에서 권력의 존재를 인정하지 않는 도덕이론은 쓸모없다고 간주된다. 마치 도덕성을 결여한 권력 행사가 공허함과 마찬가지인데, 거기에는 실용적이며 철학적인 두 가지 이유가 있다. 실용적인 이유라 함은 사람이란 도덕적인 존재여서 도덕성을 결여한 권력을 받아들이려고 하지 않기 때문이라는 것이다. 정치적 지배력이라는 주제를 논할 때 우리가 여기서 시도하려는 구분, 다시 말해 선한 목적으로 행사된 권력과 악한 목적으로 행사된 권력 사이의 구분에 대해서는 별 이견이 없으며, 전자를 지지하고 후자를 반대하는 결론에 쉽게 다다른다[예를 들어 모겐소(1946: 176-178)와 투키디데스Thucydides, B.C. 471~B.C. 400?에 대한 배그비(Bagby, 1994)의 논의 참조]. 철학적 이유는 권력이란 그 자체가 공허하므로 권력을 가지고 무엇을 할지에 대한 구체적인 개념이 없다면 아무것도 이룰 수 없기 때문이라는 것이다. 사실 "이상향적 이상주의의 특징적인 결함은 순진무구하다는 점이며, 현실주의의 특징적인 결함은 내용이 빈곤하다는 점이다"(Carr, 1964: 12). 따라서 고전 현실주의는 국제정치학이라는 학문을 권력에 대한 욕구와 도덕에 대한 욕구 사이의 실질적인 균형, 다시 말해 권력과 도덕에 대한 합合을 의미함으로 파악했다(Kubálková, 1998).

요약하자면 애초부터 현실주의는 이상주의의 대체물이 아니라 이상주의의 결점을 교정하기 위해 필요하다고 간주되어왔다. 고전 현실주의자들에게 이상주의가 필요한 이유는 행동 때문이 아니라 정보를 얻기 위함이며, 국제정치학을 탐구하려는 우리의 관심을 불러일으키는 기초가 되기 때문이다. 하지만 현실주의는 국제관계에서 꼭 필요한 한 부분으로 늘 남아 있을 것이다. 여기에서 현실주의자와 '이상향적 이상주의자' 또는 '과학적 인간' 사이의 차이가 무엇이냐는 문제가 발생한다. 후자가 권력에 기초하지 않은 세계 정치의 궁극적인 건설 가능성을 믿고 있다면, 현실주의자들은 그렇지 않다고 믿는다는 차이가 있다. 국제기구들이 아무리 잘 고안되었을지라도, 우리들의 국가 이익이 아무리 잘 조절되었다 하더라도, 그리고 우리들의 생각이 아무리 선하다 하더라도 현실주의자들은 권력이야말로 결과를 좌우하는 궁극의 결정적 요소라고(결정적 원인이 아님에 주의할 것) 생각할 것이다. 인간 본성이나 인간의 제도 가운데 어느 것도 궁극적으로 완전할 수 없는 까닭에 우리는 자신의 목적을 위해 체제를 전복하려는 사람들을 잘 인식하고, 또한 그들을 효과적으로 다룰 수 있도록 늘 경계심을 늦추지 말아야 한다.

그렇다면 좋다. 그러나 이렇게 표현된 현실주의의 전제에 실제로 반대할 사람이 있을까? "국제정치의 본질이 권력관계에 따라 형성된다는 명제는 현실주의라는 개념을 규정하는 특성 가운데 하나로 늘 거론된다. 하지만 이는 현실주의에만 해당되지는 않는다. 그 명제대로라면 국제정치를 연구하는 모든 사람이 현실주의자들일 것이기 때문이다"(Wendt, 1999: 96-97). 이렇게 이야기하는 웬트는 이 논문에서 사용되는 광범위한 현실주의 개념의 유용성을 사전에 견제하려는 듯해 보인다. 그러나 신자유주의자들과 자신을 포함해 웬트가 권력의 중심적 위치를 받아들이는 사람들이라고 판단하는 집단에 속한 많은 사람이 결국은 그러지 않을 것이라는 주장도 가능하다. 예를 들어 모라브치크(1997: 531)는 자유주의 이론에 대한 과학적 접근 방식을 취하는 학자들 명단에 민주적 평화 개념을 주장하는 학자들도 포함시키고 있다.[8] 민주적 평화론자들이 포함되어 있다는 사실에 비추어서 내릴 수 있는 논리적 결론은 만일 모든 국가가 민주화될 경우 더 이상 전쟁은 일어나지 않으리라는 점이다. 달리 표현하자면 올바른 민주적 정치체제를 보편화할 경우 군사력을 통한 위협이 제거될 수 있다는 것이다. 이런 이상주의적 결론은 현실주의와는 양립될 수 없다. 신자유주의적 제도주의자들은 국제적 제도가 적절하게 마련되어 있을 경우 어떤 특정 문제 영역에서 국제적 협력이 이루어질 수 있다고 주장한다(Keohane and Nye, 1977; Keohane, 1984; Haas, Keohane, and Levy, 1993; Keohane and Martin, 1995).[9] 일단 이런 제도가 정착되면 권력은 더 이상 문제가 될 수 없는 것이다. 따라서 최소한 특정 문제 영역에서 신자유주의적 제도주의자들은 이상주의자들이다. 제도를 완벽하게 만들면 국가 권력이 필요 없다고 주장하고 있기 때문이다.

이 모든 것이 의미하는 바는 여전히 이상주의자들이 존재한다는 점이다. 오래된 규범적 또는 이데올로기적 개념상의 자유주의자들이 여전히 존재한다는 점이다. 국제정치를 연구하는 모든 학자가 현실주의자는 아니다. 하지만 구성주의자들의 경우는 어떤가? 앞 문단에서 인용한 웬트의 말이 있는데도 미국에서 활동하고 있는 오늘날의 구성주의 이론가들 대다수는 사실상 자유주의적 이상주의자들이라는 주장



8_ 이런 변형에 대해 모라브치크는 '공화적 자유주의'라는 좀 더 광범위한 이름을 붙이고 있다. 평화를 지향하는 공화적 자유주의의 이상주의적 성격에 대해서는 도일(Doyle, 1983a, 1983b)과 칸트(1957) 참조.

9_ 이 학자들 가운데 어느 누구도 보편적 이상주의의 주장을 내놓고 있지는 않다. 그들의 주장은 국제적 제도의 협력 효과를 위한 제한적, 점증적 영역이다. 이 사고학파들은 자신들의 이름표에 붙어 있던 '신자유주의적'이라는 부분을 최근 잃어버린 듯해 보인다. 그 결과 '제도주의자들'이라고 일컬어지는 경우가 많다.

이 나올 법하다. 이런 주장을 뒷받침하는 논거는 두 가지로 제시될 수 있다. 바로 거시적 관점과 미시적 관점이다. 전자가 사물을 고찰하는 방식은 구성주의의 특성을 일반적 접근법으로 파악하는 것이며, 후자는 선도적 구성주의 이론가들의 저술을 특별한 관심을 가지면서 참조하는 것이다.

구성주의를 실천하는 학자들과 비판하는 학자들 모두는 거시적 관점에서 구성주의의 특징을 명시적으로든, 묵시적으로든 자유주의적 이상주의라고 규정하는 경향이 있다. 더욱이 그런 특징에 대해 논쟁이 벌어지는 경우도 거의 없다. 예를 들어 국제관계학에서의 규범에 대한 연구를 분석한 최근의 논문에서도(Finnemore and Sikkink, 1998: 916) 오늘날의 규범에 대한 연구를 E. H. 카의 이상향적 이상주의와 명백히 거리를 두고 있다. 하지만 이 논문은 규범 연구를 다시 소개하는 근본적인 이유를 "'당위ought'가 어떻게 '현실is'이 되는지를 있는 그대로 보여주기 위함"이라고 주장하고 있다. E. H. 카의 이상향적 이상주의와 거리를 둔다는 주장은 오늘날의 학자들이 활용하는 경험주의적 연구의 기준이 향상됨으로써 구성주의 연구 작업을 정치이론적 작업이라기보다는 경험적 증거를 체계적으로 활용하는 작업으로 만든 데 기인한다(Finnemore and Sikkink, 1998: 890). 본질적으로 파인모어와 시킹크가 주장하는 요점은 E. H. 카의 이상향적 이상주의에는 세계관이 아니라 방법론적인 측면에서 결함이 있다는 것이다. 그들이 명료하게 밝히고자 하는 바는 구성주의의 특징이라고 할 국제관계학 이론에서의 규범과 관념에 대한 연구에는 이 두 현상이 세계를 개선하는 각각의 방식에 대한 탐구가 포함된다는 것이다. 구성주의를 탄생시킨 원조 학자들 가운데 한 사람인 오너프Onuf(2001)가 구성주의를 분석한 최근의 한 논문은 구성주의를 자유주의적 제도주의와 명백히 동일시하고 있다(Sterling-Folker, 2000).

신현실주의와 후기 모더니즘의 두 시각에서 구성주의를 비판하는 학자들 역시 구성주의가 국제관계에서의 권력 역할에 대해 충분히 인정하지 않는 자유주의적 이상주의와 관련된다는 점을 지적하고 있다. 예를 들어 후기 모더니즘과 페미니즘 사이의 관계를 분석한 최근의 한 논문에서 로셔와 프뤼글(Locher and Prügl, 2001)은 구성주의의 '전환적' 특성에 찬사를 보내면서도 국제정치학의 구성에서 권력의 중심적 역할을 받아들이지 않는 점을 비판하고 있다. 이런 지적은 고전 현실주의자들이 자유주의적 이상주의를 비판하던 모습과 닮아 있다. 다시 말해 세계를 변화시키는 데 권력이 배제된 채 이상이 해낼 수 있는 능력을 너무 많이 강조한다는 것이다.



구성주의에 대한 신현실주의자들의 비판이 이와 아주 비슷하다. 예를 들어 미어셰이머 교수는 자신이 쓴 논문 〈국제적 제도의 그릇된 약속〉The False Promise of International Institutions, (1994/1995: 37-47)에서 비판이론의 특성을 관념과 담화의 양식을 창조하고 해체할 때 권력이 담당하는 역할에 대해 다루지 않고 세계 정치 변혁에 초점을 맞추고 있다는 점에서 찾고 있다. 아울러 그는 구성주의를 비판이론의 일부로 포함하고 있다. 미어셰이머의 장황한 논문이 실렸던 잡지에 이에 대한 반응으로 나중에 여러 논문이 실렸는데 그 가운데 두 개는 스스로 구성주의자라고 하는 학자들이 쓴 논문이었다. 그 가운데 하나를 쓴 러기(1995)는 올바른 국제적 제도는 권력 정치에만 관심을 가지기보다 분명 세계를 더 나은 공간으로 만들고 있다는 전통 자유주의적인 관점의 주장을 제시했다. 웬트(1995)가 쓴 다른 논문은 구성주의에 대한 미어셰이머의 논쟁적인 묘사에 포함된 오류를 지적하면서도 이상향적 이상주의자로 일컬어짐을 우려하는 모습을 보여주었다. 그는 우리가 이미 관찰해오고 있듯이 이상향적 이상주의자임이 분명하다.

미시적 관점으로 눈을 돌려 구성주의자들이 사실상 압도적으로 자유주의적 이상주의자들이라는 점을 한번 살펴보자. 구성주의 학자들의 저술을 여기서 낱낱이 검토하기란 물론 불가능하다. 대신에 여기서는 스스로를 오늘날의 구성주의자라고 묘사하는 학자들의 저술에서 볼 수 있는 자유주의적 이상주의를 향한 두 가지 특별한 경향에 주안점을 두고자 한다.[10] 첫 번째 경향은 상대적으로 덜 비판적인 방식으로 자유주의적 이상주의와 양립될 수 있는 문제 영역을 선택해 연구하는 것이다. 두 번째는 자유주의적 이상주의 성향의 이론들을 철학적인 시금석으로 활용해보는 것이다.



우리는 규범적 성향을 방법론적인 접근법에 기인하는 것으로 돌려 학자들이 초점을 맞추고자 하는 주제에 따라 생긴다고 판단한다면 물론 온당치 못할 것이다. 그렇지만 어떤 유형의 문제들에 대해 자아 비판적이지 않은 방식으로 접근하는 경향도 있음을 우리는 안다. 익히 알려진 주류 구성주의 학자들 가운데 많은 사람이 인권(Sikkink, 1993; Klotz, 1995; Keck and Sikkink, 1998; Risse, Ropp, and Sikkink, 1999;

10_ 이 논의의 목적은 여기에 포함된 저술들이 여기에서 언급되지 않은 것들에 비해 구성주의 이론에서 더 중요하거나 중심적인 위치에 있음을 알리려고 함이 아니다. 이들을 선택하는 과정에서 어떤 체계적인 기준이 있지도 않았다.

Burgerman, 2001)이나 안보공동체(Adler and Barnett, 1998), 또는 다자주의(Ruggie, 1993) 같은 문제에 초점을 맞추고 있다고 해서 그들이 자유주의적 이상주의자가 되지는 않는다. 오히려 그들을 그렇게 만드는 것은 그들이 그런 문제들에 초점을 맞추는 방식이라고 봐야 한다. 세 가지 문제 가운데 첫 번째 사례를 보자면 인권에 대해 저술 활동을 하는 구성주의자들은 대체적으로 국제적 시민사회의 역할에 따라 국가의 행위가 개선될 수 있다고 생각한다. 그들이 국제적 시민사회를 어떻게 이해하느냐는 문제 되지 않는다.[11] 이것이 바로 응용 구성주의로서 간間주관주의적 규범이 이해관계의 정의에 영향을 미친다는 것이다. 그러나 이것을 또한 자유주의적 이상주의의 면모라고도 볼 수 있는데, 왜냐하면 이 규범들을 전파하는 데 관여하는 국제적 시민사회의 요소들처럼 이 규범들 역시 대체적으로 비판의 여지없이 좋은 것이라고 받아들여지고 있다는 점 때문이다.

이와 비슷하게 규범적 성향이 이론적 선구자들에 기인하는 방법론적인 접근법이며 그들의 영향을 받은 후진 학자들로 말미암아 발생하는 현상이라 판단한다면 그것도 온당한 일은 아니다. 그러나 미국의 구성주의 학자들이 정치학 이론가들의 저술을 활용하는 경우가 많아(방법론과 인식론을 원용하는 사회학 이론가들은 그렇지 않다) 이 이론가들은 자유주의적 이상주의의 성향을 보이는 경우가 많다. 그 좋은 사

11_ 시킹크(1993)는 원칙 있는 현안 네트워크(principled issue-networks)에 대해 이야기하고 있으며, 케크와 시킹크(1998)는 지지의 네트워크(advocacy networks)를, 그리고 버거맨(2001)은 그저 행동주의자들을 거론한다. 이들 가운데 누구도 자신들의 연구 대상이 세계적 시민사회의 특성을 부분적으로 지닌다는 사실을 반대하려고 들지는 않을 것이다. 버거맨은 행동공동체와 다자주의를 비판 없이 거론하고 있다.

례가 웬트다. 그는 국제관계학에서의 권력의 역할과, 따라서 이 논문에서 개념을 규정하는 현실주의의 기본 전제를 받아들이노라고 주장한다. 그러나 그는 또 칸트를 거론하면서 국제적 무정부 상태의 내생적 역동성은 진보적이라고 주장한다. 다시 말해 외생적 충격이 없을 경우 무정부 상태의 문화는 홉스가 이야기하는 적들의 세계에서 로크John Locke, 1632~1704가 이야기하는 경쟁자들의 세계를 거쳐 마지막으로는 칸트가 이야기하는 우방의 세계로 이어진다(Wendt, 1999: 308-312). 일단 칸트가 이야기하는 우방의 '역할관계'(Wendt, 1999: 309)에까지 도달한 이상 국제정치학이 퇴보할 가능성은 없을 것이다. 따라서 무정부 상태의 사회적 구성을 변화함으로써 우리 주변의 국가들이 적이 될지, 경쟁국이 될지 걱정할 필요는 줄어들 수 있다.

또 다른 사례를 하버마스Jørgen Habermas, 1929~의 저술에 대한 구성주의자들의 연구에서 살펴볼 수 있다(예를 들어 Linklater, 1990, 1998; Lynch, 1999; Risse, 2000). 소통의 합리성 같은 관념을 사용하면서 하버마스는 소통 행위와 잘 조성된 공적 공간이 해방의 힘이 될 수 있음을 주장했다. 통상적으로 그는 비판이론가로 알려져 있지만, 어떤 점에서는 자유주의적 이상주의자다. 정치적 진보와 정치적으로 옳은 생활이 어떤 것인지에 대해 명확한 생각을 가졌다는 점에서 그는 이상주의자인 것이다. 또한 정치적으로 옳은 생활이라는 그의 생각이 개인의 자아 표현에 근거를 두고 있으며, (도구적 합리성은 아닐지라도)합리성이라는 형태를 취한다는 점에서도 이상주의자다. 하버마스 이론을 원용하는 구성주의 학자들의 연구는 (공적 영역을 중시하는)사회이론을 (공적 영역을 선하게 보는)규범적 이론에서 쉽사리 분리할 수 없다.

어떤 특정 문제 영역을 찾거나 자유주의적 이상주의 성향의 연구를 선호하는 철학적 시금석에 기대는 이 두 가지 경향 가운데 어느 것도 보편적이지 않음은 분명하다. 예를 들어 홀Hall(1977)은 합법성이야말로 권력이라고 명확하게 이야기한다. 그런가 하면 파인모어(1996)는 자유주의 이론을 이데올로기적 공약을 위한 업무에 활용하고 있다. 그 외에도 여러 사례가 있겠지만 아마도 이상에서 거론한 구성주의 이론가들 모두는 미국에서 활동하고 있을 것이다. 따라서 넓은 의미에서의 구성주의보다는 미국 구성주의에 국한된 자유주의적 이상주의의 경향이라고 주장해야 좀 더 공정하고 정확할 것이다. 미국 이외 지역 학자들이 연구하는 구성주의 이론에 대해서는 페트만Pettman(2000), 피에르케와 예르겐슨(Fierke and Jørgensen, 2001)을 살펴볼 필요가 있다. 미국의 구성주의와 자유주의적 이상주의 그 자체 사이의 상관관계는 현실주의적 구성주의 학자들이 잘 연구할 만한 주제로 보인다.



### 현실주의적 구성주의

지금까지의 논의를 통해 국제관계학 연구 방법론으로서의 구성주의가 이상주의적일 필요는 없지만 실제 미국 같은 경우 자유주의적 이상주의의 경향을 보인다는 사실을 알게 되었다. 이 말은 구성주의나 자유주의적 이상주의 어느 쪽도 폄훼하려는 의도가 아니다. 고전 현실주의자들은 도덕적 관념들이 국제정치적 관행의 필수적이면서도 필요한 부분이며, 이상향적 전망이 없고 도덕성을 결여한 정치적 현실주의는 공허하고 지향점이 없다는 점을 아주 명백히 주장했다. 따라서 현실주의적 구성주의자는 그 당연한 결과로써 자의식을 가진 이상주의적 구성주의를 요구함으로써, 그리고 관념은 물론 이상에 대한 연구가 국제정치를 완전히 이해하는 데 빠질 수 없는 부분이라고 주장함으로써 이상주의의 복원에 도움을 줄 수 있을 것이다. 구성주의자들의 출발점은 원래 고전 현실주의보다는 구조적 현실주의의 '구조' 부분에 대한 비판이라고 할 수 있다. 구조적 현실주의는 고전 현실주의에 비해 도덕적 규범을 훨씬 적게 받아들인다. 고전 현실주의자들의 주장은 도덕적 규범을 구현하려는 어떤 정치라 할지라도 권력정치를 통해 단련되지 않으면 영향력을 행사할 수 없다는 점이다.

이런 주장의 논리적 귀결은 '권력과 도덕성 사이의 타협'을 다루지 않는 한(Carr, 1964: 210) 정치적 변화라는 현상을 성공적으로 다룰 수 없다는 점이다. 흥미롭게도 이처럼 변화를 제대로 설명할 수 없다는 사실은 신현실주의 학자들을 비판할 때, 특히 왈츠(1979)의 다양성을 비판할 때(예를 들어 Ruggie, 1983b; Walker 1987) 반드시 등장하는 논리다. 그런 점에서 왈츠는 한 바퀴를 돌아 카와 모겐소를 돋보이게 하는 배경이 되어준 윌슨적인 이상주의자들로 돌아온 셈이다. 왈츠의 권력 구조 이론은 도덕성에 대한 관점이 없기 때문에 권력에 대한 논의가 없는 도덕 구조 이론들이 그랬던 것과 마찬가지 방식으로 정적靜的인 모습이 되고 만다. 순수한 현실주의와 순수한 이상주의 그 어느 것도 정치적인 변화를 설명할 수 없다. 도덕이란 보편적이라기보다 그때그때의 상황에 따른다는 전제 아래 두 가지 이론이 상호 작용을 함으로써만이 가능하다.

따라서 구성주의적 방법론이 국제정치학의 저술들을 조명할 수 있는 한 서로 별개이면서도 동시에 변증법적 관계에 있는 이상주의적 구성주의와 현실주의적 구성주의 모두는 국제체제에서의 변화를 설명하고 밝히는 데 필요한 것들이다. 이상주의적 구성주의로서는 이상에 대한 연구와의 차별성을 강조하고자 관념만을 연구한다고 주장해야 할 어떤 필요도 없어진다. 현실주의적 구성주의로서는 권력 구조가 국제관계에서의 규범적 변화 유형에 어떤 방식으로 영향을 미치는지, 그리고 반대로 특정 규범들이 권력 구조에 어떤 영향을 미치는지를 살펴보고자 한다. 앞에서 거론했던 여러 이상주의적 구성주의 이론가는 자신들이 이미 이런 작업을 하고 있노라고 대답할 수도 있다. 예를 들어 중남미의 인권 네트워크를 연구하는 어떤 학자는 인권이라는 규범이 전통적 지배 엘리트들 대신에 비정부기구에 권한을 부여함으로써 권력 구조를 바꿀 수 있음이 자신의 확고한 주장이라고 대답할 수 있을 것이다. 그러나 이런 연구의 근저에는 반드시 도덕적 이상주의가 있기 마련이다. 다시 말해 그런 비정부기구들이 행사하는 권력이 전통 엘리트들이 장악하고 있는 권력보다 낫다는 도덕적 이상주의다. 따라서 후자에서 전자 쪽으로 권력이 더 많이 이전되면 될수록 더 낫다는 것이다.

우리는 이런 도덕적 관점에 쉽사리 동의할 수도 있다. 그러나 권력을 궁극적으로 행사하는 사람들은 특정 목적을 위해 권력을 적극적으로 확보하는 사람들이라고 현실주의자들은 대답한다. 더구나 도덕적 이상을 실현하고자 권력을 사용했다 할지라도 그 권력 행사를 통해 추구하려는 모든 목표가 상호 양립될 수 있지는 않다. 모든 도덕적 이상은 상호 양립될 수 없기 때문이다. 다시 말해 문제의 인권이라는 규범이 국가들 사이의 관계에서 널리 받아들여진다 하더라도 여전히 권력은 중요하지 않을 수 없는 것이다. 규범을 배경으로 권력을 장악한 특정 집단들이 어느 순간 자신들의 목표가 서로 다르다는 사실을 발견하게 된다. 그 순간 중요해지는 것은 그들 사이의 상대적 권력이다. 어떤 특정한 시점에 국제체제의 모든 행위자가 동일한 기본 규범 체계를 받아들인다 하더라도 그들은 이 규범 체계들을 합리적인 계산에 따른 이기적 이유에서건, 또는 심리적 이유에서건 각자 나름대로 달리 해석할 것이다(예를 들어 Jervis, 1976; Rosati, 2000; Shannon, 2000). 해석이 서로 다를 때에는 해석을 주도하는 사람의 권력이 더 중요해진다. 따라서 현실주의적 구성주의의 역할은 도덕적 관점에서 회의적인 시각으로 권력과 국제적 규범 사이의 상호관계를 살피는 일이다(Loriaux, 1992).

이런 도덕적 회의주의에는 이상주의와 현실주의 사이의 핵심적인 차이점이 내재해 있다. 이상주의는 어떤 한 가지 이상을 인정한다. 다시 말해 우리가 확보하고자 애써야 하는 보편적인 정치적 도덕성이 존재한다고 인정한다. 현실주의는 보편적 정치 도덕이란 존재하지 않으며, 따라서 자신의 도덕이 우월성을 인정받고자 한다면 권력을 행사해서라도 그렇게 만들어야 한다. 하지만 고전 현실주의자들은, 특히 E. H. 카는 관계가 양쪽으로 사용될 수 있음을 우리에게 경고한다. 다시 말해 도덕이 권력의 도구로 사용될 수도 있다는 것이다. 그렇기 때문에 우리가 중요하다고 생각되는 정치적 도덕성을 증진하기 위해 권력을 행사할 때 그것을 바라보는 상대방은 단순히 우리 이익을 증진하고자 하는 권력 행사라고 판단할 수도 있다. 더욱이 정치철학에 따르면(예를 들어 Jervis, 1976) 우리가 우리의 권력 행사를 도덕적 목적을 위한 것이라고 스스로 정당화할 경우 이는 우리 스스로를 속이는 결과가 될 수 있고, 또한 다른 목적으로 취하는 행동을 도덕적인 것이라고 정당화할 수도 있다. 그러므로 정치적 도덕성이 없는 권력이 공허하다 할지라도 권력을 정당화하기 위해 행사되는 도덕에 대해서는 그것이 우리 편이 주장하는 도덕이든, 상대편이 주장하는 도덕이든 상관없이 어느 정도 회의적인 시각에서 바라봐야 한다는 것이 고전 현실주의자들의 주장이다.

이렇게 논의를 진행시키고 나니 고전 현실주의가 국제관계학에 적용된 어떤 비판이론처럼 들리기 시작한다(예를 들어 Ashley, 1984). 사실 《20년의 위기》의 일부분은 윌슨적인 이상주의에 대한 푸코Michel Foucault, 1926~1984의 비판처럼 들리기도 한다(Foucault, 1980; 그 외에도 Ashley, 1984; Der Derlan, 1990; Walker, 1990b, 1993). 이 자료들은 국제 무대에서의 정치적 행위는 아무리 좋은 의도에서 행해졌다 하더라도 권력 분포에 파급 효과를 가져와서 취해진 행위의 궁극적인 효과와 이 행위를 바라보는 상대방의 인식에 영향을 미친다는 주장을 담고 있다. 따라서 국제연맹 같은 경우 그것이 국제 평화를 증진하려는 의도에서 현상유지 국가들을 통해 창설되었는데도 이를 창설한 국가들의 상대적 권력을 강화하기 위한 것이라고 본 국가들이 있었다. 비슷한 경우로 미국의 구성주의에서 보이는 자유주의적 이상주의 경향도 중심부의 현상유지 국가들에서 떨어진 외부 국가들의 시각에서 바라볼 경우에는 현상現狀을 유지하려는 행위일 수도 있다. 그리고 몇몇 후기 모더니즘 경향의 국제관계 이론 비평가는 실제로 그런 비판을 했었다(예를 들어 George, 1994: 127).

현실주의적 구성주의는 이런 문제를 특히 잘 다룰 수 있다. 현실주의적 구성주의는 규범 체계, 정치 도덕의 매개자, 그리고 권력 행사 사이의 관계를 분석할 수 있다. 그 결과 현실주의적 구성주의는 (정치 도덕에 대해 궁극적으로 정적인 시각을 유지하는)이상주의적 구성주의도, (정치 도덕을 거부하는 시각을 지닌)실증적-유물론적 현실주의도 다룰 수 없는 방식으로 국제관계에서의 변화 문제를 다룰 수 있게 된다. 그렇게 함으로써 현실주의적 구성주의는 국제관계학에서의 이론화 작업에서 주류 이론과 비판이론 사이의 차이를 메울 수 있는 것이다.[12] 현실주의적 구성주의가 차이를 메우는 작업은 부정적인 특성이 내재되지 않은 대다수 비판이론에서 볼 수 있는 권력에 대한 초점을 '으로to'의 해방보다는 '에서from'의 해방에 유념하면서 그 이론의 해방 계획에 적용함으로써 가능해진다(Spegele, 1996; Wæver, 1996; Patomäki and Wight, 2000). 또한 현실주의적 구성주의는 권력에 대한 모든 연구에 후기 모더니즘 이론의 주관에 대한 연구 텍스트와 실증적 현실주의의 객관적 현상에 대한 연구뿐만 아니라 구성주의의 간間주관성에 대한 연구, 다시 말해 규범과 사회적 규칙에 대한 연구까지를 포함함으로써 주류 이론과 비판이론 사이의 차이를 메울 수 있다.

그렇다면 결과적으로 이런 논의가 국제관계학 분야의 연구 수행과 담화에 대해 어떤 의미가 있을까? 구성주의자들은 구성주의가 방법

12_ 주류 구성주의와 비판이론 사이의 관계는 그 자체가 논쟁의 주제이다. 예를 들어 이 관계에 대한 다른 시각으로써 Price and Reus-Smit(1998)와 Kubálková, Onuf, and Kowert(1998) 참조.

론, 인식론 또는 존재론 같은 어떤 방식으로 이해되더라도 현실주의, 자유주의, 마르크스주의의 패러다임처럼 이해되어서는 안 된다는 점을 강조한다. 여기서 패러다임이라 함은 정치가 어떻게 작동하느냐에 대한 일련의 가정을 일컫는다. 또 구성주의란 정치를 어떻게 연구할지에 대한 일련의 가정을 일컫는다. 따라서 구성주의는 현실주의를 포함해서 (정치를 어떻게 연구하느냐에 대한 다른 가정들, 예를 들어 합리주의처럼) 다양한 패러다임과 양립될 수 있다. 이상주의적 구성주의자들에게(여기서 이상주의라 함은 관념보다는 이상을 가리킨다) 지금까지의 논의가 의미하는 바는 현실주의적 구성주의가 기회로 파악되어야 한다는 점이다. 이상의 역할에 대한 의문에서 관념의 역할에 대한 의문을 구분함으로써 이상에 특별히 집중하는 일이 가능해지며, 《20년의 위기》 이래 이상향적 이상주의와 연결된 오점을 극복하고 그 너머로 나아갈 수 있는 동기를 얻게 된다는 것이다. 다시 말해보자면 지금까지의 논의를 통해 그들이 객관적인 과학의 주장 뒤편에 자신들의 이상을 숨기지 않고 있음을 알 수 있다. 또한 현실주의자들에게 지금까지의 논의는 구성주의가 효과적인 연구 방법이 될 수 있음은 물론, 구성주의적 인식론 및 존재론적 전제들을 다루는 일이 지난 수십 년 동안 현실주의에 대한 혼란스러운 개념 정의가 되어왔던 개인주의적 합리주의와 유물론의 가정을 유용하게 교정해주는 효과도 있다는 점을 알려주고 있다.

# 참고 문헌


Adler, Emanuel and Barnett, Michael. eds. *Security Communities*. Cambridge, UK : Cambridge University Press, 1998.

Archer, Margaret, et al. eds. *Critical Realism: Essential Readings*. London : Routledge, 1998.

Ashley, Richard. "The Poverty of Neorealism," *International Organization* 38. 1994, pp. 225-286.

Ashley, Richard and Walker, R.B.J. "Reading Dissidence/Writing the Discipline : Crisis and the Question of Sovereignty in International Studies," *International Studies Quarterly* 34. 1990a, pp. 367-416.

______. "Speaking and Language of Exile : Dissident Thought in International Studies," *International Studies Quarterly* 34. 1990b, pp. 259-268.

Ayer, Alfred Jules. ed. *Logical Positivism*. Glencoe, IL : Free Press, 1959.

Bachrach, Peter and Baratz, Morton. "Two Faces of Power," *American Political Science Review* 56. 1962, pp. 947-952.

Baldwin, David. *Paradoxes of Power*. New York : Blackwell, 1989.

Bhaskar, Roy. *Scientific Realism and Human Emancipation*. London : Verso, 1986.

Bull, Hedley. "The Theory of International Politics, 1919-1969," in *The Aberystwyth Papers : International Politics 1919-1969*. Brian Porter. ed. London : Oxford University Press, 1972.

Burgerman, Susan. *Moral Victories : How Activists Provoke Multilateral Action*. Ithaca, NY : Cornell University Press, 2001.

Carr, Edward Hallett. *The Twenty Years' Crisis, 1919-1939 : An Introduction to the Study of International Relations*. Reprinted from the earlier edition. New York : Harper and Row, 1964.

Der Derian, James. "The (S)pace of International Relations : Simulation, Surveillance, and Speed," *International Studies Quarterly* 34. 1990, pp. 295-310.

Dessler, David. "What's at Stake in the Agent-Structure Debate?," *International Organization* 43. 1989, pp. 441-473.

Donnelly, Jack. *Realism and International Relations*. Cambridge, UK : Cambridge University Press, 2000.

Doyle, Michael. "Kant, Liberal Legacies, and Foreign Affairs : Part 1," *Philosophy and Public Affairs* 12. 1983a, pp. 205-235.

______. "Kant, Liberal Legacies, and Foreign Affairs : Part 2," *Philosophy and Public Affairs* 12. 1983b, pp. 323-353.

Fierke, Karen and Jørgensen, Knud Erik. eds. *Constructing International Relations : The Next Generation*. Armonk, NY : M.E. Sharpe, 2001.

Finnemore, Martha. *National Interests in International Society*. Ithaca, NY : Cornell University Press, 1996.

Finnemore, Martha and Sikkink, Kathryn. "International Norm Dynamics and Political Change," *International Organization* 52. 1998, pp. 887-917.

Foucault, Michael. *Power/Knowledge : Selected Interviews and Other Writings, 1972-1977*. Colin Gordon. ed. New York : Pantheon, 1980.



George, Jim. *Discourses of Global Politics : A Critical (Re)Introduction to International Relations*. Boulder, CO : Lynne Rienner, 1994.

Gilpin, Robert. *War and Change in World Politics*. Cambridge, UK : Cambridge University Press, 1981.

Grieco, Joseph. "Realist International Theory and the Study of World Politics," in *New Thinking in International Relations Theory*. Michael Doyle and G. John Ikenberry. eds. Boulder, CO : Westview Press, 1997.

Haas, Peter, Keohane, Robert, and Levy, Marc. eds. *Institutions for the Earth : Sources of Effective International Environmental Protection*. Cambridge, MA : MIT Press, 1993.

Hall, Rodney Bruce. "Moral Authority as a Power Resource," *International Organization* 51. 1997, pp. 555-589.

Hellman, Geoffrey. "Realist Principles," *Philosophy of Science* 50. 1983, pp. 227-249.

Holsti, Kalevi J. *The Dividing Discipline : Hegemony and Diversity in International Theory*. Boston : Allen and Unwin, 1985.

Hughes, Barry. *Continuity and Change in World Politics : Competing Perspective*. 4th ed. Upper Saddle River, NJ : Prentice-Hall, 2000.

Jervis, Robert. *Perceptions and Misperceptions in International Politics*. Princeton, NJ : Princeton University Press, 1976.

______. "Realism in the Study of World Politics," *International Organization* 52. 1998, pp. 971-991.

Johnson Bagby, Laurie. "The Use and Abuse of Thucydides in International Relations," *International Organization* 48. 1994, pp. 131-153.

Kahler, Miles. "Rationality in International Relations," *International Organization* 52. 1998, pp. 919-941.

Kant, Immanuel. *Perpetual Peace*. Lewis White Beck. ed. New York : Macmillan, 1957.

Katzenstein, Peter, Keohane, Robert, and Krasner, Stephen. "International Organization and the Study of World Politics," *International Organization* 52. 1998, pp. 645-685.

Keck, Margaret and Sikkink, Kathryn. *Activists Beyond Borders : Advocacy Networks in International Politics*. Ithaca, NY : Cornell University Press, 1998.

Kegley, Charles. "The Neoidealist Moment in International Studies? Realist Myths and the New International Realities," *International Studies Quarterly* 37. 1993, pp. 131-147.

Kegley, Charles and Wittkopf, Eugene. *World Politics : Trends and Transformations*. 8th ed. Boston : Bedford/St. Martin's, 2001.

Keohane, Robert. *After Hegemony : Cooperation and Discord in the World Political Economy*. Princeton, NJ : Princeton University Press, 1984.

Keohane, Robert and Martin, Lisa. "The Promise of Institutionalist Theory," *International Security* 20. 1995, pp. 39-51.

Keohane, Robert, and Nye, Joseph Jr. *Power and Interdependence : World Politics in Transition*. Boston : Little, Brown, 1977.

Kirk, Grayson. *The Study of International Relations in American Colleges and Universities*. New York : Council on Foreign Relations, 1947.

Klotz, Audie. *Norms in International Relations : The Struggle Against Apartheid*. Ithaca, NY : Cornell University Press, 1995.

Kratochwil, Friedrich. "Errors Have Their Advantages," *International Organization* 38. 1984, pp. 305-320.

Kubálková, Vendulka. "The Twenty Years' Catharsis : E. H. Carr and IR," in *International Relations in a Constructed World*. Vendulka Kubálková, Nicholas Onuf, and Paul Kowert. eds. Armonk, NY : M.E. Sharpe, 1998.

Kubálková, Vendulka, Onuf, Nicholas, and Kowert, Paul. "Constructing Constructivism," in *International Relations in a Constructed World*. Vendulka Kubálková, Nicholas Onuf, and Paul Kowert. eds. Armonk, NY : M.E. Sharpe, 1998.

Lapid, Yosef. "The Third Debate : On the Prospects of International Theory in a Post-Positivist Era," *International Studies Quarterly* 33. 1989, pp.235-254.

Lasswell, Harold. *World Politics and Personal Insecurity*. New York : McGraw-Hill, 1935.

Lasswell, Harold and Kaplan, Abraham. *Power and Society : A Framework for Political Inquiry*. New Haven, CT : Yale University Press, 1950.

Lebow, Richard Ned. "Thucydides the Constructivist," *American Political Science Review* 95. 2001, pp. 547-560.

Legro, Jeffrey and Moravcsik, Andrew. "Is Anybody Still a Realist?," *International Security* 24. 1999, pp. 5-55.

Leplin, Jarrett. ed. *Scientific Realism*. Berkeley : University of California Press, 1984.



Lieber, Robert. *No Common Power : Understanding International Relations*. 4th ed. Upper Saddle River, NJ : Prentice Hall, 2001.

Linklater, Andrew. *Beyond Realism and Marxism : Critical Theory and International Relations*. London : Macmillan, 1990.

______. *The Transformation of Political Community : Ethical Foundations of the Post-Westphalian Era*. Columbia, SC : University of South Carolina Press, 1998.

Locher, Birgit and Prügl, Elisabeth. "Feminism and Constructivism : Worlds Apart or Sharing the Middle Ground?," *International Studies Quarterly* 45. 2001, pp. 111-129.

Loriaux, Michael. "The Realists and St. Augustine : Skepticism, Psychology, and Moral Action in International Relations Thought," *International Studies Quarterly* 36. 1992, pp. 401-420.

Lynch, Mark. *State Interests and Public Spheres : The International Politics of Jordan's Identity*. New York : Columbia University Press, 1999.

Mearsheimer, John. *Conventional Deterrence*. Ithaca, NY : Cornell University Press, 1983.

______. "The False Promise or International Institutions," *International Security* 19.

1994/1995, pp. 5-49.

Moravcsik, Andrew. "Taking Preferences Seriously : A Liberal Theory of International Politics," *International Organization* 51. 1997, pp. 513-553.

Morgenthau, Hans. *Politics Among Nations : The Struggle for Power and Peace*. New York : Knopf, 1948.

_______. *Politics Among Nations : The Struggle for Power and Peace*. 6th ed. Revised by Kenneth Thompson. New York : McGraw-Hill, 1985.

_______. *Scientific Man Versus Power Politics*. Chicago : University of Chicago Press, 1946.

Onuf, Nicholas. "The Politics of Constructivism," in *Constructing International Relations : The Next Generation*. Karen Fierke and Knud Eric Jørgensen. eds. Armonk, NY : M.E. Sharpe, 2001.

_______. *World of Our Making*. Columbia, SC : University of South Carolina Press, 1989.

Onuf, Nicholas and Klink, Frank. "Activity, Authority, Rule," *International Studies Quarterly* 33. 1989, pp. 149-174.

Oren, Ido. "Is Culture Independent of National Security? How America's National Security Concerns Shaped 'Political Culture' Research," *European Journal of International Relations* 6. 2000, pp. 543-573.

Patomäki, Heikki and Wight, Colin. "After Postpositivism? The Promises of Critical Realism," *International Studies Quarterly* 44. 2000, pp. 313-337.

Pettman, Ralph. *Commonsense Constructivism : Or the Making of World Affairs*. Armonk, NY : M.E. Sharpe, 2000.

Posen, Barry. *The Sources of Military Doctrine : France, Britain, and Germany Between the World Wars*. Ithaca, NY : Cornell University Press, 1984.

Price, Richard and Reus-Smit, Christian. "Dangerous Liaisons? Critical International Theory and Constructivism," *European Journal of International Relations* 4. 1998, pp. 259-294.

Risse, Thomas. "'Let's Argue!' Communicative Action in World Politics," *International Organization* 54. 2000, pp. 1-39.

Risse, Thomas, Ropp, Stephen, and Sikkink, Kathryn. eds. *The Power of Human*

*Rights : International Norms and Domestic Change*. Cambridge, UK : Cambridge University Press, 1999.

Rommen, Hans. "Realism and Utopianism in World Affairs," *Review of Politics* 6. 1994, pp. 193-215.

Rosati, Jerel. "The Power of Human Cognition in the Study of World Politics," *International Studies Review* 2. 2000, pp. 45-75.

Ruggie, John Gerard. "Continuity and Transformation in the World Polity," *World Politics* 35. 1983, pp. 261-285.

_______. ed. *Multilateralism Matters : The Theory and Praxis of an Institutional Form*. New York : Columbia University Press, 1993.

_______. "The False Premise ot Realism," *International Security* 20. 1995, pp. 62-70.

_______. "What Makes the World Hang Together? Neo-Utilitarianism and the Social Constructivist Challenge," *International Organization* 52. 1998, pp. 855-885.

Schmidt, Brian. *The Political Discourse of Anarchy : A Disciplinary History of International Relations*. Albany, NY : State University of New York Press, 1998.



Schuman, Frederick. *International Politics : An Introduction to the Western State System*. New York : McGraw-Hill, 1933.

Schweller, Randall. *Deadly Imbalances : Tripolarity and Hitler's Strategy of World Conquest*. New York : Columbia University Press, 1998.

Shannon, Vaughn. "Norms Are What States Make of Them: The Political Psychology of Norm Violation," *International Studies Quarterly* 44. 2000, pp. 293-316.

Sikkink, Kathryn. "Human Rights, Principled Issue-Networks, and Sovereignty in Latin America," *International Organization* 47. 1993, pp. 411-441.

Singer, J. David. *Models, Methods, and Progress in World Politics : A Peace Research Odyssey*. Boulder, CO : Westview Press, 1990.

Synder, Jack. "Science and Sovietology : Bridging the Methods Gap in Soviet Foreign Policy Studies," *World Politics* 40. 1988, pp. 169-193.

Spegele, Roger. *Political Realism in International Theory*. Cambridge, UK : Cambridge University Press, 1996.

Sterling-Folker, Jennifer. "Competing Paradigms or Birds of a Feather? Constructivism and Neoliberal Institutionalism Compared," *International Studies Quarterly* 44. 2000, pp.

97-119.

_______. "Realism and the Constructivist Challenge : Rejecting, Reconstructing, or Rereading," *International Studies Review* 4. 2002, pp. 73-97.

Strange, Susan. "The Persistent Myth of Lost Hegemony," *International Organization* 41. 1987, pp. 551-574.

Vasquez, John. *The Power of Power Politics : A Critique*. New Brunswick, NJ : Rutgers University Press, 1983.

_______. *The Power of Power Politics : From Classical Realism to Neotraditionalism*. Cambridge, UK : Cambridge University Press, 1998.

Wæver, Ole. "The Rise and Fall of the Inter-Paradigm Debate," in *International Theory : Positivism and Beyond*. Steve Smith, Ken Booth, and Marysia Zalewski. eds. *Cambridge*, UK : Cambridge University Press, 1996.

Walker, R.B.J. *Inside/Outside : International Relations as Political Theory*. Cambridge, UK : Cambridge University Press, 1993.

_______. "Realism, Change, and International Political Theory," *International Studies Quarterly* 31. 1987, pp. 65-86.

Walt, Stephen. *The Origins of Alliances*. Ithaca, NY : Cornell University Press, 1987.

Waltz, Kenneth. *Man, the State, and War*. New York : Columbia University Press, 1959.

_______. *Theory of International Politics*. Reading, MA : Addison-Wesley. 1979.

Wendt, Alexander. "Constructing International Politics," *International Security* 20. 1995, pp. 71-81.

_______. *Social Theory of International Politics*. Cambridge, UK : Cambridge University Press, 1999.

_______. "The Agent-Structure Problem in International Relations Theory," *International Organization* 41. 1987, pp. 335-370.

Wight, Martin. *Power Politics*. London : Royal Institute of International Affairs, 1946.

Wolfers, Arnold. *Discord and Collaboration : Essays on International Politics*. Baltimore, MD : Johns Hopkins University Press, 1962.

부록 A

# 영국 학파 대 미국 현실주의 : 정신적 교감인가, 같은 언어에 따른 분단인가?*

리처드 리틀Richard Little**

…… 필자는 미국 현실주의와 영국 학파가 20세기 중반에 관념을 발전시켜나간 고전 현실주의자에게로까지 거슬러 올라가는 공통의 지적 유산을 공유하고 있음을 밝히고자 한다. 하지만 현대 미국의 현실주의자들이 이룩한 업적은 고전 현실주의 사고의 한 가닥을 잡아 자신들의 실증주의적 방법론에 의거하여 세련되게 만든 것이다. 그들이 고전 현실주의자들과의 관계를 끊고자 하는 결연한 의지를 스스로 가지고 있었다면 원칙적으로 이런 과정에서 별 문제가 생기지는 않았을 것이다. 그렇지만 이 학파의 구성원들은 후일 어떤 일이 벌어질지 깨닫지 못한 채 고전 현실주의 전통과도 연계된 경우가 더러 있었다.

---

*_논문 출처 : *Review of International Studies* 29, 2003, pp. 443-460.
판권 소유 : British International Studies Association.

** _이 논문의 초고를 읽고 유익한 조언을 해준 테오 파렐(Theo Farrell)에게 감사를 전한다.

역설적이게도 이와 정반대 주장이 영국 학파를 창시하던 초기 선구자들에게 적용될 수 있다. 예를 들어 불Hedley Bull, 1932~1985은 고전 현실주의자들과의 결별을 명확하게 선언했고, 모겐소의 저술들은 '반면교사적 실패'이며 '이런 부류의 연구 노선이 총체적으로 붕괴'했음을 의미한다고 주장했다.[1] 그런데도 앨더슨Kal Alderson과 허렐Andrew Hurrell은 국제사회라는 개념이 '국제적 생활의 사회적 성격'을 간과한 것으로 평가되는 고전 현실주의와의 '한판 전투'를 거치면서 생겨났다는 점을 인정하고 있다.[2] 하지만 실제로 두 학파의 논리가 중첩되는 부분은 앨더슨과 허렐이 인정하는 것보다 훨씬 크다. 이들의 저서들을 잘 읽어 보면 영국 학파 논리의 핵심 개념들이라고 할 수 있는 '국제체제, 국제사회, 세계 사회, 국제적 정의' 따위를 왕성한 활동을 보였던 모겐소 같은 고전 현실주의 학자들의 저술들 속에서 분명히 발견할 수 있다.

따라서 영국 학파의 활동은 고전 현실주의의 명시적으로 드러난 부분보다는 내재적으로 숨어 있는 접근법을 명확하게 밝히는 일이라고 할 수 있다. 이 논문의 도입부에서는 영국 학파와 고전 현실주의 사이의 이런 연계성을 탐구해봄으로써 영국 학파의 학문적 특징이 무엇인지를 밝혀보고자 한다. 또한 영국 학파의 관점에서 볼 때 고전 현실주의에는 있는 중요한 사회적 요소 한 가지가 현대 미국 현실주의에는 결여되고 있는데, 그 이유가 무엇인지도 밝혀보고자 한다. 따라서 영



1_ Bull, cited in Kal Alderson and Andrew Hurrell, *Hedley Bull on International Society* (London : Macmillan, 2000).

2_ Ibid.

국 학파의 관점에서 미국 현실주의는 국제관계를 왜곡하거나 명백히 불완전하게 이해하게 하는 일차원적인 설명이라고 할 수 있다. 이 논문의 두 번째 부분에서는 오늘날의 국제정치학을 이해할 때 이렇게 빠진 요소가 얼마나 큰 보탬이 되는지도 보여줄 것이다.

마지막으로 결론 부분에서는 영국 학파에 대한 미국 현실주의자들의 주류 비판으로 돌아올 것이다.

## 고전 현실주의와 영국 학파

고전 현실주의와 영국 학파 사이에는 중요한 연계 고리가 있다. 이 연계는 영국 학파의 사고에서 토대를 이루는 중심 개념, 그러니까 국제체제, 국제사회와 세계사회, 그리고 국제적 정의를 살펴보면 잘 알 수 있다. 이런 논의를 통해 알 수 있는 점은 영국 학파가 이 개념들을 중요하게 생각하기는 했지만 그들의 논리를 거슬러 올라가보면 하나하나가 모두 고전 현실주의에서 시작되고 있다는 사실이다. 이 연결 고리를 면밀히 살펴보면 미국 현실주의자들이 국제정치학의 사회적 차원에 대한 생각을 도외시한 채 고전 현실주의 논리의 한 가지 요소만을 강조했다는 사실이 드러나게 된다.

### ◆ 국제체제

전통적 지식에 따르면 고전 현실주의자들의 가장 중요한 관심사는 국제체제의 역동적인 측면, 특히 세력 균형과 관련된 역동성이다. 하지만 모겐소에게 이런 평가는 다소 조정되어야 할 필요가 있다. 모겐소는 국제체제 속에서 세력 균형이 작동하는 방식과 국제사회에서 세력

균형이 작동하는 방식 사이에 차이가 있음을 은연중에 구분하고 있다. 영국 학파 학자들이 국제체제와 국제사회 개념을 명확히 구분해 사용하지는 않지만, 그 두 가지가 공존한다는 점을 가정하는 입장은 동일하다. 따라서 규범적인 측면을 모두 논외로 하는 세력 균형 이론은 현대 미국 현실주의자들의 특징이다.

영국 학파가 생각하는 국제체제는 "국가들이 서로 정상적인 접촉을 유지하고, 나아가 그들 사이에 충분한 상호 작용이 이루어져 어떤 국가가 행동을 취할 때 상대방 국가의 행동을 반드시 계산에 넣는" 모습이다.[3] 고전 현실주의자들 역시 비슷한 입장을 취한다. 모겐소 같은 경우 어떤 국가가 경쟁 국가를 희생시키면서 제국주의적 정책을 추구하고자 능력을 키울 경우 반드시 "다른 국가도 그에 상응하는 힘을 키울 것"이라는 자동적 법칙이 있음을 인정한다.[4] 따라서 체계적으로 작동하는 세력 균형은 무정부 상태의 국제사회에서 통상적으로default 취하는 입장이다. 국제정치에 대한 미국 현실주의 이론은 바로 이러한 논리적 특징을 가지고 있다. 그리고 이런 사고방식이 고전 현실주의자 또는 영국 학파에서 발전되었다기보다 포괄적이며 일관성 있는 체계적 세력 균형 이론에서 유래하고 있음은 의심할 여지가 없다. 그러나 그 결과 탈냉전 세계의 단극성이 끈질기게 지속되는 현상은 다른 두 학파보다는 미국의 현실주의자들에게 훨씬 더 이례적인 일이 되고



3_ Hedley Bull, *The Anarchical Society : A Study of Order in World Politics* (New York : Columbia University Press, 1977), p. 10.

4_ Hans J. Morgenthau, *Politics Among Nations : The Struggle for Power and Peace*, 5th ed. (New York : Alfred A. Knopf, 1973), p. 174.

있다. 그리고 미국이 균형을 유지하려는 대항 세력의 동맹을 통해 왜 견제되지 않는지를 설명할 만한 명확한 대답도 없다.

하지만 고전 현실주의가 전제하는 바는 세력 균형이 사회적 규범이라는 차원에서만 효과적으로 작동될 수 있다는 점이다. 국가들마다 상대방의 도덕적 지위를 인정하지 않는다면 각국은 무제한의 '잔악하고도 격렬한' 투쟁에 몰입하는 스스로를 발견할 수 있을 뿐이다.[5] 순수한 의미에서의 체계적 균형은 사회적 균형과 큰 차이가 있다. 모겐소는 체계적인 균형이 홉스적인 '자연 상태'와 닮았다고 주장한다.[6] 반면에 고전 현실주의자들이 국제체제에 세력 균형을 이루려는 '자동적 경향'이 있음을 가정한다고 인정하면서도 영국 학파는 '세력 균형을 향한 불가피한 경향'에 대해서는 반대 입장을 견지한다. 국가들이 자원과 에너지를 다른 용도로 사용하기를 선호하면서 상대적 권력을 극대화하기 위해 항상 노력하지는 않기 때문이다.[7] 그 결과 불은 '우연한' 세력 균형이라는 개념을 제시하는데, 이는 체제를 구성하는 국가들이 '의도적인 노력'을 하지도 않았는데도 이루어지는 균형 상태를 일컫는다.[8] 이런 결과는 강력한 영향력을 행사하는 두 국가가 하나의 국제체제 속에서 주도권을 쟁취하고자 겨루는 상황에서 가장 나타나기 쉬운 모습이다. 이런 결과는 관련 국가들이 추구하는 목표들과 무관하기 때문에 체제의 산물이라고 여겨진다. 왓슨Adam Watson,



5_ Ibid., p. 256.
6_ Ibid., p. 225.
7_ Bu ll, *The Anarchical Society*, p. 107.
8_ Ibid., p. 100.

1914~2007이 이야기하듯이 체제의 압력은 "관련 공동체의 의지 외부에서 작동한다는 점에서 기계적으로 작동한다."[9] 더욱이 불은 모겐소와 비슷한 주장을 제시한다. 다시 말해 압도적인 영향력을 과시하는 두 국가가 절대적 패권을 쟁취하려고 애쓰는 양극의 아노미 세계에서 우리가 생각할 수 있는 세력 균형이란 "경쟁관계의 두 국가가 사력을 다해 투쟁하는 가운데 잠시 찾아오는 교착 상태"일 뿐이라는 것이다.[10]

그러기에 영국 학파는 국제체제에서 우연히 세력 균형이 이루어질 수는 있지만, 모겐소도 이야기하듯 체제 구성 국가들이 그런 세력 균형이 안정된 국제 질서를 낳는 기초가 될 것이라고는 생각하지는 않는다는 점을 인정한다. 결국 불은 순수한 체계적 세력 균형에 별로 관심을 보이지 않고 사회적 세력 균형에로 즉각 옮겨간다. 무정부 상태라 하더라도 논리적으로는 세력 균형이 달성되는 경우가 반드시 있다는 사실을 영국 학파가 인정하려 들지 않는 까닭은 그들이 무정부 상태를 아주 허약한 구조라고 가정했기 때문일 수도 있고, 또한 왓슨이 이야기하듯 국제관계에는 제국과 무정부 상태를 오가는 영원한 성쇠의 움직임이 있다고 가정했기 때문일 수도 있다. 물론 각국은 무정부 상태보다는 제국을 지향하면서 노력할 것이다.[11] 무정부체제가 오래 지속될 가능성이 미국 현실주의 이론의 전망보다 작았다는 사실은 역사 기록이 명백히 보여주고 있다. 미국의 현실주의자들에게 무정부



9_ Adam Watson, *The Evolution of International Society : A Comparative Historical Analysis* (London : Routledge, 1992), p. 311.

10_ Bull, *The Anarchical Society*.

11_ Watson, *The Evolution of International Society*.

상태가 끈질기게 지속됨은 문제시되지 않지만, 영국 학파의 관점에서는 그런 현상 자체가 문제다.

◆ 국제사회

영국 학파의 개념이 훨씬 명확하지만, 고전 현실주의자들 역시 국제사회라는 개념을 사용했음은 사실이다. 다시 말해 두 학파 모두는 국제적 행위가 습관적으로 어떤 규범 체계를 통해 조절되어왔다는 사실을 인정하고 있는 것이다. 예를 들어 모겐소는 국제법 같은 것은 없다는 식의 '광범위한 오해'에 맞서고자 상당한 고통을 감수하고 있다.[12] 그는 반대로 국제법은 이미 400여 년 전에 등장했으며, 출발 당시부터 "엄격히 준수되었다"고 주장한다.[13] 하지만 냉전이 시작되던 무렵 모겐소는 국제사회가 심각한 위협에 노출되어 있다고 우려했다. 당시 그가 목격했던 새로이 등장하는 국제체제의 특징은 두 초강대국 사이의 생존을 건 투쟁이었다. 그래서 그는 이 두 국가의 정책이 '새로운 세력 균형'[14]을 조성하고 있다고 주장하면서, 이것이 과거 세력 균형



12_ Morgenthau, *Politics Among Nations*, p. 273.

13_ Ibid., p. 273. 국제법이 실패한 듯한 생각이 드는 부분은 국제체제에서 전쟁을 제거하려는 시도와 국제 정부의 한 구성요소를 수립하려는 노력에서다. 모겐소는 이 두 목표에서 진전을 이루고자 국제법을 활용하는 문제에서 그 유용성에 극단적으로 비관적인 태도를 취한다. 왜냐하면 국제법은 외교와 마찬가지로 주권국가들의 사회를 유지하는 데 도움이 되도록 고안된 국제적 제도이기 때문이라는 것이다. 주권국가들로 이루어진 국제사회가 지속적으로 재생산될 수 있음은 바로 국제법과 외교를 통해서라는 것이다. 반대로 국제 정부가 효율적으로 체제를 관리할 수 있는 세계에는 주권국가들의 사회가 지속될 수 없다. 따라서 고전 현실주의 입장에서 볼 때에는 외교와 국제법 모두가 주권국가들을 보호하도록 고안되어 있기 때문에 주권국가들에게 해를 입힐 어떤 조치를 도입하고자 할 때 외교와 국제법은 효율적으로 작동하기 어려워진다.

에 대한 '마지막 결정타'가 될 것으로 예상했다. 이 과거의 세력 균형은 '공동의 가치와 보편적 행위 기준'[15]이라고 정의되던 국제사회가 장기적으로 생존하는 데 도움이 된 요소였다. 모겐소는 유럽에서의 세력 균형 시절에 권력을 향한 각국의 제국주의적 열망이 '도덕적 제약'을 통해 규제되었노라고 주장했다. 이 도덕적 제약을 각국이 받아들인 결과 모든 국가는 생존권을 보유한다는 '묵언의 약속'이 수립되었다는 것이다.[16] 따라서 각국은 모든 국가가 따라야 하는 일단의 규범을 반영하는 '궁극적 행위 기준'에 합의하게 되었다.[17] 역사적으로 독특한 이 시절 동안 각국의 지도자들은 "다른 사람들도 이런 기준을 공유하리라고 기대했고, 그렇게 기대함이 정당화되었다."[18]

따라서 모겐소는 국제사회와 세력 균형 사이의 밀접한 연계관계를 설정한 것이다. 영국 학파가 걷는 길 역시 모겐소가 걸었던 길과 같다. 예를 들어 불은 국제체제 안에서 가끔씩 수립되는 '우연한' 균형과 모든 국제사회의 특징이라고 할 '인위적이고 부자연스러운' 균형을 엄격히 구분했다. 인위적인 균형이라 함은 강대국들 모두가 국가들로 이루어진 사회를 지속해야 할 필요성이 있다고 인정하는 국제적 환경에서 성립한다. 다시 말해 국제적으로 힘을 독점하려고 애쓰지 말고, 또한 이런 전략을 추구하는 국가를 저지하도록 필요한 조치를

14_ Morgenthau, *Politics Among Nations*, ch. 21.
15_ Ibid., pp. 330-331.
16_ Ibid., p. 219.
17_ Ibid., p. 274.
18_ Ibid.

취하는 상호 주관적 합의, 그러니까 '묵언의 합의'가 성립한다는 것이다. 따라서 '인위적인' 세력 균형은 국제사회의 존립이라는 말과 같은 의미가 된다. 균형을 파괴하려는 어떤 시도도 '가망 없는 짓'이 될 것임을 알기에 강대국들은 자제하게 된다.[19] 명확히 논증되지 않은 주장이기는 하지만 그런 시도가 결국 '무용한' 것으로 판명난다 하더라도 사회적 균형을 파괴하고 새로운 체제 균형이 등장할 가능성이 있다는 사실은 분명하다. 영국 학파와 고전 현실주의자들은 새로이 등장할 이 체제 균형을 '자연 상태' 같으리라고 믿고 있다.[20]

하지만 영국 학파와 고전 현실주의자들은 여기서 한 걸음 더 나아가 다음과 같이 주장한다. 국제법과 사회적 세력 균형 사이에는 어떤 관계가 필요하다는 것이다. 하지만 이런 관계의 토대가 되는 논리는 미국 현실주의자들의 특징인 분석의 정확성과는 거리가 한참 멀다. 사회적 세력 균형 관점에서 봤을 때 각국이 국제법을 준수하는 이유는 그렇지 않을 경우 다른 국가들이 자국에게 불이익을 주며 제재할 것이기 때문임이 그들의 주장인 듯하다. 이런 과정의 핵심을 이루는 부분이 바로 상호성이다.[21] 하지만 이런 절차가 효과적으로 진행되려면 다른 국가들이 가하는 제재를 무시할 수 있는 국가가 그 체제 안에 없어야 한다는 조건이 충족되어야 한다. 따라서 국가들 사이에는 국



19_Ibid., p. 219.

20_프라이스는 투키디데스가 펠로폰네소스 전쟁의 특징이라고 이야기하는 것이 바로 이것이라고 주장한다. Jonathan J. Price, *Thucydides and Internal War* (Cambridge, UK : Cambridge University Press, 2001).

21_G. Schwarzenberger, *Power Politics*, 3rd ed. (London : Stevens, 1964), p. 203; K.W. Thompson, *Political Reform and the Crisis of World Politics* (Princeton, NJ : Princeton University Press), p. 169.

제법을 자발적으로 준수하려는 경향이 생기게 되는데, 그 이유는 국제법 위반이 사회적 세력 균형을 위협하는 요소가 되기 때문이다. 그러나 고전 현실주의자들과 영국 학파는 이런 생각을 상세하게 발전시키는 데 실패하고 말았다. 그러기 위해서는 체제의 세력 균형과 사회적 세력 균형을 좀 더 명확히 구분하는 작업이 필요할 것이다. 체제의 세력 균형은 국가들이 국제법 위반을 감히 생각하지 못하게 하는 가상의 조건이 된다. 그들이 두려워하는 체제적 세력 균형은 아무런 규범적 틀이 없을 경우 작동하는 일종의 자연 상태다.

여기까지의 설명으로도 국가들이 직접적인 이해관계가 걸려 있지 않을 경우에도 왜 규칙을 지키는지를 제대로 설명하기에는 어딘가 부족해 보인다. 그러나 허렐이 주장하듯 영국 학파의 이론가들은 국가들의 국제법 준수를 설명하는 다양한 이유를 제시하고 있다. 그가 설명하는 바에 따르면 규범이 지켜지는 이유는 "권력과 강제, 이익과 상호 혜택, 제도화된 습관이나 관성, 공동체 의식의 존재, 규칙 제정 과정에서 생기는 절차적 합법성, 또는 정의감이 공유될 때 생기는 도덕적 의무감" 때문이라고 한다. 그러나 허렐은 영국 학파가 여러 이유를 담은 전체 목록만 제시했을 뿐 "그것들 사이의 상호관계에 대한 상세한 지침을 제공하지는 못했다"는 점도 지적한다.[22] 따라서 영국 학파의 주장에 불완전하고 적절하지 못한 부분이 있음을 발견한 사람은 미국 현실주의자들이 전부는 아닌 셈이다.[23]



22_ Andrew Hurrell, "International Society and the Study of Regimes : A Reflective Approach," in V. Rittberger, ed., *Regime Theory and International Relations* (Oxford : Clarendon Press, 1993), p. 55.

◆ 세계사회

세계사회라는 개념이 영국 학파와 가장 긴밀히 연관되어 있기는 하지만, 이 개념은 또한 세계 국가world state 형성에 대한 모겐소의 논의에서도 핵심 역할을 하고 있다. 그는 국제법과 외교가 국가들로 이루어진 사회를 유지하기 위해 고안된 것이며, 그렇다고 해서 국제적 정부로까지 이어질 듯하지는 않다는 사실을 받아들이면서도 세계 정부world government라는 개념이 생각지도 못할 것이라거나 세계 정부의 형성을 원칙적으로 반대해야 한다고까지는 주장하지 않았다. 반대로 그는 우리가 생존하기 위해서는 장기적으로 세계 정부의 수립이 필수적이라고 믿었다. 세계 정부만이 효과적으로 전쟁을 방지할 수 있기 때문이다. 하지만 세계 정부가 수립되기 위해서는 주권국가들의 사회가 사라지고 세계 국가가 존재하는 상황이 전제되어야 한다.[24]



23_ Ole Wæver, "Four Meanings of International Society : A Transatlantic Dialogue," in B.A. Roberson, ed., *International Society and the Development of International Relations Theory* (London and Washington : Pinter, 1998), p. 90. 허렐은 영국 학파가 제시하는 주장은 목록의 한 가지에 집중하는 자유주의적 제도학파보다 우리에게 훨씬 많은 것을 전달할 수 있으리라고 주장한다. 더욱이 그들은 개별 규칙에 초점을 맞추고 있다. 그는 이렇게 이야기한다. "때때로 국제사회에 대한 일반적인 관심은 특정 규칙의 준수 여부를 설명할 때 중요하다. 그런가 하면 특정 규칙들은 국가체제 그 자체의 구조를 형성하는 국제법의 일반적인 체제를 형성한다. 국가들이 이 국제적 법체계에 장기적인 관심을 가지고 있다고 믿게 되기 때문에 이 규칙들은 의무와 규범성을 확보하게 된다. 그렇게 되면 규칙은 법처럼 보이고, 그것의 준수 여부는 구체적이고 계산 가능한 이익의 관점에서 계산해내기 어려워진다."

24_ Morgenthau, *Politics Among Nations*, ch. 29. 모겐소는 세계사회(world society)보다는 세계공동체(world community)라는 개념을 사용한다. Barry Buzan, "From International System to International Society : Structural Theory and Regime Theory Meet the English School," *International Organization* 47 (3), 1993, pp. 327-352. 부잔은 이 구분을 상당히 심각하게 제시한다. 영국 학파의 철학을 명확하게 하기 위해 그는 현재 이에 대한 저서를 집필 중이다.

모겐소는 그런 상황이 제국주의 국가를 통한 세계 정복이 이루어지거나, 또는 일종의 헌법적 조치에 따라 연방이 구성되는 경우처럼 위에서부터 성사될 수는 없을 것이란 점을 명확히 했다. 국가들로 이루어진 사회를 벗어나는 행동이 성공하기 위해서는 공동체 수준에서의 변화가 먼저 이루어져야 한다. 세계 국가 수립의 필요조건은 충분조건은 아니라 하더라도 개인들이 제1의 복종 대상을 지역공동체에서 세계공동체로 옮겨 가야 한다는 점이다. 하지만 모겐소는 미트라니 David Mitrany, 1888~1975의 저술에서 볼 수 있는 기능주의 이론을 아주 열렬히 신봉했고, 또 국제연합 산하의 특별기구들이 세계공동체 창설을 촉진하는 한 가지 수단이 될 것이라고 판단하기는 했지만, 세계공동체 수립은 극도로 힘든 작업이 될 것임을 인정했다.[25]

이 문제에 대한 영국 학파의 입장은 좀 다르고 더 복잡한 모습이다. 영국 학파 구성원들은 세계사회가 국제적 사회의 존립에 얼마나 중요한지를 두고 견해가 갈려 있다. 그들 가운데 몇몇 학자는 국가들로 이루어진 안정된 사회가 존재하려면 세계사회의 요소가 반드시 있어야 한다고 주장한다. 이 문제에 대해 입장이 덜 확실한 학자들도 있다. 그러나 이 문제에는 상당히 애매한 부분이 있다. 예를 들어 모겐소와 비슷한 입장을 취하는 불은 개인들에게 국제법을 준수하게 함으로써 세계사회가 확산되는 순간 "국가들로 이루어진 사회에 토대를 둔 국제 질서"는 훼손될 것이라고 주장하고 있다.[26] 하지만 그 이후에 그는



25_ Morgenthau, *Politics Among Nations*, ch. 30. 또한 David Mitrany, *The Functional Tlyeory of Politics* (London: Robertson, 1975) 참조.

26_ Bull, *The Anarchical Society*, p. 152.

"국제사회의 미래를 결정하는 요인은 무엇보다 공동의 문화를 유지하고 확산시키는 것"이라고 주장하고 있다.[27] 디에즈Thomas Diez, 1970~와 휘트먼Richard Whitman은 이런 모호성이 국제정치의 특성이며 그 모호성을 명확히 해줌으로써, 그리고 "그것을 '국제사회의 고유한 특성'이라고 간주"함으로써 실질적인 분석을 할 수 있다고 결론짓고 있다.[28]

◆ 국제적 정의

고전 현실주의자들과 영국 학파 모두는 질서와 정의를 구분하고 있다.[29] 다른 말로 표현하자면 규칙이 지배하는 사회가 반드시 정의로운 사회라고 가정할 이유가 없다는 것이다. 반대로 지식사회학자 만하임Karl Mannheim, 1893~1947의 영향을 크게 받은 모겐소와 E. H. 카 같은 고전 현실주의자들은 권력을 보유한 사람들이 가끔씩 권력과 이익 사이의 연관성을 모호하게 하기 위해 지배적인 이데올로기에 의존하고자 할 때도 있지만, 이익을 확대하고자 자신의 권력을 이용할 것이라는 가정 아래 연구를 진행했다.

니버Reinhold Niebuhr, 1892~1971가 이야기하듯 "어떤 사회를 조직한 개인이나 집단은 그들이 외면적으로 내세우는 의도나 핑계가 아무리 사회적인 것이라 하더라도 결국 터무니없는 사회적 특권을 자신에게로



27_Ibid., p. 317.

28_Thomas Diez and Richard Whitman, "Analysing European Integration : Reflecting on the English School," *Journal of Common Market Studies* 40(1), 2002, pp. 43-67, 49.

29_사실 이 문제는 영국 학파에서도 논의된 바 있다. 정의에 도움이 되지 않는 질서 개념이란 불가능하다는 주장이 나오기도 했기 때문이다. Ian Harris, "Order and Justice in *The Anarchical Society*," *International Affairs* 69(4), 1993, pp. 725-741.

배정해 스스로 누리고자 한다."[30] 모겐소와 카에 따르면 현실주의자의 중요한 역할은 권력이 누구 손에 가 있고 그것이 현상現狀을 유지하는 데 어떻게 활용되는지를 명확히 밝히는 것이다. 그 결과 현실주의자는 "어떤 구체적인 이익에 대해 파괴적이고 혁명적인 세력이 되지 않을 수 없다."[31]

그럴 경우 국제정치적으로 관념이 수행해줄 독자적인 역할을 현실주의는 인정할 수 없게 된다. 이는 카가 지적한 현실주의의 약점이다. 따라서 카는 변화된 세계를 상정함이 가능할 뿐더러 이런 전망을 현실로 만들기도 가능하다고 인정한다. 하지만 어떤 전망이 현실로 바뀌는 순간 새로이 만들어진 체제 때문에 다른 사람들보다 더 많은 이익을 보는 집단이 생기게 되고, 그들은 이렇게 확보된 이익을 권력으로 바꿔 그 체제를 유지하는 데 활용할 것이다. 현실주의자들이 끊임없이 관심을 가지면서 수행하는 임무는 권력과 이익 사이의 이런 명백한 연계성을 낱낱이 드러내는 일이다. 따라서 카의 관점에서 보자면 물질적인 권력을 강조하는 현실주의자들과 변화를 지향하려는 생각에 휩싸인 이상주의자들 모두는 세계 정치에 대한 이해를 돕는 핵심적인 역할을 수행하는 셈이다. 이런 입장을 강하게 견지하는 카가 내리는 결론은 이렇다. 현실에 만족하며 기존 체제를 유지하고자 하는 국가들이 그 체제에서 가장 혜택을 받지 못하는 국가에게 중대한



30_ R. Niebuhr, *Moral Man and Immoral Society* (London : SCM Press, 1963), pp. 6-7.

31_ Hans J. Morgenthau, "The Commitments of Political Science," in Hans J. Morgenthau, *Politics in the Twentieth Century*, abridged ed. (Chicago : Chicago University Press, 1971), p. 258.

양보를 하고 있다는 사실을 확신시켜야 하는 이유는 자명한데, 이는 바로 그들이 누리는 지위가 감내할 만한 것이라는 점을 확신시키기 위함이라는 것이다.[32]

영국 학파 역시 국제관계에서 정의가 담당하는 역할에 대해 성찰하고 무엇이 국제관계에서의 정의를 구성하는지에 대한 명확한 개념을 정립했고, 그런 개념이 "사태의 흐름 속에서 나름의 역할을 수행한다"고 생각한다.[33] 더 나아가 불은 국가 수준에서의 정의와 개인 수준의 정의를 구분하고자 한다. 예를 들어 국가 수준의 정의가 이루어지기 위해서는 각국의 주권적 권리가 확실히 보호될 수 있도록 국제사회가 있어야 한다고 본다. 그러나 이 주장은 인간적인 정의에 대해서는 아무것도 이야기하는 바가 없다. 다시 말하자면 어느 사회나 그렇듯이 권력을 쥔 국가들이 자국의 이익을 증진하기 위해 그 체제의 다른 국가들을 희생시키면서 권력을 행사함은 불가피하다. 따라서 국가가 강해지면 인권 개념은 '지하'로 잠입하게 되고, 마침내 "국제사회 그 자체를 파괴할 수 있는" 잠재력으로 인식되기에 이르는 것이다.[34] 이 문제에 대해 도덕적으로 명확한 입장을 드러내 보이지는 않았지만



---

32_ E. H. Carr, *The Twenty Years' Crisis, 1919-1939 : An Introduction to the Study of International Relations*, with new introduction by Michael Cox, ed. (New York : Palgrave, 2001). 또한 불의 평가로는 "The Twenty Years' Crisis Thirty Years on," in Alderson and Hurrell, *Hedley Bull on International Society*, pp. 125-138 참조. 카에 대한 다른 글로는 Charles A. Jones, "Carr, Mannheim and a Post-Positivist Science of International Relations," *Political Studies* 45(1), 1997, pp. 232-246 참조. 카에 대한 통찰력 있는 글로는 Michael Cox, ed., *E. H. Carr : A Critical Reappraisal* (London : Palgrave, 2000) 참조.

33_ Bull, *The Anarchical Society*, p. 78.

34_ Ibid., p. 183.

불은 정의보다는 질서가 우선적으로 고려되어야 한다는 점을 분명히 했다. 하지만 말년의 그는 이런 입장을 재고하면서 체제 안의 부국과 빈국 사이의 불균형을 교정할 필요성이 있다는 점을 인정했다. 불이 주장한 바에 따르면 정의는 서구 사회가 "과도한 특권을 누리는 지위"를 포기하도록 요구하고 있다는 것이다.[35]

35_ "Justice in International Relations : The 1983 Hogey Lectures," in Alderson and Hurrell, *Hedley Bull on International Society*, p. 244.

부록 A

# 모겐소: 권력 투쟁으로서의 정치*

애슐리 텔리스Ashley Tellis

20세기 정치적 현실주의를 가장 잘 대표하면서 또한 널리 알려진 한스 모겐소는 정치에 대한 포괄적이고도 철학적인 깨달음을 제공하고자 노력했다. 그는 정치의 본질이 권력 투쟁이라고 이해했고, "명료하게 사고하려는, 애초부터 비정상적으로 고집스러운 시도"[1]인 철학의 목적은 정치가들이 정치적 현실을 이해하는 데 지침이 될 기본 원리를 조명하는 것이라고 생각했다. 모겐소가 미국이라는 무대에 오른 상황은 유럽 출신의 위대한 지성인들이 미국행 이민 길에 오르던 제2차 세계대전 이전의 시대적 현상의 한 부분이었고, 곧바로 그를 거대

*_논문 출처 : Benjamin Frankel, ed., *Roots of Realism* (London : Frank Cas, 1996).

1_ Kenneth Thompson, "Philosophy and Politics : The Two Commitments of Hans J. Morgenthau," in *Truth and Tragedy*, augmented edition, Kenneth Thompson and Robert J. Myers, eds. (New Brunswick, NJ : Transaction, 1984), p. 28에서 인용한 윌리엄 제임스(William James)의 구절.

한 논쟁 속으로 휘몰아갔으며, 마침내 외교정책 연구자와 실무자들 사이에 우뚝 선 존재로 만들었다.

법리주의 전통은 미국 외교정책의 목표를 보편적 도덕원칙을 탐구하고 받아들임으로써 조화로운 국제사회를 건설하는 것이라고 규정했다.[2] 이런 목표의 중심에는 다음과 같은 신념을 지닌 계몽주의의 진보적인 철학이 담겨 있었다.

> 다시 말해 보편적으로 유효한 추상적 원칙들에서 도출된 합리적이고 도덕적인 정치 질서가 지금 우리 눈앞에서 실현될 수 있다는 신념이 그것이다. 미국의 외교정책 목표는 사람의 본성이 본질적으로 선하며 끝없이 유순하다는 점을 가정하고 있(었)고, 사회 질서가 합리적인 기준에 부합하지 못하는 까닭은 지식과 예지의 부족, 사회제도의 퇴화, 또는 몇몇 소외된 개인이나 집단이 저지르는 악행 때문이라고 믿었다.[3]

이처럼 이해관계의 영원한 조화를 전제하고 있었기에 법리주의 전통은 국제적 분쟁을 정치적 오해와 의도하지 않은 실수에서 생겨나는 것으로 보았다. 따라서 "교육, 개혁, 그리고 간헐적인 무력 사용"[4]을

2_ Frank Tannenbaum, "The Balance of Power versus the Coordinate State," *Political Science Quarterly* 47, June 1952, pp. 173-197; Thomas I. Cook and Malcolm Moos, *Power through Purpose : The Realism of Idealism as a Basis for Foreign Policy* (Baltimore, MD : Johns Hopkins University Press, 1954) 참조.

3_ Hans J. Morgenthau, "Another Great Debate : The National Interest of the United States," *American Political Science Review* 46, 1952, pp. 961-962.

통해 구현되는 이성은 사람들이 동시대의 영원한 진리를 실현할 수 있는 해법이라고 간주되었다. 그리하여

> 만일 모든 사람이 이성을 따랐다면 그들 사이를 갈라놓는 갈등은 사라지거나 최악의 경우라 할지라도 타협을 통해 해결될 수 있었을 것이다. 그들을 괴롭히는 욕구도 해결되었을 것이며, 그들의 인생을 파괴하는 공포도 퇴치되고, 마침내 조화와 복지, 행복이 지배할 수 있었을 것이다.[5]

법, 교육, 그리고 무역이라는 제도들은 따라서 개인들이 상호 의존과 조화로운 이익을 인식할 수 있게 해주는 중요한 도구라고 간주되었다. 그런 인식을 바탕으로 국가 설립과 비슷한 방법으로 국제사회가 수립될 수 있을 것이라는 희망이 있었다. 이런 가정과 신념이 있었으므로 미국 외교정책의 목표는 이성에 뿌리박고 이성을 통해 더욱 성장하는 보편적 도덕 질서를 새로이 지탱할 수 있는 국제적 제도를 만드는 일이라고 규정되었던 것이다.

그런 제안에 숨어 있는 낙관적인 전제들을 거부하면서 모겐소는 이해관계의 영원한 조화를 가정하는 대신에 정치적인 생활이 "권력을 향한 욕망에 뿌리를 두고 있으며, 그 욕망은 모든 사람에게 공통되는 점이고, 바로 그런 이유로 사회적 생활 그 자체와 분리될 수 없다"라



4_ Ibid.

5_ Hans J. Morgenthau, *Scientific Man vs. Power Politics* (Chicago : University of Chicago Press, 1974), p. 14.

고 주장했다.[6] 사람의 타락한 본성에 대한 아우구스티누스적인 이해를 바탕으로 모겐소는 마르틴 루터Martin Luther, 1483~1546의 말을 빌려 제안했다. "현세의 욕망은 이겨낼 수 없다." 따라서 보편적으로 존재하는 인간적인 조건인 권력을 향한 음침한 욕망은 "가장 착한 사람에게까지 불행의 씨를 퍼뜨려 마침내 타락시켜버리는 부패와 죄악의 요소"[7]라고 인식되어야 한다. 결론적으로 사악한 인간이 저지르는 행동이라는 단 한 가지 이유 때문이라면 모든 정치는 죄악이다.

정치적 행동의 성격에 대해 좀 더 논의를 진행시키면서 모겐소는 정치의 잔인한 특성은 두 가지 인간적인 욕구 때문에 생긴다고 주장했다. 한편으로는 인간 개개인의 생존을 가능하게 해주는 희소한 물질적, 관념적 재화를 향한 경쟁 때문에 발생하는 원초적인 이기심 때문에 정치가 잔인해진다. "돈, 직업, 결혼 같은 이 재화들은 인간 개개인이 지극히 중요하다고 생각하는 수요와 객관적으로 연결되어 있으며", 따라서 인간의 이기심은 그런 면에서 '한계'를 지녔다고 해석될 수 있다.[8] 육체적인 생존에 필요한 것들 때문에 생기는 그런 수요와는 반대로 모겐소는 '아니무스 도미난디*animus dominandi*', 다시 말해 "다른 사람과의 관계 속에서 자신의 영역을 유지하고, 확대하고, 또는 과시하려는 욕구"[9]가 바로 인간의 권력 의지이며, 그것은 본질적으로 한계가 없다고 보았다. 후자인 인간의 권력욕이 무한하다는 점을 모겐

6_ Ibid., p. 9.
7_ Ibid., pp. 194-195.
8_ Ibid., p. 193.
9_ Ibid., p. 192.

소는 이론적으로 설명했다. "인간에게 지극히 중요한 수요가 충족될 가능성이 있는 한 그의 권력욕은 마지막 한 사람까지 그의 지배 아래 굴복해야만 충족될 것이다. 자기 위에, 또는 옆에 아무도 없는, 다시 말해 그가 신 같은 존재가 될 때라야 충족되는 것이다."[10] 이 두 욕망 사이의 차이점은 (아마도 인간의 생존에 필요한 물질적 재화의 양이 상대적으로 유한하기 때문이기는 하겠지만) "인간의 이기심 속에 목표를 본질적으로 유한하게 설정하는 합리성의 요소가 존재한다" 하더라도 유한성과 합리성은 "권력 의지 속에서는 찾아볼 수 없는 것들"이라는 사실에 뿌리를 두고 있다.[11]

따라서 모겐소는 정치의 사악한 측면이 존재론적으로 별개인 두 욕구에서 발생한다고 주장하는 듯하다. 다시 말해 생존을 위해 필요한 요구사항 때문에 발생하는 이기심과, 정복과 지배의 쾌락을 추구하는 개인들의 선택 때문에 발생하는 과시욕 두 가지 때문에 정치가 사악해진다는 것이다. 존재론적 차이처럼 보일 수도 있는 이 부분이 사실상 본질에서는 차이가 없음을 모겐소는 이렇게 설명하고 있다. 따라서 그런 대조적인 모습이 만일 존재한다 하더라도 그것은 단지 현상론적인 것일 뿐이라고, 다시 말해 인간이 지닌 동일한 사악한 본성이 모습만 다르게 나타난 것일 뿐이라고 주장한다.

이처럼 권력욕을 한편으로는 이기심과 분리하고, 다른 한편으로는

10_ Ibid., p. 193.
11_ Ibid., pp. 193-194.

> 초월적인 충동에서 분리함은 그 자체가 이미 욕망의 실제 본질에 대해 폭력을 행사하는 것이다. 왜냐하면 한 사람이 다른 사람에 대해 어떤 행동을 하려고 할 때에는 언제나 욕망도 함께 움직이기 때문이다. 사회적 행동의 여타 요소들에서 욕망을 개념적으로 분리할 수는 있겠지만, 실제로는 최소한 다른 사람보다 우월해지려는 욕망의 흔적도 없는 사회적 행동이란 존재하지 않는다. 어떤 특정한 목적이 지닌 이기심 또는 여타의 사악함 이외에, 그리고 그것을 넘어 인간의 행동에 보편적으로 존재하는 사악함을 형성하는 것은 바로 보편적으로 존재하는 권력욕이다.[12]

결국 이기적인 인간이 뒤섞여 있다는 사실 자체가 이미 '아니무스 도미난디'가 나타날 수 있는 충분한 조건이 된다. 그리고 그 속에 모든 사회적 투쟁의 원인이 있다. 따라서 모겐소가 바라보는 정치의 가장 중요한 부분은 갈등에 대한 첫 번째 이미지의 명확한 설명, 다시 말해 투쟁은 인간의 사악하고도 이기적인 본성 때문에 발생한다는 것이다. 그런 이기심은 본질적으로 사람들마다 자기 이익을 다른 모든 사람의 이익보다 우선적으로 고려하는 형태로 나타나는데, 결국은 권력 쟁탈로 끝나게 된다. 그 이유는 "어떤 사람이 자신을 위해 얻고자 하는 것을 다른 사람이 이미 소유하고 있거나 그 사람도 얻고 싶을 것이기 때문이다."[13] 그 결과 정치는 개인들이 이기적인 모습으로 변할

12_ Ibid., p. 194.
13_ Ibid., p. 192.

수밖에 없는 사악한 무대로 변하게 된다. 정치가 아니었다면 이 사람들은 다른 사람들과의 관계에서 이기적이지 않아야 한다는 도덕적 의무를 이행하고자 노력했을 것이다.[14]

투키디데스와 마키아벨리가 그랬듯이 진정한 정치적 생활을 영위하는 사람들이 사악하고 질서를 지키지 않는 사람들이라고 이해한다면 어째서 정치적 질서가 형성될 수 있을까 하는 의문이 즉각 떠오르게 된다. 투키디데스는 이 질문에 직접 대답하기를 피했지만, 마키아벨리는 주제의 핵심을 찌르는 답을 역사에서 귀납적으로 도출해 명쾌하게 제시한 바 있다. 그러니까 국가는 무력을 통해, 특히 더할 나위 없이 모범적이고 착한 개인들이 저지르는 엄청난 범죄를 통해 수립되었다는 것이다. 이와 대조적으로 모겐소는 정치적 질서가 어떻게 수립되었는지에 대해 대체적으로 침묵하고 있다. 그는 "행동을 하는 사람들은 언제나 개인"이며, "경험적으로 볼 때 사회, 국가, 또는 정치적이든 아니든 다른 어떤 집합체를 통한 행동이란 존재하지 않는다"라는 사실을 받아들인다.[15] 그러나 모겐소는 이기적인 개인들이 어떻게 응집력이라고는 찾아보기 어려운 '국가'라는 집합체를 형성하게 되는지에 대해서는 간단한 설명조차 제시하지 않고 있다. 알려진 대로 모겐소는 국가를 국제정치의 분석 단위로 삼고 있다. 눈에 보이는 모든 사회적 조직체는 순전히 이기주의적인 개인들이 모여 이룩한 집단이라고 간주함으로써 모겐소는 이 문제에 대한 대답을 제시한다.



14_ Ibid.
15_ Ibid., p. 187.

그렇다면 최소한 이 부분에서 그는 투키디데스와 비슷한 입장인 셈이다. 사람의 특성이라고 여겨지는 자기도취적인 권력욕은 사회적 생활의 모든 수준에서 관찰할 수 있는 작동 장치로 취급된다. 그렇지만 두 학자 모두는 자신들의 설명 체계 속에서 개인에 대해서는 이론적인 측면을 강조하고, 국가에 대해서는 분석적인 측면을 강조하면서도 국가 같은 거시적인 조직체의 기원이나 조직을 인과론적으로 설명하기 위해 권력욕까지 거론하지는 않는다.[16]

모겐소가 전개한 국내정치와 국제정치 사이의 관계에 대한 논의에서 애초 그것들이 생겨나게 된 기원 메커니즘에 대해서는 분명 아무런 설명이 없다.

> 특정 사회적 조건과는 상관없이 국제 무대에서의 권력 투쟁이 단순히 역사적 사건에 불과하다는 견해를 논박하는 결정적 주장은 국내정치의 본질에서 나와야 한다. 국제정치의 핵심은 국내정치와 같다. 국내정치와 국제정치 모두 권력 투쟁이며, 그 투쟁이 전개되는 국내정치적, 국제정치적 조건에 따라 다른 모습으로 나타날 뿐이다.
>
> 특히 남을 지배하려는 경향은 가족을 위시해서 친목 단체와 전문 조직체, 그리고 지방 정치기구와 국가에 이르기까지 사람이 모인 모든 결합체에서 관찰되는 요소다. 가족인 경우 장모와 사위, 시어머니

16_ 투키디데스는 국가의 구조 문제에 대해 명확하게 이야기하고 있다. 하지만 이 문제에 대한 그의 가르침은 정치적 부패 절차에 대한 묘사를 통해 간접적으로 제시되고 있다. 국가 구조가 어떻게 생기게 되었는지에 대해 그는 제국주의와 체제 전쟁 문제를 논의할 때처럼 (연설을 통해서든, 스스로의 언급을 통해서든) 인과 관계를 밝히지 않고 있는 것이다.

와 며느리 사이에서 벌어지는 전형적인 갈등관계는 본질적으로 권력 투쟁이다. 새로운 권력 서열을 형성하려는 시도를 물리치고 기존 권력 서열을 유지하려는 노력인 것이다. 국제적 차원에서도 현상유지 정책과 제국주의 정책 사이의 갈등이 그런 식으로 생겨난다. 사교 클럽, 친목 단체, 교수 협의회, 기업 조직 따위는 이미 자신이 보유하고 있는 권력을 유지하려는 집단과 권력을 좀 더 많이 확보하고자 하는 집단 사이에서 끊임없이 권력 투쟁이 전개되는 무대다. 사용자와 피고용인 사이의 노사 분쟁은 물론 기업체들 사이에서 벌어지는 치열한 경쟁은 단순히 경제적 이득을 위해서만이 아니고, 경제적 이익보다는 서로 간에 또는 다른 집단과의 관계에서 영향력을 강화하고자 전개되는 경우가 많다. 그것이 바로 권력의 속성이다. 마지막으로, 한 국가 전체의 정치적 생활은 끝없는 권력 투쟁으로 이루어진다. 특히 민주국가인 경우에는 지방 단위에서 국가 수준에 이르기까지 더욱 그러하다. 간간이 치러지는 선거, 국회에서의 투표, 법정에서의 소송, 행정부의 결정과 행정 조치들 같은 모든 활동에서 사람들은 이미 보유하고 있는 권력을 유지하거나 다른 사람들보다 더 많은 권력을 확보하고자 노력한다. …… 모든 사회적 관계에서, 그리고 모든 수준의 사회기구에서 보편적으로 나타나는 이 같은 권력 투쟁을 고려할 때 국제관계가 필연적으로 권력 정치라고 하는 사실이 과연 놀라운 일일까? 그리고 권력 투쟁이 국내정치의 모든 분야에서 영원히, 그리고 필연적으로 나타나는 현상인 데 비해 국제정치에서는 어쩌다 우연히 나타나는 덧없는 속성일 뿐이라고 한다면 그것이 오히려 더 놀라운 일이 아닐까?[17]

따라서 우리는 논리적 증거보다는 귀납적 유추를 통해 국내정치와 국제정치의 유사성을 확인할 수 있다. 국가는 권력 지향적인 개인들로 형성된 조직으로 묘사된다. 그리고 국제정치는 덩치만 큰 국내정치에 지나지 않는다고 묘사된다. 국제정치를 이해하려는 이런 접근법은 따라서 초창기의 현실주의자들이 제시했던 핵심 주장, 다시 말해 사람의 이기적인 본성이 모든 정치적 투쟁의 원인이라는 주장과 비슷해 보인다. 국내정치 질서와 국제적 정치 질서가 어떻게 서로 연결되어 있는지 인과론적인 측면에서 상세히 설명한 마키아벨리 같은 초창기 현실주의자들과는 달리 모겐소의 관심사는 국내적 영역에서 국제적 영역으로 신속히 옮아간다. 따라서 세 번째 이미지의 현실과 두 번째 이미지의 현실인 국제체제와 국가의 본성이 첫 번째 이미지 구성요소인 권력 지향적 인간과 어느 정도 특징적인 유사성을 보인다고 간단히 주장하면서 모겐소의 대표 저서인 《국가 간의 정치》는 개인을 더 이상 이론적인 분석의 우선 대상으로 삼지 않고 가장 중요한 분석 목표로, 그러니까 국가라고 하는 가장 중요한 분석 단위들 사이의 권력 투쟁인 국제정치에 대한 설명으로 주의를 옮겨간다.

모겐소는 예상대로 권력의 본질에 대해 간단히 분석하면서 자신의 저서를 시작하고 있다. 하지만 권력을 '선한 팔'에서 나오는 강제력이라고 인색하게 묘사한 마키아벨리와는 달리 모겐소는 권력을 '이익에 대한 기대, 불이익에 대한 두려움, (그리고) 사람이나 제도에 대한 존경 내지 사랑'에서 생기는 불평등한 존재들 사이의 '심리적 관

17_ Morgenthau, *Politics Among Nations*, pp. 31-33.

계'라고 정의한다."[18] 따라서 위협, 질서, 설득, (그리고) 카리스마 따위는 모두 권력이 행사되는 통로들이다. 그리고 "정치적 권력을 줄이면서 실제 무력을 행사하거나, 최소한 무력을 행사하겠다는 위협을 성공적으로 가하는 경향"에 대해서는 명백히 반대하는 입장을 취한다. 그렇게 함은 정치적 권위의 역할을 소홀히 한다는 이유에서다.[19] 이 책에서는 뒤이어 국가 권력의 본질에 대한 아주 세밀한 설명이 이어지고 있는데, 지리적 요소에서 시작해서 자연 자원, 군사적 준비 태세, 그리고 인구를 거쳐 국가의 특성, 국민의 사기, 정부와 외교의 질에 이르기까지 생각할 수 있는 모든 요소를 망라해 정교하게 유형화하고 있다.[20] 권력에 대한 논의를 그는 '단일 요소의 오류'라는 통찰력 있는 제목을 붙여 결론짓고 있는데 지리, 군사력, 또는 국가 도덕 같은 한 가지 요소만이 인과관계의 원인이 된다고 설명함은 오류라는 것이다.[21]

《국가 간의 정치》의 권력에 대한 논의에서 흥미로운 점은 정치학의 가능성에 대한 모겐소의 생각을 읽을 수 있다는 것이다. 투키디데스와 마키아벨리 모두가 나름대로의 방식으로 정치적 현실주의에 과학적인 모습을 부여하고자 노력했던 데 비해 모겐소는 정치에 대한 '과학'의 가능성을 부정하는 입장을 강하게 제기한다는 점이 특징이다. 따라서 한편으로는 "일반적인 사회와 마찬가지로 정치학은 인간 본성



18_ Ibid., p. 27.
19_ Ibid.
20_ Ibid., pp. 97-144.
21_ Ibid., pp. 153-160.

에 뿌리를 둔 객관적 법칙의 지배를 받는다"[22]라고 주장하면서도, 다른 한편으로는 이 객관적 법칙이 합리주의에서처럼 추상적이고 연역적인 방법을 통해 밝혀질 수 있다는 생각에는 강력히 반대하고 있다. 지배와 변화가 과학적 사고에 따라 자동적으로 예측될 수 있다는 주장이 합리주의의 특징이라고 믿는 모겐소는 정치의 '과학성'을 거부했다. 사람이 사악하다는 현실을 바꿀 수도 있다는 환상을 낳는다는 이유 때문이었다. 따라서 모겐소가 합리적인 설명을 시도하는 정치학을 애초부터 철저하게 부정해버린 까닭은 모든 '정치에 대한 과학적 접근'이 반드시 과학적으로 기획된 해결책을 통해 사람의 반사회성을 근절할 수 있다고 허황하게 전제하고 있다는 잘못된 인식에서 나온 것이다. 몇몇 합리주의자의 우둔한 모습을, 특히 대논쟁 과정에서 마주쳤던 자유주의적 법리론자들 같은 부류의 우둔함을 묵인하기조차 거부한 모겐소의 태도가 어찌나 단호했던지 사람의 반사회성이 사실상 후천적으로 만들어질 수도 있다는 불변의 전제에 바탕을 둔 대안적 합리주의의 가능성마저도 받아들이려고 하지 않았다. 그런 합리주의는 정밀한 검증을 통과하고 폭넓은 설명력을 제공할 수 있는 논리적이고 연역적인 합리주의 형태를 제공할 수도 있다. 뿐만 아니라 역사적으로 관찰할 수 있는 사악함을 결정적으로 근절해버릴 과학적 해결책이란 존재할 수 없다는 점을 흔쾌히 받아들일 준비가 되어 있었다.

그런 합리주의에 입각한 정치적 현실주의의 가능성을 받아들이지 못했기 때문에 모겐소는 추상적이고 연역적인 체계화를 모조리 거부

22_ Ibid., p. 4.

하고 '국제정치의 원칙'은 '(여러) 사건에 대한 비교'를 통해 귀납적으로 이해될 수 있다고 생각했다.[23] 다시 말해서 역사란 국제정치 연구에서 유일한 조건은 아닐지라도 핵심적인 토대가 되며, 국제정치학에는 "일반적인 것들에서 독특한 것을 구분하고, 또 그 두 가지를 의미 있게 다루는" 지적인 목표가 있다는 것이다.[24] 국제정치의 토대에 대한 모겐소의 이런 관점을 생각하면 그가 쓴 저서 《국가 간의 정치》의 상당 부분이 주로 '정치적 무대의 지도'를 제시하는 데 할애되고 있음은 놀랄 일이 아니다. 확실히 "그런 지도가 어떤 특정한 역사적 시기의 정치적 현실을 완벽하게 묘사하지는 못한다 하더라도 끊임없이 변화하는 역사적 무대에서 특징적으로 관찰되는 영속적인 지리적 특징을 묘사할 수는 있다."[25]

국제정치의 영원한 특징을 탐색하는 이런 노력은 국제정치를 권력 투쟁이라고 인식하는 모겐소의 분석에서 잘 나타난다. 여기서 분석의 기본 범주는 '국가 이익'이라고 정의되는데, "그것과 논리적으로 양립 가능한 다른 모든 수단들"과 더불어 국가의 생존과 관련되는 영원한 "최소 요구조건들"로 구성된다.[26] 국가의 행위는 언제나 국가 이익을 증진하고자 하기 때문에 역사적으로 권력 투쟁은 세 가지 기본 유형으로 나타난다. 기존 권력을 유지하고자 하는 '현상유지' 정책, 권력을 증강하고자 하는 '제국주의', 그리고 명성을 얻고 자국의 권력



23_ Ibid., p. 17.

24_ Norman A. Graebner, "Morgenthau as Historian," in Thompson and Myers, *Truth and Tragedy* 67.

25_ Hans J. Morgenthau, *Dilemmas of Politics* (Chicago : University of Chicago Press, 1958), p. 39.

26_ Ibid., p. 65.

을 과시하고자 하는 '권위' 정책이 그것이다. 그렇다면 어떤 국가가 다른 정책들보다 어떤 한 가지 정책을 더 선호하는 까닭은 무엇일까? 모겐소의 대답은 논리적이기보다는 경험적인 개념으로 제시된다. 예를 들어 국가들이 제국주의 정책을 선택하는 유인 요소로는 '전쟁에서의 승리', '패전', 또는 '허점' 따위가 있다고 지적하면서 역사적 사건들을 들어 각각을 설명하고 있다. 이와 비슷하게 모든 제국주의가 똑같지는 않다는 주장을 증명할 만한 증거 역시 역사에서 쉽게 찾을 수 있다. 그러기에 모겐소는 제국주의를 목표의 성격('세계 제국', '대륙 제국', '지방 토호')과 그 목표를 달성하고자 하는 수단의 특성('군사적', '경제적', '문화적')으로 구분하고 있다.

역사적 기록을 토대로 한 국력에 대한 이런 논의를 보완하고자 모겐소는 그것을 제한하는 여러 요소를 분석한다. 그리고 여기서 다시 한 번 지적하거니와 모겐소의 목적은 정치적 현실의 여러 모습에 대한 포괄적인 목록을 제시하는 것이다. 따라서 '세력 균형', '국제도덕', '국제법'은 정도의 차이는 있지만 국가의 권력욕을 제한하는 힘으로 인식되고 있으며, 상당한 타당성을 가진다.[27] 모겐소는 세력 균형을 어떤 국가가 자유롭게 권력을 행사하지 못하게 하는 가장 중요한 제한 사항으로 취급함은 분명하다. 그리고 "현재 상태를 유지하려고 하거나 파괴하려고 하거나 간에 몇몇 국가가 권력을 열망할 경우 세력 균형이라고 일컬어지는 국가들 사이의 결합과 현상現狀을 유지하려는 정책은 반드시 부딪치게 된다."[28] 특정 상황을 가정해서 논리적



27_ Morgenthau, *Politics Among Nations*, pp. 161-296.

28_ Morgenthau, *Dilemmas of Politics*, p. 41, 258.

으로 추론한 듯해 보이기 때문에 그런 설명이 외형상 합리주의적 형태를 띠고는 있지만 사실은 유럽 정치가들의 역사적 경험을 토대로 한 귀납적 설명이며, 모겐소가 설명하는 고전적 세력 균형의 여섯 가지 조건에 비추어 불가피한 결론이기도 하다. 다시 말해 수많은 독립국가의 존재, 공동의 유럽 문명, 지리적으로 한정된 국제체제, 대량살상 무기의 부재, 엘리트들의 자유로운 정책 결정, 그리고 '균형자'의 존재가 그것이다.[29] 제2차 세계대전 이후 국제관계에서 나타난 변화를 바라보면서 모겐소는 세력 균형에 대한 이런 논의를 비관적으로 결론짓는다. 세력 균형이 성공적으로 이루어질 수 있는 고전적 여섯 가지 조건이 거의 대부분 자취를 감추었기 때문이다. 사실 유럽의 세력 균형에 대해 그가 귀납적으로 상세히 집필한 저술을 보면 균형이라는 개념이 어떤 의미가 있는지 전혀 확실하지 않다. 국가들은 때로는 대항 세력으로서의 평형성을 추구하는가 하면, 또 어떤 경우에는 월등한 우세를 원하기 때문이다.[30] 그가 다른 저서에서 "국제정치의 보편적인 현상으로서의 제국주의적 특성은 유지되어야 한다"라고 결론지었던 까닭은 아마도 이 때문이었을 것이다.[31]

모겐소의 저서 《국가 간의 정치》는 현실주의 프로그램의 귀납적 구성을 축약해서 보여주는 대표적인 사례다. 국제정치에서 나타나는 복잡하고도 다양한 여러 행위가 이 책에서 아주 상세히 집대성되고 있

29_Morgenthau, *Politics Among Nations,* pp. 167-195.

30_ Ibid., pp. 196-223.

31_ Hans J. Morgenthau and Kenneth W. Thompson, eds., *Principles and Problems of International Politics* (New York : Knopf, 1950), p. 61.

기 때문이다. 권력을 극대화함으로써 안전을 도모하려는 국가의 행동을 보여준다는 점에서 이런 행위들에서 공통의 맥락을 관찰할 수 있지만, 그의 책에서 엄격하게 순서를 매기는 일은 시도되지도, 이루어지지도 않고 있다. 사실 다양한 정치적 사실을 낱낱이 설명하는 일은 때때로 모순적인 듯해 보일지라도 바람직하다고 간주되었다. 정치 생활에 대해 합리적이고 이론적으로 이해하기란 혼란스럽기만 하고, 또 그럴 수밖에 없는 현실에 그릇되게 순서를 매기기 때문이라는 이유에서였다. 몽테뉴Michel E. de Montaigne, 1533~1592가 이야기하는 합리주의적 구성을 통해 걸러진 정치의 "왜곡되고, 강압을 통한, 그리고 편향된 해석"[32]을 경계하면서 모겐소는 국제관계학 연구를 위한 이상적인 방법론과 합리주의적 과학에 대한 적절한 대안으로서 철학적으로 조절된 경험주의를 제시했다.



국제정치학을 연구하는 학생이 반드시 배워야 하고, 또한 잊지 말아야 할 첫 번째 교훈은 국제 문제가 복잡하다는 사실 때문에 단순한 해결책과 신뢰할 만한 예측이 불가능하다는 점이다. 학자와 돌팔이 협잡꾼이 구분되는 부분이 바로 이곳이다. 국가들 사이의 정치를 결정하는 힘을 이해하고, 국가들 사이의 정치적 관계가 결정되는 방식에 대해 지식을 쌓을수록 국제정치학적인 사실들이 모호하다는 점이 드러나게 된다. 모든 정치적 상황에는 모순적인 추세가 있기 마련이다. 상황 조건에 따라 이런 추세들 가운데 하나가 다른 것들보다 유독

32_ Morgenthau, *Politics Among Nations*, p. 17.

> 드러나게 된다. 하지만 실제로 어떤 추세가 드러날지는 사람들마다 추측하기 나름이다. 그렇다면 학자로서 할 수 있는 최선의 길은 특정 국제적 상황에서 (잠재력처럼) 나타나는 다양한 경향과 추세를 추적해 보는 것이다. 어떤 한 가지 추세를 다른 것보다 더 두드러지게 하는 조건들을 지적하다 보면 마침내 여러 조건과 추세가 실제로 두드러지게 나타날 가능성을 평가할 수도 있을 것이다.[33]

이런 접근법을 통해 《국가 간의 정치》는 정치학 이해의 모든 합리주의적-과학적 방법론의 효용성과 가치를 부인하고 있다. 국제정치적 행위에 대한 합리주의적 연구란 있을 수 없고, 오로지 다양한 형태의 신중한 국정 운영 기술에 도움이 되도록 현실에 대한 해석을 덧붙이는 설명만이 가능할 뿐이라는 것이다. 따라서 정치학이라는 '과학'은 '에피스테메 폴리티케*episteme politike*', 그러니까 책임과 의무를 느낄 정도의 밀착성과 더불어 적당한 거리도 둘 것을 요구하는 실용 과학에 지나지 않는다. 거리를 두어야 한다는 말은 정치가가 여러 가지 그럴싸해 보이고 또한 조심스러운 정치적 선택 사항들을 평가할 때 철학적으로 단련된, 그러면서도 귀납적으로 축적한 많은 지식을 동원할 수 있도록 일단 한 발 물러서야 한다는 뜻이다. 그러나 정치학이 책임과 의무까지도 요구한다는 말은 특정 정치가와 그의 국가가 당면 현안의 대안들을 두고 자기 일처럼 고민하는 모습이라야 최선의 정치적 선택을 할 수 있다는 뜻이다.

33_ Ibid., p. 19.

권력의 세계에서 그런 성공적인 선택을 하는 데 필요한 실제적인 진실이 무엇인지를 보여주고자 모겐소는 마키아벨리가 목표로 삼았던 것과는 사뭇 다른 부분을 강조하고자 목표를 정했다. 마키아벨리가 성공적인 정치를 펼칠 수 있는 기교를 설명하는 데 더 관심을 두고 정치를 그런 목표를 위한 수단으로서 이해했던 데 비해, 모겐소는 정치 그 자체를, 특징과 한계까지를 포함해 이해하고자 노력한 듯해 보인다. 모겐소가 쓴 모든 저서를 부차적인 수준까지 살펴보면 규범적인 정책에 대한 관심이 나타나기는 하지만, 그가 현실주의 프로그램의 발전에 가장 명확하게 기여한 부분은 국제정치의 실제 관행을 체계적으로, 경험적으로 설명한 부분이었다. 이 설명이 인간 본성과 운명에 대한 독특한 관점에서 영향을 받았음은 두말할 나위 없는 사실이지만, 마지막 부분의 분석을 통해 그는 "관찰자를 지적으로 훈련시키고, 정치라는 대상물에 합리적인 질서를 부여하며, 그리하여 정치학에 대한 이론적 이해를 가능하게 하는" 틀을 만들어내고자 했다.[34]

이런 목표가 있었기에 전통 현실주의는 과학적 이론을 향한 기나긴 행진에서 최고점에 도달했다고 이야기해도 좋을 것이다. 투키디데스의 저서에서 현실주의는 형이상학적인 연구 프로그램으로 시작되어 상상력 풍부한 세계관을 가지고 정치를 바라보는 새로운 전통을 수립했다. 정치학에 대한 이런 이해는 시간이 흐르면서 정치에 대한 실제적 통제가 가능하지 않을까 하는 욕망을 낳게 되었고, 현실주의 프로그램은 정치적 결과를 의도대로 이루어내는 기술을 실질적으로 일반

34_ Hans J. Morgenthau, *Politics Among Nations,* 5th ed. (New York : Knopf, 1978), pp. 4-5.

화하려는 단계로까지 발전하게 된다. 마키아벨리의 저서에서 이런 시도가 있었음은 놀랄 일이 아니다. 최종 단계에 이르러 현실주의 프로그램은 단순한 기술적 통제를 넘어 종국에 가서는 모겐소의 저서에서 나타나듯이 체계적으로 정리된 경험적인 지식을 생산해내는 형태로 욕망을 구현하는 단계에 다다르게 된다. 이 경험적인 지식은 훌륭한 정책을 만드는 데 도움이 되기도 하겠지만, 객관적인 지식 그 자체를 만들어냄을 기본 목표로 하고 있다. 모겐소의 저서가 바로 이 후자의 포부를 대변하는 것인 만큼 전통 현실주의의 특징을 잘 보여주는 경험주의적 접근의 전형이라고 간주해도 좋을 것이다.

### 전통 현실주의 : 지배 논리, 개인 지상주의, 엄격한 귀납주의



오늘에 이르기까지 세 가지 접근법, 그러니까 고전적, 전前현대적, 그리고 현대적 접근법에 따라 분석되어온 정치적 현실주의의 전통에 따르면 현실주의적 연구 프로그램은 다음과 같이 요약될 수 있다.

실재적 주장 수준에서 세 이론가, 그러니까 마키아벨리, 투키디데스, 모겐소는 모두 질서 문제를 다루고 있으며, 또한 그들 모두는 갈등과 분쟁의 실체를 지배의 불가피성이라는 논리로 설명하고 있다. 이 이론가들이 하나같이 주장하는 바는 모든 정치적 실체, 다시 말해 국가들이 명시적으로든 또는 묵시적으로든 설사 사전적事前的, *ex ante* 안보만을 추구한다 할지라도 결국 통제, 정복, 지배 같은 행동으로 돌입하는 경쟁에 휩쓸리지 않을 수 없다는 것이다. 하지만 이런 논리를 적용하면서도 질서가 어떻게 유지될 수 있는지를 명확하게 설명한 학자는 마키아벨리가 유일하다. 투키디데스와 모겐소는 문제의 중요성을 인식하고는 있었지만 두 사람 가운데 어느 누구도 그것을 명확하게, 또는 인과론적인 형식으로 설명하지는 않았다. '국가'라고 일컬어지는 질서 형성의 실체를 만들어내고자 개인들이 어떤 절차를 거치는지, 그리고 이렇게 형성된 국가들이 그 이후 국제정치 세계에서 어떻게 행동하는지를 체계적으로 설명하는 학자는 마키아벨리뿐인 것이다. 결국 마키아벨리는 '완벽한 현실주의자'라고 해도 손색이 없는 학자라고 할 수 있다. 그가 쓴 저서에 나타나는 주장은 명확하고 일관성을 유지하고 있으며, 투키디데스나 모겐소가 따라갈 수 없는 완벽한 설명력을 지니고 있기 때문이다. 하지만 투키디데스와 모겐소의 설명력에 한계가 있다 하더라도 세 학자 모두가 안보 경쟁이 결국 지배를 위한 투쟁으로 끝나리라는 점을 인정했다는 부분은 중요하게 인식되어야 한다. 그리고 그 어느 것도 아닌 바로 이것이야말로 세속의 도시에서 벌어지는 정치에 대해 가르치는 전통 현실주의자들을 한데 묶는 실재적인 주장이다.

분석 단위와 인과 논리 수준에서 보더라도 세 이론가 모두는 중요한 공통점을 가지고 있다. 국가체제라는 전제 아래 활동을 하고 있는데도 투키디데스는 '국가적 실체 속의 인간'이 보이는 특징에 초점을 맞추고 인간 고유의 특징인 이기주의를 발견해내고자 한다. 정치에 대한 마키아벨리의 해석 역시 인간 개인의 본성에 토대를 두고 있다. 모겐소도 이와 비슷하게 인간 본성에 내재된 사악한 측면에 초점을 맞추고 세 가지 수준의 정치적 집합체에서 인간이 보여주는 행동을 설명한다. 물론 인간 행위에 대한 모겐소의 설명은 (명확하기보다는) 형이상학적인 방식으로 제시되고 있다. 따라서 분석 단위라는 문제를 두고 볼 때 세 이론가 모두가 설명 체계 속에서 이론적으로 중시하는 것은 개인이다. 정치를 성공적으로 설명하는 데 가장 중요한 것이 무엇인지, 다시 말해 이기적인 개인들과 그들의 자존심을 중시하는 본질을 강조할 때 이들의 의견은 일치한다. 하지만 인과론적인 설명을 위해 인간 본성을 활용하는 문제에서 이들의 견해는 차이를 보인다. 마키아벨리는 인간 본성을 가장 일관되고 명확하게 활용하면서 거시적인 정치 실체, 다시 말해 국가들을 형성하는 문제와 그들의 행위를 설명하고 있다. 투키디데스도 인간 본성을 활용해 거시적인 정치 실체, 다시 말해 국가의 행위를 설명하고 있지만 암시적인 방식에 그치고 있다. 그러니까 국가의 발생에 대해서는 넌지시 암시만 할 뿐 명확히 설명하지 않고, 대신에 국가의 붕괴와 와해를 집중적으로 다룬다. 모겐소 역시 국제정치에 대한 인과론적인 설명에서 인간 본성을 명확하게 활용하지 않는다. 인간 본성에 내재된 사악한 측면이 논리의 배경이 되고 있지만 어떻게 거시적 정치 실체, 그러니까 국가가 형성되었는지 또는 국가들이 어떻게 행동하는지를 인과론적으로 설명할 때 그것이 활용되지는 않고 있다. 따라서 인간 본성을 강조한 전통 현실주의자들의 입장은 포퍼Karl Popper, 1902~1994적인 의미에서 가상한 일이기는 하지만, 거시적인 정치체제의 생성과 행동을 개인적인 행위의 결과물로 묘사하는 인과론적인 설명 체계 속으로 명확하게 통합할 수 없었다는 점에서 심각한 결함을 안고 있다. 이 점에서 마키아벨리는 분명 예외적인 존재이지만, 그의 기여도는 다른 두 이론가와 마찬가지로 제한적이다. 왜냐하면 그의 설명 체계는 역사적으로 도출된 것이며, 귀납적으로 정당화되고 있고, 그런 점에서 오로지 형식적(연역적) 논리 체계에서만 도출될 수 있는 불가결성을 결여하고 있기 때문이다.

마지막으로 방법론적인 형식 측면에서 보자면 이 전통 현실주의자 세 명은 경험주의적 귀납주의에 의존한다는 점에서 공통적이다(투키디데스가 예외적이기는 하지만 경험주의적 귀납주의는 실재적인 정치 문제 해결에 어느 정도 관심을 둔다). 가시적인 현상에 대한 엄격한 인식을 바탕으로 경험적 일반화를 시도하려는 이 관심은 아마도 지식을 습득하는 가장 초기 방법일 것이다. 그리고 경험주의적 전통은 각각의 관찰 내용을 반복 비교하는 귀납적인 방법을 통해 보편적 일반화를 이루어내려는 실제적, 이론적 노력에 따라 차별성을 가져왔다. 세 전통 현실주의자 모두는 정치 생활에 대해 수집된 각각의 관찰 내용을 기초로 정치적 분석을 시도하고 있다. 아인슈타인Albert Einstein, 1879~1955이 한 말을 빌리자면 그들이 인식론적으로 가정하는 것은 아마도 "경험이란 현실에 대한 우리의 모든 지식을 형성하는 알파요, 오메가"[35]라는 점일 것이다. 이 전통 현실주의자들 가운데 어느 누구도 이론적 카테고리를 굳이 강조해서 제시하지는 않는다. 그런 이론적 카테고리는 고도의 예측력을 지닌 연역적 설명이라는 점에서 본질적으로 상호 연결되어 있다. 아인슈타인이 자주 언급하던 '경험적' 지식과 '합리적' 지식 사이의 변증법적 대논쟁에서 전통 현실주의자들은 전자를 확고하게 고집한다.[36] 두 가지 가운데 최소한 한 쪽은 (그리고 묵시적으로는 아

35_ Albert Einstein, "On the Method of Theoretical Physics," in *Ideas and Opinions*, trans. and rev. Sonja Bargmann (New York : Crown, 1954), p. 271.

마도 두 가지 모두) 연역적 방식의 설명을 통한 결정성, 예측성, 그리고 논리적 체계화가 필요하지 않다는 입장을 분명하게 취하고 있다. 그렇기 때문에 모든 일반화가 "한 단계 한 단계 정밀하게 진행되어서 각각의 설명이 확실하게 완벽해지는"[37] 순수한 합리적 구성이라는 개념은 그다지 두드러지지 않는다.

따라서 비판적 합리주의 방법론의 관점에서 보자면 전통 현실주의의 모든 접근법은 어딘가 결점이 있을 수밖에 없다. 전통 현실주의 접근법들이 개인을 적절한 분석 단위로 간주하면서 모든 유효한 정치적 행위의 원인으로 강조하는 점은 칭찬할 만하고, 또한 방법론적 개인주의라는 비판적 합리주의의 조건과도 완벽하게 일치한다. 하지만 그들이 통찰력을 합리화하기 위해 귀납적인 방법에 의존했다는 점은 문제로 남는다. 그리고 그들이 체계적이고도 연역적인 형태로 인과론적 설명을 제시하지 못함으로써 그들의 결론이 우연한 긴급 상황을 설명할 수도 있을 뿐만 아니라 단순히 논리적이고 이론적인 필요성도 충족할 수 있음을 과시할 수 있는 기회를 상실하게 된다. 전통 현실주의에는 과학적인 방법을 유용하고도 매력 있게 만들어주는 기본 요소가 그만큼 부족한 셈이다. 그 결과 전통 현실주의자들의 후계자들, 다시 말해 과학적 현실주의자들이 시도한 첫 번째 변화가 방법론만큼 실재적이지 못했다는 사실은 놀라운 일이 아니다. 그들이 시도한 첫 번째



---

36_ 아인슈타인 방법론에 대한 훌륭한 논의와 과학에 대한 접근법에서 합리주의자와 경험주의자의 차이점에 대해서는 Gerald Holton, "Thematic Presuppositions and the Direction of Scientific Advance," in *Scientific Explanation*, A.F. Heath, ed. (Oxford : Clarendon Press, 1981), pp. 1-27.

37_ Einstein, "On the Method," p. 271.

시도란 역사를 기반으로 하고 귀납적으로 정당화되는 설명에서 좀 더 추상적이고 연역적으로 체계화된 인과론적 가설로 옮아간 것을 말한다. 현대 사회 과학에서 특징적으로 볼 수 있는 그런 노력은 모턴 캐플런Morton Kaplan, 1921~이 쓴 개척자적인 저서에서 처음 명확하게 등장하고 있다. 그리고 이제 우리가 살펴봐야 할 것은 그의 접근법과 그 뒤에 나온 왈츠의 접근법이다.

부록 A

# 이라크 전쟁 회고

윌리엄 크로 주니어 제독Admiral William J. Crowe, Jr.*

이라크 전쟁은 우리 국가에 9·11 테러 공격보다 더 심대한 영향을 미쳤을 수 있습니다. 육해공군의 모든 미군 병사는 이 전투에서 전문적인 교훈을 많이 얻었습니다. 저는 오늘 그것들을 여기서 일일이 살펴보지는 않을 것입니다. 대신에 미래 제3세계의 도전을 맞이하는 우리 시민들이 알아야 할 보다 큰 교훈에 대해 말씀드리고자 합니다. 특히 미국의 선제공격 정책과 관련하여 몇 가지 도전이 예상된다는 징후가 있습니다. 선제공격 정책은 미국 정부가 새로운 위협을 사전에 예견하고, 이에 대처하는 군사 행동을 기민하게 취할 것을 요구합니다.

*_ 전임 합참 의장인 크로 제독은 오클라호마 대학교 지정학 교수와 워싱턴 D.C.의 조지 타운 대학교 전략국제연구센터 고문, 그리고 주영 대사를 역임했다. 최근에는 대통령 해외정보자문단 단장과 워싱턴 소재 세계적 옵션과 국제관계연구소 고문단 단장을 역임했다. 이 강연 내용은 버지니아 샬럿스빌 소재 밀러 센터에서 2004년 4월 2일에 발표된 것이다.

이라크에서의 신속한 승리는 미군 전력의 놀라운 능력과 유연성, 그리고 기술적 우월성을 다시 한 번 과시한 것이었습니다. 그리고 그 승리는 최소한 전문가들에게는 그다지 놀라운 일이 아니었습니다. 동시에 올바로 이야기하자면 사담 후세인의 군대가 특히 더 무기력했다는 점이 지적되어야 할 것입니다. 그는 침공 이전 단계의 시간 활용에 실패했고, 그의 군대는 전투 기동에 임할 능력이 없음이 판명되었던 것입니다. 물론 승리는 제3세계의 군이 야전에서 미국과 직접 대적할 때 얼마나 허약한지를 다시 한 번 보여준 사례였습니다. 우리의 적들이 테러리즘 또는 몇몇 테러리즘 전문가가 이야기하듯 비대칭 전투로 눈을 돌리는 까닭은 바로 이 때문입니다.

하지만 이라크의 신속한 항복으로 말미암아 상대적으로 중요한 몇 가지 판단 착오와 그릇된 가정이 숨겨지고 말았습니다. 펜타곤에서는 점령에 따른 재정 부담이 그다지 크지 않을 것이고, 이라크 국민은 승자인 미군을 해방군으로 환영하리라 예측했습니다. 이라크에 평화와 민주주의가 찾아올지는 모르겠지만, 적어도 초기 단계에서는 이런 목표들이 결코 보장되지 않고 있다는 몇 가지 징조가 관찰되었습니다. 처음에는 분명 이라크 국민이 우리를 환영했었는데, 이는 억압된 국가에서는 이상한 일이 아니었습니다. 하지만 그 환영은 그리 오래 가지 않았고, 우리 군대는 해방군이 아니라 점점 더 식민지 정복자처럼 취급되기 시작했습니다. 펜타곤의 애초 의도는 이라크 군대가 궤멸되고 난 뒤 대다수 병력을 철수시키는 것이었습니다. 그런데 이런 의도가 현실적으로 불가능하다는 점이 명백해졌습니다. 한 마디 더 붙이자면 우리 국가에는 아랍계 국민이, 그것도 국무부에 많이 있는데 그들은 이런 문제점을 미리 예견하고 사려 깊은 정책 대안을 권고했었습니다. 그러나 그런 권고는 지휘부에서 본질적으로 묵살되고 말았습니다.

대규모 군 병력을 전장에 파견하지 못했음이 사태를 악화시키는 요인이 되었습니다. 당시 미국 육군 참모 총장이었던 에릭 신세키Eric Shinseki, 1942~ 장군은 의회에서 평정 및 재건 단계에 들어설 경우 계획보다 더 많은 병력이 필요할 것이라고 증언한 바 있습니다. 그러나 펜타곤 지휘부는 그의 증언을 공개적으로 조롱해버렸고, 그는 곧 팡파르도 없이 퇴임하고 말았습니다. 더 많은 부대가, 특히 특수한 전문 기술을 보유한 부대가 우리의 병참선 보호 임무에 투입되고 민간인 거주 지역을 우회하기보다 통과해 갈 경우 혼란과 안전 문제의 상당 부분이 줄어들 것임은 의문의 여지가 없습니다. 중요한 점은 합참 의장 리처드 마이어스Richard Meyers 장군이 이미 오래전에 밝혔듯이 우리 군은 경찰 임무와 국가 건설 임무에는 잘 훈련되어 있지 못하다는 사실입니다. 시간이 흐르자 그의 말이 옳았음이 드러나게 되었습니다.

그러자 (미) 육군과 해병대는 훈련 프로그램을 극적으로 바꿨고, 이런 결점을 수정하고자 필사적인 노력을 기울여오고 있습니다. 이제 (미) 육군과 해병대 사이에는 장기에 걸친 평정 작전 수행에 어떤 전술로 임해야 할지를 두고 열띤 공방이 벌어지게 되었습니다. 전쟁 직후 시기는 수학보다도 훨씬 더 어렵다는 점이 밝혀진 것입니다.

우리는 (미) 육군과 해병대 사이의 이런 논쟁을 시험 중입니다. 이제 우리는 침략자에 맞서 보복에 나서겠지만 너무 급하게, 또는 서두르면서 그렇게 하지는 않을 것입니다. 심사숙고를 거친 사려 깊은 방식으로 그렇게 할 것입니다. 이렇게 되면 점령에 따르는 혼란스럽고 도 의도하지 않은 결과들 가운데 하나가 발생하게 됩니다. 작전 기간이 지연되면서 이라크 안에 대규모 병력을 유지해야 했는데, 그 결과 (미) 육군과 해병대가 전선에 얇게 전개되었던 것입니다. 예를 들어 병력 12만 명을 전선에 유지한다 함은 미군 지상 전력이 3년에 1년은 고국에서 또는 걸프 지역의 지원 부대에서 근무하게 된다는 사실을 의미합니다. 해외에서의 여타 공약을 수행하기 위한 우리의 능력도 심각하게 위협을 받아왔거나 최소한 보류된 상태입니다. 예를 들어 이라크 군대의 일부를 해방시키기 전까지 우리는 이란에서 비슷한 공격을 개시할 수 없고, 지금 이 순간 한국에서 전투가 벌어질 경우 그것을 감당할 우리 능력에 문제가 생길 수밖에 없는 것입니다.

사막 환경에서 장비가 갑자기 못쓰게 되는 경우가 생기는데, 이는 군사비는 물론 전반적인 준비 태세 유지에 심각한 압박 요인이 되었습니다. 미국으로 귀환하는 사단 병력은 최소 준비 태세 기준에도 못 미치는 상황이고, 복원에는 상당한 시일이 걸릴 것입니다. 더군다나 주 방위군과 예비군 역시 예기치 않게 오랜 기간 해외에 배치되어 아주 얇게 전개되었습니다. 전쟁의 먼지가 가라앉고 나면 의회가 주 방위군과 예비군의 구조를 전체적으로 정밀 점검할 것입니다.

아울러 대규모 상비군을 유지함과 관련하여 의회 안에서 어떤 여론이 형성되고 있는데, 여기에 대해 펜타곤 지휘부는 이유는 잘 모르겠지만 반대 의사를 견지하고 있습니다. 이라크에 있는 미국 군 병력과 시민들은 악의를 품은 온갖 종류의 사람들, 그러니까 바스Baath 당원들, 민족주의자들, 범죄자들, 그리고 해외파 반미주의자들이 공격할 수 있는 표적들입니다. 주로 육군 정보국을 통한 현장 제보에 따르면 언론 보도와는 사뭇 다른 결과일 수 있지만 대다수의 적대 행위는 외국인이 부추겼다기보다 자발적으로 자행되는 수가 많다고 합니다. 불행히도 안전 상태가 취약하다 보니 미국의 동맹국들이 우리의 노력에 동참할 수 있는 가능성도 줄어들고 있고, 그 결과 또 다른 중요한 전제가, 그러니까 일단 이라크를 점령하고 나면 아랍 세계에서의 심각한 테러리스트 저항은 소멸되리라는 전제가 무너지고 맙니다. 세련된 우리 국민도 실제 그런 생각을 하고 있을지는 믿기 어렵습니다.

비슷한 경우가 되겠지만 이라크를 왜 그토록 신속히 공격했어야 했는지도 분명하지 않습니다. 우리의 군사 능력은 하루하루 개선되고 있었고, 사담 후세인의 군대에 비하면 훨씬 더 강력해지고 있었습니다. 우리 군의 명백한 우월성을 감안할 때 기후라든가 기습 공격 같은 요소들은 더 이상 중요한 고려 대상이 아니었습니다. 좀 더 신중한 접근을 했더라면 무기 검열관들이 조사를 완전하게 끝낼 시간을 줄 수도 있었을 것이고, 터키 내 군사 기지를 사용하는 문제와 관련해서 터키 정부의 마음을 바꿀 시간도 있었을 것이며, 또한 우리 외교관들이 동맹국의 군대 파견을 설득할 시간도 있었을 것입니다. 서두르다 보니 우리 능력과 유연성을 투매한 결과가 되었고, 우리 작전은 그만큼 제약을 받게 되었던 것입니다.

돌아보면 문민 리더십은 펜타곤의 면밀한 검토와 점검을 거쳐 우리의 전투 작전에 어느 정도 긍정적으로 기여한 바가 있습니다. 그러나 민간인 리더십은 사태 발생 이후의 후속 상황을 지나치게 소홀히 취급했습니다. 어느 (미) 육군 참모 총장은 "그들이 군사 작전에 일단 정신을 빼기고 나서는 모두 하나같이 전선으로 달려가 병사들에게 어떻게 행동해야 할지를 이야기해주고 싶어 안달이었다. 다른 문제는 아예 다루고 싶어 하지도 않았다"라고 이야기한 적이 있습니다. 리더십은 국민의 마음과 아랍 정치를 살피는 데에도 실패했고, 그 지역의 극단적으로 복잡한 경제 상황을 점검하는 일 역시 실패하고 말았습니다.

맨 처음 구상이 어땠는지를 돌이켜 살펴봄은 상당히 흥미롭습니다. 2003년 4월에 미국 국제개발처AID는 이라크 재건 비용을 17억 달러 정도로 추산했습니다. 그런가 하면 예산관리국OMB은 이라크를 지속적으로 지원할 필요가 없다고 호기롭게 발표했었습니다. 폴 울포위츠 Paul Wolfowitz, 1943~ 국무부 부장관은 첫해에 600억 달러가 필요할 것이라고 보고한 펜타곤 요원들의 견해를 무시해버렸습니다. 하지만 그들이 추산한 이 600억 달러는 결과적으로 상당히 정확한 액수였음이 밝혀졌습니다. 울포위츠 부장관은 한 걸음 더 나아가 이라크가 재건 비용을 스스로 부담할 재정 능력을 보유하고 있다고까지 했습니다. 이라크의 석유 생산에 대해서도 비슷한 낙관론이 있었습니다. 하지만 현재의 판단으로는 더 이상 유전 파괴가 진행되지 않는다면 석유 채굴 시설이 완전히 재가동되기까지는 적어도 3년 내지 5년이 더 걸릴 듯해 보입니다. 미국 행정부는 금년 한 해에 소요될 복구비로 1,500억 달러 이상을 요구해두고 있습니다. 하지만 이 금액은 군사비로 지출될 월 40억 달러와 2004년 봄에 팔루자 지역에서의 전투 수행을 위한 추가 경비 250억 달러가 계산되지 않은 액수입니다.

군에 대한 문민 통제는 양방향 도로와도 같습니다. 문민 리더십의 가장 중요한 기능들 가운데 하나는 승리에 수반되고 그 뒤를 이어 따라오는 외교 및 정치적 환경을 관리하는 일입니다. 마찬가지로 전투 작전이 개시되기 이전 단계에서 모든 정부기구들을 동원해 전후戰後 계획을 수립함은 문민정부의 책임입니다. 우리 지도부는 그런 점에서 실패하고 말았습니다. 그런 문제들에 대비하도록 동원된 정부 내 전문가들을 전부 합해보았자 필요한 수의 일부에 그치고 만 것입니다. 물론 이런 사실은 정부가 완전하지 못하고 극단적으로 단순하게 상황을 가정했던 점과 관련이 있습니다. 우리가 테러리즘 대응과 예방적 군사정책을 지원하는 임무에 진지하게 관심을 쏟는다면 부시George W. Bush, 1946~ 대통령이 초기에 거부했던 개념인 '국가 건설'이라는 도전은 군사 작전만큼이나, 또는 아마도 그 이상으로 중요성을 인정받을 수 있을 것입니다. 그것들을 계획하는 작업에는 군사 작전만큼의 열정이 투입되어야 하고, 정부 전체가 참여해야 합니다. 본질적으로 평화를 쟁취하지 못한다면 몇몇 전투에 승리할 수야 있겠지만 전쟁에서 승리할 수는 없습니다. 우리 행정부가 새겨들어야 할 첫 번째 교훈이 바로 이것입니다.

이제 동맹국과의 제휴정책에 대해 살펴보겠습니다. 이는 아주 논쟁적인 문제임이 분명합니다. 정치적으로 보자면 우리의 주요 동맹국들, 특히 서유럽 동맹국들의 참가를 확보하지 못한 점은 치명적이었습니다. 도널드 럼즈펠드Donald Rumsfeld, 1932~ 국방 장관이 '새로운 유럽'에 대해 수다스럽게 이야기하고 있지만 우리에게는 낡아빠진 똑같은 이유 때문에 옛 우방이 필요한 것입니다. '늙은 유럽'은 미국과의 협력에 익숙한 국가들이었습니다. PEW 연구소가 실시한 최근 여론조사에서 미국의 정책에 대한 반대 의견은 대다수 유럽 국가와 중동 지역 전체 국가에서 신기록을 달성할 정도로 높게 나타났습니다. 심지어 대다수 영국 국민조차 미국의 정책에 반대하고 있었습니다. 에스파냐에서 철도 폭파 사건이 발생하고서 며칠 뒤에 에스파냐의 신임 정부는 이라크에 파견 중이던 소규모 부대를 철수할 것이라고 발표했습니다. 이는 오늘날 우리가 유지하고 있는 연합군 진영에 금이 간 첫 번째 사례였습니다. 폴란드 역시 몇 가지 계약이라든가 대량 살상 무기와 관련하여 폴란드에 약속했던 일부 내용이 지켜지지 않는 점을 들어 워싱턴에 환멸을 느낀다는 점을 표시하고 있습니다. 폴란드가 연합군 진영에 남아 있어줄지에 대해서는 현재 다소 우려스러운 회의론이 있습니다. 이는 시작에 불과하고, 연합군 진영이 와해될 경우의 심리적 영향은 대단히 크리라고 전망됩니다. 유럽 대륙은 워싱턴이 대테러 작전은 물론 그 외 다수의 외교정책 문제에서 독불장군처럼 혼자 가려고 하는 경향이 커지면서 의심의 눈초리를 보내고 있습니다.

그렇다고 해서 유럽 국가들의 견해가 반드시 옳다는 뜻은 아닙니다. 문제는 유럽 국가들이 스스로 옳다고 믿는다는 점입니다. 우리가 그들의 견해와 다른 생각을 가지고 있더라도 그들의 견해를 이해하고자 노력을 기울여야 함은 바로 이 때문입니다. 서유럽은 1950년대 이후 테러로 고통을 많이 받아왔습니다. 많은 유럽인은 9·11 테러 사건을 70여 년 이상 위험이라고는 모르고 살아온 미국이 마침내 진짜 세상으로 들어서게 된 계기라고 봅니다. 어떤 유럽인은 '테러와의 전쟁'을 국내정치적 목적을 위해 저질러진 과잉 반응이라고 보고 있습니다. 그리고 그들은 미국 행정부가 처음에는 알카에다로, 다음에는 대량 살상 무기로, 그다음에는 사담 후세인의 잔학성으로, 또 지역 안정으로 등등 계속해서 구실을 찾는 데에도 회의적인 반응을 보이고 있습니다. 기본적으로 유럽인들은 자신들이 통제할 수 없거나 원하지 않는 방식으로 미국이 자신들을 개입시키려고 할지 모른다는 두려움을 가지고 있습니다. 경제지 《이코노미스트》는 미국의 행동의 자유가 구속받지 않는 것과 대서양동맹 가운데 부시 행정부에 무엇이 더 중요한지를 물었습니다. 이에 대한 미국 정부의 대답은 명확합니다. 어쨌거나 우리의 중요한 동맹국들이 어떤 생각을 하고 있는지에 대해 진지하게 이해하려고 하지 않았던 까닭에, 그리고 그들과 적절한 타협을 하지 못했던 까닭에 대가를 치르고 있는 쪽은 우리입니다. 이런 의견 불일치는 제가 영국에서 근무하던 시절 들었던 이야기를 떠올리게 합니다. 그것은 국가들 사이의 모든 중요한 의견 불일치에도 적용되는 이야기일 것입니다. 그 이야기란 "만일 네가 아일랜드 문제를 이해한다면, 그건 아직 제대로 된 설명을 듣지 않았기 때문이다"라는 겁니다.

물론 국제연합 역시 이런 상황 전개와 일부분 연관이 있을 것입니다. 부시 행정부 자체는 어떤 접근법을 취해야 할지 의견이 엇갈리고 있었습니다. 결국은 대통령이 국제연합의 승인 도장을 받는 쪽을 택했지만 이는 그의 임기 동안뿐이었습니다. 국제연합의 다른 회원국들로서는 혼란스러웠을 것입니다(당시 이스라엘은 국제연합의 결의안을 더 많이, 더 자주 무시하고 있었고, 물론 미국 역시 가끔씩 무시하는 경우가 있었습니다. 그리고 이것이 비난받는 경우는 별로 없었습니다). 휴전 직후 국제연합은 이라크 재건에 동참하기를 강력히 희망했지만 워싱턴은 그 제안을 거부했습니다. 시사 주간지 《타임Time》이 최근 미국의 고위 관료를 인용해 보도한 바에 따르면 그 이후 미국 행정부는 이라크 재건의 책임을 국제연합이 일부라도 부담해주기를 절실히 희망했고, 국제연합은 개입하기를 원치 않았다고 합니다. 간단한 진실은 우리에게 우방이 필요하고, 우방을 붙잡아두도록 더 많은 노력을 기울여야 한다는 점입니다. 동맹국들과의 연합 전선이 혼연일체로 단결하려면 지속적이고 비차등적이어야지 차별적이고 선택적이어서는 곤란합니다. 처칠 경의 말을 빌리자면 동맹을 가지는 일보다 더 나쁜 유일한 일은 동맹 없이 싸우는 것입니다. 이 말은 정치적으로도 타당하겠지만, 군사적 의미에서도 맞습니다. 제2차 세계대전 이후 수십 년 동안 우리 외교정책의 근간은 다자주의였습니다. 하지만 최근 들어 다자주의는 별 관심을 받지 못했습니다. 추는 이제 천천히 가운데로 돌아오는 듯합니다. 그러나 아직은 불확실한 부분이 많으며, 우리가 우물쭈물하는 사이에 고통과 비용은 커져가고 있습니다.

외교정책으로 눈을 돌려봅시다. 오늘날 미국 국민에게 가장 중요한 문제는 '우리가 이라크에 얼마나 깊숙이, 그리고 얼마나 더 오래 개입해야 하는가' 입니다. 이는 장대한 전망을 던지는 이론적인 문제가 아니라 유권자들과 미국 정부에게 닥친 구체적인 문제입니다. 대통령 앞에는 고려해야 할 현안이 산더미처럼 많습니다. 대통령이 줄곧 우리에게 해온 말은 "우리는 필요한 만큼 거기 주둔할 것이다"였습니다. 우리가 이라크 상황을 '정리할' 때까지 주둔한다는 이야기가 무엇을 의미하는지 본인으로서는 이해하기가 힘듭니다. 부시 대통령은 현재 6월 30일을 기해 어떤 형태로든 통치권의 일부라도 이라크인들 또는 이라크 의회에 돌려줄 것임을 공언하고 있습니다. 6월 30일이 되면 이라크에 잔류하는 미군 병력은 10만 명 이상이 될 것이고, 3,000명 이상으로 구성된 이라크 주재 미국 대사관이 폴 브레머Paul Bremer 이라크 최고 행정관의 임무들 가운데 많은 부분을 넘겨받을 것입니다. 이 말이 의미하는 바는 미국 행정부가 이라크의 중요한 부분을 계속 배후 조종하고자 한다는 뜻이고, 물론 그렇게 함이 전부 나쁘지만은 않을 것입니다. 불행한 사실은 미군이 자기네 영토에 주둔해야 하는지에 대해 이라크인들 스스로가 한마음이 되어있지 못하다는 점입니다. 그러나 대다수 이라크인은 새로운 정부가 뿌리를 내리기 위해 향후 몇 년은 아니더라도 최소한 수개월 동안 미국의 도움이 필요하다고 믿습니다. 존 매케인John McCain, 1936~ 상원 의원은 미군의 이라크 주둔이 몇 년 동안 지속될 것이라고 전망하고 있습니다. 6월 30일 기한에 대해서는 영향력 있는 이라크인들조차 의문을 제기하면서 미군이 약간만 철수하더라도 살인과 혼란이 더욱 심해질 것이라고 주장합니다. 제대로 훈련받지 못한 이라크 경찰력으로는 위안이 되지 않는다는 것입니다. 심지어는 몇몇 미군 사령관조차 현지인들이 수개월 안에 책임을 떠맡을 수 있을지에 대해 회의적인 견해를 밝히고 있습니다. 이런 문제는 쉽사리 해결책이 나오기가 어렵습니다. 안전이 없는 민주주의란 학문적인 이야기일 뿐입니다. 그러나 미국 유권자들에게 정치적 도전은 전혀 학문적인 이야기일 수가 없습니다. 이 문제에는 두 가지 측면이 있습니다. 그 둘 모두에 대해 정당성 논쟁도 뜨겁기 때문에 우선 조기 철군을 주장하는 집단부터 이야기해보겠습니다.

통치권을 이라크인들에게 돌려주고 우리 군을 고국으로 불러오는 일은 이미 승인된 사항이기도 하고, 여론에 강한 호소력을 지니는 문제이기도 합니다. 특히 우리 국민과 이라크인들의 살상을 방지한다는 점에서 더욱 그렇습니다. 6월 30일이라는 기한을 설정했던 제스처는 두말할 나위 없이 이런 요구를 반영한 것입니다. 이라크인들은 불확실한 점들이 너무나 많다고 주장합니다. 그리고 그들은 우리가 얼마나 더 오래 주둔하든 이라크 상황이 신속히 개선되지는 못할 것이라고도 주장합니다. 더 중요한 점은 조기 철군으로 아랍 테러리스트들이 이라크 안의 수많은 미국인 목표를 잃게 되는데, 이는 분명 긍정적인 부분입니다. 그들의 눈에는 우리가 그 국가를 실제로 민주화할 수 있을지, 그리고 그 일을 얼마나 빨리 해낼 수 있을지가 불확실할 뿐입니다. 조기 철군을 희망하는 이 집단은 이라크인들 스스로 자신에 대한 책임을 져야 한다고 믿습니다. 그것이 불가능할 경우 국제연합이 맡을 수도 있겠지만 워싱턴의 책임이 되어서는 곤란하다는 것입니다. 영국이 이라크를 32년 동안이나 지배한 적이 있고 의회제도의 도입을 위해 필사적으로 노력했지만 결국 실패하고 말았다는 사실은 흥미롭습니다. 마찬가지로 조기 철군을 원하는 집단은 민주화된 이라크가 걸프 지역의 나머지 국가에도 대의 정부를 불러올 것이라는 생각은 환상일 뿐이라고 주장합니다. 물론 그들은 이스라엘-팔레스타인 사이의 골치 아픈 문제가 이라크 사태 때문에 완화되기는커녕 오히려 악화되었다는 사실을 언급하는 것도 빠뜨리지 않습니다. 그들의 마음속에는 우리의 군사적 승리가 아랍 세계의 반대를 잠재웠다는 생각이 아니라 무엇이 되었든 간에 불꽃을 부채질했다는 생각이 있을 뿐입니다(여론 조사 결과는 이슬람교 국가들 모두에서 반미주의가 격화되었음을 보여주고 있습니다. 심지어는 바레인, 파키스탄, 사우디아라비아 같은 이른바 동맹국들에서조차 마찬가지 결과가 나옵니다). 더욱이 그들은 조기 철군이 미국에게 손해되는 일은 아니라고 주장하면서 승리하지 못한 채 철군했던 베트남 전쟁을 거론하기도 합니다. 일시적으로 어려운 상황이 벌어진다 하더라도 우리의 권위가 영원히 손상되는 일은 없으리라는 것입니다. 이 집단은 미군의 이라크 주둔을 대테러 작전의 일환이라고 보지 않으며, 알카에다와 맞붙는 우리 병사들의 활동에 초점을 맞추고자 합니다.

우리가 오래 주둔하기를 원하지 않는 사람들에게 두 가지만은 이야기해두고 싶습니다. 첫째는 그 사람들이 이라크 문제를 다루는 다른 접근법을 제안하지 않는다는 점입니다. 다시 말해 다른 뉘앙스를 이야기하는 것이 아니라는 점입니다. 대량 살상 무기가 없는 이상 본질적으로 우리가 거기에 있어서는 안 된다는 것입니다. 둘째는 이런 생각을 가진 사람들이 점차 많아지고 있다는 사실입니다. 그리고 우리가 안전 문제 해결과 살인을 멈추는 일에 실패할 경우 이런 사람들 수는 계속 늘어날 것입니다. 베트남 전쟁이 그랬듯이 백악관에 엄청난 압력을 가하기 위해 결단력 있는 다수가 반드시 필요하지는 않습니다.

장기 주둔을 주장하는 사람들 역시 단호한 입장을 취하고 있습니다. 많은 미국인과 행정부 인사가 이라크 민주화에 과시할 만한 성과가 나타날 때까지 미군을 주둔시키기를 원하고 있습니다. 6월 30일의 통치권 이양으로는 이 목표를 달성하기 어렵고, 그들로서는 원래의 계획이 포기된 것이나 마찬가지 이야기일 것입니다. 그들은 계속 늘어나는 경비는 무시하면서 대량 살상 무기를 둘러싼 대소동은 적절치 않다고 이야기합니다. 이라크인들의 삶의 질을 개선하는 일이 그들에게는 가치 있는 일이고, 다소 이상적이기는 할지라도 그 자체가 충분한 목표가 된다는 것입니다. 그들은 필요한 만큼 얼마든지 주둔 기간을 연장하고자 하며, 어떤 것이든 필요한 투자는 하려고 합니다. 그렇게 할 경우 미국의 세계적인 이미지가 개선될 것이라고 그들은 생각합니다. 그리고 그들의 생각이 옳을 수도 있습니다. 그들은 결단력이 어딘지 부족한 이라크 의회나 정부에 권력을 성급하게 이양하는 일은 우리가 원하는 그런 민주적인 결과를 보장하기 어렵다고 생각합니다. 다소 놀라운 일이기는 하지만 그들은 조기 권력 이양이 내전을 촉발할 수도 있는 대단히 위험한 일이라고까지 주장합니다. 이는 이라크인들 스스로가 자주 하는 주장이기도 합니다. 그들은 시야를 넓혀 진정한 민주 이라크가 이슬람 세계에서 중재자 역할을 하게 될 것이라고 주장합니다. 제 생각으로는 그런 결론이 역사적으로 얼마나 뒷받침될 수 있을지 의문스럽습니다. 이런 주장을 하는 사람들은 국제연합이 더 개입해야 한다는 주장에 두말할 것도 없이 매우 회의적인 반응을 보입니다. 진실로 안전한 환경이 조성되지 않은 상황에서 이라크에 장대한 성과가 있기를 기대하기란 어렵습니다. 이 말은 미국의 점령이 좀 더 지속되어야 하고, 아마도 더 많은 미군이 파견되어야 한다는 사실을 뜻합니다. 이런 접근 방식은 우리 국가 국민 가운데 일부에게는 아주 매력적으로 받아들여지고 있습니다. 미국인들은 기본적으로 낙관적입니다. 우리에게는 어떤 문제들이든 인내를 가지고 노력한다면 결국 풀린다고 믿는 경향이 있습니다. 나아가 민주주의를 세계에 전파하고, 필요할 경우 강제적으로라도 그렇게 만드는 일이 미국이라는 우리 국가의 기본 임무라고 주장하는 사람들도 있습니다.

우리에게 이 같은 낙관주의와 문제를 해결할 수 있다는 신념이 있는데도 우리 미국인은 또한 스스로를 실용적이라고 생각합니다. 우리가 얼마나 이상주의적이건 간에 우리는 현실 세계에 대한 고려를 무시할 수는 없을 것입니다. 우리의 딜레마는 단순히 선과 악 사이의 선택일 뿐만 아니라 가치 있으면서도 불확실한 이익과 생명, 사람, 자원, 에너지의 지출을 어떻게 합리적으로 관리하느냐를 두고 선택하는 문제이기도 합니다. 그리고 우리 고국에 미칠 영향을 고려하지 않은 채 이라크 문제에 대한 결정을 내릴 수는 없습니다. [편집자 주 : 이라크 전쟁 포로 학대와 관련된 사태를 수습하는 일이야말로 미군 주둔 문제를 가장 쉽게 풀어나갈 방법이 될 것이다.]

그런 각각의 단계에 조치를 취할 때 우리의 기본 가치와 해외에서의 우리 이미지, 우리가 펼치는 세계적 차원의 여타 정책들, 그리고 물론 우리의 국내적 재정 건전성 따위에 어떤 영향을 미칠지가 반드시 검토되어야 할 것입니다. 어떤 의미에서 이런 결정은 제로섬 게임이라고 할 수 있습니다. 한 부분을 개선하려면 다른 부분에서 무언가를 빼내야 하기 때문입니다. 우리 유권자들은 이라크 전쟁 수행을 위한 전비 870억 달러를 요청한 대통령의 금년도 결정을 지지한 바 있습니다. 이 금액이 시간이 흐르면서 백지 수표가 될지에 대해 저는 확신이 없습니다. 우리의 재원은 무한하지 않습니다. 하지만 이 문제의 중요성을 우리 국민에게 아무리 강조하더라도 결코 지나치지는 않을 것입니다. 이 문제는 이미 대통령 선거 속으로 편입되었고, 앞으로 당분간은 세인의 주목을 받을 것입니다. 그리고 이 문제는 우리 삶의 질과 우리 국가의 장래와 관련되는 문제입니다. 대량 살상 무기 문제는 우리 정보기관에 대한 지대한 관심을 불러일으킨 초미의 관심사였습니다. 그동안 우리는 우리 정보기관들 주변을 그저 편리하게 맴돌면서 춤이나 추고 있었습니다. 외교정책 측면을 보자면 우리가 유지해온 이란, 사우디아라비아, 파키스탄과의 기존 관계가 이번 위기 사태로 새롭게 조명되고 있습니다. 리야드와 이슬라마바드를 예로 들자면 때때로 테러리스트들을 어떤 형태로든 지원한 적이 있었습니다. 지금 이 두 국가 모두 워싱턴에 복잡하고 새로운 딜레마를 안기려고 하고 있습니다.

진정한 초강대국인 미국은 지난 230여 년 동안에 걸쳐 이룩한 모든 일에 대해 자랑스럽게 생각할 만한 모든 권리를 가지고 있습니다. 그러나 이따금씩 한 걸음 뒤로 물러서서 우리가 우리의 힘을 어떻게 사용하고 있는지를 점검해보고, 그것을 보다 효율적으로 활용할 수 있는 다른 방법은 없는지 재검토하는 일이 필요합니다. 우리는 조급하게, 또는 충분히 사려 깊지 못한 방식으로 대응하지 않고도 비판에 맞서고 이견을 극복할 힘을 가지고 있습니다. 그러기 위해서는 우리의 군사적 능력과 세계적인 외교, 그리고 재정정책 사이에 주의 깊게 균형을 잡아야 할 것입니다. 우리는 남의 이야기에 귀를 더 기울여야 하며, 우리가 모든 해답을 가지고 있지 못하고 우리 혼자서 모든 일을 해낼 수도 없으며 어떤 문제는 특히 완력으로는 해결되지 않는다는 사실을 인식해야 합니다. 레이건 행정부 시절 국무부 부장관을 지냈던 존 화이트헤드John Whitehead는 몇 주 전에 행한 연설을 통해 우리가 인내심을 발휘하면서 외교를 통해 회피했던 전쟁보다는 군사력을 사용해 승리한 전쟁에 대해 때때로 더 자랑스러워하는 경향이 있다고 지적한 바 있습니다. 물론 그의 이야기는 우리가 소련을 위압적으로 눌렀던 냉전을 뜻합니다. 그러나 그의 이야기는 우리 군을 문제 해결의 기본 도구로 사용하려는 경향이 점차 감지되고 있는 데 대한 우려를 표현한 것이라고도 생각됩니다. 그는 한 걸음 더 나아가 이렇게도 이야기합니다. 그러니까 모든 면에서 강대국으로서의 면모를 더욱 굳혀가고 있는 우리는 외교 노선을 좀 더 강화하고 좀 더 오래 지속하더라도 이 때문에 우리가 위험에 빠질 가능성은 없다고 말입니다. 제 생각에 이런 조언은 참으로 훌륭해 보입니다. 제 친구 가운데 한 명은 전쟁이란 미국인들에게 지리에 대해 가르치려는 신의 교육 방식이라고 주장합니다. 저는 우리가 이라크 개입에서 지리 이상의 것을 배울 수 있기를 희망합니다.

부록 A

# 국제정치 철학의 새로운 출발

브렌트 스코크로프트 중장General Brent Scowcroft*

중동 상황에 대한 현 정부의 접근은 국제정치를 바라보는 새로운 개념적 틀로 이어지고 있는데, 아마도 정부의 부주의도 부분적인 이유가 될 것입니다. 국제정치에 관한 철학적 접근에 눈을 뜨게 한 것은 (적어도 제게는) 한스 모겐소가 쓴 《국가 간의 정치》 덕분이었습니다. 그는 국제정치학에 대한 접근법을 두 가지 학파로 분류했는데, 현실주의자와 이상주의자가 그것입니다. 냉전 기간 동안 매파와 비둘기파라는 새로운 분류법이 등장했는데, 소련을 어떻게 다룰지에 대한 접

*_스코크로프트 예비역 중장은 조지 부시 행정부의 국가 안보 보좌관을 역임했으며 복무한 시기는 포드(Gerald R. Ford) 행정부 시절이다. 버지니아 대학교 밀러 센터 이사회 구성원이기도 했던 그는 대통령 해외정보자문단 단장을 역임했으며, 그가 위원장으로 있던 위원회가 2002년에 발표한 미국 정보 보고서는 널리 읽히기도 했다. 이 글은 2004년 6월 21일에 밀러 센터가 개최한 포럼에서 전 국무 장관 로런스 이글버거(Lawrence S. Eagleburger)와 더불어 미국 외교정책에 관해 발표한 내용("Perspective on Iraq : Resolve and Accommodation")의 요약본이다.

근법이 구분의 기준이 되었습니다. 국내정치적 개념에서 비슷한 비유법을 찾아보자면 대략 보수주의자와 자유주의자가 될 것입니다. 최근 테러리즘과 중동에서의 혼란이 압력으로 작용하면서, 그리고 오늘날 미국이 세계적으로 유지하고 있는 압도적 지위와 관련하여 철학적 구분법이 등장하고 있는데 저는 그것을 전통주의자와 변환주의자라고 합니다.

전통주의자들은 우리가 외교정책 문제에서 지난 반세기 이상을 유지해온 미국 외교의 전통을 따라야 한다고 믿습니다. 다시 말해 우리의 우방, 동맹, 그리고 국제연합과의 긴밀한 협력과 협조를 강조하는 것입니다. 반대로 변환주의자들은 세계정세가 너무나 급속히 악화 일로를 걷고 있기 때문에 과거 같은 일상적인 접근법으로는 대처하기가 어렵다고 주장합니다. 40여 년 동안 변화를 외면한 채 한결같은 모습으로 일관해온 결과 오늘날 중동 지역 국가들이 비참한 상황에 직면하게 되었다는 주장입니다. 우리는 과감한 행동에 나서야 합니다. 우리는 무엇을 해야 할지 알고 있고, 그렇게 할 만한 힘을 가지고 있습니다. 우리가 마땅히 취해야 할 행동을 해나가는 데 다른 국가들이 제동을 걸도록 내버려둘 수는 없는 노릇입니다. 우리가 우리 목표를 달성한 이후 세계는 우리가 옳았다는 사실을 알게 될 테고, 우리의 행동에 박수를 보낼 것입니다. 변환주의자들이 이야기하는 우리가 해야 할 일이란 무엇입니까? 우리 목표는 민주화된 중동이어야 합니다. 핵심 지역인 이라크에서 시작해서 이 지역 전체에 대한 민주화를 성공적으로 이루어나가야 합니다. 민주화야말로 이 지역에 평화와 안정을 가져올 유일하고도 확실한 방법입니다.

이 새로운 철학적 접근법(변환주의)에 예사롭지 않은 부분이 있다면 그것과 짝을 이루는 전통주의적 접근법에도 영향을 미친다는 점입니다. 다시 말해서 전통주의적인 개념을 이용해보자면 변환주의자들은 이상주의적(윌슨주의적) 매파들입니다. 이는 오늘날 세계에 등장한 새로운 사고방식으로서 상당한 혼란을 불러일으키고 있습니다. 변환주의자들의 인식에 칭찬할 만한 부분이 많음은 사실입니다. 그러나 그토록 고결한 목표를 설정함으로써 우리가 다양한 국가 이익을 제대로 바라보지 못하는 일은 없어야 합니다. 사실 우리가 중동 지역에서 가지는 국가 이익은 복잡한 모습입니다. 그리고 그 국가 이익은 이 지역의 핵심 이슈들이 긴밀하게 얽혀 있는 상관관계를 완전히 이해한 상태에서 균형을 잡아야 지킬 수 있는 것들입니다. 대테러리즘 작전을 모든 것에 우선하는 최고 목표로 유지하는 가운데 우리가 그것을 해낼 수만 있다면 우리의 총체적 안보 이익을 성공적으로 달성해낼 잠재력을 극대화할 수 있습니다. 변환주의자들 역시 현실 세계에서 우리가 다양한 이익을 가지고 있음에 유의해야 할 것입니다.

부록 A

# 미국은 냉전에서 승리했는가?

데이비드 뉴섬 대사Ambassador David D. Newsom*

21세기가 닥쳐오면서 미국은 테러리즘, 이슬람 세계와의 반목, 그리고 아시아, 아프리카, 중남미의 많은 부분에서 동기에 대한 의구심이 횡행하는 등의 다양한 위협에 직면하고 있다. 그런 문제들의 근원을 살펴보면 많은 부분이 20세기 후반부에 미국이 취했던 행동과 정책, 다시 말해 냉전의 예기치 않았던 결과에서 연유함을 알 수 있다.

고전적인 지식에 따르자면 미국은 냉전의 승리자다. 소련의 몰락으로 국제 공산주의는 더 이상 위협이 되지 못하게 되었고 미국은 '세계 유일의 초강대국'이 되었다.

그러나 그런 '지식'에 붙어다니는 것은 세계 미래에 대한 불확실성

*_ 뉴섬 대사는 리비아, 인도네시아, 필리핀 대사를 역임했으며 버지니아 대학교 국제관계학과 교수로 은퇴했다. 이 글은 2004년 6월에 미국의 탈냉전 정책을 주제로 로런스 이글버거와 브렌트 스코크로프트가 밀러 센터에서 발표한 내용에 대해 반론 형식으로 작성된 것이다.

이며, 미국의 경우 그토록 강력하고 '선한' 국가가 전 세계적으로 영향력을 행사하는 데 왜 어려움을 겪어야 했는지를 두고 의구심이 일고 있다.

미국의 이익을 위협하는 오늘날의 도전을 생각해보면 우리가 가정하는 냉전에서의 성공은 너무나 많은 대가를 치른 승리는 아니었을까? 소련에 대적하려던 우리 노력의 예기치 않은 결과가 오늘날 워싱턴이 직면하고 있는 문제들을 키우지는 않았나?

소련과의 대결이 가장 치열하게 벌어졌던 곳은 식민 지배에서 막 벗어나던 아시아와 아프리카 지역, 그리고 독재에 항거하던 중남미 국가들이었다. 이 지역들에서 미국의 정책은 경제 발전과 인권, 갈등 해결, 그리고 다자간 협력을 지원하는 등의 형식으로 대체적으로 성공리에 추진되었다. 1989년에 베를린 장벽이 무너지고 나서 미국의 정책 대안들은 우리가 처음 생각하던 것보다 미래가 더욱 밝아보였다. 그런데도 미국의 이익이 중요하게 걸린 여러 지역에서 미국은 자유세계의 보호자라기보다는 신식민주의의 도구로 인식되는 경우가 잦아졌다. 역사적으로 감정의 골이 깊어지고 아픈 기억이 오래도록 간직된 지역에서 그런 인식의 영향은 오래 지속되기 마련이다.

제2차 세계대전이 끝난 직후 서유럽의 공산당들은 핵무기를 보유한 야심찬 소련의 지원을 업고 정치적, 군사적 위협을 노골화했다. 소련의 동유럽 점령은 미국의 여론에 심대한 영향을 미쳤다. 따라서 역대 모든 정부가 이에 한결같이 대응해왔다. 반反소련 정책을 입안하고 지지하는 대서양동맹 국가들의 행동은 정당화되었고 이해할 만하다는 반응을 얻었다.

한국 전쟁은 공산주의의 야망에 대한 두려움을 더욱 깊게 해준 사건이었다. 신흥 독립국가의 좌파 지도자들이 쏟아내는 미사여구와 이 국가들에 대한 소련의 지원은 공산주의의 도전이 지속되는 증거로 인식되었다. 미국 국민에게는 이런 현상이 민족주의가 소련의 야망과 뒤섞이면서 벌어지는 현상인 듯이 보였다. 1950년대의 이런 위협에 대응하기 위해 북대서양조약과 트루먼 독트린의 봉쇄주의 철학이 동으로는 아시아까지, 그리고 남쪽으로는 아프리카와 중남미로 확장되었다. 미국의 세계 정책은 포위를 목표로 삼게 되었다. 당시의 전략적 사상가들에게 세계는 커다란 위험이 도사린 게임장으로 변해가는 모습이었는데, 게임이 진행되는 보드에는 별로 눈길을 주지도 않는 듯했다. 그 결과가 오늘날 우리에게까지 영향을 미치고 있는 것이다.



이런 접근법이 처음 공개적으로 드러난 곳은 1953년의 이란이다. 모하마드 모사데크Mohammad Mossaddeq, 1880~1967 총리의 지휘 아래 있던 좌파 투데 당Tudeh Party의 성장에 놀란 나머지 아이젠하워Dwight D. Eisenhower, 1890~1969 행정부는 영국과의 협력 아래 모사데크를 제거하고 샤shah(이란의 왕)를 권좌에 복귀시켰다. 그 이후 미국 각 행정부들은 이 지역에서 미국의 반공주의를 대리하는 세력으로 샤를 키웠다. 1978년에 이슬람 전사들이 샤를 축출하고 미국 외교관 53명을 인질로 잡은 사건이 벌어지자 그런 지원은 쓸모없음이 드러나게 되었다. 과거 미국이 모사데크를 축출했던 사건은 이란 혁명 과정에서 아주 효과 만점의 반미 선전 도구로 활용되었고, 심지어는 오늘날에 이르기까지 이란의 국내정치에서 되풀이되고 있다.

한국 전쟁이 일어나고 이란에서 모사데크 사건이 벌어지자 덜레스 국무 장관은 1954년에 일련의 조약을 체결함으로써 아시아에서 소련을 봉쇄하고자 했다. 1954년에 동남아조약기구SEATO 창설을 시작으로 NATO와 미국에 전략적으로 중요한 위치에 있는 일본과의 조약을 통해 대소 포위망을 완성한다는 내용이 이 조약들의 의도였다. 당시 신흥 독립국가들 사이에서 인기가 있던 '비동맹'은 덜레스 장관에게는 자유 국가들이 취할 수 있는 한 가지 정책 대안이었다.

1950년대 중반, 미국은 이 지역에서의 이익을 위협하는 두 가지 중대한 도전에 직면했다. 이는 소련의 동향이 좀 더 공세적으로 나타나기 시작한 점과 이집트의 가말 압델 나세르Gamal Abdel Nasser, 1918~1970가 주동이 된 아랍 민족주의의 영향력이 강해지고 있다는 점이었다. 이 두 요소는 상호 연관되어 있었다. 이 두 위협에 대응하고자 취해진 미국의 두 가지 정책은 모두 실패하고 말았고, 이 지역에서의 미국의 입지를 더욱 위축시키고 말았다. 1956년 10월 수에즈에 가해진 프랑스, 영국, 이스라엘의 공격을 미국이 반대했었지만 이런 추세를 되돌리기에는 역부족이었다.

1955년에 워싱턴은 영국, 이라크, 터키, 파키스탄, 이란을 회원국으로 하는 바그다드 조약기구의 결성을 부추겼다. 덜레스 장관은 이 조약이 소련을 봉쇄하는 방법뿐만 아니라 아랍 국가들, 특히 이라크 정부의 주의를 이스라엘에서 돌려 공산주의의 위협으로 쏠리게 할 수 있으리라고 기대했다. 하지만 이라크는 이 조약에 가입함이 미국의 지지를 더 확보해 아랍 국가들의 지위를 튼튼히 할 수 있는 방법이 될 수 있다는 정반대 생각을 하고 있었다. 미국은 공식적으로 이 조약에 가입하지 않았지만 재정적으로, 군사적으로 이 조약의 회원 국가들을 지원했다. 아랍의 민족주의자들은 이 조약이 과거 영국과 프랑스 통치 시절의 '식민주의적' 지배를 지속시키려는 노력이라고 공격했다.

이 조약은 미국 외교정책에 두 가지 심각한 후유증을 낳고 말았다. 카슈미르를 두고 인도와 계속 분쟁 상태에 있던 파키스탄이 이 조약에 가입한 일을 두고 인도가 미국의 저의를 의심하기 시작했던 것이다. 이 의심은 1970년대 인디라 간디Indira Gandhi, 1917~1984 수상 시절에 이르기까지 가라앉지 않았다.

바그다드에서는 이 조약에 반대하는 아랍권 민족주의자들의 저항이 일었고, 영국과의 달갑지 않은 동맹 상태를 유지하는 일이라고 인식되었다. 이 조약에 가입하기로 결정한 이라크 실권자 누리 알 사이드Nuri al Said 총리의 판단은 최소한 하셰미테Hashemite 왕조를 궁지로 몰아넣고 바그다드에서 1958년 혁명이 발생하게 만든 한 가지 요인이 되었다. 그 이후 몇 번에 걸쳐 발생한 군부 쿠데타는 결국 사담 후세인의 집권으로 이어졌으며, 오늘날 그 결과가 어땠는지는 우리 모두가 목격하고 있다.



중동 지역에서 두드러지게 나타나는 공산주의 위협에 대응할 수 있도록 경제적, 군사적 원조를 행할 때 좀 더 많은 재량권을 확보하고자 미국 의회는 1957년에 중동 결의안을 통과시켰는데, 이는 뒷날 아이젠하워 독트린으로 발전하게 된다. 국제 공산주의에 반대한다는 의사를 공식 표명한 국가들에게는 2억 달러 상당의 미국 원조가 전달되었다. 당시 미국 행정부가 기본적으로 원했던 바는 원조 자금 관리에 관한 미국 의회의 엄격한 제한을 우회하는 방법을 찾는 일이었다. 대외원조 관련 업무에서 의회의 협조를 성공적으로 확보하기 위해서는 모든 계획이 반소련 차원에서 수립되어야 한다는 사실은 냉전기 동안의 진실이었다. 제임스 리처즈James P. Richads 전 미국 하원 의원은 이 독트린을 '판매'하고 반공의 약속을 얻어내는 임무를 띠고 중동으로 파견된 사람이었다. 하지만 중동 국가들은 특히 미국의 도움을 받은 이스라엘이 7년 전 독립국가로 출범한 뒤를 이어 '일어서서 머릿수만 헤아려지는' 대접을 받고 싶어 하지 않았다. 이라크와 레바논 두 국가만이 이 독트린에 찬성 의사를 밝혔다. 그 1년 뒤에 이라크에서는 혁명이 일어났고, 레바논은 미국 해병대의 개입으로 가까스로 혼란을 벗어날 수 있었다.

아시아를 가로질러 인도차이나에서는 프랑스가 베트남에 대한 지배력을 상실했고, 1954년에 개최된 제네바 회의를 통해 베트남은 북과 남으로 갈라지게 된다. 케네디John F. Kennedy, 1917~1963 행정부는 반공 노선을 택한 베트남에 대한 북베트남의 위협이 높아감에 따라 이 지역 전체 국가에 대한 광범위한 위협이 될 것으로 인식했다. '도미노' 같은 공산화를 우려한 미국 행정부는 개입을 시작했고, 이는 결국 전면전으로 확산되었다. 미국의 베트남 개입에 대해 워싱턴은 아시아 국가들이 도미노처럼 공산화되는 현상을 방지하는 데 없어서는 안 될 중요한 전쟁이라고 생각했다. 하지만 대다수 아시아 국가는 이 전쟁을 프랑스의 식민 지배를 영속화하려는 노력으로 바라보았다.

워싱턴이 우려한 도미노들 가운데 하나가 인도네시아였다. 아이젠하워 행정부와 특히 덜레스 국무 장관, 그리고 그의 동생 앨런 덜레스Allen Dulles, 1893~1969 중앙정보국CIA장은 수카르노Achmed Sukarno, 1901~1970 대통령의 정책 때문에 곤란을 겪고 있었다. 그들은 수카르노 정권을 흔들거나 제거하는 데 도움이 될 만한 반정부 활동이 외곽 도서들에서 발생해주기를 기대했다. 기회가 온 때는 1957년으로 수마트라의 반정부 식민 주민들이 모반을 계획하고 중앙정보국에서 무기를 지원받았다. 그러나 이 봉기는 곧 진압되었고, 중앙정보국이 개입했던 사실도 마침내 밝혀지게 됨으로써 결과적으로 인도네시아와 주변 지역에서의 미국에 대한 이미지는 심하게 손상되고 말았다. 폴 가드너Paul Gardner는 이 사건의 여파에 대한 저서 《공유된 희망과 분리된 공포Shared Hopes, Separate Fears》에서 이렇게 쓰고 있다. "PRRI(Pemerintah Revolusioner Republik Indonesia, 수카르노 중앙 정권에 저항하는 반군들이 세운 혁명 정부)-페르메스타 폭동과 관련성이 없다는 미국 정부의 공식 부인으로 인도네시아 정부와의 외교관계 단절이 불가피해지는 상황은 넘어갔지만, 미국의 그런 태도는 인도네시아 국민에게 미국이 반인도네시아 폭동에 공모했다는 사실을 부인한 미국 보고서의 내용도 일축하게 만들었다."[1]

1960년대 내내 워싱턴은 아프리카의 신흥 독립국가들에게로 다가서는 소련과 중국의 노골적인 위협에 전전긍긍하고 있었다. 은밀한 행동과 대리전을 동원해 미국이 대응한 적에 대해 워싱턴은 친공산 세력이라고 보았던 데 반해 많은 아프리카인은 친독립 세력이라고 인식했다. 1960년 콩고의 민족주의 영웅 파트리스 루뭄바Patrice Lumumba, 1925~1961 초대 총리가 살해된 사건에 대해서는 지금도 미국에게 비난

1_ *Shared Hopes, Separate Fears : Fifty Years of U.S.-Indonesian Relations* (Boulder, CO : Westview Press, 1997), p. 162.

이 쏟아지고 있다. 킨샤사에서 모부투 세세 세코Mobutu Sese Seko, 14930~1997가 권좌에 오른 일은 미국이 공산주의와 맞선다는 미명 아래에서는 부패하고 비민주적인 독재자일지라도 기꺼이 지원한다는 대표적인 사례가 되었다.

미국이 아프리카에서 포르투갈 식민지들의 독립을 저지한 일은 영속적인 식민주의를 위한 노력으로 비쳤다. 미국이 은밀히 지원한 사빔비Jonas Savimbi, 1934~2002의 앙골라 완전독립민족동맹UNITA 운동과 반공이라는 이름으로 치러진 그 이후의 오랜 내전은 아프리카의 상당 부분을 황폐화한 원인이 되었다.

이 기간 동안 미국이 식민주의, 인종 차별, 팔레스타인 문제에 대해 국제연합 총회에서 취한 입장은 미국의 이미지를 상당히 실추시켰다. 국제연합 총회의 입장이 구속력이 있지는 않더라도 미국의 태도는 아프리카와 아시아의 시각에서 볼 때 이 신흥 국가들에서 등장하는 기본적인 민족주의적, 인종적 성향을 반대하는 모습으로 자주 비쳤던 것이다. 레이건 행정부는 아프리카와 아시아 국가들이 이 문제들에서 얼마나 호의적으로 투표하느냐에 따라 원조의 수준을 결정함으로써 문제를 더욱 악화시킨 바 있다.

공산 세력의 노골적인 위협에 맞서는 일은 아시아와 아프리카에만 국한되지 않았다. 1954년에 하코보 아르벤스구스만Jacobo Arbenz-Guzmán, 1913~1971 과테말라 대통령의 좌파 취향을 우려한 미국은 정권 전복을 지원했다. 1973년에 또 다른 좌파 성향의 중남미 지도자 살바도르 아옌데Salvador Allende Gossens, 1908~1973 칠레 대통령이 실각하면서 자살하는 사건이 벌어지자 미국의 개입이 의심되기도 했다. 레이건 행정부는 중미 지역에서의 좌파 운동이 증가하는 현상을 미국에 대한 공산주의의 위협이라고 인식하고 엘살바도르, 온두라스, 과테말라의 반공 세력을 지원했다. 중남미 빈국의 많은 국민은 미국의 이런 행동에 대해 '미국 놈들'의 명백한 사명설을 증명하는 것일 뿐이라고 생각했다.

냉전의 예기치 않은 결과로 말미암은 최악의 상황은 두말할 나위 없이 1978년 소련군의 아프가니스탄 침공 이후 이에 저항하는 이슬람 무자헤딘mujahadin 전사들을 지원한 일에서 발생했다. 소련의 침공은 카터 행정부에게 소련이 페르시아 만으로의 접근로를 확보하려는 숙원을 마침내 이루고야 말지 모른다는 경계심을 갖게 했다. 미국은 사우디아라비아, 파키스탄과의 협력 아래 아프간 저항 세력에 무기와 지원을 제공함으로써 소련에게 침공에 따르는 값비싼 대가를 치르게 할 기회를 발견했다. 아랍 국가들과 이슬람 지역에서 파견된 이슬람 전사들이 이교도 침략자들에 대항하는 지하드jihad(회교 성전)에 참가하여 훈련을 받았다. 이슬람 전사들이 동원되어 소련과의 전투에 임했지만 1989년 소련이 철수한 이후 이 전사들은 새로운 목표를 찾고자 했다. 미국 중앙정보국에서 대규모 지원을 받아가며 소련에 저항하던 이슬람 전사들을 훈련하고 고무하는 노력의 결과 오사마 빈라덴Osama Bin Laden, 1957~2011과 알카에다al-Qaeda 운동의 영향력이 커지게 되었다. 다른 견해가 있기는 하지만 이런 일들은 냉전에 따른 가장 심각하고 예기치 못한 결과들이다.[2]

공산 세력의 전진에 대한 냉전기 시절의 두려움은 1990년대에 들어와 사담 후세인이 석유가 풍부하게 매장된 페르시아 만을 지배할지 모른다는 위협을 우려하는 일로 대체되었다. 그러나 제1차 걸프 전쟁의 결과는 사우디아라비아에 미군이 주둔한 데 대한 분노가 작용함으로써 알카에다 세력을 더욱 강하게 만들어놓았다.

미국의 이라크 침공에 대한 중동 지역의 저항은 의심할 여지없이 미국은 반이슬람 세력이며, 석유 매장량이 많은 이 지역을 멋대로 지배하려고 한다는 냉전기 시절에 자라난 신념을 반영하고 있다. 예기치 않은 결과를 낳은 냉전기 시절의 이런 정책을 입안했던 사람들을 비난하는 일은 옳지 않다. 당시 정책결정자들은 반대 의견을 압도적으로 제치며 국민, 언론, 의회에서 번지던 두려움에 나름대로 반응하고 있었을 뿐이다.

이 기간에 핵심 정책결정자들과 의회에서 세계를 바라보는 시각, 그리고 외교관, 학자, 언론인, 또는 외국 참관인들 같은 이 지역에 대한 경험을 가진 많은 사람의 시각 사이에 견고한 이분법적 차이가 나타났다. 1955년에 바그다드 주재 대사관 직원들은 이라크 정부를 압박해 반공 조약을 체결하는 행위가 과연 현명한 일인지 의문을 제기했다. 그 이후 테헤란에서 근무한 대사관 직원들 역시 샤 체제 아래의 이란이 과연 안정을 유지할 수 있을지에 대해 의문을 표시했다. 그러나 이런 견해는 이미 수립된 정책에 도전하는 의견을 듣고자 하지 않았던 워싱턴의 정책결정자들에게서 그다지 환영받지 못하고 말았다.

베트남 정책에 대한 논의에 대해서는 문서로 잘 정리되어 있다.

---

2_아프가니스탄에서 미국 중앙정보국이 맡았던 역할을 방대하게 설명한 자료로는 Steve Coll, *Ghost Wars* (New York : Penguin Press, 2004) 참조.

1967년부터 1973년 사이 베트남 대사를 역임한 엘즈워스 벙커Ellsworth Bunker가 최근에 쓴 자서전에서 하워드 셰이퍼Howard Schaffer는 이렇게 쓰고 있다.

> 닉슨-키신저 시절 티에우Nguyèn Van Thiêu, 1923~2001 대통령과의 안정되고 상호 신뢰가 구축된 관계를 수립하자 그는 베트남의 안정과 안전, 그리고 번영의 조치를 향한 일정하지는 않더라도 지속적인 구상을 담은 메시지를 전달했다.
>
> 대사관의 몇몇 직원은 그의 판단과 전혀 다른 견해를 가지고 있었다. 특히 정치 분야 직원들의 견해가 대립적이었는데, 젊은 직원들 대다수 역시 마찬가지 견해를 가지고 있었다. 베트남의 전망에 대한 이런 부정적인 시각은 미국의 많은 특파원도 동의하는 것이었는데, 대사관 직원들은 이들과 정기적으로 의견을 교환하고 있었다. 고위급 직원들이 낙관적인 발전 전망을 가지고, 하위급 직원들과 언론이 회의적인 견해를 가지는 이런 형태는 전쟁 기간 내내 드문 일이 아니었다.[3]

외국의 참관인들도 회의적인 점에서는 마찬가지였다. 인도네시아 국민들이 베트남 국제위원회의 일원으로 베트남 전역을 여행한 적이 있었다. 사이공 주재 미국 대사였던 그레이엄 마틴Graham Martin, 1912~

---

3_ Howard Schaffer, *Ellsworth Bunker : A Biography* (Chapel Hill, NC : University of North Carolina Press, 2003).

1990이 (사이공 함락 4개월 전 시점인)1975년 1월에 자카르타로 와서 인도네시아인들에게 브리핑을 했다. 그는 장밋빛 발전 전망을 그리면서 미국에서 일고 있는 전쟁 비판 여론에 대해서는 모욕적으로 이야기했다. 당시 현장에 있었던 인도네시아인 한 명이 뒷날 미국 대사관 직원에게 말하기를 "우리가 관심을 두었던 부분은 마틴 대사가 마땅히 해야 할 얘기가 있다는 것이었는데, 그러지 않는 걸 보면 아마도 그가 베트남에서 보낸 시간이 우리보다 더 짧았음이 틀림없다"라는 내용이었다.

아프가니스탄에서 알카에다 세력이 성장한 일과 관련하여 소련에 저항하도록 이슬람 전사들을 장기적으로 지원하는 일이 위험할 수도 있다는 점을 한 번쯤 의심해본 듯한 증거는 별로 없다. 무자헤딘 시절에는 파키스탄 정보부와 아프간 전사들 사이에서 수많은 급진파 세력 가운데 어느 쪽과 협력함이 현명한지에 대한 의문을 중심으로 논의가 끝없이 맴돌았던 듯하다. 빈라덴의 역할과 알카에다 위협의 전모가 드러나면서 세상에 알려지게 된 때는 1993년 뉴욕 세계무역센터와 1998년 나이로비와 탄자니아 다르에스살람 주재 미국 대사관, 그리고 2000년 미 해군 함정 콜Cole호 이 세 곳의 미국 목표물에 대규모 테러 공격이 있은 뒤였다. 그렇다 하더라도 아프간을 침공한 소련을 상대로 미국이 벌인 전쟁이 낳은 예기치 않은 결과들 가운데 가장 최악의 결과는 아직 저만치 앞에서 우리를 기다리고 있을 뿐이다.

미국 대사들이 워싱턴에서 정치적으로, 전략적으로 결정한 정책을 충실하게 추진하면서도 다른 사람들에게서는 전혀 다르게 평가받는 이런 패턴은 냉전 시절 아시아, 아프리카, 중남미에서 미국이 경험한 모든 위기 상황에서 되풀이되었다.

그렇다면 유럽 이외 지역의 친서방, 반공 정부들에 대한 위협 앞에서 미국이 게으름이라도 피웠던 것일까? 미국이 중동과 인도네시아, 베트남, 앙골라, 그리고 니카라과에 개입하지 않았더라면 지금쯤 미국의 입장은 더 나아졌을까?

미국의 정책을 이끌어간 장기적인 정세 평가의 많은 부분은 과녁을 벗어났음이 명백하다. 동남아시아에서는 공산화의 도미노가 발생하지 않았다. 오늘날 미국은 베트남과 우호관계를 유지하고 있다. 인도네시아는 첫 번째 민주 선거를 치르고 있는 중이다. 소련의 아프가니스탄 침공 원인에 대한 정보는 소련의 그런 행동이 석유 매장량이 풍부한 걸프 지역에 발판을 마련하려는 것이었다기보다는 이슬람 반군 세력이 소련의 중앙아시아 지역에의 영향력 확대를 막자는 것이었음을 알려주고 있다. 아프가니스탄 정세를 안정시키려던 소련의 노력은 그 이전의 영국이나 오늘날의 미국에 비해 더 성공적인 것이었을까?



이란과 이라크에서 어떤 일이 벌어졌을지 지금으로서는 예단하기 어렵다. 테헤란의 모사데크 정부가 계속 집권했을 경우 오늘날 미국의 입장이 더 나빠졌을지도 예상하기 어렵다. 분명한 사실은 미국이 이라크에 수많은 생명과 자원을 쏟아부은 최종 결과가 어떻게 나타날지는 아직 알 수 없다는 점이다. 그러나 친미 성향의 민주화된 이라크 정부를 세우겠다는 미국의 꿈은 아직 실현이 요원하다. 소련의 몰락은 그 국가의 내재적 취약성을 드러내 보였고 아시아, 아프리카, 중남미 국가들을 바꿀 장기적인 능력을 가지고 있었는지에 대한 분명한 의문을 제기한다. 이 대륙들로 향하던 소련과 중국의 원조 제의에 대응하고자 미국의 관료들이 소비한 엄청난 시간은 당시에는 아주 중요한 듯이 여겨졌었다. 하지만 지금 돌이켜보건대 그 일이 그토록 중요했었는지가 정당화될 듯하지는 않다.

냉전 시절 유럽 이외 지역으로 미국이 개입을 확대했던 까닭에 오늘날의 테러리스트 위협이 조성되지는 않았다. 당시의 개입은 식민주의와 유럽의 지배 경험이 있는 지역에서 서구의 개입에 대한 두려움과 서구에 대한 반감이 다른 형태로 생기게 했다. 또다시 지배당할지 모른다는 두려움은 이 지역 전체에 잠복해 있다. 선동가들과 독재자들이 어떻게 이용하느냐에 따라 언제든 행동으로 표출될 수 있을 것이다. 중동 지역의 경우 미국이 미결 상태의 이스라엘-팔레스타인 문제에 지속적으로 깊숙이 관여하고 있기 때문에 누군가가 그런 두려움을 활용할 가능성은 특히 크다.

미국 외교정책 결정 과정의 특징인 정치, 압력, 이익의 불가피한 상호 작용 끝에 형성되는 워싱턴의 문제 인식과 현장의 참관인들이 바라보는 전혀 다른 현실이 충돌하는 현상은 아마도 끝없이 지속될 것이다. 냉전 시절 추진되었던 정책의 결과를 이제 와서 뒤집을 수는 없다. 그러나 그러한 영향에 대해 설명하는 작업은 전 세계의 문제들을 통제하기에 초강대국의 능력도 한계가 있음을 이해하는 데 도움이 될 것이다. 그런 이해가 있을 때 당장 신속한 행동이 필요한 상황에서 그런 행동의 장기적인 결과와 영향을 예측하는 일이 얼마나 어려운지를 알 수 있을 것이다.

부록 B

# 국제연합 헌장

우리들 연합국의 국민은

우리 생애 가운데 두 번이나 말할 수 없는 비애를 인류에게 가져온 전쟁의 참화에서 다음 세대를 구출하고,

기본적 인권, 인간의 존엄 및 가치, 남녀 및 대소 각국의 평등한 권리에 관한 신념을 재확인하며,

정의와 조약 및 기타 국제법의 연원에서 발생하는 의무에 대한 존중이 계속 유지될 수 있는 조건을 확립하고,

더 많은 자유 속에서 사회적 진보와 생활수준의 향상을 촉진하기로 결의하였다.



그리고 이러한 목적을 위하여

관용을 실천하고 선량한 이웃으로서 상호 간 평화적으로 공존하며,

국제 평화와 안전을 유지하기 위하여 우리들의 힘을 합하고,

공동 이익을 위한 경우를 제외하고는 무력을 사용하지 않음을 원칙의 수락과 방법의 설정에 의하여 보장하고,

모든 국민의 경제적 및 사회적 발전을 촉진하기 위하여 국제기구를 이용한다는 것을 결의하면서

이러한 목적을 달성하기 위하여 우리들의 노력을 결집하기로 결정하였다.

그러므로 우리들 각자의 정부는 샌프란시스코에 회합한, 전권 위임장을 제시하고, 그것이 유효하고 타당하다고 인정된 대표자를 통하여 이 국제연합 헌장에 동의함으로써 이에 국제연합이라는 국제기구를 설립한다.

## 제1장 목적과 원칙

제1조

국제연합의 목적은 다음과 같다.

1. 국제 평화와 안전을 유지하고, 이를 위하여 평화에 대한 위협의 예방, 제거, 그리고 침략 행위 또는 기타 평화 파괴 행위의 진압을 위하여 유효한 집단적 조치를 취하며 평화의 파괴를 초래할 수 있는 국제적 분쟁 또는 사태를 평화적 수단을 통하여, 그리고 정의와 국제법의 원칙에 따라서 조정하거나 해결한다.

2. 국민의 평등권 및 자결의 원칙에 기초를 두고 국가 사이의 우호관계를 발전하게 하며 아울러 세계 평화를 강화하기 위한 기타 적당한 조치를 취한다.

3. 경제적 · 사회적 · 문화적 또는 인도적 성격의 국제 문제를 해결하고 인종, 성별, 언어 또는 종교에 따른 차별 없이 모든 사람의 인권과 기본적 자유에 대한 존중을 촉진하고 고무하는 데에 국제 협력을 달성한다.

4. 이와 같은 공동의 목적을 달성하는 데에 각국의 행동을 조화시키는 중심이 된다.

제2조

본 기구와 회원국은 제1조에 명시한 목적을 달성하는 데에 다음의 원칙에 따라서 행동한다.

1. 본 기구는 모든 회원국의 주권 평등 원칙에 기초를 둔다.

2. 모든 회원국은 회원국의 지위에서 발생하는 권리와 이익을 전 회원국에 보장하기 위하여 이 헌장이 부과하는 의무를 성실히 이행한다.

3. 모든 회원국은 국제 평화와 안전과 정의가 위태로워지지 않도록 국제 분쟁을 평화적인 수단으로 해결해야 한다.

4. 모든 회원국은 그 국제관계에서 다른 국가의 영토 보전이나 정치적 독립에

반대되거나 또는 국제연합의 목적과 양립할 수 없는 어떠한 방식으로도 무력을 통한 위협 또는 무력 행사를 삼가야 한다.

5. 모든 회원국은 국제연합이 이 헌장에 따라 취하는 어떠한 조치에 대해서도 모든 원조를 제공하며, 국제연합이 예방 또는 강제 조치를 취하는 어떠한 국가에 대해서도 원조를 삼가야 한다.

6. 본 기구는 국제 평화와 안전 유지에 필요한 한 국제연합 회원국이 아닌 국가도 이러한 원칙에 따라서 행동할 것을 확보한다.

7. 본 헌장의 어떠한 규정도 본질상 어느 국가의 국내 관할권에 속하는 사항에 간섭할 권한을 국제연합에 부여하지 않으며, 또 그러한 사항을 본 헌장에 따른 해결에 맡기도록 회원국에 요구하지 않는다. 단, 이 원칙은 제7장에 규정된 강제 조치의 적용을 방해하지는 않는다.



## 제2장 회원국의 지위

### 제3조

국제연합의 원래 회원국은 샌프란시스코에서 국제기구에 관한 연합국회의에 참가한 국가 또는 1942년 1월 1일의 연합국 선언에 서명한 국가로서 이 헌장에 서명하고 제110조에 따라 이를 비준한 국가들이다.

### 제4조

1. 국제연합의 회원국 지위는 이 헌장에 규정된 의무를 수락하고, 또 본 기구가 이러한 의무를 이행할 능력과 의사가 있다고 인정하는 다른 모든 평화 애호국에 개방된다.

2. 그러한 국가의 국제연합 가입은 안전보장이사회의 권고에 따라 총회가 의결함으로써 이루어진다.

제5조

안전보장이사회의 예방 조치 또는 강제 조치의 대상이 된 국제연합 회원국에 대하여는 총회가 안전보장이사회의 권고에 따라 회원국으로서의 권리와 특권의 행사를 정지시킬 수 있다. 이러한 권리와 특권의 행사는 안전보장이사회를 통해 회복될 수 있다.

제6조

이 헌장에 규정된 원칙을 지속적으로 위반하는 국제연합 회원국은 총회가 안전보장이사회의 권고에 따라 이 기구에서 제명할 수 있다.

## 제3장 기관



제7조

1. 국제연합의 주요 기관으로 총회, 안전보장이사회, 경제사회이사회, 신탁통치이사회, 국제사법재판소 및 사무국을 설치한다.

2. 필요하다고 인정되는 보조 기관은 본 헌장에 따라 설치할 수 있다.

제8조

국제연합은 그 주요 기관 및 보조 기관에 남녀가 어떠한 지위에라도 평등한 조건으로 참가할 자격이 있음에 대하여 어떠한 제한도 두지 않는다.

## 제4장 총회

**[구성]**

제9조

1. 총회는 모든 국제연합 회원국으로 구성한다.

2. 각 회원국은 총회에 5인 이하의 대표자를 낼 수 있다.

**[임무와 권한]**

제10조

총회는 이 헌장의 범위 안에 있는 문제나 사항 또는 이 헌장에 규정한 기관의 권한 및 임무에 관한 문제나 사항을 토의하고, 아울러 제12조에 규정된 경우를 제외하고는 그러한 문제나 사항에 대하여 국제연합 회원국이나 안전보장이사회 또는 이 양자에 대하여 권고할 수 있다.



제11조

1. 총회는 군비 축소 및 군비 규제를 규율하는 원칙을 포함하여 국제 평화와 안전 유지를 위한 협력에 관한 일반원칙을 심의하고, 아울러 이러한 원칙에 관하여 회원국이나 안전보장이사회 또는 이 양자에 대하여 권고할 수 있다.

2. 총회는 국제연합 회원국이나 안전보장이사회가, 또는 제35조 2항에 따라 국제연합 회원국이 아닌 국가가 총회에 회부한 국제 평화와 안전 유지에 관한 어떠한 문제라도 토의할 수 있으며, 제12조에 규정된 경우를 제외하고는 그러한 문제에 대하여 하나나 둘 이상의 관계국이나 안전보장이사회 또는 이 양자에 대하여 권고할 수 있다. 그러한 문제로 조치를 필요로 하는 사안은 토의 전이나 후에 총회가 안전보장이사회에 회부해야 한다.

3. 총회는 국제 평화와 안전을 위태롭게 할 우려가 있는 사태에 대하여 안전보

장이사회의 주의를 환기할 수 있다.

4. 본 조항에 명시된 총회의 권한은 제10조의 일반적인 범위를 제한하지 아니한다.

### 제12조

1. 안전보장이사회가 이 헌장에서 부여된 임무를 어느 분쟁이나 사태에 대하여 수행하고 있는 동안 총회는 안전보장이사회가 요청하지 않는 한 이 분쟁이나 사태에 대하여 어떠한 권고도 하지 아니한다.

2. 사무총장은 안전보장이사회가 다루는 국제 평화와 안전 유지에 관한 어떠한 사항도 안전보장이사회의 동의를 얻어 매 회기 중 총회에 통보하며, 또한 사무총장은 안전보장이사회가 그러한 사항을 다루기를 중지한 경우 즉시 총회 또는 총회가 개회 중이 아닌 때에는 국제연합 회원국들에도 마찬가지로 통지해야 한다.



### 제13조

1. 총회는 다음 목적을 위하여 연구를 발의하고, 아울러 권고한다.

A. 정치적 분야에서 국제 협력을 촉진하며, 국제법의 점진적인 발달과 법전화를 장려한다.

B. 경제, 사회, 문화, 교육 및 보건 분야에서 국제 협력을 촉진하며 인종, 성, 언어 또는 종교에 따른 차별 없이 모든 사람의 인권과 기본적 자유를 실현하도록 원조한다.

2. 전항 B호에 언급된 사항에 관한 총회의 추가적 책임, 임무 및 권한은 제9장과 제10장에 규정된다.

### 제14조

제12조 규정에 따르기를 조건으로 하여 총회는 원인에 관계없이 일반적 복지와

각국 간 우호관계를 해칠 우려가 있다고 인정되는 어떠한 사태에 대해서도 이의 평화적 조정을 위한 조치를 권고할 수 있다. 이 사태에는 국제연합의 목적 및 원칙을 정한 이 헌장 규정의 위반에서 발생하는 사태가 포함된다.

제15조

1. 총회는 안전보장이사회에서 연차 보고와 특별 보고를 받아 이를 심의한다. 이 보고는 안전보장이사회가 국제 평화와 안전을 유지하기 위하여 결정하거나 취한 조치에 대한 설명을 포함해야 한다.

2. 총회는 국제연합의 다른 기관에서 보고를 받고 이를 심의한다.

제16조

총회는 제12장과 제13장에 따라 부과된 국제 신탁 통치제도에 관한 업무를 수행한다. 이 임무에는 전략 지역으로 지정되지 않은 지역에 관한 신탁 통치 협정의 승인이 포함된다.



제17조

1. 총회는 국제연합의 예산을 심의하고 이를 승인한다.

2. 국제연합의 경비는 총회에서 할당한 바에 따라 회원국이 부담한다.

3. 총회는 제57조에 규정된 전문기구와의 모든 재정 약정 및 예산상의 결산을 심의하고 승인하며, 해당 전문기구에 권고할 목적으로 이 전문기구들의 행정적 예산을 검사한다.

**[표결]**

제18조

1. 총회의 각 회원국은 1개의 투표권을 가진다.

2. 중요 문제에 관한 총회의 결정은 출석하고 투표하는 회원국의 3분의 2 다수로써 정한다. 이러한 문제에는 국제 평화와 안전 유지에 관한 권고, 안전보장이사회 비상임이사국의 선출, 경제사회이사회 이사국의 선출, 제86조 1. C호에 따른 신탁통치이사회 이사국의 선출, 신회원국의 국제연합 가입 승인, 회원국으로서의 권리와 특권의 정지, 회원국의 제명, 신탁 통치제도의 운용에 관한 문제와 예산 문제가 포함된다.

3. 기타 문제에 관한 결정은 3분의 2 다수로 결정될 문제의 추가적 범주의 결정을 포함하여 출석하고 투표하는 구성국의 과반수를 통하여 정한다.

제19조

이 기구에 대한 분담금의 지불을 연체하는 국제연합 회원국은 그 연체 금액이 그 당시까지의 만 2년 동안 그 국가가 지불했어야 할 분담금 금액과 같거나 또는 초과할 때에는 총회에서 투표권을 가지지 못한다. 단, 총회는 지불의 불이행이 그 회원국의 불가피한 사정에 따른 것이라고 인정되는 경우에는 그 회원국의 투표를 허용할 수 있다.

**[절차]**

제20조

총회는 매년 정기 회의를 열고, 필요에 따라 특별 회의를 개최한다. 특별 회의는 안전보장이사회의 요청 또는 국제연합 회원국 과반수의 요청이 있을 때 사무총장이 소집한다.

제21조

총회는 그 자체의 의사 규칙을 채택한다. 총회는 매 회기마다 의장을 선거한다.

제22조

총회는 그 임무의 수행에 필요하다고 인정하는 보조 기관을 설치할 수 있다.

## 제5장 안전보장이사회

**[구성]**

제23조



1. 안전보장이사회는 국제연합 회원국 15개국으로 구성한다. 중화민국, 프랑스, 소비에트 사회주의 공화국 연방, 영국 및 미합중국을 안전보장이사회의 상임이사국으로 한다. 총회는 첫째로 국제 평화와 안전 유지 및 본 기구의 기타 목적에 대한 국제연합 회원국의 공헌, 또한 공평한 지리적 배분을 특별히 고려하여 그 외 10개의 국제연합 회원국을 안전보장이사회의 비상임이사국으로 선출한다.

2. 안전보장이사회의 비상임이사국은 2년을 임기로 선출된다. 안전보장이사회의 이사국을 11개국에서 15개국으로 늘린 뒤의 최초 비상임이사국 선출에서는 추가된 4개 이사국 가운데 2개 이사국은 임기 1년으로 선출된다. 퇴임 이사국은 연이어 재선될 자격을 가지지 아니한다.

3. 안전보장이사회의 각 이사국은 1인의 대표를 가진다(개정 1965. 8. 31).

**[임무와 권한]**

제24조

1. 국제연합의 신속하고 효과적인 행동을 확보하기 위하여 국제연합 회원국은 국제 평화와 안전 유지에 관한 제1차적 책임을 안전보장이사회에 부여하고, 또한 안전보장이사회가 이 책임에 따르는 임무를 완수하는 데 회원국을 대신하여 행동함에 동의한다.

2. 이러한 의무를 이행할 때 안전보장이사회는 국제연합의 목적과 원칙에 따라 행동해야 한다. 이 의무를 이행하기 위하여 안전보장이사회에 부여된 특정 권한은 제6장, 제7장, 제8장 및 제12장에서 정한다.

3. 안전보장이사회는 연차 보고를, 또 필요한 경우에는 특별 보고를 총회에 심의를 위하여 제출해야 한다.

제25조

국제연합 회원국은 안전보장이사회의 결정을 이 헌장에 따라 수락하고 이행함에 동의한다.



제26조

세계의 인적 및 경제적 자원을 군비를 위하여 전용하는 조치를 가장 적게 하고, 국제 평화와 안전 확립과 유지를 촉진할 목적으로 안전보장이사회는 군비 규제 방식을 확립하기 위하여 국제연합 회원국에 제출될 계획을 제47조에 언급된 군사참모위원회의 원조를 얻어 작성할 책임을 진다.

**[표결]**

제27조

1. 안전보장이사회의 각 이사국은 1개의 투표권을 가진다.

2. 절차 사항에 관한 안전보장이사회의 결정은 9개 이사국의 찬성투표로써 성립된다.

3. 그 밖의 모든 사항에 관한 안전보장이사회의 결정은 상임이사국의 동의 투표를 포함하는 9개 이사국의 찬성투표로써 성립된다. 다만, 제6장 및 제52조 제3항에 의거한 결정에서는 분쟁 당사국은 투표권을 기권해야 한다(개정 1965. 8. 31).

**[절차]**

제28조

1. 안전보장이사회는 계속해서 임무를 수행할 수 있도록 조직한다. 이를 위하여 안전보장이사회의 각 이사국은 이 기구의 소재지에 상임 대표를 두어야 한다.

2. 안전보장이사회는 정기 회의를 개최한다. 이 회의에 각 이사국은 희망하는 경우 각료 또는 특별히 지명하는 다른 대표자를 참석시킬 수 있다.

3. 안전보장이사회는 그 업무를 가장 용이하게 수행할 수 있다고 인정되는 기구의 소재지 이외의 장소에서 회의를 개최할 수 있다.

제29조

안전보장이사회는 임무 수행에 필요하다고 인정되는 보조 기관을 둘 수 있다.

제30조

안전보장이사회는 의장을 선출하는 방법을 포함하는 자체 의사 규칙을 채택한다.

제31조

안전보장이사회의 이사국이 아닌 어떤 국제연합 회원국도 안전보장이사회가 그 회원국의 이해에 특히 영향이 있다고 인정하는 때에는 언제든지 안정보장이사회에 회부된 어떤 문제의 토의에도 투표권 없이 참가할 수 있다.

제32조

안전보장이사회의 이사국이 아닌 국제연합 회원국 또는 국제연합 회원국이 아닌 어떤 국가도 안전보장이사회에서 심의 중인 분쟁의 당사자인 경우에는 이 분쟁에 관한 토의에 투표권 없이 참가하도록 초청된다. 안전보장이사회는 국제연합 회원국이 아닌 국가의 참가에 공정하다고 인정되는 조건을 정한다.

## 제6장 분쟁의 평화적 해결



제33조

1. 어떠한 분쟁이라도 그 계속이 국제 평화와 안전 유지를 위태롭게 할 우려가 있는 경우 그 분쟁 당사자는 우선 교섭, 심사, 개입, 조정, 중재 재판, 사법적 해결, 지역적 기관이나 지역적 협정의 이용 또는 당사자가 선택하는 평화적인 수단을 통한 해결을 구한다.

2. 안전보장이사회는 필요하다고 인정하는 경우 분쟁 당사자에 대하여 이 분쟁을 위와 같은 수단을 통하여 해결하도록 요청한다.

제34조

안전보장이사회는 국제적 마찰을 초래할 수 있는 어떠한 분쟁이나, 또는 분쟁을 발생하게 할 우려가 있는 어떠한 사태에 대하여도 분쟁 또는 사태의 계속이 국제 평화와 안전 유지를 위태롭게 할 우려가 있는지를 결정하기 위한 조사를 할 수 있다.

### 제35조

1. 국제연합 회원국은 어떠한 분쟁이나 제34조에 규정된 성격의 어떠한 사태에 대해서도 안전보장이사회나 총회의 주의를 환기할 수 있다.

2. 국제연합 회원국이 아닌 국가는 자국이 당사자인 여하한 분쟁에 대해서도 이 헌장에 정한 평화적 해결의 의무들을 사전에 수락하는 경우 안전보장이사회나 총회의 주의를 촉구할 수 있다.

3. 본 조에 따라 주의가 환기된 사항에 관한 총회의 절차는 제11조와 제12조의 규정에 따른다.



### 제36조

1. 안전보장이사회는 제33조에 규정된 성격의 분쟁이나 비슷한 성격을 지닌 사태의 어떠한 단계에서도 적당한 조정 절차나 조정 방법을 권고할 수 있다.

2. 안전보장이사회는 당사자가 이미 채택한 분쟁 해결 절차를 고려해야 한다.

3. 본 조에 따른 권고를 할 때 안전보장이사회는 당사국들이 모든 법적 분쟁을 국제사법재판소 규정에 따라 국제사법재판소에 일반적으로 제소해야 한다는 사실도 고려해야 한다.

### 제37조

1. 제33조에 규정된 성격의 분쟁 당사자는 같은 조에 열거된 수단을 통하여 이 분쟁을 해결하지 못했을 경우 이를 안전보장이사회에 회부해야 한다.

2. 안전보장이사회는 분쟁의 계속이 국제 평화와 안전 유지를 위태롭게 할 우려가 실제로 있다고 인정할 때에는 제36조에 따른 조치를 취하든지, 또는 적절하

다고 인정하는 해결 방안을 권고하든지 그 여부를 결정해야 한다.

제38조

제33조 내지 제37조 규정이 있을지라도 안전보장이사회는 어떠한 분쟁에 관해서도 모든 분쟁 당사자가 요청한다면 그 분쟁의 평화적 해결을 그 당사자에게 권고를 할 수 있다.

### 제7장 평화에 대한 위협, 평화의 파괴 및 침략 행위에 관한 조치

제39조

안전보장이사회는 평화에 대한 위협이나 평화의 파괴 또는 침략 행위의 존재를 결정하고, 아울러 국제 평화와 안전을 유지하고 또 회복하기 위하여 권고하며, 또는 제41조 및 제42조에 따라 어떠한 조치를 취할지를 결정한다.



제40조

안전보장이사회는 사태의 악화를 방지하기 위하여 제39조 규정에 따라 권고하거나 조치를 결정하기 전에 필요하거나 바람직하다고 인정되는 잠정 조치에 따르도록 관계 당사국에 요청할 수 있다. 이 잠정 조치는 관계 당사국의 권리나 청구권 또는 지위를 침해하지 못한다. 안전보장이사회는 관계 당사국이 이 잠정 조치에 따르지 않는 경우에 대하여 타당한 고려를 해야 한다.

제41조

안전보장이사회는 그 결정을 집행하기 위하여 무력 사용 이외의 어떠한 조치를 사용할지 결정할 수 있고, 더욱이 조치를 적용하도록 국제연합 회원국에 요청할 수 있다. 이러한 조치는 경제관계 및 철도, 항해, 항공, 우편, 전신, 무선 통신, 기타 교통 통신 수단의 전부나 일부의 중단과 외교관계의 단절을 포함할 수 있다.

제42조

안전보장이사회는 제41조에 정한 조치로서는 불충분하다고 인정되거나 불충분함이 판명될 경우 국제 평화와 안전 유지 또는 회복에 필요한 공군, 해군, 육군을 통한 조치를 취할 수 있다. 그러한 조치는 국제연합 회원국의 공군, 해군, 육군을 통한 시위, 봉쇄 및 기타 작전을 포함할 수 있다.

제43조

1. 국제 평화와 안전 유지에 공헌하기 위하여 모든 국제연합 회원국은 안전보장이사회의 요청에 따라, 또는 하나나 둘 이상의 특별 협정에 따라 국제 평화와 안전 유지에 필요한 병력 원조 및 편익을 안전보장이사회에 이용하게 할 것을 약속한다. 이 편익에는 통행권도 포함된다.

2. 이러한 협정들은 병력의 수 및 종류, 그 출동 준비 정도 및 일반 배치와 제공될 편익 및 원조의 성격을 규정한다.

3. 이 협정들은 안전보장이사회의 발의로써 되도록 신속히 교섭되어야 한다. 이 협정들은 안전보장이사회와 회원국 사이 또는 안전보장이사회와 회원국 집단 사이에 체결되고, 또한 각 서명국의 헌법상 절차에 따라 비준되어야 한다.

제44조

안전보장이사회가 병력을 사용하기로 결정했을 때에는 이사회에 대표가 없는 회원국에 대하여 제43조에 따라 부과된 의무의 이행을 위한 병력 제공을 요청하기 전에 그 회원국이 희망한다면 그 회원국의 병력 가운데 파견 부대의 사용에 관한 안전보장이사회의 결정에 참가하도록 그 회원국을 초청해야 한다.

제45조

국제연합이 긴급한 군사 조치를 취할 수 있게 하기 위하여 회원국은 합동의 국제적 강제 조치에 즉각적으로 이용할 수 있는 자국의 공군 파견 부대를 보유해야 한다. 이 파견 부대들의 전력과 출동 준비 정도, 그 합동 조치를 위한 계획은 제43조에 규정된 하나나 둘 이상의 특별 협정의 규정 범위 안에서 군사참모위원회의 원조를 얻어서 안전보장이사회가 결정한다.

제46조

병력 사용 계획은 군사참모위원회의 원조를 얻어 안전보장이사회가 작성한다.

제47조

1. 국제 평화와 안전 유지를 위하여 안전보장이사회의 군사적 요구, 이사회의 재량 아래 있는 병력 사용 및 지휘, 군비 규제와 가능한 군비 축소에 관한 모든 문제에 대하여 이사회에 조언 및 원조를 하기 위하여 군사참모위원회를 설치한다.

2. 군사참모위원회는 안전보장이사회 상임이사국의 참모 총장들 또는 그 대표자로써 구성된다. 위원회의 책임을 능률적으로 수행하기 위하여 이 위원회에 상임 위원으로서 대표되지 아니한 국제연합 회원국이 위원회의 사업에 참여할 필요가 있다고 인정될 때 위원회는 그 국가가 위원회와 제휴하도록 권고한다.

3. 군사참모위원회는 안전보장이사회의 감독 아래 이사회 재량 아래에 있는 병력의 전략적 지도에 관하여 책임을 진다. 이 병력의 지휘에 관한 문제는 추후에 해결한다.

4. 군사참모위원회는 안전보장이사회의 허가를 얻어 적절한 지역 기구와 협의한 뒤 지역적 소위원회를 설치할 수 있다.

제48조

1. 국제 평화와 안전 유지를 위한 안전보장이사회의 결정을 이행함에 필요한 조치는 안전보장이사회가 정하는 바에 따라 국제연합 회원국의 전부 또는 일부가 취한다.

2. 이러한 결정은 국제연합 회원국을 통하여 직접, 또 국제연합 회원국이 참가하고 있는 적당한 국제기관에서의 그 회원국의 행동을 통하여 이행된다.

제49조

국제연합 회원국은 안전보장이사회가 결정한 조치를 이행할 때 공동으로 상호 원조를 제공해야 한다.

제50조



안전보장이사회가 어느 국가에 대하여 예방 조치 또는 강제 조치를 취했을 경우 다른 국가에서 이 조치의 이행으로 발생하는 특별한 경제 문제가 자국에 관계된다고 인정하는 때에는 그 국가가 국제연합 회원국이든, 아니든 이 문제의 해결에 대하여 안전보장이사회와 협의할 권리를 보유한다.

제51조

본 헌장의 어떠한 규정도 국제연합 회원국에 대하여 무력 공격이 발생한 경우 안전보장이사회가 국제 평화와 안전 유지에 필요한 조치를 취할 때까지는 개별적 또는 집단적 자위의 고유 권리를 저해하지 않는다. 이 자위권의 행사로서 회원국이 취한 조치는 즉시 안전보장이사회에 보고되어야 한다. 또 이 조치는 안전보장이사회가 국제 평화와 안전 유지 또는 회복을 위하여 필요하다고 인정하는 행동을 언제든지 취할 수 있는 헌장에 따른 권능과 책임에 대하여 아무런 영향을 주지 않는다.

## 제8장 지역적 협정

제52조

1. 이 헌장의 어떠한 규정도 국제 평화와 안전 유지에 관한 사항으로서 지역적 조치에 적합한 사항을 처리하기 위한 지역적 협정 또는 지역적 기관의 존재를 방해하지는 않는다. 단, 이 협정 또는 기관 및 그 행동이 국제연합의 목적과 원칙에 일치할 것을 조건으로 한다.

2. 그러한 협정을 체결하고, 또는 그러한 기관을 조직하는 국제연합 회원국은 지방 분쟁을 안전보장이사회에 회부하기 전에 이 지역적 협정 또는 지역적 기관을 통하여 이 분쟁을 평화적으로 해결하도록 모든 노력을 해야 한다.

3. 안전보장이사회는 관계국의 발의나 안전보장이사회의 위임에 따라 그러한 지역적 협정 또는 지역적 기관을 통한 지방 분쟁의 평화적 해결 발전을 장려해야 한다.

4. 본 조항은 제34조 및 제35조의 적용을 결코 방해하지 않는다.



제53조

1. 안전보장이사회는 그 권위 아래의 강제 행동을 위하여 적당한 경우에는 그러한 지역적 협정 또는 지역적 기관을 이용한다. 단, 어떠한 강제 행동도 안전보장이사회의 허가 없이는 지역적 협정이나 지역적 기관을 통하여 취해져서는 안 된다. 단, 본 조 2항에 규정한 적국에 대한 조치 가운데 제107조에 따라 규정되는 것, 또는 그 적국에 대한 침략정책의 재현에 대비하기 위한 지역적 협정에 규정된 조치는 관계 정부의 요청에 따라 본 기구가 그 적국의 새로운 침략을 방지하는 책임을 질 때까지 예외로 한다.

2. 본 조 1항에서 사용하는 적국이라는 용어는 제2차 세계대전 중에 이 헌장 서명국의 적국이었던 모든 국가에 적용된다.

제54조

안전보장이사회는 국제 평화와 안전 유지를 위하여 지역적 협정에 따라, 또는 지역적 기관을 통하여 개시되거나 기도되고 있는 활동에 대하여 항상 충분한 통보를 받고 있어야 한다.

## 제9장 경제 및 사회적 국제 협력

제55조

국민의 평등권과 자결의 원칙 존중에 기초를 두는 국가들 사이의 평화적이며 우호적인 관계에 필요한 안정 및 복지 조건을 창조하기 위하여 국제연합은 다음을 촉진해야 한다.



A. 좀 더 높은 생활 수준, 완전 고용 및 경제적, 사회적 진보와 발전의 조건

B. 국제적인 경제, 사회, 보건 문제 및 이와 관련된 국제 문제의 해결과 문화 및 교육의 국제 협력

C. 인종, 성별, 언어 또는 종교에 따른 차별 없는 모든 사람을 위한 인권과 기본적 자유의 보편적인 존중과 준수

제56조

모든 회원국은 제55조에 명시된 목적을 달성하기 위하여 이 기구와 협력하여 공동적 또는 개별적 행동을 취할 것을 서약한다.

제57조

1. 정부 사이의 협정에 따라 설치된 각종 전문 기관으로서 경제, 사회, 문화, 교

육, 보건 및 이와 관련된 분야에서 그 기본적 문서로써 정하는 바에 따라 광범한 국제적 책임을 지는 기관은 제63조의 규정에 따라 국제연합과 연휴관계를 가져야 한다.

2. 이렇게 국제연합과 연휴관계를 가지는 기관은 이하에서 전문기구라고 일컫는다.

제58조

본 기구는 전문기구의 정책과 활동을 조정하기 위하여 권고를 행한다.

제59조

본 기구는 적당한 경우에는 제55조에 명시된 목적의 달성에 필요한 새로운 전문 기관을 설치하기 위하여 관계국 사이의 교섭을 발의한다.



제60조

본 헌장에 규정된 본 기구의 임무를 수행할 책임은 총회와 총회의 권위 아래 있는 경제사회이사회가 담당한다. 경제사회이사회는 이를 위하여 제10장에 규정된 권한을 보유한다.

## 제10장 경제사회이사회

### [구성]

제61조

1. 경제사회이사회는 총회에서 선출된 국제연합 회원국 54개국으로 구성된다.

2. 제3항의 규정을 조건으로 경제사회이사회의 18개 이사국은 3년을 임기로 매년 선출된다. 퇴임 이사국은 계속해서 재선될 자격을 가진다.

3. 경제사회이사회의 이사국을 27개국에서 54개국으로 늘린 뒤의 최초 선거에서는 그해 말에 임기가 완료되는 9개 이사국 대신으로 선출되는 이사국에 추가하여 다시 27개 이사국이 선출된다. 추가된 이 27개 이사국 가운데 선출된 9개 이사국의 임기는 총회에서 약정하는 바에 따라 1년 말에 만료하고, 그 밖의 9개 이사국의 임기는 2년 말에 만료한다.

4. 경제사회이사회의 각 이사국은 1인의 대표를 가진다(개정 1965. 8. 31, 1973. 93. 27).

**[임무와 권한]**

제62조

1. 경제사회이사회는 국제적인 경제, 사회, 문화, 교육 및 보건과 이와 관련된 문제들에 관한 연구와 보고를 행하거나 발의하며, 아울러 이러한 사항에 관하여 총회, 국제연합 회원국 및 관계 전문기구에 권고할 수 있다.

2. 이사회는 모든 사람을 위한 인권과 기본적 자유의 존중과 준수를 조장하기 위한 권고를 할 수 있다.

3. 이사회는 그 권한에 속하는 사항에 관하여 총회에 제출하기 위한 조약안을 작성할 수 있다.

4. 이사회는 국제연합이 정하는 규칙에 따라 그 권한에 속하는 사항에 관하여 국제회의를 소집할 수 있다.

제63조

1. 경제사회이사회는 제57조에 규정된 어느 기관과도 그 기관이 국제연합과 연휴관계를 맺기 위한 조건을 정하는 협정을 체결할 수 있다. 이 협정은 총회의 승인을 받아야 한다.

2. 이사회는 전문기구와 협의하고, 전문기구에 권고하며, 총회와 국제연합 회원국에 권고함으로써 전문기구의 활동을 조정할 수 있다.

제64조

1. 경제사회이사회는 전문기구에서 정기 보고를 받기 위하여 적당한 조치를 취할 수 있다. 이사회는 이사회의 권고와 권한에 속하는 사항에 관한 총회의 권고를 실시하기 위하여 취해진 조치에 대한 보고를 받기 위하여 국제연합 회원국과 전문기구와의 협정을 체결할 수 있다.

2. 이사회는 이러한 보고에 관한 의견을 총회에 통보할 수 있다.

제65조

경제사회이사회는 안전보장이사회에 정보를 제공할 수 있다. 또한 경제사회이사회는 안전보장이사회의 요청이 있을 때에는 이를 원조해야 한다.



제66조

1. 경제사회이사회는 총회의 권고를 이행할 때 자기 권한에 속하는 임무를 수행해야 한다.

2. 이사회는 국제연합 회원국의 요청이 있을 때 또는 전문기구의 요청이 있을 때에는 총회의 승인을 얻어 용역을 제공할 수 있다.

3. 이사회는 이 헌장의 다른 곳에 규정되거나 총회가 부여하는 기타 임무를 수행해야 한다.

**[표결]**

제67조

1. 경제사회이사회의 각 이사국은 1개의 투표권을 가진다.

2. 경제사회이사회의 결정은 출석하고 투표하는 이사국의 과반수를 통하여 성립된다.

**[절차]**

제68조

경제사회이사회는 경제 및 사회 분야에서의 위원회, 인권의 신장에 관한 위원회 및 이사회의 임무 수행에 필요한 기타 위원회를 설치한다.

제69조



경제사회이사회는 어느 국제연합 회원국에 대해서도 그 회원국에 특히 관계있는 사항에 관한 심의에는 투표권 없이 참가하도록 초청해야 한다.

제70조

경제사회이사회는 전문기구의 대표자가 이사회의 심의 및 이사회가 설치하는 위원회의 심의에 투표권 없이 참가할 수 있는 협정과 이사회의 대표자가 심의에 참가하기 위한 협정을 체결할 수 있다.

제71조

경제사회이사회는 그 권한 안에 있는 사항에 관계있는 민간단체와 협의하기 위해 적절한 협정을 체결할 수 있다. 이 협정은 국제단체와의 사이에, 또 적당한 경우관계있는 국제연합 회원국과 협의한 뒤 국내 단체와의 사이에 체결할 수 있다.

제72조

1. 경제사회이사회는 의장 선출 방법을 포함한 그 의사 규칙을 채택한다.

2. 경제사회이사회는 그 규칙에 따라 필요가 있을 때에 회합한다. 그 규칙은 이사국의 과반수 요청을 통한 회의 소집 규정도 포함한다.

## 제11장 비자치 지역에 관한 선언

제73조

국민이 아직 완전한 자치에 이르지 못한 지역의 시정을 책임지거나 책임을 인계받은 국제연합 회원국은 그 지역 주민의 이익이 최고라는 원칙을 승인하고, 더욱이 지역 주민의 복지를 이 헌장이 확립하는 국제 평화와 안전의 제도 안에서 최대로 증진하게 할 의무와 이를 위하여 다음의 의무들을 신성한 신탁으로서 수락한다.

A. 관계 국민의 문화를 충분히 존중하고 이 국민의 정치, 경제, 사회 및 교육적 진보와 공정한 대우 및 학대에서의 보호를 확보한다.

B. 각 지역 및 그 국민의 특수 사정과 그들의 다양한 발전 정도에 따라 자치를 발전시키고, 국민의 정치적 원망을 적절히 고려하며, 자유로운 정치제도의 점진적 발달을 위하여 국민을 원조한다.

C. 국제 평화와 안전을 증진한다.

D. 본 조에 규정된 사회, 경제 및 과학적 목적을 실제로 달성하기 위하여 건설적인 발전 조치를 촉진하고 연구를 장려하며 상호 간 또는 적당한 경우에는 전문 국제단체와 협력한다.

E. 제12장과 제13장의 적용을 받는 지역을 제외하고 이러한 책임 있는 회원국이 각기 책임을 지는 지역에서의 경제, 사회 및 교육적 상태에 관한 전문적인 통

계와 기타 자료를 안전 보장과 헌법상의 고려에서 필요한 제한에 따르기를 조건으로 하여 정보용으로서 사무총장에게 정기적으로 송부한다.

제74조

국제연합 회원국은 또한 본 장의 적용을 받는 지역에 관한 그 정책을 그 본토 지역에 관한 정책과 마찬가지로 세계의 다른 지역의 이익과 복지에 타당한 고려를 한 뒤에 사회, 경제 및 상업적 사항에 관하여 선린주의의 일반원칙에 기초해야 한다는 데 동의한다.

## 제12장 국제 신탁 통치제도



제75조

국제연합은 그 권위 아래 국제 신탁 통치제도를 설치한다. 이 제도는 금후의 개개 협정에 따라 이 제도 아래 두게 되는 지역의 시정 및 감독을 목적으로 한다. 이 지역을 이하 신탁 통치 지역이라고 일컫는다.

제76조

신탁 통치제도의 기본 목적은 이 헌장의 제1조에 규정된 국제연합의 목적에 따라 다음과 같다.

A. 국제 평화와 안전을 증진한다.

B. 신탁 통치 지역 주민의 정치, 경제, 사회 및 교육적 진보를 촉진하며, 각 지역과 그 국민의 특수 사정 및 관계 국민이 자유로이 표명한 소망에 적합하도록, 또 각 신탁 통치 협정 조항이 규정하는 바에 따라 자치 또는 독립을 향한 주민의 점진적 발달을 촉진한다.

C. 인종, 성별, 언어 또는 종교에 따른 차별 없이 모든 사람을 위하여 인종과 기본적 자유를 존중하도록 장려하고, 더욱이 세계 국민의 상호 의존 인식을 조장한다.

D. 위의 목적 달성을 방해함이 없이, 또 제80조의 규정에 따르기를 조건으로 하여 모든 국제연합 회원국 및 그 국민을 위한 사회, 경제 및 상업적 사항에 대하여 평등한 대우를 확보하고, 또 그 국민을 위하여 사법상 평등한 대우를 확보한다.

제77조

1. 신탁 통치제도는 신탁 통치 협정에 따라 그 권한 아래 속하는 다음과 같은 범주의 지역에 적용된다.

A. 현재 위임 통치 아래에 있는 지역

B. 제2차 세계대전 결과 적국에서 분리된 지역

C. 시정에 대해 책임을 지는 국가를 통해 자발적으로 이 제도 아래에 두는 지역

2. 이러한 범주 가운데 어느 지역을 어떠한 조건으로서 신탁 통치제도 아래에 두게 되는지에 대해서는 금후 협정으로써 정한다.

제78조

국제연합 회원국의 관계는 주권 평등 원칙의 존중에 기초하므로 신탁 통치제도는 회원국으로 된 지역에는 적용되지 않는다.

제79조

신탁 통치 아래에 두게 되는 각 지역에 관한 신탁 통치 조항은 모든 변경이나 개정을 포함하여 직접적으로 관계된 국가들이 협정하고, 또 제83조 및 제85조에 규정하는 바에 따라 승인되어야 한다. 이 직접 관계국은 국제연합 회원국의 위임 통치 아래에 있는 지역인 경우에는 수임국을 포함한다.

제80조

1. 제77조, 제79조 및 제81조에 기초하여 각 지역을 신탁 통치 아래에 두는 개개의 신탁 통치 협정에서 합의되는 경우를 제외하고, 또 이러한 협정이 체결될 때까지는 본 장의 어떠한 규정도 어느 국가나 국민의 어떠한 권리 또는 국제연합 회원국이 각기 당사국으로 되어 있는 현존 국제 문서 조항을 직접 또는 간접으로 조금이라도 변경하는 것으로 해석되어서는 아니 된다.

2. 본 조 1항은 제77조에 규정하는 바에 따라 위임 통치 지역과 기타 지역을 신탁 통치제도 아래에 두기 위한 협정의 교섭과 체결의 지체 또는 연기에 대하여 근거를 제공하는 것으로 해석되어서는 아니 된다.

제81조

신탁 통치 협정은 각 경우에서 신탁 통치 지역을 시정하는 조건을 포함하여 신탁 통치 지역의 시정을 담당하는 당국을 지정해야 한다. 이 당국을 이하 시정권자라고 일컬으며, 하나나 둘 이상의 국가 또는 본 기구 자신일 수 있다.



제82조

어떠한 신탁 통치 협정에서도 그 협정이 적용되는 신탁 통치 지역의 일부 또는 전부를 포함하는 하나나 둘 이상의 전략 지구를 지정할 수 있다. 단, 제43조에 따라 체결되는 특별 규정을 침해하지는 못한다.

제83조

1. 전략기구에 관한 국제연합의 모든 임무는 신탁 통치 협정의 조항과 그 변경 또는 개정의 승인을 포함하여 안전보장이사회가 행한다.

2. 제76조에 명시된 기본 목적은 각 전략 지구의 국민에 적용한다.

3. 안전보장이사회는 국제연합의 신탁 통치제도에 따른 임무로서 전략 지구의

정치, 경제, 사회 및 교육적 사항에 관한 일을 수행하기 위하여 신탁통치이사회의 원조를 이용한다. 단, 신탁 통치 협정에 따르기로 하고, 또 안전 보장의 고려를 방해해서는 아니 된다.

제84조

신탁 통치 지역이 국제 평화와 안전 유지를 위하여 그 역할을 다하게 함은 시정권자의 의무다. 이를 위하여 시정권자는 지역적 방위와 신탁 통치 지역에서의 법률과 질서 유지 및 이와 관련하여 안전보장이사회에 대하여 지는 의무를 이행할 때 신탁 통치 지역의 의용군의 편익 및 원조를 이용할 수 있다.

제85조

1. 전략 지구로서 지정되지 않는 모든 지구에 대한 신탁 통치 협정에 관한 국제연합의 임무는 이 협정의 조항과 변경 또는 개정의 승인을 포함하여 총회가 행한다.

2. 총회의 권위 아래에서 행동하는 신탁통치이사회는 이러한 임무 수행을 위하여 총회를 원조한다.



## 제13장 신탁통치이사회

[구성]

제86조

1. 신탁통치이사회는 다음의 국제연합 회원국으로 구성한다.

A. 신탁 통치 지역의 시정을 행하는 회원국

B. 제23조에 이름이 명기된 회원국으로서 신탁 통치 지역의 시정을 행하지 않

는 국가

C. 총회를 통하여 3년 임기로서 선거된 기타 회원국으로서 신탁통치이사회의 이사국의 총수를 신탁 통치 지역의 시정을 행하는 국제연합 회원국과 이를 행하지 않는 국가로 균분함에 필요한 회원국들

2. 신탁통치이사회의 각 이사국은 이사회에서 자국을 대표하는 특별한 자격을 지닌 인사 1명을 지명한다.

**[임무와 권한]**

제87조

총회와 그 권위 아래 신탁통치이사회는 임무 수행에서 다음을 할 수 있다.

A. 시정권자가 제출하는 보고서의 심의

B. 청원을 수리하고, 시정권자와 협의하여 이를 심사



C. 시정권자와 합의된 시기에 각 신탁 통치 지역의 정기적 시찰

D. 신탁 통치 협정 조항에 따라 이러한 행동 및 기타 행동을 취함.

제88조

신탁통치이사회는 각 신탁 통치 지역 주민의 정치, 경제, 사회 및 교육적 진보에 관한 질문지를 작성해야 한다. 또 총회의 권한 안에 있는 각 신탁 통치 지역의 시정권자는 이 질문서에 기초하여 총회에 연차 보고를 제출해야 한다.

**[표결]**

제89조

1. 신탁통치이사회의 각 이사국은 1개의 투표권을 가진다.

2. 신탁통치이사회의 결정은 출석하고 투표하는 이사국의 과반수로써 성립된다.

**[절차]**

제90조

1. 신탁통치이사회는 의장의 선출 방법을 포함하는 의사 규칙을 스스로 채택한다.

2. 신탁통치이사회는 그 규칙에 따라 필요할 경우 회합한다. 이 규칙은 이사국 과반수의 요청을 통한 회의 소집 규정을 포함해야 한다.

제91조

신탁통치이사회는 적절한 경우에 경제사회이사회 및 전문기구가 각기 관계하고 있는 사항에 대하여 양자의 원조를 이용한다.



## 제14장 국제사법재판소

제92조

국제사법재판소는 국제연합의 주요한 사법 기관이다. 이 법원은 부속된 규정에 따라 임무를 행한다. 이 규정은 상설국제사법재판소 규정을 기초로 하며, 본 헌장과 불가분의 일체를 이룬다.

제93조

1. 모든 국제연합 회원국은 당연히 국제사법재판소 규정의 당사국이 된다.

2. 국제연합 회원국이 아닌 국가는 총회가 각 경우에 결정하는 조건에 따라 안

전보장이사회의 권고에 따라 국제사법재판소 규정의 당사국이 될 수 있다.

제94조

1. 각 국제연합 회원국은 자국이 당사자인 어떠한 사건에서도 국제사법재판소의 재판에 따르기로 약속한다.

2. 사건 일방의 당사자가 재판소가 내린 판결에 따라 자국에 부과된 의무를 이행하지 않을 때에는 다른 쪽 당사자는 안전보장이사회에 제소할 수 있다. 이사회는 필요하다고 인정할 때에는 판결을 집행하기 위하여 권고를 하거나 취해야 할 조치를 결정할 수 있다.

제95조

이 헌장의 어떠한 규정도 국제연합 회원국이 상호 간의 분쟁 해결을 이미 존재하거나 장래에 체결할 협정에 따라 다른 재판소에 의뢰하는 행위를 방해하지 아니한다.



제96조

1. 총회 또는 안전보장이사회는 어떠한 법률문제에 대해서라도 권고적 의견을 주도록 국제사법재판소에 요청할 수 있다.

2. 국제연합의 기타의 기관 또는 어떠한 경우라도 총회가 인가할 수 있는 전문기관들은 그 활동의 범위 안에서 발생하는 법률문제에 대하여 재판소의 권고적 의견을 요청할 수 있다.

## 제15장 사무국

제97조

사무국은 사무총장 1명과 이 기구가 필요로 하는 직원으로써 구성된다. 사무총장은 안전보장이사회의 권고에 따라 총회가 임명한다. 사무총장은 이 기구의 행정 직원의 장이다.

제98조

사무총장은 총회, 안전보장이사회, 경제사회이사회 및 신탁통치이사회의 모든 회의에서 사무총장의 자격으로 활동하고, 이 기관들에서 위탁된 다른 임무를 수행한다. 사무총장은 본 기구의 사업에 관하여 총회에 연차 보고서를 제출한다.

제99조

사무총장은 국제 평화와 안전 유지를 위협한다고 인정되는 사항에 대하여 안전보장이사회의 주의를 환기할 수 있다.

제100조

1. 사무총장과 직원은 그 임무 수행에서 어떠한 정부에서도 또는 기구 외의 어떠한 당국에서도 지시를 받거나 구해서는 아니 된다. 사무총장과 직원은 기구에 대해서만 책임을 지는 국제적 직원으로서의 지위를 손상할 우려가 있는 어떠한 행동도 삼가야 한다.

2. 각 국제연합 회원국은 사무총장과 직원의 책임에 내재된 국제적인 성격을 존중함과 아울러 이들이 책임을 완수하는 데 어떠한 영향도 행사하지 않기로 약속한다.

제101조

1. 직원은 총회가 인정하는 규칙에 따라 사무총장이 임명한다.

2. 경제사회이사회, 신탁통치이사회 및 필요에 따라 국제연합의 다른 기관에 적절한 직원을 상임으로 배속한다. 이러한 직원은 사무국의 일부다.

3. 직원 채용과 근로 조건 결정에서 가장 고려해야 할 사항은 최고 수준의 능률, 능력 및 성실을 확보해야 한다는 점이다. 되도록이면 광범위한 지리적 기초를 망라하여 직원을 채용한다는 중요성에 대해서도 타당한 고려를 해야 한다.

## 제16장 잡칙

제102조



1. 이 헌장이 효력을 발생한 뒤 국제연합 회원국이 체결하는 모든 조약과 모든 국제 협정은 가능한 한 조속히 사무국에 등록되고, 또 사무국을 통하여 공표되어야 한다.

2. 본 조 1항의 규정에 따라 등록되지 않은 조약 또는 국제 협정의 당사국은 국제연합의 어떠한 기관에 대해서도 해당 조약 또는 협정을 원용할 수 없다.

제103조

국제연합 회원국의 본 헌장에 따른 의무와 다른 국제 협정에 따른 의무가 저촉하는 경우에는 본 헌장에 따른 의무가 우선한다.

제104조

본 기구는 그 임무의 수행과 목적 달성을 위하여 필요한 법률상의 능력을 각 회원국의 영역 안에서 향유한다.

제105조

1. 본 기구는 그 목적 달성에 필요한 특권 및 면제를 회원국의 영역 안에서 향유한다.

2. 국제연합 회원국의 대표자 및 직원은 본 기구에 관련되는 자신들의 임무를 독립적으로 수행하기 위하여 필요한 특권과 면제를 향유한다.

3. 총회는 본 조 1항 및 2항의 적용에 관한 세목을 결정하기 위하여 권고를 하거나, 이를 위하여 국제연합 회원국에 조약을 제안할 수 있다.

## 제17장 과도적 안전 보장 조치



제106조

제42조에 규정된 안전보장이사회의 의무 이행을 개시할 수 있도록 안전보장이사회가 인정하는 제43조에 언급된 특별 협정이 발효하기까지는 1943년 10월 30일에 모스크바에서 서명된 4국 선언의 당사국 및 프랑스는 이 선언 제5항의 규정에 따라 상호 협의하고, 필요에 따라 국제 평화와 안전 유지를 위하여 필요한 공동 행동을 본 기구를 대신하여 취하기 위하여 다른 국제연합 회원국과 협의해야 한다.

제107조

이 헌장의 어떠한 규정도 제2차 세계대전에 이 헌장 서명국의 적이었던 국가에 관한 행동 가운데 그 행동에 대한 책임을 가지는 정부가 이 전쟁의 결과로서 취하거나 허가한 것을 무효화하거나 배제하지 않는다.

## 제18장 개정

### 제108조

이 헌장의 개정은 총회 구성국의 3분의 2 다수로써 채택되고, 또 안전보장이사회의 모든 상임이사국을 포함한 국제연합 회원국의 3분의 2가 각자의 헌법상 절차에 따라 비준했을 때 모든 국제연합 회원국에 대하여 발효한다.

### 제109조

1. 이 헌장을 재심의하기 위한 국제연합 회원국의 전체 회의는 총회 구성국의 3분의 2 다수와 안전보장이사회의 7개 이사국의 투표를 통해 결정되는 일시 및 장소에서 개최할 수 있다. 각 국제연합 회원국은 이 회의에서 1개의 투표권을 가진다.

2. 전체 회의의 3분의 2 다수에 따라 권고된 이 헌장의 변경은 안전보장이사회의 모든 상임이사국을 포함한 국제연합 회원국의 3분의 2를 통하여 각자의 헌법상 절차에 따라 비준되었을 때에 효력을 발생한다.



3. 이 헌장의 효력 발생 뒤 총회의 제10회 연차 회기까지에 전체 회의가 개최되지 않는 경우에는 이를 소집하는 제안을 총회의 제10회 연차 회기의 의사일정에 넣어야 하며, 전체 회의는 총회 구성국의 과반수 및 안전보장이사회의 9개 이사국의 투표에 따라 결정된 때에 개최된다.

## 제19장 비준과 서명

### 제110조

1. 이 헌장은 서명국에 따라 각자의 헌법상 절차에 따라 비준된다.

2. 비준서는 미합중국 정부에 기탁되며, 동 정부는 모든 서명국과 본 기구의 사무총장이 임명된 경우에는 사무총장에 대하여 각 기탁을 통고한다.

3. 이 헌장은 중화민국, 프랑스, 소비에트 사회주의 공화국 연방, 영국과 미합중국 및 기타 서명국의 과반수가 비준서를 기탁한 때에 효력이 발생한다. 비준서 기탁 의정서는 미합중국 정부가 작성하고, 그 사본을 모든 서명국에 송부한다.

4. 이 헌장의 서명국으로서 헌장의 효력이 발생한 뒤에 비준한 국가는 각자의 비준서 기탁일에 국제연합의 원 회원국이 된다.

제111조

이 헌장은 중국어, 프랑스어, 러시아어, 영어 및 에스파냐어본을 다 같은 정본으로 하고 미합중국 정부의 기록 보관소에 기탁된다. 이 헌장의 인증 사본은 동 정부가 다른 서명국 정부에 송부한다.

이상의 사항들을 신뢰하면서 국제연합 정부 대표들은 이 헌장에 서명했다.

1945년 6월 26일에 샌프란시스코에서 작성했다.

1945년 6월 26일 서명
1945년 10월 24일 발효
1965년 8월 31일 1차 개정
1973년 9월 27일 2차 개정

국제연합 회원국 현황

| 가입 연도 | 가입 일자 | 국명 | 연번 |
|---|---|---|---|
| 1945년 | 10월 24일 | 뉴질랜드 | 1 |
| | | 니카라과 | 2 |
| | | 덴마크 | 3 |
| | | 도미니카 공화국 | 4 |
| | | 러시아(소비에트 연방 참조) | 5 |
| | | 레바논 | 6 |
| | | 룩셈부르크 | 7 |
| | | 미국 | 8 |
| | | 벨라루스(소비에트 연방 참조) | 9 |
| | | 브라질 | 10 |
| | | 사우디아라비아 | 11 |
| | | 시리아(아랍 연합 공화국 참조) | 12 |
| | | 아르헨티나 | 13 |
| | | 아이티 | 14 |
| | | 엘살바도르 | 15 |
| | | 영국 | 16 |
| | | 우크라이나(소비에트 연방 참조) | 17 |
| | | 이란 | 18 |
| | | 이집트(아랍 연합 공화국 참조) | 19 |
| | | 중화 인민 공화국(중국 참조) | 20 |
| | | 폴란드 | 21 |
| | | 프랑스 | 22 |
| | | 필리핀 | 23 |
| | | 파라과이 | 24 |
| | | 칠레 | 25 |
| | | 쿠바 | 26 |
| | | 터키 | 27 |
| | 10월 25일 | 그리스 | 28 |

| 가입 연도 | 가입 일자 | 국명 | 연번 |
|---|---|---|---|
| 1945년 | 10월 30일 | 인도 | 29 |
| | 10월 31일 | 페루 | 30 |
| | 11월 1일 | 오스트레일리아 | 31 |
| | 11월 2일 | 라이베리아 | 32 |
| | | 코스타리카 | 33 |
| | 11월 5일 | 콜롬비아 | 34 |
| | 11월 7일 | 남아프리카 공화국 | 35 |
| | | 멕시코 | 36 |
| | 11월 9일 | 캐나다 | 37 |
| | 11월 13일 | 에티오피아 | 38 |
| | | 파나마 | 39 |
| | 11월 14일 | 볼리비아 | 40 |
| | 11월 15일 | 베네수엘라 | 41 |
| | 11월 21일 | 과테말라 | 42 |
| | 11월 27일 | 노르웨이 | 43 |
| | 12월 10일 | 네덜란드 | 44 |
| | 12월 17일 | 온두라스 | 45 |
| | 12월 18일 | 우루과이 | 46 |
| | 12월 21일 | 에콰도르 | 47 |
| | | 이라크 | 48 |
| | 12월 27일 | 벨기에 | 49 |
| 1946년 | 11월 19일 | 스웨덴 | 50 |
| | | 아이슬란드 | 51 |
| | | 아프가니스탄 | 52 |
| | 12월 16일 | 타이 | 53 |
| 1947년 | 9월 30일 | 예멘 (예멘 참조) | 54 |
| | | 파키스탄 | 55 |
| 1948년 | 4월 19일 | 미얀마 | 56 |

| 가입 연도 | 가입 일자 | 국명 | 연번 |
|---|---|---|---|
| 1949년 | 5월 11일 | 이스라엘 | 57 |
| 1950년 | 9월 28일 | 인도네시아 | 58 |
| 1955년 | 12월 14일 | 네팔 | 59 |
| | | 라오스 | 60 |
| | | 루마니아 | 61 |
| | | 리비아 | 62 |
| | | 불가리아 | 63 |
| | | 스리랑카 | 64 |
| | | 아일랜드 | 65 |
| | | 알바니아 | 66 |
| | | 에스파냐 | 67 |
| | | 오스트리아 | 68 |
| | | 요르단 | 69 |
| | | 이탈리아 | 70 |
| | | 캄보디아 | 71 |
| | | 핀란드 | 72 |
| | | 포르투갈 | 73 |
| | | 헝가리 | 74 |
| 1956년 | 11월 12일 | 모로코 | 75 |
| | | 수단 | 76 |
| | | 튀니지 | 77 |
| | 12월 18일 | 일본 | 78 |
| 1957년 | 3월 8일 | 가나 | 79 |
| 1958년 | 12월 12일 | 기니 | 80 |
| 1960년 | 9월 20 | 가봉 | 81 |
| | | 니제르 | 82 |
| | | 마다가스카르 | 83 |
| | | 베냉 | 84 |

| 가입 연도 | 가입 일자 | 국명 | 연번 |
|---|---|---|---|
| 1960년 | 9월 20일 | 차드 | 85 |
| | | 부르키나파소 | 86 |
| | | 소말리아 | 87 |
| | | 카메룬 | 88 |
| | | 중앙아프리카 공화국 | 89 |
| | | 코트디부아르 | 90 |
| | | 콩고 공화국 | 91 |
| | | 콩고 민주 공화국 | 92 |
| | | 키프로스 | 93 |
| | | 토고 | 94 |
| | 9월 28일 | 말리 | 95 |
| | | 세네갈 | 96 |
| | 10월 7일 | 나이지리아 | 97 |
| 1961년 | 9월 27일 | 시에라리온 | 98 |
| | 10월 27일 | 모리타니 | 99 |
| | | 몽골 | 100 |
| | 12월 14일 | 탄자니아(탄자니아 참조) | 101 |
| 1962년 | 9월 18일 | 르완다 | 102 |
| | | 부룬디 | 103 |
| | | 트리니다드 토바고 | 104 |
| | | 자메이카 | 105 |
| | 10월 8일 | 알제리 | 106 |
| | 10월 25일 | 우간다 | 107 |
| 1963년 | 5월 14일 | 쿠웨이트 | 108 |
| | 12월 16일 | 케냐 | 109 |
| 1964년 | 12월 1일 | 말라위 | 110 |
| | | 몰타 | 111 |
| | | 잠비아 | 112 |

| 가입 연도 | 가입 일자 | 국명 | 연번 |
|---|---|---|---|
| 1965년 | 9월 21일 | 감비아 | 113 |
| | | 몰디브 | 114 |
| | | 싱가포르 | 115 |
| 1966년 | 9월 20일 | 가이아나 | 116 |
| | 10월 17일 | 레소토 | 117 |
| | | 보츠와나 | 118 |
| | 12월 9일 | 바베이도스 | 119 |
| 1968년 | 4월 24일 | 모리셔스 | 120 |
| | 9월 24일 | 스와질란드 | 121 |
| | 11월 12일 | 적도 기니 | 122 |
| 1970년 | 10월 13일 | 피지 | 123 |
| 1971년 | 9월 21일 | 바레인 | 124 |
| | | 부탄 | 125 |
| | | 카타르 | 126 |
| | 10월 7일 | 오만 | 127 |
| | 12월 9일 | 아랍 에미리트 | 128 |
| 1973년 | 9월 18일 | 독일(독일 참조) | 129 |
| | | 바하마 | 130 |
| 1974년 | 9월 17일 | 그레나다 | 131 |
| | | 기니비사우 | 132 |
| | | 방글라데시 | 133 |
| 1975년 | 9월 16일 | 모잠비크 | 134 |
| | | 상투메 프린시페 | 135 |
| | | 카보베르데 | 136 |
| | 10월 10일 | 파푸아 뉴기니 | 137 |
| | 11월 12일 | 코모로 | 138 |
| | 12월 4일 | 수리남 | 139 |
| 1976년 | 9월 21일 | 세이셸 | 140 |

| 가입 연도 | 가입 일자 | 국명 | 연번 |
|---|---|---|---|
| 1976년 | 12월 1일 | 앙골라 | 141 |
| | 12월 15일 | 사모아 | 142 |
| 1977년 | 9월 20일 | 베트남 | 143 |
| | | 지부티 | 144 |
| 1978년 | 9월 19일 | 솔로몬 제도 | 145 |
| | 12월 18일 | 도미니카 | 146 |
| 1979년 | 9월 12일 | 세인트루시아 | 147 |
| 1980년 | 8월 25일 | 짐바브웨 | 148 |
| | 9월 16일 | 세인트빈센트 그레나딘 | 149 |
| 1981년 | 9월 15일 | 바누아투 | 150 |
| | 9월 25일 | 벨리즈 | 151 |
| | 11월 11일 | 앤티가 바부다 | 152 |
| 1983년 | 9월 23일 | 세인트키츠 네비스 | 153 |
| 1984년 | 9월 21일 | 브루나이 | 154 |
| 1990년 | 4월 23일 | 나미비아 | 155 |
| | 9월 18일 | 리히텐슈타인 | 156 |
| 1991년 | 9월 17일 | 리투아니아(소비에트 연방 참조) | 157 |
| | | 대한민국 | 158 |
| | | 라트비아(소비에트 연방 참조) | 159 |
| | | 마셜 제도 | 160 |
| | | 에스토니아(소비에트 연방 참조) | 161 |
| | | 미크로네시아 연방 | 162 |
| | | 조선민주주의인민공화국 | 163 |
| 1992년 | 3월 2일 | 카자흐스탄(소비에트 연방 참조) | 164 |
| | | 몰도바(소비에트 연방 참조) | 165 |
| | | 키르기스스탄(소비에트 연방 참조) | 166 |
| | | 산마리노 | 167 |
| | | 아르메니아(소비에트 연방 참조) | 168 |

| 가입 연도 | 가입 일자 | 국명 | 연번 |
|---|---|---|---|
| 1992년 | 3월 2일 | 아제르바이잔(소비에트 연방 참조) | 169 |
| | | 우즈베키스탄(소비에트 연방 참조) | 170 |
| | | 타지키스탄(소비에트 연방 참조) | 171 |
| | | 투르크메니스탄(소비에트 연방 참조) | 172 |
| | 5월 22일 | 보스니아 헤르체고비나(유고슬라비아 참조) | 173 |
| | | 슬로베니아(유고슬라비아 참조) | 174 |
| | | 크로아티아(유고슬라비아 참조) | 175 |
| | 7월 31일 | 조지아(소비에트 연방 참조) | 176 |
| 1993년 | 1월 19일 | 슬로바키아(체코슬로바키아 참조) | 177 |
| | | 체코(체코슬로바키아 참조) | 178 |
| | 4월 8일 | 마케도니아 공화국(유고슬라비아 참조) | 179 |
| | 5월 28일 | 모나코 | 180 |
| | | 에리트레아 | 181 |
| | 7월 28일 | 안도라 | 182 |
| 1994년 | 12월 15일 | 팔라우 | 183 |
| 1999년 | 9월 14일 | 나우루 | 184 |
| | | 키리바시 | 185 |
| | | 통가 | 186 |
| 2000년 | 9월 5일 | 투발루 | 187 |
| | 11월 1일 | 세르비아(유고슬라비아 참조) | 188 |
| 2002년 | 9월 10일 | 스위스 | 189 |
| | 9월 27일 | 동티모르 | 190 |
| 2006년 | 6월 28일 | 몬테네그로(유고슬라비아 참조) | 191 |
| 2011년 | 7월 14일 | 남수단 | 192 |

* 독일 : 1973년 9월 18일에 동독과 서독이 동시 가입. 1990년 10월 3일에 동독과 서독이 통일을 이루고 독일이라는 이름으로 활동.

* 소비에트 연방 : 소련은 1945년 10월 24일에 국제연합 안전보장이사회의 5개 상임이사국 가운데 하나로 가입. 1991년 12월 24일에 소련이 러시아와 14개 공화국들로 해체된 이후 러시아가 국제연합 안에서 소련이 가졌던 권리와 의무를 승계. 따라서 러시아는 별도 가입 절차를 밟지 않고 자동으로 국제연합 회원국이 됨과 동시에 안전보장이사회의 상임이사국이 되었고, 국제연합의 공식 문서에서는 러시아의 가입일을 소련의 가입일인 1945년 10월 24일로 나타내고 있음.

* 아랍 연합 공화국 : 이집트와 시리아가 1945년 10월 24일에 국제연합 원 회원국으로 가입. 이후 1958년 2월 21일에 두 나라는 아랍 연합 공화국으로 합병되고 단일 의석으로 활동. 시리아가 1961년 10월 13일에 아랍 연합 공화국을 탈퇴한 뒤 1971년 9월 2일에 이집트는 아랍 연합 공화국에서 원래 이름이었던 이집트로, 1971년 9월 14일에 시리아는 시리아 아랍 공화국이라는 이름으로 바꾸어 활동 중.

* 예멘 : 북예멘은 1947년 9월 30일에, 남예멘은 1967년 12월 14일에 가입. 1990년 5월 22일에 북예멘과 남예멘이 통일되어 예멘이라는 이름으로 활동.



* 유고슬라비아 : 유고슬라비아 사회주의 연방 공화국이 1945년 10월 24일 국제연합 원 회원국으로 가입. 1992년 4월 28일에 세르비아와 몬테네그로로 이루어진 유고슬라비아 연방 공화국이라는 새 연방이 구성되었으나 1992년 9월 19일에 국제연합 안전보장이사회는 유고슬라비아 연방 공화국이 유고슬라비아 사회주의 연방 공화국을 승계할 수 없다고 결의함에 따라 국제연합 회원국 자격을 박탈당함.

유고슬라비아를 구성했던 공화국들 가운데 마케도니아 공화국은 1993년 4월 8일에 가입했으며, 그리스와의 국명 분쟁을 고려하여 '마케도니아 옛 유고슬라비아 공화국The former Yugoslav Republic of Macedonia'이라는 이름으로 활동 중.

유고슬라비아 연방 공화국은 2000년 11월 1일에 국제연합에 가입했다가 2003년 2월 4일에 세르비아 몬테네그로라는 이름으로 바꿈. 이후 2006년 6월 3일에 세르비아 몬테네그로가 분리된 이후에는 세르비아가 이를 승계함.

* 중국 : 국제연합은 중화 인민 공화국을 중국의 유일 합법 정부로 인정. 원 회원국으로 가입했던 중국을 대표하는 국가는 제2차 세계대전 승전국 가운데 하나였던 중화민국(타이완)이었음. 1970년대 이후 중화 인민 공화국과 국교를 수립하는 국가들이 많아지고 광대한 영토와 많은 인구를 가진 중화 인민 공화국이 국제연합에 가입해야 한다는 주장이 지속적으로 제기됨. 결국 1971년 10월 25일에 개최된 국제연합 총회에서 중화 인민 공화국을 중국의 유일 합법 정부로 인정하는 2758호 결의안이 채택됨. 중화민국은 이에 반발하여 국제연합을 탈퇴함. 국제연합의 공식 문서에는 중화 인민 공화국의 가입 날짜를 사실상의 가입일인 1971년 10월 25일 대신에 중화민국의 가입일이었던 1945년 10월 24일로 표기.

결의안 채택 이후 중화민국이 통치하고 있는 타이완 섬과 진먼 섬, 마쭈 섬, 평후 제도는 중화 인민 공화국 영토의 일부로 간주되고 있으며 타이완은 '중국의 성 타이완Taiwan, Province of China'으로 명시됨. 중화민국은 1993년부터 2007년까지 국제연합 재가입을 시도했으나 중화 인민 공화국의 반대로 번번이 실패. 한편 중화민국을 국가로 인정하지 않는 국제연합의 방침과는 무관하게 23개 국제연합 회원국(준회원국인 바티칸 시국 포함)은 중화민국과 외교관계를 유지함.



* 체코슬로바키아 : 체코슬로바키아는 1945년 10월 24일에 국제연합 원 회원국으로 가입. 1992년 12월 31일에 해체될 때까지 활동. 분리된 체코와 슬로바키아는 1993년 1월 19일에 가입.

* 탄자니아 : 탕가니카는 1961년 12월 14일에, 잔지바르는 1963년 12월 16일에 가입. 이후 1964년 4월 26일에 두 국가가 탄자니아 연합 공화국으로 합병되어 1964년 11월 1일부터 단일 의석으로 활동을 계속 중.

- **거장(巨匠) 정책**(Big Stick Policy): 루스벨트 대통령이 한 유명한 말인 "말은 부드럽게 하되 큰 몽둥이 하나는 가지고 다녀라Speak softly, but carry a big stick"에서 유래. 적극적으로 국력을 행사하는 정책을 일컫는 말.
- **고골리**(Nikolai V. Gogol'): 1809~1852. 러시아의 소설가, 희곡 작가.
- **고별 연설**(Farewell Address): 1976. 워싱턴George Washington 대통령이 두 번의 임기를 마치고 퇴임하면서 국민들에게 충고로 한 연설.
- **괴테**(Johann Wolfgang von Goethe): 1749~1832. 독일의 시인, 희곡 작가, 소설가.
- **9개국 조약**(Nine Power Treaty): 1922. 미국, 영국, 일본 및 워싱턴 회의에 참가했던 다른 6개 국가들이 참가하여 '중국의 주권, 독립, 그리고 영토·행정적 통일성'을 보장하고 문호 개방 원칙을 지지하기로 약속한 조약.
- **구스타부스 아돌푸스**(Gustavus Adolphus): 1594~1632. 스웨덴의 왕. 30년 전쟁 동안에는 프로테스탄트의 지도자였음.
- **구이차르디니**(Francesco Guicciardini): 1483~1540. 이탈리아의 역사가, 외교관. 마키아벨리의 추종자. 1492~1534년의 이탈리아 전쟁 시기에 대한 역사책으로 유명함.
- **국가사회주의자**(National Socialists): 제1차 세계대전 뒤에 창설되어 히틀러가 이끈 국가사회주의독일노동당(Nazis라고 약칭됨)의 당원들을 일컬음.
- **국제농업기구**(International Institute of Agriculture): 농업에 관한 지식을 수집·배포하기 위한 목적으로 1905년에 설립된 기구.

• **국제다뉴브위원회**(International Danube Commission): 다뉴브 강의 국제 수로 부분을 관할하기 위해 베르사유 조약(1919)을 통해 설립된 기구. 1936년에 독일이 탈퇴했고, 1940년에는 결국 해체되었음.

• **국제도량형사무국**(International Bureau of Weights and Measures): 도량형의 표준화를 위해 1875년에 설립된 정부 간 기구. 1949년 이후 국제연합의 전문기구가 됨.

• **국제민간항공기구**(International Civil Aviation Organization): 국제연합 전문기구로 1947년에 설립됨. 국제 민간 항공의 안전 유지와 수송 편의 및 기술·시설 사용 촉진을 목적으로 하고 있음.

• **국제부흥개발은행**(International Bank for Reconstruction and Development): 국제연합 부속의 독립적인 기관. 설비 투자를 활성화하고 무역을 조장하며 국제 채무를 변제하게 하기 위해 가맹국들 및 해외 투자가들에게 대부를 제공할 목적으로 설립됨.

• **국제연맹 규약**(Covenant of the League of Nations): 국제연맹의 규약.



• **국제연합 경제사회이사회**(United Nations Economic and Social Council): 국제적 경제·사회 문제를 조사하고 총회 및 기타 국제연합 기관에 보고하여 행동을 촉구하는 기능을 담당하는 국제연합의 한 기구.

• **국제연합 구제부흥기관**(United Nations Relief and Rehabilitation Administration, UNRPA): 전쟁으로 피해를 입은 국가에 대한 원조를 목적으로 1943년에 설립되었으나 1947년에 유럽 지역의 기능이 마비되었고, 1949년에 결국 해체됨.

• **국제연합 식량농업기구**(United Nations Food and Agriculture Organization): 농어촌 지역의 생활 여건 개선, 농업 생산력 증대와 농산물 유통 구조 개선, 그리고 영양 수준 향상을 목표로 1946년에 설립된 국제연합의 한 부속기구.

• **국제연합 신탁통치이사회**(United Nations Trusteeship Council): 국제연합 헌장에 따라 자치 능력을 결여한 지역에 대한 지배를 감독하는 기관으로 시정국(施政國)과 (안전보장이사회의 상임이사국을 포함한) 동수의 비시정국(非施政國)으로 구성됨.

- **국제전기통신연맹**(International Telecommunication Union): 각종 통신망의 확충·개선 및 합리적 사용을 위한 국제적 협력을 증진하려는 취지 아래 1865년에 설립되었던 국제전신연맹(International Telegraph Union)과 1906년에 설립되었던 국제방송통신연맹(International Radiotelegraph Union)과 병합되어 1934년에 설립되었음.

- **국제전신연맹**(International Telegraph Union): 민간 국제기구로서는 최초로 설립되었으며 1865년에 발족. 1934년에 국제전기통신연맹으로 발전함. 현재는 국제연합의 전문기구 가운데 하나.

- **국제통화기금**(International Monetary Fund): 1947년 이후 국제연합의 전문기구 가운데 하나로 기능하고 있는 자치 기구. 국제부흥개발은행(IBRD)과 긴밀한 협조 아래 국제 무역의 활성화, 불평등 환율의 해소, 국제 통화의 안정화를 취지로 하고 있음.

- **그레이**(Edward Grey, 1st Viscount): 1862~1933. 영국의 정치가. 외상이었던 시절(1905~1916)에는 삼국 협상의 결성에 큰 역할을 함.

- **기조**(François Guizot): 1787~1874. 프랑스의 역사가, 진보주의 정치가.

- **나이 위원회**(Nye Committee): 미국의 금융업자들과 군수품 제조업자들이 제1차 세계대전 동안 벌인 행위를 조사하기 위해 나이(Gerald P. Nye) 상원 의원(노스다코다 주)을 위원장으로 조직된 상원의 위원회(1934~1936). 이 위원회의 주요 관심사는 전쟁으로 이익을 보는 사람들이 미국의 참전을 부채질했다는 점을 증명하는 것이었다. 이 가설은 매우 인기가 있어서 1935~1937년에는 중립법이 제기되기도 했다.

- **나폴레옹 1세**(Napoleon Ⅰ): 1769~1821. 프랑스의 황제(1804~1815).

- **나폴레옹 3세**(Napoleon Ⅲ): 1808~1873. 프랑스의 황제(1852~1870). 나폴레옹 1세의 조카. 1848년의 혁명 이후 제2공화국의 대통령이 되었다가 독재자로 변신하여 황제에 취임함. 프로이센·프랑스 전쟁(1870~1871)에서 패배한 뒤 퇴위함.

- **나폴레옹 전쟁**(Napoleon Wars): 1796~1815. 나폴레옹 1세의 정치적, 군사적

영도 아래 수차에 걸쳐 영국, 오스트리아, 프로이센, 러시아, 그 밖에 유럽 각국과 프랑스가 벌인 전쟁. 워털루에서 나폴레옹이 패배하면서 끝이 남.

- **네 개의 자유**(Four Freedoms): 미국 대통령 루스벨트가 1941년 1월 6일에 제77차 의회에 보낸 교서에서 사용한 말. 언론·표현의 자유, 종교의 자유, 결핍에서의 자유, 공포에서의 자유가 전 세계에 기본적으로 보장될 수 있도록 노력해야 한다는 말.

- **네루**(Jawaharlal Nehru): 1889~1964. 인도 독립 운동의 지도자. 1929년 이후 전인도국민회의 의장. 1947~1964년 동안은 수상으로 네루 내각을 지도함.

- **노스**(North, Frederick North, 7th Baron): 1732~1792. 영국의 수상(1770~1782).

- **뉘른베르크 군사 재판**(Nürnberg Trials): 1945~1947. 독일의 뉘른베르크에서 개최된 국제군사재판으로 나치의 '전쟁 범죄'를 다룸.

- **니체**(Friedrich Wilhelm Nietsche): 1844~1900. 독일의 철학자.

- **대서양 헌장**(Atlantic Charter): 1941년 8월 14일에 영국 수상 처칠과 미국 대통령 루스벨트가 행한 일반원칙에 관한 선언. 제2차 세계대전 뒤 미국과 영국의 정책적 기반을 마련. 민족자결의 원칙, 영토 확대 금지, 군비 축소, 세계의 통상과 자원에 대한 기회 균등 따위의 내용이 포함됨.

- **데모스테네스**(Demosthenes): B.C. 384~B.C. 322. 그리스 최고 웅변가. 필리픽스(Philippics, B.C. 351, 344, 341)에서 그는 B.C. 338년에 그리스를 정복한 마케도니아 왕 필립(Philip) 2세의 위협에 대해 아테네인들의 경각심을 촉구한 바 있음.

- **데카르트**(René Descartes): 1596~1650. 프랑스의 철학자.

- **드골**(Charles De Gaulle): 1890~1970. 프랑스의 장군, 정치가. 제2차 세계대전 동안에는 1940년의 프랑스·독일 휴전을 반대하고 영국으로 가 프랑스 임시 정부를 이끎. 전쟁이 끝난 뒤에는 민족주의적 우파 정당인 R.P.F.(Rassemblement du Peuple Francais)의 당수로 활약하면서 1958년에 제5공화국의 대통령으로 당선됨.

• **디드로**(Dénis Diderot): 1713~1784. 프랑스의 철학자, 문필가.

• **디즈레일리**(Benjamin Disraeli, Earl of Beaconsfield): 1804~1881. 영국의 정치가, 저술가. 수상 역임(1867~1868, 1874~1880). 제국주의 정책과 민주적 개혁정책으로 토리당을 부흥시킴.

• **라발**(Pierre Laval): 1883~1945. 프랑스의 정치가, 수상(1931~1932, 1935~1936). 페탱(Henri P. Pétain) 아래 비시(Vichy) 내각에서 사실상의 독재자로 군림(1942~1945). 제2차 세계대전이 끝난 뒤 독일에 협조했다는 이유로 처형됨.

• **라신**(Jean Racine): 1639~1699. 프랑스의 희곡 작가.

• **라인동맹**(Rhinebund): 1806년에 나폴레옹이 독일 안에서 만든 제국 동맹.

• **러브**(Alfred Henry Love): 1830~1913. 미국의 평화주의자.

• **레겐스부르크 의회**(Diet of Regensburg): 1663~1806. 신성로마제국의 각 제후가 보낸 사절들이 모인 상설 의회.



• **레닌**(V.I. Lenin): 1870~1924. 러시아의 혁명가, 정치가. 볼셰비키 당과 제3인터내셔널, 소련을 세운 인물.

• **레오폴드 1세**(Leopold Ⅰ): 벨기에의 왕(1831~1865).

• **레오폴드 2세**(Leopold Ⅱ): 벨기에의 왕(1865~1909).

• **로베스피에르**(Maximilien Marie Isidore Robespierre): 1758~1794. 프랑스 혁명의 정치가. 공화파 극단주의자들의 자코뱅 당을 이끌어 프랑스 혁명 기간 동안에는 공포 정치를 실시하고 실질적인 독재자로 군림하다가 처형됨.

• **로이드조지**(David Lloyd George, 1st Earl of Dwyfor): 1863~1945. 영국의 정치가. 제1차 세계대전 당시에는 수상을 역임.

• **로카르노 조약**(Locarno Treaties): 1925. 프랑스-독일 및 벨기에-독일 국경 상호 보장 조약(독일, 프랑스, 벨기에 3국이 체결하고 영국과 이탈리아가 보장국으로 서명). 여러 중재 재판 조약, 독일의 공격이 있을 때 상호 원조를 약속한 프랑스-폴란드 및 프랑스-체코슬로바키아 조약 등이 포함되어 있음. 짧으

나마 '로카르노 정신'이라는 국제 화해 분위기를 조성함.

• **로크**(John Locke): 1632~1704. 영국의 철학자.

• **롱**(Huey Long): 1893~1935. 루이지애나 주지사(1928~1931), 미국 상원 의원(1931~1935) 역임.

• **루소**(Jean Jacques Rousseau): 1712~1778. 프랑스의 철학자.

• **루이 14세**(Louis XIV): 프랑스의 왕(1643~1715).

• **루이 15세**(Louis XV): 프랑스의 왕(1715~1774).

• **루이 16세**(Louis XVI): 프랑스의 왕(1774~1792).

• **룩셈부르크**(Rosa Luxemburg): 1870~1919. 독일의 마르크스주의 학자. 제1차 세계대전 때에는 스파르타쿠스 당을 창립하여 독일 공산당으로 탈바꿈하는 과정에서 큰 역할을 함.

• **리슐리외**(Armand Jean du Plessis, Duc de Richelieu): 1585~1642. 프랑스의 정치가. 루이 13세의 각료로서 정부를 이끎(1624~1642). 로마 가톨릭교회의 추기경.



• **마르크스**(Karl Marx): 1818~1883. 독일의 경제학자. 사회주의 철학자로서 현대 사회주의의 이론적 기초를 수립함.

• **마리아 테레사**(Maria Theresa): 오스트리아-헝가리 제국의 여왕(1740~1780).

• **마자랭**(Jules Mazarin): 1602~1661. 프랑스의 정치가. 로마 교회의 추기경. 루이 14세의 제위 기간에는 섭정을 실시(1643~1661).

• **마지노선**(Maginot Line): 프랑스의 동부 국경을 따라 건설된 방어선. 프랑스의 육군 장관이었던 앙드레 마지노(André Maginot)의 이름을 따서 붙임. 난공불락으로 생각되었으나 독일이 1940년에 프랑스 침공을 시작하면서 스당(Sedan)을 돌파하자 마지노선은 무너지고 말았음.

• **마케도니아 제국**(Macedonian Empire): 기원전 3세기 무렵 알렉산더 대왕 시절에 전성기를 누린 발칸 반도 중부의 제국. 기원전 2세기와 1세기에 로마 때문

에 분열되고 병합되어 해체됨.

• **마키아벨리**(Niccolò Machiavelli): 1469~1527. 이탈리아의 정치철학자, 정치가.

• **마호메트 2세**(Mahomet II): 1429~1481. 오스만 제국의 술탄(1451~1481). 비잔틴 제국을 정복하고 오토만 제국을 수립함.

• **만국우편연합**(Universal Postal Union): 스위스 베른에 본부를 두고 1875년에 설립되었다가 1947년에 국제연합의 전문 기관으로 바뀜.

• **매디슨**(James Madison): 1751~1836. 해밀턴(Hamilton), 제이(Jay)와 함께 《연방주의자 논고Federalists Papers》를 저술. 미국 국무 장관(1801~1808) 시절에 대통령이었던 제퍼슨(Jefferson)의 뒤를 이어 차기(4대) 대통령에 당선됨(1809~1817).

• **머핸**(Alfred Thayer Mahan): 1840~1914. 미국의 역사가, 해군 장교, 시사 평론가. 미국, 영국, 독일, 일본, 러시아 등에 지대한 영향을 끼친 해양 세력이론(doctrine of sea power)을 만듦.

• **메테르니히**(Prince Klemens von Metternich): 1773~1859. 오스트리아의 외무 장관(1809~1821), 재상(1821~1848). 나폴레옹 전쟁 기간 동안 유럽의 외교를 주도한 인물로서 1815~1848년 사이에 유럽에서 가장 중요한 정치가로 꼽힘.

• **몰리**(John Morley, Viscount Morley of Blackburn): 1838~1923. 영국의 자유주의 정치가, 문필가.

• **문호 개방**(Open Door): 1899년 미국의 헤이(John Hay) 국무 장관이 처음으로 제창한 대중국 정책으로서 중국에서의 상업적 권리 균등을 당시의 열강들에게 상호 인정하게 했던 정책인데, 이는 중국의 정치적 독립과 영토적 통일성을 존중한다는 1900년의 비슷한 선언을 통해 좀 더 확충되었다.

• **뮌헨 협정**(München Settlement): 1938년 9월 '유화정책'의 절정기. 영국의 체임벌린(Neville Chamberlain)과 프랑스의 달라디에(Édouard Daladier)는 히틀러의 요구에 양보하여 독일이 체코슬로바키아의 수데텐 지방을 차지하게 함. 새로운 국경을 영국과 프랑스가 보장하고는 있었으나 독일이 1939년 3월에 체코슬로바키아 전체를 장악할 때 아무런 손을 쓰지 못함.

• **밀**(John Stuart Mill): 1806~1873. 영국의 철학자, 경제학자.

• **바그람 전투**(Battle of Wagram): 1809년에 오스트리아의 바그람에서 나폴레옹 1세는 생애 최대의 전과를 기록함. 6일 뒤에 오스트리아는 휴전 조약에 조인함.

• **바레르**(Camille E.P. Barrére): 1851~1940. 이탈리아 주재 프랑스 대사(1897~1924).

• **바르바로사**(Frederick Barbarossa): 신성로마제국의 황제이자 독일의 왕이었던 프리드리히 1세의 별명. 붉은 수염 왕. 1152~1190.

• **바르투**(Jean Louis Barthou): 1862~1934. 프랑스의 정치가. 외무 장관 시절(1934)에는 러시아, 영국, 소협상(Little Entente)과 프랑스의 관계 개선을 위해 노력함.

• **바이마르 공화국**(Republic of Weimar): 1919~1933. 바이마르에서 개최된 제헌 의회가 통과시킨 민주적 연방 헌법에 따라 수립된 독일 정부.

• **바텔**(Eméric de Vattel): 1714~1767. 스위스의 철학자, 법률가, 국제법의 권위자.



• **방송통신연맹**(Radiotelegraph Union): 1906년에 설립되었다가 국제전신연맹과 합쳐져서 현재의 국제전기통신연맹이 됨.

• **버크**(Edmund Burke): 1729~1797. 영국의 정치가. 계몽 보수주의 정치철학자.

• **번스**(John Burns): 1858~1943. 영국의 사회주의자, 하원 의원(1892~1918).

• **베네시**(Edvard Benes): 1887~1948. 체코슬로바키아의 정치가. 외무 장관 시절(1918~1935)과 수상 시절(1921~1922)에는 소협상과 대프랑스 동맹을 주도. 1935년에는 대통령에 당선됨. 뮌헨 협정(1938) 이후에는 추방됨. 제2차 세계대전 동안에는 임시 정부를 이끎. 1946년에 대통령에 당선. 1948년의 공산주의 쿠데타 직후에 사임함.

• **베네치아 공화국**(Republic of Venezia): 15·16세기의 해양 강대국 가운데 하나. 베네치아의 외교관들은 외교를 위대한 예술로 승화시켰다는 평을 받음. 1866년에 이탈리아 왕국과 병합됨.

• **베로나 회의**(Congress of Verona): 1822. 4국동맹 마지막 회의. 스페인 혁명을

처리하는 문제가 주된 안건. 영국 외상 캐닝(Canning)의 반대가 있기는 했지만 프랑스 군대를 보내 진압하기로 결정됨.

• **베르사유 조약**(Treaty of Versailles): 제1차 세계대전을 종결지은 주요 조약.

• **베를린 회의**(Congress of Berlin): 1878. 크리미아 전쟁을 종료시킨 파리 조약(1856)의 조인국들이 참가. 러시아-터키 전쟁의 결과 1878년 3월에 체결되어 오토만 제국을 구속했던 산스테파노 조약을 폐지 내지 수정하기 위해 러시아 주재로 동년 6월에 소집됨.

• **베버**(Max Weber): 1864~1920. 독일의 사회주의자.

• **베버리지**(Albert J. Beveridge): 1862~1927. 미국 상원 의원(1889~1911)을 역임했으며 존 마셜(John Marshall)의 전기를 집필. 국제정치적으로는 제국주의를 지지하고, 국내정치적으로는 진보주의적 운동을 지지한 사람으로 유명함.

• **베이컨**(Francis Bacon): 1561~1626. 영국의 경험론 철학자.

• **벤담**(Jeremy Bentham): 1748~1832. 영국의 철학자, 법률가. 공리주의의 창시자.



• **병합**(Mediatization): 신성로마제국에서 한 국가와 제국 사이의 '직접적인(immediate)' 관계가 좀 더 강한 국가의 개입으로 '간접적인(mediate)' 관계로 바뀌는 경우를 일컬음. 그 이후 제국과의 관계에서는 강한 국가가 약한 국가를 대신하게 됨.

• **보스**(Subhas Chandra Bose): 1897~1945. 인도의 민족주의자. 제2차 세계대전 동안에는 추축국 측에 호의적이었다는 이유로 영국이 투옥. 탈출한 뒤 독일로 도피하여 일본의 지원을 받는 인도 임시 정부를 지도함.

• **보어 전쟁**(Boer War): 1899~1902. 네덜란드의 남아프리카 식민지 사람(보어인)과 영국 사이의 전쟁.

• **볼렌**(Charles E. Bohlen): 1904~1974. 미국의 외교관. 소련 주재 대사 역임(1953~1957).

• **볼링브룩**(Henry St. John Bolingbroke, 1st Viscount): 1678~1751. 영국의 정치가, 문필가. 1710년에 토리 내각 각료 역임.

• **볼테르**(Voltaire): 1694~1778. 프랑스의 철학자, 저술가. 볼테르는 필명임.

• **부르봉가**(Bourbons): 유럽 제국 왕을 배출한 프랑스계 명가. 에스파냐, 남시실리, 파르마의 국왕이 이 가문 출신이며, 프랑스 혁명 시기와 나폴레옹 시기를 제외한 16세기에서 1848년에 이르기까지 프랑스를 지배하기도 했음.

• **부하린**(Nikolai I. Bukharin): 1888~1938. 소련의 공산주의자. 레닌이 죽은 뒤에는 소련 공산당 최고의 정치이론가로 통함. 정치국의 국원. 1938년의 숙청으로 사형당함.

• **브라이스**(James Bryce): 1838~1922. 영국의 정치가, 역사가, 외교관, 법률가. 미국의 정치와 사회에 관해 연구하여 쓴 《미국 공화국The American Commonwealth》(1888)과 주미 대사(1907~1913) 역임을 통해 미국에 널리 알려짐.

• **브라이트**(John Bright): 1811~1889. 영국의 정치가, 하원 의원. 영국의 중산층 개혁 운동에서 진보 세력을 이끎.



• **비스마르크**(Otto von Bismarck): 1815~1898. 독일의 정치가. 프로이센의 재상을 역임(1862~1871)했으며 독일의 수상을 지냄(1871~1890). 프로이센의 주도 아래 독일을 통일시켰으며 독일 제국을 세계 1등 국가로 부상시킴.

• **비어드**(Charles A. Beard): 1874~1948. 미국의 정치학자, 역사학자.

• **비엔나 회의**(Congress of Vienna): 1814~1815. 나폴레옹 전쟁이 끝난 뒤에 열린 평화회의. 오스트리아, 프로이센, 러시아, 영국, 프랑스 같은 열강은 영토적, 정치적 해결책에 합의함.

• **빅토리아**(Victoria): 영국 여왕(1837~1901), 인도의 여제(1876~1901).

• **빌헬름 2세**(Wilhelm II): 1859~1941. 독일의 황제(1888~1918).

• **30년 전쟁**(Thirty Year' s War): 1618~1648. 주로 독일에서 벌어진 유럽 각 국가 사이의 전쟁. 소독일 제후들과 외국 열강들(프랑스, 스웨덴, 덴마크, 영국)이 신성로마제국을 대표한 오스트리아의 합스부르크가, 독일, 이탈리아, 네덜란드, 에스파냐와 벌인 전쟁인 동시에 종교적인 면에서는 프로테스탄트와 가

톨릭교 사이의 싸움.

• **상설국제사법재판소**(Permanent Court of International Justice): 세계재판소라고도 함. 국제연맹 헌장의 정신에 입각하여 1921년에 설립된 재판소로서 나중에 국제연합 헌장에 따라 국제사법재판소(International Court of Justice)로 변경되면서 1945년에 해체됨.

• **생피에르**(Charles I.C. Abbé de Saint-Pierre): 1658~1743. 프랑스의 사회주의 철학자. 유명한 저서 《영구 평화론Project of Perpetual Peace》(1713)에서는 국제 중재 재판소의 설치, 전쟁의 포기, 상호 안전 보장을 위해 영원히 동맹관계를 맺은 기독교 국가 연맹의 설립 등을 주장함.

• **샤를마뉴**(Charlemagne): 프랑크 왕국의 왕(768~814). 서양의 황제(800~814).

• **샤를 8세**(Charles VIII): 프랑스의 국왕(1483~1498). 1494년에 이탈리아를 침공, 에스파냐의 페르디난트 5세(Ferdinand V), 신성로마제국의 막시밀리안 1세(Maximilian I), 교황 알렉산더 6세(Alexander VI), 그리고 밀라노와 베네치아의 지도자들로 말미암아 폐위됨.

• **선거법 개정**(Reform Acts): 1832년, 1867년, 1884년의 세 차례에 걸쳐 발표되어 영국의 선거제도를 개혁하고 시민의 참정권을 폭넓게 인정한 개정안.

• **선례 구속의 원칙**(stare decisis): 선례를 존중하여 비슷한 상황에는 같은 법규를 적용하는 원칙.

• **선린정책**(Good Neighbor policy): 미국 대통령 루스벨트가 중남미 제국에 대하여 불간섭과 자결 원칙을 내용으로 하여 취한 외교정책으로서 원래는 후버(Hoover) 대통령 시절부터 시작됨.

• **섬너**(William Graham Sumner): 1840~1910. 미국의 사회학자, 경제학자. 예일대학교 정치학, 사회학 교수.

• **세계보건기구**(World Health Organization): 국제연합의 전문기구. 1948년에 설립됨. '도달할 수 있는 최고 기준의 건강을 보유함은 모든 인간의 기본적인 권리 가운데 하나'라는 원칙에 입각함.

• **소련-핀란드 전쟁**(Russo-Finland War): 1939~1940. 소련군이 1939년 11월 30일에 핀란드로 진격해 들어감으로써 시작. 핀란드의 저항이 무너지면서 100일 만에 끝이 남. 1940년 3월 12일에 체결된 평화 조약에서 핀란드는 카렐리아 지협과 해군 기지가 있는 도시 비푸리(Viipuri, 지금의 비보리), 그리고 인구 45만 명, 면적 16,173평방마일 정도의 영토를 소련 측에 할양함.

• **소수민족조약**(Minorities Treaties): 제1차 세계대전이 끝난 뒤 자국 영토 안에 거주하고 있는 소수 민족을 보호하기 위해 중부·동부 유럽의 대다수 국가가 참가하여 체결한 조약들로서, 소수 민족이 자신의 종교를 가지고 자기 언어를 사용하며 자기 문화 양식에 따라 자녀를 교육할 수 있는 자유를 보장함. 이 조약의 실천을 책임진 단체는 국제연맹이었음.

• **소협상**(小協商, Little Entente): 1919년의 현상現狀을 공동으로 방어하기 위해 체코슬로바키아, 루마니아, 유고슬라비아가 1920년과 1921년에 체결한 동맹 조약.

• **솔즈베리**(Robert Arthur Talbot Gascoyne-Cecil Salisbury, 3rd Marquess of): 1803~1903. 영국 디즈레일리 내각에서 외무상을 지냄(1878~1880), 수상 역임(1885, 1886~1892, 1895~1902).



• **솔즈베리의 존**(John of Salisbury): 1115~1180 무렵. 영국의 학자, 철학자.

• **쉴리**(Maximilien de Béthune Sully): 1560~1641. 프랑스의 정치가. 모든 기독교 국가를 연방 형태로 결합하려는 대계획(Grand Design)을 수립함.

• **슈테른베르크**(Fritz Sternberg): 1895~1963. 마르크스주의 철학자, 작가.

• **스토아학파**(Stoics): 기원전 3세기 무렵 제논(Zenon)이 창시한 스토아 철학의 신봉자들.

• **스페인 계승 전쟁**(War of the Spanish Succession): 위트레흐트(Utrecht) 조약 참조.

• **스펜서**(Herbert Spencer): 1820~1903. 영국의 철학자.

• **신성로마제국**(Holy Roman Empire): 962~1806. 476년에 멸망한 로마제국의 계승자임을 주장한 서구의 정치제. 16세기까지 유럽공동체(European commonwealth)로서 존속했으나 유럽 국가들은 그 종주권을 인정하지 않음. 30년 전쟁(1618~1648)으로 정치적 세력을 대부분 상실하고 1806년에 해체됨.

• **아우구스투스**(Augustus): 율리우스 카이사르의 양자이며 상속인. 로마의 초대 황제(B.C. 27~A.D. 14). 이탈리아, 사르디니아, 아프리카, 시실리 등을 통치, 악티움 해전(B.C. 31)에서 안토니우스와 클레오파트라 연합군을 격파함으로써 로마제국의 황제가 됨.

• **아우스터리츠 전투**(Battle of Austerlitz): 1805년에 현재의 체코슬로바키아 영토인 아우스터리츠에서 나폴레옹 1세는 오스트리아-러시아 황제 연합군을 격파함. 나폴레옹이 이룩한 최대 전과라고 평가받음. 나폴레옹 시대의 전성기.

• **알렉산더 대왕**(Alexander the Great): 기원전 336~323. 마케도니아의 왕. 트라키아, 이집트를 무력으로 정벌하고 페르시아와 북부 인도 지방을 침략함으로써 당시 문명의 중심지였던 지중해 부근의 실질적인 영도자로 군림함.

• **알렉산드르 1세**(Aleksandr I): 러시아 황제(1801~1825). 나폴레옹의 침략이 실패한 이후 알렉산드르 황제는 유럽 최고 지도자가 됨. 신비주의와 반동정책이 혼합된 외교 노선으로 신성동맹을 주도함.



• **앙리 2세**(Henry II): 프랑스의 왕(1547~1559). 아버지 프랑수아 1세(François I)의 뒤를 이어 에스파냐의 카를 5세(Karl V)와 그의 아들 펠리페 2세(Felipe II)와의 투쟁을 계속함.

• **애덤스, 존**(John Adams): 1735～1826. 미국의 제2대 대통령(1797~1801). 1777년에는 평화 사절단의 일원으로 프랑스에 파견됨. 미국 독립 전쟁이 끝난 뒤 파리 조약(1783)의 협상 대표로 활약. 영국 주재 전권 공사(1785~1788). 대통령 시절에는 온건하고 유화적인 정책으로 프랑스와의 전쟁을 방지함.

• **애덤스, 존 퀸시**(John Quincy Adams): 1767~1848. 제6대 미국 대통령(1825~1829), 네덜란드 주재 공사(1794~1797), 프로이센 주재 공사(1797~1801), 상원 의원(1803~1808), 러시아 주재 공사(1809~1814). 1812년 전쟁을 마무리한 겐트 조약(Treaty of Ghent, 1814) 체결 시 참가함. 영국 주재 공사

(1815~1817). 국무 장관 시절(1817~1825)에는 먼로(Monroe) 독트린 선언에 큰 역할을 함.

• **앨라배마호 사건**(Alabama Claims): 영국에서 건조되고 무장된 남군의 순양함 앨라배마호가 미국 내전 기간 동안 북군의 선박에 입힌 피해를 이유로 미국이 영국을 제소한 사건. 이 사건은 결국 1871년에 제네바에서 개최된 중재 재판을 통해 해결됨.

• **얄타 협정**(Yalta Agreement, Crimea Agreement): 1945년에 소련 크리미아 반도의 얄타에서 루스벨트, 처칠, 스탈린이 참석한 가운데 개최된 3대국 수뇌 회담의 결과. 그 내용이 1947년에 부분적으로 발표되기는 했으나 완전한 원문은 여전히 비밀로 남아 있음. 독일의 점령에 관한 규정을 정하고, 폴란드의 민주 정부를 재조직하게 했으며, 나치의 지배에서 해방된 국가들을 체약국들이 공동으로 원조하여 '자유선거'를 거쳐 '국민의 의사를 대변할 수 있는' 정부를 구성할 수 있게 했음. 국제연합의 설립과 불평등 투표 방식을 결정했으며, 러시아·일본 전쟁의 결과 러시아가 상실했던 영토를 회복하고 만주 철도의 중국·소련 공동 경영 등의 권익을 보장받는 대가로 소련이 일본과의 전쟁에 참전하도록 규정했음.



• **에라스무스**(Desiderius Erasmus): 1469~1536. 르네상스 시대의 위대한 인문주의자 가운데 한 사람.

• **에인절**(Norman Angell): 1874~1967. 영국의 평화주의자. 저서 《거대한 환상 The Great Illusion》(1910)을 통해 전쟁이란 무익하며, 세계 각국이 이를 인식해준다면 더 이상 전쟁이 발생하지 않을 것이라고 호소함으로써 1933년에 노벨 평화상을 수상.

• **엘리자베스 1세**(Elizabeth I): 영국의 여왕(1558~1603).

• **예카테리나 2세**(Catharine the Great, Ekaterina II): 러시아의 여제(1762~1796). 러시아 제국을 팽창·강화함. 터키가 가장 많은 피해를 입음.

• **우르반 2세**(Urban II): 교황(1088~1099).

• **울지**(Thomas Wolsey): 1472~1530. 영국의 정치가, 추기경. 헨리 8세(Henry

VIII) 때 추밀 고문관과 대법관을 지냄.

• **윌리엄 1세, 정복왕**(William the Conqueror, William I): 1027~1087. 영국의 왕(1066~1087).

• **윌리엄 3세**(William III): 1650~1702. 영국, 스코틀랜드, 아일랜드의 왕(1689~1702).

• **웨스트팔리아 조약**(Treaty of Westphalia): 1648. 30년 전쟁을 종결지은 조약. 신성 로마제국의 권력에 종말을 고하고 프랑스가 유럽 최고의 강국으로 등장하는 계기가 됨.

• **웰링턴**(Arthur Wellesley Wellington, 1st Duke of): 1769~1852. 영국의 군인, 정치가. 나폴레옹 전쟁(1808~1815) 당시 영국 및 연합군 사령관. 첫 번째 전투였던 워털루(1815)에서 승리함. 수상(1828~1830)과 외상(1834~1835) 역임.

• **위트레흐트 조약**(Treaty of Utrecht): 영국과 네덜란드가 스페인 계승 전쟁(1701~1704)에서 프랑스를 물리치고 체결한 조약.

• **윌슨**(Woodrow Wilson): 1856~1924. 미국의 27대 대통령(1913~1921).

• **유럽결제동맹**(European Payments Union): 유럽경제협력기구(OEEC)의 가맹국들이 유럽 지역 안에서의 환전을 발전시키고 자유화하기 위해 1950년에 설립한 기구. 참가국 전부의 통화 교환성을 동맹이 허용하는 범위 안에서 회복하게 했으며, 지금은 유럽통화협정(EMA)으로 대체되었음.

• **유럽방위공동체**(European Defense Community): 공동 방위군을 창설하고자 프랑스, 독일, 이탈리아, 벨기에, 네덜란드, 룩셈부르크가 1952년에 구상했지만 무산되고 말았음.

• **유럽 회의**(Council of Europe): 1949년에 영국, 프랑스, 벨기에, 네덜란드, 룩셈부르크, 노르웨이, 스웨덴, 덴마크, 아일랜드, 이탈리아가 결성한 국제 조직으로서 1950년에 그리스와 터키가 가입함. 각료 회의와 자문 회의의 활동을 통해 유럽 연방(European federation)을 결성할 것을 목표로 함.

• **유진**(Eugene of Savoy): 1663~1736. 오스트리아의 위대한 군사 지도자, 위대

한 정치가.

• **의화단의 난**(Boxer Rebellion): 1900. 의화단(義和團)이라는 배타적인 군사 조직이 중국(특히 베이징)의 외국인과 기독교인에 대해 저지른 폭동적인 공격.

• **제노아 공화국**(Republic of Genoa): 14세기에 절정기를 맞았던 이탈리아의 해양 세력. 1805년에는 프랑스에 합병되었다가 1815년에는 사르디니아 왕국에 병합됨.

• **제이**(John Jay): 1745~1829. 대륙회의 의장(1778). 원조와 승인을 얻기 위해 에스파냐에 전권 공사로 파견되기도 함(1779). 영국과의 평화 조약을 체결할 때 협상 위원으로 참가함. 해밀턴(Hamilton), 매디슨(Madison)과 《연방주의자 논고Federalists Papers》를 저술함. 국무 장관(1784~1789) 역임. 대법원장(1789~1795) 역임. 파리 조약(1783)의 위반으로 생긴 위기를 극복하고 영국과 제이 조약(Jay's Treaty)을 체결함(1794).

• **제임스**(William James): 1842~1910. 미국의 철학자, 심리학자.



• **제퍼슨**(Thomas Jefferson): 1743~1826. 미국의 제3대 대통령(1801~1809). 독립 선언문을 기초함. 버지니아 주지사 역임. 대륙회의에도 참가. 프랭클린(Franklin)의 뒤를 이어 프랑스 주재 대사 역임(1785). 국무 장관(1790~1793) 역임.

• **조지 3세**(George III): 영국·아일랜드의 왕(1760~1820).

• **조지 6세**(George VI): 영국의 왕(1936~1952).

• **좀바르트**(Werner Sombart): 1863~1941. 독일의 경제학자, 사회학자. 마르크스주의자로 시작했으나 나중에는 비판적인 성향을 띰. 말년에는 국가사회주의의 신봉자가 됨.

• **종주권**(Suzerainty): 한 국가(종주국)가 다른 국가(종속국)를 정치적으로 지배하는 것을 가리키며, 이 경우 종속국은 외형적인 면에서는 주권을 그대로 보유하게 됨.

• **차코 전쟁**(Chaco War): 1932~1935. 차코 지역 영토권을 둘러싼 볼리비아와

파라과이 사이에서 벌어진 전쟁.

• **찰스 2세**(Charles II): 영국·아일랜드·스코틀랜드의 왕(1660~1685).

• **처칠**(Winston L.S. Churchill): 1874~1965. 영국의 정치가, 저술가. 해군 대신(1911~1915, 1939~1940) 역임, 제1차 세계대전을 전후하여 내각의 중요 직책을 두루 거침. 수상(1940~1945, 1951~1955) 역임.

• **체스터필드**(Philip Dormer Stanhope Chesterfield): 1694~1773. 영국의 정치가, 작가, 저술가.

• **체임벌린, 아서**(Arthur Neville Chamberlain): 1869~1940. 영국의 정치가. 조지프 체임벌린의 아들. 수상 재위 시절(1937~1940)에는 추축국 측에 대해 유화정책을 주장한 것으로 유명함. 독일의 노르웨이 침입 때 의회의 공격을 받아 1940년 4월에 사임했음.

• **체임벌린, 조지프**(Joseph Chamberlain): 1836~1914. 영국의 정치가. 식민 장관 시절(1895~1903)에 그는 대영 제국의 판도를 넓히고 내부 결속을 다졌으며 개혁을 실시했음.

• **7년 전쟁**(Seven Year's War): 1756~1763. 프랑스, 오스트리아, 러시아, 작센, 스웨덴(1762년 이후), 에스파냐를 한 편으로 하고 프로이센, 영국, 하노버를 다른 한 편으로 하여 유럽, 북아메리카, 인도 등지에서 벌인 전쟁. 프랑스와 영국 사이의 식민지 경쟁과 독일에서의 주도권을 쟁탈하기 위한 오스트리아와 프로이센의 경쟁이 원인이 됨.

• **카르타고의 평화**(Carthaginian Peace): 기원전 149~146의 제3차 포에니 전쟁이 끝나고 로마가 카르타고를 멸망시켜 지중해 지역이 잠잠해진 사실을 일컬음.

• **카를 5세**(Karl V): 신성로마제국의 황제(1519~1558), 에스파냐의 왕(1516~1556, 카를로스 1세).

• **카보우르**(Camillo B. Cavour): 1810~1861. 이탈리아의 정치가. 사르디니아 수상(1852~1859, 1860~1861) 역임. 이탈리아 통일의 영웅.

• **카우츠키**(Karl Johann Kautsky): 1854~1938. 독일 사회 민주당의 대표적인 사

회주의 이론가.

• **카이사르**(Julius Caesar): B.C. 100~44. 로마의 정치가, 장군. 로마제국을 건설.

• **카토**(Marcus Cato, the Elder): B.C. 234~149. 로마의 장군, 정치가. 카르타고의 숙적. 그의 영향으로 제3차 포에니 전쟁이 일어남.

• **칸트**(Immanuel Kant): 1724~1804. 독일의 철학자.

• **칼훈**(John C. Calhoun): 1782~1850. 미국의 정치가, 정치철학자. 남부 귀족 농장주들의 이익을 대변하여 노예제도 존치를 주장했고, 주주권 존중이론을 주창하기도 함. 육군 장관(1817~1825)과 부통령(1825~1829), 국무 장관(1844~1845) 역임.

• **캉봉, 쥘**(Jules M. Cambon): 1845~1935. 프랑스의 외교관. 피에르 캉봉의 동생. 미국·에스파냐 전쟁 동안에는 주미 대사를 역임했고 에스파냐 주재 대사(1902~1907), 독일 주재 대사(1907~1914)도 역임.

• **캉봉, 피에르**(Pierre Paul Cambon): 1843~1924. 프랑스의 외교관. 쥘 캉봉의 형. 주영 대사 시절(1898~1920)에는 영국·프랑스 협정(Entente Cordiale, 1904), 영국·러시아 협정(Anglo-Russian Agreement, 1907)을 수립하는 데 공헌을 함. 제1차 세계대전에 영국이 참전하도록 독려하기도 함.



• **캐닝**(George Canning): 1770~1827. 영국의 정치가, 수상(1827)과 외무 장관(1807~1809, 1822~1827) 역임.

• **캐슬레이**(Robert Steward Castlereagh, Marquess of Londonderry, Viscount): 1769~1822. 영국의 토리당 소속 정치가. 육군 장관(1805, 1807~1809), 외무 장관(1811~1822) 역임.

• **케넌**(George F. Kennan): 1904~2005. 미국의 외교관, 역사학자. 소련 주재 대사(1952) 역임.

• **켈로그-브리앙 조약**(Kellogg-Briand Pact, **부전조약**): 파리 조약이라고도 하며, 1928년에 미국 및 43개 국가가 체결한 조약으로서 국가 정책이 수단으로서의 전쟁을 부정하고 국제 분쟁을 평화적 수단을 통해서만 해결하게 한 조약. 미

국의 국무 장관 켈로그와 프랑스 외상 브리앙이 주도했음.

• **코르네유**(Pierre Corneille): 1606~1684. 프랑스의 희극 작가.

• **코브던**(Richard Cobden): 1804~1865. 영국의 정치가. 자유 무역 운동의 대표자. 진보적인 개혁 운동을 지도.

• **콜롬보 계획**(Colombo Plan): 남아시아 및 동남아시아의 경제 개발에 관한 계획으로서 1950년 1월에 콜롬보에서 개최된 영연방 외상 회의를 그 기원으로 하고 있음.

• **크루세**(Émeric Crucé): 1590~1648. 1623년에 발표한 저서 Le Nouveau Cynée에서 그는 모든 군주국과 주권국가를 대표하는 대사 회의(council of ambassadors)를 구성하여 국제 분쟁을 다수결 투표로 해결하고 결정 사항을 집행하자고 주창했음.

• **크리미아 전쟁**(Crimean War): 1854~1856. 프랑스, 영국, 터키 연합군이 러시아를 상대로 벌인 전쟁. 이 전쟁을 종결지은 1856년의 파리 조약에서는 다뉴브강의 자유 항해와 이를 위한 국제 위원회의 설립이 규정되었고, 흑해가 중립화되었으며, 터키의 독립과 영토 보전, 내정 불간섭이 공동으로 보장되었음.

• **크비슬링**(quisling): 반역자 또는 제5열을 가리킴. 1940년에 독일이 노르웨이를 점령하는 데 협조하고 나중에 수상이 된 노르웨이 파시스트 지도자 비드쿤 크비슬링(Vidkun Quisling)의 이름에서 유래. 1945년에 처형됨.

• **클라우제비츠**(Karl von Clausewitz): 1780~1831. 프로이센의 장군, 군사학자. 그의 명저《전쟁론On War》는 군사 전략·전술 및 전쟁이론에 심대한 영향을 끼침.

• **클레망소**(Georges Clemenceau): 1841~1929. 프랑스의 정치가. 수상을 두 번 역임(1906~1909, 1917~1919). 1919년의 파리 평화회의에서 우드로 윌슨의 반대 세력으로 활약.

• **타키투스**(Cornelius Tacitus): B.C. 55~120. 로마의 역사가.

• **탈레랑**(Charles Maurice de Talleyrand): 1754~1838. 프랑스의 외상(1797~1799, 1800~1807, 1814~1815).

• **테헤란 회의**(Teheran Conference): 이란의 수도 테헤란에서 루스벨트, 처칠, 스탈린이 회동하여 프랑스에 형성할 제2전선의 범위와 시기, 그리고 독일에 대한 작전에 관해 협의한 1943년의 회의.

• **토크빌**(Alexis de Tocqueville): 1805~1859. 프랑스의 정치가, 정치이론가, 역사가. 1831년에 미국을 방문하고 나서 《미국 민주제도론Democracy in America》(1835~1840)을 집필. 미국 민주주의와 민주주의 일반의 본질에 관한 탁월한 분석이라는 평을 받음.

• **투키디데스**(Thucydides): B.C. 460~400 무렵. 아테네의 역사가.

• **트라야누스**(Trajanus): 로마의 황제(98~117).

• **트로파우 회의**(Congress of Troppau): 1820. 시실리와 에스파냐의 왕에 대해 발생한 자유주의적 봉기를 진압하기 위한 수단을 모색하고자 신성동맹의 조항에 따라 메테르니히가 소집한 국제 회의.

• **트루먼 독트린**(Truman Doctrine): 트루먼 대통령이 공산주의의 위협에 직면한 그리스와 터키에 대해 군사 원조를 약속하면서 1947년 3월에 의회에서 행한 외교정책 연설이 발단이 됨. '전체주의의 침략'에 대항하는 국가에 원조를 약속함으로써 공산주의를 '봉쇄'할 것을 촉구함.



• **티에르**(Louis Adolphe Thiers): 1797~1877. 프랑스의 정치가, 역사가, 언론인. 수상을 세 번 역임했으며 제3공화국의 초대 대통령(1871~1873)을 지냄.

• **티툴레스쿠**(Nicholas Titulescu): 1883~1941. 루마니아의 정치가. 외무 장관 시절(1927~1936)에는 프랑스가 주창하던 집단안전보장정책을 옹호했으며 체코슬로바키아, 유고슬라비아와 함께 소협상을 형성하는 데 주요한 역할을 함.

• **파리 조약**(Treaty of Paris): 1856. 크리미아 전쟁 참조.

• **팔레오로그**(Maurice Paléologue): 1849~1944. 프랑스의 외교관, 작가. 러시아 주재 대사(1914~1917) 역임.

• **파머스턴**(Henry John Temple Palmerston, 3rd Viscount): 1784~1865. 영국의 외

무 장관(1830~1841)과 수상(1855~1858) 역임.

• **페늘롱**(Trançois Fénelon): 1651~1715. 프랑스의 성직자, 저술가. 대사교 역임.

• **펜**(William Penn): 1644~1718. 영국의 퀘이커 교도. 펜실베이니아를 세움. 《유럽의 현재와 미래 평화에 대한 에세이Essay Towards the Present and Future Peace of Europe》(1963)라는 저서에서 그는 국제적 분쟁을 국제 중재 재판소에 맡겨 해결하게 하는 국제적 연맹의 설립을 촉구한 바 있음.

• **펠리페 2세**(Felipe II): 에스파냐·나폴리·시실리의 왕(1556~1598)이자 포르투갈의 왕(1580~1598). 펠리페 1세와 동일 인물. 그의 외교정책은 유럽 대륙에서 에스파냐의 주도권을 보장하고 이교도에 대한 로마 가톨릭교회의 우월성을 확보하는 데 주된 목표가 있었음.

• **평화 14개조**(Fourteen Points): 1918년 1월 8일에 미국의 우드로 윌슨이 양원 합동 회의에서 발표한 제1차 세계대전의 전후 처리에 관한 조항.

• **포슈**(Ferdinand Foch): 1851~1929. 프랑스의 육군 원수. 1918년 이후로는 제1차 세계대전 기간에 연합군 총사령관을 지냄.

• **포에니 전쟁**(Poeni Wars): 북서아프리카 지역과 지중해 서쪽을 지배하고 있던 카르타고('Punic'은 카르타고의 언어)와 로마 사이의 전쟁. 제1차 포에니 전쟁은 B.C. 264~241년에, 제2차 포에니 전쟁은 B.C. 218~201년에, 제3차 포에니 전쟁은 B.C. 149~146년에 각각 치러졌음. 카르타고가 멸망하고 로마가 서양 최고의 강대국으로 부상하면서 끝이 남.

• **포츠담 협정**(Potsdam Agreement): 독일의 포츠담에서 미국, 영국, 소련이 개최한 회의(1945)의 결과. 독일의 최고 권력을 미국, 소련, 영국, 프랑스 점령군 당국과 4개 연합국공동관리위원회에 이양한다는 내용과 나치의 해체, 독일의 무장 해제, 민주화를 규정함. 아울러 일본의 무조건 항복을 요구함.

• **표트르 대제**(Pyotr I, Peter the Great): 러시아의 황제(1682~1725). 근대 러시아를 수립한 인물.

• **프란츠 2세**(Franz II): 신성로마제국의 마지막 황제(1792~1806). 오스트리아의 초대 황제(Franz I, 1804~1835). 보헤미아와 헝가리의 왕(1792~1835).

• **프랑수아 1세**(François I): 프랑스의 왕(1515~1547).

• **프랑스 제3공화국**(Third Republic of France): 1871년에 프로이센·프랑스 전쟁에서 프랑스가 패배한 이후 성립하여 1940년에 독일의 점령으로 비시(Vichy) 정권이 수립될 때까지를 일컬음.

• **프랭클린**(Benjamin Franklin): 1706~1790. 미국의 정치가, 과학자, 저술가, 출판인, 미국 혁명기와 건국 초기의 위대한 외교관. 건국한 뒤 프랑스의 승인을 얻는 데 큰 역할을 함(1778), 1782년에 영국과의 평화 조약을 체결하는 과정에서도 주요한 역할을 담당했음.

• **프루동**(Pierre J. Proudhon): 1809~1865. 프랑스의 사회주의 철학자.

• **프리드리히 2세**(Friedrich II, Frederick the Great): 프로이센의 왕(1740~1786). 오스트리아 계승 전쟁(1740~1748)과 7년 전쟁(1756~1763) 동안에는 탁월한 군사 전술로써 프로이센을 유럽 최고의 군사 강대국으로 발전시킴.

• **프리포트**(Sir Andrew Freeport): 8세기 초반에 발간된 영국의 일간지 《스펙테이터Spectator》의 시사만평에 등장한 주인공의 이름으로 리처드 스틸(Richard Steele)과 조지프 애디슨(Joseph Addison)이 그림.



• **피그스 만**(Bay of Pigs): 쿠바의 해안. 1961년에 쿠바 망명자들이 미국의 원조 아래 공격을 감행하다가 실패한 곳.

• **피트**(William Pitt, the Younger): 1759~1806. 영국의 정치가. 수상(1783~1801, 1804~1806) 역임.

• **피히테**(Johann Gottlieb Fichte): 1762~1814. 독일의 철학자.

• **필**(Sir Robert Peel): 1788~1850. 영국의 내무 장관(1822~1827)과 수상(1834~1835, 1841~1846) 역임.

• **한국 전쟁**(Korean War): 제2차 세계대전 뒤 미국과 소련의 협정에 따라 정해진 북위 38도선 경계를 넘어 북한이 남한을 공격하면서 시작된 전쟁(1950. 6). 국제연합이 평화 파괴 행위를 비난하고 적대 행위의 중지 및 북한 군대의 철수를 요구하는 결의안(6월 25일)을 채택한 뒤 미국의 지휘 아래 국제연합

군이 남한을 지원함. 국제연합군이 만주 국경까지 진격했던 1950년 11월 무렵 중국 공산당이 북한 편을 들어 참전. 1951년이 되자 전선은 다시 38도선 부근에서 안정을 찾음. 1953년 7월에 휴전 조약이 체결된 뒤 오늘에 이르고 있음.

• **한니발**(Hannibal): B.C. 247~182. 카르타고의 장군. 제2차 포에니 전쟁 때에는(B.C. 218~201) 알프스를 넘어 이탈리아를 공격함.

• **합스부르크가**(Hapsburg): 1282~1918년 동안 오스트리아를 지배한 명가. 1438~1806년 동안에는 이 가문에서 신성로마제국의 황제가 즉위했음.

• **해밀턴**(Alexander Hamilton): 1757~1804. 미국의 정치가. 필라델피아 제헌 의회에 뉴욕 주 대표로 참석하여 강력한 중앙 정부제를 주장. 매디슨(Madison), 제이(Jay)와 함께 《연방주의자 논고》를 집필. 워싱턴 행정부 시절에는 초대 재무 장관을 역임하면서 연방주의 당을 이끌고 재정 문제는 물론 외교 문제에도 대단한 영향력을 행사함.

• **헐**(Cordell Hull): 1871~1955. 미국의 국무 장관(1933~1944).



• **헤겔**(Georg Wilhelm Friedrich Hegel): 1770~1831. 독일의 철학자.

• **헤이그 협약**(Hague Conventions): 미국과 그 밖의 강대국들이 체결한 조약들로서 1899년과 1907년의 헤이그 평화회의를 개최하게 함. 이른바 상설중재재판소를 설치했으며, 육상 전투 법규에 관한 협약과 육상 전투에서의 중립국 및 중립인의 권리·의무에 관한 협약이 체결됨.

• **헨리 8세**(Heney VIII): 영국의 왕(1509~1547).

• **홉스**(Thomas Hobbes): 1588~1679. 영국의 철학자.

• **홉슨**(John A. Hobson): 1858~1940. 영국의 경제학자.

• **흐로티위스**(Hugo Grotius): 1583~1645. 네덜란드의 법률가, 인문주의자. 국제법의 아버지. 국제법에 관한 최초의 체계적인 연구서를 씀(《전쟁과 평화의 법De jure belli ac pacis》).

• **힐퍼딩**(Rudolph Hilferding): 1877~1941. 독일의 사회주의자, 경제학자. 재무

장관(1923, 1928~1929) 역임.

## 참고 문헌

이 참고 문헌은 독자들에게 국제정치의 일반적 문제점들에 대한 중요하면서도 쉽게 찾아볼 수 있는 참고서를 알려주기 위해 정리한 것이다. 이러한 목적 때문에 다음 세 가지 한계가 있음을 밝혀둔다. 첫째, 이 참고 문헌에 수록된 자료는 부득이하게 선택적으로 뽑은 것들이다. 둘째, 특정 주제를 다룬 책들, 특히 특정 국가나 지역을 다룬 책들은 선정에서 제외시켰다. 셋째, 영어로 쓰인 책들을 우선적으로 골랐다.

### 제7부

#### 현대 세계 정치의 본질 관련 자료




Ambrose, Stephen E. *Rise to Globalism*. 3rd ed. New York : Penguin Books, 1983.

Aron, Raymond. *Peace and War*. Garden City, NJ : Doubleday, 1966.

______. *The Century of Total War*. New York : Doubleday, 1954; Boston : Beacon Press, 1955.

______. *The Imperial Republic : The United States and the World*. Englewood Cliffs, NJ: Prentice Hall, 1974.

Banisadr, Abolhassan. *Islamic Government*. Translated by Mohammad R. Ghanoon-parvar. Lexington, MA : Mazda, 1981.

Beloff, Max. *New Dimensions in Foreign Policy*. New York : Macmillan, 1961.

Beres, Louis Rene. *Apocalypse : Nuclear Catastrophe in World Politics*. Chicago : University of Chicago Press, 1980.

Blake, David and Walters, Robert. *The Politics of Global Economic Relations*. Englewood Cliffs, NJ : Prentice Hall, 1976.

Bozeman, Adda B. *Conflict in Africa*. Princeton, NJ : Princeton University Press, 1976.

Braestrup, Peter. *Vietnam as History*. Washington, DC : University Press of America, 1984.

Brown, Seyom. *New Forces in World Politics*. Washington, DC : Brookings Institution, 1974.

Calvocoressi, Peter. *World Order and the New States*. New York : Praeger, 1962.

______. *World Politics Since 1945*. 4th ed. London and New York : Longman, 1982.

Carr, Edward Hallett. *Conditions of Peace*. New York : Macmillan, 1944.

Chicago Council on Foreign Relations. *Detente and the Atlantic Nations*. Chicago Council on Foreign Relations, 1977.

Dunn, Frederick S. *War and the Mind of Men*. New York : Harper and Brothers, 1950.

Ellis, John. *The Social History of the Machine Gun*. New York : Pantheon Books, 1976.

Fischer, Eric. *The Passing of the European Age*. Cambridge MA : Harvard University Press, 1943.

Fox, William T.R. *The Super-Powers*. New York : Harcourt, Brace, 1944.

Franck, Thomas M. and Weisband, Edward. *World Politics : Verbal Strategy Among the Superpowers*. New York : Oxford University Press, 1971.

Fromm, Erich. *May Man Prevail?* Garden City, NJ : Doubleday, 1961; New York : Anchor Books, 1961.

George, Alexander L. and Smoke, Richard. *Deterrence in American Foreign Policy : Theory and Practice*. New York : Columbia University Press, 1974.

Gilpin, Robert. *War and Change in World Politics*. Cambridge, UK : Cambridge University Press, 1981.

Gompert, David C., Mandelbaum, Michael, Garwin, Richard L., and Barton, John. *Nuclear Weapons and World Politics : Alternatives for the Future*. New York : McGraw-Hill, 1977.

Graebner, Norman A. *Cold War Diplomacy*. 2nd ed. New York : D. Van Nostrand, 1977.

______. *The Age of Global Power*. New York : John Wiley and Sons, 1979.

Harkavy, Robert. *The Arms Trade and International Systems*. Cambridge, MA :

Ballinger, 1975.

Herz, John. *International Politics in the Atomic Age*. New York : Columbia University Press, 1959.

Hoffmann, Stanley. *Primacy or World Order*. New York : McGraw-Hill, 1978.

______. *The State of War*. New York : Praeger, 1966.

Jaspers, Karl. *The Future of Mankind*. Chicago : University of Chicago Press, 1961; Phoenix : Phoenix Books, 1963.

Jensen, Lloyd. *Return from the Nuclear Brink : National Interest and the Nuclear Nonproliferation Treaty*. Lexington, MA : Lexington Books, 1974.

Johnson, Harry G. *Technology and Economic Interdependence*. New York : St. Martin's Press, 1976.

Keegan, John. *The Face of Battle*. New York : Viking Press, 1976.

Kemp, Geoffrey, Pfalzgraff, Robert L., Jr., and Ra'anan, Uri. *The Superpowers in a Multinuclear World*. Lexington, MA : Lexington Books, 1974.

______. eds. *The Other Arms Race : New Technologies and Non-Nuclear Conflict*. Lexington, MA : Lexington Books, 1975.

Kennan, George F. *American Diplomacy, 1900~1950*. Chicago : University of Chicago Press, 1951; New York : Mentor Books, 1952.

Kinter, William R. and Sicherman, Harvey. *Technology and International Politics : The Crisis of Wishing*. Lexington, MA : Lexington Books, 1975.

Kissinger, Henry A. *Nuclear Weapons and Foreign Policy*. New York : Harper and Brothers, 1957; Garden City : Anchor Books, 1958.

LaFeber, Walter. *America, Russia and the Cold War, 1945~1973*. 3rd ed. New York and London : John Wiley and Sons, 1976.

Lippmann, Walter. *Isolation and Alliances*. Boston : Little, Brown 1952.

______. *The Cold War*. New York : Harper and Brothers, 1947.

______. *U.S. Foreign Policy*. Boston : Little, Brown, 1943.

______. *U.S. War Aims*. Boston : Little, Brown, 1944.

Martin, Laurence. *Arms and Strategy : The World Power Structure Today*. New York : David McKay, 1973.

Melanson, Richard. *Writing History and Making Policy*. Washington, DC : University Press of America, 1983.

Mikdashi, Zuhayr. *International Politics of National Resources*. Ithaca, NY, and London : Cornell University Press, 1976.

Morgenthau, Hans J. *A New Foreign Policy for the United States*. New York : Praeger, 1969.

______. *In Defense of the National Interest*. New York : Alfred A. Knopf, 1960; Washington, DC : University Press of America, 1982.

Morse, Edward L. *Modernization and the Transformation of International Relations*. New York : Free Press, 1976.

Nau, Henry R. *National Politics and International Technology : Nuclear Reactor Development in Western Europe*. Baltimore, MD : Johns Hopkins University Press, 1974.

Niebuhr, Reinhold. *The Structure of Nations and Empires*. New York : Charles Scribner's Sons, 1959.

Osgood, Robert E. *Limited War : The Challenge to American Strategy*. Chicago : University of Chicago Press, 1957.

Osgood, Robert E., et al. *America and the World : From the Truman Doctrine to Vietnam*. Baltimore, MD : Johns Hopkins University Press, 1970.

Piscatori, James P. *Islam in the Political Process*. Cambridge, MA : Cambridge University Press 1983.

Ramazani, R.K. *The United States and Iran*. New York : Praeger, 1982.

Schachter, Oscar. *Sharing the World's Resources*. New York : Columbia University Press, 1976.

Schulzinger, Robert D. *American Diplomacy in the Twentieth Century*. New York and Oxford : Oxford University Press, 1984.

Scott, Andrew M. *The Revolution in Statecraft*. New York : Random House, 1965.

Skolnikoff, Eugene B. *The International Imperatives of Technology*. Berkeley, CA :

University of California Press, 1972.

Thompson, Kenneth W. *Interpreters and Critics of the Cold War*. Washington, DC : University Press of America, 1978.

______. *Understanding World Politics*. Notre Dame, IN : University of Notre Dame Press, 1975.

Ulam, Adam B. *Dangerous Relations : The Soviet Union in World Politics, 1970~1982*. New York and Oxford : Oxford University Press, 1983.

______. *Expansion and Coexistence : Soviet Foreign Policy*. 2nd ed. New York : Praeger, 1974.

______. *The Rivals*. London : Allen Lane, 1973.

Vernon, Raymond. *Storm over the Multinationals : The Real Issues*. Cambridge, MA : Harvard University Press, 1977.

Viner, Jacob. "The Implications of the Atomic Bomb for International Relations," *Proceedings of the American Philosophical Society* 90. No. 1, 1946, pp. 53–58.

Wall, David. *The Charity of Nations : The Political Economy of Foreign Aid*. New York : Basic Books, 1973.

Wheeler-Bennett, John and Nicholls, Anthony. *The Semblance of Peace : The Political Settlement After the Second World War*. New York : St. Martin's Press, 1972.



전면전 관련 자료

Aron, Raymond. *On War*. New York : W.W. Norton, 1968.

Brodie, Bernard. *Escalation and the Nuclear Option*. Princeton, NJ : Princeton University Press, 1966.

______. *Sea Power in the Machine Age*. Princeton, NJ : Princeton University Press, 1941.

______. ed. *The Absolute Weapon : Atomic Power and World Order*. New York : Harcourt, Brace, 1946.

______. *War and Politics*. New York : Macmillan, 1973.

Brown, Neville. *Nuclear War : The Impending Strategic Deadlock*. New York : Praeger, 1965.

Butterfield, Herbert. *International Conflict in the Twentieth Century*. New York : Harper and Brothers, 1960.

Clarkson, Jesse and Cochran, Thomas C. eds. *War as a Social Institution*. New York : Columbia University Press, 1941.

Earle, Edward Mead. ed. *Makers of Modern Strategy*. Princeton, NJ : Princeton University Press, 1944.

Ferrero, Guglielmo. *Peace and War*. London : Macmillan 1933.

Hart, B.H. Liddell. *The Revolution in Warfare*. London : Faber and Faber, 1946.

Howard, Michael. *The Causes of War*. Cambridge, MA : Harvard University Press, 1983.

Kahn, Herman. *On Thermonuclear War*. Princeton, NJ : Princeton University Press, 1960.

______. *Thinking About the Unthinkable*. New York : Horizon Press, 1962.

Mumford, Lewis. *Technics and Civilization*. New York : Harcourt, Brace, 1946; San Francisco : Harbinger Books, 1963.

Ogburn, William Fielding. ed. *Technology and International Relations*. Chicago : University of Chicago Press, 1949.

Oman, Sir Charles. *A History of the Art of War in the Sixteenth Century*. New York : E.P. Dutton, 1937.

Schelling, Thomas C. *Arms and Influence*. New Haven, CT, and London: Yale University Press, 1966.

Schultz, Theodore W. "Changes in the Economic Structure Affecting American Agriculture," *Journal of Farm Economics* 28. No. 1, February 1946, pp. 15–27.

Spaulding, O. L., Nickerson, Hoffman, and Wright, J.W. *Warfare*. New York : Harcourt, Brace, 1925.

Speier, Hans. *Social Order and the Risks of War*. Part III. New York : George W. Stewart, 1952.

Speier, Hans and Kahler, Alfred. eds. *War in our Time*. New York : W.W. Norton, 1939.

Tucker, Robert W. *Nation or Empire : The Debate over American Foreign Policy*.

Baltimore, MD : Johns Hopkins University Press, 1968.

Vagts, Alfred. *A History of Militarism.* New York : W.W. Norton, 1937.

Wohlstetter, Albert. "Technology, Prediction, and Disorder," *Vanderbilt Law Review* 17. No. 1, December 1963, pp. 1–14.

Woolsey, R. James. *Nuclear Arms.* San Francisco, CA : Institute for Contemporary Studies, 1984.

## 제8부

### 평화 계획 관련 자료

Falk, Richard A. *A Study of Further Worlds.* New York : Free Press, 1975.

Hemleben, Sylvester John. *Plans for World Peace Througn Six Centuries.* Chicago : University of Chicago Press, 1945.

Lance, Christian. *Histoire de i'Internationalisme.* New York : G.P. Putnam's Sons, 1919.

Marriott, J.A.R. *Commonwealth or Anarchy? A Survey of Projects of Peace. from the Sixteenth to the Twentieth Century.* New York : Columbia University Press 1939.

Paullin, Theodore. *Comparative Peace Plans.* Philadelphia : Pacifist Research Bureau, 1943.

Pragellis, Stanley. ed. "The Quest for Political Unity in World History," *Annual Report of the American Historical Association, 1942.* Vol. 3, United States Government Printing Office, 1944.

Souleyman, Elizabeth V. *The Vision of World Peace in Seventeenth- and Eighteenth-Century France.* New York : G.P. Putnam's Sons, 1941.

Wynner, Edith and Lloyd, Georgia. *Searchlights on Peace Plans.* New York : E.P. Dutton, 1944.

### 군비 축소 관련 자료

Barnet, Richard J. *Who Wants Disarmament?* Boston : Beacon Press, 1960.

Beckhoefer, Bernard J. *Postwar Negotiations for Arms Control*. Washington, DC : Brookings Institution, 1961.

Blackett, P.M.S. *Studies of War*. New York : Hill and Wang, 1962.

Brennan, Donald G. ed. *Arms Control, Disarmament, and National Security*. New York : George Braziller, 1961.

Buell, Raymond Leslie. *The Washington Conference*. New York : D. Appleton, 1922.

Bull, Hedley. *The Control of the Arms Race*. New York : Praeger, 1961.

Burton, John W. *Peace Theory : Precondition of Disarmament*. New York : Alfred A. Knopf, 1962.

Dougherty, James E. *How to Think About Arms Control and Disarmament*. New York : Cane, Russak, 1973.

Epstein, William. *Disarmament : 25 Years of Effort*. Toronto : Canadian Institute of International Affairs, 1971.

______. *The Last Chance : Nuclear Proliferation and Arms Control*. New York : Free Press, 1976.

Fallows, James. *National Defense*. New York : Random House/Vintage Books, 1982.

Forbes, Henry W. *The Strategy of Disarmament*. Washington, DC : Public Affairs Press, 1962.

Gray, Colin S. *The Soviet-American Arms Race*. Lexington, MA : Lexington Books, 1976.

Griswold, A. Whitney. *The Far Eastern Policy of the United States*. New York : Harcourt, Brace, 1938; New Heaven, CT : Yale University Press, 1964.

Hadley, Arthur T. *The Nation's Safety and Arms Control*. New York : Viking Press, 1961.

Harvard Nuclear Study Group. *Living with Nuclear Weapons*. New York : Bantam Books, 1983.

Huntington, Samuel P. "Arms Races : Prerequisites and Results," *Public Policy*. Vol 8, Cambridge : Harvard Graduate School of Public Administration, 1958, pp. 41-86.

Kennan, George F. *The Nuclear Delusion*. New York : Pantheon Books, 1982.

Levine, Robert A. *The Arms Debate*. Cambridge, MA : Harvard University Press, 1963.

Melman, Seymour. ed. *Inspection for Disarmament*. New York : Columbia University Press, 1958.

Morgan, Laura Puffer. *The Problem of Disarmament*. New York : Commission to Study the Organization of Peace, 1947.

Myrdal, Alva. *The Game of Disarmament : How the United States and Russia Run the Arms Race*. New York : Pantheon Books, 1977.

Nogee, Joseph L. *Soviet Policy Towards International Control of Atomic Energy*. Notre Dame, IN : University of Notre Dame Press, 1961.

Possony, Stefan T. "No Peace Without Arms," *The Review of Politics* 6. No. 2, April 1944, pp. 216-227.

Schelling, Thomas C. and Halperin, Morton H. *Strategy and Arms Control*. New York : Twentieth Century Fund, 1961.

Shils, Edward A. *Atomic Bombs in World Politics*. London : National Peace Council, 1948.



Singer, J. David. *Deterrence, Arms Control, and Disarmament : Toward a Synthesis in National Security Policy*. Columbus : Ohio State University Press, 1962.

Smith, Gerard. *Double-Talk : The Story of SALT I.* Garden City, NJ : Doubleday, 1980.

Spanier, John W. and Nogee, Joseph L. *The Politics of Disarmament : A Study in Soviet-American Gamesmanship*. New York : Praeger, 1962.

Stone, Jeremy J. *Strategic Persuasion : Arms Limitation through Dialogue*. New York : Columbia University Press, 1967.

Tate, Merze. *The Disarmament Illusion*. New York : Macmillan, 1942.

______. *The United States and Armaments*. Cambridge, MA : Harvard University Press, 1948.

Thompson, Kenneth W. *The President and the Public Philosophy*. Baton Rogue, LA, and London : Louisiana State University Press, 1981.

Wheeler-Bennett, John. *The Pipe-Dream of Peace : The Story of the Collapse of Disarmament*. New York : William Morrow, 1935.

Wieseltier, Leon. *Nuclear War, Nuclear Peace*. New York : Holt, Rinehart and Winston, 1983.

Wolfers, Arnold and Osgood, Robert. eds. *The United States in a Disarmed World*. Baltimore, MD : Johns Hopkins University Press, 1966.

Woodward, E.L. *Some Political Consequences of the Atomic Bomb*. New York : Oxford University Press, 1946.

Wright, Sir Michael. *Disarm and Verify*. New York : Praeger, 1964.

## 안전 보장 관련 자료

Beaton, Leonard. *The Reform of Power : A Proposal for an International Security System*. New York : Viking Press, 1972.

Brown, Harold. *National Security*. Boulder, CO : Westview Press, 1983.

Gaddis, John Lewis. *Strategies of Containment*. New York and Oxford : Oxford University Press, 1982.

Halle, Louis J. *The Elements of International Strategy*. Washington, DC : University Press of America, 1984.

Jessup, Philip C. *International Security*. New York : Council on Foreign Relations, 1935.

Mitrany, David. *The Problem of International Sanctions*. New York : Oxford University Press, 1925.

Royal Institute of International Affairs. *International Sanctions*. London : Oxford University Press, 1938.

Thompson, Kenneth W. "Collective Security," *International Encyclopedia of the Social Sciences*. New York : Macmillan/Free Press, 1968, pp. 565-567.

Wild, Payson S. *Sanctions and Treaty Enforcement*. Cambridge, MA : Harvard University Press, 1934.

## 사법적 해결 관련 서적

Kelsen, Hans. *Peace Through Law*. Chapel Hill, NC : University of North Carolina Press, 1944.

Lauterpacht, H. *The Function of Law in the International Community*. Oxford : Clarendon Press, 1933.

Lissitzyn, Oliver J. *The International Court of Justice*. New York : Carnegie Endowment for International Peace, 1951.

Morgenthau, Hans J. *La notion du "politique" et la theorie des differents internationaux*. Paris : Librairie du Recueil Sirey, 1933.

Rosenne, Shabtai. *The International Court of Justice*. Leyden : Sijthoff, 1957.

평화적 변화에 대해서는 다음 자료와 세계 정부에 관한 서적 참조

Bloomfield, Lincoln P. *Evolution or Revolution? The United Nations and the Problem of Peaceful Territorial Change*. Cambridge, MA : Harvard University Press, 1957.

Cruttwell, C.R.M.F. *A History of Peaceful Change in the Modern World*. New York : Oxford University Press, 1937.

Dunn, Frederick S. *Peaceful Change*. New York : Council on Foreign Relations, 1937.



세계 정부 관련 자료

Barker, Ernest. *The Confederation of Nations*. Oxford : The Clarendon Press, 1918.

Briggs, Herbert W. "Power Politics and International Organization," *American Journal of International Law* 39. No. 4, October 1945, pp. 664-679.

Corbett, Percy E. *Post-War Worlds*. Los Angeles : Institute of Pacific Relations, 1942.

Davis, Harriet Eager. ed. *Pioneers in World Order*. New York : Columbia University Press, 1944.

Dell, Robert. *The Geneva Racket*, 1920-1939. London : Robert Hale, 1940.

Freeman, Harrop A. *Coercion of States in International Organizations*. Philadelphia : Pacifist Research Bureau, 1944.

Freeman, Harrop A. and Paullin, Theodore. *Coercion of States in Federal Unions*. Philadelphia : Pacifist Research Bureau, 1934.

Hankey, Lord Maurice P. *Diplomacy by Conference*. New York : G.P. Putnam's Sons,

1946.

Kissinger, Henry A. *A World Restored : Castlereagh, Metternich, and the Problem of Peace, 1812-1822*. Boston : Houghton Mifflin, 1957.

Levi, Werner. *Fundamentals of World Organization*. Minneapolis : University of Minnesota Press, 1950.

Mangone, Gerard J. *A Short History of International Organization*. New York : McGraw-Hill, 1954.

McCallum, R.B. *Public Opinion and the Last Peace*. New York : Oxford University Press, 1944.

Nicolson, Harold. *The Congress of Vienna: A Study in Allied Unity, 1812-1822*. New York : Harcourt, Brace, 1946; London : Constable, 1946; Rochester, NY : Compass Books, 1961; New York : Harcourt Brace Jovanovich, 1970(paperback), 1974(hardcover).

Nys, M. Ernest. "Le Concert Européen et la notion du droit international," *Revue de droit international*. Deuxieme Serie, Vol. 1, 1899, pp. 273-313.

Oppenheim, L. *The League of Nations and Its Problems*. London : Longmans, Green, 1919.

Phillips, Walter Alison. *The Confederation of Europe*. London : Longmans, Green & Co., 1914.

Ray, Jean. *Commentaire du Pacte de la Societe des Nations*. Paris : Recueil Sirey, 1930.

Schenk, H.G. *The Aftermath of the Napoleonic Years : The Concert of Europe-An Experiment*. New York : Oxford University Press, 1948.

Thompson, Kenneth W. *Institutions for Projecting American Values Abroad*. Washington, DC : University Press of America, 1983.

Walters, F.P.A, *A History of the League of Nations*. 2 vols. New York : Oxford University Press, 1952.

*World Organization : A Balance Sheet of the First Great Experiment*. Washington, DC : American Council on Public Affairs, 1942.

Zimmern, Sir Alfred E. *The League of Nations and the Rule of Law*. New York : Macmillan, 1939.

기타 제4부에서 제시한 Temperley, Webster, Wolfers의 책을 참조할 것.

<u>국제연합 관련 자료</u>


Alker, Chadwick F. and Russett, Bruce M. *World Politics in the General Assembly*. New Haven : Yale University Press, 1965.

Bailey, Sidney D. *The General Assembly of the U.N. : A Study of Procedure and Practice*. New York : Praeger, 1960.

Bentwich, Norman and Martin, Andrew. *A Commentary on the Charter of the United Nations*. London : Routledge and Kegan Paul, 1950.

Bloomfield, Lincoln P. *Evolution or Revolution?* Cambridge, MA : Harvard University Press, 1957.

______. *The U.N. and U.S. Foreign Policy*. Boston: Little, Brown, 1960.

Brierly, J.L. *The Covenant and the Charter*. Cambridge, UK : Cambridge University Press, 1947.

Claude, Inis L. *Swords Into Plowshares*. Third edition, New York : Random House, 1964.

Cohen, Benjamin V. *The U.N. : Constitutional Developments, Growth, and Possibilities*. Cambridge, MA : Harvard University Press, 1961.

Cox, Robert W. and Jacobson, Harold K. *The Anatomy of Influence*. New Haven, CT, and London : Yale University Press, 1973.

Feller, A.H. *United Nations and World* Community. Boston : Little, Brown, 1952.

Goodrich, Leland M. *The United Nations*. New York : Thomas Y. Crowell, 1959.

______. *The United Nations in a Changing World*. New York : Columbia University Press, 1974.

Gross, Ernest A. *The U.N. : Structure for Peace*. New York : Harper and Row, 1962.

Hasluck, Paul. *Workshop of Security*. Melbourne : F.W. Chesire, 1948.

Haviland, H. Field, Jr. *The Political Role of the General Assembly*. New York : Carnegie Endowment for International Peace, 1951.

Hiscocks, Richard. *The Security Council : A Study in Adolescence*. New York : Free Press, 1974.

Hovet, Thomas, Jr. *Bloc Politics in the United Nations*. Cambridge, MA : Harvard University Press, 1960.

Jacobson, Harold Karan. "The Changing United Nations," in *Foreign Policy in the Sixties : The Issues and Instruments*. Hilsman, Roger and, Robert Good Baltimore, eds. Baltimore, MD: The Johns Hopkins Press, 1965.

Kelsen, Hans. *The Law of the United Nations*. New York : Praeger, 1950.

McDermott, Geoffrey. *The New Diplomacy and Its Apparatus*. London : Plume Press/Ward Lock, 1973.

Miller, Linda B. *World Order and Local Disorder : The United Nations and International Conflict*. Princeton, NJ : Princeton University Press, 1967.

Morgenthau, Hans J. ed. *Peace, Security, and the United Nations*. Chicago : University of Chicago Press, 1946.

Nicholas, Herbert. *The United Nations as a Political Institution*. New York : Oxford University Press, 1959.

Ross, Alf. *The United Nation : Peace and Progress*. Totowa, NJ : Bedminster Press, 1966.



Stoessinger, John. *The United Nations and the Superpowers*. New York : Random House, 1965.

Thompson, Kenneth W. "Collective Security Reexamined," *The American Political Science Review* 47. September 1953, pp. 753-772.

______. *Foreign Assistance*. Notre Dame, IN : University of Notre Dame Press, 1972; Washington, DC : University Press of America, 1983.

Wainhouse, David W. *Remnants of Empire : The United Nations and the End of Colonialism*. New York : Harper and Row, 1964.

**제9부**

세계 국가 문제 관련 자료

Bibo, Istvan. *The Paralysis of International Institutions and the Remedies*. New York :

Halsted Press, 1976.

Brinton, Crane. *From Many One : The Process of Political Integration : The Problem of World Government*. Cambridge, MA : Harvard University Press, 1948.

Ewing, Alfred C. *The Individual, the State, and World Government*. New York : Macmillan, 1947.

Hammond, Mason. *City-State and World State in Greek and Roman Political Thought until Augustus*. Cambridge, MA : Harvard University Press, 1951.

Ionescu, Ghota. ed. *Between Sovereignty and Integration*. New York : Halsted Press, 1974.

Klein, Robert A. *Sovereign Equality Among States: The History of an Idea*. Toronto : University of Toronto Press, 1974.

Lewis, Edward R. "Are We Ready for a World State?" *The Yale Review* 35. No. 3, March 1946, pp. 491-501.

Mangone, Gerald J. *The Idea and Practice of World Government*. New York : Columbia University Press, 1951.



Marriott, T.A.R. *Federalism and the Problem of the Small State*. London : G. Allen and Unwin, 1943.

Martin, William. *A History of Switzerland*. London : Grant Richards, 1931.

Meyer, Cord. *Peace or Anarchy*. Boston : Little, Brown, 1947.

Näf, Werner. *Die Schweiz in Europa*. Bern : Herbert Lang, 1938.

Niebuhr, Reinhold. "The Illusion of World Government," *Foreign Affairs* 27. No. 3, April 1947, pp. 379-388.

Pelcovits, N.A. "World Government Now?" *Harper's* 193. No. 1156, November 1946, pp. 396-403.

Rappard, William E. *Cinq siècles de sécurité collective, 1291-1798*. Paris : Recueil Sirey, 1945.

Reves, Emery. *The Anatomy of Peace*. New York : Harper & Brothers, 1946; Rochester, NY : Compass Books, 1963.

Rider, Fremont. *The Great Dilemma of World Organization*. New York : Reynal and

Hitchcock, 1946.

Schuman, Frederick L. *The Commonwealth of Man*. New York : Alfred A. Knopf, 1952.

Sewell, James P. *UNESCO and World Politics : Engaging in International Relations*. Princeton, NJ : Princeton University Press, 1975.

세계공동체 관련 자료

Beloff, Max. "The 'Federal Solution' in Its Application to Europe, Asia, and Africa," *Political Studies* 1. No. 2, June 1953, pp. 114-131.

Buchan, Alastair. *Europe's Futures, Europe's Choices*. New York : Columbia University Press, 1969.

______. *NATO in the 1960's*. New York : Praeger, 1960.

Camps, Miriam. *European Unification in the Sixties*. New York : McGraw-Hill, 1966.

Denian, J.F. *The Common Market*. London : Barrie and Rockliff with Pall Mall Press, 1960.

Freeman, Harrop A. and Paullin, Theodore. *Road to Peace : A Study in Functional International Organization*. Ithaca, NY : The Pacifist Research Bureau, 1947.

Haas, Ernest B. *The Uniting of Europe*. Stanford, CA : Stanford University Press, 1958.

Hallstein, Walter. *United Europe : Challenge and Opportunity*. Cambridge, MA : Harvard University Press, 1962.

Hoselitz, Bert. ed. *The progress of Underdeveloped Areas*. Chicago : University of Chicago Press, 1952

Huxley, Julian. *UNESCO*. Washington, DC : Public Affairs Press, 1947.

James, William. *A Moral Equivalent for War*. New York : Carnegie Endowment for International Peace, 1926.

Kitzinger, U.W. *The Politics and Economics of European Integration*. New York : Praeger, 1963.

Lindberg, Leon N. *The Political Dynamics of European Economics Integration*. Stanford, CA : Stanford University Press. 1963

Liska, George. *Europe Ascendant : The International Politics of Unification*. Baltimore, MD : Johns Hopkins Press, 1964.

______. *The New Statecraft : Foreign Aid in American Foreign Policy*. Chicago : University of Chicago Press, 1960.

Mason, Edward S. *Foreign Aid and Foreign Policy*. New York : Harper and Row, 1964; paperbound, 1964.

McMurry, Ruth Emily and Lee, Muna. *The Cultural Approach : Another Way in International Relations*. Chapel Hill, NC : University of North Carolina Press, 1947.

Mitrany, David. *A Working Peace System*. Chicago : Quadrangle Books, 1966.

Murphy, Gardner. ed. *The Moral Implications of Loyalty to the United Nations*. New Haven, CT : Edward W. Hazen Foundation, 1952.

Niebuhr, Reinhold. *Human Nature and Enduring Peace*. New Haven, CT : Edward W. Hazen Foundation, 1952.

Osgood, Robert E. *NATO : The Entangling Alliance*. Chicago : University of Chicago Press, 1962.

Patterson, Ernest Minor. ed. "NATO and World Peace," *The Annals of the American Academy of Political and Social Science* 288. July 1953.

Sewell, James Patrick. *Functionalism and World Politics*. Princeton, NJ : Princeton University Press, 1966.

Shuster, George N. *Cultural Cooperation and the Peace*. Milwaukee, WI : The Bruce, 1952.

Thompson, Kenneth W. *Ethics, Functionalism and Power in International Politics*. Baton Rouge, LA, and London : Louisiana State University Press, 1979.

Tucker, Robert W. *A New Isolationism*. Washington, DC : Potomac Associates, 1972.

West, Ranyard. *Psychology and World Order*. London : Penguin Books, 1945.

## 제10부

### 외교 문제 관련 자료


Beard, Charles A. *The Idea of National Interest*. New York : Macmillan, 1934.

Burton, J.W. *Systems, States, Diplomacy and Rules*. London and New York : Cambridge University Press, 1968.

Callieres, Francois de. *On the Manner of Negotiating with Princes*.

Chamburn, Charles de. *L'Esprit de la diplomatie*. Paris : Editions Correa, 1944.

Craig, Gordon A. and George, Alexander L. *Force and Statecraft*. New York and Oxford : Oxford University Press, 1983.

Craig, Gordon A. and Gilbert, Felix. eds. *The Diplomats*, 1939. Princeton, NJ : Princeton University Press, 1953; New York : Atheneum, 1963.

Fisher, Roger and Ury, William. *Getting to Yes: Negotiating Agreement Without Giving In*. Boston : Houghton Mifflin, 1981; New York : Penguin Books, 1983.

Foster, John W. *The Practice of Diplomacy*. Boston : Houghton Mifflin, 1906.

Franck, Thomas M. and Weisband, Edward. *Secrecy*. New York : Oxford University Press, 1974.

Friedrich, Carl Joachim. *Diplomacy and the Study of International Relations*. Oxford : Clarendon Press, 1919.

______.*Foreign Policy in the Making*. New York : W.W.Norton & Co., 1938

Halle, Louis and Thompson, Kenneth W. *Foreign Policy and the Democratic Process*. Washington, DC : University Press of America, 1978.

Heatley, David playfair. *Diplomacy and the study of International Relation*. Oxford : The Clarendon Press. 1919.

Ikle, Fred Charles. *How Nations Negotiate*. New York : Harper and Row, 1964.

Jackson, Elmore. *Meeting of Minds*. New York and Toronto : McGraw-Hill, 1952.

Jones, Joseph M. *A Modern Foreign Policy for the United States*. New York : Macmillan, 1944.

Jusserand, Jean A. *The School for Ambassadors and Other Essays*. New York : G.P. Putnam's Sons, 1925.

Kennan, George F. *The Cloud of Danger*. Boston and Toronto : Little, Brown, 1977.

Kertesz, Stephen D. ed. *American Diplomacy in a New Era*. Notre Dame, IN : University of Notre Dame Press, 1961.

______. *Between Russia and the West*. Notre Dame, IN : University of Notre Dame Press, 1984.

______. *The Quest for Peace Through Diplomacy*. Englewood Cliffs, NJ : Prentice-Hall, 1967.

Lippmann, Walter. *The Stakes of Diplomacy*. New York : Henry Holt, 1917.

Mably, Abbé Gabriel Bonnet de. "Principes des négociation," *Collection complète des oeuvres de l'Abbé de Mably* 5. Paris : 1794-1795.

Macomber, William. *The Angels' Game : A Handbook of Modern Diplomacy*. New York : Stein and Day, 1975.



Mattingly, Garrett. *Renaissance Diplomacy*. Boston : Houghton Mifflin 1955; New York : Penguin Books, 1964.

McGhee, George. *Envoy to the Middle World*. New York : Harper and Row, 1969.

McLachlan, Donald. "The Death of Diplomacy," *The Twentieth Century* 149. No. 889, March 1951, pp. 173-180.

Morley, John Viscount. *On Compromise*. London : Macmillan, 1923.

Mowrer, Paul Scott. *Our Foreign Affairs : A Study in National Interest and the New Diplomacy*. New York : E.P. Dutton, 1924.

Nicolson, Harold G. *Diplomacy*. London : T. Butterworth, 1939; New York : Galaxy Books, 1964.

______. *The Evolution of Diplomatic Method*. London : Constable, 1954.

Oncken, Hermann. *Politik und Kriegführung*. Munich : Max Huber, 1938.

Pearson, Lester B. *Diplomacy in the Nuclear Age*. Cambridge, MA : Harvard University Press, 1959.

Redlich, Marcellus D. *International Law as a Substitute for Diplomacy*. Chicago :

Independent, 1928.

Reinsch, Paul S. *Secret Diplomacy*. New York : Harcourt, Brace, 1922.

Rock, Vincent P. *A Strategy of Interdependence*. New York : Charles Scribner's Sons, 1964.

Schelling, Thomas G. *The Strategy of Conflict*. Cambridge, MA : Harvard University Press, 1960; New York : Galaxy Books, 1963.

Spanier, John. *American Foreign Policy Since World War II*. 9th ed. New York : Holt, Rinehart and Winston, 1983.

Thayer, Charles W. *Diplomat*. New York : Harper and Brothers, 1959.

Thomson, David, Meyer, E., and Briggs, A. *Patterns of Peacemaking*. London : Kegan Paul, Trench, Trubner, 1945.

Watson, Adam. *Diplomacy*. New York : McGraw-Hill, 1983.

Wellesley, Sir Victor. *Diplomacy in Fetters*. London : Hutchinson, 1944.

Willits, Joseph H. "Social Adjustments to Atomic Energy," *Proceedings of the American Philosophical Society* 90. No. 1, Philadelphia : 1946, pp. 48-52.

Woodward, E.L. "The Old and the New Diplomacy," *The Yale Review* 36. No. 3, Spring 1947, pp. 405-422.

Yergin, Daniel. *Shattered Peace*. Boston : Houghton Mifflin, 1977.

Young, George. *Diplomacy Old and New*. London : Swarthmore Press, 1921.

Zartman, I. William and Berman, Maureen R. *The Practical Negotiator*. New Haven, CT and London : Yale University Press, 1982.

# 찾아보기

ㄹ



ㅁ



ㅂ

ㅈ



ㅊ



ㅋ

ㅌ



ㅍ



ㅎ

# POLITICS AMONG NATIONS